Teologia Básica

AO ALCANCE DE TODOS

Charles C. Ryrie *Editor de* A BÍBLIA ANOTADA

Teologia Básica

AO ALCANCE DE TODOS

Traduzido por
JARBAS ARAGÃO

Editora Mundo Cristão
São Paulo

TEOLOGIA BÁSICA
CATEGORIA: TEOLOGIA / REFERÊNCIA

Publicado originalmente pela Moody Press, Chicago, EUA.

Título Original em Inglês: Basic Theology - A popular systematic guide to understanding biblical truth

Preparação: Liege Maria S. Marucci

Revisão: Theófilo José Vieira

Capa: Douglas Lucas

Foto: Claudinei Franzini - Julho de 2003

Diagramação: Viviane R. Fernandes Costa

Impressão: Imprensa da Fé

Os textos das referências bíblicas foram extraídos da versão Almeida Revista e Atualizada (Sociedade Bíblica do Brasil), 2ª edição, salvo indicação específica.

A 1ª edição brasileira foi publicada em fevereiro de 2004, com uma tiragem de 5.000 exemplares.

Dados Internacionais de Catalogação na Publicação (CIP)
(Câmara Brasileira do Livro, SP, Brasil)

Ryrie, Charles Caldwell, 1925 –
Teologia Básica – Ao alcance de todos / Charles Caldwell Ryrie; traduzido por Jarbas Aragão. – São Paulo: Mundo Cristão, 2004.

Título original: Basic Theology – A popular systematic guide to understanding biblical truth

Bibliografia.
ISBN 85-7325-356-B

1. Teologia – Ensino bíblico
2. Teologia – Estudo e ensino I. Título.

03–5619 CDD–230.607

Índice para catálogo sistemático:

1. Teologia bíblica: Estudo e ensino 230.607

Associação Religiosa Editora Mundo Cristão
Rua Antonio Carlos Tacconi, 79 – CEP 04810-020 – São Paulo-SP – Brasil
Telefone: (11) 5668-1700 – Home page: www.mundocristao.com.br

Editora associada a:
- Associação Brasileira de Direitos Reprográficos
- Associação Brasileira de Editores Cristãos
- Câmara Brasileira do Livro
- Evangelical Christian Publishers Association

Printed in Brazil
10 9 8 7 6 5 4 3 2 1 04 05 06 07 08 09 10 11

Sumário

Quem deveria ler um livro de teologia? 9

Parte 1

Prolegômenos

1. Conceitos e definições 15
2. Alguns pressupostos 19
3. A questão da autoridade 23

Parte 2

O Deus Vivo e Verdadeiro

4. O conhecimento de Deus 29
5. A revelação de Deus 33
6. As perfeições de Deus 41
7. Os nomes de Deus 53
8. A triunidade de Deus 59

Parte 3

A Bíblia: Inspirada por Deus

9. Revelação especial 71
10. A doutrina bíblica da inspiração 75
11. Desvios da doutrina bíblica da inspiração 81
12. A inerrância da Bíblia 85
13. A inerrância e os ensinamentos de Cristo 95
14. Passagens problemáticas 105
15. O cânon 117
16. A interpretação da Bíblia 123

Parte 4

Anjos: Espíritos Ministradores

17. A existência dos anjos 135
18. A criação dos anjos 139
19. A natureza dos anjos 141
20. A organização dos anjos 145
21. O ministério dos anjos 149

Parte 5

Nosso Adversário, o Diabo

22. A realidade de Satanás 155
23. A criação e o pecado de Satanás 159
24. A atuação de Satanás 165
25. O mundo de Satanás 171

Parte 6

Demônios: Espíritos Imundos

26. A realidade dos demônios 177
27. Como são os demônios? 183
28. O que os demônios fazem? 187

Parte 7

O Homem: A Imagem de Deus

29. Evolução e origens 195
30. A Bíblia e as origens 207
31. A criação do homem 217
32. As facetas do homem 225
33. A queda do homem 231

Parte 8

O Pecado

34. O conceito bíblico de pecado 239
35. Os ensinos de Cristo a respeito do pecado 245
36. O pecado herdado 251
37. A imputação do pecado 255
38. Pecados pessoais 261
39. O cristão e o pecado 265

Parte 9

Jesus Cristo, Nosso Senhor

40. O Cristo pré-encarnado 273
41. A encarnação de Cristo 277
42. A pessoa do Cristo encarnado 283
43. Cristo: Profeta, Sacerdote e Rei 291
44. O auto-esvaziamento de Cristo 299
45. A impecabilidade de Cristo 303
46. A ressurreição e a ascensão de Cristo 309
47. Os ministérios pós-ascensão de Cristo 315

Parte 10

Tão Grande Salvação

48. Algumas considerações introdutórias 321
49. A terminologia bíblica 323
50. A paixão de Cristo 325
51. O significado da morte de Cristo 331
52. Algumas conseqüências da salvação 345
53. Teorias da expiação 355
54. A doutrina da eleição 359
55. A extensão da expiação 369
56. A aplicação da salvação 377
57. A segurança do cristão 381
58. O que é o evangelho? 389

Parte 11

O Espírito Santo

59. Quem é o Espírito Santo? 397
60. O Espírito Santo no Antigo Testamento 401
61. O Espírito Santo na vida de Nosso Senhor 405
62. A habitação do Espírito em nosso interior 411
63. O selo do Espírito 415
64. O batismo do Espírito Santo 419
65. Os dons do Espírito 425
66. A plenitude do Espírito 435
67. Outros ministérios do Espírito 441
68. História da doutrina do Espírito 445

Parte 12

"Edificarei a Minha Igreja"

69. O que é a Igreja? ... 455
70. A singularidade da Igreja ... 459
71. Princípios e/ou padrão? ... 467
72. Os tipos de governo da igreja ... 471
73. Liderança qualificada para a igreja ... 479
74. As ordenanças da Igreja ... 489
75. A adoração da igreja ... 497
76. Outros ministérios da igreja ... 503

Parte 13

O Porvir

77. Introdução à Escatologia ... 509
78. A visão pós-milenista ... 511
79. A visão amilenista ... 517
80. A visão pré-milenista ... 523
81. A aliança de Deus com Abraão ... 527
82. A aliança de Deus com Davi ... 533
83. Um panorama dos eventos futuros ... 537
84. A tribulação ... 541
85. A arrebatamento da Igreja ... 557
86. A visão pré-tribulacionista do arrebatamento ... 563
87. Os habitantes do reino milenar ... 569
88. A visão mesotribulacionista do arrebatamento ... 579
89. A visão pós-tribulacionista do arrebatamento ... 583
90. O milênio ... 593
91. Os julgamentos futuros ... 597
92. Ressurreição e destino eterno ... 603

Parte 14

Passagens Centrais

93. Algumas passagens centrais para o estudo da teologia ... 613

Parte 15

Definições

94. Algumas definições para o estudo da teologia ... 623

Índice de passagens bíblicas ... 631
Índice de assuntos ... 641
Sobre o autor ... 661

Quem deveria ler um livro de teologia?

A teologia é para todos. Com certeza, todo cristão precisa ser teólogo. Na verdade, de uma maneira ou de outra, todos nós já *somos* teólogos.

É aí que está o problema. Não há nada errado em ser teólogo leigo ou teólogo formado, mas certamente ser mau teólogo ou teólogo relapso é muito ruim. Portanto, todo cristão deveria ler livros de teologia.

Teologia significa, simplesmente, pensar sobre Deus e expressar esses pensamentos de alguma maneira. No primeiro capítulo, abordaremos uma definição mais profunda, mas, nesse sentido elementar, todo mundo é teólogo. Até mesmo um ateu possui uma teologia. Pensa a respeito de Deus, rejeita a existência dele e expressa isso ocasionalmente por meio de uma declaração de fé e constantemente por seu estilo de vida. Os seguidores de uma religião não-cristã substituíram o Deus verdadeiro por uma falsa divindade e demonstram sua teologia de várias maneiras.

Mas a maioria dos leitores deste livro deve ser de pessoas que crêem em Deus e, provavelmente, também em Jesus Cristo. Por isso, seus pensamentos, estejam eles sistematizados ou desorganizados, estão voltados para o Deus vivo, o único Deus que existe. Esse é mais um motivo para que estude teologia, pois todo o tempo e a energia que dedicar pensando a respeito do Deus verdadeiro não só vai expandir a sua mente, como também afetará sua vida.

Para exemplificar como a teologia pode influenciar sua vida, pense sobre a necessidade de prestar contas de nossos atos. Todo mundo faz algum tipo de prestação de contas a alguém. Prestamos contas a nós mesmos; a consciência encarrega-se disso. Mas nossa consciência pode ser cauterizada, distorcida ou ignorada, diminuindo, assim, o impacto dessa prestação de contas. Devemos prestar contas à sociedade, mas sociedades diferentes possuem diversos níveis de leis e de conceitos morais, e, às vezes, é possível violar os padrões estabelecidos sem prestar contas. Outras esferas de prestação de contas são a família, a igreja local, o local de trabalho, etc. Além disso, os que acreditam no Deus verdadeiro reconhecem que também precisam prestar contas ao Senhor. Às vezes, até parece que escapamos da responsabilidade de nos reportar a Deus por aquilo que fazemos, mas ninguém fugirá da futura prestação de contas, pois todos iremos comparecer ante o tribunal de Cristo. Essa teologia do juízo força-nos a pensar sobre um aspecto da Pessoa de Deus que deveria expressar-se em nossa vida mediante uma visão de mundo sóbria e equilibrada hoje.

Bons teólogos existem, mas com diferentes características. Alguns são, pelos padrões do mundo, considerados ignorantes, ainda que conheçam muitas verdades sobre Deus. Outros estudam muito, mas não de maneira sistemática e técnica. Ao passo que outros são altamente capacitados e lêem muito a respeito do assunto. Há, também, teólogos profissionais, mas esses não são a maioria.

Este livro foi escrito para leigos. Se estivesse escrevendo a profissionais, teria dito muitas coisas de modo diferente. Não teria feito um esforço deliberado para manter a linguagem simples, apresentado explicações fáceis, uma vez que profissionais são capazes de entender a linguagem teológica complexa e explicações técnicas. Não usaria ilustrações (embora alguns livros técnicos façam uso desse recurso) nem teria mantido um número reduzido de notas. Os profissionais sempre querem ter certeza de que o autor leu tudo a respeito daquele assunto (mas quem consegue fazer isso?). O mínimo que esperam é ter uma prova de que vários livros foram consultados. Isso pode ser feito pela análise da quantidade e da variedade das notas, sendo que algumas devem ser de obras atuais. Acredito que já demonstrei, em outros livros, que sou capaz de fazer isso. Porém, nesta obra decidi usar um número mínimo de notas de rodapé. Usei somente o necessário para documentar alguma declaração que o leitor pudesse pensar que não era verídica ou para deixar claro que não estou fazendo afirmações infundadas. Mas, na maioria das vezes, usei as notas para indicar livros e artigos que acredito serem uma contribuição útil ao assunto abordado. Dessa maneira, é possível que o leitor faça uma investigação mais profunda, se assim desejar.

Se teologia é pensar sobre Deus e expressar esses pensamentos, então julgue este livro com base na idéia de que ele reflete (ou não) pensamentos corretos a respeito de Deus e de que os expressa de maneira correta e simples, sendo capaz de gerar mudanças em seu modo de pensar e de viver.

A expressão "sã doutrina", usada por Paulo, quer dizer doutrina correta (veja 2 Tm 4:3; Tt 1:9). Espera-se que a sã doutrina e a sã teologia sempre resultem em uma vida santa. Quando Paulo orava pelas igrejas, pedia que crescessem no conhecimento, pois entendia que isso produziria um viver santo (veja Fp 1:9-11; Cl 1:9,10). A sã teologia é expressa não somente na declaração de fé, mas também por meio de uma vida frutífera e de um viver santo, e a vida santa deve estar baseada em uma sã teologia.

Como a teologia afeta a minha ou a sua vida é nossa responsabilidade pessoal e individual. Mas o objetivo supremo para o estudo da teologia é que sejamos feitos conforme à imagem de Cristo. Em última análise, nenhum livro é capaz de fazer isso. Somente Deus e você.

Parte 1

Prolegômenos

1

CONCEITOS E DEFINIÇÕES

Prolegômenos, o título da primeira parte deste livro, é uma expressão grega que significa "prefácio" ou "considerações preliminares". É uma oportunidade de o autor mostrar a seus leitores o plano geral da obra que tem em mente, estabelecendo sua extensão e também suas limitações. Além disso, trata de alguns pressupostos de suas idéias e dos procedimentos que o autor planeja usar. Os prolegômenos servem para orientar os leitores sobre o que o autor planeja fazer no livro.

I. O CONCEITO DE TEOLOGIA

Quando se diz que um livro trata de teologia, isso implica mostrar sua extensão, ênfase e limitações. A palavra "teologia" é formada de duas partes: *theos*, que quer dizer "Deus", e *logos*, a expressão racional, os meios da interpretação racional da fé religiosa. Então, podemos dizer que teologia significa "a interpretação racional da fé religiosa". A teologia cristã, portanto, é "a interpretação racional da fé cristã".

Existem pelo menos três elementos incluídos no conceito geral de teologia.

(1) Teologia é inteligível. Ela pode ser compreendida pela mente humana de maneira ordenada e racional.

(2) Teologia requer explicação. Isso, por sua vez, envolve a exegese (análise dos textos no original) e a sistematização das idéias.

(3) A fé cristã tem sua base na Bíblia, por isso a teologia cristã é um estudo baseado na Bíblia. Logo, teologia é a descoberta, a sistematização e a apresentação das verdades a respeito de Deus.

II. OS TIPOS DE TEOLOGIA

Os diferentes tipos de teologia podem ser catalogados de várias maneiras.

(1) Por época: por exemplo, teologia patrística, teologia medieval, teologia reformada e teologia contemporânea.

(2) Por ponto de vista: por exemplo, teologia arminiana (defendida por Armínio), teologia calvinista (defendida por João Calvino), teologia católica, teologia barthiana

(defendida por Karl Barth), teologia da libertação, etc.

(3) Por ênfase: por exemplo, teologia histórica, teologia bíblica, teologia sistemática, teologia apologética, teologia exegética, etc. Algumas dessas diferenças são muito importantes para todo aquele que estuda teologia.

A. Teologia histórica

A teologia histórica aborda o que os estudiosos, individual ou coletivamente, pensam sobre os ensinos da Bíblia, conforme os pronunciamentos dos concílios realizados pela Igreja. Mostra como a Igreja estabeleceu tanto o que é verdadeiro quanto o que é errado e serve para guiar a teologia em seu próprio entendimento e declarações doutrinárias. Um estudante é capaz de chegar, de maneira mais eficiente, a suas próprias conclusões a respeito da verdade quando conhece as contribuições e os erros da história da Igreja. Quando parecer apropriado, incluirei as histórias de algumas doutrinas neste livro.

B. Teologia bíblica

Apesar de a expressão "teologia bíblica" ter sido usada de várias maneiras, ela serve para rotular uma ênfase específica no estudo da teologia. De maneira não-técnica, pode referir-se à teologia pietista (em contraste com a teologia filosófica), ou a uma teologia baseada na Bíblia (em contraste com uma que interage com os pensadores contemporâneos), ou ainda à teologia exegética (em contraste com a teologia especulativa). Algumas teologias bíblicas contemporâneas, de perspectiva liberal, enquadram-se nesta última categoria, exegética, mesmo que sua exegese não represente fielmente o ensino bíblico. Muitas vezes, seus escritos são apenas comentários a respeito de tudo o que a Bíblia diz sobre assuntos como o Reino de Deus, as alianças, Deus (se for teologia bíblica do Antigo Testamento) ou questões como os ensinamentos de Jesus, de Paulo e do cristianismo primitivo (quando se trata de teologia bíblica do Novo Testamento).

Tecnicamente, a teologia bíblica tem um enfoque bem mais penetrante do que esse. Ela lida de modo sistemático com o progresso historicamente condicionado da auto-revelação de Deus na Bíblia. Quatro características surgem dessa definição:

(1) Os resultados do estudo da teologia bíblica devem ser apresentados de maneira sistemática. Nesse aspecto, ela é como as outras áreas dos estudos bíblicos e teológicos. O sistema ou maneira por meio da qual a teologia bíblica é apresentada não utiliza, necessariamente, as mesmas divisões que a teologia sistemática. Não tem de usá-las, tampouco precisa evitá-las.

(2) A teologia bíblica é centrada no contexto histórico e geográfico no qual ocorreu a revelação de Deus. Investiga a vida dos escritores da Bíblia, as circunstâncias que os motivaram a escrever e a situação histórica dos destinatários de seus escritos.

(3) A teologia bíblica estuda a revelação na seqüência progressiva em que ela foi dada. Essa teologia

reconhece que a revelação não foi completada por Deus de uma só vez, mas foi apresentada aos poucos, numa série de estágios sucessivos e utilizando diversos grupos de pessoas. A Bíblia é um registro do progresso dessa revelação, e a teologia bíblica concentra-se nela. A teologia sistemática, em contraste, considera a revelação como algo completo e fechado.

(4) A teologia bíblica tem na Bíblia a sua fonte. Na verdade, as teologias sistemáticas ortodoxas fazem o mesmo. Isso não quer dizer que a teologia bíblica ou a sistemática não possam ou não retirem material de outras fontes, mas a teologia ou a doutrina, por si só, não provém de outra fonte que não seja a Bíblia.

C. Teologia sistemática

A teologia sistemática correlaciona os dados da revelação bíblica como um todo, para exibir sistematicamente a imagem completa da auto-revelação de Deus.

A teologia sistemática pode incluir o contexto histórico, a apologética (defesa da fé) e o trabalho exegético, mas concentra-se na estrutura total da doutrina bíblica.

Em resumo: teologia é descobrir, sistematizar e apresentar as verdades a respeito de Deus. A teologia histórica faz isso ao concentrar-se no que outros têm dito a respeito dessas verdades ao longo da história. A teologia bíblica faz isso ao considerar a revelação progressiva das verdades de Deus. A teologia sistemática apresenta sua estrutura total.

2

ALGUNS PRESSUPOSTOS

I. PRESSUPOSTOS BÁSICOS

De maneira consciente ou inconsciente, todos agem baseados em alguns pressupostos. Ao afirmar que Deus não existe, o ateu precisa acreditar nesse pressuposto básico. Por acreditar nisso, encara o mundo, a humanidade e o futuro de modo completamente diferente de um teísta. O agnóstico afirma que não podemos conhecer a Deus, mas precisa crer nisso, pois é a base de sua visão de mundo e da vida. Se é possível conhecer o Deus verdadeiro, então todo esse sistema cai por terra. O teísta acredita que existe um Deus. Reúne evidências para confirmar e apoiar essa crença, mas a base de tudo é sua fé.

O trinitariano acredita que Deus é uma triunidade. Sua fé está baseada na Bíblia, portanto também acredita que a Bíblia é verdade.

Esses são os pressupostos fundamentais. Se a Bíblia não é verdadeira, então o triunitarismo é falso, e Jesus Cristo não é quem afirmava ser. Nada aprendemos sobre a trindade ou sobre Cristo apenas por meio da natureza ou com a mente humana. Não podemos ter certeza de que aquilo que aprendemos na Bíblia sobre o Deus triúno é verdade a menos que acreditemos que nossa fonte é digna de confiança. Logo, a crença na veracidade da Bíblia é um pressuposto básico. Essa questão será tratada com maior profundidade quando abordarmos a inspiração e a inerrância da Bíblia.

II. OS PRESSUPOSTOS INTERPRETATIVOS

Se nossa fonte é tão importante, então devemos nos preocupar com a maneira como a encaramos e como a utilizamos. Uma teologia correta baseia-se na exegese correta. Os estudos exegéticos devem ser feitos antes de uma sistematização teológica, assim como os tijolos precisam ser fabricados antes de serem usados na construção de um prédio.

A. A necessidade da interpretação simples e normal

Faremos uma discussão mais profunda sobre hermenêutica na Parte 3.

Mesmo assim, precisamos afirmar, aqui, a importância da interpretação normal como a base da exegese correta. Ao revelar a si mesmo a nós, Deus desejava comunicar a verdade, não escondê-la. Por isso, fazemos uma interpretação bíblica pressupondo o uso dos cânones normais da interpretação. Mas lembre-se de que a existência de símbolos, parábolas, tipos, etc. depende de um sentido literal. Além disso, sua interpretação sempre deve estar fundamentada no conceito de que Deus comunica-se de maneira normal, simples ou literal. Se ignorarmos isso, acabaremos caindo no mesmo tipo de exegese confusa que caracterizou os intérpretes patrísticos e medievais.

B. A prioridade do Novo Testamento

Toda Escritura é inspirada por Deus e útil. Porém, como fonte de doutrina, o Novo Testamento recebe prioridade. A revelação do Antigo Testamento foi parcial e serviu de preparação, enquanto a do Novo Testamento é completa, podendo ser considerada o ápice da revelação. A doutrina da Trindade, por exemplo, mesmo que possa ser identificada no Antigo Testamento, só foi revelada no Novo Testamento. Ou, então, pense nas grandes diferenças entre o que é ensinado no Antigo e no Novo Testamento a respeito da expiação, da justificação e da ressurreição. Afirmar isso não é minimizar os ensinamentos do Antigo Testamento, nem pressupor que ele seja menos inspirado. O que estamos querendo dizer é que, na revelação progressiva de Deus, cronologicamente o Antigo Testamento vem antes e, portanto, é teologicamente incompleto, ocupando uma posição preparatória. A teologia do Antigo Testamento tem sua importância, mas acaba sendo incompleta sem a contribuição da verdade do Novo Testamento.

C. A legitimidade das Escrituras

Os liberais e os neo-ortodoxos, muitas vezes, criticam os conservadores por usarem somente as Escrituras para embasar suas conclusões. Por que reclamam tanto? Apenas porque mencionar as Escrituras vai levá-los a conclusões conservadoras e não liberais. Alegam que essa é uma metodologia ilegítima, não erudita, porém não é mais ilegítima do que as notas de rodapé das obras eruditas!

Para provar isso, as Escrituras devem ser empregadas de maneira correta, assim como as notas de rodapé. Na verdade, devem ser usadas para revelar o que realmente querem dizer, nunca fora de contexto nem em citações parciais quando a relação com o todo puder alterar o significado. De maneira especial, os textos do Antigo Testamento não devem ser forçados para incluir verdades que somente foram reveladas posteriormente no Novo Testamento.

III. PRESSUPOSTOS SISTEMÁTICOS

A. A necessidade de um sistema

A diferença entre a exegese e a teologia é o sistema utilizado. A exegese analisa o significado dos textos; a teologia correlaciona essas análises. O exegeta luta para apresentar o significado da verdade; o teólogo, por sua vez, o sistema da verdade. O objetivo da teologia, seja ela bíblica ou sistemática, é a organização dos ensinamentos considerados.

B. As limitações de um sistema teológico

Em resumo, as limitações de um sistema teológico devem coincidir com as limitações da revelação bíblica. No esforço de apresentar um sistema completo, os teólogos, muitas vezes, são tentados a preencher as lacunas existentes nas evidências bíblicas com lógica e deduções que não podem ser comprovadas.

A lógica e as deduções têm seu lugar apropriado. A revelação de Deus é ordeira e racional, portanto, a lógica possui um lugar assegurado na investigação científica dessa revelação. Quando as palavras são reunidas formando frases, assumem implicações que os teólogos devem procurar entender.

No entanto, quando a lógica constitui um meio de criar a verdade, como se assim fosse, então o teólogo será culpado de impor seu sistema sobre as limitações da verdade bíblica. Às vezes, isso é motivado pelo desejo de responder a questões que as Escrituras não tratam claramente. Nesses casos (e existe uma série deles na Bíblia), a melhor resposta é o silêncio, não um exercício lógico habilidoso, deduções sem bases consistentes nem um sentimentalismo bem-intencionado. Alguns exemplos de áreas que constituem uma tentação especial são a relação entre a soberania divina e a responsabilidade humana; o alcance do sacrifício de Jesus e a salvação das crianças que morrem.

IV. PRESSUPOSTOS PESSOAIS

Também podemos estabelecer alguns pressupostos a respeito do estudante de teologia.

A. Ele deve crer

Os ímpios certamente podem escrever e estudar teologia, mas um cristão tem um entendimento e uma perspectiva sobre a verdade de Deus de que nenhum incrédulo é capaz. As questões mais profundas em relação a Deus são ensinadas pelo Espírito, algo que o incrédulo não possui (1 Co 2:10-16).

Os cristãos também precisam ter fé, pois algumas áreas da revelação de Deus não podem ser totalmente compreendidas por nossa mente finita.

B. Ele deve pensar

O cristão sempre deverá tentar pensar teologicamente. Isso envolve raciocinar de maneira exegética (para entender seu significado preciso); pensar de maneira sistemática (para conseguir correlacionar os fatos de maneira adequada); pensar criticamente (para avaliar a prioridade das evidências relacionadas) e pensar de maneira sintética (para combinar e apresentar os ensinamentos como um todo).

A teologia e a exegese sempre devem interagir. A exegese não apresenta todas as respostas. Quando houver mais de uma opção exegética legítima, a teologia indicará a opção a ser adotada. Algumas passagens, por exemplo, aparentemente podem ensinar que a segurança eterna existe, outras não. Nesse caso, o sistema teológico do intérprete fará com que ele tome uma decisão. Por outro lado, nenhum sistema teológico deve ser tão rígido que não esteja aberto a mudanças ou ao refinamento das revelações da exegese.

C. Ele deve depender

Somente o intelecto não forma um teólogo. Se acreditarmos na realidade do ministério de ensino do Espírito Santo, então certamente esse deve ser um elemento considerado no estudo da teologia (Jo 16:12-15). O conteúdo do "currículo do Espírito" inclui toda a verdade, enfatizando especialmente a revelação do próprio Cristo que, claro, encontra-se nas Escrituras. Experimentar isso requer uma atitude consciente de dependência do Espírito, que será refletida na humildade do intérprete e no estudo diligente daquilo que o Espírito ensinou a outros ao longo da história. O estudo bíblico indutivo é uma boa maneira de estudar, mas fazer *apenas* isso é ignorar os resultados do trabalho de outros, e fazer isso *sempre* pode ser uma repetição ineficiente do que outros já fizeram.

D. Ele deve adorar

Estudar teologia não é um mero exercício acadêmico, embora muitos pensem assim. É uma experiência que muda, convence, expande, desafia e, por fim, leva a uma grande reverência a Deus. Adoração implica o reconhecimento do valor daquilo que é adorado. Como um mortal pode dedicar-se a estudar Deus sem reconhecer ainda mais o valor do Senhor?

3

A QUESTÃO DA AUTORIDADE

A autoridade é o princípio fundamental no estudo da teologia. Presume-se que todos os que atuam dentro do conceito mais amplo de teologia "cristã" reconhecem a autoridade de Deus como norma suprema para a verdade. No entanto, a maneira como a autoridade de Deus é entendida e expressa varia consideravelmente no meio "cristão".

I. AUTORIDADE NO LIBERALISMO

A subjetividade é a principal característica do liberalismo, embora o enfoque dessa subjetividade varie de uma pessoa para outra. Por isso, alguém pode dizer: "A Palavra de Deus inclui 'qualquer ato de Deus pelo qual a comunicação ocorre entre Deus e o homem'".[1] Essa comunicação acontece por meio da razão, dos sentimentos ou da consciência humana.

A. Razão

A razão sempre ocupou espaço predominante no pensamento liberal. Obviamente, é na esfera da razão que os conceitos são formados e nela estão as bases da comunicação interpessoal. A razão é um canal necessário para dar e receber a verdade, e o evangélico reconhece isso. Mas o liberalismo recentemente estabeleceu a razão humana como o juiz da verdade e, muitas vezes, como o criador da verdade. A razão tornou-se autônoma, não estando sujeita a uma autoridade maior ou exterior, mas também é severamente limitada por sua finitude e falibilidade.

B. Sentimentos

Como uma reação ao racionalismo, Schleiermacher (1768-1834) desenvolveu sua teologia dos sentimentos. Enfatizou a análise das experiências religiosas e baseou a religião nos sentimentos ou na consciência. Desse modo, sua teologia transformou-se em antropologia e psicologia. Por isso, Karl Barth considerou Schleiermacher o ápice do liberalismo religioso.

C. Consciência

Essa forma de liberalismo enfatiza a consciência como a base da autoridade. Nosso conhecimento é limitado e não podemos confiar nele, por isso os instintos morais básicos da alma humana passam a ser a base da autoridade. Immanuel Kant (1724-1804) encabeçou esse modo de pensar. Uma vez mais, a teologia passou a ser antropologia.

Em todas as formas de liberalismo, de uma maneira ou outra, a natureza humana é a fonte da verdade religiosa. A Bíblia, então, é encarada como produto da razão humana, que contém idéias a respeito de Deus, do próprio ser humano e do mundo. Registra o desenvolvimento histórico das experiências religiosas e crenças do homem, não sendo, como acreditam os conservadores, o registro da mensagem de um Deus transcendente que interfere no curso da história.

II. AUTORIDADE NA NEO-ORTODOXIA

A neo-ortodoxia é, algumas vezes, equiparada ao liberalismo e, outras, à visão conservadora. O motivo para essa confusão é o fato de que ela rompeu com o liberalismo ao insistir que Deus, não o homem, deve iniciar a revelação (por isso parece ser conservadora). Por outro lado, a neo-ortodoxia continuou ensinando uma visão liberal da Bíblia (por isso parece ser liberal).

Para a neo-ortodoxia, a base da autoridade é a Palavra [o "Verbo", na ARA]. Ao menos foi isso o que expressou Karl Barth (1886-1968). Contudo, a Palavra é principalmente Cristo. A Bíblia testemunha da Palavra, mas faz isso de maneira falível, e a proclamação cristã resume-se a uma palavra a respeito da Palavra.

O Deus soberano tomou a iniciativa de revelar-se a si mesmo centrando-se, antes de mais nada, na revelação de Cristo. Os anos que Cristo viveu na Terra manifestaram o ponto alto da revelação, e sua morte foi o clímax dessa revelação. A Bíblia testemunha a revelação de Deus, mesmo que seja interpretada por todos os cânones do liberalismo. A Bíblia, portanto, não possui autoridade absoluta; sua autoridade é apenas instrumental, pois serve como instrumento falível por meio do qual encontramos Cristo, a Palavra [o Verbo vivo]. Foi nesse encontro de fé no momento de "crise" que Deus comunicou a si mesmo. Essa é a verdade absoluta.

Embora a neo-ortodoxia [ou o barthianismo] procure a objetividade na iniciativa soberana de Deus, põe em prática a subjetividade nas experiências de encontros de fé. Mesmo que a Bíblia esteja envolvida nessas experiências, não se permite que seja seu juiz supremo. Como vemos, a neo-ortodoxia carece de um padrão objetivo e externo de autoridade.

III. A AUTORIDADE NA TEOLOGIA CONSERVADORA

Na teologia conservadora, a base da autoridade é objetiva e externa ao homem.

A. Catolicismo conservador

No catolicismo romano, a autoridade final recai sobre a própria Igreja. Para estabelecer a verdade, a Bíblia deve ser usada, mas precisa ser interpretada pela Igreja. Além disso, as tradições da Igreja são, juntamente com a Bíblia, fonte da revelação divina. Os concílios ecumênicos e os papas, de tempos em tempos, fazem pronunciamentos considerados infalíveis e, portanto, deixando aos membros da igreja a obrigação de cumpri-los.

A Igreja Ortodoxa é similar, pois também coloca sua autoridade na tradição, na própria Igreja e, também, na Bíblia. Apesar de os evangélicos rejeitarem a tradição como fonte de autoridade, deveriam reconhecer que a autoridade do catolicismo não recai sobre homem, como ensina o liberalismo.

B. Protestantismo conservador

A palavra "conservador" exclui as bases de autoridade humanística e subjetiva do liberalismo, e o termo "protestantismo" elimina a Igreja como base de autoridade. Por isso, poderíamos dizer que esse "é o ramo do cristianismo que limita o escopo da autoridade religiosa à Bíblia".[2] As Escrituras contêm a revelação subjetiva de Deus e, portanto, são a base da autoridade do protestantismo conservador.

Devemos ressaltar que o entendimento da revelação de Deus na Bíblia envolve o processo racional de uma mente redimida, um compromisso de fé nas questões não reveladas ou não entendidas, uma dependência do ministério de ensino do Espírito Santo, uma consciência clara diante de Deus e algum conhecimento das lições ensinadas pela história.

De forma prática, algumas vezes, mesmo que não o façam na teoria, os conservadores podem e realmente chegam a negar que a Bíblia é sua única base de autoridade.

(1) Na prática, algumas tradições e denominações dão a seus credos uma autoridade equiparada à da Bíblia. Os credos podem fornecer declarações úteis a respeito da verdade, mas jamais podem ser juízes autorizados da verdade. As declarações dos credos sempre devem ser consideradas falíveis, com possibilidade de precisar de revisão periódica e constantemente submissas à autoridade bíblica.

(2) Na prática, alguns grupos atribuem à tradição e a seus ritos autoridade equiparada à da Bíblia. A Igreja recebeu um mandamento divino para estabelecer diretrizes a seus membros (Hb 13:7-17), mas também são falíveis, precisam de revisão periódica e sempre devem estar submissas à autoridade bíblica.

(3) Na prática, alguns conservadores fazem da experiência religiosa sua autoridade. As experiências sadias são fruto da fidelidade à autoridade bíblica, mas todas as experiências devem ser guiadas, governadas e controladas pela Bíblia. Tornar uma experiência normativa e fonte de autoridade é cometer o mesmo erro do liberalismo, substituindo um critério objetivo pelo existencialismo subjetivo.

Considere o objetivo deste gráfico: quando a autoridade objetiva é substituída, comprometida ou abandonada, o teísmo será enfraquecido ou até mesmo abandonado.

ORTODOXIA	NEO-ORTODOXIA	LIBERALISMO	ACREDITA EM:
X			Objetividade
X	X		Transcendência
X	X	X	Teísmo

1. DEWOLF, L. Harold. *The Case for Theology in Liberal Perspective*. Filadélfia: Westminster, 1959, p. 17.
2. CARNELL, Edward John. *The Case for Orthodox Theology*. Filadélfia: Westminster, 1969, p. 13.

Parte 2

O Deus Vivo e Verdadeiro

4

O CONHECIMENTO DE DEUS

I. A POSSIBILIDADE DE CONHECER A DEUS

Sem dúvida alguma, o conhecimento de Deus é algo desejável. Os anseios religiosos da humanidade testificam isso. Mas seria ele possível?

As Escrituras atestam dois fatos: nossa incapacidade de compreender a Deus e a possibilidade de conhecê-lo. Afirmar que o Senhor é incompreensível equivale a dizer que nossa mente não é capaz de conhecê-lo. Afirmar que ele é cognoscível equivale a dizer que pode ser conhecido. As duas afirmações são verdadeiras, ainda que nenhuma delas em sentido absoluto. Dizer que Deus é incompreensível equivale a afirmar que o homem não pode conhecer tudo a respeito do Senhor. Dizer que ele pode ser conhecido, não é o mesmo que afirmar que o homem é capaz de conhecer tudo a respeito do Senhor.

Essas duas verdades estão presentes nas Escrituras. Nossa incapacidade de conhecê-lo pode ser vista em Jó 11:7 e Isaías 40:18; enquanto a possibilidade de conhecê-lo é vista em versículos como João 14:7; 17:3 e 1 João 5:20.

II. AS CARACTERÍSTICAS DO CONHECIMENTO DE DEUS

O conhecimento de Deus pode ser caracterizado em relação à sua fonte, seu conteúdo, sua progressão e seus propósitos.

A. Sua fonte

O próprio Deus é a fonte do conhecimento que temos dele. Com certeza, "toda verdade é a verdade de Deus", mas esse clichê deveria ser usado de maneira mais cuidadosa do que realmente é. Apenas a verdade absoluta provém de Deus, pois desde que o pecado entrou no curso da história, o homem cria aquilo que chama de verdade, mas que, de fato, não é. Além disso, o homem tem pervertido, alterado, diluído e corrompido o que originalmente era a verdade absoluta proveniente de Deus. Para nós, hoje em dia, a única medida infalível para determinar a verdade é a Palavra escrita de Deus. Embora a natureza seja capaz de revelar algumas coisas a respeito do Senhor, ela é limitada e pode ser interpretada erroneamente pela humanidade. A mente humana, mesmo que muitas vezes tenha um alcance impressionante, está obscurecida e possui limitações. As experiências humanas, até mesmo as religiosas, carecem de credibilidade como fontes do verdadeiro conhecimento de Deus, a menos que estejam de acordo com a Palavra de Deus.

Certamente, o conhecimento da verdadeira religião deve vir da parte de Deus. Em uma dispensação anterior, o judaísmo era a verdadeira religião revelada por Deus. Hoje, o judaísmo não é mais a religião verdadeira, somente o cristianismo pode ser classificado assim. E o verdadeiro conhecimento do cristianismo foi revelado por meio de Cristo e de seus apóstolos. Um dos propósitos da encarnação foi revelar a Deus (Jo 1:18; 14:7). A promessa da vinda do Espírito, após a ascensão de Cristo, inclui uma revelação maior a respeito de Jesus e do Pai (Jo 16:13-15; At 1:8). O Espírito Santo abre as Escrituras ao cristão para que ele possa conhecer a Deus de maneira mais completa.

B. Seu conteúdo

O conhecimento total de Deus é tanto factual quanto pessoal. Conhecer fatos a respeito de uma pessoa sem conhecer a pessoa é algo limitado. Por outro lado, conhecer uma pessoa sem conhecer os fatos a respeito dela é algo superficial. Deus revelou muitos fatos a seu respeito, e todos eles são importantes para fazer que nosso relacionamento com ele seja algo íntimo, inteligente e útil. Se ele tivesse apenas revelado fatos sem permitir que fosse possível conhecê-lo de maneira pessoal, esse conhecimento factual teria utilidade ínfima, e certamente não seria eterno. Assim como as relações humanas, o relacionamento homem-Deus, não pode existir sem o conhecimento de algumas verdades mínimas a respeito das pessoas envolvidas. Além disso, o relacionamento pessoal gera o desejo de conhecer mais fatos, o que, por sua vez, aprofunda o relacionamento, e assim por diante. Esse ciclo deve ser a experiência pessoal de cada estudante de teologia. O conhecimento de Deus deve aprofundar nosso relacionamento com ele, e isso, por sua vez, aumentará o nosso desejo de conhecer mais a respeito do Senhor.

C. Sua progressão

O conhecimento de Deus e de suas obras foi revelado progressivamente através da história. A prova mais óbvia disso é obtida na comparação da teologia judaica incompleta com a revelação mais completa da teologia cristã. Basta analisar, por exemplo, doutrinas como Trindade, cristologia, o Espírito Santo, ressurreição e escatologia. A tarefa da teologia bíblica é registrar essa progressão.

D. Seu propósito

1. Fazer com que as pessoas possuam a vida eterna (Jo 17:3; 1 Tm 2:4).

2. Estimular o crescimento cristão (2 Pe 3:18) com conhecimento doutrinário (Jo 7:17; Rm 6:9,16; Ef 1:18) e um estilo de vida com discernimento (Fp 1:9,10; 2 Pe 1:5).

3. Alertar sobre o juízo vindouro (Os 4:6; Hb 10:26,27).

4. Gerar a verdadeira adoração a Deus (Rm 11:33-36).

III. PRÉ-REQUISITOS PARA O CONHECIMENTO DE DEUS

A. Deus iniciou a sua auto-revelação

O conhecimento de Deus é diferente de todos os outros tipos de conhecimento que o homem possa adquirir, pois só vai até onde Deus o revela. Se Deus não tomasse a iniciativa de revelar a si mesmo, o homem não teria meios de conhecê-lo. Portanto, o ser humano deve colocar a si mesmo em submissão a Deus, que é objeto de seu conhecimento. Em outras esferas do conhecimento acadêmico, o ser humano, muitas vezes, coloca-se acima do objeto de investigação, mas isso não pode ocorrer no estudo de Deus.

B. Deus criou a linguagem para a comunicação

Certamente, a provisão dos meios para comunicar essa revelação é parte essencial da revelação divina. O registro da revelação pessoal de Deus em Cristo também necessita de alguns meios para registrar e comunicar essa revelação. Foi para esse propósito que Deus nos deu a capacidade de falar e, também, a linguagem oral. O Senhor elaborou a linguagem e a deu ao primeiro homem e à primeira mulher para que pudesse entregar-lhes suas instruções (Gn 1:28-30) e para que eles fossem capazes de se comunicar com Deus (3:8-13). A linguagem também devia fazer parte do domínio humano sobre a criação antes da queda e do processo de nomear os animais. Mesmo após a divisão da língua original em muitas outras (em Babel), as línguas constituíam um modo de criar comunicação em todos os níveis. Acreditamos que o Deus onisciente assegurou-se de que essas linguagens eram suficientes para comunicar sua auto-revelação ao homem.

C. Deus criou o homem à sua imagem

Quando Deus criou o homem à sua imagem e semelhança, ele o fez como a si próprio, um ser racional e inteligente. Contudo, mesmo se tratando de uma inteligência real, a inteligência humana não é idêntica à divina. Portanto, os seres humanos possuem a habilidade de entender o significado das palavras e a lógica por trás das frases e dos parágrafos. O pecado removeu a garantia de que o entendimento humano sempre pode ser confiável, mas não erradicou a habilidade de compreensão do ser humano.

D. Deus nos deu o Espírito Santo

Deus deu seu Espírito Santo aos cristãos para revelar as coisas de Deus (Jo 16:13-15; 1 Co 2:10). Isso não torna o cristão infalível, mas pode dar-lhe a habilidade de distinguir a verdade do erro (1 Jo 2:27).

Essas obras de Deus possibilitam que conheçamos e que obedeçamos aos muitos mandamentos das Escrituras para sermos capazes de conhecer ao Senhor (Rm 6:16; 1 Co 3:16; 5:6; 6:19; Tg 4:4).

5

A REVELAÇÃO DE DEUS

Historicamente, as duas maneiras por meio das quais Deus tomou a iniciativa de revelar a si mesmo foram chamadas de "revelação geral" e de "revelação especial". A revelação geral inclui tudo o que Deus revelou no mundo à nossa volta, inclusive o homem, ao passo que a revelação especial inclui as várias maneiras que ele usou para comunicar sua mensagem, compilada na Bíblia. A revelação geral algumas vezes é chamada de "teologia natural" e a revelação especial é chamada de "teologia revelada". Mas, claro, o que é revelado pela natureza também foi revelado na teologia. Alguns autores usam o termo "pré-queda" para designar a revelação geral e "pós-queda" ou "sotérica" para a revelação especial. Contudo, tanto a revelação geral quanto a especial provêm de Deus e são a respeito de Deus.

Na maior parte deste capítulo, discutiremos a revelação geral, deixando outros aspectos da doutrina da revelação para a Parte 3 do livro. A revelação geral apresenta evidências da existência de Deus. A revelação especial, por outro lado, geralmente pressupõe a existência de Deus.

I. CARACTERÍSTICAS DA REVELAÇÃO GERAL

A revelação geral é exatamente o que indica: geral. Ela é geral em sua abrangência; ou seja, afeta todas as pessoas (Mt 5:45; At 14:17). É geral no aspecto geográfico; ou seja, encobre todo o planeta (Sl 19:2). Ela é geral em sua metodologia; ou seja, utiliza meios universais, como o calor do Sol (vv. 4-6), e a consciência humana (Rm 2:14,15). Assim, essa revelação afetaria todas as pessoas, independentemente de onde estejam e/ou da época em que tenham vivido. Pode trazer luz e verdade a todos, mas, se rejeitada, trará condenação.

II. MEIOS DA REVELAÇÃO GERAL

A revelação geral chegou à humanidade de muitas maneiras:

A. Pela criação

1. *Afirmação*. De maneira simples, essa linha de evidência (o argumento

cosmológico da existência de Deus) afirma que o universo a nosso redor é um efeito que requer uma causa adequada.

2. *Pressupostos*. Essa linha de evidência depende de três pressupostos: a) todo efeito tem uma causa; b) o efeito causado depende da causa que o gerou; e c) a natureza não pode originar a si mesma.

3. *Argumentação*. Se algo existe hoje (o cosmo), ou ele veio do nada ou foi gerado de algo que deve ser eterno. Esse "algo eterno" da segunda opção pode ser tanto o próprio cosmo (que precisaria ser eterno ou ter um princípio eterno), quanto o acaso ou até mesmo Deus, o ser eterno.

Dizer que o cosmo veio do nada remete-nos à idéia de que ele criou a si próprio. Isso é uma contradição lógica, pois para algo gerar a si mesmo é necessário que ele, ao mesmo tempo e da mesma maneira, exista e não exista. Além disso, a autogeração jamais foi cientificamente demonstrada e comprovada.

Uma variação desse ponto de vista que afirma a eternidade da matéria é chamada de "teoria do estado eterno". Ela sugere que a matéria é constantemente criada perto do centro do universo e destruída no perímetro mais externo do espaço. No entanto, não há evidências para apoiar esta teoria e, caso fosse verdade, isso violaria a lei da conservação de massa e de energia.

Será que essa questão de causa e efeito não se aplicaria a Deus? Ele também não é um efeito que necessita de uma causa? A resposta é não, pois Deus não é um efeito (um efeito é algo que requer uma causa). Ele é eterno.

Se o cosmo não gerou a si mesmo, então deve ter sua origem em algo eterno. Uma opção é entender que o processo cósmico é eterno, mas isso dificilmente é considerado. Na verdade, quase todos acreditam que o universo teve um início, independentemente de quanto tempo atrás isso possa ter ocorrido.

Outra hipótese é a da existência de algum princípio eterno no acaso ou de uma "inteligência cega". Acreditar nessa opção requer muita fé. É possível demonstrar matematicamente que o acaso (algo aleatório) não poderia ter produzido o que vemos hoje no universo. Mesmo que fosse capaz de produzir moléculas e átomos, a "matéria-prima" do universo, esse princípio inanimado também seria capaz de gerar os aspectos imateriais da vida, como a alma e o espírito?

A terceira opção é o argumento teísta, ou seja, esse ser eterno que criou o cosmo é Deus. Isso não significa que o universo revele todos os detalhes do caráter desse ser eterno, mas implica que existe um ser inteligente, vivo e poderoso que formou o universo. Vivo porque a não-vida é incapaz de gerar a vida. Poderoso, porque essa é a natureza do que foi formado. Inteligente, porque existe ordem e harmonia no cosmo, algo que o acaso não conseguiria gerar.

4. *Escrituras*. Duas passagens-chave das Escrituras mostram a criação como um canal de revelação.

a. Salmos 19:1-6. Neste salmo, Davi escreveu sobre (1) a continuidade da revelação por intermédio da criação (vv. 1, 2). Os verbos expressam ação contínua, indicando que os céus, o firmamento, o dia e a noite continuamente proclamam a glória de Deus. Ele também escreveu que (2) o centro, ou arena, dessa revelação é o universo, os céus e a Terra (v. 4). (3) O caráter dessa revelação é bastante claro, mesmo não sendo verbal (v. 3) e (4) atinge a todas as pessoas e todos os lugares. Ela recobre a Terra toda, e todo mundo pode percebê-la. A maioria das pessoas consegue perceber o Sol e o ciclo do dia e da noite, e até mesmo os cegos são capazes de sentir o calor do Sol (v. 6). Essa revelação deve levantar dúvidas na mente das pessoas. De onde viria este calor? Quem criou o Sol? (5) Além disso, o conteúdo dessa revelação é duplo. Revela algo a respeito da glória e da grandeza de Deus.

b. Romanos 1:18-32. Nessa passagem-chave, a ênfase está sobre a revelação da ira de Deus, pois a humanidade rejeita o que poderia conhecer sobre o Senhor por intermédio da criação.

(1) A revelação de sua ira (v. 18). A ira de Deus é revelada contra todos os que suprimem a verdade e que praticam a iniqüidade. Os detalhes de como essa ira é revelada são mencionados nos versículos 24-32.

(2) Os motivos para a sua ira (vv. 19-23). Existem dois motivos: é possível conhecer algo a respeito de Deus, mas em vez de receber essa verdade, as pessoas rejeitaram a revelação e realmente a perverteram. O *kosmos,* ou seja, as "coisas que foram criadas", revela claramente (desde o início da criação) o poder de Deus e a natureza divina. Em outras palavras, ao observar o universo a seu redor, toda a humanidade deveria reconhecer que existe um Ser supremo. Em vez de disso, os homens rejeitaram essa verdade e criaram ídolos, apesar de serem muito superiores a eles.

(3) O resultado de sua ira (vv. 24-32). Pelo fato de os homens terem rejeitado a revelação geral, Deus os "entregou" (vv. 24, 26, 28). Alguns pensam que isso foi uma permissão dada às pessoas para que sofressem as conseqüências de seus pecados. Mas o verbo está na voz ativa, nos versículos 24, 26 e 28, indicando que o Senhor tomou uma atitude. Outros interpretam esse verbo em sentido restritivo, isto é, Deus privou o homem da graça comum. Outro grupo entende que essa foi uma atitude positiva, que demonstra o juízo divino ao entregar as pessoas para serem julgadas. Essa noção inclui um sentido privativo, mas é um ponto de vista que enfatiza mais a ação do que a permissão. Essa perspectiva entende, ao mesmo tempo, que as pessoas são responsáveis por suas atitudes pecaminosas (Ef 4:19 usa o mesmo verbo). O homem é condenado justamente porque não aceitou o que Deus revelou sobre si mesmo por meio da criação.

Norman Geisler reafirmou o argumento cosmológico da seguinte forma:

(a) Existe um ser (ou seres) limitado(s) e mutável(eis). Negar isso exige uma confirmação de um ser existente, por isso anula a si mesma.

(b) A existência presente de cada ser limitado e mutável foi causada por outro ser. A potencialidade dessa existência somente pode ser atualizada por outra existência.

(c) Não pode haver um regresso infinito até o que gerou esse ser.

(d) Logo, existe uma Causa primária para a existência atual destes seres.

(e) Essa Causa primária deve ser infinita, necessária, eterna, simples, imutável e única.

(f) Ao comparar o ser defendido por essa linha de argumentação com o Deus das Escrituras, concluímos que eles são idênticos.[1]

O ARGUMENTO COSMOLÓGICO

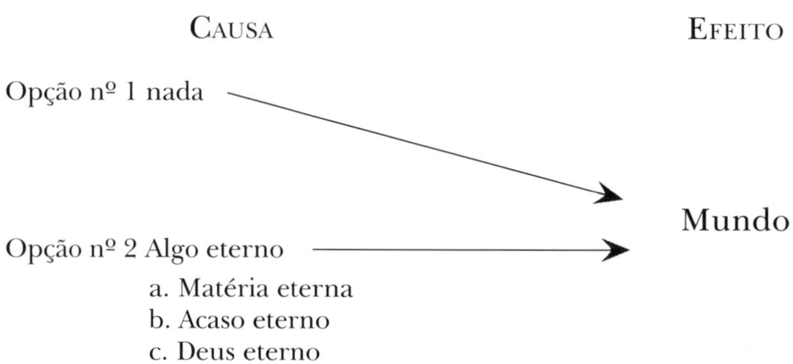

B. Pela ordem do universo

1. *Afirmação*. O propósito, a ordem e a composição do que vemos no mundo necessita de um planejador. A apresentação mais popular desse argumento teleológico encontra-se no livro *Natural Theology*, de William Paley (de 1802). Ele inclui sua famosa ilustração de que um relógio, para ser formado, exige um relojoeiro. Do mesmo modo, a formação do mundo necessita que alguém o tenha planejado.

2. *Argumentação*. Para ser mais eficaz, o argumento teleológico deveria abordar os aspectos mais gerais da formação da natureza em vez de olhar para seus detalhes. Podemos usar a ilustração de J. Oliver Buswell: o fato de não existirem dois flocos de neve iguais é uma evidência muito menor do propósito e do plano estabelecido por Deus para o mundo do que a importante posição que a neve possui no ciclo das estações e a provisão para umedecer a terra.[2] Além disso, alguns dos detalhes específicos da natureza não fazem sentido para nós, muitas vezes por causa da operação do maligno. Mas a imagem geral que possuímos revela ordem e planejamento. Uma ação aleatória jamais poderia ter produzido uma organização tão

complexa como a que observamos no mundo.

3. *As Escrituras*. O Salmo 19:2 declara que o mundo é a evidência do conhecimento do Criador. Quando os habitantes de Listra estavam prestes a oferecer sacrifícios a Paulo e Barnabé por pensarem que eram deuses, Paulo os proibiu usando esse argumento teleológico da existência do Deus verdadeiro (At 14:15-18). A natureza apresenta o ciclo das estações e a dádiva que é a chuva, que traz fartura e alegria à humanidade. Essa ordem natural das coisas serve como testemunha da existência do Deus vivo e verdadeiro, disse Paulo.

C. Pela criação do homem

1. *Afirmação*. Como pode o homem, um ser moral, inteligente e vivo, ser explicado à parte de um Deus moral, inteligente e vivo?

2. *Argumentação*. O chamado "argumento antropológico" da existência de Deus acaba por dividir-se de várias maneiras. Buswell, por exemplo, distingue o argumento antropológico (Deus criou o homem à sua imagem) e o argumento moral (como surgiram as idéias de certo e errado?).[3] Dale Moody divide esse argumento básico em quatro partes: o argumento moral, a existência da mente, o ser completo (ou seja, a alma), e a consciência religiosa.[4] Para mim, essas divisões são apenas aspectos do argumento antropológico básico, pois todos concentram-se no homem. Portanto, independentemente da faceta da existência do homem ou da experiência enfatizada, seja a moralidade, a inteligência, as emoções ou a consciência religiosa, todas continuam sendo um aspecto da vida humana e pertencem ao argumento antropológico.

As diversas facetas do homem e todas elas em conjunto exigem algumas explicações sobre sua origem. Todas corroboram para provar a existência de um ser moral, inteligente e vivo, o qual poderia ter gerado o homem. Forças materiais, inanimadas ou inconscientes dificilmente poderiam ter gerado o homem. A evolução não pode produzir a alma, a consciência ou os instintos religiosos. Os ídolos inanimados não são capazes de criar vida.

3. *As Escrituras*. O salmista declarou: "O que fez o ouvido, acaso, não ouvirá? E o que formou os olhos será que não enxerga?" (Sl 94:9). Em outras palavras, as criaturas vivas e inteligentes declaram a existência de um criador vivo e inteligente.

Paulo usou o mesmo argumento no Areópago. Se nós somos geração de Deus, ele argumenta, então Deus não pode ser como um ídolo de ouro ou de prata formado pela sua criação (At 17:28,29). É necessário que Deus, assim como sua geração, seja um ser vivo e inteligente.

D. Pelo seu próprio ser

O argumento ontológico (ou seja, o argumento baseado no estudo do "ser") foi apresentado de várias formas por Anselmo, Descartes e outros, sendo aceito por uns (Hegel), mas rejeitado por outros (Kant).

1. *Afirmação*. O argumento é este: (a) temos uma idéia de um Ser Mais

Perfeito; (b) a idéia de um Ser Mais Perfeito inclui a existência, pois um Ser, que é perfeito, mas que não exista, não seria tão perfeito quanto um ser que existe; (c) portanto, já que a idéia da existência está contida na concepção desse Ser Mais Perfeito, este Ser Mais Perfeito deve existir.

2. *Discussão*. Apesar de esse argumento ser dedutivo, existe um argumento indutivo. De onde vem a idéia de Deus? Nem todas as idéias que as pessoas possuem correspondem a uma realidade ontológica. Mas as idéias têm causas e precisam ser comprovadas. Sabemos que existe a idéia de um "coelhinho da Páscoa". Mas isso não prova a realidade dessa idéia. De modo similar, a idéia de Deus existe. Como ela pode ser comprovada? Esse é o aspecto indutivo do argumento. A questão é que essa idéia não pode ser explicada com dados não-teístas.

III. O CONTEÚDO DA REVELAÇÃO GERAL

Existem passagens bíblicas relevantes que nos mostram com autoridade o que podemos aprender da revelação geral. Isso não é o mesmo que dizer que todos irão entender todas ou algumas dessas coisas, mas foi o que Deus comunicou utilizando vários meios pelos quais a revelação geral se manifesta:

(1) Sua glória (Sl 19:1).
(2) Seu poder para realizar a criação do universo (Sl 19:1).
(3) Sua supremacia (Rm 1:20).
(4) Sua natureza divina (Rm 1:20).
(5) Seu controle providencial da natureza (At 14:17).
(6) Sua bondade (Mt 5:45).
(7) Sua inteligência (At 17:29).
(8) Sua existência (At 17:28).

IV. O VALOR DA REVELAÇÃO GERAL

Ao determinar o valor da revelação geral, as pessoas correm dois riscos: superestimá-lo ou subestimá-lo. Alguns dão a impressão de que tudo o que é revelado por intermédio da revelação geral prova a existência do verdadeiro Deus da Bíblia. Isso parece superestimar seu valor. Outros não dão valor a isso, mas estão igualmente errados, pois a Bíblia não reflete o uso desses argumentos. Mas então, qual é o valor adequado?

A. Para mostrar a graça de Deus

O fato de Deus não ter retido sua graça após a primeira rebelião (ou as posteriores) por si só já é graça. O fato de ele não ter parado de se comunicar com a humanidade após as pessoas terem dado as costas a ele não é algo insignificante. Sua graça contínua é revelada, porque ele continua usando a revelação geral como um meio para que as pessoas conheçam algo a respeito do Deus verdadeiro. Alguns são afetados positivamente pela graça comum, mostrando evidência de moralidade e, muitas vezes, buscando mais dessa verdade.

B. Para colaborar com o argumento do teísmo

Seria pretensão dizer que esses argumentos sobre a existência de

Deus provam a existência do Deus da Bíblia. Ainda que muitas verdades a respeito de Deus sejam reveladas por intermédio da revelação geral, muitas coisas importantes jamais serão reveladas com a utilização desses meios. Porém, as questões levantadas pela revelação geral e as respostas que apresenta apóiam as declarações do teísmo, em oposição, por exemplo, ao ateísmo, ao agnosticismo ou ao evolucionismo.

C. Para condenar com justiça os que a rejeitam

Essas linhas de evidência colocam sobre o homem e a mulher não-regenerados a responsabilidade de darem alguma resposta. Deus intencionava que as pessoas fossem capazes de perceber que uma explicação mecânica, ateísta e irracional é inadequada para explicar este mundo totalmente integrado e as várias facetas do homem. A humanidade deveria responder reconhecendo que deve haver um ser vivo, poderoso, inteligente e sobrenatural por trás disso tudo.

Se os homens não fazem esse reconhecimento mínimo, porém fundamental, e em vez disso dão as costas e apresentam outra explicação, então Deus estará sendo justo se rejeitá-los e não lhes oferecer mais verdades. A rejeição do que foi revelado na revelação geral é suficiente para uma condenação justa. Contudo, isso não implica que a aceitação da revelação geral é suficiente para garantir a salvação eterna. Isso não acontece, simplesmente porque não há revelação da morte sacrificial do Filho de Deus.

Se o que eu disse parece levantar uma dupla questão, tudo bem. Não há nada inerentemente errado com o fato de uma idéia ser dupla, desde que os dois aspectos abordados sejam justos. E, nesse caso, ambos são. Deus providenciou, antes da fundação do mundo, um Cordeiro para ser sacrificado pelo pecado. Portanto, apenas a revelação geral não poderia salvar. Obter a salvação fora do Cordeiro seria uma provisão injusta. Mas não condenar aqueles que rejeitam a revelação durante sua peregrinação na Terra também seria incoerente para um Deus santo. Então, a rejeição das verdades da revelação geral traz justa condenação sobre eles toda vez que ela ocorre.

Imagine que um aluno bem-intencionado procure um colega que precisa de mil dólares para pagar as mensalidades da universidade e lhe oferece dez dólares com preocupação e amor (sendo isso tudo o que possui). Mas o outro aluno pega a nota e joga-a no chão, dizendo com deboche:

— De que me adianta essa quantiazinha insignificante?

Assim, que obrigação teria esse aluno, diante dessa atitude de desdém do colega, de empenhar-se para providenciar uma ajuda maior? Contudo, se fosse capaz de dar-lhe os mil dólares, alguém o acusaria de ser injusto com o aluno necessitado? Aceitar a oferta de dez dólares não "salvará" a pessoa que precisa de mil dólares, mas rejeitá-la o condenará. Não devemos nos esquecer de que a maioria das pessoas que já viveram na Terra acabaram rejeitando a revelação de Deus por meio da natureza, e essa rejeição veio com zombaria e com a substituição deliberada de Deus por suas próprias divindades. Acabaram condenando a si mesmos e, quando Deus os rejeitar, o fará de maneira justa.

1. GEISLER, Norman. *Philosophy of Religion*. Grand Rapids: Zondervan, 1981, pp. 190-208.
2. BUSWELL, J. Oliver. *A Systematic Theology of the Christian Religion*. Grand Rapids: Zondervan, 1962, p. 87.
3. Ibid., v. 1, pp. 90,1.
4. MOODY, Dale. *The Word of Truth*. Grand Rapids: Eerdmans, 1981, pp. 83,4.

6

As perfeições de Deus

A questão apresentada no capítulo 4 era "Deus pode ser conhecido?"; neste capítulo, trataremos de outro ponto: "Deus pode ser definido?" Se uma definição consiste de "uma palavra ou frase que expressa a natureza essencial de uma pessoa ou coisa", então Deus não pode ser definido, pois não existe uma palavra ou frase que expresse a essência de sua natureza. Ninguém seria capaz de formular uma definição de Deus.

Mas se encararmos a definição como uma descrição, então é possível definir Deus, mesmo que não seja de maneira categórica. Na verdade, a maioria das definições de Deus são descritivas. Uma das mais famosas, que pode ser encontrada no Breve Catecismo de Westminster, ilustra esse tipo de definição, quando descreve Deus como "espírito, infinito, eterno e imutável em seu ser, sabedoria, poder, santidade, justiça, bondade e verdade" (pergunta 4). A descrição mais extensa da Confissão de Fé de Westminster apenas acrescenta mais atributos como amor, misericórdia e liberdade. Contudo, essas definições apenas listam alguns dos atributos de Deus.

Atributos são as qualidades inerentes a um sujeito. Elas o identificam, distinguem ou analisam. A maioria dos teólogos chamaria este capítulo de "Os Atributos de Deus". Eu prefiro usar o termo "perfeições", pois todas as qualidades ou atributos de Deus são perfeitos. Seus atributos são suas perfeições.

I. CARACTERÍSTICAS DAS PERFEIÇÕES DE DEUS

As várias perfeições de Deus não são partes que compõem Deus. Cada uma delas descreve o que ele é. O amor, por exemplo, não é simplesmente parte da natureza de Deus; em seu ser total, ele é amor. Embora o Senhor possa mostrar uma qualidade ou outra em determinado momento, não há qualidade que seja independente ou que se destaque mais que outra. Mesmo quando Deus demonstra sua ira, ele continua *sendo* amor. E quando demonstra amor, não abandona sua santidade.

Deus é mais do que a soma de todas as suas perfeições. Mesmo depois de listar todos os atributos divinos que podemos encontrar em sua revelação, ainda assim não conseguiremos descrever a Deus completamente. Isso ocorre por causa da sua incompreensibilidade. Embora pudéssemos dizer que temos uma lista completa de todas as perfeições de Deus, não conseguiríamos compreender seu significado, pois o homem finito não é capaz de compreender um Deus infinito.

As perfeições de Deus são conhecidas por nós por intermédio da revelação. O homem não as atribui a Deus; é o Senhor quem as revela ao homem. O homem pode sugerir alguns atributos a Deus, mas eles não poderiam ser presumidos como verdadeiros, a menos que sejam revelados pelo próprio Senhor.

As perfeições de Deus descrevem igualmente o Pai, o Filho e o Espírito Santo. Descrevem a natureza do Deus triúno e, portanto, cada uma das pessoas da Trindade.

II. CATEGORIAS DAS PERFEIÇÕES DE DEUS

A maioria dos teólogos apresenta algumas classificações para os atributos de Deus.

A. Atributos naturais (não-morais) e morais

Os primeiros, como a auto-existência e a infinitude, são parte do que Deus é. Os demais, como justiça e santidade, estão relacionados com a vontade de Deus. Mas todas essas qualidades chamadas de "não-morais" são características do ser mais moral do universo, e todos os seus atributos morais são parte da natureza de Deus.

B. Atributos absolutos e relativos

Os atributos absolutos incluem os que pertencem à essência de Deus (eternidade, infinitude), e os atributos relativos pertencem à essência de Deus, estando relacionados com sua criação (como a onisciência). Veja bem, esta é uma distinção artificial, pois não somos capazes de estabelecer tal distinção, uma vez que, na verdade, todos os atributos divinos estão relacionados com a criação.

C. Atributos incomunicáveis e comunicáveis

Os primeiros são aqueles exclusivos de Deus (eternidade, infinitude), enquanto os demais são os que podem ser encontrados em nível relativo ou limitado nas pessoas (sabedoria, justiça). Os atributos comunicáveis são encontrados nas pessoas, mesmo que de forma limitada, mas não porque Deus, de alguma maneira, os comunicou. Isso ocorre somente porque a humanidade foi criada à imagem de Deus.

As categorias até podem ter algum propósito, mas nem tanto assim, em minha opinião. Embora alguns dos atributos possam ser classificados em uma ou outra dessas categorias sugeridas, alguns não são classificados tão facilmente. Apesar de a santidade geralmente estar na lista dos atributos comunicáveis, certamente o mesmo não ocorre com a santidade de Deus. Ainda que a onisciência com certeza seja incomunicável, a humanidade possui conhecimento limitado. A classificação, muitas vezes, é mais arbitrária do que óbvia. Uma consideração importante é o estudo das próprias perfeições, não de sua classificação. Passaremos a tratar disso agora.

III. LISTA DAS PERFEIÇÕES DE DEUS

Colocaremos aqui as 14 perfeições de Deus em ordem alfabética, levando em conta: (a) seu significado, (b) as declarações das Escrituras e (c) aplicação e/ou qualquer problema envolvido.

A. Amor

1. *Significado*. Assim como muitos termos cristãos, o amor é mais discutido do que propriamente definido. Nem mesmo um dicionário pode oferecer muita ajuda. O amor consiste de afeição e também de correção. Os bebês são cuidados, mas também corrigidos, e ambas constituem expressões do amor dos pais. Além disso, os pais fazem as duas coisas crendo que fazem o melhor para os filhos naquele momento. O amor busca o bem daqueles a quem se ama. O que é o bem? Para Deus, é a perfeição da santidade e tudo o que esse conceito implica. Amar, para Deus, é buscar o maior bem de todos e a glória das suas perfeições. Isso implica que em Deus há ausência de egoísmo, o que o diferencia dos seres humanos.

2. *Escrituras*. A Bíblia declara diretamente que "Deus é amor" (1 Jo 4:8). A ausência do artigo "o" antes de "amor" (o versículo não diz que Deus é *o* amor) indica que essa é natureza de Deus. A presença do artigo antes de "Deus" (literalmente, o Deus é amor) mostra que essa declaração não pode ser lida ao contrário. Não se pode dizer "O amor é Deus" (como afirma a seita da Ciência Cristã).

3. *Aplicações*. Como cada pessoa da Trindade possui todos os atributos, então deve haver alguma interação amorosa (inconcebível para os homens, com certeza) dentro da Trindade.

Deus, que é amor, permite que ele próprio ame os pecadores. Isso é graça (Ef 2:4-8).

O amor de Deus foi derramado no coração do cristão (Rm 5:5).

Quando corrige, Deus demonstra seu amor por seus filhos (Hb 12:6).

4. *Algumas palavras relacionadas ao assunto*. Intimamente relacionadas com o amor estão a bondade, a misericórdia, a longanimidade e a graça. Mesmo que haja distinções, não são precisas. A bondade divina pode ser definida como a preocupação benevolente com suas criaturas (At 14:17). A misericórdia é o aspecto de sua bondade que faz Deus demonstrar piedade e compaixão (Ef 2:4; Tg 5:11). A longanimidade fala sobre um controle diante das provocações (1 Pe 3:20; 2 Pe 3:15). Graça é o favor imerecido de Deus demonstrado ao homem primariamente pela pessoa e obra de Jesus Cristo. Todos esses conceitos estão relacionados e são gerados do amor do Deus que é amor.

5. *Uma heresia*. A heresia do universalismo surge de um conceito

distorcido dos atributos de Deus. O universalismo ensina que, como Deus é amor, no final acabará salvando todas as pessoas. Mas a perfeição do amor de Deus não opera em desarmonia com suas outras perfeições, inclusive a santidade e a justiça. Logo, o amor não pode sobrepor sua santidade e salvar os que rejeitam a morte de Cristo por seus pecados. Além disso, o universalismo, na verdade, não possui uma definição apropriada de amor, pois vê apenas os aspectos de afeição do amor e não seus aspectos correlatos. É importante lembrar que o universalismo contradiz diretamente as declarações das Escrituras (veja Mc 9:45-48).

B. Eternidade

1. *Significado*. O atributo da eternidade implica que Deus não tem começo nem fim. Sua existência é eterna. De nosso ponto de vista, isso se estende para o passado e para o futuro, sem interrupções nem limitações causadas por uma sucessão de eventos. Reunindo essas idéias, Berkhof define eternidade como "a perfeição de Deus pela qual ele é elevado, acima de todos os limites temporais e de toda sucessão de momentos, e tem a totalidade da sua existência num único presente indivisível".[1]

A eternidade de Deus e sua auto-existência são conceitos inter-relacionados. Alguns teólogos usam a palavra "asseidade" para denominar sua auto-existência. Ou seja, Deus depende *a se*, de si mesmo. Se Deus existe eternamente, portanto nunca foi gerado nem veio a existir. Ele é infinitamente auto-existente.

2. *Escrituras*. A eternidade de Deus é demonstrada pelo Salmo 90:2 : "de eternidade a eternidade", e em Gênesis 21:33, em que o termo *El Olam*, o Deus eterno, é uma variação do termo original que significa "o Deus da eternidade".

3. *Questão*. Qual é a relação de Deus com a sucessão dos eventos? Ele é eterno, portanto vê o passado e o futuro tão claramente quanto o presente. Além disso, deve vê-los como partes integrantes de uma sucessão de eventos históricos. Apesar disso, de maneira alguma está preso a essa sucessão. Uma ilustração dessa verdade é encontrada na cena celestial de Apocalipse 6:9-11, em que o Senhor responde à questão dos mártires sobre quanto tempo se passaria até que fossem vingados, dizendo-lhes para esperar até que certos eventos ocorressem na Terra.

4. *Uma ramificação*. Uma ramificação confortadora da eternidade de Deus é que ele nunca deixou nem deixará de existir. Assim sendo, seu controle sustentador e providencial de todas as coisas e eventos está assegurado.

C. Imutabilidade

1. *Significado*. Imutabilidade significa que Deus é imutável e, portanto, não muda. Isso não quer dizer que ele esteja imóvel ou inativo, mas sim que nunca se altera, cresce nem se desenvolve.

2. *Escrituras*. Malaquias 3:6 e Tiago 1:17 falam sobre a imutabilidade divina. Observe, no primeiro versículo, que a imutabilidade assegura a preservação de Israel.

3. *Problema*. Se Deus é imutável, como, então, podemos afirmar que ele se arrepende? (veja Gn 6:6; Jo 3:10). Mas, se realmente houve uma mudança em Deus, ele não é imutável ou não é soberano, ou nenhuma das duas. A maioria dos intérpretes entende que esses versículos usam de um antropomorfismo, isto é, de uma interpretação do que não é humano em termos humanos. Na revelação gradual do plano de Deus, parecem ocorrer algumas mudanças. No entanto, isso pode ser entendido apenas pela perspectiva humana, pois o plano eterno de Deus é imutável, como ele o é.

Outra possibilidade é que essa expressão pode significar, simplesmente, que Deus lamentou ou condoeu-se, o que elimina qualquer conceito de mudança.

4. *Ramificações em relação a Deus*. "Se a auto-existência pudesse mudar, isso tornaria a existência dependente; a eternidade se transformaria em tempo; a perfeição em imperfeição e, portanto, Deus se transformaria em não-Deus".[2] A imutabilidade garante que nenhuma das perfeições divinas mude.

5. *Ramificações em relação a nós*. A imutabilidade oferece conforto e segurança de que as promessas de Deus não falharão (Ml 3:6; 2 Tm 2:13). A imutabilidade lembra-nos de que a atitude de Deus em relação ao pecado, por exemplo, não muda. Logo, Deus nunca pode ser coagido ou induzido à mudança.

D. Infinitude

1. *Significado*. Infinitude (ou infinidade) significa que Deus não tem limites nem limitações. Ele não é limitado de maneira alguma pelo universo nem por limites de tempo ou espaço. Mas isso não significa que está, de algum modo, espalhado pelo universo, uma parte aqui e outra ali. "A infinidade de Deus deve ser concebida como intensiva, antes que extensiva...".[3]

2. *Escrituras*. Salomão reconheceu a infinitude de Deus durante a dedicação do templo (1 Rs 8:27), e Paulo usou esse atributo de Deus para argumentar contra os falsos deuses dos atenienses (At 17:24-28).

3. *Observação*. Às vezes, esse atributo é chamado de imensidade. Isso o distingue da onipresença, pois enfatiza a transcendência de Deus (uma vez que ele não está limitado pelo espaço), enquanto a onipresença concentra-se na imanência de Deus (uma vez que ele está presente em todos os lugares).

E. Justiça

1. *Significado*. Apesar de estar relacionada com a santidade, a justiça é um atributo distinto de Deus. A santidade está relacionada com a separação de Deus de tudo, e a justiça com sua retidão. A justiça está ligada à lei, à moralidade e à retidão. Em relação a si mesmo, Deus é justo; isto é, não existe lei, divina ou humana, que sua natureza viole. Mas ele também é justo em relação a suas criaturas; ou seja, não há ação tomada por ele que viole qualquer código de moralidade ou de justiça. Às vezes, esses dois aspectos da justiça são chamados de absolutos (em relação a si mesmo) e de relativos (em relação à sua criação).

2. *Escrituras*. A justiça absoluta de Deus é declarada no Salmo 11:7 "Porque o SENHOR é justo" (veja também Dn 9:7). Davi também declarou sua justiça relativa (Sl 19:9; veja também At 17:31).

F. Liberdade

1. *Significado*. Liberdade em Deus significa que ele é independente de suas criaturas e de sua criação.

2. *Escrituras*. Quando Isaías perguntou ao povo quem havia guiado, aconselhado ou ensinado o Senhor, esperava a resposta "ninguém", pois Deus é livre, ou seja, independe de suas criaturas (Is 40:13,14).

3. *Questão*. Se Deus é livre, estaria restrito de alguma maneira? Normalmente, a resposta dada indica que Deus está restringido apenas por sua própria natureza. Ou seja, sua santidade o impede de pecar. Mas como podemos usar a palavra "impede" em relação à sua perfeição? Se alguém é perfeito não pode haver restrições.

4. *Uma aplicação*. Sendo livre, Deus não tem obrigação nenhuma para conosco, a menos que determine esta obrigação. Ele não precisa fazer coisa alguma para nós a menos que decida fazer isso. Logo, não podemos cobrar nada dele.

G. Onipotência

1. *Significado*. Onipotência implica que Deus é Todo-Poderoso e pode fazer tudo o que seja coerente com sua própria natureza. O Senhor decidiu não fazer tudo o que estaria de acordo consigo mesmo por motivos que somente ele conhece.

2. *Escrituras*. A expressão "Todo-Poderoso" é usada apenas para referir-se a Deus na Bíblia, ocorrendo 56 vezes, e essa é a base do conceito de onipotência. Deus revelou a si mesmo como o Deus Todo-Poderoso a Abraão (Gn 17:1), a Moisés (Êx 6:3), aos cristãos (2 Co 6:18) e a João diversas vezes em Apocalipse (1:8; 19:6).

3. *Uma questão*. A onipotência possui alguma limitação? A resposta é sim, em duas áreas: as limitações naturais e as limitações auto-impostas. As limitações naturais incluem as coisas que Deus não pode fazer porque são contrárias à sua natureza. Por exemplo, ele não pode mentir (Tt 1:2), não pode ser tentado pelo mal (Tg 1:13) e não pode negar a si mesmo (2 Tm 2:13). As limitações auto-impostas incluem aquelas coisas que Deus escolheu não incluir em seu plano, mas que poderia ter incluído se não contradissessem sua natureza. Por exemplo, ele decidiu: não poupar seu Filho, não salvar todas as pessoas, não escolher todas as nações nos dias do Antigo Testamento, não escolher Esaú e não poupar Tiago (At 12:2). Embora Deus pudesse ter feito qualquer uma dessas coisas sem que fosse incoerente com sua onipotência, em seu plano eterno, ele decidiu não fazê-lo.

Perguntas como "Deus pode fazer 2 + 2 ser igual a 6?" não significam que existe uma falha em sua onipotência. Essa questão em particular está no âmbito da aritmética, não do poder. Seria possível perguntar, também, se uma explosão nuclear seria capaz de fazer com que 2 + 2 fosse igual a 6. O mais importante é que Deus não pode fazer coisas erradas.

4. *Ramificações*. No passado, o poder de Deus foi visto na criação (Sl 33:9), na preservação de todas as coisas (Hb 1:3) e na libertação de Israel do Egito (Sl 114). Mas a maior de todas as demonstrações de seu poder foi a ressurreição dos mortos (2 Co 13:4). Para o cristão, o poder de Deus está relacionado com o evangelho (Rm 1:16), com sua segurança (1 Pe 1:5), com sua esperança de uma ressurreição corpórea (1 Co 6:14) e com sua vida diária (Ef 1:19).

H. Onipresença

1. *Significado*. Onipresença significa que Deus está presente em todos os lugares.

2. *Escrituras*. No Salmo 139:7-11, Davi pergunta se existe algum lugar para onde ele poderia fugir da presença de Deus. A resposta é negativa, pois a onipresença do Senhor não pode ser limitada pelo espaço (v. 8) nem vencida pela velocidade (v. 9) e tampouco é afetada pelas trevas (vv. 11, 12).

3. *Algumas distinções*. Como foi dito em sua definição, onipresença não significa que a pessoa de Deus está espalhada pelo universo todo, como se uma parte dele estivesse aqui, outra ali. Todo seu ser está em todas as partes, e a presença do Senhor dentro de cada cristão serve como uma boa ilustração dessa verdade.

A onipresença não significa que o imediatismo de sua presença não varia. Isso acontece. A presença do Senhor sobre o trono (Ap 4:2), no templo de Salomão (2 Cr 7:2) ou dentro dos cristãos (Gl 2:20) certamente difere em seu imediatismo de sua presença no lago de fogo (Ap 14:10). As pessoas que forem lançadas no lago de fogo estarão banidas da face do Senhor (2 Ts 1:9, *prosopon*), mesmo assim jamais ficarão separados daquele que é onipresente (Ap 14:10, *enopion*). Obviamente, não existe ali presença nem comunhão (pois a face de Deus estará voltada para longe dos condenados ao lago de fogo) como a existente quando ele habita nos cristãos.

A onipresença também difere do panteísmo, que iguala o universo a Deus. O termo foi usado pela primeira vez em 1705 pelo deísta inglês John Toland (1670-1722), quando ele ensinou que "Deus é a mente ou a alma do universo". Essa heresia não consegue fazer uma distinção entre o Criador e sua criação. Mas sabemos que essa distinção é ensinada no primeiro versículo da Bíblia.

A onipresença também se distingue do panteísmo, defendido pela teologia do processo, que sustenta que Deus se espalha por todo o universo sem que este o esgote. A onipresença significa que Deus está presente em todos os lugares sem ser consumido, difuso ou transposto pelo universo. Outrossim, Deus não está evoluindo, conforme ensina a teologia do processo.

4. *Algumas ramificações*. Ninguém pode escapar da presença de Deus. Esse é um alerta aos ímpios e um conforto para os cristãos que, pelo fato de Deus ser onipresente, podem

experimentar sua presença em todas as circunstâncias da vida.

I. Onisciência

1. *Significado*. Onisciência significa que Deus sabe tudo, todas as coisas reais e possíveis, sem esforço e igualmente bem. A. W. Tozer escreveu:

> Deus conhece instantaneamente, e sem esforço algum, tudo e todas as coisas, todo pensamento e todos os pensamentos, todo espírito e todos os espíritos, todo o ser e todos os seres, toda a criação e todas as criaturas, toda pluralidade e todas as pluralidades, toda lei e todas as leis, todas as relações, todas as causas, todos os pensamentos, todos os mistérios, todos os enigmas, todos os sentimentos, todos os desejos, todos os segredos ocultos, todos os principados e potestades, todas as personalidades, todas as coisas visíveis e invisíveis no céu e na Terra, ação, espaço, tempo, vida, morte, bem, mal, céu e inferno.
> Como Deus conhece todas as coisas perfeitamente, ele não conhece uma coisa melhor do que outra, mas a tudo igualmente bem. Ele nunca descobre nada, nunca se surpreende, nunca se assusta. Deus nunca imagina como será algo nem busca informações nem faz perguntas (exceto quando inquire os homens para o próprio bem deles).[4]

2. *Escrituras*. Deus conhece todas as suas obras desde o início (At 15:18). Ele conta o número das estrelas e chama a todas pelo seu nome (Sl 147:4). Nosso Senhor demonstra sua onisciência quando declara o que poderia ter acontecido em Tiro e Sidom (Mt 11:21). Deus conhece tudo a respeito de nossas vidas mesmo antes do nosso nascimento (Sl 139:16).

3. *Aplicações*.

a. Onisciência e segurança. Nada pode vir à luz na vida de um cristão que surpreenda a Deus e faça com que ele o expulse de sua presença. "Nenhum informante pode nos denunciar; nenhum inimigo pode fazer uma acusação nova; nenhum segredo oculto pode ser revelado para expor o nosso passado; nenhuma fraqueza insuspeita de nosso caráter pode vir à luz para nos afastar de Deus, pois ele nos conhece completamente antes que nós o conhecêssemos e nos chamou para si com o conhecimento total de tudo o que depunha contra nós".[5]

b. Onisciência e sensibilidade. Todos os alertas feitos por Deus vêm de um ser onisciente, por isso deveríamos ser extremamente sensíveis a eles. Ele não nos alerta apenas com base no que pensa que pode acontecer. Ele sabe.

c. Onisciência e conforto. Quando enfrentamos as circunstâncias inexplicáveis da vida, invariavelmente nos refugiamos e encontramos conforto na onisciência de Deus. Ele não só conhece o que realmente aconteceu, mas também o que poderia ter acontecido. Ele sempre sabe que o bem e a glória acabarão resultando dos eventos que não conseguimos entender.

d. Onisciência e sobriedade. A sobriedade deveria caracterizar todas as pessoas quando entenderem que deverão apresentar-se diante do Deus que sabe todas as coisas (Hb 4:13).

J. Santidade

1. *Significado.* Normalmente definida de forma negativa e em relação a um padrão relativo e não absoluto, a santidade, na Bíblia, significa separação de tudo o que é comum ou impuro. Em relação a Deus, a santidade não significa apenas que ele está separado de tudo o que é impuro e maligno, mas também que ele é completamente puro e, portanto, distinto de todos os outros.

Uma analogia pode nos ajudar a entender esse conceito. O que significa estar "são"? É a ausência de doença, mas também uma infusão positiva de energia. Santidade é a ausência de mal e a presença do bem positivo. Para Deus, sua santidade é a pureza do ser e da natureza, bem como de sua vontade e atitude.

2. *Escrituras.* Santidade é o atributo pelo qual Deus queria ser especialmente conhecido no tempo do Antigo Testamento (Lv 11:44; Js 24:19; Sl 99:3, 5, 9; Is 40:25; Hc 1:12). No Novo Testamento, isso aparece em declarações diretas (Jo 17:11; 1 Pe 1:15), em declarações de louvor (Ap 4:8) e na figura de Deus como luz (1 Jo 1:5).

3. *Aplicações.* A santidade absoluta e inata de Deus significa que os pecadores precisam estar separados dele, a menos que se encontre uma maneira de fazer com que sejam santos. Essa maneira foi encontrada por intermédio dos méritos de Jesus Cristo.

Uma visão correta da santidade de Deus deve fazer que o cristão esteja sensível a seu pecado (Is 6:3; Lc 5:8).

A santidade de Deus torna-se o padrão para a vida e a conduta do cristão (1 Jo 1:7). Isso deveria pôr fim a discussões, muitas vezes inúteis, sobre o que é permitido na vida cristã e o que não é. A conduta adequada pode ser testada com uma simples pergunta: "Isso é santo?" Esse é o padrão do fiel. Mesmo que ele nem sempre viva à altura disso, jamais deve fazer concessões.

L. Simplicidade

1. *Significado.* O atributo da simplicidade implica que Deus não é um ser composto nem tem partes distintas. Isso está relacionado com sua essência, para que de nenhum modo isso contradiga a revelação da Trindade. Mas esse atributo também nos lembra de que, quando consideramos Deus um ser triúno, ele não pode ser dividido nem é composto de muitas partes ou substâncias.

2. *Escrituras.* "Deus é espírito" (Jo 4:24). Em contraste, por exemplo, os seres humanos são tanto espírito quanto matéria. Na encarnação, claro, nosso Senhor se tornou carne, mas o Deus-homem sempre foi apenas Espírito.

3. *Ramificações.* A simplicidade de Deus apóia sua auto-existência (pois não houve uma causa original que formou um ser composto), assegura-nos de que Deus nunca será outra coisa que não Espírito e capacita-nos

a adorar em espírito, isto é, não de maneiras materiais.

M. Soberania

1. *Significado*. Soberano significa principal, chefe, supremo. Trata primeiramente de posição (Deus é o ser supremo do universo); depois, de poder (Deus é o poder supremo do universo). As Escrituras revelam como ele exerce esse poder. Um soberano pode ser um ditador (o que Deus não é) ou alguém que poderia abdicar do uso de seu poder (algo que Deus não fez). Deus exerce o poder total sobre todas as coisas, mesmo que possa escolher deixar que certos eventos ocorram de acordo com as leis naturais que ele mesmo estabeleceu.

2. *Escrituras*. Deus tem um plano (At 15:18) abrangente (Ef 1:11), e tudo está sob seu controle (Sl 135:6), inclusive o mal, ainda que o Senhor não se envolva com ele (Pv 16:4); seu principal objetivo é o louvor de sua glória (Ef 1:14).

3. *O problema*. A soberania de Deus parece contradizer a liberdade ou a responsabilidade que o homem possui. Mesmo que possa ter essa aparência, a perfeição da soberania é claramente ensinada nas Escrituras. Então, não devemos negá-la apenas porque não conseguimos conciliá-la com a liberdade e a responsabilidade que possuímos.

E mais, se Deus é soberano, como a criação pode estar tão repleta de coisas malignas? O homem foi criado com genuína liberdade, mas o exercício dessa liberdade em rebelião contra Deus introduziu o pecado na raça humana. Embora tenha sido Deus quem estabeleceu o plano, ele não esteve, de modo algum, envolvido na introdução do mal, seja no caso de Satanás ou, posteriormente, no de Adão. Apesar de Deus odiar o pecado, por motivos não revelados a nós, o pecado existe por permissão do Senhor. De alguma maneira, o pecado deve fazer parte do plano eterno de Deus (caso contrário, Deus não seria soberano), sendo que o Senhor não o criou (caso contrário, ele não seria santo).

Soberania e liberdade formam uma antinomia, isto é, "uma contradição entre dois princípios aparentemente válidos ou entre inferências corretamente deduzidas desses princípios". Contudo, as antinomias na Bíblia são apenas contradições aparentes, não definitivas. É possível aceitar as verdades de uma antinomia e viver com elas, aceitando pela fé o que não somos capaz de entender. Ou, então, podemos harmonizar as contradições aparentes em uma antinomia, mas isso acabará levando-nos a enfatizar demais uma verdade e a negligenciar ou até a negar a outra. A soberania não deve anular o livre-arbítrio, e o livre-arbítrio não deve enfraquecer a soberania.

N. Unidade

1. *Significado*. Unidade quer dizer que só existe um Deus, que é indivisível.

2. *Escrituras*. A unidade de Deus foi uma das principais revelações do Antigo Testamento, conforme perpetuado na declaração do *shema* (termo hebraico relacionado com "ouve", a primeira palavra dessa declaração,

em Dt 6:4). Esse versículo pode ser traduzido de muitas maneiras, inclusive assim: "O Senhor é nosso Deus, o Senhor é um", que enfatiza a unidade de Deus; ou "O Senhor é nosso Deus, somente o Senhor", que ressalta a singularidade de Deus em contraste com os deuses dos pagãos. O Novo Testamento, mesmo trazendo uma clara revelação da Trindade, afirma a unidade de Deus (Ef 4:6; 1 Co 8:6; 1 Tm 2:5). Isso significa que as pessoas da Trindade não são essências separadas dentro de uma essência divina. Deus é um em número e também em singularidade.

O. Verdade

1. *Significado*. Verdade significa "concordar com o que é representado" e inclui as idéias de veracidade, fidelidade e coerência. Dizer que Deus é verdade equivale a dizer que, de uma maneira mais compreensiva, ele é coerente consigo mesmo, ele é tudo o que deveria ser, ele se revelou como realmente é e, além disso, ele e sua revelação são totalmente confiáveis.

2. *Escrituras*. Deus é o único Deus verdadeiro (Jo 17:3), portanto não pode mentir (Tt 1:2) e é sempre confiável (Rm 3:4; Hb 6:18).

3. *Ramificações*. Deus é verdadeiro consigo mesmo, por isso não pode fazer algo que contrarie sua natureza. Suas promessas jamais podem ser quebradas ou não ser cumpridas (veja 2 Tm 2:13); a Bíblia, sua Palavra, também deve ser considerada inerrante e verdadeira.

Um pensamento conclusivo sobre as perfeições de Deus: elas descrevem o único Deus que existe. O homem criou seus próprios falsos deuses, aos quais é capaz de controlar e de manipular. Os cristãos, muitas vezes, possuem um conceito distorcido ou deficiente de Deus pela mesma razão: para manipular o Senhor ou para não precisar encarar o único e verdadeiro Deus. Mas o único Deus verdadeiro que existe é aquele revelado primeiramente na Bíblia por meio desses atributos ou perfeições de seu ser. Conhecer esse Deus vivo e verdadeiro requer o milagre da graciosa revelação que ele faz de si mesmo. Viver em adoração ao Deus vivo e verdadeiro é um privilégio de todos aqueles que o conhecem.

1. BERKHOF, L. *Teologia Sistemática*. Campinas: Luz para o Caminho, 1990, p. 63.
2. CLARK, Gordon H. Attributes, the Divine. In: *Baker's Dictionary of Theology*. Grand Rapids: Baker, 1960, pp. 78-9.
3. BERKHOF, L. *Teologia Sistemática*, p. 62
4. TOZER, A. W. *The Knowledge of the Holy*. Nova York: Harper, 1978, pp. 62,3.
5. Ibid., p. 63

7

Os nomes de Deus

Os muitos nomes de Deus nas Escrituras apresentam uma revelação adicional de seu caráter. Não são meros títulos dados pelas pessoas, mas, em sua maioria, descrições que ele fez de si mesmo. Sendo assim, revelam aspectos de seu caráter.

Mesmo quando nenhum nome em particular é usado, a ocorrência da frase "o nome do Senhor" revela algo a respeito de seu caráter. Invocar o nome do Senhor era o mesmo que adorá-lo (Gn 21:33). Usar seu nome em vão era desonrá-lo (Êx 20:7). Não seguir os requerimentos da Lei equivalia a profanar o nome do Senhor (Lv 22:2-32). Os sacerdotes realizavam seu serviço em nome do Senhor (Dt 21:5). Seu nome era a garantia da continuidade da nação (1 Sm 12:22).

I. ELOHIM

A. Uso

O termo *elohim* é usado, no sentido geral de divindade, aproximadamente 2.570 vezes no Antigo Testamento. Cerca de 2.310 vezes esse é o nome empregado em referência ao Deus verdadeiro. A primeira ocorrência aparece já no primeiro versículo da Bíblia. É usado em relação a falsos deuses em Gênesis 35:2-4; Êxodo 12:12; 18:11; 23:24.

B. Significado

O significado de *elohim* depende de sua origem. Alguns entendem que é uma variação da raiz que significa "medo" e indica que a divindade deve ser temida, reverenciada ou adorada. Outros o identificam com a raiz da palavra que significa "forte", indicando uma divindade de grande poder. Mesmo que não seja conclusiva, a evidência parece apontar para uma derivação posterior, significando, no caso do Deus verdadeiro, que ele é o forte, o líder poderoso, a divindade suprema.

C. Forma plural

Elohim, uma forma plural, é peculiar ao Antigo Testamento e não existe em outra língua semítica. Em geral, existem três pontos de vista sobre o significado desse plural.

1. *É um plural politeísta.* Ou seja, a palavra originalmente tinha

sentido politeísta e somente mais tarde adquiriu sentido singular. No entanto, o monoteísmo do Antigo Testamento foi revelado, não era um desenvolvimento do politeísmo.

2. *É um plural trinitariano.* Ou seja, a Deidade triúna é percebida, ou ao menos entendida, no uso dessa forma plural. Contudo, como veremos no capítulo seguinte, concluir isso necessita que leiamos o Antigo Testamento à luz da revelação do Novo Testamento. O plural pode permitir uma revelação subseqüente da Trindade, mas isso é muito diferente de dizer que o plural indica triunidade.

3. *É um plural majestático.* O fato de o substantivo ser usado constantemente com formas singulares do verbo e com adjetivos e pronomes no singular confirma isso. Esse plural de majestade demonstra a grandeza e a supremacia ilimitada de Deus.

D. Implicações desse nome

Se esse nome de Deus significa "o forte" e ocorre no plural majestático, poderíamos esperar que fosse usado em relação à sua grandeza e atos poderosos.

1. *Em relação à sua soberania. Elohim* é usado para descrever o Senhor como "o Deus de toda a terra" (Is 54:5), "o Deus de todos os viventes" (Jr 32:27), "o Deus dos céus" (Ne 2:4) e "o Deus dos deuses e o Senhor dos senhores" (Dt 10:17).

2. *Em relação à sua criação.* Ele é o *Elohim* que criou todas as coisas (Gn 1:1; Is 45:18; Jn 1:9).

3. *Em relação aos seus juízos* (Sl 50:6; 58:11).

4. *Em relação às suas obras poderosas em favor de Israel* (Dt 5:23; 8:15; Sl 68:7).

E. Nomes compostos

1. *El Shaddai.* Apesar de a origem dessa palavra ser incerta, a idéia mais aceita é a que associa *shaddai* a uma palavra acadiana que significa "montanha". Logo, esse nome de Deus o caracteriza como o Todo-Poderoso assentado sobre uma montanha. Esse é o nome pelo qual Deus apresentou-se aos patriarcas para confortá-los e confirmar sua aliança com Abraão (Gn 17:1; 28:3; 35:11; Êx 6:3; veja também Sl 91:1,2). Esse nome também é usado muitas vezes em relação à punição do povo de Deus (Rt 1:20,21).

2. *El Elyon.* Esse nome, "o Deus Altíssimo", enfatiza a força, a soberania e a supremacia de Deus. Foi usado pela primeira vez por Melquisedeque, quando abençoou Abraão (Gn 14:19), ainda que Isaías 14:14 registre a tentativa de Satanás de usurpar a supremacia de Deus, esse teria sido seu uso primário. Após as primeiras ocorrências, seu uso só é visto por volta do ano 1000 a.C., quando é novamente utilizado durante o exílio e na literatura poética (Sl 9:2; Dn 7:18, 22,25,27).

3. *El Olam.* Esse nome significa "o Deus Eterno", derivado de uma forma que, no original, significa "o Deus da eternidade" (Gn 21:33). Ele enfatiza a imutabilidade de Deus (Sl 100:5; 103:17) e está ligado à sua força inesgotável (Is 40:28).

4. *El Roi*, "o Deus que vê" (Gn 16:13). Agar deu esse nome a

Deus quando o Senhor falou com ela antes do nascimento de Ismael.

II. YAHWEH

O segundo nome básico para Deus é um nome pessoal, *YHWH* ou *Yahweh*, o Senhor (posteriormente grafado Javé ou Jeová). É o nome usado com mais freqüência, ocorrendo cerca de 5.321 vezes no Antigo Testamento.

A. Origem do nome

Esse nome aparentemente deriva da raiz *hawa*, que significa existir (como o lugar onde cai uma árvore, Ec 11:3) ou desenvolver (como em Ne 6:6). Talvez ambas as idéias possam ser combinadas em um significado para o nome de Deus, ao dizer que ele o revela como aquele que é auto-existente e está ativo.

B. Revelação do nome

Esse nome foi usado por Eva (Gn 4:1), pelas pessoas nos dias de Sete (v. 26), Noé (9:26) e Abraão (12:8; 15:2-8). Mas foi a Moisés que o significado mais amplo desse nome foi revelado. Deus disse que mesmo tendo aparecido aos patriarcas, não era conhecido por eles pelo seu nome *Yahweh* (Êx 6:3). O significado do nome não era conhecido em sua totalidade e em seu sentido mais profundo. Essa revelação veio a Moisés na sarça ardente, quando Deus identificou-se a ele como "EU SOU O QUE SOU" (3:14); a idéia principal era que Deus estava presente com o povo de Israel.

C. Um nome sagrado

Yahweh era o nome pessoal de Deus, pelo qual ele era conhecido por Israel. Então, no período pós-exílico, começou a ser considerado sagrado e, portanto, não era pronunciado. Assim, o termo *Adonai* normalmente era usado para substituí-lo. No século VI ou VII a.C., as vogais de *Adonai* foram combinadas com as consoantes de YHWH, para lembrar aos que liam as Escrituras nas sinagogas de pronunciar o nome sagrado como *Adonai*. Daí surgiu seu termo derivado, Jeová. Tudo isso serve para ressaltar a grande admiração e temor que esse nome despertava.

D. Significado do nome

O nome *Yahweh* parece encerrar várias facetas:

1. *Enfatiza a auto-existência imutável de Deus.* Isso pode ser apoiado pela etimologia e pelo uso que Cristo fez de Êxodo 3:14 em João 8:58 para confirmar sua declaração de existência eterna.

2. *Assegura que Deus está presente em meio a seu povo.* Veja Êxodo 3:12.

3. *Está ligado ao poder de Deus para operar em benefício de seu povo e para manter sua aliança com ele.* Isso foi ilustrado e confirmado por sua ação no livramento do povo do cativeiro egípcio (Êx 6:6).

E. Nomes compostos

1. *Yahweh Jireh*, "o SENHOR Proverá" (Gn 22:14). Após o anjo do Senhor ter mostrado um cordeiro que deveria ser usado como substituto para Isaque, Abraão chamou aquele lugar de "o SENHOR Proverá".

2. *Yahweh Nissi*, "o SENHOR É Minha Bandeira" (Êx 17:15). Após derrotar os amalequitas, Moisés

edificou um altar e o chamou de *Yahweh Nissi*.

3. *Yahweh Shalom*, "o SENHOR É Paz" (Jz 6:24).

4. *Yahweh Sabbaoth*, "o SENHOR dos Exércitos" (1 Sm 1:3). Essa é uma imagem militar, que mostra *Yahweh* como o comandante dos exércitos angelicais do céu, bem como dos exércitos de Israel (1 Sm 17:45). O título revela a soberania e a onipotência de Deus, sendo usado muitas vezes pelos profetas (Isaías e Jeremias), durante os momentos de crise nacional, para lembrar ao povo que Deus era o seu líder e protetor.

5. *Yahweh Maccadeshkem*, "o SENHOR que vos santifica" (Êx 31:13).

6. *Yahweh Raah*, "o SENHOR é o meu pastor" (Sl 23:1).

7. *Yahweh Tsidkenu*, "SENHOR, Justiça Nossa" (Jr 23:6).

8. *Yahweh Shammah*, "o SENHOR Está Ali" (Ez 48:35).

9. *Yahweh Elohim Israel*, "o SENHOR, Deus de Israel" (Jz 5:3; Is 17:6).

Para ser mais específico: esses nomes compostos não são apenas outros nomes para Deus, mas sim designações ou títulos que, muitas vezes, surgiam de eventos comemorativos. Contudo, de fato revelam aspectos adicionais do caráter divino.

III. ADONAI

Assim como *Elohim*, *Adonai* é um plural majestático. Sua forma singular significa Senhor, mestre, proprietário (Gn 19:2; 40:1; 1 Sm 1:15). Ele é usado, como poderia ser esperado, no relacionamento entre Deus e os homens (como mestre e escravo, Êx 21:1-6). Quando empregado para tratar do relacionamento de Deus com o homem, traz a idéia de sua autoridade absoluta. Josué reconheceu a autoridade do príncipe do exército do Senhor (Js 5:14), e Isaías submeteu-se à autoridade do Senhor, seu Mestre (Is 6:8-11). O equivalente no Novo Testamento é *kyrios*, "Senhor".

IV. DEUS (*THEOS*)

A. Uso

Theos é a designação mais freqüente para Deus no Novo Testamento e a tradução mais comum de *Elohim* na Septuaginta (versão do Antigo Testamento para o grego). Quase sempre se refere ao único Deus verdadeiro, embora às vezes seja usado pelos pagãos para referir-se aos deuses do paganismo ou pelos cristãos repudiando esses falsos deuses (At 12:22; 14:11; 17:23; 19:26,27; 1 Co 8:5; 2 Ts 2:4). Também se refere ao diabo (2 Co 4:4) e à sensualidade (Fp 3:19). E, o mais importante, Jesus Cristo é chamado de *Theos* (ainda que algumas passagens sejam questionadas). Observe Romanos 9:5; João 1:1,18; 20:28 e Tito 2:13.

B. Ensinamento

Os usos dessa palavra revelam muitas verdades importantes a respeito do Deus verdadeiro.

1. *Ele é o único Deus verdadeiro* (Mt 23:9; Rm 3:30; 1 Co 8:4-6; Gl 3:20; 1 Tm 2:5; Tg 2:19). Essa verdade fundamental do judaísmo, a unidade de Deus, foi confirmada por Cristo e pela Igreja primitiva.

2. *Ele é inigualável.* Ele é o único Deus (1 Tm 1:17), o único Deus verdadeiro (Jo 17:3), o único santo (Ap 15:4) e o único sábio (Rm 16:27). Por esse motivo, os cristãos não podem ter outros deuses além do Deus verdadeiro (Mt 6:24).

3. *Ele é transcendente.* Deus é o Criador, Sustentador e Senhor do universo e o que estabeleceu todas as coisas (At 17:24; Hb 3:4; Ap 10:6).

4. *Ele é o Salvador* (1 Tm 1:1; 2:3; 4:10; Tt 1:3; 2:13; 3:4). Ele enviou seu Filho para ser o Redentor (Jo 3:16) e o entregou à morte por nós (Rm 8:32).

C. Cristo como Deus

Cristo, o Filho de Deus, é chamado de Deus em várias passagens do Novo Testamento.

1. *Em João.* O ensinamento joanino inclui as seguintes passagens: João 1:1,18, em que alguns manuscritos registram "o Deus unigênito", e essa interpretação incomum pode ser usada como base para aceitarmos sua autenticidade; João 20:28, em que Tomé usou *kyrios* e *theos* para falar de Jesus, e 1 João 5:20.

2. *Em Paulo.* Tito 2:13 parece ser a designação mais clara de Cristo como Deus nos escritos de Paulo, pois Romanos 9:5 é questionado por alguns. Contudo, é lingüisticamente apropriado e contextualmente preferível relacionar a frase "Deus bendito para todo o sempre" com Cristo.

V. SENHOR (*KYRIOS*)

A. Uso

Das 717 ocorrências de *kyrios* no Novo Testamento, a maioria acha-se nos escritos de Lucas (210) e de Paulo (275), pois eles escreveram para as pessoas de cultura e de língua grega.

B. Significado

Essa palavra enfatiza autoridade e supremacia. Pode significar senhor (Jo 4:11), dono (Lc 19:33), mestre (Cl 3:22), ou pode se referir aos ídolos (1 Co 8:5) ou maridos (1 Pe 3:6). Quando usado para falar de Deus como *kyrios*, "expressa especialmente a sua condição de Criador, seu poder revelado na história e seu domínio justo sobre o universo..."[1]

C. Cristo como *Kyrios*

Durante sua vida na Terra, Jesus foi chamado de *kyrios*, significando "rabi" ou "Senhor" (pronome de tratamento) (Mt 8:6). Tomé atribuiu a ele a divindade absoluta quando declarou "Senhor meu e Deus meu" (Jo 20:28). A ressurreição de Cristo e sua exaltação o colocam como Senhor do universo (At 2:36; Fp 2:11). Mas "para um cristão da Igreja primitiva, acostumado a ler o AT, quando usada para se referir a Jesus, a palavra 'Senhor' sugeria sua identificação com o Deus do AT".[2] Em relação a um versículo como Romanos 10:9, isso significa que "qualquer judeu que confessasse publicamente que Jesus de Nazaré era 'Senhor', seria entendido como alguém que atribuía a ele a natureza e os atributos que pertenciam somente a Deus".[3] Por isso, a essência da fé cristã era reconhecer que Jesus de Nazaré era o *Yahweh* do Antigo Testamento.

VI. MESTRE (*DESPOTES*)

A. Significado

Essa palavra dá a idéia de propriedade, enquanto *kyrios* enfatiza autoridade e supremacia.

B. Uso

Deus é chamado em oração de *despotes* por Simeão (Lc 2:29), Pedro e os que estavam com ele (At 4:24) e os mártires no céu (Ap 6:10).

Por duas vezes Cristo é chamado de *despotes* (2 Pe 2:1; Jd 4).

VII. PAI

Uma das revelações distintivas do Novo Testamento é mostrar Deus como o Pai. Enquanto a palavra "Pai" é usada para se referir a Deus apenas 15 vezes no Antigo Testamento, ocorre 245 vezes no Novo Testamento. Como Pai, Deus dá aos seus filhos graça e paz (uma saudação comum nas Epístolas; por exemplo: Ef 1:2; 1 Ts 1:1), boas dádivas (Tg 1:17) e inclusive mandamentos (2 Jo 4). Nós também o chamamos de Pai em oração (Ef 2:18; 1 Ts 3:11).

Em resumo: nos tempos bíblicos, o nome era mais do que uma identificação; era uma descrição de quem o usava, muitas vezes revelando algumas características da pessoa. "Ó SENHOR, Senhor nosso, quão magnífico em toda a terra é o teu nome!" (Sl 8:1,9).

---

1. BIETENHARD, H. Senhor. In: BROWN, Colin (Ed.). *Dicionário Internacional de Teologia do Novo Testamento*. São Paulo: Vida Nova, 2000, v. 2, p. 2319.
2. JOHNSON, S. E. Lord (Christ). In: *The Interpreter's Dictionary of the Bible*. Nova York: Abingdon, 1976, v. 3, p. 151.
3. SHEDD, William G. T. *Romans*. Nova York: Scribner, 1879, p. 318.

8

A TRIUNIDADE DE DEUS

A palavra Trindade, é claro, não aparece nas Escrituras. Tampouco vemos termos como triunidade, trino, trinal, subsistência ou essência. Mesmo assim, nós os usamos e muitas vezes nos apoiamos neles para tentar expressar essa doutrina tão difícil. Além disso, embora essa doutrina não esteja explícita no Novo Testamento, muitas vezes se diz que ela está implícita no Antigo e explícita no Novo. Mas explícita significa "caracterizada por uma expressão total e clara", um adjetivo difícil de ser aplicado a essa doutrina. Mesmo assim, a doutrina aparece nas Escrituras e, portanto, trata-se de um ensinamento bíblico.

I. A CONTRIBUIÇÃO DO ANTIGO TESTAMENTO

Inquestionavelmente, o Antigo Testamento enfatiza a unidade de Deus. Contudo, há uma sugestão clara de que, no ser divino, existem pessoas distintas. Assim, é possível dizer que o Antigo Testamento contém insinuações que permitem uma revelação posterior da triunidade de Deus. Vejamos quais são elas:

A. A unidade de Deus

O famoso *shema*, de Deuteronômio 6:4, que se tornou a confissão de fé básica do judaísmo, ensina a unidade de Deus. Ele pode ser traduzido como "O Senhor nosso Deus é um só Senhor", "O Senhor nosso Deus, o Senhor é um" ou "O Senhor é nosso Deus, somente o Senhor". Esta última tradução ressalta a singularidade de Deus mais do que a sua unidade, mas implica que é um só, descartando o politeísmo. Outras passagens, como Êxodo 20:3; Deuteronômio 4:35; 32:29; Isaías 45:14; e 46:9 insistem na lealdade de Israel ao único Deus.

B. Palavras plurais

Já sugerimos que o nome plural para Deus, *Elohim*, mostra a grandiosidade e a supremacia ilimitada de Deus. Deduzir a pluralidade de pessoas a partir de um nome é algo dúbio. No entanto, quando Deus fala sobre si mesmo com pronomes plurais (Gn 1:26; 3:22; 11:7; Is 6:8) e verbos no plural (Gn 1:26; 11:7), parece indicar distinção de pessoas, ainda que apenas pluralidade, não especificamente Trindade.

C. O Anjo do SENHOR

Ainda que essa designação possa se referir a qualquer um dos anjos de Deus (1 Rs 19:7; cf. v. 5), algumas vezes esse Anjo é chamado de Deus, embora seja distinto dele (Gn 16:7-13; 18:1-21; 19:1-28; Ml 3:1). Isso aponta para distinções pessoais dentro da Deidade. Como o Anjo é chamado de Deus, ele dificilmente poderia ser um profeta, fazendo nos tempos proféticos o que os profetas passaram a fazer posteriormente (como Edmond Jacob sugere em seu livro *Theology of the Old Testament*).[1]

D. Distinção de pessoas

Algumas passagens aparentemente distinguem as pessoas que formam a Deidade.

1. *O Senhor é distinto do Senhor* (Gn 19:24; Os 1:7).
2. *O Redentor* (que deve ser divino) *é distinto do Senhor* (Is 59:20).
3. *O Espírito é distinto do Senhor* (Is 48:16; 59:21; 63:9, 10). Nesses versículos, o Espírito é pessoal e está ativo.

E. A sabedoria de Deus (?)

Muitos teólogos (como Berkhof, Payne, Thiessen) vêem a personificação da sabedoria de Provérbios 8:12-31 como uma referência a Cristo e, portanto, uma indicação da Trindade no Antigo Testamento. No entanto, parece-me melhor não entender essa passagem como um prenúncio de Cristo, mas sim vê-la como a descrição do caráter eterno da sabedoria como um atributo de Deus.[2]

Como deveríamos avaliar a contribuição do Antigo Testamento para essa doutrina? Berkhof conclui que existe uma "clara antecipação"[3] da revelação total do Novo Testamento, mas o uso da palavra "clara" pode fazer disso uma declaração superestimada. A conclusão de Payne parece mais correta. Para ele, o Antigo Testamento contém "sugestões genuínas das pessoas que formam a Divindade".[4] Também poderíamos colocar dessa maneira: a doutrina existe apenas de forma seminal no Antigo Testamento. É questionável que, se não fosse pelo surgimento da doutrina no Novo Testamento, soubéssemos, apenas pelo Antigo Testamento, o que essas sementes significavam.

II. A CONTRIBUIÇÃO DO NOVO TESTAMENTO

Apesar de o Novo Testamento não possuir uma declaração explícita sobre a doutrina da triunidade de Deus, ele contém muitas evidências (uma vez que a expressão "estes três são um", em 1 João 5:7, aparentemente não faz parte de alguns dos manuscritos das Escrituras). Essa "evidência" possui duas linhas de raciocínio: uma insiste que existe apenas um Deus verdadeiro, e a outra apresenta o Jesus homem e o Espírito Santo, sendo que ambos afirmam ser Deus. Enfatizar a unicidade (ser um) ao mesmo tempo que se ignora a triplicidade [N. do T.: apesar de esta palavra não ser corrente na teologia, seu uso é necessário para que haja um contraste entre as duas idéias: "ser um" e "ser três"] (ser três) acaba gerando o conceito de unitarianismo. Enfatizar a triplicidade enquanto ignora a unicidade leva ao triteísmo (como fazem os mórmons). Aceitar ambos resulta na doutrina da triunidade de Deus.

A. Evidência da unicidade

Assim como o Antigo, o Novo Testamento também insiste na existência de apenas um Deus verdadeiro. Passagens como 1 Coríntios 8:4-6; Efésios 4:3-6; e Tiago 2:19 são claros exemplos disso.

B. Evidência da triplicidade de Deus

1. *O Pai é reconhecido como Deus.* Não há debate aqui, e muitas passagens ensinam isso (Jo 6:27; 1 Pe 1:2).

2. *Jesus Cristo é reconhecido como Deus.* Ele próprio afirma possuir algo que somente Deus tem, como onisciência (Mt 9:4), onipotência (28:18), onipresença (v. 20). Ele fez coisas que somente Deus pode fazer (e as pessoas de seus dias reconheceram isso, ainda que muitas vezes relutassem), como perdoar pecados (Mc 2:1-12) e ressuscitar os mortos (Jo 12:9). Além disso, o Novo Testamento mostra outras obras que somente Deus poderia realizar em Cristo, como sustentar todas as coisas (Cl 1:17), a criação (Jo 1:3) e o juízo futuro de todos (5:27).

A última frase de João 1:1 relaciona a Deidade total e verdadeira com a Palavra (Cristo). Essa frase seria melhor traduzida assim: "o Verbo era Deus". A exegese correta não permite a tradução utilizada pelas testemunhas de Jeová: "o Verbo era um Deus". A palavra "Deus" não possui artigo, e se devesse ser entendida como algo indefinido ("um deus"), essa seria a única vez no Evangelho de João que essa forma seria usada. Isso faz com que seja altamente improvável, em termos gramaticais, que aqui seja algo indefinido. João não poderia ter escolhido maneira mais precisa de expressar as verdades que o Verbo era Deus e, mesmo assim, distinto do Pai.

3. *O Espírito Santo é reconhecido como Deus.* Ele é chamado de Deus (At 5:3,4), possui atributos que somente Deus possui, como a onisciência (1 Co 2:10) e onipresença (6:19), e regenera as pessoas (Jo 3:5,6,8), algo que somente Deus pode fazer.

C. Evidências da triunidade

Mateus 28:19 declara melhor tanto a unicidade como a triplicidade ao associar igualmente as três Pessoas e unir todas em um único nome. Outras passagens, como Mateus 3:16,17 e 2 Coríntios 13:14, associam igualmente as três pessoas, mas não contêm a forte ênfase da unidade como em Mateus 28:19.

III. ALGUMAS CONSIDERAÇÕES PARA UMA DEFINIÇÃO

Uma definição de Trindade não é fácil de ser conseguida. Algumas são feitas ao aliar várias proposições. Outras erram por enfatizar demasiadamente a unicidade ou a triplicidade. Uma das melhores que conheço é a de Warfield: "Existe apenas um Deus único e verdadeiro, mas na unidade da Divindade existem três pessoas co-eternas e co-iguais, da mesma substância, mas de subsistência distinta".[5] A palavra "pessoas" pode ser enganosa, como se a Divindade fosse composta de três indivíduos distintos, mas qual palavra seria a mais adequada? O termo "substância" pode parecer materialista demais; alguns prefeririam usar o termo "essência". Muitos não irão entender o significado de subsistência, mas um dicionário pode resolver isso ("conjunto do que é necessário para sustentar a vida").

De uma maneira positiva, essa definição claramente revela tanto unicidade quanto triplicidade e tem o cuidado de manter a igualdade e a eternidade dos três. Ainda que a palavra "pessoa" não seja a melhor opção, ela resguarda contra o modalismo e, claro, a frase "da mesma substância" (ou, melhor ainda, em essência) protege contra o triteísmo. A indivisível essência total de Deus pertence igualmente a cada uma das três pessoas.

João 10:30: "Eu e o Pai somos um" expressa, de forma belíssima, o equilíbrio entre a diversidade de pessoas e a unidade da essência. "Eu e o Pai" claramente distingue duas pessoas, e o verbo "somos" está no plural. "Um" é algo neutro, ou seja, um em natureza ou essência, mas não "uma" pessoa. Logo, o Senhor distingue a si mesmo do Pai e, ao mesmo tempo, clama pela unidade e igualdade com o Pai.

Tradicionalmente, o conceito de Trindade tem sido visto com: (a) uma perspectiva ontológica; e (b) uma perspectiva econômica ou administrativa. A Trindade ontológica concentra-se nas operações pessoais das Pessoas, a chamada *opera ad intra* (obra interior) ou propriedades pessoais pelas quais as pessoas são distintas. Está relacionada com a geração (filiação) e o processo que procura indicar uma ordem lógica dentro da Trindade, mas de modo algum implica desigualdade, prioridade de tempo ou grau de dignidade. Geração e processo ocorrem dentro do ser divino e não trazem consigo idéia alguma de subordinação de essência. Assim, visto de maneira ontológica, pode-se dizer sobre as Pessoas da Trindade que: (1) o Pai gera o Filho e é dele que procede o Espírito, ainda que o Pai não seja gerado nem proceda de outro; (2) o Filho é gerado e dele procede o Espírito Santo, mas ele não gera nem procede; (3) o Espírito Santo procede tanto do Pai quanto do Filho, mas não gera nem é dele que os outros procedem.

Concordo com Buswell que a geração não é uma doutrina baseada na exegese.[6] Entretanto, o conceito que ele tenta apresentar não está fora das Escrituras e, certamente, a doutrina da filiação está nas Escrituras. A frase "geração eterna" é simplesmente uma tentativa de descrever o relacionamento de Pai-Filho na Trindade e, ao usar a palavra "eterna", protege-a de qualquer idéia de desigualdade ou de temporalidade. Mas se alguém decide usar ou não a idéia de geração eterna, a relação de co-igualdade do Pai e do Filho deve ser confirmada. A geração eterna não deve estar baseada apenas em Salmos 2:7.

A processão do Espírito parece ser um conceito mais bíblico, com base em João 15:26. Berkhof a define como "o eterno e necessário ato da primeira e da segunda pessoas da Trindade pelo qual elas, dentro do Ser Divino, vêm a ser a base da subsistência pessoal do Espírito Santo e propiciam à terceira pessoa a posse da substância total da essência divina, sem nenhuma divisão, alienação ou mudança".[7] A idéia de processão *eterna* baseia-se muito no tempo presente da palavra "procede", em João 15:26, uma ênfase que, na minha opinião, está equivocada. Esse versículo realmente não parece mostrar nada a respeito da relação mútua e eterna dentro da Trindade, mas sim o que o Espírito faria para continuar a obra do Senhor Jesus após a ascensão de Cristo.

Esse conceito da Trindade econômica está relacionada às atitudes e às ações administrativas das pessoas da Divindade, ou a *opera ad extra* ("obra externa", ou seja, sobre a criação e suas criaturas). Para o Pai, isso inclui a obra da eleição (1 Pe 1:2), amar ao mundo (Jo 3:16) e dar boas dádivas (Tg 1:17). Para o Filho, enfatiza seus sofrimentos (Mc 8:31), a redenção (1 Pe 1:18) e o sustento de todas as coisas (Hb 1:3). Para o Espírito, concentra-se em sua obra particular de regeneração (Tt 3:5), capacitação (At 1:8) e santificação (Gl 5:22,23).

Mesmo com todas as discussões e a delineação que tentamos fazer em relação à eternidade, devemos reconhecer que, em última análise, trata-se de um mistério. Aceitamos todos os dados como verdade, ainda que estejam muito além de nosso entendimento.

IV. ILUSTRAÇÃO DA TRINDADE

Não há uma ilustração que consiga capturar tudo o que está envolvido na revelação bíblica da Trindade. A maioria, no máximo, consegue apresentar apenas paralelos da idéia de "três em um".

Um diagrama é comumente usado para retratar a Divindade como única, ainda que mostre que cada Pessoa é, ao mesmo tempo, Deus e pessoas distintas.

A água pode servir como uma boa ilustração desse conceito de "três em um", pois retém sua constituição química seja em estado sólido, líquido ou gasoso. Existe também um aspecto triplo na água, pois sendo gelo, vapor ou líquido, suas moléculas podem coexistir em equilíbrio. Continua sendo água, mesmo que de maneiras distintas.

O Sol, sua luz e sua força também podem nos ajudar a ilustrar a Trindade.[8] Ninguém conseguiu realmente ver o Sol, assim como ninguém conseguiu ver o Pai. Mesmo assim, aprendemos muito a respeito do Sol ao estudar sua luz, do mesmo modo que aprendemos muito a respeito do Pai por intermédio de Jesus Cristo, o Filho, que é o resplendor de sua glória (Hb 1:3). Vemos a força solar demonstrada em seu envolvimento no crescimento das sementes, árvores e plantas, e quando nos perguntam o que causa isso, dizemos que foi o Sol. O Espírito Santo é como a força que emana do Sol, e ele é Deus.

Independentemente da utilidade ou das limitações que possuam essas ilustrações, volto a dizer que estamos diante de um mistério.

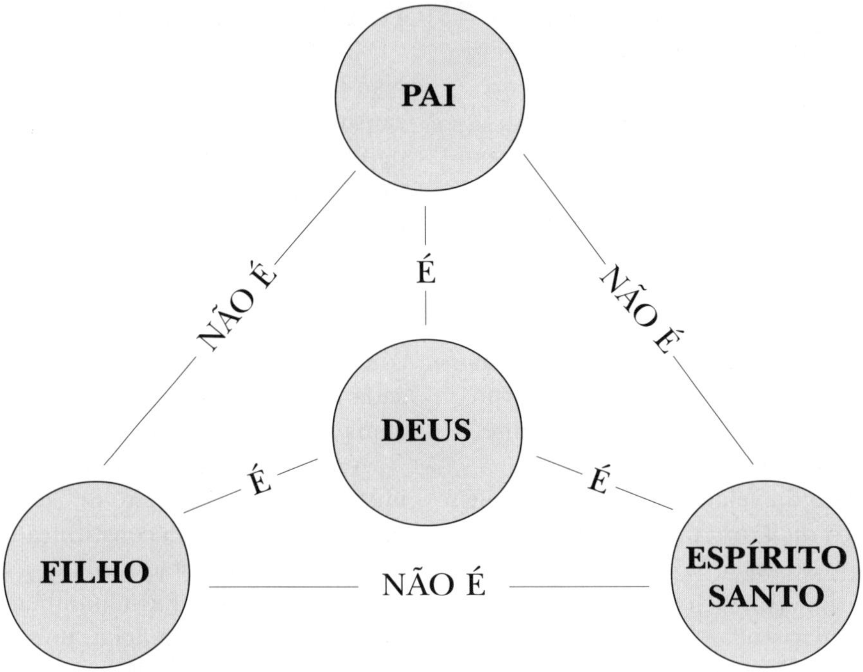

V. PANORAMA HISTÓRICO DA DOUTRINA

A. Monarquianismo

Os pais da Igreja não formularam nenhuma declaração clara a respeito da Trindade. Alguns não estavam muito seguros a respeito do *Logos*, e a maioria deles não se preocupava em dar atenção ao Espírito, exceto à sua obra na vida dos cristãos. Em resposta a Práxeas, Tertuliano (c. de 165-220) declarou o aspecto triplo da Deidade, sendo o primeiro a usar o termo "Trindade". No entanto, ele não possuía um entendimento completo e detalhado da Trindade; seu ponto de vista estava repleto de conceitos de subordinação.

Tertuliano combatia o monarquianismo, que defendia a unidade de Deus e negava o trinitarianismo. Existiam duas formas de monarquianismo:

1. *Monarquianismo dinâmico (ou adocionismo).* Foi exposto pela primeira vez por Teodoro de Bizâncio por volta do ano 210. Essa visão retratava Jesus como um homem que recebera poderes

especiais do Espírito Santo em seu batismo.

2. *Monarquianismo modalista.* Este era mais influente, procurando não apenas manter a unidade de Deus, mas também a divindade absoluta de Cristo ao assegurar que o Pai foi encarnado no Filho. No Ocidente, passou a ser conhecido como patripassianismo, pois afirmava que o Pai encarnado também sofreu no Filho. Enquanto, no Oriente, tornou-se conhecido como sabelianismo, recebendo esse nome por causa de Sabélio, seu representante mais famoso. Ele ensinava que as pessoas da Deidade eram maneiras pelas quais Deus manifestava a si mesmo. Embora Sabélio usasse a palavra "Pessoa", a idéia que expressava era a de um papel representado por Deus ou de uma manifestação da essência divina.

B. Arianismo

Ário (c. de 250-336), um presbítero antitrinitariano de Alexandria, distinguia o Deus único e eterno do Filho gerado pelo Pai, o qual, portanto, teve um princípio. Também ensinou que o Espírito Santo foi a primeira coisa a ser criada pelo Filho, pois tudo o que existe foi criado pelo Filho. Ele encontrou apoio nas Escrituras para seu ponto de vista nas passagens que pareciam apresentar o Filho como alguém inferior ao Pai (Mt 28:18; Mc 13:32; 1 Co 15:28).

Ário recebeu a oposição de Atanásio (c. de 296-373) que, enquanto mantinha a unidade de Deus, distinguia três naturezas essenciais em Deus e insistia que o Filho era da mesma substância que o Pai. Ele ensinava que o Filho fora gerado, mas que isso era um ato interno e eterno de Deus, em contraste a Ário, que rejeitava a geração eterna.

Quando o Concílio de Nicéia procurou resolver essa questão, Atanásio e seus seguidores queriam declarar que o Filho era da mesma substância (*homoousios*) que o Pai, enquanto um grande grupo de moderados sugeria que a palavra *omoiousios* ("de substância similar") fosse usada. Os arianos radicais diziam que o Filho era de substância diferente (*heteroousios*). O imperador Constantino acabou ficando ao lado dos seguidores de Atanásio, por isso vemos na afirmação clara e inequívoca do Credo de Nicéia que Cristo era da mesma substância do Pai (*homoousios*).

Sobre o Espírito Santo, o Credo simplesmente dizia "cremos no Espírito Santo". Contudo, em seu ensinamento, Atanásio manteve que o Espírito, assim como o Filho, era da mesma essência que o Pai. Após o Concílio de Nicéia, muitos documentos circulavam no quarto século e, em parte, o partido ariano era popular por causa da influência de Constâncio, sucessor de Constantino, que simpatizava mais com Ário.

Na segunda metade do quarto século, três teólogos da província da Capadócia, na Ásia Menor, deram um formato definitivo à doutrina da Trindade e derrotaram o arianismo. Eram eles: Basílio de Cesaréia, seu irmão, Gregório de Nissa, e um amigo íntimo de Basílio, Gregório de Nazianzo. Eles ajudaram a esclarecer o vocabulário a respeito da Trindade ao usar *ousia* ("ser" ou "essência", em grego) para a essência da Deidade e *hypostases* ("estar sobre" ou "alicerce", em grego) para falar das Pessoas. Sua ênfase nas três essências naturais reunidas em um Deus livraram o Credo de Nicéia das suspeitas do sabelianismo aos olhos dos moderados. Eles também mantiveram vigorosamente a *homoousios* do Espírito Santo.

C. O CONCÍLIO DE CONSTANTINOPLA (EM 381)

Em 373, um grupo liderado por Eustáquio, chamado de pneumatomaquianos ("os que lutam contra o Espírito"), via tanto o Filho quanto o Espírito Santo como uma única substância com o Pai (alguns moderados confirmavam a consubstanciação do Filho). A controvérsia cresceu a uma proporção tão grande que o imperador Teodósio convocou um concílio em Constantinopla, formado de 150 bispos ortodoxos que representavam a Igreja Oriental. Sob a orientação de Gregório Nazianzeno, o concílio formulou sua declaração oficial a respeito do Espírito Santo: "Cremos no Espírito Santo, Senhor vivificador, que procede do Pai, que com o Pai e o Filho conjuntamente é glorificado, que falou por meio dos profetas". Ainda que esse credo não utilize a expressão "de uma só substância com o Pai", usada para falar sobre Cristo no Credo de Nicéia, descreve a obra do Espírito Santo em termos que não poderiam ser atribuídos a qualquer outro ser criado. Assim, a questão da divindade do Espírito foi encerrada, apesar de essa não ser uma declaração totalmente satisfatória, pois deixava de utilizar a *omouousios* do Espírito e não definia o relacionamento do Espírito com as outras duas pessoas da Trindade.

D. Agostinho (354-430)

1. *De Trinitate*. A declaração da Trindade na Igreja Ocidental chegou à sua formulação final na obra de Agostinho. Em seu tratado, ele declarou que cada uma das três pessoas da Trindade possui a mesma essência total e são interdependentes. Apesar de não estar satisfeito com o uso da palavra "Pessoas" para se referir às três naturezas essenciais, usou esse termo "para não se calar". Também ensinou que o Espírito procede tanto do Pai quanto do Filho.

2. *A Controvérsia Pelagiana* (em 431). Agostinho também colocou grande ênfase sobre a eficácia da graça como obra do Espírito Santo. Isso influenciou profundamente não apenas sua doutrina do homem e do pecado, mas também sua doutrina do Espírito.

E. O Sínodo de Toledo (em 589)

Apesar de os teólogos ocidentais geralmente defenderem que o Espírito Santo procedia tanto do Pai quanto do Filho, isso não foi formalizado até a cláusula do *filioque* ("e Filho") ser formulada pelo Credo de Constantinopla e acrescentada ao Sínodo de Toledo. A Igreja Ocidental nunca aceitou isso, declarando ser uma heresia, dividindo os dois grupos até os dias de hoje.

Pótio, patriarca de Constantinopla e adversário do papa Nicolau de Roma, usou a cláusula do *filioque* como parte de seu esforço para desacreditar as declarações de Nicolau como bispo universal. Ele acusou a Igreja Oriental de introduzir inovações doutrinárias, afirmando que o *filioque* havia adulterado o sagrado Credo de Constantinopla.

F. Ensino Reformado sobre a Trindade

Os reformadores e todas as confissões da Reforma expressam a doutrina da Trindade na maneira ortodoxa formulada pela Igreja primitiva (veja as *Institutas* de Calvino I.13, por exemplo). Calvino parecia ter dificuldades em relação à idéia da geração eterna do Filho, se é que não a considerava inútil, embora nunca a tivesse negado.

Lutero aceitou a doutrina ortodoxa da Trindade porque entendia que ela era ensinada nas Escrituras, mesmo sentindo que somente a fé poderia compreendê-la. A Confissão de Augsburgo (1530) declara no seu primeiro artigo: "há uma só essência divina chamada Deus e que verdadeiramente é Deus. Todavia, há três pessoas nessa única essência divina, igualmente poderosas, igualmente eternas, Deus Pai, Deus Filho, Deus Espírito Santo" (111.7). De maneira similar, a Confissão de Fé de Westminster (1647) afirma: "Na unidade da Divindade há três pessoas de uma mesma substância, poder e eternidade: Deus o Pai, Deus o Filho e Deus o Espírito Santo. O Pai não é de ninguém – não é gerado, nem procedente; o Filho é eternamente gerado do Pai; o Espírito Santo é eternamente procedente do Pai e do Filho" (II. 3).

No século XVI, o socianismo negava a preexistência do Filho, considerando Jesus apenas um homem. Essa doutrina ensinava que existia uma única essência divina, que continha somente uma pessoa. Esse ponto de vista influenciou o "unitarianismo inglês" e o "deísmo inglês". Muitos unitaristas não eram deístas, mas todos os deístas tinham um conceito unitarista de Deus. A linhagem dessa heresia vai do arianismo para o socianismo, passa para o unitarianismo, chegando até o deísmo. O unitarianismo americano é um descendente direto do unitarianismo inglês.

G. Pontos de vista modernos

A visão ortodoxa da Trindade foi, e continua sendo, mantida por muitos até os dias de hoje. No entanto, muitos tentaram impugná-la. Kant e Hegel opuseram-se ao ensino ortodoxo e adotaram o adocianismo ou o panteísmo impessoal. Swedenborg e Schleiermacher ecoavam o sabelianismo. Muitos sentem que o conceito de Barth era modalista.[9] Outros o defendem como sendo ortodoxo, pois rejeitava o sabelianismo e usou seu conceito dos "modos de ser" de Deus no lugar do conceito de Pessoas. Paul Tillich sentiu que a doutrina da Trindade fora produzida pelo homem para suprir suas próprias necessidades. Na verdade, Tillich não acreditava que existia uma Pessoa na Deidade, muito menos três.

As testemunhas de Jeová adotaram uma cristologia ariana, que nega a eternidade do Filho e a doutrina da Trindade. Eles, assim como Ário, vêem o *Logos* como um ser intermediário entre o Criador e a criação.

VI. ALGUMAS RAMIFICAÇÕES PRÁTICAS

A riqueza do conceito de Trindade espalha-se por várias áreas da teologia.

A doutrina da redenção é um exemplo óbvio, pois todas as pessoas da Deidade estão envolvidas nessa grande obra (Jo 3:6,16; Ap 13:8).

A doutrina da revelação serve como outro exemplo. Tanto o Filho quanto o Espírito estão envolvidos na comunicação da verdade de Deus (Jo 1:18; 16:13).

Comunhão e amor dentro da divindade somente é possível em um conceito trinitariano de Deus, e essa comunhão é similar à comunhão dos cristãos com Cristo (Jo 14:17).

A prioridade sem inferioridade é vista na Trindade como a base para o relacionamento correto entre homem e mulher (1 Co 11:3).

A oração é praticada de maneira trinitária. Apesar de podermos nos dirigir a qualquer das pessoas da Trindade sem problema algum, de acordo com o precedente bíblico, falamos com o Pai, em nome de Cristo e conforme o Espírito nos direciona (Jo 14:14; Ef 1:6; 2:18; 6:18).

1. JACOB, Edmund, *Theology of the Old Testament*. Nova York: Harper & Row, 1958, pp. 75-7.
2. Veja GOLDBERG, Louis. Wisdom. In: *Theological Wordbook of the Old Testament*. Chicago: Moody, 1980, v. 1, p. 283.
3. BERKHOF, L. *Teologia Sistemática*. Campinas: Luz Para o Caminho, 1990, p. 87.
4. PAYNE, J. Barton. *The Theology of the Older Testament*. Grand Rapids: Zondervan, 1962, p. 166.
5. WARFIELD, B. B. Trinity. In: ORR, James (Ed.). *The International Standard Bible Encyclopaedia*. Grand Rapids: Eerdmans, 1930, v. 5, p. 3012.
6. BUSWELL, J. Oliver *A Systematic Theology of the Christian Religion*. Grand Rapids: Zondervan, 1962, v. 1, pp. 105-12.
7. BERKHOF, L. *Teologia Sistemática,* p. 98.
8. *The Pilgrim Bible*. Nova York: Oxford, 1948, pp. ix-x.
9. HODGSON, Leonard. *The Doctrine of the Trinity*. Londres: Nisbet, 1955, p. 229.

Parte 3

A Bíblia: Inspirada por Deus

9

REVELAÇÃO ESPECIAL

Na parte anterior deste livro, examinamos a questão da revelação geral: como Deus revela a si mesmo a todas as pessoas de maneira geral. Se a revelação total de Deus pudesse ser chamada de "o Livro da Revelação", então o primeiro volume traria a revelação geral, enquanto o segundo, em contraste, traria a revelação especial, que necessariamente não é dada a todas as pessoas.

I. AS MANEIRAS DE APRESENTAR A REVELAÇÃO ESPECIAL

A. As sortes

Embora hoje em dia não usemos o sistema de lançar "sortes", em determinadas ocasiões isso serviu para revelar a vontade de Deus ao homem (Pv 16:33; At 1:21-26).

B. O Urim e o Tumim

O peitoral usado pelo sumo sacerdote no Antigo Testamento era um pedaço quadrado de um belo tecido, dobrado ao meio e aberto em cima, como uma espécie de bolso. Era adornado com 12 pedras preciosas, nas quais estavam gravados os nomes das 12 tribos de Israel. O Urim e o Tumim provavelmente eram duas pedras preciosas que ficavam dentro do peitoral, sendo usadas, como as sortes, para determinar a vontade de Deus (Êx 28:30; Nm 27:21; Dt 33:8; 1 Sm 28:6; Ed 2:63).

C. Sonhos

Deus usou sonhos para se comunicar muitas vezes durante o período do Antigo Testamento e fará o mesmo por ocasião da segunda vinda de Cristo (Gn 20:3,6; 31:11-13,24; 40,41; Jl 2:28). Os ímpios, bem como os cristãos, tiveram sonhos dados por Deus (Gn 20:3; 31:24). Mesmo sendo uma experiência comum, os sonhos eram usados por Deus dessa maneira especial para revelar a verdade.

D. Visões

Em uma visão, a ênfase parece ser aquilo que é ouvido, enquanto em um sonho, é o que se vê. Também o ser humano envolvido parece ser mais ativo no recebimento de uma visão (Is 1:1; 6:1; Ez 1:3).

E. Teofanias

Antes da encarnação, as teofanias estavam associadas com a aparição do "Anjo do SENHOR", que comunicou a mensagem divina às pessoas (Gn 16:7-14; Êx 3:2; 2 Sm 24:16; Zc 1:12).

F. Anjos

Deus também usa os anjos criados para entregar suas mensagens divinas às pessoas (Dn 9:20,21; Lc 2:10,11; Ap 1:1). (Observe Ap 19:17, em que Deus usará um anjo para se comunicar com as aves!)

G. Os profetas

Os profetas do Antigo Testamento trouxeram a mensagem do Senhor para a humanidade (2 Sm 23:2; Zc 1:1), assim como fizeram os do Novo Testamento (Ef 3:5). Falavam com autoridade, porque comunicavam a Palavra do Senhor. Um pregador ou mestre, hoje em dia, não se qualifica como profeta, pois anuncia ou explica a Palavra de Deus dada e escrita previamente.

H. Eventos

A atividade de Deus na história também constituiu um canal de revelação. A libertação do povo de Israel do Egito revelou os atos de justiça do Senhor, de acordo com Miquéias 6:5. Os atos de juízo revelam quem é Deus (Ez 25:7). E, claro, a encarnação de Cristo revelou a Deus (Jo 1:14). Não posso prosseguir sem dizer que esses eventos devem ser históricos e factuais para que também sejam comunicativos, pois hoje em dia algumas pessoas colocam a fé existencialista antes da fé histórica. Em outras palavras, tentam criar uma revelação alheia aos fatos históricos ou encontrar sentido nos fatos históricos, ao mesmo tempo que negam que esses eventos realmente ocorreram. Essa historiografia existencial jamais fez parte da cosmovisão dos autores bíblicos.

Se quisermos entender corretamente seu significado, os eventos não devem ser apenas históricos, mas também precisam ser interpretados segundo a inspiração divina. Por exemplo, muitas pessoas foram crucificadas; como podemos saber que a crucificação de Jesus de Nazaré pagou pelos pecados do mundo? A Palavra da revelação especial esclarece e interpreta corretamente o significado obscuro dos eventos.

I. Jesus Cristo

Indiscutivelmente, a encarnação de Jesus Cristo foi um dos principais meios dessa revelação especial. Ele revelou o Pai (Jo 1:14), mostrou a natureza de Deus (14:9), o poder de Deus (3:2), a sabedoria de Deus (7:46), a glória de Deus (1:14), a vida de Deus (1 Jo 1:1-3) e o amor de Deus (Rm 5:8). Nosso Senhor fez tudo isso tanto por intermédio de seus atos (Jo 2:11) quanto de suas palavras (Mt 16:17).

J. A Bíblia

Na verdade, a Bíblia serve como o meio mais inclusivo de todos os tipos de revelação especial, pois engloba o registro de muitos aspectos dessa revelação. Embora Deus, indiscutivelmente, tenha dado outras visões, sonhos e mensagens proféticas não reveladas na Bíblia, não possuímos detalhes a respeito delas. Além disso, tudo o que sabemos a respeito da vida de Cristo aparece na Bíblia, mesmo que, obviamente, nem tudo o que ele fez e disse tenha sido registrado nas Escrituras (Jo 21:25). Mas a Bíblia não é simplesmente o registro dessas outras revelações de Deus; também contém verdades adicionais não reveladas. Por exemplo, por meio dos profetas, ou mesmo durante a vida terrena de Cristo. Portanto, a Bíblia é, ao mesmo tempo, registro de aspectos da revelação especial e a própria revelação.

A revelação, na Bíblia, não é somente inclusiva, ainda que parcial; é também verdadeira (Jo 17:17), progressiva (Hb 1:1) e possui um propósito (2 Tm 3:15-17).

Existem duas maneiras de perceber a credibilidade da revelação bíblica. Os fideístas insistem que as Escrituras e a revelação que ela contém autenticam a si mesmas, sendo, portanto, autopística. Para eles, a fé antecede a razão. A infalibilidade da Bíblia deve (e pode) ser pressuposta, porque as Escrituras dizem que ela é inspirada, e o Espírito confirma isso. Os empiristas, por outro lado, reforçam a credibilidade intrínseca da revelação da Bíblia como sendo digna de crença, ou seja, é axiopística. A alegação bíblica de autoridade não é, por si mesma, uma prova de autoridade; por outro lado, existem evidências factuais e históricas que estabelecem as credenciais da Bíblia e que validam a veracidade da sua mensagem. Entendo que os dois pontos de vista revelam a verdade; ambos podem e devem ser usados.

II. ALGUMAS VISÕES CONTEMPORÂNEAS DA REVELAÇÃO

Todos os pontos de vista contemporâneos a respeito da revelação possuem muitos aspectos em comum: (1) São subjetivos. A revelação é descoberta na experiência ou no entendimento do intérprete da experiência de outros. (2) Sem um padrão objetivo ou critérios instáveis, o entendimento da revelação depende do conceito do intérprete. (3) Pelos motivos (1) e (2), as visões contemporâneas da revelação são subcristãs, pois elevam a mente humana acima do que Deus revelou de maneira material.

A. Revelação como uma atividade divina

Esse ponto de vista afirma que a revelação consiste dos atos poderosos de Deus na história. Claro, existe alguma verdade nisso, pois Deus revelou a si mesmo nos atos históricos. Os conservadores acreditam que esses atos são factuais e, em alguns casos, milagrosos. Os liberais negam a historicidade desses atos. Porém, tanto conservadores quanto liberais deixam a interpretação desses atos a cargo do intérprete. Aqueles que negam a realidade histórica desses atos procuram afirmar que eles, na verdade, são atos de Deus, que receberam do intérprete um significado importante. A revelação, então, pode ser pouco mais do que um evento psicológico na mente do intérprete.

B. Revelação como um encontro pessoal

Para essa escola de pensamento, a revelação não consiste de uma informação comunicada, mas sim de um encontro interpessoal. Portanto, Deus pode ser conhecido apenas como sujeito, nunca como objeto, pois o segundo precisaria de proposições a respeito dele. A revelação não nos oferece informações *a respeito* de Deus, mas *com o próprio* Deus, em um encontro pessoal. Porém, a revelação a respeito de Deus (proposição) é necessária para a revelação de Deus (encontro). Fatos são essenciais para o encontro. A revelação como encontro aparta a revelação da história até certo nível, e isso certamente se baseia no existencialismo. Veja um exemplo dessa perspectiva: "Na Bíblia, a auto-revelação de Deus é pessoal e não proposicional. Isso equivale a dizer que a revelação suprema está no relacionamento de 'confrontação', na comunhão, em vez de estar na comunicação de fatos".[1]

Tradicionalmente, a revelação e a Bíblia são inseparáveis. Os pontos de vista contemporâneos têm colocado uma barreira divisória entre a Bíblia e a revelação, gerando resultados devastadores. Passou-se a acreditar que a revelação não precisa mais ser encontrada apenas na Bíblia, mas também é vista nos atos poderosos de Deus e em um encontro pessoal. A experiência existencial substituiu a verdade objetiva como a Palavra de Deus.

Em resumo: a revelação especial, conforme registrada na Bíblia, disponibiliza o conteúdo da mensagem de Deus para o mundo. A inspiração está ligada ao método que Deus utilizou para registrar o conteúdo das Escrituras. A inerrância está relacionada com a precisão desse registro.

Passaremos a tratar dessas questões a seguir.

1. Moule, C. F. D. Revelation. In: *The Interpreter's Dictionary of the Bible.* Nova York: Abingdon, 1976, v. 4, p. 55.

10

A DOUTRINA BÍBLICA DA INSPIRAÇÃO

Embora aqueles que defendem diferentes pontos de vista teológicos estejam dispostos a dizer que a Bíblia é inspirada, não existe uma uniformidade no tocante ao significado de inspiração. Alguns se concentram na ação dos autores; outros olham somente para os escritos, enquanto um terceiro grupo enfoca os leitores. Alguns relacionam isso à mensagem geral da Bíblia, outros, aos pensamentos, e também há quem o ligue às palavras. Há os que incluem a inerrância, ainda que muitos outros não o façam.

Essas diferenças fazem com que seja necessário precisão ao declarar a doutrina bíblica. Até poucos anos atrás, tudo o que se precisava dizer para expressar convicção de que a Bíblia é plenamente inspirada era: "Acredito que a Bíblia é a Palavra de Deus". Para contrariar o ensino de que nem todas as partes da Bíblia eram inspiradas, era preciso dizer: "Acredito que a Bíblia é a Palavra verbalmente inspirada por Deus". Posteriormente, porque algumas pessoas não queriam reconhecer a inspiração total da Bíblia, era necessário dizer: "Acredito que a Bíblia é Palavra de Deus infalível, inerrante, verbal e plenamente inspirada". Mas, então, os termos "infalível" e "inerrante" começaram a ser limitados apenas a questões de fé, em vez de englobar também os registros bíblicos (inclusive os fatos históricos, genealogias, relatos da criação, etc.), por isso tornou-se necessário acrescentar o conceito de "inerrância ilimitada". Toda adição às declarações básicas surgiu por causa de um ensino errôneo.

I. O RELATO BÍBLICO A RESPEITO DA INSPIRAÇÃO

A doutrina da inspiração não é algo que os teólogos impuseram à Bíblia. Trata-se de algo que a própria Bíblia ensina, uma conclusão derivada dos dados que ela contém. Independentemente da opinião que alguém tenha sobre a Bíblia, ela, como qualquer outra testemunha, tem o direito de testificar a favor de si mesma. Alguns fazem restrições à validade de tal evidência, alegando que é um testemunho de si mesma e, portanto, pode não ser verdade. Realmente, um testemunho pode ser verdadeiro ou não, mas precisa ser ouvido.

Observe os dados relevantes que a Bíblia apresenta e nos confronta:

A. 2 Timóteo 3:16

Nesse versículo, Paulo declara que toda Escritura é inspirada por Deus e útil para muitas coisas. Veja que há três afirmações importantes nessa declaração:

1. *"Toda Escritura", a Bíblia toda, é inspirada e útil.* É uma expressão que mostra a extensão da inspiração. O Novo Testamento usa os termos "Escritura" ou "Escrituras" 51 vezes, sempre para se referir a alguma parte da Bíblia. Em certas passagens, refere-se à totalidade do Antigo Testamento (Lc 24:45; Jo 10:35); em outras, a uma passagem do Antigo Testamento em particular (Lc 4:21) ou a uma passagem específica do Novo Testamento (1 Tm 5:18); ou, ainda, a uma porção maior do Novo Testamento (2 Pe 3:16, referindo-se aos escritos de Paulo).

As duas últimas referências, 1 Timóteo 5:18 e 2 Pedro 3:16, têm grande importância. Em 1 Timóteo 5:18, Paulo combina uma referência do Antigo e uma do Novo e classifica ambas como Escritura. A citação do Antigo Testamento é de Deuteronômio 25:4, e a do Novo Testamento é Lucas 10:7 (ainda que o mesmo sentimento seja encontrado em Lv 19:13 e Dt 24:15, Lucas não estava claramente citando esses versículos. Na verdade, a ênfase em Lv 19 e Dt 24 está sobre não deixar de efetuar o pagamento pelo serviço prestado no mesmo dia). Unir a citação de Lucas a uma citação canônica do Antigo Testamento é algo de grande importância. Lembre-se, também, de que provavelmente haviam se passado apenas cinco ou seis anos entre o registro do Evangelho de Lucas e o de 1 Timóteo.

Em 2 Pedro 3:16, o apóstolo Pedro chama os escritos de Paulo de Escrituras, mostrando a aceitação da Igreja primitiva e o reconhecimento de sua autoridade. É verdade que o Novo Testamento ainda não tinha sido concluído quando Paulo escreveu 2 Timóteo 3:16 (2 Pedro, Hebreus, Judas e os textos de João não haviam sido escritos). Mesmo assim, como esses livros acabaram reconhecidos como pertencentes ao cânon das Escrituras, podemos concluir que 2 Timóteo 3:16 inclui todos os 66 livros como os conhecemos hoje. Não há nenhum livro ou parte de livro excluída; toda Escritura é inspirada por Deus.

A maioria das pessoas não nega que 2 Timóteo 3:16 inclui todos os livros canônicos. Aqueles que desejam reduzir a quantidade de Escrituras incluídas nesse versículo o fazem porque o traduzem como: "Toda Escritura inspirada por Deus é útil" (em vez de "Toda Escritura é inspirada por Deus e útil"). Em outras palavras, todas as partes das Escrituras que são inspiradas também são úteis, mas as partes não inspiradas não são úteis. Essa tradução indicaria que apenas parte da Bíblia é inspirada.

Apesar de essa ser uma tradução possível, ela não é necessária. Na verdade, ambas podem afirmar sua precisão. Afinal, as duas precisam acrescentar "é", pois o verbo "ser" não aparece no original grego. A questão reduz-se à necessidade de acrescentar o verbo "ser" uma ou duas vezes ("Toda Escritura inspirada por Deus *é* útil" ou "Toda Escritura *é* inspirada por Deus e *é* útil"). A preferência recai sobre a segunda opção por três motivos:

Primeiro, ao acrescentar "é" duas vezes, os dois adjetivos ("inspirada" e "útil") são entendidos da mesma maneira, sendo adjetivos predicativos, o que seria mais natural. Segundo, o conectivo, mesmo que possa ser traduzido por "também", ele é mais freqüentemente traduzido por "e". Em terceiro lugar, uma construção similar aparece em 1 Timóteo 4:4, em que os dois adjetivos são claramente predicativos. Logo, a tradução preferencial deixa muito claro que toda a Bíblia é inspirada.

2. *A Bíblia toda "é inspirada por Deus"*. Isso deixa claro a inspiração divina da Bíblia. A forma do verbo é passiva, implicando que a Escritura é resultado do sopro de inspiração divina. Contudo, se a forma fosse ativa, então significaria que a Bíblia apenas fala sobre Deus (inspira-nos). Isso, claro, é uma verdade, mas não é o que Paulo estava dizendo nesse versículo. Uma tradução melhor para inspiração seria "expirada" ou "soprada por Deus". A palavra usada em nossa língua, "inspirada", possui a idéia de colocar o ar para dentro. Mas o versículo diz que Deus "soprou" algo (pôs para fora), nesse caso, a Escritura. Isso mostra que autores humanos escreveram o texto, mas a Bíblia teve início com uma ação de Deus, que a inspirou.

3. *A Bíblia toda é "útil"*. Isso expressa o propósito da inspiração. Ela serve para ensinar, repreender, corrigir, restaurar e educar na justiça, para que o cristão possa ser preparado, capacitado ou aperfeiçoado e totalmente aparelhado em todas as áreas de sua vida. A Bíblia não deve ser colocada em um museu para ser admirada, mas sim aplicada em nossa vida.

Em resumo: reunindo as três idéias de 2 Timóteo 3:16, conclui-se que esse versículo ensina que a Bíblia, em sua totalidade, veio de Deus para nos mostrar como devemos viver.

B. 2 Pedro 1:21

Esse versículo afirma, tanto quanto qualquer outro, como Deus usou autores humanos para produzir a Bíblia. O Espírito Santo moveu-os para a ação. O uso do mesmo verbo em Atos 27:15 ilumina nosso entendimento do que significa "motivar" ou "tocar" os autores humanos. Pouco antes de o navio que levava Paulo a Roma ter naufragado perto da ilha de Malta, ele enfrentou uma grande tempestade. Mesmo sendo experientes, os marinheiros não conseguiram guiá-lo, por isso acabaram deixando que o navio fosse para onde o vento o levasse. Da mesma maneira que o navio foi levado, direcionado ou carregado pelo vento, Deus direcionou e orientou os autores humanos que usou para produzir os livros da Bíblia. Embora o vento fosse a força que impulsionava o navio, os marinheiros não estavam dormindo nem inativos. De modo similar, o Espírito Santo é a força motriz que direcionou os autores, os quais, mesmo assim, desempenharam papéis ativos no registro das Escrituras.

Esse versículo, porém, também ensina outra coisa importante. Declara que a vontade dos autores humanos não direcionou a produção dos textos da Bíblia. O verbo "mover", com a idéia de "motivar", é usado no versículo. Portanto, a profecia não surgiu da vontade humana. Surgiu pelo Espírito, não pela vontade do homem. Essa declaração testifica, de maneira importante, a questão da inerrância da Bíblia. A vontade do homem, inclusive sua própria vontade de cometer erros, não gerou as Escrituras, mas foi o Espírito Santo, que não pode errar, quem nos trouxe as Escrituras. Os autores obviamente estiveram ativos durante a sua redação, mas o que escreveram foi direcionado não por sua própria vontade e com possibilidade de erro, mas pelo Espírito Santo, que é verdadeiro e infalível.

O comentário de B. B. Warfield a respeito de 2 Pedro 1:21 enfatiza bem esse ponto:

> Existem várias coisas que precisam ser cuidadosamente observadas nessa declaração particularmente precisa e significativa. Antes de tudo, há uma negação enfática de que a profecia – na hipótese sobre a qual estamos trabalhando, isso equivale à Escritura – deve sua origem à iniciativa humana: "... jamais qualquer profecia foi dada – 'foi produzida' (ARC), 'teve origem' (NVI) – por vontade humana". Então, existe uma asserção enfática de que a fonte está em Deus: os homens realmente falaram, mas eles "falaram da parte de Deus". Uma expressão memorável é inserida aqui, e a ênfase pode estar numa porção posterior, que nos mostra como seria possível que esses homens, ao falarem, não deveriam falar por si próprios, mas da parte de Deus: ela foi "produzida" – a mesma palavra que foi traduzida como "foi dada", aqui – pelo Espírito Santo de que eles falaram. O falar, então, está sob a influência determinante do Espírito Santo, as coisas que eles falaram não vieram deles mesmos, mas da parte de Deus.[1]

Em resumo: 2 Pedro 1:21 diz que Deus usou homens e deixou para nós uma Bíblia totalmente fidedigna.

C. 1 Coríntios 2:13

Nessa passagem, Paulo ressalta que a revelação divina chegou até nós por intermédio de palavras. Isso contraria a argumentação de alguns de que a inspiração relata somente os pensamentos que Deus gostaria que conhecêssemos, mas não as palavras com que esses pensamentos foram expressos. Apoiar essa visão não implica que a pessoa deve continuar defendendo a inerrância do texto, pois é possível ter pensamentos corretos (de Deus), porém demonstrados por palavras erradas (do homem). Mas Paulo insistia em que a mensagem de Deus veio pelas palavras do texto.

Paulo afirmou que falou usando palavras, mas isso não significa que não estava se referindo, também, a seus escritos. Lembre-se de que Pedro também disse que Paulo falou em seus escritos (2 Pe 3:16). Portanto, o "falar" do versículo certamente se refere às cartas que Paulo escreveu.

Em resumo: esse versículo ensina que as palavras usadas na Bíblia foram inspiradas.

D. Uma compilação de dados

Esses dados demonstram um pouco da variedade de material que Deus fez os autores humanos incluírem na Bíblia.

1. *Material que veio diretamente de Deus*. As duas tábuas sobre as quais foram escritos os Dez Mandamentos vieram diretamente de Deus (Dt 9:10).

2. *Material pesquisado*. Embora algumas partes da Bíblia tenham sido escritas de forma direta (como algumas cartas de Paulo), outras, antes de serem escritas, foram fruto de pesquisa. O Evangelho de Lucas é um exemplo disso (Lc 1:1-4). Lucas não testemunhou os eventos da vida de Cristo. Então, ou Deus lhe teria dado uma revelação direta dos fatos para que pudesse escrever seu Evangelho, ou Lucas precisaria descobri-los fazendo uma pesquisa.

Em seu prólogo, o evangelista Lucas nos diz que: (a) consultou testemunhas oculares da vida e do ministério de Cristo; (b) usou os registros disponíveis em forma escrita de episódios do ministério do Senhor; (c) investigou e analisou cuidadosamente todas essas fontes; (d) planejou a partir do material organizado por ele; (e) o Espírito Santo motivou-o e guiou-o durante o processo de composição, de modo que tudo o que ele escreveu era preciso e verídico.

3. *Material profético*. Aproximadamente um quarto da Bíblia, ao ser escrita, constituía-se de profecia (embora muitas delas já houvessem se cumprido). A verdadeira profecia provém somente do Deus que conhece todas as coisas. Nenhum autor humano conseguiria estabelecer 100 % da verdadeira profecia.

4. *Material histórico*. Grande parte da Bíblia registra a história e o faz de forma precisa. A maioria das porções históricas foram escritas por aqueles que viveram pessoalmente durante esses eventos (por exemplo, Lucas foi companheiro de Paulo em muitas de suas viagens, At 16:10-13; 20:5–21:18; 27:1–28:6; Josué vivenciou e depois escreveu a respeito da conquista de Canaã no livro de Josué). Coisas como a história da criação, claro, precisaram ser reveladas por Deus a Moisés, pois nenhum ser humano testemunhou-a, e Moisés escreveu sobre ela muito tempo após ela ter ocorrido.

5. *Outros materiais*. A Bíblia registra algumas coisas que não são verdadeiras, como as mentiras de Satanás (Gn 3:4,5), mas o faz de maneira precisa. A Bíblia contém algumas citações de escritos de pessoas não-salvas (Tt 1:12). Também existem passagens fortemente carregadas de experiências pessoais e de emoções (Rm 9:1-3). Mas essa variedade de material é registrada com precisão.

Em resumo: algumas vezes Deus revelou coisas de maneira sobrenatural e direta; em outras ocasiões, permitiu que os autores compusessem as mensagens usando sua liberdade de expressão. Mas o Senhor inspirou o produto total, direcionando os autores de várias maneiras, para nos deixar a sua mensagem por intermédio das palavras da Bíblia.

II. UMA DEFINIÇÃO DE INSPIRAÇÃO

Uma definição correta deve, claro, ser estabelecida com base nos dados das Escrituras sobre a questão, conforme vimos anteriormente. Uma definição simples seria esta: Deus orientou homens para que escrevessem sua mensagem na Bíblia.

Uma definição mais complexa seria: Deus supervisionou os autores humanos da Bíblia para que compusessem e registrassem, sem erros, sua mensagem à humanidade utilizando as palavras de seus escritos originais.

Observe cuidadosamente algumas das palavras-chave dessa definição.

(1) O verbo "supervisionar" indica os diversos tipos de relacionamento que Deus tinha com os autores e a variedade de material. Sua supervisão, algumas vezes, foi bastante direta, outras menos, mas sempre incluiu a preservação dos autores para que escrevessem com precisão.

(2) O verbo "compor" demonstra que os autores não foram instrumentos passivos para quem ele ditou o material; eram escritores ativos.

(3) "Sem erros" expressa a alegação da própria Bíblia de que é a verdade (Jo 17:17).

(4) Inspiração é um predicado exclusivo dos escritos originais, não de cópias ou de traduções, por mais precisas que elas sejam.

Importante: O procedimento usado neste capítulo foi examinar os dados bíblicos acerca da inspiração e, depois, formular uma definição que incorporasse esses dados. A definição, então, procura ser uma declaração a respeito das afirmações que a própria Bíblia faz sobre si mesma. Não partimos de uma definição para, depois, impor-lhe dados, e, no processo, forçar ou selecionar apenas aqueles que se encaixassem.

Além disso, jamais deveríamos perder de vista as impressionantes declarações que a Bíblia fez a respeito de si mesma no tocante à questão da inspiração. Nenhum outro livro pode comparar-se a esse. Deus a inspirou, os homens a escreveram, e nós a possuímos.

---

1. WARFIELD, B. B. *The Inspiration and Authority of the Bible.* Filadélfia: Presbyterian and Reformed, 1948, p. 136.

11

Desvios da doutrina bíblica da inspiração

Obviamente, nem todos entendem a doutrina bíblica da inspiração conforme foi expressa no capítulo anterior. Através dos anos, outras interpretações das evidências foram propostas. Algumas são mais antigas, outras, mais recentes. Mas, em minha opinião, todas possuem deficiências.

I. INSPIRAÇÃO NATURAL

Esse ponto de vista entende que os autores da Bíblia foram homens de grande genialidade que não precisavam de uma ajuda sobrenatural para escrever a Bíblia. Algumas das idéias correlatas a essa perspectiva são: (1) Os próprios autores criaram aquilo que escreveram; Deus não inspirou as palavras. (2) Esse tipo de inspiração pode aplicar-se a outros livros além da Bíblia. "Mas a linha divisória entre ela [a Bíblia] e outros escritos religiosos [...] não é tão precisa e determinante para estabelecer a diferença qualitativa entre *todos* os outros escritos e *todas* as partes das Escrituras canônicas."[1] (3) Se esse é o ponto de vista verdadeiro a respeito da inspiração, então por que os gênios de hoje não conseguem escrever livros tão inspirados quanto os da Bíblia? (4) Essa visão da inspiração, claro, não inclui sua infalibilidade.

II. INSPIRAÇÃO MÍSTICA OU DINÂMICA

Esse ponto de vista dá um passo à frente em relação à inspiração natural, pois entende que os autores eram mais do que gênios naturais, uma vez que também foram cheios do Espírito e orientados por ele. "A inspiração dos livros da Bíblia não implica, para nós, a visão de que, em geral, foram produzidos ou escritos de maneira diferente de outros importantes livros cristãos. [...] Há uma grande variedade de literatura cristã, do século V ao XII, que poderia, com propriedade, ser descrita como inspirada pelo Espírito Santo precisamente da mesma maneira que os livros da Bíblia."[2] Caso isso fosse verdade, então: (a) outros escritos cristãos são tão inspirados quanto a Bíblia; (b) os livros da Bíblia não são infalíveis, embora (c) representem uma importante literatura religiosa que pode, inclusive, conter mensagens de Deus.

III. NÍVEIS DE INSPIRAÇÃO

A idéia de níveis de inspiração implica que algumas partes da Bíblia são mais inspiradas do que outras. Toda a Bíblia é inspirada, mas não no mesmo nível. "Dentro dessa grande atividade de inspiração existe uma considerável variação. A inspiração de Isaías ou de Paulo difere da que recebeu a pessoa que compilou Provérbios ou o analista que reuniu os relatos de Crônicas".[3] Estou inclinado a pensar que, hoje em dia, esse ponto de vista foi substituído pela idéia da inspiração parcial. Na verdade, essa perspectiva de inspiração confunde a idéia errônea que existem "níveis" de inspiração com o reconhecimento legítimo da variedade de relevância de diferentes partes da Bíblia, a qual foi inspirada como um todo.

IV. INSPIRAÇÃO PARCIAL

Essa posição ensina que certas partes da Bíblia são inspiradas, mas outras não. A idéia de níveis de inspiração diz que tudo foi inspirado, mas algumas partes são mais inspiradas do que outras. A perspectiva da inspiração parcial ensina que algumas porções, na verdade, não são inspiradas. Em geral, as partes inspiradas são as que trazem informações que, de outra forma, seriam desconhecidas (relatos da criação ou profecias). Porções históricas, por outro lado, não precisam ser inspiradas, pois podem ser conhecidas pelos documentos contemporâneos.

A expressão moderna dessa maneira de encarar a inspiração ensina que a Bíblia é inspirada em seu propósito. Isso significa que é possível confiar na Bíblia quando ela fala a respeito da salvação, mas podemos esperar que surjam erros em outras partes. Assim, nas partes que mostram a salvação, a Bíblia é inspirada, mas o mesmo não ocorre, necessariamente, em outras partes. Veja este exemplo: "Confesso a infalibilidade e a inerrância das Escrituras em cumprir o propósito de Deus para elas – dar ao homem a revelação de Deus em seu amor redentor por meio de Jesus Cristo".[4] Em outras palavras, essa visão ensina que a Bíblia é inspirada em sua intenção (mostrar a salvação ao homem), mas não em seu conteúdo total.

Mas o ensino bíblico a respeito da salvação não está baseado em fatos históricos? Suponha que eles não sejam precisos. Então, nosso entendimento da salvação também pode estar errado. Não é possível fazer separação entre história e doutrina, admitir a existência de erros (mesmo que sejam poucos) nos registros históricos e, ao mesmo tempo, ter certeza de que as partes doutrinárias são verdadeiras.

V. INSPIRAÇÃO CONCEITUAL

Alguns estão dispostos a reconhecer que apenas os conceitos, não as palavras, da Bíblia foram inspirados. Essa posição parece garantir que existe certa autoridade nos conceitos da mensagem, mas estes utilizam palavras que podem estar erradas em alguns casos. A falácia dessa visão fica óbvia: como os conceitos são expressos? Utilizando palavras. Mude as palavras, e os conceitos mudarão. Não se pode separar as duas coisas. A fim de que os conceitos sejam inspirados, é imperativo que as palavras que os expressam também sejam. Alguns parecem adotar a inspiração conceitual como uma reação à idéia da inspiração verbal em forma de ditado. Para eles, se a inspiração é estendida até as palavras, então Deus deve ter ditado tais palavras. Para não chegar a essa conclusão, adotaram a idéia de que Deus inspirou apenas os conceitos, e os autores escolheram as palavras, que não estão, necessariamente, sempre corretas. Mas os conceitos que Deus intencionava transmitir, de algum modo, chegaram até nós inalterados.

VI. INSPIRAÇÃO NEO-ORTODOXA (BARTHIANA)

Karl Barth (1886-1968), mesmo sendo um dos teólogos mais influentes da história recente, possuía uma visão deficiente e perigosa de inspiração, algo que muitos continuam propagando. Em geral, os barthianos posicionam-se ao lado da escola liberal de crítica bíblica, embora, muitas vezes, preguem como os evangélicos tradicionais. Isso faz com que o barthianismo seja mais perigoso do que o liberalismo declarado.

Para os teólogos barthianos (ou neo-ortodoxos), a revelação está centrada em Jesus Cristo. Se ele é o centro do círculo da revelação, então a Bíblia estaria na periferia desse círculo. Jesus Cristo é a Palavra (e sem dúvida ele é), mas a Bíblia serve como testemunha da Palavra (Cristo). O testemunho da Bíblia é desigual, ou seja, certas partes são mais importantes em seu testemunho do que outras. As partes importantes são as que testemunham de Cristo. Mesmo assim, tais porções bíblicas, embora importantes, não são necessariamente precisas. Também é verdade que os barthianos aceitam as conclusões dos liberais em relação aos Evangelhos, que ensinam a existência de erros nesses registros.

Os barthianos criticam os evangélicos tradicionais acusando-os de encarar a inspiração como um ditado. Segundo essa percepção, os autores bíblicos eram como máquinas de escrever nas quais Deus datilografou sua mensagem. Obviamente, essa não é a visão ortodoxa da inspiração.

Ao explicar o significado de 2 Timóteo 3:14-17 e 2 Pedro 1:21, Barth ressaltou que nenhuma dessas passagens permite pensar que os autores tiveram experiências especiais. A inspiração, ele diz, deve ser entendida como "o ato de revelação no qual os profetas e os apóstolos, em sua humanidade, tornaram-se o que são, e na qual, somente em sua humanidade, também podem tornar-se para nós o que eram para eles".[5] Independentemente do significado dessa declaração, ela claramente implica que o texto bíblico é um produto humano cheio de erros, mas que pode tornar-se a Palavra de Deus ao ser lida por nós.

Isso nos remete a uma faceta existencialista do conceito barthiano de inspiração: a Bíblia torna-se a

Palavra de Deus quando Cristo, a Palavra de Deus, fala conosco em suas páginas. A inspiração, assim como a revelação, enfatiza o encontro subjetivo e existencial.[6]

Essa Bíblia poderia ter algum tipo de autoridade? Sim, afirmam os barthianos. Sua autoridade está no encontro da fé com o Cristo das Escrituras. A Bíblia, por apontar para Cristo, possui autoridade instrumental, não autoridade inerente. Aquelas porções que apontam para Cristo têm mais autoridade do que aquelas que não apontam. Porém, todas possuem erros.

Em resumo: a neo-ortodoxia ensina que a Bíblia (B) aponta para Cristo (C). Mas, na verdade, nada sabemos a respeito de C fora de B. Não significa que já tenhamos um conceito claro de C pelo qual possamos testar a precisão de B, que aponta para ele. Sabemos que B retrata C; ou seja, o que sabemos a respeito de Cristo recebemos da Bíblia. Portanto, se a Bíblia possui erros, revela a Cristo erroneamente. Não se engane, a Bíblia dos barthianos realmente possui erros.

As sutilezas desses vários tipos de posição torna imperativo escutar e ler cuidadosamente o que se escreve e se diz a respeito da inspiração. As palavras podem parecer ortodoxas, mas talvez estejam apenas encobrindo um ponto de vista bastante falho a respeito da inspiração. Os dados bíblicos apresentam a doutrina correta. Tudo deve ser testado em comparação com eles.

1. Cadoux, Cecil J. *A Pilgrim's Further Progress.* Londres: Religious Book Club, 1945, p. 11.
2. Richardson, Alan. *Christian Apologetics.* Nova York: Harper, 1948, p. 207.
3. Dods, Marcus. *The Bible.* Nova York: Scribners, 1905, p. 127.
4. Summers, Ray. How God Said It. In: *The Baptist Standard*, 4 fev. 1970, p. 12.
5. Barth, Karl. *Church Dogmatics,* v. 1, p. 563.
6. Veja Beegle, Dewey M. *The Inspiration of Scripture.* Filadélfia: Westminster, 1963, pp. 126-31.

12

A INERRÂNCIA DA BÍBLIA

Ataques à inerrância da Bíblia não são novidade e parecem cíclicos. No entanto, o debate contemporâneo revela-se algo interno, ou seja, ocorre apenas entre os evangélicos, não mais entre liberais e conservadores. Talvez isso seja muito mais importante, pois o debate estabeleceu linhas divisórias entre os evangélicos que precisavam ser estabelecidas. Também serviu para aumentar as distinções que envolvem o conceito de inerrância.

I. A IMPORTÂNCIA DA INERRÂNCIA

A. Sua importância declarada

Alguém pode ser evangélico e negar o conceito total de inerrância? A resposta é "sim", pois alguns evangélicos fazem isso. Para ser mais específico, evangélico é aquele que acredita no evangelho. Alguém pode ser cristão e não aceitar o conceito de inerrância? Claro, e é inegável que muitos se encaixam nessa situação. Ser cristão é possuir um relacionamento correto com Cristo. Alguém pode crer na Bíblia, mas negar sua inerrância? Não, pois a própria Bíblia ensina sua inerrância.

Mas qual é a importância dessa doutrina? Se esse é um ensinamento bíblico, então negá-lo é negar parte da veracidade da Bíblia. Pense sobre isso: se a Bíblia tem erros, sejam poucos ou muitos, como podemos ter certeza de que o nosso entendimento de Cristo está correto? Talvez, um desses erros esteja ligado à vida de Cristo. Logo, não seria impossível dizer que pode haver um erro no tocante a questões tão cruciais quanto a morte e a ressurreição do Senhor. Caso isso seja verdade, o que aconteceria com nossa cristologia? Sofreria alterações, algumas tão drásticas que não restaria nem fé cristã para adotarmos.

Considere, ainda, que o ensinamento bíblico a respeito do Espírito Santo não estivesse correto. Isso poderia afetar uma doutrina tão importante como a da Trindade, o que, por sua vez, afetaria seriamente a cristologia, a soteriologia e a santificação. Mesmo que os erros digam respeito a questões supostamente "menores", qualquer erro daria margem para colocar sob suspeita a Bíblia em questões nem tão "pequenas". Se a inerrância for questionada, todas as outras doutrinas também serão.

Quando a inerrância é negada, podemos esperar um sério desvio nas áreas da doutrina e da prática.

Algumas questões doutrinárias que podem ser afetadas pela negação da inerrância são:

(1) A negação da histórica queda de Adão.

(2) A negação da veracidade das experiências do profeta Jonas.

(3) Uma explicação racional de alguns milagres, tanto do Antigo quanto do Novo Testamento.

(4) A negação que Moisés foi o autor do Pentateuco.

(5) A crença que o livro de Isaías teve dois ou mais autores.

(6) Um flerte com a teologia da libertação ou sua adoção, implicando na redefinição de pecado (como algo social e não individual) e de salvação (política e temporal e não espiritual e eterna).

Alguns erros no estilo de vida que podem suceder a negação da inerrância são os seguintes:

(1) Uma visão liberal da seriedade do adultério.

(2) Uma visão liberal da seriedade da homossexualidade.

(3) Uma visão liberal do divórcio e do novo casamento.

(4) Uma reinterpretação "cultural" de alguns dos ensinamentos da Bíblia (por exemplo, em relação à mulher e à obediência civil).

(5) Uma tendência de encarar a Bíblia pela ótica da psicologia moderna.

A inerrância é uma doutrina importante. Sua negação ou mesmo seu enfraquecimento pode resultar em sérios erros doutrinários e de estilo de vida.

B. Sua importância diluída

Apesar disso, muitos insistem que a inerrância não é importante, sendo irrelevante ou desnecessária para a fé. Logo, todo o furor sendo causado por essa questão seria mera tempestade em copo d'água, e os que insistem nisso estão perturbando a paz da Igreja.

Mas não se trata disso. A inerrância é uma questão fundamental, pois se a Bíblia não é completamente sem erro, então deve ter ao menos um erro. Ora, se todos concordassem a respeito de qual seria esse erro, então talvez o problema até fosse tolerável. Mas se é que a literatura atual fornece alguma diretriz, existem pelo menos 20 fortes candidatos para esse erro, e isso significa que podemos ter, no mínimo, 20 erros. E se, na realidade, existem 20 erros, então a questão passa a ser "Como posso acreditar na Bíblia?" Portanto, a inerrância não é uma "tempestade em um copo d'água".

Muitos motivos são comumente apresentados para concluir-se que a inerrância não é uma doutrina fundamental.

Aqueles que se opõem ou que pretendem amenizar a importância da inerrância, muitas vezes, fazem a seguinte afirmação: "Uma vez que a

Bíblia não ensina claramente a inerrância, nós também não podemos fazer isso". Algo que, no mínimo, acaba fazendo com que os que insistem na importância da inerrância o façam mais do que a própria Bíblia. E, no máximo, implica ou afirma que a inerrância não é uma doutrina bíblica.

Mas, para essa afirmação ser verdadeira, é necessário: (a) que possamos mostrar que a Bíblia não ensina a inerrância claramente; e (b) que, se ela não o faz (no sentido de oferecer versículos como argumentação), não podemos afirmar a inerrância com base em um estudo bíblico das evidências. Examinemos as seguintes declarações: A Bíblia ensina claramente a inerrância? A resposta dependerá do que entendemos por "claramente". Se por "claramente" nos referimos a passagens bíblicas que confirmam assuntos como, por exemplo, o sacrifício expiatório de Cristo (Mt 20:28), então realmente não existe esse tipo de evidência "clara" de inerrância. Mas muitas doutrinas são aceitas por evangélicos como sendo claramente ensinadas pelas Escrituras, embora não existam passagens indiscutíveis para prová-las. A doutrina da Trindade é o melhor exemplo disso.

É correto dizer que a Bíblia não ensina claramente a doutrina da Trindade, se por "claramente" nos referimos à existência de passagens bíblicas que comprovem essa doutrina. Na realidade, não existe sequer uma passagem que a demonstre claramente, se por "passagem" entendemos um ou mais versículos que "provem" a existência de um Deus manifestado em três pessoas.

Mas como foi que chegamos a uma clara doutrina da Trindade? Simplesmente aceitando duas linhas de evidências apresentadas pela Bíblia: (a) declarações claras que ensinam a existência de apenas um Deus; e (b) declarações igualmente claras de que existiu um homem chamado Jesus e alguém chamado Espírito Santo, os quais, além do Deus Pai, afirmam ser Deus. Tal evidência permite apenas uma dessas duas conclusões: ou Jesus e o Espírito Santo não são divinos, ou Deus é uma Trindade. Os cristãos ortodoxos jamais negaram a segunda opção, apesar de as evidências apresentarem um tipo de clareza diferente do que as Escrituras oferecem.

Analisemos outro exemplo: muitos negam que Jesus é Deus, porque dizem não existir uma evidência "clara" de que ele tenha afirmado sua divindade. Quando ainda trabalhava na Universidade de Richmond, Robert S. Alley causou furor entre os batistas do Sul dos Estados Unidos ao afirmar que Jesus, "na verdade, nunca afirmou ser Deus ou estar relacionado com ele".[1] Embora dispusesse das mesmas evidências bíblicas que possuem as pessoas que concluem que Jesus afirmou ser Deus, Alley chegou a uma conclusão completamente diferente. Tal heresia, com razão, ofende as crenças ortodoxas.

Embora não tenhamos tratado das evidências do claro ensino da Bíblia sobre sua própria inerrância, no momento, vamos partir do princípio de que ela ensina isso com clareza, mesmo que não o faça, necessariamente, por intermédio de textos das Escrituras. Se esse é o caso, então os que defendem a existência de erros na Bíblia exigem um padrão mais alto de clareza para provar a inerrância do que o fazem para provar a divindade de Cristo ou a Trindade? Em outras palavras, não têm critérios distintos para provar claramente a doutrina da Trindade e outros para tratar da inerrância?

A ilustração acima prova que é uma falácia concluir que, se algo não é provado pelas Escrituras, então não podemos ensinar claramente os resultados de um estudo indutivo nem chegar a conclusões lógicas baseadas nas evidências já existentes. Se isso ocorresse, eu jamais poderia ensinar as doutrinas da Trindade, da divindade de Cristo, da divindade do Espírito Santo ou mesmo as formas de governo da Igreja. Muitas vezes, escuto as pessoas dizerem: "Só irei até onde a Bíblia me mostrar". Esse *pode* ser um bom padrão, pois jamais desejaremos acrescentar algo ao que a Bíblia ensina. Tampouco desejamos omitir o que ela ensina, seja por meio das Escrituras, da dedução, da indução, da implicação, da lógica ou de princípios. A alegação de não desejar ir além do que a Bíblia ensina pode ser apenas uma desculpa para não aceitar as implicações do que ela realmente ensina. Temo que essa venha sendo a desculpa utilizada por algumas pessoas que não querem encarar o que a Bíblia diz a respeito de sua própria inerrância.

A segunda desculpa para diluir a importância da inerrância é que não possuímos qualquer manuscrito original da Bíblia. Como a inerrância está relacionada apenas com esses originais, então a doutrina da inerrância é apenas teórica. Portanto, para eles, não é algo essencial. É verdade que não possuímos os manuscritos originais da Bíblia, e a doutrina da inerrância, assim como a da inspiração, diz respeito somente aos manuscritos originais, não às cópias. As duas premissas dessa declaração estão corretas, mas elas não servem para provar que a inerrância não é uma doutrina essencial.

Obviamente, a inerrância pode ser assegurada apenas em relação aos manuscritos originais, pois somente eles vieram diretamente de Deus, por intermédio da inspiração. A primeira cópia de uma carta de Paulo, por exemplo, na verdade era somente uma cópia, não o original que o próprio Paulo escreveu ou ditou. Tanto a inspiração quanto a inerrância são predicados apenas dos originais. Alguém que defende a existência de erros na Bíblia diria que a inspiração não é uma doutrina essencial com base no fato de não possuirmos os originais e de não podermos atribuir inspiração às cópias? Creio que não. Então, por que dizem isso?

Outro argumento utilizado é que a inerrância é um ensino recente, algo com que a Igreja não se preocupava anteriormente; portanto, hoje em dia, também não precisaríamos nos importar com isso.

O argumento da história da Igreja parece surgir toda vez que uma doutrina é debatida. Se a doutrina foi ensinada no passado, isso supostamente faz com que seja mais confiável. Por outro lado, se foi algo que começou a ser ensinado apenas recentemente, então é colocado sob suspeita.

Esse argumento claramente não é válido por si mesmo. A verdade ou inverdade de uma doutrina não depende de se ela foi ou não ensinada pela história da Igreja. Sua veracidade depende somente de se é ensinada ou não pela Bíblia. Agora, sem dúvida algo que nunca tenha sido ensinado pode ser colocado sob suspeita, mas é a Bíblia, não a história da Igreja, que oferece o padrão pelo qual todos os ensinos devem ser julgados.

Mesmo assim, o argumento da história continua sendo usado para tratar da doutrina da inerrância. Afirma-se que é algo recente, portanto o debate deve cessar.

Alguns dizem que a inerrância teve início com B. B. Warfield, no seminário de Princeton, no final do século XIX. Outros afirmam que Turretin, um teólogo luterano, deu início a ela logo após a Reforma.

Na verdade, não foi nenhum deles. Acredito que Cristo ensinou a inerrância, bem como o apóstolo Paulo. Além disso, Agostinho, Tomás de Aquino, os reformadores e outros grandes homens de Deus a defenderam no transcorrer da história da Igreja. Com certeza, tal evidência histórica não valida essa doutrina (os ensinos de Cristo e de Paulo o fazem, e examinaremos isso posteriormente), mas invalida a afirmação de que a inerrância é uma criação recente.

Agostinho (354-430), por exemplo, afirmou claramente: "as conseqüências mais desastrosas devem seguir-se à crença de que existe algo falso no livro sagrado. Isso equivale a dizer que os homens por meio dos quais as Escrituras chegaram até nós, encarregados de colocá-las por escrito, registraram algo falso nesses livros. Se nesse sagrado santuário da autoridade admitir-se a possibilidade de haver uma só declaração falsa, não restará uma única sentença desses livros que, parecendo a alguém difícil de praticar ou de nela crer, não possa ser explicada pela mesma regra fatal como uma afirmação na qual o autor, intencionalmente, declarou o que não era verdade" (*Epístola*, p. 28). Em termos bastante antigos, essa é a teoria que causa um "efeito cascata".

Veja também o que disse claramente Tomás de Aquino (1224-1274): "nenhuma falsidade pode fundamentar o sentido literal das Escrituras" (*Suma Teológica* I, 1, p. 10 ad 3). Lutero também declarou: "As Escrituras jamais erraram" (*Obras de Lutero* XV, p. 1481). John Wesley, o fundador do metodismo, escreveu: "Não, se existe qualquer erro na Bíblia, bem poderiam existir mil deles. Se existe uma só falsidade naquele Livro, não proveio do Deus da verdade" (*Diários* VI, p. 117).

Então, como afirmar que a inerrância é uma invenção moderna? E, mesmo se fosse, continuaria sendo uma doutrina verdadeira. Somente a Bíblia, não a história, é capaz de dizer.

II. O SIGNIFICADO DE INERRÂNCIA

As definições de inerrância não são exaustivas. Os que defendem a existência de erros equacionam inerrância com infalibilidade e, depois, limitam seu escopo a questões de fé e prática ou a questões ligadas à revelação ou à mensagem da salvação. Um exemplo disso: "A Bíblia é infalível, conforme defino esse termo, mas não inerrante. Ou seja, existem erros históricos e científicos na Bíblia, mas em questões de fé e prática, nada encontrei".[2] Essa é, no mínimo, uma distinção válida entre infalibilidade e inerrância.

O Pacto de Lausanne declarou que a Bíblia é "sem erro em tudo o que ela afirma". Essa frase é, sem dúvida, flexível, pois dá margem a erros em questões como a criação, na qual, de acordo com alguns intérpretes, a Bíblia não atesta fatos históricos. Tanto os que defendem quanto os que atacam a inerrância poderiam endossar essa declaração.

A declaração do Concílio Internacional de Inerrância Bíblica, realizado em Chicago, afirmava a inerrância em uma breve declaração: "As Escrituras não possuem erro nem falha em tudo o que ensinam [...]" Depois, seguem-se 19 artigos que descrevem mais detalhadamente e explicam a inerrância.

Essa breve declaração não seria suficiente para os que defendem a existência de erros. Se existisse alguma dúvida disso, certamente os 19 artigos fariam com que os que defendem a existência de erros nas Escrituras discordassem dessa declaração.

O dicionário define inerrância como "ausência de erro". A maioria das definições de inerrância compartilham essa descrição negativa. Então, a questão levantada por essa definição é: "O que é erro?" A Bíblia pode usar aproximações e continuar sendo isenta de erros? Um escritor do Novo Testamento pode citar livremente o Antigo Testamento e alegar que uma citação não tem erro? Um escritor bíblico pode usar linguagem figurada sem transmitir um erro? Podem existir relatos diferentes do mesmo evento sem que haja erro?

Reconhecemos que os dados das Escrituras, muitas vezes, incluem aproximações, citações livres, linguagem figurada e narrativas diferentes do mesmo acontecimento. Os dados apóiam a definição de inerrância como "ausência de erro"? Obviamente, os dados e a definição devem estar em harmonia, caso essa seja uma definição correta do que a Bíblia ensina a respeito de sua própria inerrância.

Talvez a tensão seja eliminada se definirmos inerrância de maneira positiva – a inerrância da Bíblia significaria, simplesmente, que a Bíblia diz a verdade. A verdade pode incluir (e inclui) aproximações, citações livres, linguagem figurada e narrativas diferentes do mesmo evento, desde que elas não se contradigam. Por exemplo, se você me contasse que um amigo em comum teve uma renda de 100 mil reais no ano passado, isso seria uma declaração inerrante, mesmo que a declaração dele para o Imposto de Renda tenha sido de R$ 100.537,00. Essa aproximação diria a verdade. Ou se eu lhe dissesse: "O Sol nascendo no Grand Canyon é uma das coisas mais espetaculares que já vi". Minha declaração, com seu uso de linguagem figurada, diria a verdade, mesmo que o Sol literalmente não "nasça" dentro do Grand Canyon.

A Bíblia diz que não devemos mentir? Sim, ela afirma que não devemos mentir. Essa é uma declaração verdadeira? Claro, embora também seja verdade (porém não mais verdadeiro) afirmar que a Bíblia diz: "Não mintam uns para os outros". Essa citação livre também é verdade.

Outro exemplo: minha esposa disse que, quando assistia à troca da guarda no Palácio de Buckingham, um soldado desmaiou e caiu no chão. Porém, se o jornal publicasse que, no mesmo dia, *três* guardas desmaiaram, esse também seria um registro verídico. Se minha esposa disse que somente um homem desmaiou, sua declaração não estaria errada. Na verdade, três caíram, mas minha esposa olhou somente para o que estava mais perto dela. Ela, inclusive, pode até ter percebido que outros também desmaiaram, mas limitou seu relato. Logo, sua declaração é verdadeira.

Se 1 Coríntios 10:8 diz que 23 mil morreram em um dia e Números 25:9 afirma que foram 24 mil, mas não inclui a restrição "em um só dia", entendemos que ambos estão falando a verdade (provavelmente, o primeiro registro é o do número de mortes em um só dia, e o segundo, o total das mortes que ocorreram posteriormente).

Se um autor do Novo Testamento faz citações freqüentes do Antigo Testamento, o qual foi escrito sob a inspiração do Espírito, essa citação livre tornou-se parte de um texto inspirado e inerrante. O Espírito Santo, autor tanto do Antigo quanto do Novo Testamento, certamente tem o direito de citar a si mesmo como bem quiser e de usar citações com sentidos que nós, como intérpretes sem inspiração, jamais possamos ter visto.

É normal nos comunicarmos usando linguagem figurada, às vezes de maneira ainda mais vívida do que conseguiríamos usando linguagem científica. Dizemos que vemos o "nascer" e o "pôr"-do-sol. Algo que, do nosso ponto de vista, é verdade. Mas se estivéssemos falando de maneira científica, teríamos de explicar que é a Terra que se move, não o Sol.

Se Marcos e Lucas falam a respeito de um cego a quem Jesus restaurou a visão em Jericó, enquanto Mateus diz que eram dois, ambas as declarações são verdadeiras, pois nem Lucas nem Marcos afirmam que havia somente um homem.

A maioria dos debates sobre verdade e erro perdem-se quando se tornam filosóficos e deixam de ser realistas. A maioria das pessoas entende de forma clara e fácil que as aproximações, a linguagem figurada, etc. dizem a verdade. A Bíblia é inerrante por afirmar a verdade, e o faz sem erros em todas as partes e em todas as palavras.

Se não fosse assim, então como o Senhor poderia afirmar que o homem viverá de toda palavra que procede da boca de Deus (Mt 4:4), especialmente se toda Escritura é inspirada por Deus? (2 Tm 3:16).

III. A ENCARNAÇÃO E A INERRÂNCIA

A lógica usada por alguns insiste em que tudo o que envolve a humanidade precisa considerar a possibilidade do pecado. Uma vez que a Bíblia é, ao mesmo tempo, divina e humana, a possibilidade e a realidade do erro existem.

Vamos examinar essa premissa. É sempre inevitável que o pecado esteja envolvido em tudo o que diz respeito à humanidade?

Se você está tentado a responder afirmativamente, é provável que uma exceção seja lembrada quase imediatamente. O título desta parte do livro poderia ter colocado essa dúvida em seu coração. A exceção é o nosso Senhor Jesus Cristo. Ele era o Deus-homem, portanto a sua humanidade não envolvia pecado. Por isso, ele serve como claro exemplo de exceção para a lógica imposta pelas pessoas que acreditam em sua inerrância.

A verdadeira doutrina do Deus-homem declara que ele possuía a perfeita e completa natureza divina e uma natureza humana completa, e isso foi unido a uma Pessoa para sempre. Sua divindade não é diminuída em qualquer detalhe; sua humanidade não é, de modo algum, pecaminosa ou irreal, pois é isenta de pecado; em uma única Pessoa, essas duas naturezas estavam presentes, sem mistura, mudança, divisão ou separação.

De maneira similar, a Bíblia é um livro divino-humano. Mesmo tendo sido originado por Deus, na verdade foi escrita por homens. É a Palavra de Deus, entregue pelo Espírito Santo. Homens pecadores escreveram a Palavra, mas o fizeram sem erro algum. Semelhantemente à encarnação, quando Jesus assumiu sua humanidade sem, de modo algum, ser atingido pelo pecado, a produção bíblica também não foi contaminada por nenhum erro.

Deixe-me aprofundar essa analogia. Na questão da humanidade de Jesus Cristo, alguns atributos não eram opcionais. Precisava ser judeu, não poderia ser gentio. Precisava ser homem, não mulher. Precisava ser totalmente santo, nunca um pecador. Mas alguns atributos da humanidade sem pecado poderiam ser opcionais. Ou seja, Jesus poderia ter humanidade perfeita mesmo tendo uma variação de poucos centímetros de altura quando adulto. Se fosse um anão ou um gigante, seria imperfeito. Seu peso podia variar um pouco na vida adulta e continuaria sendo perfeito. Certamente, o número de cabelos em sua cabeça poderia ser uma opção que não afetaria a impecabilidade. Mesmo considerando todos esses fatores, a humanidade de Cristo era, de fato, perfeita.

Os escritores da Bíblia não eram passivos. Escreviam à medida que o Espírito Santo revelava o que deviam relatar, e algumas partes desses escritos jamais teriam sido registradas de outra maneira. Paulo insiste no singular (não no plural) em Gálatas 3:16. Mas, compreensivelmente, existiam algumas opções sem pecado, como na declaração emocionada de Paulo em Romanos 9:1-3, embora a Bíblia de que dispomos hoje, na verdade, seja o registro perfeito da mensagem de Deus para nós.

Existe um debate generalizado ao se tratar do relacionamento entre o Autor divino e os humanos das Escrituras. O divino não deve ser tão enfatizado que elimine o aspecto humano, e o humano não pode ser tão humano que permita erros no texto.

Nos primeiros séculos da história da Igreja, aconteceu algo similar em relação à pessoa de Cristo. O docetismo, uma heresia do primeiro século, ensinava que Cristo não se tornou verdadeiramente carne, apenas parecia ser homem, o que não lhe permitia possuir a verdadeira humanidade. O docetismo era, naturalmente, um erro cristológico, mas é possível ver a analogia com a questão da autoria dupla da Bíblia. Os que defendem a existência de erros na Bíblia afirmam que a inerrância superenfatiza a autoria divina e negligencia sua "humanidade". Assim, a supervisão da Bíblia exercida por Deus a ponto de produzir uma Bíblia sem erros é interpretada como uma visão docética de inspiração. Karl Barth fez essa acusação, a qual foi repetida mais recentemente pelo teólogo Berkhouwer e por Paul Jewett, professor do seminário Fuller.

Mas, se isso fosse verdade (o que não é o caso), os que apontam a inerrância total da Bíblia estariam defendendo uma heresia similar ao docetismo; logo, seria igualmente verdade que os que defendem qualquer tipo de erro apóiam uma doutrina similar ao ebionismo.

No segundo século da era cristã, os ebionitas negaram a divindade de Cristo ao negar seu nascimento virginal e sua preexistência. Afirmavam que Jesus era filho natural de José e Maria, eleito para ser Filho de Deus em seu batismo, e não o Filho eterno de Deus. Pensavam que Jesus era um grande profeta, maior do que os arcanjos, mas não divino.

Se a inerrância supostamente é uma heresia similar ao docetismo, então os que acreditam que há erros nas Escrituras, mesmo de forma limitada, obviamente defendem uma heresia similar ao ebionismo, uma vez que o aspecto humano da autoria bíblica dá margem a erros na Bíblia. De acordo com essa visão que considera a possibilidade de erros, uma vez que homens estavam envolvidos no processo, os escritos bíblicos não poderiam ser isentos de erro, embora o Espírito Santo os tenha direcionado e inspirado. Esse é um erro similar ao cometido pelos ebionitas.

Existe uma doutrina ortodoxa a respeito da Pessoa de Cristo e uma doutrina ortodoxa a respeito da Bíblia. Ambas envolvem Deus e o homem e resultam em um produto final isento de pecado.

1. ALLEY, Robert S. Some Theologians Question Factual Truth of Gospels. *The Richmond News Leader*, 17 jul. 1978, p. 1.
2. DAVIS, Stephen T. *The Debate About the Bible*. Filadélfia: Westminster, 1977, p. 115.

13

A inerrância e os ensinamentos de Cristo

Uma dedução consiste em estabelecer uma premissa maior, uma premissa menor e uma conclusão. A evidência dedutiva da inerrância é esta: Deus é verdade; Deus inspirou a Bíblia, logo, a Bíblia é verdade. Obviamente, qualquer dedução é tão correta quanto suas premissas. Nessa dedução, ambas as premissas são boas e verdadeiras apenas porque são claramente declaradas na Bíblia. Por isso, a evidência dedutiva da inerrância é tão forte e conclusiva quanto a autoridade da própria Bíblia.

Mas existe outra linha de argumentação, a *indutiva*. Na indução, o raciocínio ocorre das partes para o todo, dos particulares para o geral. Chega-se a uma conclusão a partir de uma evidência.

Uma indução é tão boa quanto a plenitude das evidências estudadas. Se as primeiras cinco máquinas de escrever que uma pessoa visse fossem elétricas, então a conclusão lógica seria que todas as máquinas de escrever são elétricas. Porém, é óbvio que a primeira máquina de escrever manual que essa pessoa visse acabaria invalidando sua conclusão. Mesmo assim, nem todas as induções correm um risco tão grande de ser invalidadas, pois se conseguisse examinar tantas evidências quanto possível, essa pessoa poderia ter certeza de que chegou a uma conclusão bastante confiável.

Podemos examinar todos os ensinos de Jesus já registrados. Não acreditamos que exista possibilidade alguma de que alguns dos ensinos de Cristo não registrados acabem invalidando a evidência do que encontramos nos Evangelhos. Se é possível investigar tudo o que ele disse a respeito da credibilidade da Bíblia, então podemos chegar a uma conclusão válida a respeito da visão que Cristo tinha da Bíblia.

I. A EVIDÊNCIA DE MATEUS 4:1-11

O relato da tentação de nosso Senhor revela algumas questões importantes sobre a visão que Cristo tinha da Bíblia.

Primeiro, Jesus aceitou a inspiração plena da Bíblia. Quando foi tentado pelo diabo a transformar pedras em pão, nosso Senhor respondeu que o homem deve viver de *toda palavra* que sai da boca de Deus (Mt 4:4, citando Dt 8:3). Ele não disse "algumas palavras", mas sim "toda palavra". Se as Escrituras foram inspiradas por Deus (2 Tm 3:16), então as Escrituras devem ser incluídas naquilo que sustenta o homem, não apenas partes das Escrituras, mas o todo.

A segunda tentação também ilustra a importância da inspiração plena. Satanás tentou convencer o Senhor a lançar-se de cima do pináculo do templo, garantindo que poderia clamar pela promessa do Salmo 91:11,12 de que os anjos de Deus iriam guardá-lo. Mas, ao citar os versículos, Satanás omitiu parte do versículo 11: "para que te guardem em todos os teus caminhos". Essa omissão distorce o significado da promessa: Deus guarda o justo em seus caminhos, mas não diz que o defende quando corre riscos desnecessários. E correr um risco desnecessário foi exatamente o que Satanás propôs a Cristo. O Senhor respondeu que utilizar apenas parte do versículo seria tentar a Deus. Ao contrário, ele iria confiar em *toda palavra* que viesse de Deus, incluindo todas as palavras dos versículos 11 e 12.

Segundo, Jesus aceitou a verdade da proposição da Bíblia. Como já foi dito, uma idéia popular, hoje em dia, é achar que a Bíblia contém apenas a revelação pessoal, não a revelação proposicional. Isto é, a Bíblia revela Deus e Cristo perfeitamente, mas faz isso em um relacionamento pessoal, não por intermédio de suas declarações. Logo, ainda que possamos confiar na mensagem da Bíblia, na verdade não podemos (e nem precisamos) confiar nas declarações ou proposições particulares da Bíblia. A Bíblia, dizem os que defendem tal posição, testemunha a verdade infalível, mas não precisa fazê-lo com declarações inerrantes. O ponteiro, a Bíblia, é falível, mas Cristo, para quem ela aponta, é infalível.

Mas a resposta dada por Cristo aos ataques de Satanás nega esse ponto de vista. Ele disse: "Está escrito" (Mt 4:4,7,10). Ele não disse: "Está testificado". Ele se baseou nas declarações proposicionais para mostrar, de forma precisa, a verdade que elas continham.

II. AS EVIDÊNCIAS DO ANTIGO TESTAMENTO USADAS POR CRISTO

Nosso Senhor usou situações históricas do Antigo Testamento de uma maneira que demonstrava sua total confiança na historicidade factual de seus registros.

Reconheceu que Adão e Eva foram criados por Deus, que eram dois seres humanos viventes, não apenas símbolos do homem e da mulher, e que agiram de maneiras específicas (Mt 19:3-5; Mc 10:6-8).

Atestou eventos ligados ao dilúvio dos dias de Noé, ou seja, que existiu uma raça e que o dilúvio destruiu a todos os que não estavam na arca (Mt 24:38,39; Lc 17:26,27).

Em duas ocasiões diferentes, Jesus validou a destruição enviada por Deus sobre Sodoma e Gomorra e a historicidade de Ló e de sua esposa (Mt 10:15; Lc 17:28,29).

Aceitou como verdadeira a história de Jonas e o grande peixe (Mt 12:40) e também reconheceu a historicidade de Isaías (Mt 12:17), Elias (Mt 17:11,12), Daniel (Mt 24:15), Abel (Mt 23:35), Zacarias (Mt 23:35), Abiatar (Mc 2:26), Davi (Mt 22:45), Moisés e seus escritos (Mt 8:4; Jo 5:46), Abraão, Isaque e Jacó (Mt 8:11; Jo 8:39).

Cristo não *aludiu,* meramente, a essas histórias, mas sim *autenticou* os eventos como história factual totalmente confiável. Esses eventos incluem muitas das passagens controversas do Antigo Testamento, como a criação, o dilúvio e os maiores milagres, inclusive o de Jonas e o peixe.

Obviamente, nosso Senhor sabia que possuía uma Bíblia confiável e historicamente verdadeira, na qual cada palavra era digna de confiança.

Se descobrimos que ele apenas usou a Bíblia ou ensinou a respeito dela de modo geral, concluímos que ele acreditava que era digna de confiança, de modo geral. Se, por outro lado, descobrimos que ele confiava que a Bíblia era precisa em seus detalhes, então devemos concluir que ele acreditava em uma inerrância até nas minúcias.

III. A EVIDÊNCIA DE MATEUS 5:17,18

"Não penseis que vim revogar a Lei ou os Profetas; não vim para revogar, vim para cumprir. Porque em verdade vos digo: até que o céu e a terra passem, nem um i ou um til jamais passará da Lei, até que tudo se cumpra."

Primeiro, qual é a promessa? A Lei e os Profetas não serão revogados, mas cumpridos. Abolir significa terminar com algo, enquanto cumprir implica realizar as promessas. Cristo estava garantindo que as promessas não falhariam.

Segundo, o que está envolvido nessa promessa? A idéia de Lei e os Profetas incluía todo o Antigo Testamento, a Bíblia do nosso Senhor. "Lei", no versículo 18, significa a mesma coisa (compare o uso de "Lei" em João 10:34, em que está incluída mais do que a Lei mosaica).

Terceiro, em que detalhe todas as promessas do Antigo Testamento serão cumpridas? O Senhor diz que podemos ter certeza de que as promessas do Antigo Testamento serão cumpridas até o menor "i" e "til" (ARA) ou a menor "letra" e "traço" (NVI).

O que traduzimos por "i" é a letra hebraica *yod,* a menor do alfabeto hebraico. Num tipo comumente usado para livros, ela teria extensão menor que um milímetro! Na verdade, essa letra era um pequenino traço, o que em nossa língua seria o equivalente a um acento agudo (´). Mesmo sendo a menor de todas as letras hebraicas, era tão importante quanto qualquer outra, pois letras formam palavras, palavras formam frases e com frases são feitas as promessas. Se você escrever certa palavra de uma maneira, quer dizer determinada palavra; se escrever de outra, terá uma palavra diferente. Há casos em que, alterando somente uma letra, é possível formar uma palavra completamente nova. "Pegar" é o mesmo que "apanhar". Mudando uma letra, escrevemos "pecar". Acrescentando-se uma letra, temos "pegará", o que coloca o verbo no futuro. Uma única letra pode mudar as palavras. Nosso Senhor prometeu que nem um "i" iria falhar. Todas as promessas seriam cumpridas conforme foram escritas, letra por letra.

Observe que Cristo não inicia com conceitos para, depois, permitir que quaisquer palavras sejam usadas para prová-los (como ensina a doutrina da inspiração por conceitos). Ele começa por outro lado. As promessas têm base em palavras exatamente como registradas, e elas são totalmente confiáveis, nos mínimos detalhes.

Tampouco o Senhor disse que as promessas seriam cumpridas desde que culturalmente relevantes na época de seu cumprimento. Em algumas esferas, hoje em dia, as premissas são reinterpretadas culturalmente, o que acaba invalidando as promessas originais. Mas Cristo ensinou que poderíamos esperar o cumprimento total das promessas originais, conforme escritas no Antigo Testamento.

Um "til" é ainda menor do que um "i". Enquanto o "i" é uma letra conhecida, um "til" (~) é apenas uma alteração no som de uma letra. A presença de um til dá um som distinto, e sua ausência altera isso. O que traduzimos como "til", no original, é um pequeno traço. Por exemplo, em hebraico a letra *beth* se escreve assim: ב. A letra *kaph* tem esta forma: כ. Como se vê, têm formas bastante similares. A única diferença entre as duas letras é que a linha horizontal inferior do *beth* é levemente maior para a direita, enquanto no *kaph* não há extensão. Jesus estava se referindo a essa pequena parte que se estende para a direita quando pensou nas Escrituras originais. Se existe extensão, a letra é um *beth*; se não existe, é um *kaph*. Se usarmos um *beth* ou um *kaph*, o resultado será uma palavra distinta.

Outro exemplo: A letra hebraica *daleth* é escrita assim: ד. O *resh* se escreve ר.

Observe que também existe uma pequena alteração na linha superior à direita. Mas uma palavra escrita com *daleth* é distinta de outra escrita com *resh*.

A promessa feita pelo Senhor era que todas as promessas do Antigo Testamento seriam cumpridas precisamente da maneira como foram escritas.

Em nossa língua, os caracteres são diferentes, mas podemos usar a seguinte ilustração. Suponha que eu deseje ir ao Estado do "Pará". Seria preciso usar o acento agudo em cima da letra *a*. Mas se esse pequeno traço não estiver presente, você poderá entender apenas que eu quero ir "para". É uma preposição e não indica um lugar específico. Além disso, se eu colocar o acento no lugar errado, terei "pára", uma forma do verbo parar. Eu quero ir e não parar. Observe novamente "Pará", "para" e "pára". A diferença entre essas palavras está somente no uso do acento. Mas o resultado é a grafia de três palavras completamente diferentes, que possuem três idéias distintas!

IV. A EVIDÊNCIA DE JOÃO 10:31-38

As minúcias realmente fazem diferença. Perto do final de seu ministério terreno, o Senhor afirmou novamente sua total confiança nas minúcias das Escrituras. Durante a celebração da festa da Dedicação, ou *Hanukkah*, realizada no templo (instituída em 165 a.C. para comemorar a limpeza e a reabertura do templo após a sua profanação por Antíoco Epifânio três anos antes), os judeus pediram que Jesus lhes dissesse claramente se ele era o Messias (Jo 10:24). Sua resposta foi "Eu e o Pai somos um" (v. 30). Ou seja, o Senhor não afirmou que ele e o Pai eram idênticos, mas que possuíam uma unidade essencial, pois ele desfruta de perfeita unidade de natureza e de ação com o Pai. Os judeus haviam perguntado se ele era o Messias. Sua resposta foi mais do que eles esperavam, pois Cristo estava afirmando ser igual a Deus.

Certamente, essa foi a maneira como eles entenderam a afirmação de Jesus, pois imediatamente se preparam para apedrejá-lo. Afinal, consideravam aquilo uma blasfêmia. Para impedi-los de prosseguir, o Senhor apelou para o Salmo 82. Chamou essa porção do Antigo Testamento de "Lei" (Jo 10:34), como também o fez em duas outras ocasiões (Jo 12:34 e 15:25). Nessa Lei, disse ele, os juízes de Israel, seres humanos, eram chamados de "deuses" pela virtude de sua alta posição concedida por Deus. Então, ele concluiu, se o Salmo pode atribuir o termo "deuses" a seres humanos, então certamente o termo "Filho de Deus" poderia ser corretamente aplicado àquele a quem o Pai santificou e enviou ao mundo. Em outras palavras, se *elohim* é aplicado a homens, muito mais apropriado seria aplicá-lo a ele mesmo, pois possui uma unidade essencial com o Pai.

Embora o argumento seja altamente sofisticado, certas afirmações que Cristo fez a respeito da Bíblia são bastante claras.

A Bíblia é *verbalmente* inspirada. Jesus falou aos judeus sobre o que estava escrito. A Palavra de Deus veio em declarações proposicionais, não apenas conceitos, idéias ou tradição oral. Esse registro escrito foi inspirado e é confiável.

A Bíblia é inspirada em seus *mínimos detalhes*. O Salmo 82 não pode ser considerado uma passagem fundamental do Antigo Testamento. Não é um salmo de Davi nem um salmo messiânico. Claro que não estou dizendo isso para diminuir, de alguma maneira, a importância do salmo, pois ele é tão inspirado quanto todas as outras partes da Bíblia. Apenas desejo enfatizar que o Senhor não escolheu uma passagem "famosa" para basear seus argumentos. Certamente alguém poderá dizer, sem parecer desrespeitoso, que ele escolheu uma passagem que nada tinha de especial. Mas Jesus obviamente não poderia ter feito isso se acreditasse que tais passagens não eram parte da Palavra inspirada e inerrante de Deus. Além disso, destacou daquela passagem uma única palavra: "deuses". Não poderia ter feito isso a menos que acreditasse na inspiração dos detalhes da Bíblia. Partiu do pressuposto correto de que poderia contar com qualquer parte da Bíblia e com qualquer palavra de qualquer texto.

A Bíblia é inspirada em sua *autoridade*. Em meio a seu argumento sofisticado, o Senhor colocou, quase de forma incidental, a declaração "e a Escritura não pode falhar" (Jo 10:35). O que isso significa? Apenas que as Escrituras não podem ter sua autoridade anulada. A única maneira de deixar de ter completa autoridade seria se contivesse erros, mas Cristo disse, aqui, que ela é tanto cheia de autoridade quanto inerrante. Algumas traduções colocam essa frase entre parênteses. Pode ser interpretada como dependente do "se" que inicia a frase. Esse "se" de João 10:35 apresenta uma condição que demonstra incerteza, e seria melhor traduzida por "como". Logo, o Senhor estava dizendo que as duas coisas são verdadeiras; o salmo os chamava de "deuses", e as Escrituras não podem falhar. Lembre-se de que, nessa ocasião, Cristo deixou sua vida dependente de sua confiança na precisão e autoridade de apenas uma palavra das Escrituras, pois seus inimigos estavam prestes a apedrejá-lo.

V. A EVIDÊNCIA DE MATEUS 22:23-33

Imagine a cena: o Senhor teve de enfrentar publicamente várias facções religiosas no mesmo dia. Os herodianos tentaram preparar uma armadilha, perguntando-lhe se era legal pagar tributo a César. Depois, os saduceus fizeram a sua inquirição (Mt 22:23-33). Naquele diálogo, temos mais evidências claras da fé de nosso Senhor em uma Escritura inerrante e na autoridade de seus detalhes.

Os saduceus acreditavam na autoridade do Pentateuco. Contudo, negavam a existência de anjos e de outros espíritos e não criam na ressurreição dos mortos, pois achavam que isso não era ensinado no Pentateuco. Imediatamente, demonstraram incredulidade ao perguntar a Jesus sobre a ressurreição. Além disso, utilizaram uma ilustração retirada do Pentateuco para reforçar a questão. Era a lei sobre matrimônio chamada de "levirato" (nome que deriva do termo latino "casamento com o irmão do marido", descrita em Dt 25). A lei requeria que o cunhado de uma viúva sem filhos casasse com ela (se fosse possível). Caso não fosse, a responsabilidade recairia sobre o homem mais próximo de sua família, como no caso de Boaz e Rute (Rt 4:6).

Com base nisso, os saduceus relataram a história de sete irmãos. O primeiro deles casou com uma mulher e morreu. Todos os seis irmãos a desposaram, um após o outro, e todos igualmente faleceram. Depois do último, a mulher também morreu.

Depois, os saduceus confrontaram o Senhor com a seguinte questão: "na ressurreição, de qual dos sete será ela esposa? Porque todos a desposaram" (Mt 22:28).

Sua resposta foi contundente. Ele os acusou de estarem cometendo um erro por não conhecerem as Escrituras nem o poder de Deus (Mt 22:29).

Após avaliar a questão, Cristo considerou-a irrelevante (v. 30), porque na ressurreição as pessoas não casam. São como os anjos, que não se casam porque não há necessidade de gerar "anjos bebês". O número de anjos foi fixado na ocasião em que foram criados. De maneira similar, na vida após a morte, os seres humanos não irão se casar, porque não haverá necessidade de nascer crianças. Cristo não estava dizendo que as pessoas tornam-se anjos após a morte, apenas que ficam *como* os anjos e não procriam. Uma vez que isso é verdade, não havia necessidade de responder à pergunta dos saduceus. Era algo totalmente irrelevante. A lei do levirato foi criada para garantir que filhos seriam gerados para preservar o nome da família do marido falecido, mas no céu não será preciso fazer isso, portanto a questão é irrelevante.

Como se não fosse suficiente acusar os saduceus de errar, de ser ignorantes e de fazer perguntas irrelevantes, o Senhor prosseguiu ensinando-lhes as doutrinas corretas das passagens do Antigo Testamento (Êx 3:6) que, para eles, era autoridade. A lição era simples: contrariando a doutrina deles, a Bíblia ensina que existe vida após a morte. A morte não põe fim a tudo, conforme vocês ensinam.

Uma vez mais, o Senhor usou um argumento sofisticado. Acredito que poucos de nós usariam Êxodo 3 para ensinar a doutrina da vida após a morte. Mas foi exatamente isso que fez o nosso Senhor.

Observe também que, assim como em João 10:34, ele baseou seu argumento na Palavra escrita, não em conceitos gerais, mas em palavras escritas específicas. Ou seja, formou seu argumento usando a maneira como Deus identificou-se a Moisés em meio à sarça ardente: "Eu sou o Deus de Abraão, o Deus de Isaque e o Deus de Jacó" (Mt 22:32). E o Senhor prosseguiu afirmando que isso provava que Deus é Deus dos vivos, o que significa que Abraão, Isaque e Jacó continuavam vivos, embora tivessem morrido muitos anos antes.

Como essa identificação prova a doutrina da vida após a morte? Simplesmente pelo uso do verbo no tempo presente: "Eu *sou*". Abraão, Isaque e Jacó haviam morrido centenas de anos antes que Deus falasse com Moisés. Mas o Senhor disse que continuava sendo seu Deus na ocasião que falou com Moisés. Isso não seria possível se, quando Abraão, Isaque e Jacó morreram, eles deixassem de existir. Portanto, somente seria possível se, ao contrário do que dizia a doutrina dos saduceus, a morte não fosse o fim de tudo.

É claro que a diferença entre "Eu sou" e "Eu fui" está apenas no tempo verbal. Esse argumento baseava-se no fato de o verbo estar no presente e não no passado. Cristo usou o tempo presente para apoiar a doutrina da ressurreição.

A força do que Cristo estava dizendo pode ser ilustrada desta maneira. Seguidamente, visito igrejas para pregar e acabo sendo convidado para jantar na casa de um dos membros após o culto. Descobri que, normalmente, um dos tópicos apropriados das conversas acaba sendo os filhos do casal. Suponha que eu pergunte: "Quantos filhos vocês têm?", e o pai ou mãe respondem: "Tínhamos quatro, mas um morreu, então agora só temos três". Diante desse tipo de resposta, eu não posso atestar uma boa condição espiritual ou a maturidade daquele casal. Mas se, por outro lado, a reposta dada à mesma pergunta for: "Temos quatro. Um está no céu, e três continuam aqui conosco", então terei muita confiança no entendimento bíblico daquela família. Posso ter certeza quase absoluta de que eles não acreditam que a morte é o fim de tudo, mas que existe uma ressurreição no futuro.

A diferença está apenas no tempo verbal usado: nós *tínhamos* ou *temos*, na ilustração que apresentei, e "Eu *era* o Deus deles" ou "Eu *sou* o Deus deles", no texto bíblico.

Observe cuidadosamente as implicações das declarações de Cristo:

(1) Ele aceitava a aparição histórica de Deus a Moisés.

(2) Ele aceitava que a revelação de Deus veio em uma declaração proposicional.

(3) Ele aceitava que cada palavra daquela frase era confiável e estava correta.

(4) Ele aceitava que a verdade doutrinária precisava estar baseada na precisão histórica. A Bíblia não pode ser imprecisa nas questões históricas e precisa nas doutrinárias.

(5) Ele aceitava que era possível usar até mesmo passagens improváveis e confiar em sua precisão.

VI. A EVIDÊNCIA DE MATEUS 22:41-46

Mais tarde, no mesmo dia, os fariseus aliaram-se ao grupo dos antagonistas, e foi o Senhor quem os inquiriu, fazendo uma pergunta direta a eles: "Que pensais vós do Cristo? De quem é filho?" (Mt 22:42). Sua resposta imediata foi: "De Davi". Isso era algo correto, mas incompleto. Cristo é o Filho de Davi no que diz respeito à sua humanidade, mas ele também é o Filho de Deus, e o Senhor queria que os fariseus reconhecessem isso. Por esse motivo, lhes perguntou: "Como, pois, Davi, pelo Espírito, chama-lhe Senhor" (v. 43). Para provar que Davi fez isso, citou o Salmo 110:1: "Disse o SENHOR [ou seja, o Pai] ao meu Senhor [o Messias, que era o Senhor de Davi]: Assenta-te à minha [do Pai] direita, até que eu [o Pai] ponha os teus inimigos debaixo dos teus [do Messias] pés".

Como Davi podia chamar o Messias de seu Senhor se fosse apenas filho de Davi? A única resposta possível é que o Messias também era o Deus de Davi. Em outras palavras, o Messias precisava ser tanto Deus quanto homem. Como homem, ele era o filho de Davi; como Deus, Senhor de Davi. O pronome "meu" liga Davi ao seu Messias-Senhor.

Talvez uma ilustração possa ajudar. Quando a rainha Elizabeth II morrer ou abdicar, o Príncipe de Gales acabará se tornando o rei Charles. Imagine que o príncipe Philip, seu pai, ainda esteja vivo na ocasião. Eu pergunto a alguém: "O rei Charles é filho de quem?" A resposta será: "Do príncipe Philip". Então, surgiria uma dúvida: "Mas eu vi a coroação do rei Charles na televisão, e o príncipe Philip curvou-se e jurou lealdade a ele. Por que Philip chama Charles de 'senhor'?" A resposta é simples: o rei Charles é o rei soberano de Philip, mesmo que seja filho natural de Philip. Ele é tanto o filho quanto o senhor de Philip. Nesse caso, o Messias era Filho de Davi e, como Messias, equivale a Deus, o Senhor de Davi.

A procriação natural liga o Messias a Davi, pois ele seria descendente de Davi. O pronome "meu", no Salmo 110:1, liga o Messias a Davi e ao Senhor Deus de Davi. E o pronome "meu", em hebraico, é um simples *yodh,* a menor letra do alfabeto daquela língua, aliada à palavra "Senhor".

Não há nada mais fundamental na cristologia ortodoxa do que a divindade absoluta e a completa humanidade de Jesus Cristo. Se ele não fosse o Deus-homem, não poderia ser o Salvador apropriado, o Sumo-Sacerdote ou o Juiz da humanidade. Quem de nós poderia pensar em usar o Salmo 110 como fez o nosso Senhor para enfatizar a verdade de quem ele é? Mas foi exatamente isso o que ele fez, com base em seu argumento na conversa com os fariseus em uma simples palavra hebraica: "meu". O que parece ser um detalhe das Escrituras pode ser totalmente confiável.

O que aprendemos com a atitude de nosso Senhor em relação à Bíblia?

(1) A maneira de escrever as palavras, letra por letra, é plenamente confiável, e nem uma única promessa deixará de ser cumprida exatamente como está escrito.

(2) A única maneira de as Escrituras perderem sua autoridade seria no caso de conter erros, mas Cristo ensinou que as Escrituras não podem ser alteradas. Portanto, devia crer que ela não continha erros.

(3) O Senhor estabeleceu argumentos sofisticados com base em uma só palavra e até mesmo em tempos verbais usados.

Quem pode afirmar que segue ao Senhor totalmente sem aceitar seus ensinamentos a respeito da inerrância das Escrituras?

14

PASSAGENS PROBLEMÁTICAS

I. ALGUNS PROBLEMAS NO ANTIGO TESTAMENTO

Ninguém pode negar que determinadas passagens da Bíblia possuem algum tipo de problema. O tema da inerrância não envolve questões interpretativas nem debates relacionados com o melhor tipo de texto, mas o que lhe concerne são problemas com discrepâncias aparentes, números conflitantes, diferenças em relatos paralelos ou declarações que parecem não-científicas.

Tanto os que defendem quanto os que rejeitam a inerrância têm acesso aos mesmos fatos a respeito de cada um desses problemas. Os dois grupos possuem mentes capazes de interagir com tais fatos. Ambos podem ler as conclusões de outros, mas não encaram essas questões da mesma maneira. Os que negam a inerrância não consideram apenas a possibilidade de erros, mas, de fato, os identificam. Logo, quando estudam esses problemas, uma de suas possíveis conclusões é que, na verdade, um ou outro está errado.

Os defensores da inerrância, por outro lado, concluíram que a Bíblia não contém erros. Portanto, nem se dão ao trabalho de buscar alguma forma de demonstrar que qualquer um desses problemas seja exemplo de erro genuíno da Bíblia. Sua pesquisa pode levá-los a inferir que há algumas questões ainda inexplicáveis. Mesmo assim, acreditam que não se trata de erro; crêem que uma análise mais profunda provará isso ou que encontrarão uma solução ao chegar no céu.

Pense sobre a seguinte ilustração: se um homem que está feliz em seu casamento inesperadamente volta para casa durante a tarde e vê a esposa acenando para um homem bonito prestes a entrar em um carro estacionado em frente à sua casa, o que ele pensará? Se a confiança que deposita na esposa é total e não foi modificada depois de muitos anos de experiências satisfatórias um ao lado do outro, o marido deduzirá que ela teve um bom motivo para se encontrar com aquele homem. Embora possa estar curioso, o homem não duvidará da lealdade da esposa. Talvez irá demorar para descobrir que, na verdade, aquele homem estava apenas entregando um presente que sua esposa havia encomendado para o próprio esposo.

Mas se a confiança em seu relacionamento com a esposa estiver estremecida, ainda que apenas um pouco, então sua imaginação correrá solta, chegando, inclusive, a cogitar que há infidelidade da parte dela. Por causa de sua insegurança, a seus olhos a esposa sempre poderá lhe parecer uma adúltera.

Essa é uma analogia clara, não é mesmo? Se eu ler a Bíblia confiando que suas palavras foram inspiradas por Deus e, portanto, não possuem erro, e se essa confiança foi reforçada pelos anos que vi a Bíblia provando ser totalmente confiável, então não ficarei abalado por um problema e certamente não concluirei que se trata de um erro. Mas se eu achar que posso encontrar erros na Bíblia, sejam eles poucos ou muitos, então provavelmente qualquer problema será exemplo de erro. E se existir apenas um, terei uma Bíblia falível.

Tomando por base o material disponível, hoje em dia, sobre o debate da inerrância, é difícil apresentar uma lista definitiva de erros. Creio que não seria possível estabelecer os critérios pelos quais podemos julgar os erros. Conseguimos apenas fazer uma lista dos exemplos de erros. Embora não existam dois autores que apresentem a mesma lista de erros, quando todos os exemplos são reunidos, vemos que há aproximadamente duas dezenas deles.

A falta de uniformidade dessas listas levanta uma séria questão: "Quem e o que estabelece a linha divisória entre o território dos erros permitidos e o da inerrância necessária?". Se, por exemplo, esperamos que algum erro seja tolerado em questões históricas, mas não em questões doutrinárias, como saber *quais* são essas questões históricas? Afinal de contas, algumas doutrinas importantes são baseadas em questões históricas. Então, onde devo parar?

É sabido que existem certas passagens problemáticas, as quais devem ser examinadas. Contudo, continuo afirmando que respostas razoáveis podem ser encontradas para que não precisemos chegar à conclusão de que existem erros nas Escrituras.

Em uma discussão desse tipo, posso apenas fazer sugestões, e não há espaço para apresentá-las com grandes detalhes. Informações adicionais estão disponíveis em outros livros e comentários. Porém, o fato é que várias sugestões foram apresentadas e são compatíveis com a doutrina da inerrância.

A. As "duas narrativas" da criação

Embora a alegação de que existem duas narrativas conflitantes da criação encontre ramificações em muitas áreas da interpretação, freqüentemente o debate sobre a inerrância concentra-se na suposta contradição entre Gênesis 1:11,12, que registra a vegetação aparecendo no terceiro dia, e Gênesis 2:5, que parece dizer que a vegetação surgiu somente após a criação de Adão.

Existem dois erros nessa conclusão. Primeiro, o capítulo 2 acrescenta detalhes à narrativa da criação de Gênesis 1. Não se trata de uma contradição, mas de uma complementação. Por exemplo, o relato bíblico diz que Deus criou o homem (um termo genérico) como "homem e mulher" (Gn 1:27), mas isso não significa que a primeira criatura era uma combinação de homem-mulher. Os detalhes da criação do homem Adão e da mulher Eva estão em 2:18-23. De maneira similar, o versículo 5 acrescenta detalhes a respeito da criação da vegetação que ocorreu no terceiro dia.

Segundo, as palavras usadas no versículo 5 referem-se ao tipo de planta que necessita de cultivo, não a todos os tipos de planta. Plantas que requerem esse tipo de cultivo não apareceram até que Adão foi criado para poder cultivá-las, ou talvez já existissem, mas não cresceram até Adão ser criado.

H. C. Leupold resumiu bem essa questão:

> O versículo 4b leva-nos de volta ao tempo em que ocorreu a obra da criação, particularmente ao momento anterior à criação do terceiro dia, e chama nossa atenção a determinados detalhes que, justamente por serem detalhes, dificilmente teriam sido incluídos no capítulo 1: o fato de que certas formas de vida, que requerem o cuidado atencioso de um homem ainda não havia brotado... Quando o verde cobria a terra, o surgimento desse tipo de vegetação foi retardado, para que pudesse aparecer após o homem já ter controle total de seus domínios e estar em uma posição onde podia lhes dar o cuidado necessário [...] Essa passagem não se refere à vegetação como um todo, e isso é comprovado pelos termos distintos utilizados; nenhum deles já havia aparecido no relato [...] Diante de tudo isso, fica evidente quanto é absurda a afirmação de que, nesse relato (Gn 2:4ss), o homem foi criado primeiro, e a vegetação, depois.[1]

Logo, uma contradição e um erro aparecem nessa narrativa apenas para aqueles que desejam enxergar isso. A boa exegese não dá margem a erros.

B. A esposa de Caim

Mesmo que, para a maioria dos defensores da inerrância, a questão de onde Caim encontrou a esposa não seja considerada um problema, isso muitas vezes é usado por aqueles que procuram demonstrar que a Bíblia não é confiável. Como poderia afirmar que Adão e Eva foram os primeiros seres humanos, que tiveram dois filhos, sendo que um assassinou o outro, e, ainda assim, geraram uma numerosa raça? A Bíblia ensina claramente que Adão e Eva foram os primeiros seres humanos criados. O Senhor afirmou isso em Mateus 19:3-9. A genealogia de Cristo pode ser rastreada até Adão (Lc 3:38). Judas 14 identifica Enoque como o "sétimo depois de Adão". Dificilmente isso poderia significar o sétimo depois da "humanidade", uma interpretação necessária caso Adão não fosse um indivíduo, como afirmam muitos. Caim, de fato, matou Abel e, ainda assim, muita gente nasceu. Onde Caim encontrou uma mulher?

Sabemos que Adão e Eva tiveram outros filhos e filhas além de Abel, Caim e Sete (Gn 5:4), e se existia somente uma família original, então os primeiros casamentos precisavam ser entre irmãos e irmãs. No início, esses casamentos não eram prejudiciais. O incesto é perigoso porque genes mutantes, que geram crianças deformadas, doentes e com debilidades mentais, têm maior probabilidade de ser herdados por crianças em que esses genes são encontrados em ambos os pais. Certamente, Adão e Eva, criados pela mão de Deus, não possuíam esse tipo de genes mutantes. Portanto, o casamento entre irmãos e irmãs, primos ou outros parentes da primeira e segunda geração depois de Adão e Eva não eram perigosos.

C. Números 25:9

De acordo com Moisés, a praga que seguiu a adoração de Israel a Baal-Peor matou 24 mil pessoas. Porém, em 1 Coríntios 10:8, Paulo registra que ocorreram 23 mil mortes em um único dia. Um erro óbvio? Não necessariamente, pois Paulo limitou a 23 mil os que morreram "num só dia". O relato de Números 25 registra que os juízes estavam envolvidos em dar continuidade a esse julgamento, e o número pode incluir as mortes adicionais, que ocorreram nos dias seguintes. Em outras palavras, eles podem não ter completado essa enorme tarefa em um único dia. Os dois relatos não são conflitantes, pois Paulo acrescentou a frase "num só dia".

Mas a inerrância não sofre prejuízo algum se considerarmos os dois como números arredondados. Se esse é o caso, o total de mortos ficou entre 23 mil e 24 mil. Caso uma dessas passagens tivesse feito a afirmação usando "exatamente" ou "apenas" para indicar o número de mortos e elas não concordassem entre si, isso constituiria um erro claro. Mas não se trata disso.

D. Quem fez Davi contar os israelitas? (2 Sm 24:1; 1 Cr 21:1)

Um relato diz que foi o Senhor, enquanto outro afirma que foi Satanás. Mas por que isso precisa ser visto como um conflito? Seria possível que tanto o Senhor quanto Satanás estivessem envolvidos? Isso aconteceu em outras ocasiões. Paulo disse que lhe foi enviado um "mensageiro de Satanás" para evitar que se exaltasse (2 Co 12:7), mas para retirá-lo, orou ao Senhor. Além disso, certamente tanto o Senhor quanto Satanás estarão envolvidos nas atividades que resultarão no Armagedom. Por que o mesmo não pode ocorrer nessa passagem? Uma solução tão simples faz com que pareça estranho sequer sugerir que há alguma contradição.

Porém, essa não é uma pergunta sem resposta. Certo escritor que se opõe à inerrância declarou enfaticamente: "ambos os relatos não podem ser verdadeiros, mas, do ponto de vista da integridade doutrinária, ambos apresentam exatamente a mesma verdade: o que Davi fez estava errado... "[2]

E. Quem matou Golias? (2 Sm 21:19; 1 Sm 17:50)

Quem matou Golias foi Davi ou um homem chamado Elanã? Antes que você pense que essas narrativas são conflitantes e, portanto, erradas, deixe-me fazer outras perguntas: (1) Davi poderia ter dois nomes, sendo que o outro era Elanã? Salomão tinha dois nomes (2 Sm 12:24,25). (2) Existiam dois Golias? No contexto imediato, outro gigante é mencionado em Gobe (21:20). (3) Algumas palavras como "irmão de" teriam sido omitidas do versículo 19? Qualquer uma dessas respostas é plausível, sem que para isso cheguemos à conclusão que se trata de um erro. E todas essas probabilidades são mais plausíveis ainda quando consideramos a precisão do restante da Bíblia.

F. Certos números apresentados em 2 Samuel 24 e 1 Crônicas 21

Outros números nesse relato paralelo não parecem estar em harmonia, e os que defendem a existência de erros concluem que algumas coisas estão erradas. 2 Samuel 24:9 registra que o número de habitantes de Israel era 800 mil e de Judá 500 mil, enquanto 1 Crônicas 21:5 apresenta o total de 1,1 milhão em Israel e de 470 mil em Judá. A diferença no total de pessoas em Israel pode ser encontrada se deduzirmos que esses 800 mil não incluíam os 300 mil mencionados em 1 Crônicas 27, os quais, somados, totalizariam o 1,1 milhão de 1 Crônicas 21:5. Talvez a diferença de 30 mil no outro total envolva os 30 mil especialmente mencionados em 2 Samuel 6:1.

Quando Deus deu a Davi a oportunidade de decidir qual seria a punição, uma das opções era sete anos de fome (de acordo com 2 Samuel 24:13) ou três anos de fome (segundo 1 Crônicas 21:12). A tradução da Septuaginta diz "três anos" nas duas passagens, então provavelmente o número de 2 Samuel é um erro dos escribas. (Ele foi modificado para "três anos" em algumas versões, inclusive na NVI.) Embora as cópias fossem feitas cuidadosamente, era inevitável que surgissem erros. Esse parece ser um caso de erro, mas não do original – inerrante no momento em que foi escrito, mas essa mesma inerrância não pode ser estendida a todas as cópias.

Finalmente, nesses capítulos, a quantia que Davi pagou pela propriedade que comprou de Araúna parece não ser a mesma nas duas passagens. 2 Samuel 24:24 diz: "cinqüenta siclos de prata", enquanto 1 Crônicas 21:25 registra que o preço foi "seiscentos siclos de ouro". A diferença é muito grande, mesmo considerando a inflação! Mas seria tão grande se os 50 siclos foram pagos somente pela eira (2 Sm 24:24), enquanto a quantia maior foi paga pela propriedade toda? Vale lembrar que essa passagem tem uma dificuldade de interpretação, pois tanto a ARC quanto a NVI dizem que Davi "comprou a eira e os bois", enquanto a ARA dá a impressão de que esse foi o preço apenas dos bois.

G. As medidas de 2 Crônicas 4:2

Ao descrever as medidas do tanque chamado "mar de fundição", a circunferência relatada é "trinta côvados" (equivalente a 13 metros e meio, se considerarmos que um côvado tem aproximadamente 45 centímetros) e seu diâmetro de "dez côvados" (4,5 metros). Contudo, obtém-se a circunferência ao multiplicarmos o diâmetro por "pi" (3,1416), portanto o total seria mais de 31 metros, uma aparente contradição. Um autor resolve essa questão dizendo que, "na cultura daqueles dias, as medidas não só eram precisas, como também inerrantes".[3] Mas existe uma solução melhor sem truque algum. A medida de dez côvados era de "uma borda até a outra", ou seja, de uma extremidade até a outra. Mas o versículo 5 revela que a grossura dessa borda era de "quatro dedos", cerca de dez centímetros. Portanto, o diâmetro do interior era dez côvados (450 cm) menos a medida de oito dedos (20 cm). Multiplicando 430 centímetros por pi, o total é 13,5 metros, a mesma circunferência relatada no versículo 2.

Esses são exemplos de passagens que, hoje em dia, são usadas como exemplos que comprovariam os "erros" do Antigo Testamento. Sem entrar em grandes detalhes, tudo o que tentei fazer foi mostrar que existem explicações racionais para elas. Não precisamos concluir que os textos contêm erros (com a possível exceção do erro dos copistas). A maneira como o estudante vê essas sugestões será um reflexo da confiança que deposita nas Escrituras, ou da falta dela.

II. ALGUNS PROBLEMAS NO NOVO TESTAMENTO

Os que defendem a existência de erros citam várias passagens do Novo Testamento que, supostamente, negam a inerrância ou, ao menos, requerem uma definição de inerrância tão ampla que se torna um erro. Um autor citou 2 Crônicas 4:2; Números 25:9; Marcos 2:26 e Mateus 22:42 como exemplos de "um tipo de inerrância aquém do conformismo perfeito daquilo que realmente foi dito" e dos problemas para os quais explicações "altamente elaboradas" possam ser dadas.[4]

Há quem se incomode com Mateus 13:31,32 e com problemas em Atos 7, os quais afirmam não serem capazes de solucionar de maneira compatível com a inerrância.[5] Um terceiro cita Mateus 27:9 como um exemplo de erro e afirma que existem "centenas de erros como esse".[6] Obviamente, não podemos discutir aqui "centenas" de exemplos, mas analisaremos os que são mencionados nos escritos de pessoas que não defendem a inerrância total.

A. Levar o bordão (Mt 10:9,10; Mc 6:8; Lc 9:3)

Marcos registra que Jesus permitiu que os discípulos levassem um bordão (cajado), enquanto Mateus e Lucas dizem que ele os proibiu. Isso levou um defensor dos erros na Bíblia a dizer: "Não vejo outra maneira de conciliar essa incoerência. A conclusão lógica, penso eu, é que as narrativas se contradizem e que ao menos um dos Evangelhos apresenta erro".[7]

A solução não é impossível. Comparando os relatos, vemos que o Senhor permitiu que os discípulos levassem consigo um cajado que são possuíssem (Marcos). No entanto, não deveriam levar um cajado se não o tivessem ou se andassem bem sem precisar dele (Lucas). De modo algum deveriam procurar ou comprar um cajado novo (Mateus, que usa uma forma verbal diferente de Marcos e de Lucas, com o sentido de "adquirir" ou de "apanhar"). A idéia principal da instrução dada pelo Senhor é clara: não façam nenhuma provisão especial para essa missão.

B. A semente de mostarda (Mt 13:32)

Em sua parábola sobre a semente de mostarda, o Senhor afirmou que ela era a menor de todas as sementes. Uma vez que a semente de mostarda não é, de fato, a menor que existe, seria essa uma declaração errônea? Antes de chegar a essa conclusão, lembre que essas foram palavras do próprio Jesus Cristo e, se ele disse uma mentira, como poderia ser um homem sem pecado? Não se trata apenas de uma pequena discrepância factual; se essa declaração é um erro, então prova algo a respeito de quem fez tal declaração, e isso acaba sendo uma séria questão doutrinária. Não se pode separar a história de suas ramificações doutrinárias.

Mas como interpretar as palavras do Senhor? Essa é uma sugestão bem colocada por Trench alguns anos atrás: "Essa semente, quando lançada ao solo, é a 'menor de todas as sementes' – palavras que invariavelmente deixam os intérpretes perplexos, uma vez que muitas outras sementes, como a de arruda ou a da papoula, são menores. Mesmo que não valha a pena questionar esse tipo de dificuldade, é suficiente saber que 'pequeno como um grão de mostarda' era uma expressão proverbial entre os judeus para designar algo excessivamente diminuto (veja Lc 17:6). O Senhor, para tornar seu ensino popular, utilizou a linguagem do povo".[8]

Outro fato digno de nota é que a palavra "menor", na verdade, é um comparativo, não um superlativo, e deveria ser traduzida apenas como "menor que" e não "a menor de todas". Em outras palavras, a declaração do Senhor não foi absoluta (a semente de mostarda é literalmente a menor semente do mundo), mas colocava a semente de mostarda na categoria das sementes pequenas.

Talvez as duas sugestões devessem ser combinadas. Tecnicamente, Jesus colocou a semente de mostarda entre as menores e utilizou o provérbio popular, entendendo que a semente representava algo excessivamente pequeno. Mas não cometeu um erro técnico ou científico.

C. Os cegos de Jericó (Mt 20:29-34; Mc 10:46-52; Lc 18:35-43)

Os relatos da cura dos cegos em Jericó (um deles chamado Bartimeu) trazem detalhes distintos, os quais alguns intérpretes afirmam ser irreconciliáveis, chegando à conclusão de que um deles deve conter erros. Mateus escreve que o Senhor curou dois cegos quando saíam de Jericó. Outro relato menciona apenas um cego e diz que o milagre ocorreu quando entravam em Jericó. Quanto ao número de cegos, se Marcos ou Lucas dissessem "apenas um", haveria um erro. Mas se Bartimeu era o que mais se destacava dos dois, então seria natural para o autor concentrar-se nele, enquanto outro relato poderia mencionar ambos. O relato que menciona dois cegos centraliza seu enfoque em apenas um deles. A declaração de que existiam dois cegos seria conflitante se o outro Evangelho afirmasse que existia "apenas um", mas esse não é o caso.

Em relação ao momento em que o milagre ocorreu, duas sugestões plausíveis foram apresentadas. Uma diz que os cegos falaram com o Senhor quando ele entrava em Jericó, mas não foram curados até que ele saiu. A outra afirma que, pelo fato de existirem duas Jericós (a cidade antiga e a nova), a cura pode ter ocorrido após o grupo ter saído da antiga Jericó e se aproximar da nova. Assim, a frase de Mateus: "Saindo eles de Jericó" (v. 29), refere-se à antiga Jericó, enquanto as referências de Marcos e Lucas da entrada em Jericó falavam da cidade nova.

Independentemente de qual sugestão seja verdadeira, fica claro que não há necessidade de ver uma contradição insolúvel nesses relatos.

D. O pai de Zacarias (Mt 23:35)

Nesse versículo, Zacarias (não o profeta do Antigo Testamento, mas um sacerdote) é chamado de filho de Berequias, enquanto em 2 Crônicas 24:20 seu pai recebe o nome de Joiada. Mas a expressão "filho de" não precisa significar a próxima geração imediata (como em Gn 31:28, em que Labão chama seus netos e netas de filhos, ou, o caso de Cristo, de Filho de Davi e Abraão, Mt 1:1). O mais provável é que Joiada era o avô de Zacarias, sendo mencionado nos relatos de Crônicas por causa de sua fama.

E. Zacarias *versus* Jeremias (Mt 27:9,10)

A parte principal dessa questão vem de Zacarias 11:12,13, enquanto Mateus parece atribuí-la a Jeremias. Esse não é um erro claro?

Antes de chegar a essa conclusão, lembre que Jeremias estava no início dos escritos do Antigo Testamento no Talmude babilônico. Mateus, então, pode simplesmente estar usando o nome de Jeremias para falar do trecho do Antigo Testamento em que estava a referência de Zacarias. Seria como dizer: "No livro de Smith, Jones diz que [...]" Jones escreveu um capítulo em um livro editado por Smith. (Mas não estou dizendo que Jeremias editou as profecias de Zacarias.) Veja que a mesma proeminência é dada a Jeremias em Mateus 16:14, em que ele é o único profeta nomeado especificamente, ainda que outros sejam incluídos na declaração.

Embora essa pareça ser a explicação mais plausível, alguns encontram outra solução, afirmando que o próprio Mateus pensava, principalmente, nos eventos relacionados à casa do oleiro em Jeremias 18 e 19.

F. Isaías *versus* Malaquias (Mc 1:2,3)

Esses versículos levantam um problema, pois imediatamente após as palavras "Conforme está escrito na profecia de Isaías", é registrada uma citação de Malaquias e, posteriormente, outra de Isaías. Muitos indicam essa passagem como um erro óbvio, embora inofensivo. No entanto, a estrutura do capítulo introduz o "início do Evangelho" ao se concentrar no ministério de João Batista no deserto. Logo, Marcos tinha em mente a citação principal, de Isaías, pois falava sobre uma pessoa pregando no deserto. A atenção do evangelista estava voltada para a profecia de Isaías. Isso explica por que ele mencionou Isaías somente no versículo 2.

G. Abiatar *versus* Aimeleque (Mc 2:26)

Marcos, ao se referir à ocasião em que Davi comeu o pão do tabernáculo, disse que Abiatar era o sumo sacerdote, contudo o Antigo Testamento afirma que era Aimeleque (1 Sm 21:1-6). Uma solução proposta reconhece que o evento, na verdade, ocorreu durante o sacerdócio de Aimeleque. Mas ele foi assassinado, e Abiatar, que também exercia funções sacerdotais naquela época, imediatamente tornou-se sumo sacerdote e acabou sendo mais famoso do que Aimeleque. Marcos não estava dizendo que Abiatar era o sumo sacerdote quando ocorreu o evento. A implicação é que ele era um sacerdote ministrante que, em breve, tornou-se um sumosacerdote muito importante. De modo similar, é possível falar sobre um evento que ocorreu nos anos em que John F. Kennedy era senador e dizer que isso ocorreu "nos dias de Kennedy", referindo-se ao presidente. Ele ainda não era presidente quando aquilo ocorreu, era senador; mesmo assim, é identificado como o "presidente Kennedy", porque mais tarde veio a ser presidente.

Esses exemplos em Marcos lembram que, se alguém lê a Bíblia esperando ou antecipando os erros, é possível afirmar que as Escrituras contêm erros. Porém, se espera que a Bíblia seja inerrante, poderá encontrar soluções plausíveis. E mesmo que não consiga aceitar qualquer uma das soluções sugeridas, ainda assim acreditará que a Bíblia é inerrante, e que nós simplesmente não possuímos fatos suficientes para resolver alguns de seus problemas aparentes.

H. A morte de Judas

Em Atos 1:18, Pedro descreve a morte de Judas dizendo que, "precipitando-se, rompeu-se pelo meio, e todas as suas entranhas se derramaram". Mateus diz que ele se enforcou (Mt 27:5). O mais provável é que ambas as descrições sejam verdadeiras. Ele realmente se enforcou, mas algo fez com que seu corpo caísse e se rompesse. Essa é a solução mais simples e vem sendo sugerida desde os tempos de Agostinho.

Os mesmos relatos parecem conter outro problema. Mateus declara que os sacerdotes compraram o campo de sangue, enquanto Atos atribui isso a Judas. Novamente a solução é simples e mostra que ambos estão corretos. Os sacerdotes não podiam aceitar o dinheiro de volta, então compraram o campo em nome de Judas, pois eles não queriam demonstrar que tinham algo a ver com aquele dinheiro.

I. Problemas em Atos 7

Admitir que Estêvão disse algo errado nesse discurso e, ao mesmo tempo, ver Lucas fazendo o registro de modo correto é algo que está dentro dos limites estabelecidos por nossa concepção de inerrância. Um intérprete sério desejará entender, tanto quanto possível, o que Estêvão estava dizendo. Um dos problemas está no versículo 6, em que Estêvão diz que o cativeiro egípcio durou um total de 400 anos, enquanto Êxodo 12:40 menciona 430 anos. Além disso, em Gálatas 3:17, Paulo escreveu que a Lei veio 430 anos após a aliança com Abraão. Existem dois problemas com esses números: (a) a diferença entre 400 e 430; e (b) o erro aparentemente grande de Paulo, porque o tempo decorrido entre Abraão e a revelação da Lei foi considerada maior do que 430 anos. Muitos simplesmente reconhecem que a diferença 400/430 existe porque se trata de uma aproximação. Quatrocentos é o arredondamento de 430. Os 430 anos em Gálatas não se referem ao intervalo de tempo desde Abraão até a Lei (de Gn 12 até Êx 20). Antes se refere ao período do fim da era dos patriarcas (Gn 35:11,12) até a entrega da Lei em Êxodo 20.

Outros acreditam que 400 anos foi a duração da escravidão egípcia e que as duas menções a 430 anos referem-se ao tempo entre a última confirmação da aliança abraâmica com Jacó e a entrega da Lei. No entanto, esse é um dos casos em que simplesmente não temos fatos o suficiente para chegar a uma conclusão decisiva. Mais uma vez, a atitude do intérprete é que faz a diferença: é possível acreditar que existem erros ou que haveria uma solução perfeita se todos os fatos fossem conhecidos.

Algumas vezes, o problema aparente do versículo 14 estabelece outra questão. A família de Jacó é descrita como tendo 75 pessoas, enquanto em Gênesis 46:27, apenas 70 são mencionadas. Em Atos, Estêvão usa o número da Septuaginta, que inclui outras cinco pessoas (o filho e o neto de Manassés e os dois filhos e um neto de Efraim). Gênesis não os inclui, mas em ambos os relatos, apenas um grupo restrito é incluído, pois o número total da família de Jacó devia ser muito maior, incluindo as esposas dos filhos e netos de Jacó e os maridos de suas filhas e netas, que não são mencionados. Qualquer pessoa que tentasse listar os integrantes de uma família desse tamanho, facilmente acabaria estabelecendo duas maneiras de contá-los e certamente chegaria a dois resultados finais diferentes, sem que houvesse qualquer contradição.

Esses são alguns dos problemas do Novo Testamento em discussão. Alguns deles têm sido usados, ao longo da história da Igreja, para tentar provar que existem erros na Bíblia, mas soluções plausíveis têm sido apresentadas. Alguns vieram a ser analisados mais recentemente. Qualquer um deles serve para alegar que a Bíblia contém erros, mas todos possuem explicações razoáveis.

É necessário somente um erro para que a Bíblia seja um livro falível. Pode ser até mesmo um "pequeno" erro, algo inconseqüente, histórico ou doutrinário, mas se um só existe, então a Bíblia perde sua inerrância.

1. Leupold, H. C. *Exposition of Genesis*. Columbus: Wartburg, 1942, pp. 112,3.
2. Summers, Ray. How God Said It. In: *The Baptist Standard,* 4 fev. 1970, p. 12.
3. Mounce, Robert. Clues to Understanding Biblical Accuracy. In: *Eternity,* jun. 1966, p. 18.
4. Ibid.
5. Fuller, Daniel P. *Evangelicalism and Biblical Inerrancy*. 1966, pp. 18,9. (Material não publicado.)
6. Mickelsen, Berkeley. The Bible's Own Approach to Authority. In: Rogers, Jack B. (Ed.). *Biblical Authority*. Waco, TX: Word, 1977, p. 86.
7. Davis, Stephen T. *The Debate About the Bible*. Filadélfia: Westminster, 1977, p. 106.
8. Trench, R. C. *Notes on the Parables of Our Lord*. Nova York: Revell, s.d., p. 91.

15

O CÂNON

A questão canônica envolve a quantidade de livros que pertencem à Bíblia. Logo, o termo "cânon" refere-se à lista autorizada dos livros que formam a Bíblia. Obviamente, foram escritos de maneira individual por vários autores durante um longo período. Mas como foram reunidos e quem decidiu quais formariam o cânon da Escritura?

I. ALGUMAS CONSIDERAÇÕES BÁSICAS

A. O significado do termo cânon

1. *Sua origem.* Essa palavra vem do termo grego *kanon,* que se referia a uma régua ou instrumento de medição. Logo, passou a significar uma regra de ação (Gl 6:16; Fp 3:16).

2. *A história do uso dessa palavra.* Na Igreja primitiva, a palavra *cânon* era usada para referir-se aos credos. Na metade do século IV, passou a ser usada para se referir à Bíblia; ou seja, a lista de livros aceitos e reconhecidos como integrantes da Bíblia.

3. *Seu significado.* Na verdade, a palavra *cânon* tem duplo significado. Refere-se à lista de livros bíblicos que passaram por certos testes ou regras e, por isso, foram considerados autorizados e canônicos. Mas também significa que essa coleção de livros canônicos passou a ser nossa regra de vida.

B. Algumas considerações sobre a investigação da canonicidade

1. *Auto-autenticação.* É essencial lembrar que a Bíblia autentica a si mesma, pois todos os seus livros foram inspirados por Deus (2 Tm 3:16). Em outras palavras, os livros eram canônicos no momento em que iam sendo escritos. Seria desnecessário esperar até que vários concílios examinassem o livro para determinar se era ou não aceitável. Sua canonicidade era inerente a cada um deles, pois provinham de Deus. As pessoas e os concílios somente atestaram e reconheceram o que era verdadeiro, por causa da inspiração intrínseca que os livros possuíam no momento em que eram escritos. Nenhum livro da Bíblia tornou-se

canônico graças a um concílio da Igreja.

2. *Decisão de homens.* Mesmo assim, homens e concílios precisavam avaliar quais livros seriam reconhecidos como integrantes do cânon, pois alguns dos que foram apresentados não eram inspirados. Algumas decisões e escolhas precisaram ser feitas, e Deus orientou certos grupos de pessoas a tomar as decisões corretas (mas não sem usar diretrizes) e a reunir os vários escritos nos cânones do Antigo e do Novo Testamento.

3. *Debates sobre a canonicidade.* No processo de decisão e coleta, não seria inesperado que surgissem algumas disputas a respeito de alguns livros. E foi exatamente o que ocorreu. No entanto, esses debates, de maneira alguma, diminuíram a autenticidade dos livros verdadeiramente canônicos, nem deram esse *status* aos que não foram inspirados por Deus.

4. *Fechamento do cânon.* Desde o ano 397, a Igreja cristã considera que o cânon da Bíblia está completo. Nesse caso, então deveria ser fechado. Portanto, não podemos esperar que outros livros sejam descobertos ou escritos e abrir novamente o cânon para acrescentá-los aos 66 livros. Mesmo que outra carta de Paulo fosse descoberta, não seria considerada canônica. Afinal de contas, Paulo deve ter escrito muitas cartas durante sua vida além daquelas que estão no Novo Testamento; ainda assim, a Igreja não as incluiu no cânon. Nem tudo o que um apóstolo escreveu foi inspirado, pois os escritos eram inspirados, não o autor. Além disso, nem tudo o que eles redigiram foi necessariamente inspirado por Deus.

Alguns livros mais recentes, como os usados pelas seitas, são colocados em pé de igualdade com a Bíblia, mas não foram inspirados e, portanto, não podem esperar ser incluídos no cânon das Escrituras. Certamente, essas alegadas "declarações" ou visões proféticas, que alguns afirmam ser provenientes de Deus, hoje em dia não podem ser inspiradas nem consideradas parte da revelação divina, nem ter qualquer tipo de autoridade como os livros canônicos.

II. O CÂNON DO ANTIGO TESTAMENTO

A. A evidência do próprio Antigo Testamento

1. *Segundo a Lei.* Existem muitas referências no Antigo Testamento em relação a Lei de Moisés que a estabelecem como autoridade. Veja algumas dessas referências: Josué 1:7,8; 23:6; 1 Reis 2:3; 2 Reis 14:6; 21:8; 23:25; Esdras 6:18; Neemias 12:1; Daniel 9:11; Malaquias 4:4. Essas referências validam a natureza inspirada dos escritos de Moisés nos primeiros cinco Livros do Antigo Testamento (o Pentateuco), onde ele registrou a Lei.

2. *Segundo os profetas.* Os profetas alegavam estar anunciando a Palavra de Deus, e suas profecias eram reconhecidas como autoridade. Veja estas referências: Josué 6:26 comparado com 1 Reis 16:34; Josué 24:29-33 comparado com Juízes 2:8,9; 2 Crônicas 36:22,23 comparado com Esdras 1:1-4; Daniel 9:2 comparado com Jeremias 25:11,12.

3. *Segundo Malaquias 4:5*. Existe uma indicação, em Malaquias 4:5, de que o testemunho profético acabaria em Malaquias e não seria reiniciado até a vinda de um profeta parecido com Elias: João Batista (Mt 17:11,12).

B. A evidência dos rolos do mar Morto

1. *Sua importância*. Esses rolos (ou manuscritos) mostram que os livros do Antigo Testamento foram reconhecidos como sagrados no período entre o Antigo e o Novo Testamento.

2. *Seu número*. Cerca de 175 dos 500 rolos do mar Morto são bíblicos. Existem muitas cópias de vários livros do Antigo Testamento e todos os livros veterotestamentários estão representados nos rolos, com exceção de Ester.

3. *Seu testemunho*. A existência de livros bíblicos entre os rolos não é, por si mesma, uma prova de sua canonicidade, pois também existem alguns livros não-canônicos entre eles. No entanto, muitos dos rolos do mar Morto são comentários de livros canônicos. Isso parece indicar que foi reconhecida uma distinção entre livros canônicos e não-canônicos. Além disso, 20 dos 39 livros do Antigo Testamento são citados ou chamados de Escritura. Em resumo, os rolos dão uma evidência positiva da canonicidade de quase todos. As exceções são os livros de 1 e 2 Crônicas, Ester e Cantares de Salomão.

C. Outras evidências

1. *O prólogo de Eclesiástico*. Esse livro não-canônico refere-se a uma divisão tripla dos livros (ou seja, a Lei, os Profetas e os chamados "hinos e preceitos para a conduta humana"), conhecidos pelo avô do autor (c. de 200 a.C.).

2. *Filo*. O escritor Filo referiu-se a essa divisão tripla por volta do ano 40 d.C.

3. *Josefo*. O historiador Josefo (37-100 d.C.) afirmou que os judeus consideravam sagrados apenas 22 livros (que possuem exatamente o mesmo texto dos 39 livros que temos em nosso Antigo Testamento, mas com uma divisão diferente). Josefo incluiu 5 livros do Pentateuco, 13 "Profetas" (Josué, Juízes incluindo Rute, Samuel, Reis, Crônicas, Esdras/Neemias, Ester, Jó, Isaías, Jeremias, inclusive Lamentações, Ezequiel, os 12 profetas menores e Daniel) e 4 "hinos a Deus e preceitos para a conduta humana" (Salmos, Cântico dos Cânticos de Salomão, Provérbios e Eclesiastes).

4. *O Sínodo de Jamnia*. Jamnia (90 d.C.) era uma escola de rabinos que discutia a canonicidade. Alguns questionavam se era correto aceitar (como estava sendo feito) Ester, Eclesiastes e Cantares de Salomão. Essas discussões diziam respeito ao cânon já existente.

5. *Os pais da Igreja*. Os pais da Igreja aceitaram os 39 livros do Antigo Testamento. A única exceção era Agostinho (400 d.C.), que incluiu os apócrifos (os livros "extras" do AT presentes na Bíblia usada pelos católicos). Porém, reconheceu que esses escritos não tinham autoridade total. Os livros apócrifos não foram reconhecidos como parte do cânon até o Concílio de Trento (de 1546),

mas foram aceitos apenas pela Igreja Católica.

D. A evidência do Novo Testamento

1. *As citações do Antigo Testamento no Novo.* Existem aproximadamente 250 citações dos livros do Antigo Testamento no Novo. Nenhuma é feita dos apócrifos. O versículo 14 de Judas menciona o livro não-canônico de Enoque, mas esse é um livro chamado de pseudepígrafo, não apócrifo. Todos os livros do Antigo Testamento são citados, exceto Ester, Eclesiastes e Cantares de Salomão.

2. *Mateus 5:17.* Nessa passagem, o Senhor diz que a Lei e os Profetas possuíam autoridade porque certamente seriam cumpridos. Essa divisão dupla cobre todo o material do Antigo Testamento.

3. *Lucas 11:51.* Aqui o Senhor declarou algo definitivo a respeito da extensão do cânon do Antigo Testamento que aceitava. Ao condenar os líderes do povo judeu por matar os mensageiros de Deus durante sua história, ele os estava acusando de ser culpados de derramar o sangue de todos os justos, de Abel a Zacarias. O assassinato de Abel foi registrado em Gênesis 4 e o de Zacarias em 2 Crônicas 24, último livro na disposição do cânon hebraico (em lugar do nosso Malaquias). Para nós, é como se Jesus tivesse dito: "sua culpa está registrada em toda a Bíblia – de Gênesis a Malaquias". Sabemos que os assassinatos de outros mensageiros do Senhor foram registrados nos apócrifos, mas o Senhor não os incluiu. Fica evidente que ele não considerava que eles possuíam a mesma autoridade que os livros de Gênesis até 2 Crônicas.

III. O CÂNON DO NOVO TESTAMENTO

A. Os testes de canonicidade

1. *O teste de autoridade.* Em relação aos livros do Antigo Testamento, isso significava ter a autoridade de um dos legisladores, de um profeta ou de um líder de Israel para apoiá-los. Em relação ao Novo Testamento, equivalia dizer que os livros aceitos no cânon eram endossados pela autoridade de um apóstolo. Era o mesmo que dizer que, por trás daquele livro, existia uma autoridade apostólica. Por exemplo, acreditava-se que o apóstolo Pedro estava por trás dos escritos de Marcos, enquanto o apóstolo Paulo estava ligado aos escritos de Lucas.

2. *O teste da singularidade.* Para ser acrescentado ao cânon, um livro precisava mostrar a evidência interna de sua singularidade como prova da inspiração.

3. *O teste de aceitação pelas igrejas.* À medida que os livros circulavam, precisavam ser aceitos pelas igrejas. Na verdade, nenhum livro que foi contestado por um grande número de igrejas acabou aceito no cânon.

B. O processo de reconhecimento do cânon do Novo Testamento

Lembre-se de que os livros eram inspirados no momento em que eram escritos e, portanto, eram canônicos.

A Igreja apenas ratificava essa verdade inerente.

1. *O testemunho do período apostólico.* Os autores testemunharam que seus próprios escritos eram a Palavra de Deus (Cl 4:16; 1 Ts 4:15). Também reconheceram que os escritos de outros livros do Novo Testamento formavam as Escrituras. "Escritura" era uma designação do judaísmo para os livros canônicos. Então, quando essa expressão é usada no Novo Testamento para falar de outros escritos do Novo Testamento, mostra que eles eram canônicos. Isso ocorre em dois textos importantes.

Um deles é 1 Timóteo 5:18, em que uma citação de Deuteronômio 25:4 é ligada a uma de Lucas 10:7, e ambos são chamados de Escritura. Para assegurar que o sentimento de Lucas 10:7 é encontrado no Antigo Testamento, mas a forma de citação é encontrada apenas nos Evangelhos. A outra é 2 Pedro 3:16, em que Pedro refere-se aos escritos de Paulo como sendo Escritura. Essa é uma confirmação importante, considerando o período relativamente pequeno de tempo transcorrido entre o momento em que Paulo escreveu algumas de suas cartas e o momento em que Pedro as reconheceu como Escritura.

2. *O testemunho do período de 70 a 170 d.C.* Durante esse período, todos os livros do Novo Testamento foram citados em outros escritos, e os Pais da Igreja reconheceram os 27 livros como canônicos. Contudo, nem todos os pais incluíam os 27. Além disso, um herege chamado Marcião criou, por volta do ano 140, um cânon que incluía apenas Lucas e dez das epístolas de Paulo, o que mostra, ao menos em parte, que uma coleção dos escritos de Paulo já estava sendo formada naquela época.

3. *O testemunho do período entre 170 e 350 d.C.* Três importantes evidências surgiram nesse período: A primeira é a de que o cânon Muratoriano (ano 170) omitiu Hebreus, Tiago e 1 e 2 Pedro. No entanto, existe um corte no manuscrito, por isso não podemos estar certos de que esses livros não foram mesmo incluídos. Esse cânon também rejeita alguns outros livros, como o Pastor de Hermas, não incluído no cânon.

A segunda é a de que a Antiga Versão Siríaca (do final do século II) omitiu 2 Pedro, 2 e 3 João, Judas e Apocalipse, mas nenhum outro livro foi acrescentado para totalizar 27 livros.

A terceira é a de que a Antiga Versão Latina (ano 200) não trazia 2 Pedro, Tiago e Hebreus, tampouco acrescentava outros livros. Logo, os livros não-qualificados que eram candidatos a ser incluídos no cânon foram rejeitados durante esse período; a maioria dos livros do Novo Testamento foram aceitos; somente alguns deles foram debatidos.

4. *O Concílio de Cartago (em 397).* Existe um consenso de que esse concílio da Igreja estabeleceu os limites do cânon do Novo Testamento incluindo todos os 27 livros como os temos hoje em dia.

5. *Um comentário da opinião de Lutero sobre o livro de Tiago.* Algumas vezes, foi dito que Martinho Lutero rejeitou a canonicidade do livro de

Tiago. Isso não é verdade. Veja o que ele escreveu no prefácio do Novo Testamento, no qual se refere aos diferentes níveis de valor doutrinário dos livros neotestamentários: "O evangelho segundo São João e sua primeira epístola, as epístolas de Paulo, particularmente as dirigidas aos romanos, gálatas, efésios, e a primeira epístola de Pedro, esses são os livros que lhe apresentam Cristo e que lhe ensinam tudo o que é necessário e bom saber, ainda que jamais visse ou ouvisse qualquer outro livro de doutrina. Portanto, em comparação, a epístola de São Tiago é uma epístola de palha, pois ela, de qualquer forma, não tem natureza evangélica". Fica claro que Lutero estava comparando (em sua opinião) o valor doutrinário e não a validade canônica.

16

A INTERPRETAÇÃO DA BÍBLIA

I. OS PRINCÍPIOS HERMENÊUTICOS

A. Uma definição de hermenêutica

Hermenêutica é o estudo dos princípios de interpretação. A exegese consiste em interpretar a Bíblia e em revelar seu significado, enquanto a hermenêutica estabelece os princípios sobre os quais a exegese é aplicada.

Na verdade, todo intérprete da Bíblia possui um sistema hermenêutico, esteja ele consciente disso ou não. Quando alguém utiliza a exegese, revela sua hermenêutica, ainda que provavelmente a maioria dos intérpretes jamais sistematize sua hermenêutica. Alguns poucos intérpretes começam a trabalhar em sua hermenêutica antes de iniciar a exegese. A maioria parece pensar sobre a hermenêutica após interpretar a Bíblia durante anos. Mas pensar sobre a questão da hermenêutica possui um propósito importante, pois força o intérprete a examinar as bases da exegese e a coerência de suas práticas interpretativas.

B. Alguns sistemas hermenêuticos

Acredito (por motivos que revelarei posteriormente) que o sistema hermenêutico correto é aquele que pode ser chamado de normal, simples ou literal. No entanto, exemplos de outros sistemas que não promovem a interpretação simples ou normal (ao menos não de forma coerente) podem servir para especificar o que significa a interpretação normal e os princípios de hermenêutica no qual ela se baseia. Deveria ser dito que dificilmente alguém possui um sistema hermenêutico "puro". A maioria une elementos de vários sistemas.

1. *Hermenêutica alegórica.* Alegoria é uma representação simbólica. A hermenêutica alegórica é o oposto da hermenêutica literal e normalmente é utilizada quando o sentido literal parece inaceitável ao intérprete. As próprias palavras, então, não são entendidas em seu sentido normal, mas de maneira simbólica. Isso resulta em um significado diferente do apresentado no texto, algo que, em sentido estrito, o texto jamais pretendia comunicar.

Se usada de maneira coerente, a hermenêutica alegórica reduziria a Bíblia a um relato quase fictício, pois o significado normal das palavras seria irrelevante e substituído por qualquer outro que o intérprete desse aos símbolos. No entanto, em grande parte, a hermenêutica alegórica não é utilizada de forma constante ou total. Os evangélicos que usam esse sistema normalmente o fazem na aérea da profecia, enquanto preferem utilizar a hermenêutica literal ou normal em outras áreas da interpretação bíblica.

F. W. Farrar nos mostra onde se originou esse método alegórico. Ele escreve:

> A alegoria, de modo algum, resulta da piedade espontânea, mas é filha do racionalismo que deve seu nascimento às teorias pagãs de Platão. Ela merece receber esse nome, pois fez a Escritura dizer algo além do que realmente desejava dizer.[...] Orígenes tomou emprestado do platonismo pagão e dos filósofos judeus um método que converte o escopo total das Escrituras, tanto o Antigo quanto o Novo Testamento, em uma série de enigmas atrapalhados, variantes e inacreditáveis. A alegoria ajudou-o a livrar-se do quiliasmo e do literalismo supersticioso e também da "antítese" dos gnósticos, mas abriu a porta para males muito piores.[1]

2. *Interpretação literal.* No extremo oposto desse espectro da interpretação "pura" ou alegórica consistente está a interpretação literal. A palavra "literal" possui conotações mal interpretadas ou entendidas de maneira subjetiva. Por isso, designações como "simples" ou "normal" são mais aceitáveis. Muitas vezes, entende-se que a visão "literal" é avessa ao uso de figuras de linguagem, etc. (o que não é o caso).

Normalmente, admite-se que a interpretação literal anda lado a lado com a crença na inspiração verbal e plenária. Isso não é necessariamente verdade, pois existem exegetas que aplicam a hermenêutica literal, embora não aceitem a doutrina da inspiração plena.

Trataremos de maneira mais detalhada dos princípios da interpretação literal posteriormente. Neste momento, desejo apenas apresentá-la como o oposto da interpretação alegórica.

3. *Interpretação semi-alegórica ou semiliteral.* Entre os evangélicos, dificilmente existem alegoristas puros. Portanto, existe um método de interpretação que pode ser chamado de semi-alegórico. Por outro lado, também poderia ser denominado semiliteral, especialmente se existe grande ênfase na interpretação literal na maioria das áreas da teologia.

Como já dissemos, geralmente a interpretação literal é esquecida quando se trata de interpretação das profecias. Em seu comentário sobre o livro de Apocalipse, Robert Mounce apresenta uma exegese semiliteral. Ele declara que o Armagedom precisa ser levado a sério, mas não deve ser visto de forma literal. Segundo ele, esse conflito "retrata a derrota escatológica do anticristo [...], mas não exige que aceitemos, de maneira literal, as imagens específicas usadas para descrever os eventos".[2] Em relação ao milênio, ele apóia a idéia de que "João ensinou um milênio literal, mas seu significado essencial pode ser entendido como algo além de um cumprimento temporal".[3] "Para João, o milênio não é a era messiânica anunciada pelos profetas do Antigo Testamento".[4]

Oswald T. Allis tentou desenvolver razões legítimas para o uso da hermenêutica semi-alegórica. Alegando que nenhum literalista vê tudo de maneira literal, prossegue tentando demonstrar por que limites devem, necessariamente, ser estabelecidos na interpretação literal. Os motivos que ele apresenta são: (a) a presença de figuras de linguagem implica que não podemos tomar literalmente toda a Bíblia; (b) o fato de o tema principal da Bíblia ser espiritual requer uma hermenêutica espiritual (ele prefere usar "espiritual" no lugar de "alegórica"); e (c) o fato de o Antigo Testamento ser preliminar e preparatório para o Novo Testamento, no qual encontramos um significado mais profundo.[5]

Agora, claro, ninguém nega que a Bíblia usa figuras de linguagem, mas elas apresentam verdades literais que, muitas vezes, são mais vívidas e literais do que se as figuras não fossem usadas. Em vez de mudá-las, apenas ampliam seu significado. O principal assunto tratado na Bíblia é espiritual (redenção), mas seu conteúdo não determina os princípios hermenêuticos. A hermenêutica apresenta os princípios sobre os quais o conteúdo é entendido. Obviamente, o Antigo Testamento é preparatório para a revelação mais completa do Novo Testamento, mas isso não significa que o NT deva ser entendido de maneira alegórica ou espiritual. Deus comunicou sua verdade de maneira simples nos dois Testamentos.

Porém, apresentando limitações à hermenêutica literal de Allis (algo que eu não faço), a questão importante persiste: como saber quando usar a interpretação literal e quando usar a alegórica? Allis oferece as seguintes diretrizes para responder a essa questão: (1) A interpretação de uma passagem de forma figurada ou literal depende apenas de qual delas lhe dará o verdadeiro significado.[6] Isso, claro, é um argumento circular. (2) A única maneira de entender literalmente a profecia é quando seu significado literal está claro e óbvio. Mas como para Allis a profecia pode ser "indefinida", "enigmática" e "enganosa", existem poucas ocasiões em que ela pode ser entendida literalmente.[7] (3) A interpretação de qualquer profecia está baseada em seu cumprimento. Em outras palavras, se elas foram cumpridas literalmente (como as profecias da primeira vinda de Cristo), então essas profecias claramente são interpretadas de maneira literal. Mas o sistema teológico de Allis requer que as profecias a respeito da segunda vinda não sejam cumpridas literalmente, então para essas ele usa a hermenêutica alegórica.

Devemos dar crédito a Allis por tentar sistematizar sua hermenêutica, ainda que possamos questionar o sucesso com que faz isso. Sua discussão demonstra, mais uma vez, que muitos evangélicos são literalistas coerentes em todas as áreas da teologia bíblica, exceto em relação às profecias. O resultado disso é o amilenismo, enquanto ser um literalista em todas as áreas resulta no pré-milenismo.

4. *Interpretação teológica.* De certa maneira, o amilenismo, como foi ilustrado na discussão de Allis, pode ser visto não apenas usando a hermenêutica semi-alegórica, mas também pode ser interpretado como uma ilustração da interpretação teológica. O sistema teológico não permite que haja um reino literal na Terra durante o reino de Cristo; portanto, certas passagens não podem ser interpretadas literalmente.

Outra ilustração dessa interpretação teológica é encontrada nos escritos de Daniel Fuller. Para poder preservar a unidade da Bílbia, ele diz que devemos usar o princípio da "interpretação teológica", ou seja, a interpretação que não considera os dois propósitos de Deus nas Escrituras (um para Israel e outro para a Igreja). O uso coerente da interpretação literal leva a uma distinção entre Israel e a Igreja, enquanto a interpretação teológica não o faz.[8]

C. Razões para a hermenêutica literal

1. *O propósito da linguagem.* O propósito da linguagem, por si só, parece requerer uma interpretação literal. Ou seja, Deus entregou a linguagem ao homem com um propósito de se comunicar com ele. O Senhor criou o homem à sua imagem, o que incluía o poder da fala. Ele fez isso para que pudesse revelar sua verdade ao homem e que o homem, por sua vez, oferecesse a Deus adoração e fizesse orações.

Duas ramificações surgiram dessa idéia. Primeiro, se Deus criou a linguagem com o propósito da comunicação e se Deus sabe todas as coisas, então podemos acreditar que ele viu que o meio (a linguagem) era suficiente para apresentar seu propósito (a comunicação). Segundo, o próprio Deus usou a linguagem em seu sentido normal e esperava que o homem fizesse o mesmo. As Escrituras não fazem um uso especial da linguagem, implicando que elas comunicam um sentido "mais profundo" ou em um nível especial e desconhecido dos outros meios de comunicação.

2. *A necessidade de objetividade.* Se a interpretação normal não é usada, então a objetividade é perdida até o ponto em que ele não a usa de maneira coerente. Modificando a base hermenêutica de literal para alegórica ou semi-alegórica, ou ainda para teológica, inevitavelmente os resultados são interpretações diferentes, inconsistentes e, muitas vezes, contraditórias.

3. *O exemplo da Bíblia.* Todas as profecias sobre a primeira vinda de Cristo foram cumpridas literalmente. Esse fato óbvio e extremamente importante apóia a validade e o uso da hermenêutica literal para toda a interpretação bíblica. Acredita-se que mais de 300 dessas profecias a respeito da vinda de Cristo foram cumpri-

das literalmente. Observe alguns exemplos: Miquéias 5:2; Malaquias 3:1; Isaías 9:1,2; 42:1; 53:5; 61:1; Salmos 16:9,10; 22:1,15,16,18; 31:5; 34:20; 68:18; Zacarias 13:7. Para provar isso, algumas profecias do Antigo Testamento foram cumpridas conforme o esperado, mas em meio a um grupo de aproximadamente 24 profecias, apenas sete são mencionadas como exemplos de hermenêutica não-literal (e, claro, nem todos concordam que essas sete sejam provas disso). As sete passagens são: Mateus 2:15,18,23; 11:10; Atos 2:17-21; Romanos 9:24-26 e Gálatas 4:21-31. Porém, é importante lembrar que não estamos analisando sete de um total de 24, mas sete dentre centenas, pois quase todas as profecias do Antigo Testamento são claramente cumpridas de maneira literal no Novo Testamento. Para ser mais específico, o Novo Testamento pode usar o Antigo Testamento de outras maneiras além de constituir seu cumprimento, mas estou falando de profecias e de seu cumprimento. Esse é um grande apoio para a hermenêutica literal.

D. Princípios da hermenêutica normal

1. *Interpretação gramatical.* Se as palavras são veículos para as idéias, e o significado de uma passagem deve ser estabelecido pelo estudo das palavras e por sua disposição nas frases, então determinar o sentido gramatical do texto deve ser o ponto de partida da interpretação normal.

2. *Interpretação contextual.* As palavras e frases não estão isoladas no texto bíblico. Logo, seu contexto deve ser estudado para que possamos ver a relação de cada versículo com os anteriores e com os que vêm a seguir. O contexto imediato, o tema e o escopo de todo o livro também estão envolvidos.

3. *Comparar Escrituras com outras Escrituras.* A autoria dual da Bíblia faz com que seja necessário não apenas conhecer o significado dado pelo autor humano, mas também pelo divino. O significado dado por Deus pode não ter sido totalmente revelado nos escritos originais humanos, mas é revelado quando as Escrituras são comparadas com outras Escrituras. Também devemos permitir o *sensus plenior,* que mostra a idéia mais completa (embora diretamente relacionada com ela) que estava na mente do autor divino das Escrituras. Não podemos dizer que os autores bíblicos humanos sempre estiveram cientes da implicação total de suas próprias palavras. Quando comparamos as Escrituras com outras Escrituras, somos capazes de descobrir a intenção mais completa do autor divino.

S. Lewis Johnson resume bem isso:

> O trabalho do intérprete bíblico não está necessariamente terminado quando se chega ao significado intencionado pelo autor humano original. [...] O contexto total de uma passagem é necessário para seu entendimento correto e, portanto, a intenção do autor secundário deve estar subordinada à intenção do Au-

tor primário, o próprio Deus. O princípio bíblico da *analogia Scripturae* deveria ter nos ensinado que a *Scripture ex Scriptura explicanda est, ou Scriptura sui ipsius interpres,* expressões tradicionais do sentido da analogia, ensina que nossa tarefa primária e final é discernir a intenção de Deus no texto das Escrituras. Afinal de contas, a Bíblia não é a Palavra de Deus?[9]

4. *Reconhecer a progressividade da revelação.* Para interpretar de maneira coerente e simples, é imperativo reconhecer que a revelação foi dada de maneira progressiva. Isso significa que, durante o processo de revelação de sua mensagem ao homem, Deus podia acrescentar (ou até mesmo modificar) em uma era o que ele ensinou em outra. É evidente que o Novo Testamento acrescenta muito ao que não foi revelado no Antigo. O que Deus revelou como obrigatório em uma ocasião pode ser rescindido em outra. Um exemplo disso é a proibição de comer carne de porco e outras carnes de animais impuros, que antes aprisionava o povo de Deus, mas que agora foi revogada (1 Tm 4:3).

Deixar de reconhecer essa progressividade da revelação produzirá contradições sem solução em diversos trechos bíblicos, se interpretados literalmente. Observe as seguintes passagens. Essa aparente contradição somente não acontecerá se reconhecermos as mudanças resultantes da revelação progressiva: Mateus 10:5-7 e 28:18-20; Lucas 9:3 e 22:36; Gênesis 17:10 e Gálatas 5:2; Êxodo 20:8 e Atos 20:7. Veja também as mudanças fundamentais indicadas em João 1:17; 16:24; 2 Coríntios 3:7-11. Aqueles que não aplicam coerentemente o princípio da revelação progressiva são forçados a basear-se apenas na interpretação figurativa ou, em algumas vezes, apenas ignoram a evidência.

E. Uma objeção à hermenêutica normal

A objeção mais freqüente dos evangélicos à interpretação normal baseia-se no fato de que o Novo Testamento usa o Antigo em um sentido não-literal. Sendo assim, também podemos interpretar as profecias do Antigo Testamento (a respeito do milênio, por exemplo) de maneira não-literal. Ou, para ser mais claro: já que o Novo Testamento espiritualiza o Antigo Testamento, nós podemos fazer o mesmo.

À primeira vista, isso pode ser uma forte objeção ao uso coerente da hermenêutica normal. No entanto, devemos lembrar que é mais freqüente o Novo Testamento usar as profecias do Antigo Testamento literalmente e não espiritualizá-las. As situações mencionadas onde o Novo Testamento usa a hermenêutica não-literal em relação as profecias do Antigo Testamento são, no máximo, sete. Outros usos do Antigo Testamento incluem as seguintes maneiras: (a) como ilustração (Rm 9:9-12); (b) como analogia (1 Co 1:19); (c) para aplicação (Rm 12:19); (d) retórica (Tg 4:6); mas (e) normalmente seu cumprimento é direto, escatológico ou típico (At 2:25-29; Jo 13:18).

Dificilmente vemos autores do Novo Testamento não usarem o Antigo Testamento em um sentido histórico-gramatical (o que, claro, inclui o uso de figuras de linguagem). A regra é que interpretam o Antigo Testamento de maneira simples; as exceções são raras e estão relacionadas com a tipologia (mas, em certo sentido, todo o Antigo Testamento usa tipos em que são substituídos por uma revelação completa no Novo Testamento).

Contudo, o ponto central da questão é: como intérpretes, podemos seguir o exemplo dos autores bíblicos em seu uso raro e excepcional do Antigo Testamento que parece ser não-literal? Claro que a resposta é positiva, se assim desejarmos. Mas se o fizermos, devemos agir sem a autoridade apostólica, contando apenas com a autoridade pessoal. Comparativamente, essa não é uma grande autoridade. Todo e qualquer uso do Antigo Testamento pelos autores do Novo Testamento foi feito sob a inspiração divina e, portanto, estavam corretos e tinham autoridade para isso. Se nos afastamos do sentido puro do texto, fazemos isso de maneira imprópria e sem a mesma autoridade. O que os autores bíblicos escreveram era infalível, enquanto o trabalho dos intérpretes é falível.

Em resumo: Deus desejou dar ao homem a sua Palavra. E também foi Deus quem deu a ele o dom da linguagem para que pudesse cumprir esse desejo. O Senhor nos deu sua Palavra para poder comunicar-se conosco, não para nos confundir. Deveríamos procurar entender essa comunicação de forma simples, pois essa é a maneira normal com que os seres humanos se comunicam.

II. AS DOUTRINAS DA ILUMINAÇÃO

A. Seu significado

O verbo grego *photizo* é usado para designar a iluminação geral que Cristo dá a todas as pessoas, especialmente por intermédio do evangelho (Jo 1:9; 2 Tm 1:10); da experiência iluminadora de conversão (Hb 6:4); do entendimento da verdade cristã (Ef 1:18; 3:9) e do caráter investigativo do juízo futuro (1 Co 4:5).

Teologicamente, essa palavra vem sendo aplicada a vários conceitos. Na Igreja primitiva, o batismo freqüentemente era descrito como iluminação (e.g. Justino, *Primeira Apologia*, cap. 61). A teoria da iluminação da inspiração encara a inspiração como um aumento e uma intensificação da percepção dos autores bíblicos. Mas, de maneira geral, o conceito de iluminação está relacionado ao ministério do Espírito Santo, que ajuda o cristão a entender a verdade bíblica.

B. Os meios

Duas passagens principais descrevem esse ministério do Espírito Santo (Jo 16:12-15 e 1 Co 2:9–3:2). A respeito da iluminação elas nos ensinam que:

(1) O Espírito é o Mestre, e sua presença na vida do cristão é a

garantia da eficácia desse ministério para todos os que compõem a Igreja de Cristo.

(2) Portanto, os ímpios não podem experimentar esse ministério. Ainda que eles possam alcançar um alto nível de entendimento da Bíblia, consideram loucura aquilo que entendem.

(3) O conteúdo do ensino do Espírito engloba "toda a verdade". Isso inclui a totalidade da doutrina cristã e também as profecias, as "coisas que hão de vir" (veja Jo 16:13).

(4) A carnalidade na vida do cristão pode prejudicar esse ministério.

(5) O propósito do ministério de iluminação é glorificar a Cristo.

(6) O Espírito usará aqueles que possuem o dom de ensino para levar adiante seu ministério (Rm 12:7; 1 Jo 2:27). Isso inclui os textos daqueles que, mesmo já tendo morrido, deixaram um registro, por escrito, da obra do Espírito em suas vidas.

A experiência da iluminação não ocorre por intermédio de uma "revelação direta". O cânon está fechado. O Espírito ilumina o significado desse cânon fechado, e faz isso usando o estudo e a meditação. O estudo utiliza todas as ferramentas apropriadas para descobrir o significado do texto. A meditação inclui a reflexão sobre as verdades do texto, colocando-as em perfeita harmonia e aplicando à vida da pessoa. O resultado final do ministério de iluminação do Espírito é glorificar a Cristo em sua vida, ou promover a sã doutrina – ensino que resulta em uma espiritualidade sadia e na integridade na vida do cristão. A iluminação não está preocupada apenas com o entendimento de fatos, mas em usar esses elementos para nos fazer à imagem de Cristo.

---

1. Farrar, F. W. *History of Interpretation.* Londres: Macmillan, 1886, pp. 193,4.
2. Mounce, Robert. *The Book of Revelation.* Grand Rapids: Eerdmans, 1977, p. 349.
3. Ibid., p. 359.
4. Ibid.
5. Allis, Oswald T. *Prophecy and the Church.* Filadélfia: Presbyterian and Reformed, 1945, pp. 16-19.
6. Ibid., p. 18.
7. Ibid., pp. 28-30.
8. Fuller, Daniel P. *The Hermeneutics of Dispensationalism.* Northern Baptist Theological Seminary, 1957, p. 188. (Dissertação de Doutorado não publicada.) Veja, também, do mesmo autor: *Gospel and Law: Contrast or Continuum?* Grand Rapids: Eerdmans, 1980.
9. Johnson, S. Lewis. *The Old Testament in the New.* Grand Rapids: Zondervan, 1980, p. 51.

COMO A BÍBLIA CHEGOU ATÉ NÓS

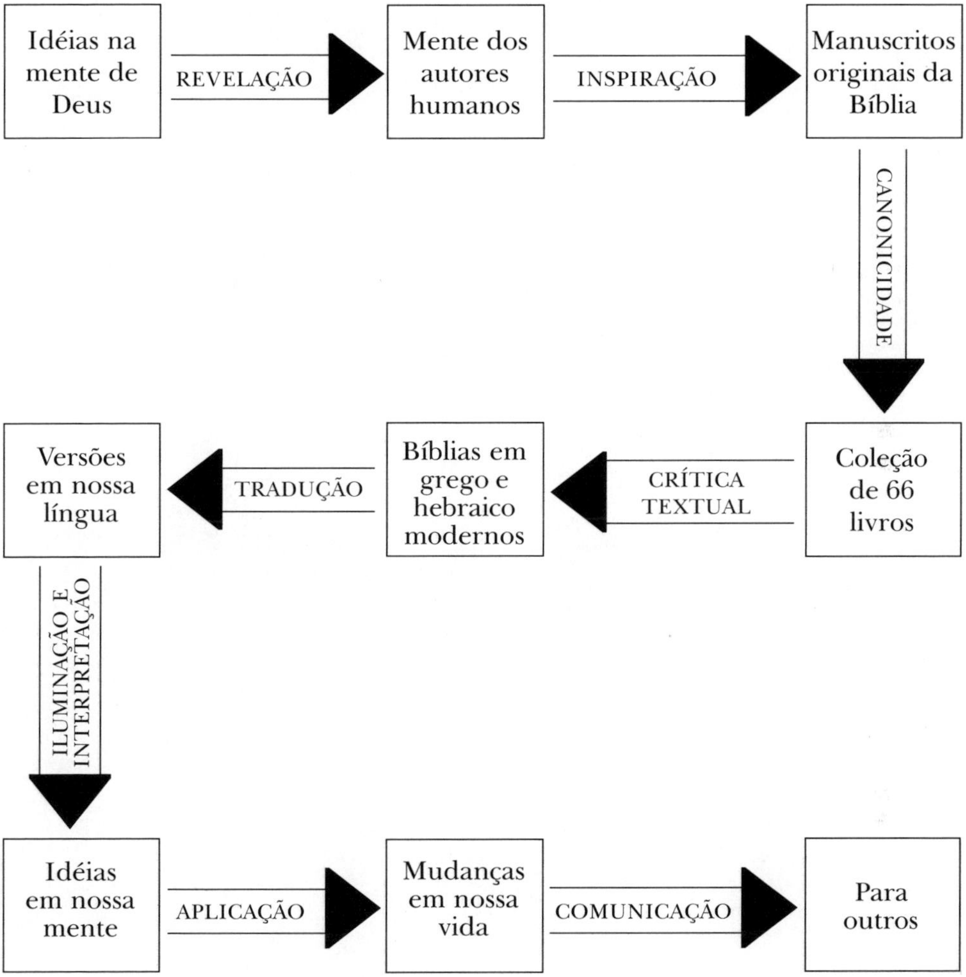

PARTE 4

ANJOS: ESPÍRITOS MINISTRADORES

17

A EXISTÊNCIA DOS ANJOS

Esta área da teologia geralmente é negligenciada na maioria dos livros de teologia sistemática. Se analisarmos o espaço dedicado à angelologia (estudo dos anjos) nos livros de teologia, comprovaremos isso. No entanto, nos últimos anos, temos testemunhado um aumento do interesse nesse assunto, bem como em Satanás e seus demônios. Artigos de revistas, livros e programas de TV falam sobre anjos, mesmo que os apresentem mais "bonitos e delicados" do que a teologia. Isso tem ajudado a gerar um interesse maior na angelologia, mas somente a Bíblia oferece informações precisas sobre os anjos.

Até mesmo Calvino foi cuidadoso ao tratar desse assunto.[1] A negação que a neo-ortodoxia faz da existência objetiva dos anjos vem sendo combatida pela grande "divulgação" feita dos demônios e de sua atuação. Embora haja quem negue teologicamente a existência de seres espirituais denominados anjos (e demônios), de maneira prática o registro de suas atividades parece mostrar que é impossível negar sua existência. Se, por um lado, a tendência do ser humano em rejeitar tudo o que é sobrenatural faz com que sua mente descarte a existência dos anjos, por outro, as atividades que não consegue explicar racionalmente faz com que a existência desses seres pareça necessária.

I. CONHECIMENTO HUMANO

O ser humano não possui o conhecimento para julgar do que o universo é formado. Ele não tem como saber, *a priori*, se no universo poderiam existir ou não criaturas como os anjos. Além disso, não possui a predisposição de admitir que os anjos existem, pois sua tendência natural é negar o sobrenatural. Além disso, sua experiência de vida não o capacita a fazer com que considere a possibilidade da existência de anjos, e a fé em seu próprio intelecto o impulsionaria a buscar outras explicações para os fenômenos que não consegue entender imediatamente.

Bernard Ramm estabeleceu as limitações do conhecimento humano de maneira muito inteligente: "A humanidade não dispõe de um manual chamado 'Catálogo de Todas as Criaturas Possíveis'. Não dispomos de informações sobre a criação além dos dados apresentados pela criação que o homem já conhece".[2] Em outras palavras, o conhecimento limitado do ser humano não permite que chegue à conclusão de que seres como os anjos não existem.

II. A REVELAÇÃO BÍBLICA

Se aceitamos a revelação bíblica, não pode haver dúvida alguma sobre a existência dos anjos. Há três importantes características nessa revelação. A primeira é que ela é extensa. O Antigo Testamento fala sobre os anjos mais de 100 vezes, enquanto o Novo Testamento menciona o assunto cerca de 165 vezes. É claro que qualquer verdade precisa ser declarada apenas uma vez na Bíblia para que reconheçamos sua veracidade, mas quando um assunto é mencionado tão freqüentemente quanto os anjos, então passa a ser muito mais difícil negá-lo.

A segunda é que os anjos são mencionados em toda a Bíblia. A verdade a respeito deles não está confinada a um período histórico, a uma porção das Escrituras ou a alguns escritores bíblicos. Eles não pertencem a uma era primitiva. Sua existência é mencionada em 34 livros da Bíblia, desde o mais antigo (seja ele Gênesis ou Jó) até o último (Apocalipse).

Terceira, os ensinamentos de Jesus fazem várias referências aos anjos como seres reais. Portanto, negar sua existência é lançar dúvidas sobre a veracidade do que o Mestre transmitiu.

É óbvio que os detalhes da revelação são importantes, mas, ao estudá-los, é bom lembrar as três características da natureza dessa revelação.

Analisaremos, primeiramente, a quantidade e a abrangência dos fatos bíblicos e, depois, o ensino de Cristo.

A. No Antigo Testamento

O Antigo Testamento sempre apresenta os anjos como seres reais e objetivos, criaturas verdadeiras. Em nenhum momento são considerados ilusões ou fruto da imaginação. Nas 34 ocorrências dessa palavra nos escritos de Moisés, os anjos sempre aparecem como criaturas que fazem coisas específicas. Isso está em consonância com seu ministério de mensageiros (o que é visto claramente no significado das palavras gregas e hebraicas usadas para falar dos anjos). Por exemplo, Abraão comeu e conversou com anjos (Gn 18). Existem muitas das referências no Pentateuco e em Juízes ao "Anjo do Senhor", que parece ser uma manifestação da Deidade. Um anjo executou o juízo sobre Israel após Davi ter errado em fazer o recenseamento do povo (2 Sm 24:16 – o que não parece ser uma ilusão). Isaías refere-se a serafins (6:2) e Ezequiel, a querubins (10:1-3). Daniel menciona Gabriel (9:20-27) e Miguel (10:13; 12:1). Zacarias menciona freqüentemente os anjos como sendo agentes de Deus (cap. 1) e intérpretes das visões (caps. 1-6). Em Salmos, os anjos são descritos como servos de Deus que o adoram e livram o povo de Deus do perigo (34:7; 91:11; 103:20).

B. No Novo Testamento

Além do que nosso Senhor ensinou a respeito dos anjos, os autores do Novo Testamento também afirmam a existência deles. Os autores dos Evangelhos relacionam seu ministério com o nascimento, a vida, a ressurreição e a ascensão de Cristo (Mt 2:19; Mc 1:13; Lc 2:13; Jo 20:12; At 1:10,11).

No registro do Livro de Atos, os anjos estão envolvidos na ajuda aos servos de Deus, abrindo as portas de prisões para os apóstolos (5:19; 12:5-11), direcionando Filipe e Cornélio no ministério (8:26; 10:1-7) e encorajando Paulo durante a tempestade que atingiu seu barco durante sua viagem a Roma (27:23-25).

Em seus escritos, tanto Paulo (Gl 3:19; 1 Tm 5:21) quanto o autor de Hebreus (1:4), além de Pedro (1 Pe 1:12) e de Judas (v. 6), admitem a existência de anjos. Cerca de 65 referências aos anjos aparecem em Apocalipse, mais do que em qualquer outro livro da Bíblia. O Novo Testamento apresenta evidências claras, inegáveis e abundantes da existência dos anjos.

C. No ensino de Cristo

Anjos ministraram a Cristo no deserto após ele ser tentado por Satanás (e, claro, não havia outras testemunhas no momento da tentação, por isso devemos confiar em seu relato para comprovar a veracidade dessa narrativa). Ele ensinou que, após a ressurreição, o estado humano seria como o dos anjos, ou seja, não se reproduziriam (Mt 22:30). Os anjos separarão os justos dos ímpios no final dos tempos (13:39) e acompanharão o Senhor em sua segunda vinda (25:31). Mesmo sem acrescentar as referências de como Cristo agiu em relação aos demônios, existem evidências suficientes para mostrar que ele sabia da existência dos anjos.

Normalmente, as últimas coisas que os críticos da Bíblia desejam descartar são as palavras de Cristo. Como, então, tratam das evidências que mostram que Cristo acreditava na existência de anjos?

Alguns dizem que ele estava enganado. Acreditava em sua existência, mas isso não era verdade. Outros afirmam que Jesus adaptou seus ensinamentos às crenças ignorantes de pessoas que viviam em seus dias. Em outras palavras, já que elas acreditavam em anjos (e em demônios), o Senhor ensinou sobre isso, mesmo sabendo que não existiam de verdade. Mas algumas de suas referências aos anjos não podem ser explicadas dessa maneira (veja Mt 18:10; 26:53). Às vezes, afirma-se que os autores dos Evangelhos é que acrescentaram as referências aos anjos, pois acreditavam nesses seres. Não se pode evitar que esse tipo de crítica literária nos distancie de outros (ou talvez de todos os) ensinamentos de Cristo.

Mas é claro que existe outra opção, mais simples e mais óbvia: Cristo sabia que os anjos existiam e demonstrou esse conhecimento em seus ensinamentos.

---

1. CALVINO, João. *As Institutas.* São Paulo: Casa Editora Presbiteriana, 1985, v. 1, cap. XIV.
2. RAMM, Bernard. Angels. In: *Basic Christian Doctrines.* HENRY, Carl F. H. (ed.) Nova York: Holt, Rinehart and Winston, 1962, p. 64.

18

A CRIAÇÃO DOS ANJOS

I. A REALIDADE DA SUA CRIAÇÃO

Os anjos são seres criados (Sl 148:5). Isso significa que não evoluíram a partir de uma forma de vida menor ou menos complexa. Tal conclusão é reforçada pelo fato de que os anjos não podem se reproduzir (Mt 22:30). Quando foram criados, já foram criados como anjos.

II. O AGENTE DE SUA CRIAÇÃO

Todas as coisas foram criadas por Cristo (Jo 1:1-3). Para ser mais específico, os anjos também foram criados por ele (Cl 1:16).

III. O TEMPO DE SUA CRIAÇÃO

A Bíblia não afirma com clareza quando eles foram criados. Sabemos que estavam presentes durante a criação da Terra (Jó 38:6,7, NVI), portanto devem ter sido criados antes da Terra.

IV. SEU ESTADO ORIGINAL

A. Santos

Originalmente, todas as criaturas angelicais foram criadas santas. Deus disse que sua criação era boa (Gn 1:31) e, claro, ele não poderia criar o pecado. Mesmo após o pecado ter entrado no mundo, os anjos bons do Senhor, que não se rebelaram contra ele, são chamados de santos (Mc 8:38). Esses são os anjos eleitos (1 Tm 5:21), em contraste com os anjos maus que seguiram a Satanás em sua rebelião contra Deus (Mt 25:41).

Além de terem sido criados santos, todos os anjos estavam cercados de santidade. Seu Criador era totalmente santo. O ambiente no qual viviam e serviam era, até o pecado de Satanás, sem as imperfeições e sem a mácula do pecado.

B. Eram criaturas

Os anjos são criaturas, não criadores. Embora sejam um tipo diferente de criaturas, distintas, por exemplo, dos seres humanos (1 Co 6:3; Hb 1:14). Todas as criaturas têm um limite para seu poder, conhecimento e atuação (1 Pe 1:11,12; Ap 7:1). Assim como todas as criaturas responsáveis, os anjos serão submetidos ao julgamento (1 Co 6:3; Mt 25:41).

19

A NATUREZA DOS ANJOS

I. SÃO PERSONALIDADES

Personalidade significa "ter existência pessoal". Queremos dizer com isso que os anjos possuem uma existência pessoal e a qualidade ou estado de ser pessoas. Normalmente, considera-se que as facetas essenciais à personalidade envolvem inteligência, emoções e vontade.

Os anjos, portanto, qualificam-se como personalidades porque possuem esses aspectos de inteligência, emoções e vontade própria. Isso vale tanto para os anjos bons quanto para os maus. Tanto os anjos bons quanto Satanás e os demônios possuem inteligência (Mt 8:29; 2 Co 11:3; 1 Pe 1:12). Além disso, os anjos bons, Satanás e os demônios demonstram emoções (Lc 2:13; Tg 2:19; Ap 12:17). Todos os seres angelicais também possuem vontade própria (Lc 8:28-31; 2 Tm 2.26; Jd 6). Portanto, podemos dizer que eles são pessoas. O fato de não possuírem corpos físicos não afeta sua condição de personalidades (assim como não afeta a Deus).

Para comprovar isso, o conhecimento que os anjos possuem é limitado por sua condição de criaturas. Isso significa que não sabem todas as coisas, como Deus o sabe (Mt 24:36); mesmo assim, parecem possuir um conhecimento maior do que os homens. Isso pode ocorrer por três motivos: (1) Os anjos foram criados superiores aos homens. Assim, parece lógico que tenham maior conhecimento. (2) Os anjos conhecem mais sobre Deus do que os humanos (Tg 2:19; Ap 12:12). (3) Os anjos adquiriram conhecimento por meio da longa observação das atividades humanas. Ao contrário dos homens, os anjos não precisam estudar o passado, pois o testemunharam. Portanto, sabem como os outros agiram e reagiram em determinadas situações e podem prever com grande precisão como reagiremos em circunstâncias similares. Sua experiência de longevidade garante-lhes maior conhecimento.

Mesmo possuindo vontade própria, os anjos, assim como todas as criaturas, estão sujeitos à vontade de Deus. Os anjos bons são enviados por Deus para ajudar os cristãos (Hb 1:14).

Satanás, apesar de ser mais poderoso e sagaz ao estabelecer seus propósitos neste mundo, está limitado pela vontade de Deus (Jó 2:6). Os demônios também precisam estar sujeitos à vontade de Cristo (Lc 8:28-31).

A personalidade dos anjos significa que não são apenas personificações abstratas do bem e do mal, como alguns imaginam. Inclusive Satanás, que também é uma pessoa, não a personificação da idéia coletiva que o homem tem do mal.

II. SÃO SERES ESPIRITUAIS

Os anjos, os demônios (levando em conta que são anjos caídos) e Satanás pertencem a uma classe que pode ser denominada "seres espirituais". Os anjos são chamados de espíritos ministradores (Hb 1:14). Os demônios são chamados de espíritos malignos ou imundos (Lc 8:2; 11:24-26), e Satanás é o espírito que agora opera nos filhos da desobediência (Ef 2:2).

Como seres espirituais, são imateriais e incorpóreos. Há muito tempo discute-se o significado e as implicações disso. Alguns judeus e os primeiros Pais da Igreja entendiam que os anjos possuíam algum tipo de corpo etéreo ou feito de fogo, mas na Idade Média chegou-se à conclusão de que eles eram seres puramente espirituais. A tendência de retratar os anjos com algum tipo de corpo é resultado de nossa incapacidade de conceber uma criatura real que não possua corpo físico. Também parece claro que os anjos não são onipresentes, mas possuem determinadas limitações espaciais. Em algumas ocasiões, foram vistos na forma de seres humanos. Tudo isso parece colaborar para a conclusão de que os anjos devem possuir um corpo. No entanto, as Escrituras chamam os anjos e os demônios explicitamente de espíritos (*pneumata*) em Mateus 8:16; Lucas 7:21; 8:2; 11:26; Atos 19:12; Efésios 6:12 e Hebreus 1:14. Deus também é um ser espiritual, mas isso não significa que os anjos sejam infinitos por natureza (como Deus é); porém, são seres espirituais finitos. Tampouco sua natureza espiritual proíbe que tenham aparência de seres humanos.

Normalmente, apresentam-se como homens (ainda que as mulheres citadas em Zacarias 5:9 possivelmente sejam anjos). Apareceram em sonhos e em visões (Mt 1:20; Is 6:1-8), em uma revelação especial de sua presença (2 Rs 6:17) e também a pessoas que estão em seu estado normal, conscientes e acordadas (Gn 19:1-8; Mc 16:5; Lc 2:13).

Nas visões celestiais, são descritos com características sobrenaturais bastante diferentes das de outras aparições em que se apresentam em forma de homem (Dn 10:5-7; Ap 10:1-3; 15:6; 18:1). Alguns anjos possuem asas (Is 6:2, 6; Ez 1:5-8).

III. SÃO IMORTAIS E NÃO SE REPRODUZEM

O número de anjos sempre continuará sendo o mesmo. O Senhor ensinou que os anjos não podem gerar filhos angelicais (Mt 22:30) e que eles não morrem (Lc 20:36). Contudo, os anjos maus serão punidos e lançados em um lugar que os deixará eternamente separados de Deus (Mt 25:41; Lc 8:31).

IV. SÃO CRIATURAS SUPERIORES AOS HOMENS

O autor de Hebreus afirma que, durante a encarnação, nosso Senhor tornou-se um pouco menor do que os anjos (2:7-9). Mesmo que haja problemas associados ao uso que o autor faz do Salmo 8 nessa passagem, não parece claro que a encarnação colocou Cristo em uma posição de inferioridade à dos anjos (a menos, claro, que isso tenha sido algo apenas temporário, durante o período de humilhação de Cristo na Terra). Isso ocorre porque o homem, criado à imagem de Deus, por natureza é menor do que Deus. Ele também é menor que os anjos, pois pertencem a uma classe de seres super-humanos (*elohim*) que, por natureza, são mais fortes que os homens, mas, ao contrário dos homens, não estão sujeitos à morte.[1]

V. ORIGINALMENTE, SÃO SERES SANTOS

A Bíblia apresenta poucas evidências específicas sobre o estado original dos anjos, embora saibamos que, após Deus terminar sua obra de criação, afirmou que tudo era bom (isso incluía os anjos) (Gn 1:31). Judas 6 também indica que, originalmente, todos os anjos eram criaturas santas. Alguns foram eleitos (1 Tm 5:21), outros pecaram (2 Pe 2:4). Presumimos que todos poderiam ter continuado em seu estado original de santidade. Aqueles que não se rebelaram foram confirmados para sempre em seu estado de santidade. Em outras palavras, os anjos que não se contaminaram e foram aprovados permanecerão para sempre em seu estado original de santidade. Contudo, os que foram reprovados continuarão em seu estado maligno e rebelde.

Em resumo: embora existam semelhanças entre os anjos e a Deidade e entre os anjos e o ser humano, os anjos são um tipo diferente de ser. Assim como a Deidade, eles não morrem, o que os diferencia dos seres humanos. De maneira similar à Deidade, são superiores aos seres humanos em força, mesmo não sendo onipotentes (2 Pe 2:11). Os seres humanos, em contraste, são tanto espirituais quanto materiais (Tg 2:26). Os anjos não se reproduzem como os seres humanos (Mt 22:30). O ser humano foi feito pouco menor que os anjos. Quando receberem seus corpos ressurretos e glorificados, os seres humanos julgarão os anjos (1 Co 6:3).

1. Para uma discussão detalhada do uso do Salmo 8 em Hebreus 2, veja DICKASON, C. Fred. *Angels, Elect and Evil*. Chicago: Moody, 1995, pp. 55-7; e GLENN, Donald R. Psalm 8 and Hebrews 2. In: *Walvoord: A Tribute*. CAMPBELL, Donald K. (Ed.).Chicago: Moody, 1982, pp. 39-51.

20

A ORGANIZAÇÃO DOS ANJOS

I. O NÚMERO DE ANJOS

Existe um número tão grande de anjos que eles não podem ser contados. Esse é o sentido de "hostes" – expressão usada para descrever o número de anjos em Hebreus 12:22. A passagem de Apocalipse 5:11 mostra que seu número é de "milhões de milhões e milhares de milhares". Não sabemos qual é seu total, mas muitos sugerem que existem tantos anjos no universo quanto já existiram seres humanos durante toda a história (idéia possivelmente indicada em Mt 18:10). Não há aumento ou diminuição em seu número, não importa qual seja.

II. A REALIDADE DE SUA ORGANIZAÇÃO

As Escrituras mencionam uma "assembléia" de anjos (Sl 89:5, 7), sua organização para a batalha (Ap 12:7) e a existência de um rei que comanda os gafanhotos demoníacos (Ap 9:7-11). Eles também receberam classificações segundo o poder, o que indica organização e hierarquia (Ef 3:10, anjos bons e 6:12, anjos maus). É inquestionável que Deus organizou os anjos eleitos e que Satanás organizou os anjos maus.

Um conceito importante surge dessa realidade. Os anjos e os demônios são organizados, mas os cristãos (individualmente e em grupos), muitas vezes, acreditam que não precisam organizar-se. Isso é especialmente verdadeiro quando se trata da luta contra o mal. Os cristãos, às vezes, sentem que devem "andar sozinhos" ou esperar vitórias sem qualquer organização, preparação e disciplina. Isso também é válido quando se trata de promover o bem. Há ocasiões em que os cristãos perdem o melhor que poderiam ter por não planejar nem organizar suas boas obras.

III. A HIERARQUIA DOS ANJOS

A. O arcanjo

Somente Miguel é chamado de arcanjo, ou anjo de hierarquia superior (Jd 9; 1 Ts 4:16). Mesmo que a Bíblia não fale, em parte alguma, sobre outros arcanjos, evidentemente existem outros anjos de hierarquia superior (Dn 10:13). Quando Paulo diz que a voz do arcanjo será ouvida no arrebatamento da Igreja, não parece sentir necessidade de mencionar o nome desse anjo; isso apóia a conclusão de que existe apenas um anjo com esse "título".

No Antigo Testamento, Miguel aparece como o anjo guardião de Israel (Dn 10:21; 12:1), que ajudará aquela nação de maneira especial durante um tempo de grande tribulação que ainda há de vir. Lidera os exércitos celestiais contra Satanás e suas hostes de anjos maus (Ap 12:7). A referência feita em Judas 9, dizendo que Miguel disputou o corpo de Moisés, indica que ele teve algo a ver com o seu sepultamento, mas também ensina que ele não possuía poder suficiente para anunciar juízo sobre Satanás e, por ser uma criatura, ainda que poderosa, necessita do poder maior que provém de Deus.

B. Primeiros príncipes

Essa expressão (vista em Dn 10:13) refere-se a um grupo de anjos superiores e colabora para o argumento da existência de uma hierarquia dentre os anjos. Em meio a esse grupo de "primeiros príncipes", Miguel, aparentemente, é o mais importante, pois é um arcanjo. O livro apócrifo de Enoque menciona Miguel, Gabriel, Rafael, Jeremiel e Uriel como os cinco anjos principais que possuem o privilégio de ficar em volta do trono de Deus (9:1; 40:9). Também chama sete anjos de "arcanjos" (20:1-7, cf. Tobias 12:15).

C. Autoridades espirituais

1. *Principados*. Essa palavra é usada sete vezes por Paulo para indicar uma ordem dos anjos (tanto bons quanto maus) envolvidos no governo do universo (Rm 8:38; Ef 1:21; 3:10; 6:12; Cl 1:16; 2:10, 15).

2. *Autoridades ou potestades*. Essas expressões provavelmente servem para enfatizar a autoridade sobrenatural que anjos e demônios exercem em relação ao que ocorre neste mundo (Ef 1:21; 2:2; 3:10; 6:12; Cl 1:16; 2:10, 15; 1 Pe 3:22).

3. *Poderes ou soberanias*. Essas expressões confirmam que anjos e demônios possuem mais força do que os seres humanos (2 Pe 2:11). Veja Efésios 1:21 e 1 Pe 3:22.

4. *Lugares de domínio*. Existem demônios colocados para dominar as regiões celestes deste mundo tenebroso (Ef 6:12).

5. *Tronos ou domínios*. Essa designação enfatiza a dignidade e a autoridade dos dominadores angelicais no uso que Deus faz deles em seu governo (Ef 1:21; Cl 1:16; 2 Pe 2:10; Jd 8).

D. Querubins

Os querubins são uma ordem distinta de anjos, que, evidentemente, ocupam posições superiores, pois Satanás era um deles (Ez 28:14, 16). Parecem atuar como guardiões da santidade de Deus, servindo também para proteger o caminho que levava à árvore da vida, no jardim do Éden (Gn 3:24). O uso de querubins na decoração do tabernáculo e do templo também pode indicar que possuem a função de guardiões (Êx 26:1; 36:8; 1 Rs 6:23-29). São mencionados conduzindo o trono/carruagem visto por Ezequiel (Ez 1:4,5; 10:15-20). Alguns identificam os quatro seres viventes de Apocalipse 4:6 com os querubins, embora outros pensem que essas figuras representem os atributos de Deus. Representações de querubins serão também uma parte do templo do milênio (Ez 41:18-20).

E. Serafins

Todos nós sabemos que esse tipo de anjo é mencionado em Isaías 6:2-7. Aparentemente, os serafins formam uma ordem similar à dos querubins. Servem diante do trono de Deus e parecem exercer uma obra de purificação (no caso de Isaías). Dentre suas funções, inclui-se a adoração a Deus. A descrição desses anjos sugere que são criaturas de aparência humana, mas com seis asas. A palavra "serafim" pode ser derivada de uma raiz em hebraico que significa "queimar" ou, possivelmente, de outra raiz, com o sentido de "ser nobre".

IV. ANJOS ESPECÍFICOS

A. Gabriel

Miguel já foi mencionado por causa da alta posição hierárquica que ocupa. Gabriel também parece ser um anjo de grande importância, mesmo que não seja chamado de arcanjo, como Miguel. Seu nome significa "quem é como Deus?" e sua função era levar mensagens importantes de Deus a várias pessoas (para Daniel em Dn 8:16; 9:21; para Zacarias em Lc 1:19 e para Maria em Lc 1:26). Segundo os targuns aramaicos, ele é o anjo que foi encarregado de localizar os irmãos de José, de enterrar Moisés e de dizimar os exércitos de Senaqueribe.

B. Anjos com responsabilidades especiais

Certos anjos são mencionados em relação a uma função especial que desempenham. Isso ocorre especialmente em Apocalipse (em 14:18, um anjo que tem poder sobre o fogo; em 16:5, o anjo das águas; em 9:11, o anjo dos abismos; em 20:1,2, o anjo que amarra Satanás).

C. Anjos associados aos juízos futuros

Duas das três séries de julgamentos de Apocalipse são anunciadas pelos anjos. Quando os anjos tocam as trombetas, os juízos de Apocalipse 8 e 9 têm início, e as sete últimas pragas são lançadas sobre a terra pelos anjos (Ap 16).

D. Os anjos das sete igrejas de Apocalipse 2,3

Cada carta é endereçada a um "anjo" da igreja, os quais aparecem à destra do Cristo ressurreto na visão de Apocalipse 1:16,20. Não há consenso a respeito de que sejam seres angelicais ou os líderes daquelas igrejas.

A palavra "anjo" claramente significa mensageiro. Pode se referir a um ser sobrenatural, ou seja, um anjo guardião para cada igreja. Ou, talvez, trate-se de um mensageiro humano, o líder humano (pastor) de cada igreja (veja Mc 1:2; Lc 9:52; e Tg 2:25 para o uso de "anjo", "mensageiro" ou "emissário" como designação de seres humanos).

E. O Anjo do SENHOR

Conforme a discussão apresentada no capítulo 40, o "Anjo do SENHOR" é uma cristofania, ou seja, uma aparição pré-encarnada de Cristo. O Anjo falou como se fosse Deus, identificou-se com Deus e exerceu as prerrogativas de Deus (Gn 16:7-12; 21:17,18; 22:11-18; Êx 3:2; Jz 2:1-4; 5:23; 6:11-24; 13:3-22; 2 Sm 24:16; Zc 1:12; 3:1; 12:8). As aparições do "Anjo do SENHOR" terminaram após a encarnação de Cristo, o que apóia as conclusões de que ele era o Cristo pré-encarnado.

21

O MINISTÉRIO DOS ANJOS

De maneira essencial e básica, os anjos bons são servos (Hb 1:14). Deus os enviou para servir ou ajudar (*diakonian*) os salvos e, ao fazer isso, os anjos servem de mensageiros sacerdotais (*leitourgika pneumatata*) no templo-universo de Deus.

I. EM RELAÇÃO A DEUS

Em relação a Deus, seu ministério principal é louvar e adorar o Senhor.

A. Eles o louvam (Sl 148:1, 2; Is 6:3).

B. Eles o adoram (Hb 1:6; Ap 5:8-13).

C. Eles se regozijam com os seus feitos (Jó 38:6,7).

D. Eles o servem (Sl 103:20; Ap 22:9).

E. Eles se apresentam diante dele (Jó 1:6; 2:1).

F. Eles são instrumentos do juízo divino (Ap 7:1; 8:2).

II. EM RELAÇÃO AOS TEMPOS

Os anjos pareciam estar especialmente ativos quando Deus instituiu uma nova era na história.

A. Eles se reuniram para louvá-lo quando a Terra foi criada (Jó 38:6,7).

B. Estavam envolvidos quando a Lei mosaica foi entregue (Gl 3:19; Hb 2:2).

C. Estavam ativos na Primeira Vinda de Cristo (Mt 1:20; 4:11).

D. Estavam ativos durante os primeiros anos da Igreja (At 8:26; 10:3-7; 12:11).

E. Estarão envolvidos nos eventos relacionados à Segunda Vinda de Cristo (Mt 25:31; 1 Ts 4:16).

III. EM RELAÇÃO AO MINISTÉRIO DE CRISTO

A. Em seu nascimento

1. *Previsão*. Gabriel predisse o nascimento de Jesus (Mt 1:20; Lc 1:26-28).

2. *Anúncio*. Um anjo anunciou o nascimento de Jesus aos pastores e foi acompanhado em seu louvor por uma multidão de anjos (Lc 2:8-15).

B. Durante sua vida

1. *Alerta*. Um anjo alertou José e Maria a que fugissem para o Egito, escapando, assim, da ira de Herodes (Mt 2:13-15).

2. *Direção*. Um anjo orientou a família para retornar a Israel após a morte de Herodes (Mt 2:19-21).

3. *Ministração*. Anjos ministraram a Jesus após sua tentação no deserto (Mt 4:11) e seu conflito no Getsêmani (Lc 22:43).

4. *Defesa*. Jesus disse que havia legiões de anjos preparadas para defendê-lo se ele os chamasse (Mt 26:53).

C. Após sua ressurreição

1. *Na pedra*. Um anjo rolou para longe a pedra que fechava a entrada do sepulcro de Jesus (Mt 28:1-2).

2. *Anúncio*. Anjos anunciaram a ressurreição para as mulheres na manhã do domingo de Páscoa (Mt 28:5,6; Lc 24:5-7).

3. *Ascensão*. Anjos estavam presentes na ascensão de Jesus (At 1:10,11).

D. Na Segunda Vinda de Jesus

1. *Arrebatamento*. A voz do arcanjo será ouvida no arrebatamento da Igreja (1 Ts 4:16).

2. *Segunda Vinda*. Os anjos irão acompanhá-lo na Segunda Vinda (Mt 25:31; 2 Ts 1:7).

3. *Juízo*. Ao anjos irão separar o joio do trigo na Segunda Vinda (Mt 13:39,40).

IV. EM RELAÇÃO ÀS NAÇÕES DA TERRA

A. Em relação à nação de Israel

O arcanjo Miguel guarda Israel de maneira especial (Dn 12:1).

B. Em relação às outras nações

Os anjos protegem governantes e nações (Dn 4:17) e procuram influenciar seus líderes humanos (10:21; 11:1).

Eles estarão envolvidos nos juízos de Deus durante os anos da tribulação vindoura (Ap 8,9,16).

V. EM RELAÇÃO AOS ÍMPIOS

A. Os anjos anunciam os juízos iminentes (Gn 19:13; Ap 14:6,7; 19:17,18).

B. Os anjos infligem o juízo divino sobre os ímpios (At 12:23; Ap 16:1).

C. Os anjos irão separar os justos dos ímpios no fim dos tempos (Mt 13:39,40).

VI. EM RELAÇÃO À IGREJA

A. Ministério básico

Seu ministério básico é servir os salvos (Hb 1:14).

B. Ministério geral

Os anjos estão envolvidos na comunicação e na revelação do significado da verdade, da qual a Igreja, hoje em dia, se beneficia (Dn 7:15-27; 8:13-26; 9:20-27; Ap 1:1; 22:6-8).

C. Ministérios específicos

1. *Pedidos de oração*. Levam as respostas das orações (At 12:5-10).

2. *Salvação*. Ajudam nos esforços evangelísticos dos cristãos (At 8:26; 10:3).

3. *Observação*. Observam as experiências, o trabalho e os sofrimentos dos cristãos (1 Co 4:9; 11:10; Ef 3:10; 1 Pe 1:12).

4. *Encorajamento*. Encorajam nas horas de perigo (At 27:23,24).

5. *Presentes na morte*. Ministram aos justos na hora de sua morte (Lc 16:22).

Não sabemos com certeza se os anjos continuam a operar de todas essas maneiras até hoje. Porém, no passado eles ministraram dessas maneiras e podem muito bem continuar agindo assim, mesmo que não estejamos cientes disso. Deus, claro, não é obrigado a usar anjos, pois pode fazer tudo isso diretamente. Porém, em muitas ocasiões, aparentemente escolheu utilizar o ministério intermediário dos anjos. Mesmo assim, o cristão reconhece que é o Senhor quem faz todas as coisas, seja de forma direta, seja por intermédio de seus anjos (veja o testemunho de Pedro reconhecendo que o Senhor o libertou da prisão, embora Deus tenha usado um anjo para fazer isso –Atos 12:7-10 comparado com os versículos 11 e 17).

Talvez a inscrição que vi, certa vez, em uma antiga igreja na Escócia sirva para mostrar bem esse equilíbrio.

"O poder de Deus é suficiente para nos governar; mesmo assim, para suprir as fraquezas do homem, ele enviou seus anjos para cuidar de nós."

Provavelmente, a afirmação de que os anjos observam a conduta dos remidos assusta-nos tanto quanto qualquer uma das verdades acerca de seres angelicais. A razão de seu interesse por nós talvez seja o fato de não poderem experimentar a salvação pessoalmente. Então, a única maneira de ver os efeitos da salvação é observar o que ocorre com os seres humanos que são salvos. A verdade é que fazemos parte de um "teatro", em que o mundo, os seres humanos e os anjos formam a platéia (1 Co 4:9). Devemos desempenhar bem nosso papel diante deles e de Deus, pois todas as coisas estão descobertas e patentes aos seus olhos.

Parte 5

Nosso Adversário, o Diabo

22

A REALIDADE DE SATANÁS

A negação da realidade de Satanás normalmente ocorre quando o imaginamos como a personificação do mal, não como um ser real, que existe como um indivíduo. A idéia de "Satanás" como uma pessoa foi aprofundada no período do Novo Testamento. Para que isso ocorresse, sabemos que foi necessária uma nova interpretação das "lendas" do Antigo Testamento. Afinal de contas, os judeus não possuíam a idéia de uma figura demoníaca em especial. Além disso, durante o período de dominação greco-romana, o dualismo persa e sua religião, o zoroastrismo, contribuíram para a idéia de um Satanás pessoal.[1]

I. EVIDÊNCIAS DO TEXTO BÍBLICO

Se aceitamos as Escrituras como a revelação de Deus, em vez de encará-las apenas como o registro das idéias que o homem tem a respeito de Deus, então a realidade de Satanás não pode ser negada. Satanás não "evoluiu", passando a existir como um ser pessoal. Ele existia e agia desde os primeiros até os últimos livros da revelação divina. Sete livros do Antigo Testamento ensinam isso (Gênesis, 1 Crônicas, Jó, Salmos, Isaías, Ezequiel e Zacarias). Todos os autores do Novo Testamento confirmaram a sua realidade e atividade. Os ensinamentos de Cristo também reconhecem e confirmam a existência de Satanás e sua atuação. É Jesus quem fala em 25 das 29 passagens dos Evangelhos que mencionam o diabo. Em algumas dessas passagens, não se pode afirmar que Cristo apenas acomodou seu ensino à suposta ignorância ou aos falsos conceitos de seus ouvintes por influência do dualismo persa. Observe, de modo especial, passagens como Mateus 13:39 e Lucas 10:18; 11:18.

II. EVIDÊNCIAS DA SUA PERSONALIDADE

A. Traços de personalidade

Assim como os anjos, Satanás é descrito com traços de personalidade. Ele demonstra possuir inteligência (2 Co 11:3); emoções (raiva, em Ap 12:17; desejos, em Lc 22:31) e vontade própria (Is 14:12-14; 2 Tm 2:26).

B. Pronomes pessoais são usados para descrevê-lo

Tanto o Antigo quanto o Novo Testamento referem-se a Satanás como uma pessoa (Jó 1; Mt 4:1-12). Note que a informação, nessa passagem de Mateus (a tentação de Cristo), vem do Senhor. O próprio Jesus considera Satanás uma pessoa, pois utiliza pronomes pessoais para se referir a ele.

C. Ele é tratado como um ser moralmente responsável

Se Satanás fosse meramente uma personificação das idéias que as pessoas têm para expressar sua noção de mal, então essa "personificação" dificilmente seria moralmente responsabilizada por suas ações. Caso isso fosse verdade, não existiria um ser pessoal a quem a responsabilidade seria atribuída. Mas Jesus responsabiliza Satanás por seus atos (Mt 25:41). Essa passagem nos lembra de que negar a realidade de Satanás requer que neguemos a veracidade das palavras de Cristo.

III. SUA NATUREZA

A. Ele é uma criatura

Presumindo que a passagem de Ezequiel 28:11-19 refere-se a Satanás (discutiremos essa questão posteriormente), essa passagem declara claramente que Satanás foi criado (v. 15). Isso significa que ele não tem os atributos exclusivos de Deus, como onipresença, onipotência e onisciência. Mesmo sendo poderoso, possui limitações como criatura. E, sendo uma criatura, deve prestar contas a seu Criador.

B. Ele é um ser espiritual

Satanás pertence à ordem angelical dos querubins (Ez 28:14). Aparentemente, era a mais exaltada das criaturas angelicais (Ez 28:12). Fica evidente que esse é o motivo pelo qual o arcanjo Miguel não contendeu com ele pelo corpo de Moisés (Jd 9). Satanás pode ser chamado de "arcanjo" de todos os anjos maus. Mesmo em seu estado atual (caído), continua tendo grande poder (mas só age com a permissão de Deus). Por esse motivo, é chamado de "o deus deste século" e de "o príncipe da potestade do ar" (2 Co 4:4; Ef 2:2)

IV. SEUS NOMES

O número e a variedade de nomes dados a Satanás na Bíblia contribuem para comprovar a realidade de sua existência.

Satanás (usado 52 vezes no original) é um nome derivado do termo hebraico *satan,* que significa "adversário" ou "opositor" (Zc 3:1; Mt 4:10; Ap 12:9; 20:2).

O nome "diabo" (usado 35 vezes no original) deriva do termo grego *diabolos,* que significa "acusador" (Mt 4:1; Ef 4:27; Ap 12:9; 20:2).

João registra que ele é um ser maligno (Jo 17:15; 1 Jo 5:18,19). Seu caráter maligno, indicado por esse título, age sobre o mundo inteiro, que já está sob seu controle. Mesmo assim, o cristão não pode ser possuído por Satanás.

A primeira maneira que Satanás escolheu para se mostrar à humanidade foi uma serpente (Gn 3:1). Essa caracterização está de acordo com o Satanás apresentado no Novo Testamento (2 Co 11:3; Ap 12:9), pois indica sua sagacidade e astúcia.

Satanás também é descrito como um grande dragão vermelho (Ap 12:3,7,9). Isso enfatiza sua natureza feroz, especialmente nos momentos de conflito. Observe que o dragão possui uma cauda, por isso sua representação folclórica do diabo não está muito distante da realidade! Veja essa ilustração: um aluno mais antigo na escola, quando perguntado por um aluno recém-chegado sobre como é determinado professor, pôde ouvir uma resposta do tipo: "ele é uma fera!". O significado é claro: o professor é uma pessoa difícil. Satanás é um dragão. O significado é claro: ele é feroz em seus ataques contra os cristãos.

Uma das atividades de Satanás é a de acusador de nossos irmãos (Ap 12:10). Ele faz isso de maneira incessante – noite e dia. Do que nos acusa? Dos pecados que cometemos. É claro que ele tem um "prato cheio", pois os cristãos pecam, e esses pecados poderiam fazê-los perder a salvação. No entanto, o Senhor, que é o nosso advogado, defende-nos alegando somente que nossos pecados foram pagos por sua morte (1 Jo 2:1,2). Algumas pessoas, provavelmente de forma inconsciente, fazem distinção entre pecados que podem nos fazer perder a salvação e os que não podem, os chamados "pecadinhos". Mas a verdade é que qualquer pecado faria com que perdêssemos a salvação, se não fosse pela intercessão constante de nosso Senhor, que rebate as contínuas acusações de nosso adversário, Satanás.

O doutor H. A. Ironside foi meu professor muitos anos atrás. Ele sempre nos chamava de "cavalheiros". Quando citava esse versículo, costumava dizer: "Cavalheiros, Satanás é o acusador de nossos irmãos. Deixemos para ele essa tarefa infeliz".

Satanás também é o tentador (Mt 4:3; 1 Ts 3:5). Essa tem sido sua atividade desde o primeiro encontro com os seres humanos (Gn 3:1). Quando tentou a Eva, pediu que ela aceitasse o plano enganoso que oferecia, o qual não envolvia a restrição de comer o fruto da árvore do conhecimento do bem e do mal. Quando tentou a Cristo, ofereceu-lhe a glória que lhe era devida, mas sem o sofrimento na cruz. Também tentou Ananias a mentir e a não revelar a quantidade total que recebeu pela venda de suas terras (At 5:3). Hoje em dia, tenta os cristãos com a imoralidade (1 Co 7:5).

É possível reconhecer a posição que Satanás ocupa neste mundo nos vários títulos atribuídos a ele. Ele é o "príncipe deste mundo" (Jo 12:31), o "deus deste século" (2 Co 4:4), "o príncipe da potestade do ar" (Ef 2:2) e o "espírito que agora atua nos filhos da desobediência" (v. 2). Satanás também engana todo o mundo (Ap 12:9; 20:3). Ele reside nos ares (o equivalente às "regiões celestes" de Ef 6:12), governa este mundo (*kosmos,* em grego) e também esta era (*aion,* em grego). O *kosmos* é o conjunto organizado de coisas no qual a humanidade vive e se move, que se opõe a Deus ao tentar derrotá-lo e ao falsificar suas ações.

Essa "era" (da qual Satanás é o deus) é "a reunião total de pensamentos, opiniões, declarações, especulações, esperanças, impulsos, objetivos, aspirações que surgem a qualquer momento neste mundo. Seria impossível medi-la e defini-la adequadamente, mas constitui um poder real e efetivo, formando a atmosfera moral ou imoral que, a qualquer momento de nossas vidas, inspiramos para acabar também expirando – tudo isso está incluído no *aion* [era], [...] o espírito informativo sutil do *kosmos* ou o mundo dos homens que vivem alienados e afastados de Deus".[2] Esse tipo de domínio sobre o mundo e o ambiente no qual vivemos é incrível e assustador. Porém, devemos lembrar que maior é o que está em nós do que o que está no mundo (1 Jo 4:4).

O nome Belzebu mostra Satanás como chefe dos demônios (Lc 11:15). Quando os inimigos de Jesus afirmaram que ele estava possuído por Belzebu, acabaram usando o pior tipo de blasfêmia.

Paulo usa Belial como um nome para designar Satanás em 2 Coríntios 6:15. Com isso, não apenas confirma a realidade de sua existência, mas também revela seu caráter multifacetado e os diferentes aspectos de sua atuação. Um nome (ou apelido), muitas vezes, faz revelações importantes a respeito de uma pessoa: sua origem, aparência, características ou atividades que desempenha. Veja que o mesmo ocorre com Satanás: sua origem (adversário, acusador, tentador), sua aparência (dragão, serpente), suas características (mentiroso, assassino, governante) e atividades (acusador, tentador). Ele é uma criatura poderosa, inteligente e sagaz. Jamais devemos esquecer ou subestimar a realidade de nosso inimigo.

1. Veja GASTER, T. H. Satan. In: *The Interpreter's Dictionary of the Bible*. Nova York: Abingdon, 1976, v. 4, pp. 224-8.
2. TRENCH, R. C. *Synonyms of The New Testament*. Londres: Kegan Paul, 1886, p. 218.

23

A criação e o pecado de Satanás

I. SUA CRIAÇÃO

A. Quando ocorreu

Se Satanás não é um ser criado, então deve ser eterno ou auto-existente. Esse dualismo é incompatível com o monoteísmo. As Escrituras declaram que todas as coisas foram criadas por Deus, por intermédio de Cristo, e nada existe que tenha sido criado sem ele (Jo 1:3; Cl 1:16,17). A Bíblia não especifica quando ele foi criado. Se Ezequiel 28:13 refere-se a Satanás e ao jardim do Éden aqui na Terra, então é claro que ele, necessariamente, foi criado antes que Deus plantasse o jardim no Éden (Gn 2:8).

B. Suas características

Muitos questionam se o texto de Ezequiel 28:11-19 refere-se a Satanás ou não. Se se refere, então ele nos oferece alguns detalhes descritivos da condição original em que Satanás foi criado. Todos concordam que o assunto tratado nos versículos 1 a 19 é o juízo sobre a cidade de Tiro e sobre seu governante. Mas a questão é: os versículos 11-19 vão além do líder humano para revelar fatos a respeito de algo ou de alguém mais? Os candidatos a esse "algo ou alguém" chamado "rei de Tiro" são: (a) um símbolo tomado da mitologia pagã; (b) um ser ancestral que vivia no jardim do Éden e foi afastado por causa de seu orgulho; (c) um ser mitológico, irreal, presente na mitologia fenícia, incorporado e aplicado à história do rei de Tiro; (d) uma pessoa "ideal", embora irreal; (e) o homem ideal, igual ao Adão histórico, cujas histórias de vida (privilégio inicial e pecado posterior) são análogas; (f) o ser sinistro conhecido como Satanás; (g) a obra-prima de Satanás, o anticristo.

Os pontos de vista de (a) a (d) são incompatíveis com os princípios da interpretação normal, pois não há justificativa para introduzir esse tipo de mitologia no texto. O ponto de vista (e), ainda que seja possível, parece incapaz de adequar-se à totalidade da natureza sinistra da figura por trás do rei de Tiro. Os pontos de vista (f) e (g) podem ser combinados. Ou seja, Satanás está por trás de tudo, inclusive do anticristo, que será a expressão máxima de todas as pessoas em quem Satanás já habitou durante a história. O rei de Tiro foi alguém a quem ele dominou no passado, assim como o anticristo será o último e o maior de todos, quando surgir no futuro.

Entender que a profecia inclui referências a Satanás não implica que Ezequiel também não estava pensando em algum líder histórico de Tiro quando fez suas acusações. A questão é: referia-se apenas a um líder histórico ou também a um ser maior, Satanás? O uso de linguagem figurada e de tantos floreios nesse trecho pode nos levar a qualquer uma dessas conclusões. Aqueles que acreditam apenas na referência a um líder humano entendem que essa linguagem retrata a maneira típica e exagerada de as pessoas se referirem aos líderes no Oriente. Os que enxergam Satanás nessa passagem alegam que a linguagem inclui figuras e superlativos em demasia para referir-se apenas a um rei terreno, não importa quanto ele fosse importante. Seria difícil aplicar, por exemplo, os versículos 14 e 15 a qualquer rei terreno.[1]

Obviamente, não seria fora do comum uma passagem profética referir-se tanto a um personagem de seu tempo como a outra pessoa que pudesse ser seu cumprimento perfeito. Isso ocorre em muitas passagens relacionadas tanto ao rei Davi quanto a Jesus Cristo. Também acontece na referência feita ao príncipe da Pérsia, em Daniel 10:13, uma passagem que deve referir-se a um ser sobrenatural relacionado ao rei da Pérsia. Assim sendo, dizer que Ezequiel 28 trata tanto do rei de Tiro naquele momento quanto de Satanás não seria a única interpretação conclusiva. Realmente, essa parece ser a conclusão certa: o rei histórico de Tiro era simplesmente um instrumento de Satanás; possivelmente, estava possuído pelo diabo. Ao descrever esse rei, Ezequiel também faz pequenas revelações sobre essa criatura sobrenatural, Satanás, que estava usando (ou possuindo) aquele governante.

Partindo do princípio de que esses versículos referem-se a Satanás, o que podemos aprender a respeito das características que ele possuía quando foi criado? Independentemente das especificações desses versículos, a idéia apresentada com clareza, aqui, é de Satanás como um ser altamente privilegiado, o destaque da criação de Deus, que ocupava uma posição singular no universo.

1. *Satanás possuía beleza e sabedoria inigualáveis* (Ez 28:12). Satanás era a melhor das criaturas de Deus, cheio de sabedoria e de beleza perfeita.

2. *Satanás habitava em um lugar inigualável* (v. 13). Isso pode referir-se ao Éden celestial ou ao Éden terreno. Seja qual for o caso, antes do pecado, aquele era um lugar sem igual.

3. *Satanás possuía uma aparência inigualável* (v. 13). A descrição glamourosa de suas vestes indica que uma porção da glória estava sobre ele.

4. *Satanás tinha uma função inigualável* (v. 14). Pertencia à ordem das criaturas angelicais chamadas de querubins. Estavam associados com a

guarda da santidade de Deus (Gn 3:24), com o trono de Deus (Ez 1:5) e, nessa passagem, com a própria presença de Deus. Satanás estava na sagrada montanha de Deus e andava sobre as pedras de fogo, o que provavelmente se referia à presença do próprio Deus. Aparentemente, Satanás era o chefe da guarda da santidade e da majestade de Deus.

5. Satanás possuía perfeição inigualável (Ez 28:15). Ele era perfeito, no sentido de ser completo e de possuir integridade moral absoluta. Aqui, bem como no versículo 13, somos lembrados que Satanás foi criado e, como criatura, algum dia deverá prestar contas ao Criador.

De todas as maneiras, Satanás parecia ser o ponto máximo da criação de Deus até então.

> Ele despertou, no primeiro momento de sua existência, em meio à beleza e ao poder total de sua posição exaltada, cercado por todas as coisas magníficas que Deus lhe concedeu. Viu a si mesmo como alguém com maior poder, sabedoria e beleza do que todas as hostes celestiais. Viu algo maior do que possuía somente no próprio trono de Deus, e é possível que até mesmo isso não fosse totalmente visível aos olhos da criatura. [...] Antes de sua queda, pode-se dizer que ocupava o papel de primeiro-ministro de Deus, possivelmente governando todo o universo, mas certamente dominava este mundo.[2]

II. SEU PECADO

A. A origem do pecado de Satanás

Nele se achou iniqüidade (Ez 28:15). Esse é, de fato, o único versículo da Bíblia que declara exatamente a origem do pecado. Os detalhes do pecado de Satanás são especificados em outros textos, mas sua origem é apresentada somente aqui. Barnhouse explica isso como a "geração espontânea no coração desse ser, no qual tamanha magnificência de poder e de beleza foram combinados e para quem enorme autoridade e privilégio foram concedidos".[3]

Esse pecado, certamente, estava incluído no plano eterno de Deus. Mesmo assim, Deus jamais pode ser responsabilizado pelo pecado de alguém, nem mesmo pelo de Satanás. J. O. Buswell apresenta uma explicação cuidadosa dessa questão:

> De acordo com a Bíblia, o pecado teve origem em um ato de livre-arbítrio, no qual a criatura deliberadamente, com responsabilidade e com o entendimento adequado dessas questões, escolheu corromper o caráter santo de piedade no qual Deus envolveu sua criação. [...] Satanás precisou pecar. Deus tem todo o direito de irar-se com todo pecado. [...] A negação do livre-arbítrio parece meramente um dogmatismo filosófico arbitrário, contrário à visão bíblica. Se Deus está irado justamente com o pecado, então isso implica que o pecador é digno de culpa – de forma cósmica, suprema e absoluta.

> [...] Dentre os decretos de Deus, existem aqueles em que há permissão de coisas não criadas pelo próprio Deus. Não se trata de simples permissão de algo inevitável.[4]

Embora Satanás tenha sido criado perfeito, nele se achou iniqüidade. Deus não deve ser responsabilizado pelo pecado de Satanás, mesmo que o tenha incluído em seu plano.

B. A natureza do pecado de Satanás

O Novo Testamento chama o pecado particular de Satanás de arrogância, vaidade ou soberba (1 Tm 3:6). Isso está ligado ao que um novo convertido pode sentir quando assume responsabilidades muito cedo ou quando começa a buscar para si a glória que pertence a Deus. Ezequiel 28:16 mostra que a causa para a queda de Satanás foi a abundância de seu comércio. Em outras palavras, Satanás usou sua posição para obter lucro pessoal – querendo beneficiar-se com sua autopromoção.

Isaías apresenta maiores detalhes sobre o pecado de Satanás (14:12-17). Assim como a passagem de Ezequiel 28:11-19, existe a questão de estar ele se referindo a Satanás ou não. (1) Alguns afirmam que essa passagem trata apenas da queda do rei da Babilônia, mencionado no versículo 4. (2) Outros entendem que trata da queda de Satanás. (3) Os que defendem as visões (1) e (2) também enxergam no rei da Babilônia ou Satanás prefigurando a queda do anticristo que ainda irá surgir. (4) É provável que a explicação verdadeira inclua todas essas referências; ou seja, a queda do rei da Babilônia é um tipo da futura queda do anticristo. Delitzsch afirma de forma concisa: "Nesse momento, olha-se em retrospectiva para a autodeificação do rei da Babilônia, na qual ele era um antítipo do diabo e um tipo do anticristo".[5] A passagem transcende tudo o que pode ser dito sobre um rei terreno e que, há muito tempo, é interpretada como uma referência a Satanás, conforme é descrito em Lucas 10:18.

Satanás é chamado de "estrela da manhã" em Isaías 14:12. O equivalente em latim é Lúcifer, que, baseado nessa passagem, passou a ser o nome dado a Satanás. Contudo, o uso de "estrela da manhã" em referência a Satanás dá uma indicação do caráter de seu plano contra Deus. Como o mesmo título é usado em Apocalipse 22:16 para falar de Cristo, somos alertados para o fato de que o plano de Satanás era imitar o plano de Deus. E, na verdade, foi isso o que ele fez (e ainda faz). A maneira como iniciou seu plano é detalhada nos cinco verbos conjugados no futuro que encontramos em Isaías 14:13,14 (veja a seguir).

1. "Subirei ao céu". Como guardião da santidade de Deus, Satanás tinha acesso ao céu, mas isso expressa seu desejo de ocupar e se impor no céu em nível de igualdade com Deus.

2. "Acima das estrelas de Deus exaltarei o meu trono". O significado dessa declaração depende da interpretação de "estrelas". Se elas se referem aos outros anjos (Jó 38:7; Jd

13; Ap 12:3,4), então Satanás desejava governar outros anjos. Se a referência é aos corpos celestiais luminosos (estrelas reais), então isso indica que ele desejava governar os céus.

3. "No monte da congregação me assentarei, nas extremidades do Norte". Essa é uma referência à ambição de Satanás em governar o universo, como a assembléia dos deuses babilônicos supostamente fazia.

4. "Subirei acima das mais altas nuvens". Ele queria receber a glória que pertencia a Deus (as nuvens freqüentemente são associadas à presença de Deus, veja Êx 16:10; Is 19:1).

5. "Serei semelhante ao Altíssimo". Seu engano torna-se bem evidente nessa passagem. Satanás deseja ser como Deus. O uso do nome *Elyon* para designar Deus no texto original ressalta a força e a sabedoria do Senhor (Gn 14:18). Satanás queria ser tão poderoso quanto Deus. Desejava exercer a autoridade e o controle sobre este mundo, que pertence a Deus por direito. Seu pecado era um desafio direto ao poder e à autoridade do Senhor.

O pecado de Satanás é mais hediondo se considerarmos os grandes privilégios, a inteligência e a posição que ele possuía. Seu pecado causou estragos maiores por causa de suas grandes conseqüências. Afetou outros anjos (Ap 12:7); afeta todas as pessoas (Ef 2:2); coloca-o como governante deste mundo, o qual usa para promover seu reinado e uma falsificação da obra de Deus (Jo 16:11); afeta as nações do mundo, pois trabalha para enganá-las (Ap 20:3).

Todo pecado é grave e afeta as pessoas, mas o pecado nos lugares celestiais é mais sério, e suas implicações, mais desastrosas. O pecado de Satanás deveria servir de lembrete constante e de aviso para nós.

---

1. Para uma discussão detalhada, veja FEINBERG, Charles L. *The Prophecy of Ezekiel.* Chicago: Moody, 1969, pp. 158-63.
2. BARNHOUSE, Donald Grey. *The Invisible War.* Grand Rapids: Zondervan, 1965, pp. 26,7.
3. Ibid., p. 30.
4. BUSWELL, J. Oliver. The Origin and Nature of Sin. In: HENRY, Carl F. H. (Ed.) Basic Christian Doctrines. Nova York: Holt, Rinehart and Winston, 1962, pp. 107-9.
5. DELITZSCH, Franz. *Biblical Commentary on the Prophecies of Isaiah.* Edinburgh: T. & T. Clark, 1875, v. 1, p. 312.

24

A ATUAÇÃO DE SATANÁS

A variedade de nomes que Satanás possui serve para nos alertar de que ele pode atacar seu oponente de várias maneiras. Com a ferocidade de um dragão (Ap 12:3) ou até com a atração exercida por um anjo de luz (2 Co 11:14), Satanás é capaz de adaptar-se e, também, de modificar suas táticas para adequar-se a qualquer pessoa e ocasião. Já possui uma determinada maneira de agir, mas observará a situação da pessoa e usará tudo o que puder para derrotá-la naquela circunstância. Mesmo não sendo onisciente, Satanás já viu muitos outros passarem por situações similares àquela em que talvez nos encontramos hoje, por isso pode prever, com grande precisão, qual é a melhor forma de nos derrotar.

I. EM RELAÇÃO A CRISTO

O conflito entre Satanás e Cristo foi previsto após o pecado de Adão e Eva (Gn 3:15). A inimizade entre os descendentes espirituais de Satanás e a família de Deus foi profetizada nessa passagem. Nela, vemos um indivíduo (Cristo) que seria a descendência da mulher ferindo mortalmente a cabeça de Satanás, e este machucaria o calcanhar de Cristo (um golpe que causaria grande dor, mas que não o mataria). Essa troca de agressões ocorreu na cruz.

Quando nosso Senhor veio a este mundo, Satanás fez tentativas constantes de atrapalhar sua missão de morrer pelos pecados do mundo. Sem dúvida alguma, o massacre das crianças ordenado por Herodes foi inspirado por Satanás (Mt 2:16). Cristo disse claramente que Pedro estava seguindo o plano do diabo quando tentou convencer Cristo a desistir de ir para Jerusalém, onde morreria (16:21-23). A dureza da repreensão de Jesus comprova que seu principal propósito em vir ao mundo era morrer. Quando Judas estava prestes a trair o Senhor, Satanás entrou nele (Jo 13:27).

Mas o ataque principal e mais direto de Satanás contra nosso Senhor foi durante a tentação de Cristo (Mt 4:1-11). A palavra "testar" ou "tentar" inclui duas idéias: apresentar e fazer com que se experimente o mal. O teste apresentado por Satanás a Cristo envolveu esses dois aspectos. Durante o processo, o diabo pediu que ele fizesse algo errado, mas por meio dessa prova Deus provou que Cristo não tinha pecados. Tanto Deus quanto Satanás estavam envolvidos nesse teste. O Espírito Santo levou Jesus a um lugar deserto para que pudesse ser tentado pelo diabo. Durante 40 dias, Satanás provou-o com muitas tentações (Lc 4:2), e durante esse período nosso Senhor jejuou. Isso serviu para enfraquecê-lo diante de todos aqueles testes, mas de modo especial nos três ataques que ocorreram no final dos 40 dias. Eles representam o exemplo máximo nas áreas em que toda pessoa é tentada: a concupiscência da carne, a concupiscência dos olhos e a soberba da vida (1 Jo 2:16).

Esses testes estavam de acordo com sua condição de homem-Deus. Somente ele poderia transformar pedras em pães (nós não podemos). Somente ele poderia pular do pináculo do templo e chegar até o solo sem se machucar (nós não podemos). Somente ele poderia esperar ter na mão todos os reinos do mundo (nós não podemos).

O propósito básico da tentação de Cristo era provar sua competência para ser o Salvador sem pecado. Ao oferecer-lhe glória sem sofrimento, Satanás tentava fazer com que nosso Senhor se desviasse do caminho e do propósito para o qual ele veio ao mundo e fazê-lo ser independente de Deus e do plano divino. Isso faria com que sua morte vicária fosse desnecessária. De maneira específica, Satanás tentou Cristo para que fosse independente (Mt 4:3,4), condescendente (vv. 5-7) e idólatra (vv. 8-10).

Não havia dúvida alguma, na mente de Satanás, de que Cristo era o Libertador prometido. Porém, ele queria que o Senhor declarasse a sua independência do Pai ao transformar pedras em pães. Do mesmo modo como o maná dado a Israel no deserto veio de Deus, a comida de Cristo deveria vir no tempo e da maneira determinada por Deus. Transformar pedras em pães seria confirmar sua independência da vontade de Deus. "Embora estivesse faminto, e era normal que quisesse comer, ele não poderia comer se não fosse a vontade do Pai. Satanás tentou-o para que se afastasse do pão espiritual e, assim, ficasse distante do Pai, preferindo buscar o pão literal, conseguido de maneira independente da vontade do Pai".[1] Satanás continua tentando os seguidores de Cristo para que resolvam as coisas sozinhos em vez de fazer a vontade do Pai.

Caso se tivesse lançado do alto do pináculo do templo e caísse no vale abaixo (a cerca de 150 ou 200 metros), chegando lá intacto, esse certamente seria um sinal espetacular realizado pelo Messias. Mas fazer isso seria um atalho e demonstraria falta de fé. Precipitação, sinais ou presunção jamais serão capazes de substituir a constância na fé, embora Satanás continue nos tentando a cair nessas coisas.

É verdade que Satanás recebeu, temporariamente, a autoridade sobre este mundo *(kosmos)*, mas, no final de tudo, Cristo reinará sobre ele. Logo, o diabo tinha o direito de oferecer ao Senhor os reinos da Terra, mas se Cristo os aceitasse, teria "atalhado" o plano de Deus e não realizaria a obra vicária por intermédio de sua morte. Satanás continua nos tentando com o que é imediato e visível.

Como o diabo não conseguiu impedir que Jesus fosse para a cruz, passou a atacar o evangelho, os seguidores de Cristo e tudo o que esteja ligado ao plano de Deus para este mundo.

II. EM RELAÇÃO A DEUS

Em geral, a principal tática usada por Satanás para atacar a Deus e a seu plano é oferecer um reino e um plano falsos. Isso ficou evidente quando pecou da primeira vez desejando ser igual a Deus. O engano foi revelado, em primeiro lugar, à humanidade quando Satanás ofereceu a Eva uma chance de ser como Deus conhecendo o bem e o mal (Gn 3:5).

A tentação de Cristo também foi uma tentativa de gerar algo falsificado. A falsificação é muito parecida com o original, mas sempre lhe falta algum elemento fundamental. A oferta de Satanás para nosso Senhor era possuir a glória que lhe era devida, mas sem um elemento fundamental: a morte.

Hoje, Satanás promove uma forma de piedade que nega-lhe o poder (2 Tm 3:5). Para fazer isso, transforma seus próprios servos em "ministros de justiça" (2 Co 11:15). Promove um sistema doutrinário usando os demônios que, por sua vez, usam pessoas que defendem um falso ascetismo ou uma licenciosidade desenfreada (1 Tm 4:1-3; Ap 2:24). A maior de todas as falsificações será a vinda do anticristo, cujas atividades estarão de acordo com Satanás, que envolverá o mundo todo "na mentira" (2 Ts 2:9-11, NVI).

III. EM RELAÇÃO ÀS NAÇÕES

Sua principal atividade nessa área é enganar as nações (Ap 20:3). E como ele faz isso? Aparentemente, levando-as a pensar que podem ser governadas com retidão e trazer paz ao mundo sem a presença e o governo de Cristo. Mais uma vez, vemos que a tática satânica é usar uma falsificação.

Ao que parece, utiliza demônios para levar adiante sua obra de engano (Dn 10:13,20) e usa os governos humanos para impedir o avanço do evangelho (1 Ts 2:18).

Durante os dias da grande tribulação futura, Satanás enganará as nações para que recebam o anticristo como seu Salvador. Satanás, o dragão, entregará seu poder ao anticristo, e o mundo todo demonstrará sua lealdade a ele (Ap 13:2-4). No final da tribulação, Satanás e seus demônios influenciarão os exércitos das nações para que marchem para seu destino na batalha do Armagedom (16:13-16, NVI).

Durante o reino milenar de Cristo, Satanás será amarrado. Contudo, no final desse período, ele será solto e tentará liderar o mundo em uma revolta final contra o reino de Cristo. Após essa tentativa fracassada, Satanás será lançado para sempre no lago de fogo (Ap 20:7-10).

IV. EM RELAÇÃO AOS ÍMPIOS

Satanás cegou o entendimento dos ímpios para que não aceitem o evangelho (2 Co 4:4). Faz isso com freqüência, ao iludi-los a acreditar que qualquer caminho para o céu é aceitável. Podemos perceber o engano mais uma vez em ação. Essa cegueira controla a mente das pessoas. Embora os ímpios sejam capazes de pensar e de raciocinar sozinhos, somente um poder maior do que o de Satanás consegue remover essa cegueira. A razão humana e os argumentos convincentes têm sua importância, mas somente o poder de Deus é capaz de remover a cegueira satânica. Algumas vezes, o diabo vem e arrebata a Palavra de seus corações para que não consigam crer (Lc 8:12).

Ao promover a cegueira, Satanás usa uma religião falsificada, conforme já descrevemos. Isso pode incluir de tudo, desde o asceticismo até o liberalismo, do teísmo (acreditar em Deus não significa que a pessoa está salva) ao ocultismo. Em outras palavras, Satanás usará tudo o que puder deste sistema mundano, que ele lidera, para impedir que as pessoas pensem ou façam o que é necessário para entrar no reino de Deus (Cl 1:13; 1 Jo 2:15-17).

V. EM RELAÇÃO AOS CRISTÃOS

A. Satanás, o tentador

Do mesmo modo que Satanás tentou o Senhor Jesus, ele também tenta os cristãos. Seu objetivo é nos fazer pecar. Algumas vezes, Deus pode usar Satanás para nos provar e para ver se resistimos aos testes propostos por ele. Esses testes podem ter três propósitos benéficos na vida do cristão: (1) provação (1 Pe 1:6,7); (2) ensino (4:12,13; veja também Hb 5:8); e (3) aumento de nosso amor a Deus (Tg 1:12). Mas o único propósito de Satanás é tentar o cristão a fazer algo que contrarie a vontade de Deus.

Existem pelo menos três áreas nas quais Satanás tenta os cristãos. A primeira é a tentativa de nos conformar às pressões e às estruturas de nossa sociedade (1 Ts 3:5). Você deve lembrar que Paulo foi forçado a abandonar Tessalônica depois de aproximadamente um mês de ministério naquela cidade (At 17:5-10). Além disso, Satanás usou um decreto do governo para impedi-lo de retornar (1 Ts 2:18). Por isso, Paulo enviou Timóteo, que não estava proibido de entrar em Tessalônica, com o objetivo de ver se eles haviam sucumbido às tentações de Satanás. Que tentações? Ainda era muito cedo para que Paulo estivesse se referindo à perseguição oficial do Império Romano ocorrida no primeiro século. Essas tentações deviam ter uma natureza mais informal, na área social e pessoal. Talvez os tentasse a continuar se conformando ao estilo de vida que tinham antes da conversão. Além disso, muitos daqueles convertidos eram gentios, e Satanás poderia tê-los tentado com o orgulho do intelecto.

Segundo, Satanás tenta os cristãos a encobrir seu egoísmo. A história de Ananias e Safira serve como uma ilustração clássica. Aquele casal desejava reter parte do dinheiro que recebera pela venda de uma propriedade, enquanto, ao mesmo tempo, recebia os elogios por sua contribuição. Pedro discerniu que

Satanás havia enchido o coração deles para que mentissem (At 5:1-11). Tinham o direito de ficar com a propriedade ou de vendê-la. Não eram obrigados a dar todo o lucro obtido para a Igreja, mas sua obrigação era não fingir generosidade e, ao mesmo tempo, demonstrar egoísmo ao ficar com parte do dinheiro recebido.

Terceiro, Satanás tenta os cristãos a cometer imoralidades (1 Co 7:5). Deus providenciou o casamento para ser a expressão correta das necessidades físicas e para os relacionamentos. Por isso, espera que maridos e mulheres assumam suas respectivas e mútuas responsabilidades. Quando isso não acontece, Satanás tem a oportunidade de tentar os cristãos para que cometam atos sexuais pervertidos ou ilícitos.

B. Satanás, o adversário

Como nosso adversário, Satanás acusa os cristãos e se opõe a eles em várias áreas de suas vidas. Primeiro, opõe-se a nosso testemunho do evangelho. Faz isso ao nos confundir quando semeia o joio em meio ao trigo (Mt 13:38,39), ao arrebatar a Palavra semeada (Mc 4:15), ao colocar as autoridades governamentais contra os cristãos (1 Ts 2:18) ou ao aprisionar cristãos, acreditando que isso impedirá que seu testemunho se espalhe ou que os faça ter medo de testemunhar (Ap 2:10).

Segundo, Satanás ressalta os nossos pecados (12:10). Ele nos acusa diante de Deus quando pecamos, pensando que pode nos fazer perder nossa salvação. Mas Cristo, nosso advogado, assume nosso caso e lembra ao Pai incessantemente que ele pagou pelos nossos pecados quando morreu na cruz (1 Jo 2:1,2).

Terceiro, Satanás opõe-se aos cristãos, colocando sobre eles uma pressão que muitos não serão capazes de suportar. Existem dois exemplos disso no Novo Testamento. Um diz respeito ao homem disciplinado em 1 Coríntios 5. Aparentemente, a disciplina teve o efeito desejado, e ele confessou seu pecado de incesto. Agora, a igreja deveria tê-lo recebido de volta em seu meio. Parece que alguns desejavam isso, mas outros não. Por isso, Paulo orientou-os a aceitá-lo, não apenas para evitar que ocorresse alguma divisão, mas também para impedir que aquele irmão fosse consumido pela tristeza excessiva. Ele precisava receber o perdão de seus irmãos e irmãs (2 Co 2:5-11). Não restaurá-lo daria uma vantagem a Satanás.

Outro exemplo do Novo Testamento diz respeito a mulheres que ficaram viúvas ainda jovens (1 Tm 5:14,15). Paulo insiste para que se casem novamente, tenham filhos e voltem a ter uma vida produtiva. Algumas, por estarem desocupadas, faziam fofoca e, desse modo, davam ocasião "ao adversário".

De modo geral, podemos dizer que Satanás, o adversário, procura desesperadamente acabar com o testemunho dos cristãos. Para conseguir isso, anda pela Terra, como um "leão que ruge procurando alguém para devorar" (1 Pe 5:8). A palavra "devorar", no original, é a mesma usada para descrever a maneira como o mar Vermelho engoliu os egípcios enquanto perseguiam os hebreus (Hb 11:29). Apresenta uma imagem vívida do grande objetivo de Satanás: abafar completamente o testemunho do cristão e sua eficácia.

Como mencionei anteriormente, Satanás pode preferir algumas coisas a outras, mas ele fará tudo o que puder para promover seus planos com sucesso. Lembre-se, também, de que ele é poderoso, possui experiência e tem uma hoste de demônios para ajudá-lo. Portanto, o cristão pode combatê-lo vitoriosamente apenas com a força e o poder de Deus, que habitam dentro de si. Os demais aspectos da defesa dos cristãos serão discutidos em outro capítulo.

1. GLICKMAN, S. Craig. *Knowing Christ.* Chicago: Moody, 1980, p. 41.

25

O MUNDO DE SATANÁS

Já vimos que Satanás é chamado de "o deus desta era [*aion*]" (2 Co 4:4, NVI) e de "príncipe deste mundo [*kosmos*]" (Jo 12:31, NVI). A questão abordada neste capítulo é a relação de Satanás e do cristão com o cosmo.

I. O SIGNIFICADO DE COSMO

A palavra *kosmos* é usada 185 vezes no texto original do Novo Testamento. Somente nos escritos de João aparece 102 vezes. Essa palavra, basicamente, tem o sentido de ordem ou refere-se a um adorno, em que cosmo é o oposto de caos. Esse conceito é encontrado no texto de 1 Pedro 3:3 e, também, na palavra moderna "cosmético". O universo (ou seja, o céu e a Terra) é chamado de cosmo porque se refere ao ornamento dos relacionamentos harmoniosos (At 17:24). A Terra habitada também é designada pelo termo grego *kosmos* (Rm 1:8), assim como as pessoas que vivem na Terra (Jo 3:16; 12:19). É a população do mundo a quem Deus ama e por quem Cristo morreu (Jo 3:16; 1 Jo 2:2).

Mas o Novo Testamento normalmente encara o *kosmos* como um sistema ordenado que funciona alheio a Deus. Esse conceito de mundo contrário a Cristo é um novo uso que a palavra assume no Novo Testamento, diferente de seu emprego comum nos escritos gregos clássicos, nos quais se refere a algo atraente. B. F. Westcott resumiu a questão desta maneira. "É fácil perceber como o pensamento de um todo organizado relacionado ao homem e considerado alheio ao homem passa a ser um todo ordenado separado de Deus. O homem caído coloca seu caráter naquilo que se constitui a esfera de sua atividade. [...] O mundo, em vez de permanecer como a verdadeira expressão da vontade de Deus do modo como foi criado, passou a ser seu rival".[1] O único aspecto que Westcott deixou de fora em sua declaração é a posição de Satanás como líder do sistema mundial. Portanto, deve haver três fatores que qualquer definição de mundo deveria considerar: a idéia de um sistema organizado, a relação de Satanás com ele e o conceito de hostilidade a Deus. Sugiro a seguinte definição: o cosmo [mundo] é um sistema organizado por Satanás, liderado por Satanás e dirigido por Satanás, que exclui Deus e que se opõe a ele.

II. SATANÁS E O COSMO

A. Sua autoridade sobre o cosmo

As Escrituras ensinam claramente que Satanás possui autoridade suprema sobre o cosmo. Obviamente, isso está dentro do propósito soberano de Deus e é permitido por ele. Mesmo assim, a autoridade usurpada por Satanás sobre o cosmo é algo supremo. Nosso Senhor reconheceu isso quando o chamou de o "príncipe deste mundo" (Jo 12:31; 16:11) e quando não desmentiu a prerrogativa de Satanás ao ofertar-lhe os reinos do mundo durante a tentação (Mt 4:8,9). O apóstolo João reconheceu a mesma verdade quando escreveu que "o mundo inteiro jaz no maligno" (1 Jo 5:19).

B. Seu objetivo no cosmo

O objetivo de Satanás é criar um sistema que se opõe ao reino de Deus, mas que exclui o Senhor. A idéia é promover uma ordem falsificada. Basicamente, o cosmo é mau porque é independente de Deus. Pode conter aspectos bons e, também, alguns totalmente maus, mas seu mal inerente está em ser independente de Deus e em opor-se a ele. Essa grande rivalidade aparece em versículos como Tiago 1:27, em que o cristão é recomendado a manter-se incontaminado do mundo; em 4:4, em que a amizade com o mundo é equiparada à inimizade com Deus; e também em 1 João 2:16, em que João declara que tudo o que está no mundo não procede do Pai.

Para alcançar seu objetivo, Satanás procura fazer com que os valores desse sistema sem Deus pareçam atrativos. Assim, ele age de modo que as pessoas dêem total prioridade a si mesmas e vejam o "aqui" e o "agora" como os aspectos mais importantes da vida. Quando João escreveu "tudo que há no mundo [...] não procede do Pai", ele explicou o que desejava dizer com "tudo" ao expor as três declarações detalhadas presentes em 1 João 2:16. Todas enfatizam o "eu" como a coisa mais importante. O conselho de Satanás é: "satisfaça os desejos da carne". Ele quer que busquemos alcançar o que os desejos desordenados dos olhos nos fizeram cobiçar. Pede para tomarmos uma atitude arrogante de auto-suficiência que surge quando nos orgulhamos das posses que conseguimos reunir durante a vida. Esse egoísmo, claro, é a filosofia predominante no mundo e provém de Satanás, que desde o início busca promover a si mesmo.

Satanás também procura fazer com que as pessoas olhem somente para o presente em vez de pensar na eternidade. É por isso que, em 1 João 2:17, o apóstolo João nos lembra de que "o mundo passa [...] aquele, porém, que faz a vontade de Deus permanece eternamente". Portanto, Satanás procura alcançar seus propósitos ao tentar modificar nossas prioridades (primeiro eu) e nossa visão da vida (o mais importante é o aqui e o agora). Mas a verdade é que Deus deve vir primeiro, e a eternidade continua sendo o mais importante.

III. DEUS E O COSMO

A. O fim planejado

Deus já anunciou que o cosmo será julgado e terá fim. O sistema rebelde de Satanás terminará um dia. Nabucodonosor viu isso em um sonho interpretado por Daniel. Ele viu uma pedra (o reino de Deus) que destruiu a estátua e tomou conta da Terra (Dn 2:34,35-44). Esse evento é descrito em Apocalipse 17-19 e resumido em 1 João 2:17.

Quando nosso Senhor voltar, o reino de Satanás (o cosmo) será substituído pelo reino de Cristo, que governará a Terra. É importante ressaltar que a arena da vitória de Cristo será a mesma em que Satanás estabeleceu seu reino, a Terra. No mesmo lugar em que Satanás reinava, Cristo sairá vitorioso.

B. Tolerância permissiva

Mas, enquanto isso, Deus permite que a rebelião permaneça e que o cosmo continue existindo. Seu plano deixa o mal prosseguir, porém a longanimidade divina leva muitos a conhecer a verdade (Rm 2:4).

IV. O CRISTÃO E O COSMO

A. Separado dele

Tiago escreveu que a verdadeira religião é não ser contaminado pelo mundo (Tg 1:27). Incontaminado ou "sem mácula" é a expressão usada para se referir a Cristo em 1 Pedro 1:19. Portanto, a separação do cristão deste mundo significa agir como Cristo em relação a este cosmo. Isso inclui ter os mesmos pensamentos, os mesmo padrões, os mesmos objetivos (fazer a vontade de Deus), as mesmas atividades enquanto estivermos aqui. E também implica ser capaz de dizer que sempre fazemos aquilo que agrada ao Pai (Jo 8:29). Essa é a verdadeira separação bíblica do mundo.

B. Vivendo nele

Mas o cristão, claro, embora esteja separado do cosmo, precisa viver sua vida neste mundo. Portanto, precisamos ter contato com as coisas e as pessoas malignas. O único modo de evitar esse contato seria "sair do mundo" (1 Co 5:10). Paulo jamais recomendou essa separação por intermédio do suicídio!

Como, então, podemos nos relacionar da maneira correta com o mundo em que vivemos? Aqui estão duas diretrizes:

(1) Use-o, mas não abuse dele (1 Co 7:31). Essa declaração resumida está inserida em um contexto no qual Paulo trata da opção entre casar ou continuar solteiro, chorar e alegrar-se, possuir ou não possuir bens. Não há nada de errado com essas coisas, mas não devemos abusar delas nem buscá-las em demasia. Não deixe que o casamento seja sua maior prioridade; não chore durante muito tempo; não se alegre tanto que já não consiga ficar sério; não confie nas coisas que você consegue comprar. Fazer isso é abusar do cosmo. Uma atitude de "tudo ou nada" na utilização disso tudo não é a conduta correta.

(2) Desfrute, mas não ame as coisas deste mundo (1 Tm 6:17; 1 Jo 2:15). Mesmo que possam parecer princípios opostos, na verdade não são, pois ambos são colocados de forma clara. Quando entendemos que todas as coisas são incertas e que nossa dependência deve estar sempre em Deus – quer ele nos dê muito quer pouco – podemos desfrutar legitimamente do que ele nos dá neste mundo (Fp 4:12; 1 Tm 6:17).

Quando o desfrute correto torna-se um amor impróprio? Não é possível tratar disso de forma genérica. Cada cristão precisa examinar suas circunstâncias em particular. Sem dúvida alguma, se amamos algo de maneira incorreta isso se torna um ídolo. Afinal, ídolo é tudo aquilo que, em algum momento, põe-se entre o cristão e seu amor a Deus.

C. Suficiente para ele

O cristão pode ter uma vida vitoriosa no mundo de Satanás pela fé em Jesus Cristo, que venceu pessoalmente o diabo (1 Jo 5:4,5). A promessa desses versículos não implica restrição alguma. Todo cristão, seja ele novo ou maduro, tem a vitória simplesmente porque crê.

> A terminologia usada por João guarda-nos de muitos erros. A primeira parte de 1 João 5:4 mostra que essa vitória não é algo que ocorre após a conversão, pois "todo o que é nascido [*gegennemenon*, uma forma perfeita, indicando que existe uma condição baseada em um ato completo] de Deus" que "está vencendo [*nika*, uma forma presente, referindo-se a um padrão contínuo de vida] o mundo" (tradução do autor). A segunda parte, por causa do uso do verbo no aoristo *nikesasa* (vencido), mostra que a vitória de hoje está baseada na que ocorreu no passado; ou seja, nossa vitória está baseada na vitória de Cristo. Por fim, João combate o erro de que a fé abstrata (isto é, que não está posta em um objeto apropriado) seja eficaz. [...] A fé que vence envolve a crença em Jesus (o homem), que é o Filho de Deus.[2]

Tornar essa vitória efetiva envolve hábitos, defesas, atividades, mas é nossa fé em Jesus que faz de nós cristãos, por isso temos vitória, o suficiente para que vivamos como Cristo neste cosmo satânico.

1. WESTCOTT, B. F. *The Gospel According to St. John*. Londres: Jonh Murray, 1908, v. 1, pp. 64,5.
2. COOK, W. Robert. *The Theology of John*. Chicago: Moody, 1979, p. 115n.

Parte 6

Demônios: Espíritos Imundos

26

A REALIDADE DOS DEMÔNIOS

No século em que vivemos, testemunhamos uma reviravolta quase completa nas atitudes em relação à realidade dos demônios. Na primeira metade do século passado, costumava-se negá-la; na segunda metade, foi confirmada de maneira mais rápida e universal. Sem dúvida, o aumento de bruxas e de astrólogos, bem como a explosão nas vendas de produtos relacionados ao misticismo (inclusive de jornais e revistas) contribuíram para essa mudança. Filmes e livros sobre extraterrestres também ajudaram a criar um clima favorável para a aceitação dos demônios.

I. O TESTEMUNHO DAS ESCRITURAS

As Escrituras, sem dúvida alguma, confirmam a realidade dos demônios, embora nem todos os que professam o cristianismo admitam a validade dessa evidência. Observe esta tentativa de diminuir a força de alguns ensinos das Escrituras: "Os demônios, muitas vezes, persistem como figuras de linguagem (haja vista personagens de filmes, como os "gremlins") muito tempo após terem deixado de ser figuras em quem se pode acreditar. Do mesmo modo, a menção ao nome do demônio no texto das Escrituras não é um testemunho automático de uma crença real nele".[1]

A. O testemunho de Cristo

Durante seu ministério terreno, nosso Senhor muitas vezes expulsou demônios de várias pessoas. Esses casos, obviamente, comprovam sua crença que eles realmente existiam (Mt 12:22-29; 15:22-28; 17:14-20; Mc 5:1-16). Ele também deu a seus discípulos autoridade para expulsar demônios em um contexto que não exigia, como muitos afirmam, uma acomodação à crença ignorante a respeito dos demônios (Mt 10:1). O Senhor nunca repreendeu alguém por aceitar a realidade dos demônios (Lc 10:17), mesmo que, em muitos outros aspectos, ele estivesse disposto a corrigir a falsa teologia.

Se não pudermos aceitar o testemunho do Senhor, então acabaremos concluindo que: (a) ele estava mentindo; ou (b) ele estava adaptando seu ensinamento à ignorância de seu público (o que realmente o tornaria culpado de propagar a falsidade); ou

(c) os escritores da Igreja primitiva que redigiram esse texto acrescentaram certas coisas em seu ensinamento sobre os demônios.

B. O testemunho de outras passagens do Novo Testamento

Os autores do Novo Testamento (exceto o autor de Hebreus) mencionam demônios mais de 100 vezes. Veja, por exemplo, 1 Coríntios 10:20,21; Tiago 2:19; Apocalipse 9:20. Todas essas referências usam a palavra *daimonion*. Outras referências aos demônios usam as palavras "anjo" e "espírito". Observe, também, que os demônios são mencionados no primeiro (Tiago) e no último (Apocalipse) livro a ser escrito no Novo Testamento.

C. O testemunho do Antigo Testamento

O Antigo Testamento refere-se aos demônios com menor freqüência. Os *shedhim* de Deuteronômio 32:17 e do Salmo 106:37 eram senhores-ídolos que os hebreus viam como símbolos visíveis dos demônios. Os *seirim* mencionados em Levítico 17:7; 2 Crônicas 11:15; Isaías 13:21 e 34:14 também eram conceitos demoníacos.

Negar a realidade dos demônios requer que ignoremos ou que neguemos a verdade de muitas passagens das Escrituras.

II. A ORIGEM DOS DEMÔNIOS

Várias sugestões foram feitas para mostrar a origem dos demônios.

A. Espíritos de pessoas más já mortas

Esse ponto de vista parece procedente da antiga crença grega de que os demônios eram espíritos de pessoas já mortas, em especial as que foram más durante sua vida na Terra. Isso não tem apoio algum nas Escrituras, pois a Bíblia sempre mostra os mortos que não foram salvos presos em lugares de tormento, incapazes de voltar e vagar pela Terra (Sl 9:17; Lc 16:23; Ap 20:13).

B. Espíritos desencarnados de uma raça pré-adâmica

Esse ponto de vista entende que Satanás era um governante que, originalmente, dominava uma Terra perfeita e uma raça pré-adâmica. Quando Satanás pecou contra Deus, de algum modo essa raça foi envolvida em sua rebelião. Eles perderam o corpo e passaram a ser espíritos desencarnados ou demônios.[2] Esse conceito distingue anjos (tanto os bons quanto os maus) de demônios. Para apoiar isso, apresenta-se a idéia de que os demônios procuram tomar conta de um corpo físico, indicando que são espíritos que não possuem corpo. Mas contrariando esse ponto de vista está o simples fato de que a Bíblia não apresenta um indício sequer da existência de uma raça pré-adâmica. Na verdade, o Senhor declarou que Adão foi o primeiro homem (Mt 19:4). Tampouco em parte alguma as Escrituras indicam que os mortos estão livres para voltar à Terra.

C. Descendência da união de anjos e mulheres antediluvianas (descrito em Gn 6:1-4)

Para validar essa sugestão, seria necessário aceitar, no mínimo, dois pressupostos: (a) os "filhos de Deus" mencionados na passagem são anjos; e (b) os descendentes não eram humanos. A interpretação de que os filhos de Deus sejam anjos é possível, mas é menos provável que os descendentes fossem demônios. Isso seria o mesmo que dizer que os descendentes eram seres híbridos, parte homem e parte anjo (sejam eles os "nefilins" ou homens valentes e de renome, segundo o v. 4), destruídos durante o dilúvio e cujos espíritos desencarnados tornaram-se demônios.

D. Anjos caídos

Esse ponto de vista afirma que os demônios são os anjos que se rebelaram juntamente com Satanás. Para apoiar essa idéia, é necessário fazer as seguintes considerações:

Satanás é chamado de o "príncipe dos demônios" (Mt 12:24, NVI), indicando que, como Satanás, seu líder, é um anjo, os demônios também devem ser anjos, porém caídos, como Satanás.

Sabemos que Satanás possui uma hierarquia altamente organizada de anjos que levam adiante seus propósitos. Dois desses grupos são chamados de principados e potestades, que é a mesma designação dada aos anjos bons (Ef 3:10; 6:12). Isso parece indicar que os mesmos tipos de seres formavam esses grupos e, portanto, os espíritos maus são anjos caídos.

Em várias partes da Bíblia os demônios são chamados de espíritos (imundos), o que os liga ao mundo espiritual dos anjos, não ao dos humanos. Por exemplo, o demônio mencionado em Mateus 17:18 é chamado de espírito no relato paralelo de Marcos 9:25. A mesma equação de demônios e espíritos é encontrada em Lucas 10:17-20. Além disso, de acordo com Mateus 8:16, o Senhor curou muitas pessoas possuídas por demônios quando expulsou os "espíritos" que estavam nelas.

Devemos reconhecer que em parte alguma das Escrituras os demônios são chamados diretamente de anjos caídos, mas as evidências mencionadas parecem apontar para a conclusão de que é isso o que eles são.

III. O CONFINAMENTO DE ALGUNS ANJOS CAÍDOS

As Escrituras indicam claramente que existem dois grupos de anjos caídos. Um deles é formado por aqueles que desfrutam de certa liberdade para levar adiante o plano de Satanás; o outro é composto pelos que estão presos. Dentre os aprisionados, alguns estão nessa condição apenas temporariamente. Contudo, outros estão permanentemente confinados no Tártaro (2 Pe 2:4 e Jd 6). Os gregos pensavam que o Tártaro era um lugar de punição localizado abaixo do *hades*. Os que estão confinados temporariamente ficam no abismo (Lc 8:31; Ap 9:1-3,11), aparentemente alguns devem permanecer lá aguardando o juízo final, enquanto outros serão soltos para operar ativamente na Terra (Ap 9:1-3,11, 14; 16:14).

Por que alguns estão no Tártaro? Se isso ocorreu por causa de seu pecado original de rebelião, ao lado de Satanás, então por que nem todos os anjos caídos estão lá? E por que Satanás também não está? O aprisionamento no Tártaro para alguns dos anjos caídos deve ser uma punição por algum pecado além do original (e deve ser um pecado singular). Alguns sugerem que o pecado mencionado em Gênesis 6:2-4 foi cometido por alguns dos anjos caídos (chamados de "filhos de Deus" na passagem) e resultou em seu aprisionamento no Tártaro.

Embora os anjos não se reproduzam segundo sua espécie (ou seja, não podem gerar "anjinhos"), talvez tenham recebido permissão para coabitar com mulheres em uma única ocasião para produzir descendência humana. No entanto, a natureza excepcional dessa "permissão", que contraria tudo o que sabemos sobre os anjos e o casamento, é a maior fraqueza desse ponto de vista. Mesmo que tenha sido permitido uma única vez, ele apenas enfatiza a singularidade desse pecado tremendamente monstruoso que resultou na prisão permanente dos anjos participantes no Tártaro. Suas parceiras humanas nesse pecado obviamente pereceram durante o dilúvio.

Outras interpretações da expressão "filhos de Deus" nessa passagem incluem: (a) a linhagem fiel de Sete, que coabitou com as mulheres ímpias da linhagem de Caim; e (b) governantes da linhagem de Caim. A fraqueza de (a) está na necessidade de acreditar que as linhagens piedosas e ímpias foram mantidas em separado durante todo o período que antecedeu o evento de Gênesis 6. O ponto fraco de (b) (um ponto de vista sugerido pelos targuns aramaicos) é a falta de evidência de que um sistema monárquico de governantes tenha sido estabelecido na linhagem de Caim nesse momento histórico. Ainda que eu pessoalmente concorde com a idéia de que eles sejam anjos caídos, esse é um problema de interpretação que não conseguimos solucionar.

Qual foi o pecado específico que esses seres podem ter cometido? Existem três respostas possíveis: (1) Se os anjos estavam envolvidos, então o pecado foi a coabitação angelical com os seres humanos. (2) Se os "filhos de Deus" eram humanos, foi o pecado de casar sem respeitar questões espirituais (caso fossem descendentes de Sete) ou um *status* real (caso reis estivessem envolvidos). (3) Foi o pecado de poligamia, pois o versículo 2 pode ser interpretado como um indicativo de que esses seres (quem quer que fossem) tomaram para si todas as esposas que desejaram (cf. Gn 4:19). Seus descendentes foram homens fortes e com grandes habilidades militares (os nefilins provavelmente viveram na Terra antes desses casamentos e não resultaram dessa união).

Se fôssemos resumir as questões relativas à existência, à origem e ao confinamento de alguns dos anjos caídos, poderíamos fazer o seguinte gráfico:

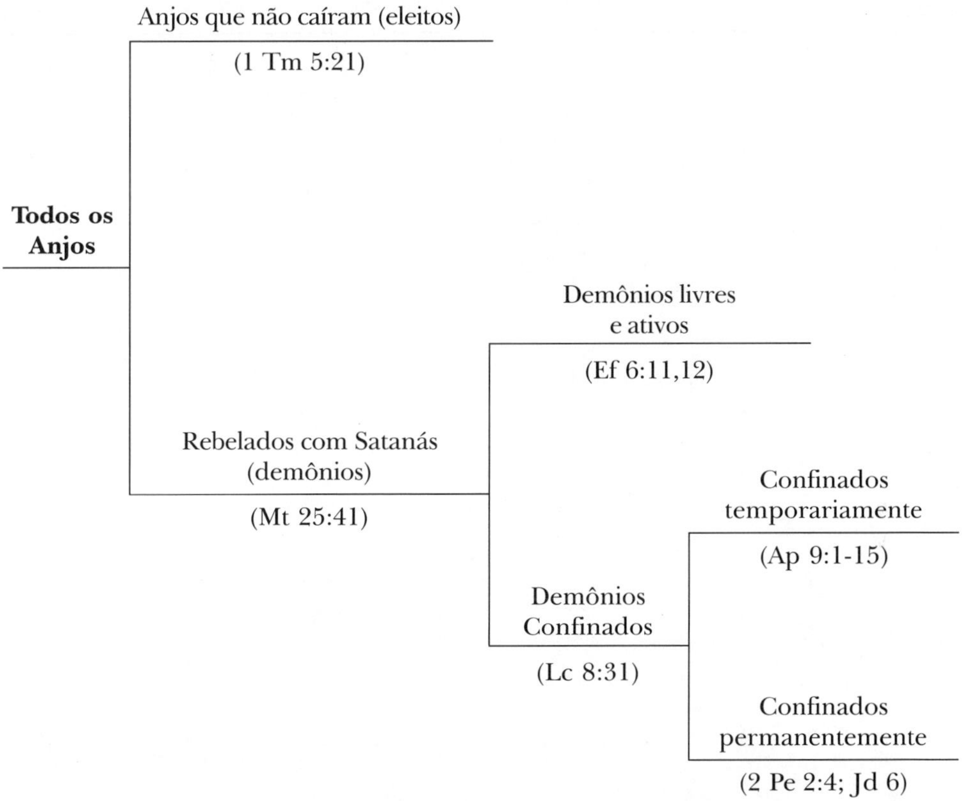

1. Gaster, T. H. Demon. *The Interpreter's Dictionary of the Bible*. Nova York: Abingdon, 1976, v. 1, p. 818.
2. Pember, G. H. *Earth's Earliest Ages*. Nova York: Revell, 1900, pp. 72,3.

27

Como são os demônios?

Como os demônios pertencem à mesma classe de seres que os anjos e Satanás, todas essas criaturas têm muito em comum.

I. SUA NATUREZA PESSOAL

A. São seres reais

Demônios não são forças ou conceitos que existem apenas em nossa mente. São reais, e sua realidade não depende da capacidade de os seres humanos entendê-los.

1. *Inteligência.* Possuem inteligência. Sabiam quem Jesus era enquanto estava na Terra (Mc 1:24) e reconheciam seu próprio destino final (Mt 8:29). Além disso, acreditam no monoteísmo (Tg 2:19).

2. *Emoções.* São capazes de demonstrar emoções, especialmente quando confrontados com o juízo (Lc 8:28; Tg 2:19).

3. *Vontade própria.* Conseguem manifestar sua vontade (Lc 8:32).

4. *Personalidade.* São mencionados com pronomes pessoais (Lc 8:27-30).

B. São seres espirituais

Em contraste com os seres de carne e sangue, os demônios são espíritos (Ef 6:12). Mesmo assim, como criaturas, podem ser localizados e estão limitados, não sendo infinitos como Deus. De modo geral, são invisíveis aos seres humanos, ainda que, em certas ocasiões, sua presença seja demonstrada de várias maneiras (At 19:15; Ap 9:1-12; 16:13).

II. SUA NATUREZA INTELECTUAL

Demônios demonstram ter grande inteligência, como seria esperado de seres de uma ordem superior. Eles sabem quem Jesus é (Mc 1:24). Têm consciência de seu destino (Mt 8:29). Sabem que só existe um Deus (Tg 2:19). Têm um sistema doutrinário próprio bem desenvolvido (1 Tm 4:1-3), e sua atividade aparentemente aumenta com a proximidade do final dos tempos.

A inteligência pode aumentar com a experiência. Cada demônio, claro, existe desde o início da história humana. Embora não tenham testemunhado tudo o que aconteceu no transcorrer da história, sua longevidade lhes proporciona uma dimensão maior além da inteligência que já possuem. Observaram os seres humanos em quase todas as situações possíveis; portanto, na maioria das vezes conseguem prever com precisão o que as pessoas farão.

III. SUA NATUREZA IMORAL

A. Em seu ser

Os demônios são chamados de "espíritos imundos" (Mt 10:1), "espíritos malignos" (Lc 7:21), "espírito de demônio imundo" (Lc 4:33) e "forças espirituais do mal" (Ef 6:12). Todos esses termos mostram claramente a natureza imoral dos demônios.

B. Em seus objetivos

Imoralidade é tudo aquilo que se opõe ao que é bom, mas o bem supremo deve estar relacionado à vontade de Deus. Portanto, a conduta imoral dos demônios pode incluir tudo o que se opõe à vontade de Deus.

Estas são algumas das observações feitas por uma pessoa que esteve profundamente envolvida com o espiritismo.

> Os espíritos que encontrei nas sessões eram, em sua maior parte, muito moralistas. Eles nos estimulavam a não fumar, nem beber ou fazer qualquer outra coisa que prejudicasse nossas mentes e nossos corpos. Aos ministros diziam que pregassem moralidade, boas maneiras e orgulho cívico. Conheci ministros que na realidade tinham mensagens psicografadas por suas secretárias e depois usavam tais mensagens no púpito! Muitas vezes os espíritos falaram a respeito de um Jesus ético; nunca, porém, a respeito do Salvador que morreu uma morte sacrificial pelo pecado.
>
> Em contraste com a elevada moral e o tom ético das sessões em nossa casa, compareci a algumas onde os espíritos eram blasfemos e sensuais.[1]

Os objetivos imorais dos demônios incluem a promoção tanto da imoralidade maligna quanto da boa imoralidade. Isso está totalmente em harmonia com os objetivos de Satanás e com seu desejo de falsificar o que é correto.

IV. SEUS PODERES

A. Sua força

Às vezes, os demônios podem exibir força sobre-humana quando tomam o corpo dos seres humanos. O endemoninhado gadareno conseguia despedaçar suas cadeias e grilhões (Mc 5:3). Os filhos de Ceva foram espancados por um homem possesso por demônios em Atos 19:16.

B. Sua inteligência

Já mencionamos que eles possuem uma inteligência superior. Mas sempre surge uma questão: os demônios conhecem o futuro? Com certeza, eles conseguem entender o plano de Deus para seu futuro, conforme vemos relatado na Bíblia. O texto de Atos 16:16 indica que eles podem prever o futuro? É evidente que não, pois a palavra "adivinhador" (usada somente aqui no Novo Testamento), deve ser entendida em sentido negativo; ou seja, "alguém que finge adivinhar o futuro". Quando é usado na Septuaginta, invariavelmente refere-se às palavras dos profetas mentirosos ou àqueles que praticam as artes malignas proibidas pela Lei de Moisés.

C. Sua presença

Os demônios não são infinitos, pois estão limitados. Embora sejam sobrenaturais, continuam sendo criaturas. Aparentemente, não estão presentes em todos os lugares, embora não fiquem tão restritos pelas barreiras de espaço quanto os humanos (Lc 8:30 – uma legião de demônios habitava aquele homem). O simples fato de que os demônios podem entrar no corpo de homens e de animais demonstra que são capazes de ultrapassar barreiras que restringiriam os seres humanos.

Como existe um número muito grande de demônios, eles parecem ser onipresentes, mas isso não é verdade. Porém Satanás, ao trabalhar com eles, pode beneficiar-se de seu número para tentar estabelecer seus planos em todos os lugares da Terra.

Em resumo: os demônios não são humanos nem são iguais a Deus, mas são seres sobrenaturais, com inteligência superior, experiência e poderes. Negar a existência dos demônios não é ceticismo, apenas demonstra ignorância. É tolice ser irrealista a respeito de seu poder.

1. Ernest, Victor H. *Eu falei com espíritos*. São Paulo: Mundo Cristão, 1970, pp. 35,6.

28

O QUE OS DEMÔNIOS FAZEM?

I. EM RELAÇÃO A SATANÁS

Em geral, os demônios agem como emissários de Satanás para alcançar os seus propósitos de atrapalhar os planos de Deus. Mesmo que Satanás tenha as mesmas limitações de toda criatura, os demônios que o servem aumentam muito o seu poder e sua atuação. De fato, algumas vezes parece que Satanás é onisciente e onipresente, embora isso não seja verdade. A questão é que os demônios aumentam tanto a influência de sua atuação que podemos pensar que o próprio Satanás faz tudo sozinho (Ef 6:11,12).

II. EM RELAÇÃO A DEUS

A. Opõem-se ao plano de Deus

Após terem escolhido rebelar-se contra Deus e ficar ao lado de Satanás, os demônios passaram a opor-se aos propósitos que o Senhor tem para este mundo (Dn 10:10-14; Ap 16:13-16).

B. Podem ser usados para cumprir os propósitos de Deus

Em determinadas ocasiões, Deus pode usar os demônios para cumprir os seus propósitos. Enviou um espírito para lançar o povo de Siquém contra Abimeleque (Jz 9:23). Também usou um espírito maligno para punir Saul com uma perturbação mental que se aproximava da loucura (1 Sm 16:14). Enviou um espírito mentiroso para controlar os profetas e dar um conselho enganoso para Acabe (1 Rs 22:22). Provavelmente, usou um desses espíritos para afligir Paulo; sua intenção era a de que o apóstolo não ficasse orgulhoso demais (2 Co 12:7). Todos os demônios são criaturas de Deus, por isso deverão prestar contas ao Senhor e, portanto, podem ser usados como ele bem entender.

III. EM RELAÇÃO À RELIGIÃO

A. Promovem a Idolatria

Ao prosseguir em sua oposição a Deus, os demônios procuram incessantemente fazer com que os homens se entreguem à adoração de ídolos. Isso já ocorria nos tempos do Antigo Testamento (Lv 17:7; Dt 32:17; Sl 106:36-38) e continua sendo verdade (1 Co 10:20). Além disso, a adoração aos demônios continuará sendo propagada durante os dias da tribulação futura (Ap 9:20).

B. Promovem uma falsa religião

1. *Ensinam que o sacrifício do Salvador não valeu nada.* João alertou seus leitores para testarem os espíritos, pois os demônios influenciam os falsos profetas (humanos) (1 Jo 4:1-4). Um grande teste da ortodoxia (embora não seja o único) foi a confirmação de que a encarnação é uma realidade. Se Cristo não tivesse um corpo humano, não poderia ter morrido e ser nosso Salvador.

Paulo também alertou que esse ataque à encarnação estaria presente nos ensinamentos dos demônios (1 Tm 3:16–4:3). Se 3:16 é um resumo da verdade contida nesse que provavelmente foi um dos primeiros hinos cristãos, então podemos aceitar que os demônios não atacam somente a encarnação, mas também a ressurreição histórica e a ascensão do Senhor.

2. *Ensinam uma salvação por obras.* Essa parece ser a ênfase de 1 Timóteo 4:3,4. Ao promover o asceticismo como uma boa obra, substituem a graça de Deus por um projeto de salvação baseado em obras.

3. *Ensinam uma ética libertina.* As "coisas profundas de Satanás", sem dúvida, são propagadas pelos demônios, que tentam ensinar as pessoas que o errado é certo (Ap 2:20-24).

IV. EM RELAÇÃO ÀS NAÇÕES

Daniel 10:13 relata que o príncipe do reino da Pérsia resistiu à vinda de um anjo bom que levava uma mensagem para Daniel. Esse príncipe, por sua vez, foi resistido pelo arcanjo Miguel, indicando que o príncipe devia ser um demônio poderoso. Pouco antes do Armagedom, os demônios serão motivados a incitar os líderes das nações a se preparar para essa grande campanha militar (Ap 16:13-16). Aparentemente, existe uma guerra entre anjos e demônios que envolve as decisões das nações da Terra. Enganar as nações é parte do plano-mestre de Satanás, e ele usa os demônios para cumprir seu propósito. Em relação à política internacional, isso estimula nossa imaginação, pois não há motivos para duvidar que isso continua acontecendo hoje em dia.

V. EM RELAÇÃO ÀS PESSOAS

A. Aflição

Os demônios têm a capacidade de causar doenças físicas (mudez em Mt 9:33; cegueira e mudez em 12:22; convulsões em 17:15-18). Eles também podem gerar distúrbios mentais (Mc 5:4,5; 9:22; Lc 8:27-29; 9:37-42). Podem estar envolvidos na causa da morte de certas pessoas (Ap 9:14-19). É claro que nem todos os problemas físicos e mentais resultam de atividade demoníaca. Na verdade, a Bíblia faz uma distinção das doenças naturais e as causadas por demônios (Mt 4:24; Mc 1:32,34; Lc 7:21; 9:1).

B. Perversão

O fato de os demônios também serem chamados de espíritos imundos demonstra que tudo o que eles fazem perverte o que é limpo, nobre e correto. Os demônios desejam perverter as pessoas, fazendo com que se afastem do plano de Deus e adotem o plano de Satanás. Às vezes, fazem isso promovendo um sistema doutrinário e um estilo de vida aparentemente benéfico para os seres humanos (1 Tm 4:1-3). Em outras ocasiões, promovem o mal e as atividades impuras (Dt 32:17; Sl 106:37-39). A imoralidade dos cananitas parece apresentar fortes indícios dessa atividade demoníaca (Lv 18:6-30; Dt 18:9-14).

C. Possessão

1. *Definição.* Possessão demoníaca é o controle direto de um ou de vários demônios sobre uma pessoa, quando se apossam dela. Todos, cristãos e não cristãos, são influenciados e afetados pela atividade demoníaca, mas nem todos são possuídos. Fazendo uma analogia, a influência demoníaca está para a possessão demoníaca como a providência geral está para os milagres especiais. Os indivíduos possuídos não são capazes de livrar-se do controle do(s) demônio(s).

As expressões estar "possesso" ou estar "endemoninhado" aparecem 13 vezes no Novo Testamento – todas elas nos Evangelhos (e.g. Mt 4:24; 12:22; Mc 5:15-18; Lc 8:36; Jo 10:21). O fenômeno do exorcismo ocorre com o uso de ordens como "sai" (Mc 1:25,26; 9:25). Após o dia de Pentecostes, a possessão demoníaca e o exorcismo são mencionados apenas em Atos 5:16; 8:7; 16:16-18; 19:12. É mais provável que o dom espiritual de discernimento de espíritos (1 Co 12:10) esteja relacionado com a habilidade de distinguir entre as verdadeiras e as falsas fontes de revelação sobrenatural (quando feitas oralmente) do que com a habilidade de expulsar demônios das pessoas.

2. *Características.* As características da possessão demoníaca podem ser tão variadas quanto a atividade dos demônios, desde algo mínimo até atitudes bizarras. Não existem muitos sintomas específicos descritos nos relatos, mas são mencionados os seguintes: anormalidades físicas, como mudez, cegueira e convulsões (Mt 9:32; 12:22; Lc 9:39); tentativas de autodestruição (Mc 5:5; Lc 9:42); insanidade (pelo menos essa era a crença das pessoas, Jo 10:20); força sobrenatural (Mc 5:3,4) e forças ocultas (At 16:16-18). Ainda que os demônios possam fazer essas coisas nas pessoas, isso não significa, por exemplo, que toda doença seja originada pela atuação demoníaca. O doutor Lucas distingue claramente as doenças causadas pelos demônios e as que possuem causas naturais (At 5:16).

Veja esta descrição de possessão demoníaca no Haiti:

> A pessoa entra em um estado parecido com um transe (normalmente após ter convulsões), durante o qual um dos espíritos entra em seu corpo e o "domina". A personalidade humana é substituída pela sobrenatural, os traços humanos são substituídos pelas características dos espíritos (masculino ou feminino, bom ou mau, jovem ou velho, malicioso ou honesto), e a garganta emite os grunhidos do espírito. Alguns deles falam uma espécie de "língua" ininteligível. A

> possessão pode durar minutos ou horas, às vezes até mesmo dias. Durante esse tempo, a pessoa tomada pelo espírito consome a bebida e a comida prediletas do espírito (algumas vezes, algo quase impossível de ser digerido pelo ser humano) e lhe oferecem suas diversões favoritas. No final de tudo, o ser humano não se lembra de nada de seu comportamento durante o transe.[1]

3. *Responsabilidade*. São poucas as passagens das Escrituras que dizem algo explícito a respeito dessa questão. Os alertas para permanecer vigilante e para resistir aos ataques do diabo implicam que o fracasso em fazer isso expõe a pessoa à possibilidade de ser controlada por Satanás e seus demônios. Portanto, um indivíduo é responsável pelo que acontece durante a possessão demoníaca ao dar espaço para que, anteriormente, ocorram ataques satânicos.

Contudo, o caso do menino que, desde a infância, estava possuído parece indicar que não tinha controle sobre essa condição (Mc 9:21). Com certeza, o espinho na carne de Paulo não era algo que ele próprio gerou, mas provavelmente era Deus usando um demônio para causar aquele problema (2 Co 12:7).

4. *Extensão*. A possessão demoníaca está restrita aos não-cristãos ou também pode ocorrer com cristãos? Em outras palavras, um cristão pode ser possesso por demônios hoje em dia? O argumento contra a possibilidade de um cristão ser possuído se apóia muitas vezes no fato de que o Espírito Santo está no coração do cristão. Ou seja, como o Espírito habita no cristão, é impossível que Satanás ou os demônios também habitem ali e se apossem do cristão. Mas a carne e o sangue não lutam entre si no interior do cristão (Gl 5:16,17)? Se formos argumentar que o velho homem já foi julgado (Rm 6:6), também podemos dizer que Satanás também já foi julgado (Jo 12:31). Então, se o Espírito e a carne, o velho e o novo, podem estar presentes ao mesmo tempo na vida de um cristão, por que o mesmo não pode ocorrer com o Espírito e Satanás (ou os demônios)?

Os versículos citados para apoiar a idéia de que os cristãos podem ser possuídos por demônios normalmente são estes: 1 Samuel 16:14; Lucas 13:11-16; Atos 5:3; 1 Coríntios 5:5; 2 Coríntios 11:4 e 12:7. Mas, ao examinar esses versículos, vemos que não provam que os cristãos podem ser possuídos por demônios. Talvez essa questão deva ser analisada de maneira distinta. Em lugar de perguntar se um cristão pode ser possuído por demônios, deveríamos perguntar se os demônios ou Satanás podem atuar no interior de um cristão tanto quanto no seu exterior. Logo, a "base de operação" de Satanás ou dos demônios pode ser tanto dentro quanto fora do cristão?

A referência em 1 Samuel diz que um espírito maligno atormentava Saul, mas não sabemos, ao certo, se ele operava em seu interior ou se no exterior. Tampouco conhecemos, com certeza, qual era a condição espiritual de Saul diante de Deus. Lucas atribui a deformidade da mulher a um demônio, mas o Senhor a chama de "filha de Abraão". Alguns entendem que esse é um exemplo claro da atuação de um demônio no interior de um crente. No entanto, não está claro se a expressão "filha de Abraão" indica que ela cria em Jesus ou se apenas fazia parte do povo escolhido de Deus, Israel. Ela, certamente, não era uma fiel no sentido que a palavra assumiu após o Pentecostes.

A punição do "irmão pecador" de 1 Coríntios 5 envolvia entregá-lo a Satanás (veja também 1 Tm 1:20). Mas é discutível se isso significava que Satanás ou os demônios estariam trabalhando dentro de sua vida ou se simplesmente estaria sendo excluído da comunhão e da proteção da Igreja contra o domínio de Satanás (este mundo). O "espírito diferente" de 2 Coríntios 11:4 é tão demoníaco quanto o "outro Jesus" mencionado no mesmo versículo. É esse "outro evangelho" que aprisiona. A base de operação do mensageiro de Satanás (um demônio) que Deus enviou para afligir a Paulo não está claro em 2 Coríntios 12:7. O resultado foi o "espinho na carne", mas isso não significa que o demônio necessariamente habitava em Paulo.

Atos 5:3 declara que Satanás encheu o coração de Ananias para fazê-lo mentir ao Espírito. No original, o verbo "encher" é a mesma palavra usada em Efésios 5:18 para falar do enchimento do Espírito. Temos motivos para acreditar que Ananias era um cristão fiel. Essa é uma clara demonstração de que Satanás realmente pode encher o coração de um cristão. Nessa passagem, nada é dito a respeito de demônios, embora devamos considerar que, se Satanás encheu o coração dele, então os demônios podem fazer o mesmo.

Como avaliar essa evidência? Veja estas duas sugestões: Primeiro, deveríamos descartar frases como "possessão demoníaca" e "tomado por demônios" quando nos referimos a cristãos, pois nossa tendência é ver nessas expressões os mesmos conceitos e a mesma idéia de habitação do Espírito Santo (isto é, uma residência permanente no cristão). Nem Satanás nem os demônios podem viver permanentemente em um cristão ou ter vitória final sobre ele, embora sejam capazes de dominar ou de controlar temporariamente a vida de um cristão. Um cristão pode ser entregue a Satanás para a destruição da carne, mas o espírito será salvo "no Dia do Senhor Jesus" (1 Co 5:5). Independentemente do que Satanás ou os demônios possam fazer contra um cristão e de sua base de operação ser interna ou externa, o controle que exerce não pode ser permanente e eterno. João afirmou claramente que o Maligno não "toca" aquele que é nascido de Deus (1 Jo 5:18). A palavra "toca" usada aqui envolve o propósito de agredir; Satanás não pode atingir o cristão. Além dessa passagem, João 20:17 (ARA) inclui uma idéia similar (deter), pois não se refere a um toque superficial, mas a segurar, agarrar ou prender alguém. O diabo não pode "tocar" o cristão com o propósito de machucá-lo, pois o cristão pertence a Deus de maneira eterna e irrevogável. Satanás (ou os demônios) são capazes de afligi-lo e até mesmo de controlá-lo durante algum tempo, mas nunca de maneira permanente ou eterna.

Segundo, a indefinição do Novo Testamento sobre a base de operação dos demônios em relação ao cristão está ligada à ausência de uma ordem direta (após o Pentecostes) de exorcizar demônios. Isso pode nos dar uma indicação de como combater o inimigo. Não deveríamos encarar o exorcismo como uma maneira de atacar os demônios, mas sim usar as armas normais de nossa guerra contra Satanás e seus demônios. O cristão deveria tratar a perturbação demoníaca do mesmo modo como procura resistir à tentação ou lutar contra as tendências da carne. Deveria examinar a si mesmo para ver se existe alguma área de rebelião contra a lei ou a contra a vontade de Deus, confessar todos os pecados conhecidos, confiar no poder do Espírito que habita em nós e que é maior do que Satanás (1 Jo 4:4) e tomar a armadura de Deus (Ef 6:13-18).

O exorcismo pode ser necessário em algumas situações extremas, porém o exorcista não pode impedir que os demônios ataquem novamente a mesma pessoa. Afinal, nenhum ser humano pode garantir que amarrou demônios e que os lançou no abismo. Paulo nos lembra de que durante toda nossa vida lutamos contra os poderes das trevas. Portanto, o cristão deve estar alerta (1 Pe 5:8), vestir a armadura de Deus e usar tudo aquilo que contribui para uma espiritualidade sadia (Rm 12:2; 2 Co 10:5; Fp 4:8). Um alerta: nem todos os problemas, doenças do corpo, distúrbios emocionais e pecados são causados por demônios. Alguns têm sua origem em causas naturais, outros surgem da carne. Nessas situações, de nada adiantaria expulsar demônios, mas combater o bom combate da fé será de grande utilidade em todos esses casos.

1. HARMAN, Carter. The West Indies. *Life World Library*. Nova York: Time, Inc., 1963, pp. 53,4.

Parte 7

O Homem: A Imagem de Deus

29

EVOLUÇÃO E ORIGENS

Hoje em dia, provavelmente nenhuma questão é mais debatida em diferentes esferas da sociedade do que a origem do homem. Na noite anterior ao início da redação deste capítulo, um canal de TV da região onde moro exibiu, durante vários minutos, uma reportagem sobre dois criacionistas. Eles procuravam demonstrar que a descoberta de alguns ossos humanos fazia com que a chamada "evolução natural" fosse impossível. Os tribunais norte-americanos julgam casos relacionados com o ensino do "criacionismo científico" nas escolas públicas. Isso tem dado a esse assunto publicidade em escala mundial. O debate sobre a inerrância das Escrituras acertadamente tem incluído uma discussão sobre a historicidade da narrativa que Gênesis faz da criação. Muitos pontos de vista diferentes procuram ser aceitos, alguns defendidos inclusive por evangélicos.

I. MANEIRAS DE VER AS ORIGENS

A. Evolução ateísta

Evolução significa simplesmente mudança em qualquer direção. Claro, essa palavra pode ser usada para indicar fatos verdadeiros como, por exemplo: "Neste século tem havido uma considerável evolução na área da telecomunicação". Mas quando essa palavra é usada para se referir às origens do homem, seu significado é muito mais profundo do que uma simples mudança ou desenvolvimento. Ela envolve a origem com base em um processo natural, tanto no surgimento da primeira substância viva quanto no de novas espécies. Essa teoria afirma que, bilhões de anos atrás, substâncias químicas existentes no mar, influenciadas pelo Sol e pela energia cósmica, acabaram unindo-se por obra do acaso e dando origem a organismos unicelulares. Desde então, vêm se desenvolvendo por intermédio de mutações benéficas e de seleção natural, formando todas as plantas, animais e pessoas.

Ninguém pode negar que ocorreram mudanças e que houve algum tipo de desenvolvimento em muitas áreas da criação. No entanto, para os evolucionistas, esse desenvolvimento também inclui a geração de novas espécies e de formas mais complexas a partir de substâncias e de formas de vida mais simples. Essa percepção dispensa a idéia de Deus ou sua atividade. Charles Darwin disse: "Não darei absolutamente nada pela teoria da seleção natural se ela requerer adições milagrosas em qualquer um de seus estágios".[1] Julian Huxley também afirmou que "postular uma interferência divina nas mudanças ocorridas na matéria e na energia num momento em particular da história da Terra é tanto desnecessário quanto ilógico".[2]

Em relação à origem do homem, a teoria da evolução ensina que o ser humano evoluiu durante um longo período de tempo por meio de mutações e de seleção natural de formas brutas originais (seres vivos mais rudimentares), os quais, por sua vez, evoluíram de outras formas básicas; tudo teve início em uma criatura unicelular.

Obviamente, as bases da evolução natural são a ciência e a fé.

B. Evolução teísta

A evolução teísta afirma que Deus direcionou, usou e controlou o processo da evolução natural para "criar" o mundo e tudo o que nele existe. Normalmente, essa visão inclui as seguintes idéias: os dias da criação de Gênesis 1, na verdade, foram eras; o processo evolutivo estava envolvido na criação de Adão; a Terra e as formas pré-humanas são extremamente antigas.

Em sua teoria, Darwin declarou que a ação sobrenatural não era necessária. Os criacionistas insistem que essa visão exclui a evolução natural. Embora a evolução teísta procure contentar os dois lados (evolução e criação), não consegue conciliar argumentos que vão em direções opostas.

A criação de Eva é um problema especial para os defensores da evolução teísta. Afirmam que Adão surgiu de uma forma preexistente sobre a qual Deus soprou o espírito de vida. Eva, porém, segundo eles, não veio de uma forma de vida preexistente. Foi um "ato especial" da criação. Mas se isso ocorreu com Eva, por que o mesmo não pode ter acontecido com Adão?

Pierre Teilhard de Chardin (1881–1955), sacerdote católico jesuíta que também era paleontólogo, defendeu uma síntese entre a evolução e a teologia cristã tradicional. Ainda que suas idéias lembrem aspectos do processo filosófico, a evolução continua sendo seu tema central.

Para ser mais específico, tudo o que a evolução teísta precisa para ser realmente teísta é afirmar que um ser sobrenatural era essa "força invisível" que deu início ao longo processo evolutivo. Esse tipo de opinião é comumente encontrado entre os pensadores católicos, liberais e neo-ortodoxos. Porém, muitos dos chamados "evolucionistas teístas" vêem Deus como um ser envolvido não apenas no início, mas também em vários momentos ao longo desse processo. Defendem que Deus interferiu para gerar os principais estágios da vida na história geológica (por exemplo, os vertebrados, os pássaros, os mamíferos e o próprio homem), mas também permitiu e usou o processo de evolução natural que durou longos períodos de tempo geológico. Esse ponto de vista é conhecido como "criacionismo progressivo" ou "evolução do limiar" e, muitas vezes, está ligado à visão que defende que o primeiro capítulo de Gênesis fala de dias-eras. Pessoalmente, eu colocaria essa idéia de criacionismo na categoria geral da evolução teísta. Alguns evangélicos que defendem o criacionismo progressivo irão discordar, alegando que, na verdade, ele pertence ao criacionismo. Contudo, o tipo de evolução descrito no criacionismo progressivo é naturalista, e o período de tempo envolvido é muito longo. Por isso, em minha opinião, essa denominação é equivocada, pois se trata de uma forma de evolução teísta.

As bases sobre as quais se apóia a evolução teísta são a Bíblia e a ciência.

C. Criação

Ainda que existam variantes no conceito de criacionismo, a principal característica desse ponto de vista é que ele tem a Bíblia como sua única base. A ciência pode contribuir para nosso entendimento, mas jamais deve controlar ou mudar nossa interpretação das Escrituras para acomodar suas descobertas. Até onde diz respeito ao homem, a criação ensina que Deus criou o primeiro homem à sua imagem a partir do pó da terra e com seu sopro de vida (Gn 1:27; 2:7). Nunca existiu uma criatura subumana ou um processo de evolução.

Os criacionistas possuem pontos de vista diferentes em relação aos dias da criação, mas para alguém ser um criacionista é preciso acreditar que o registro bíblico é historicamente factual e que Adão foi o primeiro homem.

Um desses pontos de vista ensina que o relato bíblico da criação de Adão e Eva trata apenas do que ocorreu no jardim do Éden num período mais recente e nada menciona do que aconteceu no restante da Terra. Assim, enquanto Adão foi o resultado de uma criação especial de Deus, em outras partes da Terra, durante longos períodos de tempo, havia criaturas evoluindo. Em outras palavras, Adão era uma "ilha de criação" no meio de um mar de evolução. Eu não classificaria essa posição de criacionismo, pois Adão não é visto como o primeiro homem de quem descende toda a humanidade.

II. A TEORIA DA EVOLUÇÃO

Para responder à questão da origem, precisamos estudar, de maneira mais detalhada, a teoria da evolução e alguns de seus problemas. Vários bons livros, sob a perspectiva cristã, foram escritos sobre o assunto e podem ser consultados para a obtenção de maiores detalhes. Alguns que eu recomendaria são os de Henry M. Morris, Bolton Davidheiser e A. E. Wilder Smith, além dos livros recentes de Phillip E. Johnson e Michael J. Behe.[3]

A. Os princípios da evolução

A evolução tem suporte em vários princípios básicos. As teorias variam, mas estas são algumas premissas comuns:

(1) As estrelas e os planetas são resultado do "big bang", uma explosão de prótons e nêutrons comprimidos e em alta rotação. Essa massa densa e comprimida continua se expandindo a partir de um núcleo original numa velocidade incrível. Uma alternativa a esse princípio é a teoria conhecida como "estado inerte". Ela ensina que a matéria está continuamente sendo criada no espaço sideral e que esse processo vem ocorrendo por um período infinito de tempo.

(2) A vida começou completamente ao acaso, quando uma célula única surgiu da matéria inanimada.

(3) Por ter começado ao acaso, todos os outros organismos vivos se desenvolveram a partir daquelas primeiras formas mais elementares de vida e das formas subseqüentes, que gradualmente aumentavam sua complexidade. Esse desenvolvimento também produziu o homem.

B. O processo da evolução

Se fôssemos reduzir o processo a uma fórmula, seria algo assim: M(utações) + S(eleção) N(atural) x T(empo) = Evolução. Essa fórmula expressa a mecânica da evolução.

As mutações são a principal explicação para a evolução. Mutações são mudanças pequenas e repentinas no DNA dos genes, as quais são transmitidas para os descendentes, fazendo com que sejam diferentes de seus pais em características determinantes. Em outras palavras, uma pequena mudança em um organismo é passada para os descendentes. Outra pequena mudança acaba ocorrendo por acaso e assim por diante. Foi dessa maneira que todas as formas de vida existentes surgiram a partir de uma única célula original. A importância das mutações como a explicação para o processo de evolução não pode ser demasiadamente enfatizada. Julian Huxley escreveu: "Elas não são apenas um dos agentes efetivos da evolução, mas o único agente eficaz da evolução".[4]

A seleção natural é o mecanismo que preserva as mudanças causadas pelas mutações. Quando ocorre uma mudança benéfica para o organismo, então a seleção natural acaba preservando essa mudança simplesmente porque é benéfica. Qualquer mudança prejudicial não seria preservada, porque a seleção natural a consideraria inútil. (A mutação benéfica é a que aumenta a complexidade do organismo.) É importante lembrar que a seleção natural é simplesmente isso – natural. Não é uma seleção feita em laboratório nem em uma estufa. Isso significa que o processo de seleção que ocorre na natureza supostamente elimina as mutações prejudiciais e mantém as úteis. Por meio desse processo, a complexidade dos organismos aumenta gradualmente, se permitimos que transcorra tempo suficiente para isso.

Portanto, para que a evolução aconteça, é preciso que transcorra tempo (e longos períodos dele). Como as mutações não ocorrem freqüentemente, será preciso muito tempo para que suficientes mutações benéficas ocorram. Elas, por sua vez, serão preservadas pela seleção natural, mudando de forma eficaz os organismos para que se tornem cada vez mais complexos. Para diminuir o tempo necessário, alguns evolucionistas estabelecem "explosões" de mutações que devem ter ocorrido na mesma época. Teriam causado muitas mudanças benéficas em um organismo quase que imediatamente, diminuindo, assim, o tempo que seria preciso para que ocorressem todas as mudanças necessárias.

III. OS PROBLEMAS DA EVOLUÇÃO

A. Problemas nas mutações

As mutações realmente fazem tudo o que se atribui a elas? Observe o seguinte:

1. *Mutações são raras e quase sempre prejudiciais*. Nos experimentos realizados com a "mosca-das-frutas", em que mutações foram produzidas de maneira artificial, estima-se que apenas uma mosca-das-frutas em cada grupo de um milhão irá desenvolver uma mutação. Além disso, Theodosius Dobzhansky, que conduziu muitos experimentos com moscas-das-frutas, reconheceu que "a maioria das mutantes [...] possuem desvantagens maiores ou menores" e que "a tendência de que essas mutações desapareçam parece ser uma séria dificuldade".[5]

2. *De onde surgiram os novos genes?* Até agora, nenhuma mutação conseguiu produzir uma nova espécie ou sequer um novo órgão ou sistema nas espécies já existentes. Mas isso precisaria ocorrer para que a evolução fosse válida. Os protozoários, por exemplo, não possuem dentes. Então, de onde vieram os genes que produziram os dentes, se é que realmente evoluímos dos protozoários? As mutações estão relacionadas com mudanças nos organismos já existentes; elas não produzem novos organismos, mas durante esse processo, em algum momento e de alguma maneira, as espécies, e também novos sistemas (como o sistema circulatório ou o sistema auditivo), precisaram ser produzidos dentro das espécies existentes.

Este é um exemplo de como a evolução tem dificuldades em lidar com essa questão.

> Se a mutação, que é a única forma de mudança hereditária da qual temos evidências definitivas, sempre é uma mudança nos genes já presentes, então, à primeira vista, parece que não temos base alguma para entender a evolução dessas novidades na organização do corpo. Para que haja evolução, certamente precisaríamos de novos fatores hereditários e não de uma mudança naqueles que já existem. Mas devemos lembrar que as condições do corpo e do material hereditário são extremamente complexas. As possíveis mudanças na distribuição de enzimas no corpo, se ocorreram de algum modo, poderiam causar novas diferenças na taxa de crescimento nas partes. Por exemplo, se isso ocorresse em parte dos ossos frontais do crânio, resultaria

> num princípio de evolução de chifres. É difícil ver como a redistribuição das enzimas poderia ser gerada pela mutação de um gene, mas, em vista da complexidade das condições do corpo, talvez isso fosse possível. Também não é impossível que novos genes tenham evoluído. Sabemos que os genes podem ser reduplicados dentro dos cromossomos e, quando isso ocorre, um membro desse par pode ficar tão alterado pela mutação que passa a ser o que, funcionalmente, é um novo gene.
> Essas sugestões são puramente hipotéticas. No momento, não podemos fazer nada mais além de mostrar que as novidades da organização inegavelmente ocorrem na evolução; que elas são essenciais para o aumento da complexidade associada com o progresso na evolução; e que não temos um conhecimento preciso dos detalhes de sua evolução.[6]

Isso parece ser mais um exercício de fé do que um fato!

B. Problemas na seleção natural

1. *A seleção natural realmente é garantia de melhora?* Obviamente, deveria ser. Caso contrário, se um substrato mais fraco se desenvolvesse, em breve morreria, portanto não poderia haver evolução alguma. Mas o problema é: a seleção natural causará melhoras? Talvez seleção em laboratório pudesse fazer isso, mas e a natural? Um evolucionista reconhece esse problema: "De fato, a seleção natural com conseqüências evolucionistas foi observada apenas onde os homens criaram drasticamente novas condições que impõem uma grande pressão sobre a seleção".[7]

2. *Mutações únicas.* A seleção natural reconheceria o valor de uma mutação única enquanto espera que ocorram outras mutações, as quais necessariamente resultariam na produção de um novo sistema no organismo? Na evolução do olho, por exemplo, se a mutação que fez com que o canal lacrimal surgisse antes, a seleção natural manteria isso no organismo até que ocorressem outras mutações e se produzissem os cílios, a córnea, a pupila, etc.? Ou a seleção natural geraria um organismo que possui um canal lacrimal, mas nenhum outro componente do sistema ocular simplesmente porque ele sozinho não seria útil?

3. *Argumento circular.* A inter-reação de mutações e de seleção natural usadas para explicar a evolução é um argumento circular, isto é, fechado em si mesmo. Julian Huxley admite isso claramente: "Baseado em nosso conhecimento presente, a seleção natural está destinada a produzir adaptações genéticas. Tais adaptações são evidências presumidas para a eficácia da seleção natural".[8]

C. Problemas com a quantidade de tempo necessário

Embora as mutações sejam raras e quase sempre prejudiciais e apesar de a seleção natural mais provavelmente gerar uma forma mutante do mesmo ser, parece bastante plausível para os leigos que, com tempo suficiente, qualquer coisa, inclusive a evolução, possa ocorrer. Huxley explica: "Todos os seres viventes são igualmente antigos – todos podem traçar seus predecessores até cerca de dois bilhões de anos. Com essa extensão de tempo disponível, pequenos ajustes são facilmente acrescentados às adaptações milagrosas; e as pequenas mudanças na freqüência dos genes entre uma geração e outra podem ser multiplicadas para produzir melhorias radicais e tipos totalmente novos de criaturas".[9]

Mas essa alegação pode ser desafiada quando submetida a um teste.

> As chances de que nenhuma proteína utilizável seria produzida ao acaso em toda a história da Terra são de 10^{161} para 1. Isso se usarmos todos os átomos apropriados da Terra na fantástica taxa descrita. Esse número possui 161 zeros. Seria bom recordar que, mesmo se uma molécula fosse obtida, isso de modo algum ajudaria a criar a segunda molécula de proteína, a menos que existisse um processo de duplicação muito preciso. Mesmo que tal processo existisse, existem muitos outros tipos de proteínas necessárias antes que um organismo vivo possa existir. Na célula mínima de Morowitz, as 239 moléculas de proteínas necessárias incluem *pelo menos 124 espécies diferentes de proteínas* (grifos do original).[10]

Outros chegaram a conclusões similares sobre a probabilidade de uma molécula ser formada ao acaso. O cientista francês Lecomte du Nuoy disse que é uma chance em 10^{243}. O matemático suíço Charles E. Guye calculou uma chance em 10^{160}. Tanto Murray Éden, do Instituto de Tecnologia de Massachusetts (MIT), quanto Marcel Schutzenberger, da Universidade de Paris, afirmaram que seus computadores mostravam que a evolução era impossível.[11]

A probabilidade é expressa por uma fração (por exemplo, 1 dividido por cinco milhões de vezes), e quando a fração para indicar a produção de uma molécula de proteína é tão pequena quanto essa, então os matemáticos afirmariam que a probabilidade de isso acontecer é zero. Esses evolucionistas provavelmente diriam que existe uma chance, mesmo que infinitesimal, de a evolução ter ocorrido por causa dos bilhões de anos envolvidos no processo. Contudo, mesmo esses bilhões de anos não reduziriam a probabilidade o suficiente para ser considerada algo razoável. Davidheiser testou a conhecida declaração de que se um milhão de macacos tivessem a oportunidade de usar um milhão de máquinas de escrever durante um milhão de anos, haveria uma chance de que conseguiriam datilografar uma peça de Shakespeare. Fazendo uma experiência controlada, usando apenas letras maiúsculas e a datilografia constante em uma média de velocidade uniforme, esperando que os macacos pudessem escrever apenas o primeiro versículo de Gênesis, demonstrou que um milhão de macacos jamais conseguiriam datilografar Gênesis

1:1, muito menos uma peça de Shakespeare, em bilhões de anos.[12] Somente para escrever a primeira frase de Hamlet ("Bernardo: Quem está aí?") seriam precisos 248 trilhões de anos, um período consideravelmente mais longo que a evolução precisou para fazer tudo o que se afirma que ela fez.

A conclusão óbvia é: simplesmente, é necessário uma quantidade inacreditável de fé para se crer que a evolução poderia gerar ao acaso o surgimento de toda a vida que existe ou que já existiu.

A vida poderia ter evoluído apenas pelo acaso? A probabilidade de formar uma molécula de proteína ao acaso é de 1 em 10^{243}. Isso é representado pelo algarismo 1 seguido de 243 zeros. Essa fração é tão pequena que poderíamos dizer que a probabilidade é zero.
Seria 1 chance em:
1.000.000.000.000.000.000.000.000.000.000.000.
000.000.000.000.000.000.000.000.000.000.000.
000.000.000.000.000.000.000.000.000.000.000.
000.000.000.000.000.000.000.000.000.000.000.
000.000.000.000.000.000.000.000.000.000.000.
000.000.000.000.000.000.000.000.000.000.000.
000.000.000.000.000.000.000.000.000.000.000.
000.000.000.000.

D. Problemas com a segunda lei da termodinâmica

A segunda lei da termodinâmica estabelece que, embora a energia no cosmo permaneça constante, a quantidade disponível para se fazer uma obra útil é sempre decrescente (e a entropia, a medida de energia não disponível, está aumentando). Sendo assim, tudo é impelido para uma organização menor ou para um caos maior. Isso, claro, está em direta oposição ao que a evolução ensina. Na verdade, em um dos debates de que participei, escutei um evolucionista afirmar veementemente que a evolução era "a grande exceção da segunda lei da termodinâmica".

Como o evolucionismo reage ao problema aparentemente insolúvel estabelecido pela segunda lei?

Alguns dizem que o longo período desde a criação permite que qualquer coisa ocorra, particularmente a evolução. Mas devemos lembrar que, durante esses bilhões de anos, a entropia estava aumentando, e essa lei não estava suspensa.

Parece que, em algum ponto, ocorreu uma exceção a essa lei. Isso talvez seja verdade, mas ela só pode ser temporária e às custas de um aumento na entropia em outro local do mesmo ambiente.

Há quem alegue que o planeta Terra é um sistema aberto que suga sua energia do Sol. Mas a infusão de energia solar é inútil, a menos que exista algum tipo de "motor" no interior desses elementos no qual a luz se reflete e que consiga converter essa energia para reverter a segunda lei. Por exemplo, o Sol pode incidir sobre blocos de concreto durante milhares de anos sem que isso produza blocos de concreto adicionais ou mutantes, pois dentro dos blocos não existe um mecanismo que converta essa energia. É preciso que haja um processo de conversão de energia apropriada juntamente com um modelo pré-programado para se desenvolver antes que a energia solar consiga reverter a segunda lei da termodinâmica. Veja o que perguntou um evolucionista: "Quando não existia vida, como surgiram as substâncias que hoje são absolutamente essenciais para os sistemas vivos e que, ao mesmo tempo, somente poderiam ser formadas por esses sistemas?"[13]

IV. A IMAGEM DA EVOLUÇÃO

Alega-se que os registros de fósseis apresentam evidências do processo de evolução. Os fósseis não evidenciam como isso ocorreu, apenas retratam o que aconteceu por intermédio de mutações e da seleção natural durante longos períodos de tempo. Os evolucionistas alegam que, como formas mais simples de vida são encontradas em camadas mais profundas de rochas e formas mais complexas em camadas superiores, isso prova que as formas mais complexas surgiram a partir das mais simples.

Fica claro que esse argumento sobre os fósseis é circular. As camadas geológicas são datadas pelos fósseis que contêm, e os fósseis são datados de acordo com as camadas em que são encontrados. Os evolucionistas dizem que esse ciclo é rompido por métodos de datação externos. No entanto, os métodos de datação são estabelecidos a partir do declínio do elemento de maneira uniforme. Uma vela irá queimar a uma velocidade uniforme, a menos que uma janela seja aberta e uma brisa faça com que ela queime mais rapidamente durante algum tempo. O desaparecimento da massa de vapor sobre a face da Terra ou as grandes pressões exercidas pelo dilúvio poderiam ter sido como uma janela aberta que mudou essa média durante a história do planeta. Se isso aconteceu, então as datas estabelecidas estariam muito erradas. A datação que utiliza o carbono 14 seria grandemente afetada por esses eventos. O método de datação por potássio-argônio parte do princípio de que as amostras de rochas testadas não continham argônio 40 quando foram formadas, o que é algo questionável. O basalto de um depósito submarino no vulcão Kilauea, no Havaí – que sabidamente possui, no máximo, alguns milhares de anos de idade – com a utilização desse método teve sua idade calculada entre 100 mil a 40 milhões de anos. Isso indica que essa idade pode ser simulada, dentre outros fatores, pela pressão hidrostática.[14]

Um grande problema na imagem apresentada pelos fósseis é a ausência de formas transitórias. Dentre os milhões de fósseis de que dispomos, jamais foi encontrada uma dessas formas transitórias. Certamente alguma já deveria ter aparecido. Na verdade, os fósseis mais antigos de cada grupo apresentam as mesmas características de todos os demais, sem sugerir que exista uma graduação de uma forma para a outra. Alguns evolucionistas afirmam que o Archaeornis (ou Archaeptoteryx) seja um exemplar do "elo perdido", pois sua aparência é parte pássaro e parte réptil. Mas pode ser considerado apenas pássaro, ainda que seja fora do comum. De qualquer maneira, está isolado e não parece ter um ancestral transitório.

Outro problema é que muitas formas de vida simples são encontradas nas camadas de rochas acima das formas mais complexas. Tem-se conhecimento de centenas de casos como esses e, claro, todos eles contrários à imagem que a evolução procura apresentar.

É óbvio que muito mais poderia ser escrito a respeito do assunto. Não procurei apenas me concentrar nos principais argumentos da evolução e apresentar seus pontos fracos. Ninguém consegue lembrar de todos esses argumentos. Por isso, sugiro que conheça e que exponha as falhas dessa teoria: mutações raras e prejudiciais; seleção natural que elimina mudanças maléficas; impossibilidade de existir tempo suficiente para que tudo ocorra por acaso; oposição à segunda lei da termodinâmica; falhas embaraçosas nos registros de fósseis.

Finalmente, precisamos reafirmar a essência da evolução, ou seja, a fé. Em última análise, é preciso crer na evolução do mesmo modo que se crê na criação. Dois cientistas colocaram isso de forma justa quando escreveram:

> Na verdade, os biólogos continuam tão distantes quanto sempre estiveram em suas tentativas de explicar como o primeiro protoplasma se originou. A evidência daqueles que procuram explicar a origem da vida com base na combinação acidental de substâncias químicas apropriadas não é mais tangível que aquela das pessoas que colocam sua fé na criação divina como a explicação para o desenvolvimento da vida. Obviamente, o último tem tantas justificativas para sua crença quanto o primeiro.[15]

1. Clark, R. E. D. *Darwin: Before and After.* Londres: Paternoster Press, 1948, p. 86.
2. Huxley, Julian. *Evolution in Action.* Nova York: New American Library, 1964, p. 20.
3. Morris, Henry M. (vários livros); Davidheiser, Bolton. *Evolution and Christian Faith.* Filadélfia: Presbyterian and Reformed, 1969; Smith, A. E. Wilder. *Man's Origin, Man's Destiny.* Wheaton, IL: Harold Shaw, 1968; Johnson, Phillip E. (veja *Darwin on Trial* e *Reason in the Balance.* Downers Grove, IL: InterVarsity, 1991 e 1995); e Behe, Michael J. *Darwin's Black Box.* Nova York: Free Press, 1996.
4. Huxley. *Evolution in Action,* p. 35.
5. Dobzhansky, Theodosius. *Evolution, Genetics, and Man.* Nova York: John Wiley and Sons, 1955, p. 150.
6. Carter, G. S. *A Hundred Years of Evolution.* Nova York: Macmillan, 1958, pp. 184,85.
7. Haldane, J. B. S. *Nature.* 14 mar. 1959, p. 51.
8. Huxley. *Evolution in Action,* p. 43.
9. Ibid., p.41.
10. Coppedge, James F. *Evolution: Possible or Impossible?* Grand Rapids: Zondervan, 1973, pp. 109,10.
11. Moorhead, P. S. e Kaplan, M. M. (Eds.) *Mathematical Challenges to the Neo-Darwinian Interpretation of Evolution.* Filadélfia: Wistar Institute Press, 1967; e

Nouy, Lecomte du. *Human Destiny*. Londres: Longmans, Green and Co., 1947, p. 34.

12. Davidheiser. *Evolution and Christian Faith,* pp. 362,3.
13. Blum, Harold F. *Time's Arrow and Evolution*. Princeton: Princeton University Press, 1968, p. 170.
14. *Science*. 1968, v. 161, p. 1132, cf. *Journal of Geophysical Research*. 1968, v. 73, p. 4603.
15. Fuller, Harry J. e Tippo, Oswald. *College Botany*. Nova York: Holt, Rinehart & Winston, 1961, p. 25.

30

A Bíblia e as origens

Embora a Bíblia não seja um livro de ciência, isso não significa que ela não seja precisa quando revela verdades científicas. Com certeza, tudo o que ela revela sobre qualquer área do conhecimento é verídico, preciso e confiável. A Bíblia não responde a todas as perguntas que desejamos fazer a respeito das origens, mas o que ela revela deve ser reconhecido como verdade. E as Escrituras dizem mais sobre essa questão do que muitos imaginam.

I. ALGUNS PRESSUPOSTOS NECESSÁRIOS

A. Fé

O autor de Hebreus nos lembra de que somente pela fé podemos entender que as eras foram formadas pela Palavra de Deus, de maneira que o visível veio a existir das coisas que não aparecem (Hb 11:3). A idéia de "eras" refere-se a todos os períodos de tempo e a tudo o que contêm. Como obviamente não havia expectadores humanos da criação, e como o primeiro homem foi colocado em um universo já existente, devemos aceitar, pela fé, tudo o que Deus nos revelou a respeito da criação.

Em contraste, os evolucionistas teriam de mudar Hebreus 11:3 para algo assim: "Pela fé, nós, os evolucionistas, entendemos que o universo não foi formado pela palavra de um deus, portanto, parece que o visível realmente veio a existir das coisas visíveis que já existiam e eram menos complexas, por meio de um processo natural, durante bilhões de anos".[1]

B. Fatos

Somente na Bíblia encontramos a verdade a respeito da criação. Todas as verdades que a ciência revelar jamais poderão ser aceitas como absolutas. Os fatos que Deus revelou na Bíblia são confiáveis, inclusive os mencionados nos primeiros capítulos de Gênesis. Isso significa que, na verdade, os eventos ocorreram no tempo e no espaço após terem sido criados. Em outras palavras, os atos seqüenciais da criação, os eventos da tentação e o pecado de Adão e Eva ocorreram em um tempo e em um espaço determinados. Por isso, podemos dizer que seria possível determiná-los usando um calendário e um mapa. Gênesis registra fatos, não mitos ou lendas. Outras passagens bíblicas confirmam isso (veja Êx 20:9-11; Mt 19:4-6).

Esses fatos foram escritos por Moisés. Independentemente das fontes que possa ter usado somadas à supervisão e ao poder de revelação de Deus em seus escritos, é inegável que Moisés era um homem treinado e educado. Alguns estudiosos sugerem que a revelação de eventos em um período tão antigo não poderia ser factual, pois viriam por intermédio de "selvagens". Isso transforma "primitivo" em sinônimo de "selvagem" e deprecia o poder da inspiração. Se as palavras de Moisés não têm o significado atribuído a elas, embora se refiram a um período antigo da história, então como podemos acreditar nas palavras de Cristo (Jo 5:47)?[2]

II. O DEUS DA CRIAÇÃO

Gênesis 1:1 identifica *Elohim* como o Criador. *Elohim* é uma palavra genérica para divindade, bem como um nome próprio do verdadeiro Deus. Seu sentido básico é "forte, líder poderoso, divindade suprema". A forma da palavra é plural, indicando plenitude de poder e majestade. Essa identificação de *Elohim* como criador refuta várias heresias graves: (1) o ateísmo; (2) o politeísmo, pois o verbo que a acompanha está no singular; e (3) o panteísmo, pois Deus é apresentado como um ser distinto de sua criação.

III. CRIAÇÃO *EX NIHILO*

Essa expressão vem do latim e significa "do nada". Isto é, Deus não usou nenhum material preexistente na criação, literalmente criou "do nada". Hebreus 11:3 indica isso, bem como a narrativa de Gênesis 1. Antes dessa chama criadora, não existia nenhuma forma de existência fenomenológica. Isso descarta a idéia de que a matéria é eterna e contraria o conceito de dualismo.

O verbo hebraico *bara* ("formar") usado no original de Gênesis 1:1, 21 e 27, por si só, não indica o uso de material preexistente (veja Is 65:18), embora nada seja declarado ou implicado nesse relato. Em essência, significa o mesmo que *asa,* "fazer" (Gn 1:25; Êx 20:11; Ne 9:6). Uma terceira palavra para a atividade criadora, *yatsar,* "formou", aparece em Gênesis 2:7.

A criação *ex nihilo* é um conceito útil, "se entendermos que ele equivale a dizer que entidades físicas foram criadas a partir de fontes não físicas da onipotência divina. Tecnicamente, a expressão é aplicada apenas para a criação de substâncias inorgânicas, pois Deus usou matérias inorgânicas criadas anteriormente para formar os corpos dos seres vivos".[3]

IV. O TEMPO DA CRIAÇÃO

A expressão "no princípio", de Gênesis 1:1, aparentemente se refere ao início da criação do mundo. O primeiro versículo é uma declaração absoluta e não depende de qualquer outra frase utilizada no versículo 2.[4] Mesmo assim, essa declaração não estabelece o tempo para a atividade de criação de Deus. Usher estabeleceu que essa data foi 4004 a.C., enquanto os evolucionistas sugerem 4.500.000.000 a.C.

(1) Alguns criacionistas defendem uma criação recente, tanto da Terra quanto do homem.

(2) Alguns concordam que o homem foi uma criação recente, mas a Terra não. A teoria do "intervalo" (também chamada de "lacuna") e a idéia de dia-era, muitas vezes, acompanham esse ponto de vista.

(3) Alguns fazem uma distinção entre os seres humanos representados pelos fósseis, que eram muito antigos, viveram e morreram antes de Adão, e o próprio Adão, criado mais recentemente.

(4) Alguns entendem que Adão era uma "ilha" de criação em um mar de evolução contemporânea, inclusive algumas formas subumanas.

(5) Os evolucionistas teístas encaram o homem como um ser muito antigo e resultante de um processo evolucionário pelo qual os pré-humanos e os subumanos acabaram gerando humanos.

(6) Alguns poucos defendem que Gênesis 1:1 não descreve "a criação inicial *ex nihilo,* celebrada pelos anjos (Jó 38:7; Is 45:18), mas uma Terra remodelada muito tempo depois de um juízo, em preparação de uma nova ordem de homem-criação".[5] De acordo com esse ponto de vista, a criação original ocorreu antes de Gênesis 1:1.

Obviamente, não existe consenso sobre o tempo da criação. No entanto, parece claro que o surgimento recente do homem está bem estabelecido no registro das Escrituras. Mesmo que aceitemos a idéia de dia-era, Adão foi criado no sexto dia-era, o que seria relativamente recente. As genealogias apresentadas em Gênesis 5 e 11 (e alguns intervalos entre elas) também contribuem para a afirmação de uma criação recente de Adão. Para chegar a algumas decisões a respeito da evidência das Escrituras, precisamos considerar algumas interpretações e considerações relevantes.

V. A TEORIA DO INTERVALO

A. Sua descrição

A teoria do intervalo (também chamada de teoria da ruína-reconstrução e teoria da restituição) propõe uma maneira de harmonizar o registro de Gênesis com os longos períodos de tempo necessários segundo a geologia (que passou a existir como ciência no início do século XIX). Primeiro, foi popularizada por Thomas Chalmers, da Escócia, em 1814, sendo melhor elaborada por George H. Pember,[6] incorporada pelas notas da Bíblia de Estudo de Scofield (1909) e defendida por muitos estudiosos, dentre eles Eric Sauer[7] e Arthur C. Custance.[8]

Segundo essa teoria, a criação original de Gênesis 1:1, além de ser perfeita e bela, estava repleta de plantas e de animais (alguns acrescentam que também existiam homens pré-adâmicos). Então, no intervalo existente entre os versículos 1 e 2 ocorreu a revolta de Satanás, fazendo com que o pecado entrasse no mundo. Assim, o juízo de Deus envolveria um dilúvio global, seguido por trevas e por uma era glacial, na qual todas as plantas, animais e seres humanos (se eles existiam) foram destruídos. Os fósseis que encontramos hoje em dia seriam provenientes desse julgamento da criação original causado pelo pecado de Satanás. O argumento prossegue, dizendo que o versículo 2 retrataria como as coisas ficaram após esse julgamento. Os seis dias da criação, portanto, descreveriam uma "recriação", restauração ou restituição, e não a criação original.

B. Sua base

(1) A frase de Gênesis 1:2 deveria ser traduzida como "A terra, porém, se tornou sem forma e vazia". Ou seja, ficou daquela maneira em conseqüência do catastrófico julgamento de Satanás.

(2) "Sem forma e vazia" descreve uma triste condição, que não podia ser parte da criação original de Deus, pois o Senhor não fez uma terra sem forma (Is 45:18).

(3) As trevas não podem ser boas; portanto, Gênesis 1:2 não pode descrever a criação original de Deus.

(4) O mandamento de Deus para Adão, "enchei a terra" (Gn 1:28), indica que a Terra certamente era desabitada anteriormente.

(5) O uso de *bara,* verbo que, em hebraico, dá a idéia de "iniciar algo novo", no versículo 1 indica uma criação diferente da que é descrita em seguida.

C. Seus pontos fracos

(1) O versículo 2 começa com o que tecnicamente é chamado de *vav* disjuntivo ("porém" em vez de "e"). Isso introduz uma afirmação circunstancial, com o verbo no tempo imperfeito, o que seria traduzido como "porém a terra era [...]" Com isso, a tradução esperada seria: "A terra, porém, se tornara sem forma e vazia", um *vav* consecutivo (que indica uma expressão seqüencial e seria traduzido como "e") com o verbo no tempo mais-que-perfeito. Para confirmar isso, a gramática permite a conjugação no mais-que-perfeito ("se tornara"), e seu uso mostra que o verbo "ser" pode ser entendido como "tornar" (veja Gn 19:26; Jz 11:39; 2 Rs 17:3). Mas ele normalmente serve como verbo de ligação ("ser" e não "tornar"), assim como em Gênesis 2:25 e 3:1, em que não poderia ser entendido como "tornar". Aqui, o uso do *vav* disjuntivo também parece necessário, pois o autor aparentemente está chamando a atenção do leitor para algo em relação à Terra - "A terra, porém, era [...]" Além disso, construções paralelas à de Gênesis 1:2 são encontradas em Jonas 3:3 e Zacarias 3:1-3, onde o *vav* é disjuntivo e o verbo não pode ser traduzido como "tornar".[9]

Na verdade, essa escolha gramatical e de tradução é o principal apoio para a idéia de um intervalo. Como, na melhor das hipóteses, essa é uma opção fraca, devemos concluir que a teoria não possui uma base exegética consistente no texto.

Também existe um problema lógico na formulação que a teoria do intervalo sugere para esse versículo. Caso o verbo signifique "se tornara" (no mais-que-perfeito), então Gênesis 1:2 está dizendo que a Terra se tornou sem forma e vazia antes da criação ocorrida no versículo 1. A teoria do intervalo, porém, requer que isso tenha ocorrido após a criação.

(2) "Sem forma e vazia" não implica, necessariamente, juízo ou condição maléfica. O termo *tohu* ("sem forma") aparece no Antigo Testamento referindo-se ao espaço (Jó 26:7) e ao deserto (Dt 32:10), sem nenhuma conotação maligna. No entanto, de acordo com os defensores da teoria do intervalo, esse caos ("sem forma") não poderia ser o estado original da Terra, pois Isaías 45:18 diz que Deus não a criou sem forma. Logo, eles concluem que a Terra ficou dessa maneira após a criação original. Mas esse argumento não é conclusivo, pois Isaías 45:18 afirma que o propósito divino não era que a Terra fosse "sem forma e vazia". Em outras palavras, Deus originalmente criou um mundo sem forma e vazio, mas como essa não era a sua vontade perfeita para o planeta, continuou a enchê-lo de seres vivos, inclusive o homem.

(3) É verdade que, na Bíblia, as trevas são usadas como símbolo de juízo e de coisas malignas, mas isso significaria que as trevas sejam inerentemente más? Penso que não. Elas faziam parte da criação e são tão boas quanto a luz (Sl 104:19-24). O Senhor afirmou que a luz era boa, mas nada diz a respeito das trevas (Gn 1:4). Mas isso é o suficiente para dizer que as trevas não são boas? Eu discordo. Se fosse assim, chegaríamos à conclusão de que o firmamento não é bom. Afinal, foi o Senhor quem o criou, mas não disse que era algo bom (vv. 6-8).

(4) O mandamento dado por Deus a Adão era, literalmente, uma ordem para "encher" a Terra (v. 28). Esse termo não pode ser usado para apoiar a idéia de "repovoar", conforme sugerem os defensores dessa teoria. Isso implicaria que ela já fora habitada previamente na criação original.

(5) Nenhum argumento pode ser construído com base no uso de *bara,* no versículo 1, conforme abordamos no tópico III.

(6) Outro ponto fraco dessa teoria deveria ser mencionado. Não existe prova bíblica de que a queda de Satanás causou o julgamento da Terra, mas sabemos que a queda de Adão fez isso (Gn 3:17-19).

Em resumo: a teoria do intervalo não possui uma base exegética consistente. Como essa idéia popularizou-se na mesma época em que a geologia surgiu, suspeita-se que ela foi aceita muito facilmente, porque se acomodava às descobertas da geologia uniformitarianista.

VI. DIAS SOLARES OU ERAS?

Na verdade, existem quatro pontos de vista envolvidos nessa discussão. (1) A visão do dia de luz solar literal, na qual os dias da criação são entendidos como dias solares (período de 24 horas). (2) A visão dia-era, que entende os dias, na verdade, como longas eras. Essa visão, claro, acomoda facilmente as eras geológicas. (3) Dias solares com longos intervalos entre eles. Os dias de Gênesis 1 são dias solares, mas não se seguem imediatamente um ao outro, sendo separados por longos intervalos de tempo. Essa visão também acomodará a geologia uniformitarianista. (4) A visão do dia da revelação diz que os dias nada têm a ver com a obra de criação de Deus, mas com a revelação divina dessas questões a Moisés. Em outras palavras, esses foram os dias em que certas coisas foram reveladas, não feitas.[10]

Mesmo que existam essas várias visões, a principal discussão é se esses dias são solares ou têm a duração de uma "era".

A. Argumento dos dias solares

(1) No Pentateuco, quando a palavra "dia" é usada associada a números, sempre indica um dia de luz solar (24 horas). Então, por que Gênesis 1 seria a exceção? Isso realmente é válido para todos os usos de "dia" acompanhado de numeral ou ordinal em todo o Antigo Testamento. As únicas exceções possíveis são 2 Crônicas 21:19 e Oséias 6:2, embora essas passagens possam ser interpretadas como dias solares literais. Para confirmar isso, a palavra "dia" é usada de várias maneiras, mas com numeral ou ordinal o único sentido possível é "dia de luz solar" (Gn 1:5, 8, 13, 19, 23, 31). Os versículos 5, 14, 16 e 18 referem-se ao período do dia contrastado com a noite. Obviamente, esse último uso de dia está relacionado com o conceito que temos de "dia de luz solar", ou seja, o período em que o Sol brilha. Não faz sentido falar a respeito de uma era inteira com o Sol brilhando em contraste com uma era inteira de "noite" (trevas).

(2) A frase "Houve tarde e manhã" que acompanha cada um dos seis dias da criação apóia o significado de dias como período de 24 horas. Os que defendem a idéia de dia-era respondem que essa é uma figura de linguagem para indicar começo e fim. Cada "tarde" mostrava o término da obra naquela era, a qual seria sucedida pela "manhã" de atividade renovada. Mas as palavras tarde e manhã (cada uma aparece mais de 100 vezes no Antigo Testamento), em parte alguma, são usadas para indicar outra coisa além de uma noite literal e de uma manhã literal, início e fim de um dia de luz solar. Observe a frase de Daniel 8:26, que se refere a dias solares.

(3) Êxodo 20:11 e 31:17 declaram que Deus fez tudo em seis dias e que descansou no sétimo. Esse padrão serve de base para o ciclo semanal da vida humana. Nessas duas passagens, essas foram as palavras que Deus falou diretamente a Moisés. Se o Senhor queria dizer "eras" em vez de "dias", porque não usou os termos *dor* ou *olam,* que significam "era", ou adicionou o adjetivo *rahab,* que significa "longo", no sentido de duração, junto com a palavra "dia"?

B. Argumento para o conceito dias-eras

(1) A palavra "dia", algumas vezes, trata de um período mais longo e indefinido de tempo. Em Gênesis 2:4, ela se refere à totalidade do período da criação; em Jó 20:28, ao tempo da ira de Deus; e no Salmo 20:1, a um dia ou era de tribulação. O plural, às vezes, é usado no sentido de "nos dias de" (Gn 26:18). O argumento está centrado especialmente em Gênesis 2:4, que parece indicar que Deus fez sua obra de criação durante um período não especificado, porém

longo; certamente mais longo que seis dias solares. "Visto o capítulo anterior ter indicado que houve pelo menos seis dias na criação dos céus e da Terra, é evidente que o *yom* ["dia", em hebraico] de Gênesis 2:4 (ERC) não pode, de forma alguma, ser compreendido como um dia de 24 horas – a menos que as Escrituras estejam em contradição!"[11] Mas essa idéia deixa de reconhecer que "nos dias de" é simplesmente uma expressão do hebraico para dizer "no tempo em que". Não existe artigo antes da palavra dia – em um dia, no dia.

(2) Como o Sol não foi criado antes do quarto dia, podemos deduzir que os primeiros três dias tiveram duração indefinida. Essa seria uma admissão de que os últimos quatro foram dias solares? Os defensores dos dias solares respondem que Deus deve ter criado alguma fonte de luz no primeiro dia simplesmente porque o texto afirma que havia luz; e a rotação da Terra em relação a essa fonte de luz iniciou o ciclo dia/noite, tarde/manhã mencionado em relação aos três primeiros dias.

(3) O sétimo dia, quando Deus descansou, durou mais de 24 horas; portanto, o mesmo ocorreu nos seis primeiros dias. O uso do descanso de Deus em Hebreus 4 reforça essa conclusão. Pedro também diz que, para o Senhor um dia é como mil anos (2 Pe 3:8).

Antes de aceitar essa conclusão, observe o seguinte: mesmo que o restante da vida cristã em Hebreus 4 esteja ligado ao descanso desfrutado por Deus no sétimo dia da criação, em lugar algum o autor de Hebreus sugere que o sétimo dia teve duração distinta dos seis primeiros dias da criação. Se fossem eras, então todos seriam eras; se foram dias, então todos eram dias. Para ser mais específico, Hebreus não diz que alguém mais descansou no sétimo dia além do Senhor. O texto diz que ele descansou, não que ele descansa. Pedro, obviamente, não diz que um dia são mil anos, tampouco que mil anos são um dia.

Em resumo: exegeticamente, o ônus da prova cabe aos que desejam entender os dias de Gênesis 1 como eras. Na interpretação normal dessa passagem, o uso da palavra dia acompanhada de números, o uso da frase "tarde e manhã" e as duas passagens de Êxodo apresentam fortes evidências do texto bíblico de que os dias eram dias solares (de 24 horas). Se Deus desejasse expressar a idéia de dias solares, como poderia dizer isso de forma mais clara?

VII. A APARÊNCIA DE HISTÓRIA

Qualquer ato da criação, necessariamente, está ligado à aparência de história, ou seja, inclui o passar do tempo. Embora Deus tivesse originalmente criado apenas as formas mais simples, elas não precisariam ter a aparência de história. A primeira fonte de luz, as águas, a primeira vegetação (mesmo se fossem apenas sementes), o Sol e as estrelas, as criaturas e Adão e Eva, tudo isso tinha alguma aparência de história quando surgiram.

Na realidade, isso é normal quando se trata de milagres. Muitos dos milagres realizados pelo nosso Senhor envolveram a impressão de que o tempo estava envolvido. O vinho do milagre em Caná, proveniente da água transformada por Jesus, aparentemente fora submetido ao processo natural de produção, mas, na verdade, isso não aconteceu (Jo 2:1-11). O alimento servido aos quatro mil tinha a aparência de ter sido plantado, colhido e preparado, mesmo que, na verdade, isso não tenha acontecido na história humana.

Parece irrefutável que Deus, originalmente, criou tudo com a aparência de história. A questão é: quanto de tudo o que existe ele criou? A provável resposta é: não mais do que o necessário e nada que servisse para nos enganar. A avaliação feita pelo próprio Deus de sua obra de criação foi que ela era "boa". Os milagres de Cristo foram feitos para demonstrar a sua glória (Jo 2:11). A bondade e a glória não deixam espaço para o engano.

VIII. ALGUMAS OBSERVAÇÕES CONCLUSIVAS

(1) Existiu uma criação real, factual, histórica e sobrenatural dos céus, da Terra e do ser humano. Negar, ajustar ou modificar isso lançando dúvidas sobre a confiabilidade de Gênesis não anula essa verdade, pois a atividade criativa original de Deus é mencionada em outras partes da Bíblia (Êx 20:11; 31:17; 1 Cr 1:1; Jó 38:4-7; Mt 19:4,5; 1 Co 11:7,8). Se Gênesis não for confiável, o mesmo seria verdade para outras partes da Bíblia.

(2) Um dilúvio mundial realmente ocorreu nos tempos de Noé. O fato de ele ter ocorrido em escala mundial é atestado, mais de uma dezena de vezes, em Gênesis 6–11, bem como em 2 Pedro 2:5 e 3:6. O Senhor confirmou a realidade do dilúvio em Mateus 24:38,39 e em Lucas 17:26,27. Por isso eu insisto: se a realidade do dilúvio é rejeitada ou sua extensão foi reduzida a algo apenas local, então será preciso rejeitar o testemunho do Senhor e também o de Pedro (veja Hb 11:7). Os registros do dilúvio, assim como o da criação, não podem ser vistos como exagero ou falsificação causados pela revelação "primitiva" de Gênesis.

As implicações da veracidade do dilúvio universal incluem as seguintes questões: a água envolvida no relato pode indicar a existência de uma massa de vapor condensada na ocasião do dilúvio, produzindo os 40 dias de forte chuva (Gn 1:6-8; cf. 7:11, 12). Isso teria causado uma mudança drástica no clima do mundo após o dilúvio, além de outros resultados.[12] É claro que a uniformidade em que os métodos de datação se baseiam seria afetada por isso.

O dilúvio destruiu toda forma de vida que não estava na arca construída por Noé. Isso explicaria os fósseis que continuam na Terra.

(3) Uma criação original, anterior a Gênesis 1:1, pode ser possível, mas isso me parece improvável. Caso tenha ocorrido e incluísse animais e plantas, então os fósseis poderiam ter se originado nesse período.

(4) A teoria do intervalo entre os versículos 1 e 2 do primeiro capítulo

de Gênesis não possui base exegética consistente.

(5) Tampouco a idéia de dias-eras do capítulo 1 possui evidências suficientes para ser aceita. Os dias solares são os mais indicados. O versículo 3 registra o início dos eventos no primeiro dia (veja frases como "Disse Deus: Haja [...]", que também aparecem no início dos demais dias). Isso significa que não sabemos quanto tempo durou a condição da Terra disforme e vazia mencionada no versículo 2, antes que os dias tivessem início. Mas seja longa ou curta, essa condição não envolvia plantas, animais nem formas humanas pré-adâmicas (Mt 19:4; 1 Co 15:45). Ainda que uma Terra original disforme tenha existido em tempos antigos, a Terra com forma, vegetação, animais e o ser humano, tudo isso foi criado durante os seis dias da criação. Portanto, essa Terra disforme não pode ser mais antiga que os dias solares permitidos pelos relatos genealógicos.

Em resumo: acima de tudo, precisamos acreditar no que Deus revelou nas Escrituras a respeito da sua criação. Nenhum ser humano estava presente quando isso ocorreu. Mas Deus, que é totalmente confiável, revelou os fatos a Moisés, autor de boa instrução e confiável. Apesar de nem todos os detalhes estarem incluídos no relato, muitos deles se encontram ali, e deveríamos fazer a exegese desse texto do mesmo modo como fazemos com outras passagens das Escrituras. Além disso, as verdades reveladas em Gênesis são atestadas por outras porções da Bíblia e pelo próprio Jesus.

1. WHITCOMB, John C. *The Early Earth.* Grand Rapids: Baker, 1972, p. 42.
2. Para uma discussão detalhada, veja: THOMAS, W. H. Griffith. *The Principles of Theology.* Londres: Church Book Room Press, 1945, p. XIX.
3. WHITCOMB. *The Early Earth,* p. 21.
4. Veja uma discussão deste assunto em DAVIS, John J. *Paradise to Prison.* Grand Rapids: Baker, 1975, pp. 39,40.
5. UNGER, Merrill F. Rethinking the Genesis Account of Creation. *Bibliotheca Sacra,* jan. 1958, p. 28.
6. PEMBER, George H. *Earth's Earliest Ages.* Grand Rapids: Kregel, 1975.
7. SAUER, Eric. *The King of the Earth.* Londres: Paternoster Press, 1962.
8. CUSTANCE, Arthur C. *Without Form and Void.* Brockville, Canadá: Author, 1970.
9. Para apoio detalhado dessa questão, veja: FIELDS, Weston W. *Unformed and Unfilled.* Nutley, NJ: Presbyterian and Reformed, 1976, pp. 81-86.
10. Para uma discussão detalhada, veja: RAMM, Bernard. *The Christian View of Science and Scripture.* Grand Rapids: Eerdmans, 1954, pp. 214ss.
11. ARCHER, Gleason L. *Enciclopédia de Temas Bíblicos.* São Paulo: Vida, 2001, p. 56.
12. Para uma discussão detalhada, veja: DILLOW, Joseph C. *The Waters Above.* Chicago: Moody, 1980.

31

A CRIAÇÃO DO HOMEM

I. AS CARACTERÍSTICAS DA CRIAÇÃO DO HOMEM

Somente o registro bíblico nos dá informações precisas sobre a origem da humanidade. Certas características desse ato da criação destacam-se no texto.

A. Foi planejada por Deus (Gn 1:26)

O ato de criar o ser humano tem base no conselho deliberado de Deus. Tudo aquilo que Deus criou até o momento em que disse que tudo era bom, de fato era bom. Porém, a criação estava incompleta sem o ser humano. O ser humano não foi uma idéia posterior, mas sim o resultado de um pensamento deliberado da Deidade. Após o Senhor ter criado o homem, ele disse que tudo o que havia feito "era muito bom" (v. 31).

B. Ocorreu de forma direta, especial e imediata (Gn 1:27; 2:7)

Não envolveu qualquer processo evolucionário ligando o homem a outras formas humanas, não-humanas ou pré-humanas.[1] Isso não significa que, até onde a natureza física diz respeito, o homem tenha derivado de alguma forma animal (não-humana) sobre a qual Deus soprou o fôlego de vida. De modo algum Gênesis 2:7 apóia essa teoria. Na verdade, essa passagem reforça o fato da criação especial a partir de materiais inorgânicos, não apoiando a idéia de uma criação derivada de alguma forma de vida prévia.

Se alguém quisesse usar isso para apoiar a teoria de que Adão foi criado a partir de alguma forma pré-orgânica de vida, certamente não poderia fazer o mesmo com Eva. O corpo da primeira mulher claramente foi obra de criação direta, especial e imediata. Reconhecer que isso ocorreu com Eva e, ao mesmo tempo, negar que tenha ocorrido com Adão é, no mínimo, ilógico.

Além disso, o pó da terra do qual foi formado o corpo do homem não pode ser uma referência alegórica a alguma forma animal, pois Deus disse que o homem voltaria ao pó quando morresse; o homem não volta a um estado animal na sua morte (3:19).

C. Envolveu dois aspectos

Deus usou o pó da terra sobre o qual ele soprou o fôlego de vida. Isso fez com que o homem ganhasse vida. A mesma frase ("criatura vivente") também é usada para falar de animais (1:21-24; 2:19), mas os animais não foram criados à imagem e semelhança de Deus, como o homem. Existe uma distinção clara entre o homem e os animais.

No caso de Eva, Deus primeiro tomou uma costela e a carne que a envolvia da lateral do corpo de Adão e, depois, modelou-a ou transformou-a em uma mulher (Gn 2:21-23). Deus criou Eva após tirar partes da lateral de Adão. "O verbo formar está relacionado à idéia de construir uma estrutura que tenha alguma importância; envolve um esforço de edificação."[2]

II. O MODELO PARA CRIAÇÃO DO HOMEM

Deus criou o homem à sua imagem e semelhança (Gn 1:26,27). Outras passagens relevantes para essa doutrina incluem Gênesis 5:1-3, que fala da transmissão da imagem de Adão a seus descendentes; Gênesis 9:6, que relata o conceito da punição capital; 1 Coríntios 11:7, que retrata a doutrina do comando; Colossenses 3:10, que exorta o fiel a revestir-se do novo homem que é de acordo com a imagem de seu Criador; e Tiago 3:9, que está relacionado com o uso correto das palavras. O Salmo 8, embora não contenha a frase "imagem de Deus", trata de forma poética a criação do homem e seu domínio.

A. O significado das palavras "imagem" e "semelhança"

As palavras hebraicas de Gênesis 1:26,27 são *tselem* e *demuth* (traduzidas na Vulgata por *imago* e *similitudo*). O equivalente no Novo Testamento são as palavras *eikon* e *homoiosis*. Embora alguns venham tentando fazer uma distinção entre as duas palavras para ensinar que existem dois aspectos na imagem de Deus, nenhum contraste grande entre eles tem apoio na lingüística. *Tselem* significa imagem moldada, uma figura formada e representativa, imagem no sentido concreto da palavra (2 Rs 11:18; Ez 23:14; Am 5:26). *Demuth* também se refere à idéia de similaridade, mas num aspecto mais abstrato ou idealístico. Ao usar as duas palavras juntas, o autor bíblico "parece estar tentando expressar uma idéia muito difícil, na qual deseja deixar claro que o homem, de alguma maneira, é o reflexo concreto de Deus, mas, ao mesmo tempo, deseja espiritualizar isso, em direção à abstração".[3]

Os pais latinos e gregos da Igreja faziam distinção entre imagem e semelhança, referindo-se ao primeiro em relação ao físico e ao segundo como a parte ética da imagem de Deus. Irineu entendia que a imagem referia-se à liberdade, à razão e à semelhança humana ao dom da comunicação sobrenatural com Deus perdida por causa da queda. Mas essas distinções não podem ser apoiadas com base nessas palavras. Observe, também, que as preposições são usadas de formas intercambiáveis em Gênesis 1:26,27 e 5:1-3.

B. O significado do conceito
Muito vem sendo escrito para tentar explicar o que significa o homem ter sido criado à imagem de Deus. Veja algumas dessas explicações:

1. *A visão corpórea.* Relacionada à imagem de Deus no homem como um ser completo, incluindo sua corporalidade. Para ser mais específico, abrange tanto o aspecto material quanto o imaterial do homem. Porém, inclui o corpo material do homem como parte da imagem de Deus, e isso pode ser classificado como visão corpórea.

> O homem é representado por seu ser completo, pois os israelitas sempre viam o homem em sua totalidade, seu ser físico, bem como suas funções espirituais, e se uma escolha tivesse de ser feita entre dois, diríamos que a aparência externa talvez seja mais importante que o aspecto espiritual. De acordo com L. Koehler, a imagem de Deus poderia consistir da posição correta do homem [...] [mas] a solenidade com a qual o escritor sacerdotal fala da imago Dei parece provar que ele não restringiu isso a um aspecto único. [...] Também é a um sentido físico que somos direcionados pela passagem de Gênesis que se refere à imagem de Deus relacionada com a questão da vingança do sangue (Gn 9:6).[4]

Dois obstáculos parecem atrapalhar a aceitação dessa visão.

(1) Se Deus é espírito e não possui corpo, então como a imagem de Deus na qual o homem foi criado podia ser corpórea? (2) Os animais possuem corpos, mas não foram criados à imagem de Deus, então a corporalidade não precisa, necessariamente, estar relacionada com a imagem de Deus.

2. *A visão não-corpórea.* Essa visão liga a imagem de Deus às facetas de sua personalidade. Muitos autores enfatizam similaridade na moral, no domínio, no exercício da vontade e das faculdades intelectuais (habilidade de falar, de organizar, etc.) como sendo específicas da imagem não-corpórea de Deus.

3. *A visão de combinação.* Gostaria de sugerir uma combinação das duas visões anteriores, como explico a seguir. Gênesis 1:27 declara que a humanidade, homem e mulher, foi criada à imagem de Deus. Ninguém atribui gêneros a Deus com base nessa declaração; mesmo assim, o uso de "homem" e "mulher" indica um gênero. De maneira similar, somente pelo fato de o homem, criado à imagem de Deus, ter corpo, isso não atribui, necessariamente, um corpo a Deus. Obviamente, o homem foi criado como um ser completo, material e imaterial, e o ser completo foi criado à imagem de Deus.

Assim sendo, (1) o corpo humano está incluído na imagem de Deus.

> Embora Deus, de maneira alguma seja físico, existe um senso de que até mesmo o corpo humano está incluído na imagem de Deus, pois o homem é um ser

> unitário, composto tanto de corpo quanto de alma. Seu corpo é um instrumento apto para a auto-expressão de uma alma criada para ter comunhão com o Criador e escatologicamente apropriada para se tornar "corpo espiritual" (1 Co 15:44). [...] [seu corpo] não era algo à parte do ser real de Adão, mas era essencialmente um com ele.[5]

(2) Ser criado à imagem de Deus também significa que somos seres vivos. Essa foi a ênfase dada por Paulo no Areópago (At 17:28,29). Refutando a crença de que os ídolos inanimados poderiam representar o Deus vivo, argumenta que, pelo fato de a humanidade ser criação de Deus, e como os homens são seres vivos, Deus também deve ser um ser vivo.

(3) O homem não é apenas um ser vivo, mas um ser semelhante a Deus, com inteligência e vontade própria, que dão a ele a habilidade de exercer domínio sobre o mundo (Gn 1:28).

(4) Adão não era apenas um ser unitário, vivo, inteligente e determinado, mas também um ser capaz de manter comunhão contínua com Deus. Como podemos expressar a condição original de Adão? Alguns usam a palavra "inocente", mas Adão era mais do que inocente, o que parece implicar apenas ausência de erro. A santidade original de Adão era positiva; mas não era igual à de Deus – era a de uma criatura. Foi sujeita a um teste, por isso não foi confirmada. Garantia a imortalidade, pois até Adão falhar no teste, não estava sujeito à lei da morte inevitável por causa do pecado.

Em resumo: a imagem de Deus na qual o homem foi criado incluía a totalidade de um ser que era: vivo, inteligente, determinado e moral.

4. *A visão católica romana.* Ela distingue imagem de semelhança. "Imagem" é a figura natural, que pertence ao homem criado e inclui a espiritualidade, a liberdade e a imortalidade. "Semelhança" indica que a imagem moral não pertence ao homem conforme a criação original, mas foi rapidamente, e muito cedo, atribuída a ele. Precisava ser acrescentada por causa da concupiscência, que é a tendência natural aos apetites mais vulgares, embora não seja, em si mesma, pecadora. A semelhança acrescenta a justiça e a santidade originais.

Quando o ser humano pecou, perdeu a semelhança, mas manteve a imagem. Essa justiça original perdida na queda pode ser acrescentada utilizando-se os sacramentos administrados pela Igreja Romana.

5. *A visão neo-ortodoxa.* Dentre os teólogos neo-ortodoxos, o conceito de Brunner, de certa maneira, é similar ao pensamento católico romano. Ele ensinou que existia uma imagem formal que não poderia ser perdida na queda, porque constituía o homem como homem. Ele também percebia uma imagem material que teria sido perdida na queda.

Barth, rejeitava a idéia de imagem formal, pois cria que o homem estava totalmente corrompido pelo pecado.

C. As ramificações desse conceito

Quando o pecado entrou na raça humana, a imagem de Deus na qual o homem foi criado não foi perdida. Pode-se dizer que foi descaracterizada, mas não apagada. Se o conceito de imagem foi descrito corretamente, então, quando o homem a perdeu, não poderia continuar sendo um ser vivo e racional.

A evidência maior de que a imagem não foi perdida é encontrada no uso que as Escrituras fazem disso após a queda. O fato de o homem ter sido criado à imagem de Deus é a base da instituição da pena de morte (Gn 9:6). O domínio exercido pelo homem também se baseia no fato de que ele foi criado à imagem de Deus (1 Co 11:7). Tiago nos alerta para não amaldiçoarmos outro ser humano, pois a humanidade foi criada à semelhança de Deus (Tg 3:9). Essas passagens não teriam fundamento se a imagem tivesse sido apagada na queda.

A regeneração e a santificação servem para moldar o cristão de acordo com a Pessoa de Cristo, à imagem de quem algum dia seremos perfeitamente conformados (Rm 8:29; 2 Co 3:18). Somente a graça pode fazer isso.

III. A TRANSMISSÃO DA PARTE IMATERIAL DO HOMEM

Quando Adão gerou Sete, ele se tornou pai de um filho à sua semelhança, conforme sua imagem (Gn 5:3). Embora Adão tenha sido criado diretamente à imagem de Deus, seus filhos foram gerados à imagem de Adão que, claro, mesmo após a queda continuava tendo a imagem de Deus (cf. 1 Co 11:7). Assim, a transmissão de sua humanidade ocorreu por meio da geração natural.

Ninguém questiona isso em relação ao aspecto material do homem. Nossos corpos vieram de nossos pais; o deles, de seus pais, e assim sucessivamente. Mas como o aspecto imaterial do homem passou de geração para geração? Tradicionalmente, muitas respostas vêm sendo propostas para essa questão. Vejamos quais são elas.

A. Preexistência

Essa teoria diz que as almas de todos os homens foram criadas por Deus no início do universo e encerradas em seus corpos como punição. As almas passam por várias encarnações ao longo da história e, nesse processo, tornam-se pecadoras. Platão e os gregos ensinaram essa transmigração de almas. Na Igreja primitiva, Orígenes (c. de 185-254) tinha uma visão similar. Modernamente, isso é ensinado na forma de teosofia, no hinduísmo e pelo filósofo F. R. Tennant. O cristianismo ortodoxo jamais defendeu essa visão, pois não possui base bíblica. Além disso, o aspecto da reencarnação desse ensino está em conflito direto com o ensinamento bíblico sobre a vida eterna ou punição eterna para cada indivíduo nascido neste mundo.

B. Criacionismo

Conforme defendia Charles Hodge, o criacionismo ensina que Deus cria a alma no momento da concepção ou do nascimento e imediatamente a une ao corpo.[6] A alma é pecadora, mas não porque a criação possua algum tipo de defeito, mas por causa de seu contato com a culpa herdada por intermédio do corpo. Hodge oferece três argumentos para apoiar o criacionismo: (1) Está mais de acordo com Escrituras como Números 16:22 e Hebreus 12:9, as quais afirmam que a alma provém de Deus (enquanto, em contraste, o corpo vem de pais terrenos). (2) Uma vez que a natureza da alma é imaterial, ela não poderia ser transmitida pela geração natural. (3) A impecabilidade de Cristo somente poderia ser verdade se sua alma fosse criada (e, claro, não seria unida a um corpo pecaminoso; logo, sua Pessoa seria sem pecado). Os católicos romanos e muitos teólogos reformados defendem o criacionismo.

C. Traducianismo

Esse ponto de vista afirma que a alma é transmitida pelo processo de geração natural, tal como o corpo. William G. T. Shedd citou três tipos de apoio para esse ponto de vista.[7] (1) Das Escrituras: Hebreus 7:10 indica que houve um ato moral e racional da parte de um Levi que ainda não havia nascido; Gênesis 2:1-3 declara que Deus descansou no sétimo dia da criação porque sua obra estava concluída. Nenhum ato novo, como criar novas almas, é indicado, e o versículo 7 não permite que o fôlego de vida fosse soprado sobre outra pessoa além de Adão. (2) Teológico: o criacionismo coloca Deus na condição de criar uma alma perfeita (ele não podia criar um homem pecador) para, então, fazê-la cair – como ocorreria com as crianças recém-nascidas. O caso de Cristo, que era sem pecado em todos os aspectos, é uma exceção e não pode ser considerado padrão para decidir essa questão. (3) Fisiológica: o homem sempre é visto como a união de uma alma e um corpo; portanto, é mais natural considerar que tanto o aspecto físico quanto o psicológico desenvolvem-se juntos.

Parece-me que o traducianismo apresenta uma explicação mais natural do que o criacionismo. Concordo com a observação de J. O. Buswell:

> Entre essas duas perspectivas, parece-me que existe um fato óbvio negligenciado na discussão histórica: a perfeita uniformidade e regularidade na chegada de uma alma toda vez que uma vida humana tem início. Conforme a nossa maneira normal de pensar, quando observamos essa perfeita uniformidade e a regularidade em outros aspectos, normalmente atribuímos seus resultados a forças secundárias que Deus criou, as quais ele mantém por sua providência divina. Por esse motivo, e somente por esse motivo, estou inclinado a aceitar a visão traducianista, mas não sinto que ela seja capaz de ser estabelecida firmemente com base em qualquer ensinamento explícito das Escrituras.[8]

1. Compare com: STRONG, A. H. *Teologia sistemática*. São Paulo: Hagnos, 2003, v. 1, pp. 575-83.
2. LEUPOLD, H. C. *Exposition of Genesis*. Columbus: Wartburg, 1942, p. 135.
3. LEITCH, Addison H. Image of God. In: *The Zondervan Pictorial Encyclopedia of the Bible*. Grand Rapids: Zondervan, 1975, v. 3, p. 256.
4. JACOB, Edmond. *Theology of the Old Testament*. Nova York: Harper & Row, 1958, pp. 168,9.
5. POWELL, Ralph E. Image of God. In: *Wycliffe Bible Encyclopedia*. Chicago: Moody, 1975, v. 1, p. 832.
6. HODGE, Charles. *Teologia Sistemática*. São Paulo: Hagnos, 2001, pp. 517ss.
7. SHEDD, William G. T. Dogmatic Theology. Nova York: Scribner, 1891, v. 2, pp. 7ss.
8. BUSWELL, J. Oliver. *A Systematic Theology of the Christian Religion*. Grand Rapids: Zondervan, 1962, p. 252.

32

AS FACETAS DO HOMEM

I. A NATUREZA DO HOMEM

A. Unidade bipartida

Quando Deus criou Adão, tomou o pó da terra e soprou nele o fôlego de vida para fazer dele um ser vivo (Gn 2:7). O ato da criação teve dois estágios, mas o resultado foi uma pessoa única, unitária. As partículas da terra forneceram a matéria-prima, e Deus soprou a vida de fato. A porção material e a imaterial foram combinadas para produzir uma criatura singular. No interior do aspecto material existe uma grande variedade de elementos – artérias, cérebro, músculos, cabelo, etc., e o imaterial também possui diversos elementos – alma, espírito, emoções, vontade, consciência, etc. Mas sem a unidade do ser humano, a diversidade não poderia funcionar. "A visão bíblica do ser humano o revela a nós como uma impressionante diversidade, sem jamais perder de vista a unidade do ser humano por inteiro, acabando por revelá-la e acentuá-la".[1]

É indiscutível que o ser humano, por natureza, é bipartido (tem dois aspectos). Possui um aspecto material e outro imaterial, dois aspectos distinguíveis. A morte física é descrita como a separação do corpo e do espírito (Tg 2:26). A dicotomia bíblica difere do ensino de Platão de que o corpo era perecível, mas a alma existia no mundo celestial em forma ou idéia pura antes da encarnar em um corpo humano e, portanto, não era algo criado, sendo imortal e parte da Deidade. A dicotomia bíblica, com certeza, não ensina que o corpo é a prisão da alma, a qual é liberta na morte para retornar ao mundo celestial ou para reencarnar em outro corpo. A idéia bíblica é completamente diferente do dualismo platônico.

B. Não é uma tricotomia ("dividido em três partes")

Aristóteles aprofundou a divisão dupla proposta por Platão ao dividir a alma em (a) alma animal (aspecto físico) e (b) alma racional (aspecto intelectual). Essa distinção foi desenvolvida pela doutrina católica por meio de Tomás de Aquino. Os primeiros escritores cristãos, influenciados pelos gregos, acreditavam encontrar apoio para a tricotomia em certas passagens do Novo Testamento, como fazem alguns autores modernos.

A tricotomia popular (que vê o homem como corpo, alma e espírito) faz com que o espírito seja superior à alma, e ambos superiores ao corpo. O corpo está relacionado ao ser, a alma com o mundo, mas o espírito está ligado ao próprio Deus. O espírito e o espiritual devem ser cultivados, enquanto a alma e o corpo são depreciados. Essa priorização é incompatível com a tentativa da tricotomia popular de fazer uma analogia entre a natureza tripartida de Deus e a do homem. Certamente, as pessoas da Trindade são todas iguais, embora as partes do homem não o sejam. A qual pessoa da Trindade corresponde o corpo? A tricotomia formal ou popular não tem apoio lógico, analógico nem bíblico.

Mas o que dizer das passagens comumente citadas para apoiar a tricotomia?

Hebreus 4:12 parece separar a alma do espírito e, conseqüentemente, apoiar a idéia de tricotomia. No entanto, esse versículo não diz que a Palavra separa a alma do espírito, mas sim que ela penetra a ponto de "dividir alma e espírito", expondo os aspectos mais íntimos do homem. A questão é simples: a Palavra não deixa nada escondido.

O texto de 1 Tessalonicenses 5:23 parece indicar que o aspecto imaterial do ser humano é dividido em alma e espírito. Os tricotomistas entendem que o corpo, a alma e o espírito, mencionados nesse versículo, definem as partes do homem; os dicotomistas dizem que representam o homem completo. Se esses três termos incluem todos os aspectos do homem, então qual é o papel do coração, da mente, da vontade e da consciência? Por que Paulo não os incluiu na lista? A ênfase desse versículo é o de sacrifício completo.

Primeira Coríntios 15:44 parece ensinar a diferença entre o corpo atual (um corpo com alma) e o corpo ressurreto (um corpo espiritual). Mas isso não significa que o espírito seja superior à alma. Além disso, João também descreve as pessoas que estavam no céu como "as almas" (Ap 6:9; 20:4).

O espírito pode compartilhar a impureza junto com a carne (2 Co 7:1). A tricotomia deveria indicar que a impureza afeta a carne e a alma, não o espírito. As paixões carnais fazem guerra contra a alma (1 Pe 2:11). A tricotomia deveria mostrar a carne lutando contra a alma, ou a alma contra o espírito. Como o Senhor pode nos ordenar que o amemos de toda a nossa alma, se a alma está ligada ao mundo e não entende a Deus? (Mc 12:30). A tricotomia deveria pedir que a ordem fosse "com todo o teu espírito", mas o espírito não é mencionado em nenhum dos mandamentos. Em Hebreus 10:38, a alma é usada para se referir a Deus.

Em resumo: O homem é formado de duas substâncias: a material e a imaterial. Cada uma possui variedades interiores. As muitas facetas do material e as muitas facetas do imaterial estão unidas para formar o todo de uma pessoa. O homem é uma grande diversidade em unidade.

II. AS FACETAS DA PARTE IMATERIAL DO HOMEM

O homem é como um diamante de muitas faces. Não constituem entidades separadas, mesmo que reflitam vários aspectos do todo. Podem servir a funções similares e sobrepostas, embora sejam distinguíveis. Elas não são partes; são aspectos, facetas e faces de um todo.

A. Alma

Em seu sentido básico, a palavra hebraica *nephesh* significa "vida". Ela é usada para designar o homem originalmente criado como ser (alma) vivente (Gn 2:7) bem como outras formas de vida (Gn 1:20,21, 24, 30; Lv 17:11). Veja também Êxodo 21:23 e Josué 2:13. Esse é o sentido em que nossa língua trataria de um indivíduo como alma.

O princípio de vida aparta-se do corpo na morte física (Gn 35:18; Jr 15:2). Embora o cadáver seja chamado de alma (Lv 21:1-3; Nm 6:6; 9:6), no Antigo Testamento a "alma" não existe à parte do corpo, enfatizando novamente a unidade do homem. "Esse uso de *nephesh* (alma) é rico e abundante, mas não podemos deixar de observar que *nephesh* jamais recebe o significado de um cerne indestrutível do ser, em contraste com a vida física, e sendo capaz de viver separado dessa vida".[2]

A alma também é o centro das várias experiências espirituais e imateriais da humanidade. Dentre elas, estão incluídas a compaixão (Jó 30:25), o desânimo (Sl 43:5), a amargura (2 Rs 4:27), o ódio (2 Sm 5:8), o amor (Ct 1:7; 3:1-4) e a dor (Jr 13:17).

O Novo Testamento revela algumas similaridades e diferenças no uso da palavra "alma" (*psyche,* em grego). Denota a pessoa individual e completa (At 2:41; 27:37), mas pode se referir somente à parte imaterial do homem (Mt 10:28). Também designa as pessoas no estado intermediário entre a morte e a ressurreição do corpo (Ap 6:9).

A alma parece ser o enfoque principal da redenção (embora esteja claro que o corpo físico também sinta os efeitos da redenção). Veja passagens como Hebreus 10:39; 13:17; Tiago 1:21; 1 Pedro 1:9,22; 2:11,25.

Em resumo: a alma pode significar a pessoa por inteiro, viva ou depois da morte; pode designar a parte imaterial de uma pessoa com seus diversos sentimentos e emoções; e é um importante enfoque da redenção e do crescimento espiritual.

B. Espírito

Espírito (*ruach,* em hebraico, ou *pneuma,* em grego) refere-se apenas à parte imaterial do homem, distinta da alma, que pode referir-se ao homem como um todo: aspecto material e imaterial. O ser humano é uma alma, mas não é chamado pela Bíblia de "espírito" – embora possua um espírito.

O espírito foi originado por Deus, e todas as pessoas possuem um espírito (Nm 16:22; Hb 12:9). A idéia de que o ser humano não possui espírito até que receba o Espírito

Santo quando é salvo não é bíblica (cf. 1 Co 2:11; Hb 4:12; Tg 2:26).

Sendo uma faceta da parte imaterial do homem, o espírito de uma pessoa é o centro de várias características, emoções e atividades. Dentre elas estão: o entendimento (Is 29:24), a memória (Sl 77:6), a humildade (Mt 5:3), a amargura (Gn 26:35), a angústia (Jo 13:21), o ciúme (Nm 5:14), a altivez (Pv 16:18) e a opressão (Sl 34:18). Pelo fato de poder evidenciar emoções indesejáveis, o espírito precisa de atenção na vida espiritual (Sl 51:10; 2 Co 7:1).

Embora a alma e o espírito possam estar relacionados às mesmas atividades ou emoções, realmente parece existir uma distinção e um contraste entre alma e espírito no pensamento paulino. Isso ajuda a explicar sua ênfase no espiritual (1 Co 2:14; 3:1; 15:45; Ef 1:3; 5:19; Cl 1:9; 3:16). Por quê?

> Quando Paulo tornou-se cristão, a experiência de ver Deus em Cristo veio a ser o fator determinante, não apenas de sua visão de Deus, mas de tudo. Como Paulo era judeu, sua atitude em relação a Deus afetou e determinou todos os seus pensamentos. Na experiência cristã, *psyche,* o termo usado para a pura vitalidade humana, deixou de ser importante. *Pneuma,* o termo que começou com Deus, mas que passou ao homem, veio a ser central. O uso pouco freqüente de *psyche* nos escritos de Paulo é a chave para entender isso. [...] o conhecimento de Paulo do Espírito Santo estabelece a base de sua antropologia, e *pneuma* assumiu a posição principal.[3]

Em resumo: o espírito não indica a pessoa como um todo, somente a parte imaterial com suas várias funções e sentimentos. No pensamento paulino, assume proeminência em relação à vida espiritual.

C. Coração

O coração é um conceito muito empregado tanto no Antigo quanto no Novo Testamento. Usado mais de 800 vezes, refere-se ao centro e ao controle da vida, tanto física quanto psíquica. Apenas um número relativamente pequeno de passagens está diretamente ligado ao órgão do corpo (2 Sm 18:14; 2 Rs 9:24). Em sua maior parte, coração é usado para aludir ao homem interior, a essência das muitas facetas de sua personalidade. Dentre elas estão:

1. *O coração é o centro da vida intelectual.* Ele sabe (Dt 8:5); adquire o conhecimento da Palavra (Sl 119:11); é a fonte dos maus pensamentos e ações (Mt 15:19,20); possui propósitos e pensa (Hb 4:12); pode ser enganoso (Jr 17:9).

2. *O coração é o centro da vida emocional.* Ele ama (Dt 6:5); reprova (Jó 27:6); se alegra e anima (Sl 104:15; Is 30:29); pode ficar triste (Ne 2:2; Rm 9:2); possui desejos (Sl 37:4); pode ficar amargurado (Sl 73:21).

3. *Ele é o centro da vida volitiva.* Ele busca (Dt 4:29); pode ser mudado (Êx 14:5) e endurecido (Êx 8:15; Hb 4:7); é capaz de escolher (Êx 7:22,23); pode ser incircunciso (Jr 9:26; At 7:51).

4. *Ele é o centro da vida espiritual.* Em seu coração, o homem crê para a justiça (Rm 10:9,10). Para o cristão, o coração é a morada do Pai (1 Pe 3:15), do Filho (Ef 3:17) e do Espírito Santo (2 Co 1:22). O coração do cristão deve ser puro (1 Tm 1:5; Hb 10:22) e estar circuncidado (Rm 2:29).

D. Consciência

A consciência é uma testemunha interior que diz ao homem que ele deve fazer o que acredita ser certo, não o errado. Não ensina o que é certo ou errado, porém nos incita a fazer aquilo que aprendemos ser o correto. Uma pessoa pode fazer algo errado e manter a consciência limpa, pelo fato de não ter sido bem instruída sobre o que é certo e o que é errado (At 23:1). A consciência aparece apenas no Novo Testamento. No texto do Antigo Testamento, essas funções da consciência são designadas ao coração (e.g., 1 Sm 24:5; Jó 27:6). No Novo Testamento, a consciência ocorre com maior freqüência nos escritos de Paulo (João também usou a palavra "coração" em 1 Jo 3:19-21). A consciência de quem não é salvo pode ser um bom guia (Jo 8:9; Rm 2:15). Mas também pode não ser, embora pareça guiar corretamente (At 23:1; 1 Tm 4:2; Tt 1:15; Hb 10:22). A consciência pode ser comparada aos freios de um carro em que não podemos confiar. A consciência do cristão serve para estimulá-lo a fazer o que é certo em vários aspectos de sua vida. (1) Ela o incita a obedecer ao governo que comanda o lugar onde vive (Rm 13:5). (2) Diz que deve suportar um empregador injusto (1 Pe 2:18,19). (3) A consciência de um irmão mais fraco (que não permite que ele coma carne sacrificada a ídolos) deveria ser respeitada pelo irmão mais maduro (1 Co 8:7,10,12). (4) A consciência pode ser chamada para testemunhar da profundidade e da realidade do compromisso espiritual (Rm 9:2; 2 Co 1:12; 4:2).

E. Mente

Assim como a consciência, a mente é um conceito mais presente no Novo Testamento. No Antigo Testamento, a palavra normalmente traduzida com a idéia de mente é "coração". A mente inclui tanto as faculdades de perceber e de entender como os sentimentos, os juízos e a determinação. As principais palavras gregas usadas pelo Novo Testamento para definir esse conceito são *phroneo, nous* e *sunesis.*

A mente dos ímpios é classificada como: reprovável (Rm 1:28), vaidosa (Ef 4:17), corrompida (Tt 1:15), cega (2 Co 4:4) e obscurecida (Ef 4:18). Além disso, eles não possuem essa faculdade fundamental representada pela *sunesis* (Rm 3:11).

A mente do cristão ocupa o lugar central em seu desenvolvimento espiritual. Deus a usa para que o homem compreenda a verdade (Lc 24:45; 1 Co 14:14,15). Uma vida dedicada deve incluir uma mente renovada (Rm 12:2). A mente está envolvida na decisão de coisas duvidosas (14:5), na busca da santidade (1 Pe 1:13), na compreensão da vontade de Deus (Ef 5:17) e no amor ao Senhor (Mt 22:37).

Todo pensamento deve ser levado cativo à obediência de Cristo (2 Co 10:5).

F. Carne

Embora a carne algumas vezes se refira ao corpo físico (Lc 24:39) ou à parte material do homem (1 Co 15:39; Hb 5:7), quando usada para falar de uma faceta de sua natureza imaterial, refere-se à sua disposição de pecar e de opor-se a Deus (Rm 7:18; 1 Co 3:3; 2 Co 1:12; Gl 5:17; Cl 2:18; 2 Pe 2:10; 1 Jo 2:16). Tanto cristãos quanto ímpios possuem essa capacidade.

G. Vontade

Na verdade, a Bíblia fala muito mais a respeito da vontade de Deus do que da vontade do homem. E quando o faz, não é de maneira sistemática. A vontade do cristão pode incitá-lo a fazer o que é certo e o que é errado (Rm 7:15-25; 1 Tm 6:9; Tg 4:4). A vontade pode ser mais uma expressão da pessoa (por intermédio de outras facetas de sua personalidade) do que uma faculdade distinta do ser. Essas são as facetas da parte imaterial do homem, pelas quais ele pode glorificar a si mesmo ou glorificar e servir a seu Senhor.

1. Berkouwer, G. C. *Man – The Image of God*. Grand Rapids: Eerdmans, 1952, p. 200.
2. Wolff, Hans Walter. *Anthropology of the Old Testament*. Filadélfia: Fortress, 1974, p. 20.
3. Stacey, W. David. *The Pauline View of Man*. Londres: Macmillan, 1956, pp. 126,7.

33

A QUEDA DO HOMEM

A validade do relato da queda do homem em Gênesis 3 pode ser classificada de três maneiras:

(1) Alguns dizem que é uma lenda, o que significa que os fatos não são verídicos. "Fica evidente em todo o sistema da narrativa que tais idéias não possuem o valor de relatos históricos. É uma visão geral de religião e moral à luz de um período posterior. Mas apresentar um conhecimento desses dias primitivos de maneira alguma é, segundo esse relato, algo totalmente sem valor."[1]

(2) Outros desejam preservar a "verdade" da história sem precisar aceitar sua credibilidade histórica. Para eles, trata-se apenas de uma "realidade espiritual" verdadeira. Por isso, A. M. Hunter a chama de "mito verdadeiro". "A menos que sejamos fundamentalistas irredutíveis, sabemos que Gênesis 3 deve ser considerado corretamente como um 'mito verdadeiro' – embora o Éden possua uma localização geográfica real e a queda de Adão tenha uma data estabelecida, esse capítulo testemunha uma dimensão da experiência humana tão presente hoje quanto no início da história – em termos simples, somos criaturas caídas. A história de Adão e Eva é sua e minha história."[2]

(3) Muitos consideram o relato como uma verdade histórica e factual. "O relato da criação, seu início, progresso e término carregam as marcas, tanto formal quanto em substância, de um documento histórico cuja intenção é que devemos aceitar como verdade, não apenas a declaração de que Deus criou o céu e a Terra, e tudo o que vive e habita no mundo, mas também a descrição da própria criação em todos os seus estágios".[3]

Outras passagens das Escrituras validam a historicidade da queda. Veja 1 Coríntios 15:21,22 e 1 Timóteo 2:14. Mas, de modo especial, observe como Paulo refere-se à historicidade do pecado de Adão em Romanos 5:12-21. Ele comparou isso repetidamente com o que Cristo fez na cruz. Muitos que entendem Gênesis 3 como lenda, poema, mito verdadeiro ou algo similar não negam que a morte de Cristo foi factual (ainda que não concordem com seu significado). Mas a comparação de Paulo e o contraste estabelecido nessa passagem exigem que tanto a ação de Adão quanto a de Cristo sejam verdadeiras ou que as duas sejam lendas ou mitos. Aceitar que a morte de Cristo é um fato e dizer que o pecado de Adão não o é seria, no mínimo, questionar a coerência da passagem. Mas é exatamente isso o que os barthianos tentam fazer. Não apenas aceitam a historicidade da morte de Cristo, mas também, para eles, esse é o ponto mais alto da revelação. Não consideram o relato de Gênesis 3 factual, embora reconheçam a verdade e a realidade do pecado. Porém, se, de acordo com essa passagem, Cristo e seus atos estão na dimensão do fato, então o mesmo deveria ser verdade para Adão e para seus atos.

I. OS QUE FORAM TENTADOS

Qual era a natureza de Adão e sua relação com Deus antes de pecar?

A. Suas capacidades

Sabemos que Adão possuía entendimento e razão, o que o capacitava a dar nomes aos animais e a pensar sobre seu relacionamento com Eva (Gn 2:19-23). Deus também o capacitou a usar a linguagem para que pudesse haver comunicação entre ele e Deus (vv. 16, 20, 23).

B. Sua natureza moral

Independentemente da descrição que façamos da natureza moral de Adão antes da queda, é claro que ele era sem pecado. Alguns dizem que isso indica algum tipo de santidade passiva em que Adão desconhecia o que era errado. Sua santidade era tal que o capacitava a desfrutar de completa comunhão com Deus. Talvez seja forte demais falar sobre uma santidade positiva, pois Adão tinha a capacidade de escolher o pecado. Prefiro a seguinte descrição: Adão possuía o que podemos chamar de: santidade (pois era mais do que "inocente") não confirmada (pois não havia passado no teste nem fora reprovado) de criatura (pois sua santidade não era igual à do Criador).

Adão tinha liberdade para escolher e uma mente capaz de avaliar essas escolhas.

> Portanto, Adão poderia manter-se, se o quisesse, pois que não caiu senão por sua própria vontade. Já que, entretanto, flexível lhe era a vontade para uma e outra direção, nem lhe fora dada constância para se preservar, por isso veio facilmente a cair. Contudo, livre lhe foi a escolha do bem e do mal. Não apenas isso, mas sua mente e vontade estavam possuídas de retidão consumada, e todas as partes orgânicas estavam adequadamente ajustadas à obediência, até que, perdendo-se a si próprio, corrompeu todo o bem que nele havia.[4]

C. Suas responsabilidades

1. *Exercer domínio sobre a Terra* (Gn 1:26-28). Os teonomistas entendem que isso se refere ao que é chamado de "mandato cultural", o qual autorizava o homem a trazer todas as estruturas do mundo sob o senhorio de Cristo, destruindo qualquer tipo de oposição a Deus. Os escritores reformados entendem isso de modo similar. Contudo, não enfatizam o estabelecimento da Lei do Antigo Testamento na sociedade moderna

em todos os seus aspectos. No entanto, observe que a idéia de "sujeitar a Terra" não faz parte da ordem dada após o dilúvio a Noé e seus descendentes (o que nos inclui) (Gn 9:1). Veja, também, que a palavra "sujeitar", de Gênesis 1:28, provém de uma raiz que significa "dominar" ou "controlar" e refere-se ao cultivo da terra para que a raça pudesse multiplicar-se. Adão devia administrar a Terra e suas criaturas para que pudesse sustentar as pessoas que a encheriam. Foi nesse contexto que Adão recebeu a ordem de cultivar e de cuidar do jardim do Éden (2:15). Presumimos que o jardim teria crescido em uma exuberante desordem se Adão não tivesse cumprido essa ordem.

2. *Desfrutar dos frutos resultantes de seu trabalho de cuidar do jardim* (Gn 2:16,17).

II. O TESTE

O teste supremo era se Adão e Eva obedeceriam a Deus ou não. O modo como provariam isso era não comer o fruto de uma das árvores do jardim: a árvore do conhecimento do bem e do mal. Em certo sentido, essa era uma proibição insignificante em comparação com as muitas árvores do jardim das quais poderiam comer. Por outro lado, era uma questão fundamental, pois essa era a maneira específica de demonstrar sua obediência ou desobediência a Deus. Fazendo uma comparação, no transcorrer de um dia, de quantas maneiras diferentes somos capazes de demonstrar nossa obediência ou desobediência a Deus?

Ao estabelecer um teste, Deus demonstrou que seu desejo era que os homens escolhessem, voluntariamente, obedecer e servir ao Senhor. Ele não queria que fôssemos como robôs.

III. O TENTADOR

Com astúcia, Satanás usou uma criatura que Eva conhecia, em vez de apresentar-se em sua verdadeira aparência. Isso provavelmente teria chamado sua atenção, pois seria algo fora do comum, o que a deixaria em estado de alerta. Satanás usou uma serpente real, uma vez que esse animal foi amaldiçoado após a queda juntamente com o diabo. Por algum motivo, Eva não ficou assustada quando a serpente falou com ela. "O tentador dirigiu-se à mulher, provavelmente [porque] [...] ela não recebera pessoalmente a proibição de Deus, como ocorreu com Adão (cf. vv. 16,17)."[5]

IV. A TENTAÇÃO

A. A falsificação de Satanás

Uma falsificação, claro, é tão parecida quanto possível com o artigo verdadeiro, mas, ao mesmo tempo, deixa algo fundamental de fora. Sendo um mestre da falsificação, Satanás, em algum momento anterior, já havia desejado ser como Deus (Is 14:14). Agora, aproximava-se de Eva com a sugestão de que seu plano era igual ao de Deus, mas sem as restrições da obediência total. Quando questionou se Deus havia dito que alguma árvore no jardim estava proibida, Eva rapidamente afirmou que ela e Adão poderiam tomar de todas as árvores do jardim, exceto uma. Mas essa exceção pareceu vir à sua mente apenas em um momento posterior. Satanás havia sugerido a possibilidade de que Deus havia imposto restrições muito grandes sobre eles, e Eva começou a gostar daquela idéia.

Então, Satanás continuou, oferecendo-lhes seu próprio plano, que não continha tal restrição. "A mulher age baseada no pressuposto de que a intenção de Deus não era amigável, enquanto Satanás está empenhado em promover o bem-estar dela."[6] Satanás procurava escamotear a bondade de Deus.

A tentação oferecida por Satanás pode ser vista em forma de silogismo. A premissa maior era que essas restrições não eram boas. A premissa menor era que o plano de Deus incluía uma restrição. A conclusão a que se chegava: o plano de Deus não era bom. Por outro lado, o plano de Satanás não incluía restrição alguma; portanto, era bom. A validade dessa conclusão depende da veracidade da premissa maior, que, nesse caso, não é verdadeira. As restrições não são necessariamente ruins ou indesejáveis. Com certeza, a restrição imposta a Adão e Eva no Jardim era boa, pois mostrava a principal maneira pela qual poderiam demonstrar sua obediência à vontade de Deus. O plano falsificado de Satanás acabava com a restrição e oferecia uma falsa esperança: se Eva comesse o fruto proibido, poderia ser como Deus.

B. A racionalização de Eva

A racionalização de Eva sobre o que estava prestes a fazer pode ter sido algo semelhante. Enquanto examinava a proposta de Satanás, Eva argumentou que o fruto era bom para comer, e oferecer boas coisas a Adão era uma de suas responsabilidades como esposa. Além disso, por que Deus proibiria um fruto que era tão agradável aos olhos? Afinal, ele criara tantas outras coisas belas para que delas desfrutassem! Além disso, Deus certamente desejaria que eles obtivessem o conhecimento! Portanto, comer do fruto era desejável, e até mesmo necessário. O mandamento expresso de Deus para que não comessem sumiu de sua mente. As bênçãos que o Senhor lhes oferecia foram rapidamente esquecidas. A mente de Eva parecia cheia apenas de racionalizações – o fruto lhes daria sustento físico, seu gosto era agradável e aumentaria sua sabedoria. Tendo justificado o que estava prestes a fazer, tomou do fruto da árvore e comeu.

V. AS PENALIDADES

A. Sobre a raça humana (Gn 3:7-13)

1. *Um sentimento de culpa, como fica evidenciado pela tentativa de encobrir seu ato* (v. 7).

2. *Perda da comunhão, como fica evidenciado em sua tentativa de esconder-se de Deus* (v. 8). Isso também trouxe à raça humana tanto a morte física quanto a espiritual. A morte sempre implica separação; Adão e Eva experimentaram imediatamente a separa-

ção espiritual e entraram no processo de decadência do corpo, cujo resultado final foi a morte física (Rm 5:12).

B. Sobre a serpente (Gn 3:14)

A serpente foi condenada a rastejar, o que talvez fosse um sinal de degradação e/ou indicasse que ela era uma criatura que andava antes de essa penalidade ter sido imposta. Essa condição continuará existindo até mesmo durante o milênio (Is 65:25). Na verdade, todo o reino animal foi afetado pela queda. Isso ocorreu para que o homem, em sua condição caída, pudesse continuar exercendo certo grau de domínio sobre os animais (Rm 8:20).

C. Sobre Satanás (Gn 3:15)

1. *A descendência de Satanás e a descendência da mulher.* Haverá inimizade entre a descendência de Satanás (todos os perdidos, Jo 8:44; Ef 2:2) e a descendência da mulher (todos os membros da família de Deus).

2. *Morte para Satanás; ferimento para Cristo.* Uma pessoa da descendência da mulher (Jesus Cristo) iria golpear mortalmente a cabeça de Satanás. Isso ocorreu na cruz (Hb 2:14; 1 Jo 3:8). Além disso, Satanás faria com que Cristo sofresse ("ferirás o calcanhar"). Os judeus que viveram antes de Cristo demonstraram uma "aceitação velada da idéia messiânica de Gênesis 3:15".[7]

D. Sobre Eva e as mulheres (Gn 3:16)

1. *Dor na concepção.* Deus iria multiplicar os sofrimentos que a mulher sente na gravidez. O nascimento de seus filhos passaria a ser acompanhado pela dor.

2. *O desejo da mulher seria para o marido.* Alguns entendem que isso indica uma compensação pelo sofrimento e pela dor do parto. Ou seja, apesar da dor, ela sentiria uma profunda atração sexual pelo marido e desejaria ter filhos. Outros atribuem a isso outro significado: ela teria o desejo de controlar o marido, algo que contraria a ordem estabelecida por Deus. A mesma palavra para indicar desejo é usada com esse sentido em Gênesis 4:7.[8]

3. *Hierarquia de poder.* A mulher seria dominada pelo homem, um arranjo hierárquico necessário para um mundo pecaminoso. O Novo Testamento não defende esse arranjo (1 Co 11:3; 14:34; Ef 5:24,25; Tt 2:3-5; 1 Pe 3:1, 5, 6).

E. Sobre Adão e os homens (Gn 3:17-24)

1. *Maldição sobre a terra.* A terra foi amaldiçoada por causa do pecado de Adão. Ela passaria a produzir "cardos e abrolhos", aumentando o trabalho do homem para fazê-la produzir. Antes disso, o trabalho de Adão era agradável e o satisfazia, agora passaria a ser difícil e sem resultados.

2. *Morte.* Adão (e toda a humanidade) voltaria ao pó da terra quando morresse.

3. *Expulsão do Éden.* Adão foi lançado fora do jardim. Esse foi um ato com sentido tanto geográfico quanto espiritual, simbolizando a quebra da comunhão.

VI. AS CONSEQÜÊNCIAS

Além dessas penalidades específicas, duas conseqüências importantes do pecado de Adão e Eva devem ser destacadas:

Em primeiro lugar, todo pecado afeta outras pessoas. O pecado de Eva afetou Adão e o pecado de Adão afetou toda a raça humana. Ninguém peca totalmente isolado, sem que haja conseqüências sobre outros. Tudo o que fazemos ou deixamos de fazer, de uma maneira ou de outra, afeta pouca ou muita gente.

Em segundo lugar, o pecado, após ser cometido, jamais pode ser desfeito. É possível experimentar o perdão e a comunhão restaurada, mas a história não pode ser desfeita nem apagada. Adão e Eva, depois de expulsos, não poderiam retornar ao jardim do Éden. Esaú não seria capaz de recuperar o direito à primogenitura que ele vendeu (Hb 12:16,17). Por causa de seu pecado, Moisés não entrou na Terra Prometida, apenas a observou de longe (Nm 20:12; Dt 3:27). O reino foi tirado de Saul e de seus descendentes porque ele não esperou por Samuel para oferecer os sacrifícios (1 Sm 13:13,14). Esses exemplos servem de alerta para as conseqüências do pecado.

Mesmo assim, essas duas conseqüências tinham outro lado. O pecado afeta a outros, mas a graça e a bondade fazem o mesmo. A história não pode ser apagada, mas o futuro pode ser diferente (melhor) quando aprendemos as lições da história. Paulo entendeu que a conduta de João Marcos na primeira viagem missionária desqualificava-o para seguir com eles na segunda viagem (At 15:38), mas Marcos deve ter aprendido algumas lições com isso, pois mais tarde Paulo desejou ter Marcos ao seu lado (2 Tm 4:11). A queda afetou todos os seres humanos, trazendo privação e morte, e sempre será o pior evento de toda a história da humanidade. Porém, onde abundou o pecado, superabundou a graça, e aquele que faz a vontade de Deus permanece eternamente (Rm 5:20; 1 Jo 2:17).

---

1. SCHULTZ, Hermann. *Old Testament Theology*. Edinburgh: T. & T. Clark, 1895, v.1, p. 89.
2. HUNTER, A. M. *Interpreting Paul's Gospel*. Londres: SCM, 1954, p. 77.
3. KEIL, C.F e DELITZSCH, F. *The Pentateuch*. Edinburgh: T. & T. Clark, s.d., v. 1, p. 137.
4. CALVINO, João. *As Institutas*. São Paulo: Casa Editora Presbiteriana, 1985, v. 1, cap. XV, p. 211.
5. VOS, Geerhardus. *Biblical Theology*. Grand Rapids: Eerdmans, 1948, p. 45.
6. Ibid., p. 47.
7. BARON, David. *Rays of Messiah's Glory*. Winona Lake, IN: BMH Books, 1979, p. 44-5.
8. Veja FOH, Susan T. *Women and the Word of God*. Nutley, NJ: Presbyterian & Reformed, 1980, pp. 67-9.

Parte 8

O Pecado

34

O CONCEITO BÍBLICO DE PECADO

O conceito bíblico de pecado vem de um estudo das palavras usadas nos dois Testamentos para falar do pecado. Os termos são numerosos quando comparados com as palavras usadas para "graça" na Bíblia. Somente três palavras são necessárias para expressar graça (*chen* e *chesed* no AT e *charis* no NT). Em contraste, existem pelo menos oito palavras básicas para falar de pecado no Antigo Testamento e uma dúzia no Novo. Juntas, apresentam os conceitos básicos envolvidos nessa doutrina.

I. NO ANTIGO TESTAMENTO

A. Chata

Em todas as suas formas, essa palavra usada para indicar pecado aparece cerca de 522 vezes no Antigo Testamento. Seu significado básico é "errar o alvo". Seu equivalente no grego é *hamartano*. Mas errar o alvo também envolve acertar outro lugar. Ou seja, quando erramos o alvo e pecamos, também atingimos outra coisa, um lugar errado. Essa não é apenas uma idéia passiva de erro, mas também envolve uma atividade: acertar algo. É usada para designar pecados morais, a idolatria e pecados cerimoniais. Algumas referências importantes sobre o assunto são: Êxodo 20:20; Juízes 20:16; Provérbios 8:36 e 19:2.

B. Ra

Usada cerca de 444 vezes no Antigo Testamento, essa palavra é o equivalente a *kakos* ou *poneros*, tendo a idéia básica de "quebrar" ou "romper". Muitas vezes, indica calamidades e é comumente traduzida por "mal" ou "perverso". Pode indicar algo injurioso e, também, algo moralmente errado (Gn 3:5; 38:7; Jz 11:27). Isaías 45:7 afirma que Deus criou a luz e as trevas, a paz e o *ra*. Alguns entendem que isso significa "calamidades" e outros, "o mal". Se essa segunda idéia estiver correta, então revelaria que todas as coisas, inclusive o mal, estão dentro do plano de Deus. Contudo, a responsabilidade pelos pecados cometidos é colocada sobre a criatura e não sobre o Criador.

C. Pesha

A idéia básica dessa palavra é "rebelar", mesmo que normalmente seja traduzida como "transgredir" ou "revoltar" e suas variantes. Veja 1 Reis 12:19; 2 Reis 3:5; Salmo 51:13 e Isaías 1:2.

D. Awon

Essa palavra inclui tanto as idéias de "iniqüidade" quanto de "culpa", que em hebraico estão intimamente ligadas (1 Sm 3:13). Observe seu uso em conexão com o Servo Sofredor (Is 53:6) e com o pecado de desprezo pelo Senhor (Nm 15:30,31).

E. Shagag

Essa palavra significa "errar" ou "extraviar-se", como uma ovelha ou um bêbado (Is 28:7). Refere-se ao erro pelo qual quem o comete fica responsável. Por isso, a Lei implica que a pessoa que se desviasse tinha a responsabilidade de saber o que a Lei determinava (Lv 4:2; Nm 15:22).

F. Asham

Quase todos os usos dessa palavra são encontrados em conexão com os rituais realizados no tabernáculo e no templo em Levítico, Números e Ezequiel. Sua idéia principal é a culpa perante Deus. Serve para designar as ofertas pela culpa e pelo pecado e, portanto, inclui tanto a culpa intencional quanto a que não teve intenção (Lv 4:13; 5:2,3).

G. Rasha

Raramente é usada antes do exílio, mas aparece com freqüência em Salmos, Ezequiel e na literatura de sabedoria. Ela dá a idéia de "perverso" ou de "impiedade" (ARA), o oposto de justiça (Êx 2:13; Sl 9:16; Pv 15:9; Ez 18:23).

H. Taah

Essa palavra significa "vaguear", "extraviar-se". O pecado é deliberado, não acidental, embora a pessoa talvez não perceba as conseqüências de seus atos pecaminosos. Veja Números 15:22; Salmo 58:3; 119:21; Isaías 53:6 e Ezequiel 44:10, 15.

Com o estudo dessas palavras, podemos chegar a certas conclusões sobre o que o Antigo Testamento ensina sobre o pecado.

(1) O pecado pode assumir muitas formas e, por causa da variedade de palavras usadas em sua língua para designá-lo, todo israelita era capaz de estar ciente da forma particular que seu pecado assumia.

(2) O pecado é aquilo que contraria uma norma, e por fim acaba sendo desobediência a Deus.

(3) A desobediência envolve tanto idéias positivas quanto negativas, mas a ênfase está sobre o lado positivo de algo errado, não somente na omissão do que é bom. O pecado não é apenas errar o alvo, mas também acertar o lugar errado.

II. NO NOVO TESTAMENTO

O Novo Testamento utiliza pelo menos uma dúzia de palavras básicas para descrever o pecado.

A. Kakós

Significa algo ruim. O advérbio, algumas vezes, é usado para referir-se a mal-estar físico, ou seja, a uma doença (Mc 1:32), mas o adjetivo normalmente indica mal-estar moral (Mt 21:41; 24:48; Mc 7:21; At 9:13; Rm 12:17; 13:3,4, 10; 16:19; 1 Tm 6:10).

B. Ponerós
Esse é o termo básico para mal e quase sempre indica mal moral (Mt 7:11; 12:39; 15:19; At 17:5; Rm 12:9; 1 Ts 5:22; Hb 3:12; 2 Jo 11). Também é usado para se referir a Satanás (Mt 13:19,38; 1 Jo 2:13,14; 5:18; e possivelmente Mt 6:13 e Jo 17:15) e a demônios que são chamados de "espíritos malignos" (Lc 11:26; At 19:12).

C. Asebēs
Essa palavra, que significa "ímpio", aparece principalmente em 2 Pedro e Judas para se referir aos apóstatas. Aqueles que não foram salvos são chamados de "ímpios" (Rm 4:5; 5:6). Ocasionalmente, ela aparece com outras palavras que se referem ao pecador (1:18; 1 Tm 1:9; 1 Pe 4:18).

D. Énochos
Essa palavra significa "réu" ou "culpado" e normalmente denota alguém cujos crimes são passíveis de morte (Mt 5:21,22; Mc 14:64; 1 Co 11:27; Tg 2:10).

E. Hamartía
Essa é a palavra usada com mais freqüência para falar de pecado, ocorrendo em suas várias formas cerca de 227 vezes. Quando um escritor queria usar uma palavra inclusiva para designar pecado, usava *hamartía*. A metáfora por trás dessa palavra é errar o alvo, mas, assim como no Antigo Testamento, não se trata de uma idéia negativa, pois inclui a idéia positiva de atingir algo errado. Quando usada nos Evangelhos, quase sempre ocorre em um contexto que fala de perdão ou de salvação (Mt 1:21; Jo 1:29). Outras referências úteis são: Atos 2:38; Romanos 5:12; 6:1; 1 Coríntios 15:3; 2 Coríntios 5:21; Tiago 1:15; 1 Pedro 2:22; 1 João 1:7; 2:2 e Apocalipse 1:5.

F. Adikía
Em sentido amplo, esse termo refere-se a qualquer conduta errada. É utilizado para falar sobre pessoas não salvas (Rm 1:18), dinheiro (Lc 16:9), partes do corpo humano (Rm 6:13; Tg 3:6) e ações (2 Ts 2:10).

G. Anomos
Freqüentemente traduzido como "transgressão" ou "iniqüidade" e termos associados, essa palavra literalmente significa "sem lei". Está relacionada com violar a lei no sentido mais amplo (Mt 13:41; 24:12; 1 Tm 1:9). Escatologicamente, refere-se ao anticristo, "o iníquo" (2 Ts 2:8).

H. Parabátes
Com o significado de "transgressor", essa palavra normalmente está relacionada com violações específicas da lei (Rm 2:23; 5:14; Gl 3:19; Hb 9:15).

I. Agnoein
Pode se referir à adoração ignorante de algo que não seja o Deus verdadeiro (At 17:23; Rm 2:4), mas essa ignorância faz com que o adorador

seja culpado e precise de um sacrifício (Hb 9:7).

J. Planáo
Seu significado é "desgarrar", com sentido de culpa (1 Pe 2:25). As pessoas podem enganar outras (levá-las pelo mau caminho) (Mt 24:5,6); podem enganar a si mesmas (1 Jo 1:8); e Satanás leva o mundo inteiro para o caminho do mal (Ap 12:9; 20:3,8).

L. Paraptōma
A idéia dessa palavra é "cair ao lado de", na maioria de suas ocorrências como algo deliberado. Paulo usa essa palavra seis vezes em Romanos 5:15-20 (em que é traduzida como "ofensa"). Veja também Mateus 6:14; 2 Coríntios 5:19; Gálatas 6:1; Efésios 2:1 e Tiago 5:16.

M. Hypókrisis
Essa palavra incorpora três idéias: "interpretar falsamente", como faria um oráculo; "fingir", como faria um ator; e "seguir uma interpretação" reconhecidamente falsa. Essas idéias parecem unir-se ao relato da atitude tomada por Pedro em Gálatas 2:11-21. Os falsos mestres do final dos tempos interpretarão falsamente e fingirão ser algo que não são; muitos seguirão seus ensinamentos (1 Tm 4:2). Os hipócritas primeiro enganam a si mesmos e fazem o que é errado; depois, enganam os outros. Essa é a terrível natureza do pecado.

Várias conclusões podem ser apresentadas a partir desse estudo de palavras do Novo Testamento.

(1) Sempre existe um padrão claro contra o qual o pecado é cometido.
(2) No final de tudo, o pecado é uma rebelião contra Deus e uma transgressão de seus padrões.
(3) O mal pode assumir muitas formas.
(4) A responsabilidade do homem é entendida de forma clara e definitiva.

III. UMA DEFINIÇÃO FINAL

O pecado pode ser definido de maneira apropriada se usarmos todas essas palavras descritivas, pois suas várias formas são registradas no Antigo e no Novo Testamento. Essa seria uma definição correta e final, ainda que muito longa. Talvez seja uma boa idéia defini-lo da seguinte forma: pecado é errar o alvo, maldade, rebelião, iniqüidade, desviar-se do caminho, impiedade, desgarrar-se, crime, desobediência à lei, transgressão, ignorância e queda.

De maneira mais sucinta, pecado geralmente é definido como transgressão à lei (1 Jo 3:4). Essa é uma definição correta enquanto entendermos o pecado em seu sentido mais amplo, ou seja, afastamento dos padrões estabelecidos por Deus. O teólogo Augustus Strong apresenta um bom exemplo quando define pecado como "inconformidade à lei moral de Deus, seja por meio de atos, disposição ou estado".[1]

O pecado também pode ser definido como algo contra o caráter de Deus (de Rm 3:23, em que a glória de Deus é o reflexo de seu caráter).

Buswell define pecado desta maneira: "Pecado pode ser definido como qualquer coisa na criatura que não expresse ou que seja contrário ao caráter santo do Criador".[2]

Certamente a principal característica do pecado é que ele é direcionado contra Deus. (Isso também pode ser expresso em relação à lei de Deus.) Qualquer definição que deixe de refletir isso não é bíblica. O lugar-comum que considera os pecados divididos em categorias, como pecados contra a pessoa, contra os outros e contra Deus, acaba não enfatizando que, no final, todo pecado é contra Deus (Sl 51:4; Rm 8:7).

Não permitamos que esse estudo da definição de palavras nos desvie e acabemos esquecendo como o pecado é terrível aos olhos de um Deus santo. Habacuque disse de forma sucinta: "Tu és tão puro de olhos, que não podes ver o mal e a opressão não podes contemplar" (Hc 1:13). Lembre-se de que o pecado é tão destrutivo que somente a morte do Filho de Deus pode retirá-lo (Jo 1:29).

1. Strong, A. H. *Systematic Theology*. Filadélfia: Judson, 1907, p. 269 *(Teologia Sistemática*. São Paulo: Hagnos, 2003, v. 2).
2. Buswell, J. Oliver. *A Systematic Theology of the Christian Religion*. Grand Rapids: Zondervan, 1962, v. 1, p. 264.

35

OS ENSINOS DE CRISTO A RESPEITO DO PECADO

Quando uma pessoa estuda os ensinamentos de nosso Senhor a respeito do pecado, pelo menos duas coisas se destacam. Uma é o número de referências que ele fez ao assunto, tanto em seu ensino direto quanto em suas parábolas. Apesar disso, normalmente não pensamos no pecado como uma das principais ênfases de Cristo. Mas, de fato, ele o enfatizava.

Em segundo lugar, seu ensinamento sobre o pecado foi bem específico, como será visto ao longo deste estudo. Em outras palavras, Cristo tinha muito a dizer sobre a questão do pecado e falou disso com detalhes.

I. ALGUNS PECADOS ESPECÍFICOS

Nosso Senhor usou todas as principais palavras para indicar pecado e, ao fazê-lo, especificou diversos pecados. A seguir, uma lista dos pecados individuais que Jesus mencionou em seus ensinamentos.

A. Sacrilégio (Mc 11:15-18)

Ao limpar o templo expulsando os cambistas, Jesus condenou seu pecado de sacrilégio (ou seja, de violar o templo consagrado a Deus demonstrando irreverência pelas coisas sagradas). Jesus Cristo limpou o templo no início e no final de seu ministério (veja também Jo 2:12-16).

B. Hipocrisia (Mt 23:1-36)

Em sua condenação direta da hipocrisia dos saduceus, escribas e fariseus, nosso Senhor mostrou as maneiras específicas como eles revelavam sua hipocrisia.

(1) Não praticavam o que pregavam (vv. 1-4).

(2) Buscavam exaltar a si mesmos ao encorajar a adulação das pessoas (vv. 5-12)

(3) Fugiam de seus juramentos quando tentavam estabelecer uma diferença entre jurar pelo santuário e jurar pelo ouro do santuário (vv. 16-22).

(4) Davam o dízimo escrupulosamente, mas negavam-se a promover a justiça (v. 23).

(5) Exteriormente pareciam justos, mas em seu interior eram hipócritas (v. 25).

C. Avareza (Lc 12:15)
Sentindo que esse pecado era a raiz dos problemas do homem que procurou o Senhor para que resolvesse uma disputa que tinha com o irmão, Jesus alertou seus ouvintes contra o pecado da avareza.

D. Blasfêmia (Mt 12:22-37)
Ao atribuir os milagres de Cristo ao poder de Satanás, os fariseus estavam blasfemando. Contudo, eles podiam corrigir a situação pela confissão correta a respeito de Cristo (vv. 33-37; veja as páginas 406-8 para uma discussão mais completa desse assunto).

E. Transgressão da Lei (Mt 15:3-6)
Para evitar a obrigação de cuidar dos pais idosos, os escribas acharam uma maneira de dedicar o dinheiro que seria usado para esse propósito ao templo e, assim, acabariam recebendo-o de volta. Isso, disse o Senhor, era uma violação direta do mandamento para honrar pai e mãe.

F. Orgulho (Mt 20:20-28; Lc 14:7-11)
Orgulhar-se de uma posição ou buscar lugares de honra é algo que não deve ter espaço na vida de um verdadeiro servo.

G. Pedra de tropeço (Mt 18:6)
Fazer algo que resulte em que outros cometam pecado sem dúvida é pecado.

H. Deslealdade (Mt 8:19-22)
Colocar o conforto ou até mesmo atividades corretas acima da lealdade a Cristo é pecado.

I. Imoralidade (Mt 5:27-32)
Esse pecado pode ser cometido no corpo, no coração ou no casamento.

J. Ausência de frutos (Jo 15:16)
Uma vez que os cristãos foram escolhidos para dar frutos, não fazer isso seria contrário ao propósito de Deus.

L. Ira (Mt 5:22)
Ira, o Senhor alertou, pode resultar em assassinato.

M. Pecados com as palavras (Mt 5:33-37; 12:36)
O Senhor alertou para o fato de que não devemos cair em perjúrio ao não cumprir uma promessa feita acompanhada de juramento. Também disse que daremos conta de toda palavra frívola que sair de nossa boca.

N. Exibicionismo (Mt 6:1-18)
A piedade fingida é pecado. Isso pode ocorrer quando fazemos coisas boas, como dar esmolas, orar e jejuar, mas tendo o propósito de atrair o louvor dos homens, não a aprovação de Deus.

O. Falta de fé (Mt 6:25)
Estar ansioso com as necessidades demonstra falta de fé na provisão divina.

P. Mordomia irresponsável (Mt 25:14-30; Lc 19:11-27)
Essas duas parábolas ilustram a necessidade de uma mordomia

responsável da parte dos seguidores de Cristo. Os talentos representam diferentes habilidades entregues a pessoas diferentes, enquanto as minas distribuídas igualmente representam a oportunidade de vida que todos recebem igualmente. Os servos que não usaram suas habilidades e oportunidades foram condenados por sua conduta irresponsável.

Q. Falta de oração (Lc 18:1-8)

Devemos orar sempre e nunca desanimar.

Com certeza, essa lista poderia ser aumentada, mas certamente é uma boa amostra de como o Senhor referiu-se a pecados específicos.

II. ALGUMAS CATEGORIAS DE PECADO

Esses vários pecados específicos podem ser agrupados em certas categorias.

A. Violações da Lei mosaica

O "corbã" ilustra muito bem essa categoria (Mc 7:9-13). Corbã é a transliteração de uma palavra hebraica que significa "presente". Se um filho declarava que a quantia necessária para sustentar seus pais era corbã, os escribas diziam que ele estava isento dessa obrigação de cuidar dos pais, algo estabelecido pela Lei divina. Aparentemente, não estava de fato obrigado a dedicar essa soma para o santuário, mas podia usá-la em benefício próprio.

B. Pecados abertos

Embora todos os pecados incorram em culpa, nem todos têm a mesma magnitude. Alguns pecados realmente são mais graves do que outros. O Senhor afirmou isso em seu ensino sobre a trave e o argueiro (Mt 7:1-5) e quando disse que o pecado de Caifás, ao entregar Cristo às autoridades, era maior que o de Pilatos (Jo 19:11).

Alguns exemplos de pecados mais graves são os pecados da língua, especialmente os que desafiam afirmações de Cristo (Mt 12:22-37), e a oposição aberta e a rejeição aos mensageiros de Deus (Mt 21:33-46).

C. Atitudes internas erradas

As ações exteriores revelam as atitudes e o caráter interior, e o Senhor, muitas vezes, colocou o dedo na raiz do pecado. Veja Lucas 12:13-15 e Mateus 20:20-22.

D. Fermento

Em toda a Bíblia, o fermento tipifica a presença da impureza e do mal (embora alguns entendam que Mateus 13:33 seja uma exceção, pois ali o fermento indicaria o crescimento do reino por meio do poder do evangelho). Contudo, é inquestionável que, ao alertar sobre o fermento dos fariseus, dos saduceus ou dos herodianos, Cristo estava se referindo a algo pecaminoso.

1. *Dos fariseus.* O fermento dos fariseus era a preocupação com o exterior. Apesar de, exteriormente, parecerem justos (Mt 5:20), serem conhecedores das Escrituras (Mt 23:2), serem dizimistas (Lc 18:12), fazerem jejuns (Mt 9:14) e orações

(Lc 18:11), em seu interior eles eram impuros, e nosso Senhor classificou seu fermento como hipocrisia (Mt 23:14,26, 29; Mc 8:15; Lc 12:1).

2. *Dos saduceus*. Seu fermento era espalhar uma falsa doutrina. Suas crenças eram baseadas nos sentidos físicos; portanto, não acreditavam na existência de anjos nem na ressurreição. Nosso Senhor não denunciou isso com tanta freqüência, pois o ensino falso é mais aparente por ser mais difícil de esconder (Mt 16:6).

3. *Dos herodianos*. Seu fermento era o secularismo e o mundanismo. Sendo um partido político, apoiavam Herodes e o governo romano, que lhes asseguravam o poder. Logo, buscavam empregar o poder mundano para promover fins "espirituais", e Cristo os alertou contra isso (Mc 8:15).

Os mesmos pecados – aparência exterior, falsa doutrina e métodos mundanos – são facilmente encontrados em alguns grupos hoje em dia, e o alerta de nosso Senhor a seu respeito continua relevante.

III. ALGUMAS ORIGENS DO PECADO

A. Satanás

Cristo estava muito consciente do poder, do plano e do procedimento de Satanás. Alguns tentam sugerir que o Senhor realmente não acreditava que Satanás era real, mas que procurava acomodar seus ensinamentos à ignorância das pessoas. No entanto, falou sobre Satanás em ocasiões em que não havia necessidade de fazê-lo, a menos que realmente acreditasse na existência dele (veja Lc 10:18). Nosso Senhor reconheceu que Satanás era o governante desse mundo (Jo 12:31), o líder de seu próprio reino (Mt 12:26), o pai do povo rebelde (Jo 8:44), o pai da mentira (v. 44), o maligno que se opõe à aceitação do evangelho (Mt 13:19), o inimigo que semeia joio em meio à boa semente (v. 39) e, portanto, aquele que usa as pessoas para que façam o que ele deseja.

B. O mundo

O mundo de Satanás está em oposição ao povo de Deus e promove os propósitos de Satanás. Então, quando alguém se conforma a esse sistema mundano, acaba sendo uma fonte de pecado (Jo 15:18,19).

C. O coração

O Senhor, freqüentemente, enfatiza que a atitude exterior de uma pessoa reflete o que está em seu coração (Mt 15:19).

IV. A UNIVERSALIDADE DO PECADO

O Senhor afirmou, com uma declaração direta, que somente Deus é bom e que nenhum ser humano pode ser considerado bom (Mt 19:17). Ele também declarou que seus discípulos escolhidos eram maus (Lc 11:13), embora reconhecesse que eram capazes de fazer coisas boas. O pecado afasta as pessoas de Deus, e todos são pecadores.

V. ALGUMAS CONSEQÜÊNCIAS DO PECADO

A. Afeta nosso destino
O pecado faz as pessoas se perderem (Mt 18:11; Lc 15:4,8, 24). Se não for perdoado, fará com que pereçam (Jo 3:16). Ele leva as pessoas ao julgamento (Lc 12:20).

B. Afeta nossa vontade
O Senhor deixou claro que os fariseus eram escravos dos desejos do diabo (Jo 8:44). Quando anunciou sua missão na sinagoga em Nazaré, Jesus explicou que havia vindo para libertar os cativos (Lc 4:18). Aparentemente, essa é uma referência aos que estavam cativos espiritualmente, pois o Senhor não libertou os que estavam literalmente nas prisões. (Poderia ter feito isso com João Batista.)

C. Afeta nosso corpo
Claro que nem toda doença é resultado de pecado (Jo 9:3), mas algumas evidentemente o são. O Senhor indica isso no caso do homem curado no tanque de Betesda (Jo 5:14). Veja também Mateus 8:17.

D. Afeta os outros
Os pecados dos escribas afetavam as viúvas e outros que seguiam suas tradições (Lc 20:46,47). Fica claro que o pecado do filho pródigo afetou seu pai (Lc 15:20). Além disso, todos os pecados que o Senhor mencionou no sermão do monte têm efeito sobre os outros. Ninguém pode pecar totalmente isolado.

VI. O PERDÃO DO PECADO

A. As bases do perdão
No início do ministério de Cristo, João Batista anunciou seu propósito quando chamou Jesus de o "Cordeiro de Deus que tira o pecado do mundo" (Jo 1:29). O próprio Senhor deixou claro que sua morte era a base para o perdão (Mt 20:28; 26:28).

B. As conseqüências do perdão
As pessoas perdoadas deveriam, por sua vez, perdoar o próximo. Esse é um tema mencionado diversas vezes no ensino de Jesus (Mt 6:14,15; 18:21-35; Lc 17:3,4).

VII. A ESCATOLOGIA DO PECADO
Em seu grande sermão escatológico, o Senhor detalhou o futuro resultado do pecado, que será visto no período de tribulação que sobrevirá à Terra (Mt 24:1-28).

A. Nas relações internacionais
O pecado será o causador das guerras durante a Tribulação (Mt 24:6,7).

B. Nas questões pessoais
O pecado fará as pessoas traírem e odiarem umas às outras (Mt 24:10-12).

C. Nas questões espirituais
O período da tribulação será um tempo de intenso engano espiritual. Falsos líderes religiosos enganarão a muitos com os sinais milagrosos que receberão poder para realizar (Mt 24:5,11,24), e o anticristo alcançará o ponto máximo da falsa religião quando se assentar em Jerusalém

exigindo adoração (vv. 15-21). Durante esse período, o mal estará mais visível e causará mais estragos do que em qualquer outro momento da história.

Em resumo: o ensino do nosso Senhor cobria muitos aspectos do pecado, enfatizando tanto a variedade quanto os detalhes do pecado. Sempre ressaltou a responsabilidade pessoal do homem em relação ao pecado, e seu ensino tratava das ramificações práticas do pecado.

36

O PECADO HERDADO

I. DEFINIÇÃO

Pecado herdado é o estado pecaminoso em que nascem todas as pessoas.

Os teólogos usaram vários nomes para descrever esse conceito. (1) Como indica o título deste capítulo, alguns o chamam de pecado transmitido ou herdado. Isso enfatiza a verdade de que todas as pessoas herdam esse estado pecaminoso de seus pais, os quais, por sua vez, o herdaram de seus pais, os quais herdaram de seus pais e assim sucessivamente, até chegar a Adão e Eva. (2) Outros chamam isso de natureza pecaminosa, que se concentra no fato de que o pecado corrompeu totalmente nossa natureza. A expressão "natureza pecaminosa" apresenta um contraste claro entre essa natureza básica e seus frutos (atos particulares do pecado). (3) Outros preferem, ainda, o termo "pecado original", alegando que o pecado original de Adão produziu a corrupção moral da natureza humana transmitida, por herança, a cada geração posterior.

II. A EVIDÊNCIA DAS ESCRITURAS

A Bíblia diz, claramente, que todos os aspectos do ser humano estão corrompidos. Somos, "por natureza, filhos da ira" – ou seja, objeto dessa ira (Ef 2:3). É verdade que, por causa das nossas ações, também somos objeto da ira de Deus, mas esse versículo refere-se a algo inato. Salmos 51:5 indica que isso é algo que temos desde nossa concepção; não o adquirimos por ações praticadas ao longo da vida.

A natureza pecaminosa afeta todos os aspectos da vida humana. (1) Seu intelecto foi cegado (2 Co 4:4). Sua mente é considerada reprovável (Rm 1:28). Seu entendimento está obscurecido, alheio à vida de Deus (Ef 4:18). (2) Suas emoções foram corrompidas e enganadas (Rm 1:21,24,26; Tt 1:15). (3) Sua vontade foi aprisionada ao pecado, portanto está em oposição a Deus (Rm 6:20; 7:20).

III. DEPRAVAÇÃO TOTAL

As evidências das Escrituras apresentam a base para o que normalmente é chamado de depravação total. A palavra "depravação" significa perversão ou corrupção. Embora não seja usada na versão de Almeida, algumas traduções modernas a utilizam como equivalente a *adokimos* em Romanos 1:28. Essa expressão grega tem a idéia de "ser reprovado em um teste" e fornece uma indicação de como definir o conceito de depravação. Significa que o homem foi reprovado no teste de agradar a Deus. Denota sua absoluta falta de mérito perante o Senhor. Essa falha é total, pois: (a) afeta todos os aspectos da vida humana e (b) atinge todas as pessoas.

De maneira negativa, o conceito de depravação total não significa que: (a) toda pessoa demonstra sua depravação de maneira tão completa quanto poderia; (b) os pecadores não têm consciência ou "indução natural" a respeito de Deus; (c) os pecadores incorrerão em todas as formas de pecado; ou (d) as pessoas depravadas não fazem coisas boas aos olhos de outros ou aos olhos de Deus.

Com certeza, depravação total significa que: (a) a corrupção estende-se a todos os aspectos e faculdades da vida humana; e (b) não existe nada, em pessoa alguma, que faça com que ela seja aceita por um Deus justo.

A depravação total deve sempre ser avaliada em contraste com a santidade de Deus. Existe a bondade relativa nas pessoas, que são capazes de fazer boas obras apreciadas por outros. Mas nada que alguém possa fazer conquistará para si a salvação por méritos próprios nem garantirá favor aos olhos de um Deus santo.

IV. AS PENALIDADES LIGADAS AO PECADO HERDADO

A morte espiritual é a penalidade relacionada, de maneira particular, ao pecado herdado. A morte sempre indica algum tipo de separação. Logo, a morte espiritual significa separação da vida de Deus em nossa vida atual (Ef 2:1-3). Se essa condição continuar imutável durante toda a vida, então ocorre a morte eterna ou "segunda morte" (Ap 20:11-15).

Flores colhidas servem como uma boa ilustração de seres humanos que fazem boas coisas e, mesmo assim, estão espiritualmente mortos. Uma flor que desabrocha, embora tenha sido cortada, está viva ou morta? No início, ela é bonita e tem cheiro bom; junto com outras flores, pode ornar a mais bela casa, igreja ou evento. Parece estar viva; tem utilidade, mas, na verdade, está morta, pois foi separada da vida que estava na planta que a produziu. A essa altura, a nossa ilustração termina, pois não é possível dar a essa flor vida nova e eterna, algo que somente Deus é capaz de fazer por todos os que crêem em Jesus Cristo como Senhor.

V. A TRANSMISSÃO DO PECADO HERDADO

O próprio título indica como o pecado original é transmitido de uma geração para outra, e para a seguinte, e assim sucessivamente. Herdamos o pecado de nossos pais, como eles o herdaram de seus pais; tem sido assim desde Adão e Eva. Após eles terem pecado, só seriam capazes de procriar e de gerar criaturas em iguais condições, ou seja, seus filhos eram pecadores desde o nascimento (Gn 4:1; Sl 51:5; Rm 5:12). Isso significa que todo aquele que já nasceu neste mundo é pecador. Ninguém nasceu bom, tampouco nasceu parcialmente bom e parcialmente pecador. Todos são igualmente pecadores aos olhos de Deus. Se isso não fosse verdade, então os que fossem, digamos, 50% pecadores precisariam de apenas 50% da salvação provida por Deus.

VI. O REMÉDIO PARA O PECADO HERDADO

O remédio é duplo: (1) A redenção inclui o julgamento da natureza pecaminosa para que o cristão não esteja mais preso ao pecado (Rm 6:18; 8:1; Gl 5:24). Tudo o que pertence à antiga natureza foi crucificado com Cristo. A morte sempre implica separação; portanto, sua morte nos separou do domínio do pecado original. (2) No entanto, a antiga natureza não é erradicada até a ressurreição; por isso, Deus concedeu seu Espírito Santo para nos dar vitória sobre o pecado em nossa vida diária.

Estamos separados do domínio do pecado pela morte de Cristo e livres de seu domínio pelo poder do Espírito.

VII. ALGUNS ATAQUES A ESSA DOUTRINA

A. Pelagianismo

Pelágio, um monge bretão que pregou em Roma por volta do ano 400, acreditava que Deus não poderia ordenar que os seres humanos fizessem coisa alguma impossível e, ao mesmo tempo, dizer que deveriam ser santos. Portanto, todos podem viver uma vida isenta de pecado. Ele ensinou que o homem foi criado neutro – nem santo nem pecador – e com a capacidade de escolher livremente se irá pecar ou fazer o bem. Todos nasceram na mesma condição de Adão antes da queda; porém, agora o homem vive com o "mau exemplo" de Adão. Para ele, de maneira alguma Adão transmitiu a natureza pecaminosa ou a culpa pelo pecado a sua descendência. O homem possui vontade própria, e o pecado é conseqüência dos atos da vontade humana. O homem também está livre para fazer boas obras; todas as suas boas obras resultam de sua capacidade de escolha. Assim, o pelagianismo exagera o mérito das obras e sua eficácia para a salvação.

B. Semipelagianismo

O ensinamento de Pelágio recebeu oposição de Agostinho, seu contemporâneo, que enfatizava a total incapacidade do homem em ser justo e, portanto, sua necessidade de contar somente com a graça divina. O semipelagianismo é uma posição intermediária entre o agostinismo (com forte ênfase na predestinação e na inabilidade do homem) e o pelagianismo (com sua insistência na capacidade de escolha). O semipelagianismo ensina que o homem retém certa medida de liberdade segundo a qual pode cooperar com a graça de Deus. A vontade humana foi enfraquecida, e sua natureza afetada pela queda, mas não é totalmente depravada. Na regeneração, o homem escolhe Deus, que, depois, acrescenta sua graça. O semipelagianismo é ensinado pela Igreja Católica Romana e, também, por alguns grupos protestantes. O pecado original é eliminado na água do batismo.

C. Socianismo

Esse movimento, assim denominado por causa de Lélio Socino (1525–1562) e de seu sobrinho, Fausto (1539–1604), foi o precursor do unitarianismo. Seus ensinamentos incluem a negação da divindade de Cristo, da predestinação, do pecado original, da inabilidade total e da substituição penal.

D. Arminianismo

A opinião de Jacobus Arminius (ou Armínio) (1560–1609) não divergia tanto da teologia reformada tradicional. Foram seus sucessores que aumentaram essa distância. O arminianismo ensina que Adão foi criado inocente, não em estado de santidade; o pecado é um ato da vontade; herdamos essa poluição de Adão, mas não a culpa ou uma natureza pecaminosa; o homem não é totalmente depravado; o homem tem a capacidade de fazer o bem e de se conformar à vontade de Deus em sua vida para ser perfeito; e a vontade humana é uma das causas da regeneração. A teologia wesleyana, às vezes chamada de arminianismo evangélico, possui uma visão similar sobre o pecado de Adão, embora seja diferente em outros pontos.

E. Neo-ortodoxia

Em geral, a neo-ortodoxia leva o pecado muito a sério. Ele é definido como algo que faz com que nos voltemos para nós mesmos e não para Deus. Contudo, o relato do pecado de Adão, em Gênesis 3, não é visto como fato histórico, que ocorreu em um tempo e em um lugar determinado. Adão não era um ser verdadeiro, que de fato viveu na Terra, embora represente o homem em todos os estágios de seu desenvolvimento. A história da queda de Adão é a história de todos nós. Com esse tipo de visão da história bíblica, não pode haver uma conexão entre o pecado de Adão e sua descendência.

37

A IMPUTAÇÃO DO PECADO

I. O SIGNIFICADO DE IMPUTAÇÃO

Imputar significa atribuir, identificar ou entregar algo a alguém. O aspecto central desse conceito não é a mera influência, mas o envolvimento.

O Antigo Testamento apresenta vários exemplos de imputação. Levítico 7:18 e 17:4 indicam que a falta de bênção e a culpa foram entregues aos israelitas, que não seguiram o ritual determinado para as ofertas. Em 1 Samuel 22:15 e 2 Samuel 19:19, estão os pedidos para não se imputar algo a certos indivíduos. No Salmo 32:2, Davi expressa a felicidade da pessoa a quem o Senhor não imputa a iniqüidade. Nesses casos, a imputação inclui algum tipo de envolvimento, não a mera influência.

O Novo Testamento refere-se várias vezes à imputação mencionada no Antigo Testamento. Paulo declarou que o pecado não é imputado como uma violação específica de um código legal, quando não existe lei (Rm 5:13). Ele se refere à justiça que Deus imputou a Abraão quando ele creu e à justiça que Davi experimentou quando confessou seus pecados (Rm 4). Tiago também se referiu à justiça imputada a Abraão (Tg 2:23). A morte de Cristo fez com que Deus não mais imputasse aos homens regenerados os seus pecados (2 Co 5:19).

A carta a Filemom traz o que, provavelmente, é a mais bela ilustração de imputação. Paulo disse a Filemom que, caso seu escravo Onésimo lhe devesse algo, isso deveria ser colocado em sua própria conta. Em outras palavras, qualquer débito que Onésimo pudesse ter seria cobrado de Paulo, que se dispunha a pagá-lo. De maneira similar, nossos pecados foram atribuídos, entregues, computados a Cristo, e ele pagou totalmente por nosso débito.

II. TRÊS IMPUTAÇÕES BÁSICAS

Os teólogos geralmente reconhecem três imputações básicas.

A. A imputação do pecado de Adão à raça humana (Rm 5:12-21)
Essa diz respeito a nós. Na seção sobre o pecado, faremos uma discussão completa do assunto.

B. A imputação do pecado do homem a Cristo (2 Co 5:19; 1 Pe 2:24).

C. A imputação da justiça de Cristo aos cristãos (2 Co 5:21).

III. A IMPUTAÇÃO DO PECADO DE ADÃO

A. A passagem central (Rm 5:12)
O conceito de pecado imputado surge da interpretação do significado de "todos pecaram" no final do versículo 12.

Alguns entendem que isso significa que toda pessoa peca individualmente e morre por causa desses pecados. "'Pecaram' refere-se aos pecado que cometeram (cf. Rm 3:23); isso é visto como uma expressão individual e como o endosso do ato representativo de Adão".[1] Contudo, os bebês morrem, embora não tenham cometido pecados pessoalmente. "Todos pecaram" também está ligado a Adão, o homem que introduziu o pecado no mundo. O versículo não diz que Adão pecou e que os outros seres humanos também pecaram. Paulo diz cinco vezes, em Romanos 5:15-19, que a condenação e a morte reinam sobre todos por causa do pecado de Adão, não por causa dos vários pecados que cada um de nós comete.

Alguns entendem que o significado dessa passagem é: "todos são pecadores" ou "todos são pecaminosos". No entanto, trata-se de um verbo na voz ativa (todos fizeram algo), não de um substantivo ou de um adjetivo (todos são algo). É verdade que todos são pecadores, mas esse não é o significado de "todos pecaram" desse versículo. As objeções de Shedd à interpretação de "todos são pecaminosos" têm muito a ver com a questão. Ele observa que essa interpretação seria contrária ao uso invariável da voz ativa do verbo, logo seria necessário o acréscimo do verbo "ser".[2]

Os neo-ortodoxos acreditam que isso significa, então, que o pecado é parte da experiência de todas as pessoas. Porém, como não acreditam que Adão realmente foi uma pessoa ou que o pecado foi um evento ocorrido em um tempo e em um espaço determinados, não pode haver ligação entre Adão e a raça humana. Para eles, esse versículo nada diz sobre o pecado original ou sobre o pecado imputado.

Outra interpretação é que todos pecaram quando Adão pecou. Esse parece ser o único significado que faz justiça ao verbo e a seu relacionamento com a primeira parte do versículo. "O tempo do verbo indica um registro histórico distinto. [...] A morte física veio para todos os homens, mas não porque todos estavam no processo de pecado individual. Todos os homens pecaram (exceto as crianças que morreram durante a infância) experimentalmente. Mas aqui Paulo não estava falando sobre eles. O pecado de todos está centrado no pecado do homem Adão."[3]

B. A relação entre Adão e a raça humana

Embora Paulo afirme, claramente, que todos os homens pecaram quando Adão pecou, a pergunta permanece: como eles fizeram isso? Qual é a relação entre Adão e a raça humana?

Historicamente, duas respostas foram apresentadas. Em geral, são chamadas de: (a) visão representativa ou federal; e (b) visão seminal, realista ou agostiniana.

1. *A visão representativa.* Segundo esse ponto de vista, Adão é o representante de toda a raça humana. Portanto, quando Adão pecou, o pecado dele se tornou a base da condenação de toda a raça humana. Ninguém além de Adão cometeu o primeiro pecado, mas como ele representa todas as pessoas, Deus entende que todos estavam envolvidos e, por isso, foram condenados. A palavra "federal" significa aliança e indica que Adão foi apontado para representar a raça humana naquilo que é chamado de "aliança de obras". Uma vez que o líder da aliança pecou, a culpa desse pecado foi imputada a cada um de seus descendentes. Oséias 6:7 é usado como uma referência a essa aliança.

2. *A visão seminal.* A visão chamada de seminal, realista ou agostiniana entende que Adão possuía a semente de toda sua posteridade. Então, quando pecou, todos pecaram. A humanidade não foi apenas representada por Adão, pois foi organicamente reunida a ele. "O conceito paulino de solidariedade da raça parece ser uma universalização do conceito hebraico de solidariedade da família. Uma imagem trágica dessa solidariedade da família é vista em Josué 7:16-26, quando Acã é apontado como a causa da derrota de Israel em Ai. [...] Acã não culpou a mais ninguém. [...]. Mas na administração da punição [...] tudo o que estava ligado a ele foi eliminado de Israel."[4] Hebreus 7:9,10 apresenta outro exemplo do conceito germinal ou seminal da raça humana. O autor claramente diz que Levi, embora só viesse a nascer 200 anos depois, na verdade entregou seu dízimo a seu bisavô, Abraão. O ancestral, Abraão, possuía em seu "interior" seu descendente, Levi. De maneira similar, Adão, nosso ancestral, possuía todos nós, seus descendentes. Portanto, assim como Levi fez algo ao pagar o dízimo, também fizemos algo ao pecar em Adão.

Desse modo, o pecado de Adão foi imputado a cada membro da raça humana, porque, na verdade, quando Adão pecou, todo ser humano pecou com ele.

Posso apresentar uma ilustração de imputação usando a triste experiência de um de meus ex-alunos. Seu nome era Bill. Ele decidiu dividir os custos de uma viagem da escola até sua cidade natal com seu amigo, Joe, que possuía um carro. Durante a viagem, outro carro não parou no cruzamento e bateu na lateral do carro de Joe. No momento do acidente, Joe estava dirigindo e Bill dormia no carro. Como Bill ficou seriamente ferido e com seqüelas permanentes, decidiu processar o dono do carro que colidiu com eles. Mas esse homem (ou sua companhia de seguros) tentou provar que houve negligência da parte de Joe. O advogado de Bill lhe escreveu, dizendo: "[...] e se o júri decidir que ele [Joe] foi negligente, isso sem dúvida lhe seria imputado, e não existe recurso. Não penso que exista nada que possamos fazer para mudar essa situação agora".

O que ligava Bill a Joe e à possível negligência de Joe? O fato de que eles dividiam as despesas. O dinheiro uniu Bill a Joe e às ações de Joe. Do mesmo modo, a humanidade aliou todos nós a Adão e ao pecado de Adão. Todos compartilhamos o pecado e a culpa de Adão. Todos somos igualmente culpados e necessitamos de um remédio para nosso pecado.

IV. A TRANSMISSÃO DO PECADO IMPUTADO

Ele é transmitido diretamente de Adão para cada pessoa de cada geração. Eu estava em Adão, por isso o pecado dele foi imputado diretamente a mim, não por intermédio de meus pais e dos pais deles. O pecado imputado é imediatamente atribuído (ou seja, diretamente, não por mediadores entre Adão e mim).

Isso contrasta com a maneira como a natureza pecaminosa herdada é transmitida. Ela chega até mim por meus pais. Eles receberam isso de seus pais, e assim sucessivamente, até chegar a Adão. O pecado herdado é uma transmissão mediada, pois ocorre por meio de todos os mediadores das gerações entre Adão e mim. Colocado em um esquema, o contraste seria assim:

COMPARAÇÃO DE COMO PECADOS HERDADOS E IMPUTADOS SÃO TRANSMITIDOS

PECADO HERDADO

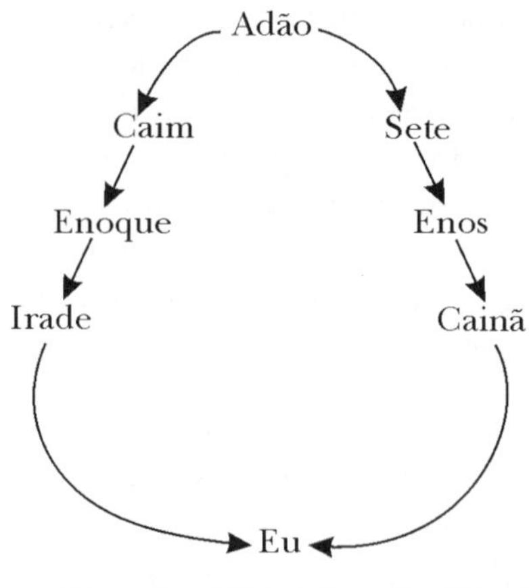

PECADO IMPUTADO

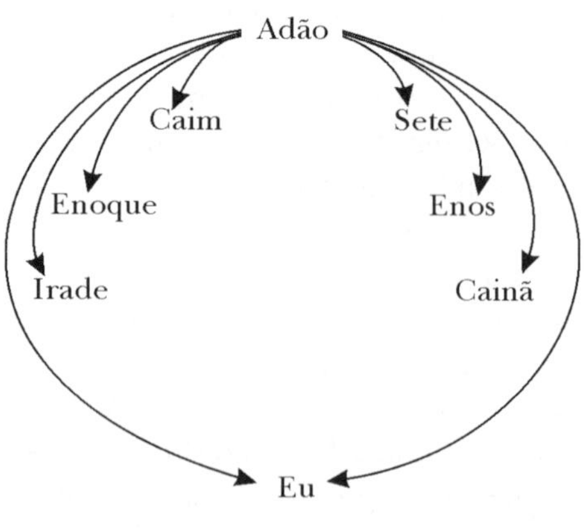

V. A PENALIDADE DO PECADO IMPUTADO

A morte física é a penalidade particular ligada à imputação do pecado (Rm 5:13,14). A penalidade particular ligada ao pecado herdado, você deve lembrar, é a morte espiritual.

VI. O REMÉDIO PARA O PECADO IMPUTADO

O remédio para o pecado imputado é a justiça imputada de Cristo. No momento em que a pessoa crê, a justiça de Cristo lhe é imputada ou colocada sobre ela. Assim como todos os homens estão em Adão, todos os que crêem estão em Cristo, e estar nele significa que a justiça dele passa a ser nossa.

Pude ver uma clara ilustração disso quando ainda era estudante. Certo criminoso que estava na penitenciária estadual em breve seria executado por ter cometido um assassinato. Sua história recebeu uma publicidade fora do comum, porque ele havia escrito em seu testamento que suas córneas deveriam ser doadas. Naquela época, esse ainda era um procedimento cirúrgico novo. Além disso, a pessoa que receberia as córneas foi escolhida antes de o criminoso ser executado. Ele chegou a encontrar-se com a pessoa que receberia a córnea antes da execução. Isso gerou grande interesse da mídia.

No momento determinado, o assassino teve sua sentença executada. Suas córneas foram retiradas de seu corpo e, por um milagre da medicina, transplantadas para os olhos de um homem cego, que passou a enxergar. Agora, suponha que um policial tentasse prender o homem que recebeu aquelas córneas e exigisse que ele fosse executado porque estava com as córneas de um assassino. Qualquer juiz diria: "Mas as córneas que estavam no corpo do assassino agora estão no corpo de um homem considerado justo diante da lei. Logo, essas córneas são tão justas quanto esse homem". Isso ilustra meu argumento. Eu estava em Adão e fui, justamente, condenado à morte, porque pequei quando ele pecou. Mas, por um milagre maior do que qualquer procedimento cirúrgico, fui colocado em Jesus Cristo. Agora sou justo, porque ele é justo e pode apresentar-se diante de um Deus santo sem ser condenado. Eu estava em Adão, porém agora estou em Cristo. Essa é minha história, pelo milagre de sua graça.

---

1. ALLEN, Leslie C. Romans. In: HOWLEY, BRUCE e ELLISON (Eds.). *A New Testament Commentary*. Grand Rapids: Zondervan, 1969, p. 352.
2. SHEDD, William G. T. *Dogmatic Theology*. Nova York: Scribner, 1891, v. 2, p. 183-5.
3. MICKELSEN, A. Berkeley. Romans. In: PFEIFFER e HARRISON. *The Wycliffe Bible Commentary*. Chicago: Moody, 1962, p. 1197.
4. Ibid., pp. 1197,8.

38

PECADOS PESSOAIS

Ao ouvir a palavra "pecado", provavelmente a primeira coisa que a maioria das pessoas pensa é em pecado pessoal. Dizem: "Claro, o pecado é real porque as pessoas pecam". Além disso, o pecado também é uma realidade porque herdamos a natureza pecaminosa, e o pecado de Adão foi imputado a nós. Mas é igualmente verdade que nossos pecados pessoais comprovam a realidade do pecado.

I. ALGUMAS EVIDÊNCIAS DAS ESCRITURAS

Paulo demonstrou, em Romanos 3:9-18, a condenação de todas as pessoas com base no fato de que cometeram pecados pessoalmente. A condenação é universal e está baseada em atos malignos, tanto de palavras quanto de obras. Os seres humanos são corruptos, enganadores, cruéis, blasfemos, assassinos, opressivos, briguentos e ímpios.

Muitas passagens mencionam pecados específicos. Observe a mentira, em 1 João 1:6; a parcialidade, em Tiago 2:4; a carnalidade, em 1 Coríntios 3:1-4; e a lista de Gálatas 5:19-21, que inclui ainda feitiçarias, imoralidades, facções e invejas.

II. ALGUMAS CARACTERÍSTICAS DOS PECADOS PESSOAIS

A. Sua universalidade

Todos cometem pecados pessoais, exceto as crianças. Tiago deixa isso muito claro quando afirma que todos "tropeçamos em muitas coisas" (Tg 3:2). Antes de Paulo fazer uma lista desses pecados, em Romanos 3, ele diz que todos, tanto judeus quanto gentios, estão debaixo do pecado (v. 9). Depois dessa lista, ele repete esse fato, declarando que todos carecem da glória de Deus (v. 23).

B. Sua visibilidade

Os pecados pessoais não são apenas aqueles cometidos de maneira visível, mas também incluem os que cometemos em pensamento. Imoralidade, inveja, cobiça, e idolatria são exemplos de pecados que ocorrem em nossas mentes (e também podem se manifestar em ações específicas). Veja Mateus 5:27,28; 2 Coríntios 10:5 e Colossenses 3:5,6.

Além disso, os pecados de omissão, que não são evidentes, são tão pecaminosos quanto os que chegam a ser realizados (Tg 4:17).

C. Sua classificação

O Senhor disse que o pecado de Caifás, ao entregá-lo a Pilatos, era maior que o do governante (Jo 19:11). Mas isso não desculpou Pilatos, pois se existe um pecado maior (o de Caifás), também existe um menor (o de Pilatos). Sendo agente do governo, Pilatos somente agiria conforme o que Deus lhe desse permissão para fazer. Como sumo sacerdote, Caifás tinha maior esclarecimento e, portanto, maior responsabilidade.

O Antigo Testamento distingue os pecados de ignorância dos pecados de rebeldia contra a Lei (chamados de atrevimento). Os pecados de rebeldia eram, literalmente, considerados mais "graves"; ou seja, eram como um punho cerrado erguido contra Deus e seus mandamentos. Para esses pecados não havia oferta aceitável (Nm 15:30,31). Um exemplo de pecado de atrevimento é a decisão de um homem de colher lenha durante o sábado, um desafio ao claro mandamento de Deus. Em contraste, era necessário oferecer um sacrifício pelos pecados de ignorância; ou seja, os pecados cometidos sem intenção por causa de fraqueza ou teimosia (Lv 4:2). Alguns exemplos disso são a ocultação de evidência quando alguém fosse chamado para testemunhar, a violação acidental das cerimônias causada pelo contato com um animal ou pessoa impuros e o não-cumprimento de um juramento (Lv 5:1-4).

O Novo Testamento contrasta essa classificação do Antigo Testamento com os pecados cometidos diante de um conhecimento maior ou menor da vontade do Senhor (Lc 12:47,48).

Outras classificações incluem o pecado imperdoável (Mt 12:31,32) e os que são para morte (1 Jo 5:16).

A Igreja Católica Romana distingue os chamados pecados veniais (que podem ser perdoados) dos pecados mortais (que não podem ser perdoados). Uma pessoa comete um pecado venial quando transgride a lei de Deus a respeito de uma questão pouco importante. Esse tipo de pecado é facilmente perdoado, mesmo sem confissão. Porém, para os católicos, somente o sacramento da penitência pode perdoar os pecados mortais. Esse ensinamento não é bíblico.

Fazendo uma analogia, as pessoas que acreditam que um filho de Deus pode perder a salvação também fazem distinção entre pecados não tão graves (que a maioria das pessoas comete alguma vez, mas que não resultam na perda da salvação) e pecados que são ruins o suficiente para que se perca a salvação. Os pecados que se encaixam nessas categorias, normalmente, são determinados de maneira muito subjetiva.

III. A TRANSMISSÃO DOS PECADOS PESSOAIS

Os pecados pessoais não são transmitidos de uma pessoa ou de uma geração para outra. Cada pessoa comete seus próprios pecados e é responsável por eles. Os efeitos do pecado pessoal são transmitidos no sentido de que nossos pecados realmente afetam os outros, mas cada indivíduo deve sofrer as conseqüências de seus próprios pecados.

IV. O RESULTADO DOS PECADOS PESSOAIS

Se há uma idéia que descreve os resultados de todos os pecados pessoais é a perda de comunhão. O ímpio não possui comunhão com Deus por causa de seus pecados, e o cristão, trazido para a comunhão da família de Deus, perde a alegria dessa comunhão quando peca. Ele não é excluído da família, embora possa perder alguns dos privilégios de pertencer a essa família. Quando confessa e é perdoado, a comunhão é restaurada.

V. O REMÉDIO PARA OS PECADOS PESSOAIS

O remédio é o perdão. Para os que aceitam a Cristo, esse perdão cobre toda a culpa pelos seus pecados (Ef 1:7). Para o cristão, esse perdão restaura a alegria da comunhão na família de Deus (1 Jo 1:9). Em outras palavras, o perdão judicial traz o ímpio para a família de Deus, enquanto o perdão da família restaura o relacionamento temporariamente rompido dentro dessa família.

UMA COMPARAÇÃO DOS VÁRIOS ASPECTOS DO PECADO

ASPECTO	TEXTO BÍBLICO	TRANSMISSÃO	PRINCIPAL CONSEQÜÊNCIA	REMÉDIO
Pecado Herdado	Efésios 2:3	De geração para geração	Morte espiritual	Redenção e recebimento do Espírito Santo
Pecado Imputado	Romanos 5:12	Direto de Adão para mim	Morte física	Imputação da justiça
Pecado Pessoal	Romanos 3:23; 1 João 1:9	Não há	Perda de comunhão	Perdão

39

O CRISTÃO E O PECADO

I. O PADRÃO PARA O CRISTÃO

O fato de alguém se tornar cristão não o isenta de pecar e tampouco da obediência à lei de Cristo. Afirmar isso é cair em um ou nos dois erros comuns sobre a relação do cristão com o pecado. Um é o perfeccionismo falso e o outro é o antinomismo.

O perfeccionismo que não é bíblico ensina que o cristão não peca de modo algum, pois já arrancou de sua vida o princípio do pecado. Nenhum cristão pode experimentar esse tipo de perfeição isenta de pecado até a ressurreição, quando nosso interior será livre do princípio do pecado. Uma forma modificada de perfeição sem pecado não implica a erradicação da natureza pecaminosa, porém ensina que o cristão pode viver sem praticar o pecado por um determinado período de tempo. A idéia de ausência de pecado não significa apenas não cometer pecado, mas também uma conformidade à vontade de Deus. A perfeição sem pecado envolve mais do que a ausência de pecado. Na verdade, a doutrina bíblica da perfeição implica prontidão, maturidade, plenitude, algo completo. A perfeição bíblica não se opõe à pecaminosidade, mas vai contra a imaturidade. Além disso, a perfeição bíblica é algo esperado de um cristão enquanto ele estiver aqui na Terra.[1]

O antinomismo ensina que o cristão não está preso à lei. O conceito que o antinomismo tem de libertação da lei freqüentemente resulta em licenciosidade. Algumas vezes, o antinomismo é equiparado à liberdade cristã, mas esse é um pensamento equivocado. O oposto de liberdade é escravidão, e o cristão foi liberto da escravidão do pecado para desfrutar da liberdade em Cristo. O oposto de antinomismo é a obediência à lei. Mas que lei, se no decorrer da história bíblica surgiram muitas? Para o cristão de hoje, trata-se da lei de Cristo (Gl 6:2).

Qual é o padrão bíblico para o cristão? Não é a perfeição sem pecado nem o antinomismo. É andar na luz (1 Jo 1:7). Deus é luz; esse é um símbolo de sua santidade. Esse padrão absoluto está sempre diante do cristão. Contudo, nesta vida, nenhum cristão pode estar isento de pecado, como Deus. Então, Deus está brincando conosco? De modo algum. Pelo contrário, ele estabeleceu o requisito necessário para que cada um de nós cresça espiritualmente, que é andar na luz de sua santidade. Se dissermos que não temos o princípio do pecado (como alega a perfeição sem pecado), mentimos (1 Jo 1:8). De modo similar, se dissermos que não pecamos durante qualquer período de tempo (conforme ensina o perfeccionismo), chamamos Deus de mentiroso (v. 10). Se andamos na luz, não iremos cair no erro do antinomismo, pois guardaremos seus mandamentos (1 Jo 2:4,6; 3:24).

Todo cristão é capaz de cumprir o requisito de andar na luz. A quantidade de luz que cada um possui será diferente, mas a exigência para responder a esse entendimento é a mesma para todos. À medida que vamos crescendo, é como se o círculo de luz aumentasse também. Quando respondemos a essa luz crescente, recebemos mais luz, e assim por diante. Mas o requisito é o mesmo em cada estágio: andar na luz.

Em resumo: o padrão é a santidade de Deus. A exigência é andar na luz. Nossa experiência deveria ser sempre crescente, em direção à maturidade. Esse é o verdadeiro perfeccionismo bíblico.

II. OS INIMIGOS DO CRISTÃO

O cristão enfrenta continuamente o mundo, a carne e o diabo.

A. O mundo

Já discutimos em detalhes o conceito do sistema desse mundo na seção sobre satanalogia. Agora, basta revisar e adicionar apenas alguns detalhes.

1. *Sua descrição.* Satanás é seu cabeça e a força que o controla. Sua principal característica é a falsificação, pois Satanás usará todas as táticas disponíveis para derrotar o cristão. Por isso mesmo, muitas vezes as questões dúbias são as mais difíceis de discernir e de decidir.

2. *Nossa defesa.* Muitas coisas servem como defesa para o cristão contra as falsificações do mundo: a armadura (Ef 6:13-18), o conhecimento das estratégias de Satanás (2 Co 2:11), a sobriedade e a vigilância (1 Pe 5:8). Talvez a fé devesse ser colocada como um dos primeiros da lista. Nossa fé é a vitória que vence o mundo (1 Jo 5:4,5), a fé que nos identifica com a obra de Cristo na cruz. Uma vez que todo cristão possui essa fé, tem uma defesa adequada contra o mundo. Mas esse tipo de fé precisa ser constantemente exercitada para se alcançar a vitória (1 Tm 6:12).

B. A carne

1. *Conceito.* A carne é aquele princípio do pecado que está em cada um de nós. Alguns equivalem a natureza pecaminosa à carne. A carne produz obras (Gl 5:19), é caracterizada por paixões e concupiscências (v. 24; 1 Jo 2:16) e pode escravizar o cristão (Rm 7:25). Não há nada de bom nela (v. 18), pois a presença da nova vida em Cristo faz com que tudo o que está associado com a carne seja velho e inútil. Isso inclui as coisas visivel-

mente malignas, bem como as amorais e algumas que podem ser boas em si mesmas, mas que não agradam a Deus porque são obras da carne.

2. *O controle.* A carne só pode ser controlada quando nos identificarmos continuamente com a nossa crucificação com Cristo. Já crucificamos a carne, ou seja, fomos separados de seu domínio ao nos associar com a morte de Cristo pelo pecado (Gl 5:24). Podemos experimentar a vitória não pela erradicação da carne, mas quando andamos na dependência do Espírito para controlá-la (v. 16).

C. O Diabo

Após analisar a pessoa de Satanás, mencionaremos aqui apenas alguns lembretes de seus ataques aos cristãos.

1. *Sua estratégia é planejada.* Satanás estabelece os métodos, utiliza estratégias e toda sua sagacidade de criatura sobre-humana para aprisionar o cristão (2 Co 2:11; Ef 6:11).

2. *Sua estratégia é a persistência.* Ele persegue continuamente o cristão, esperando o momento certo para atacar (1 Pe 5:8).

3. *Sua estratégia é poderosa.* O cristão deve lutar em um combate direto com Satanás e nunca subestimar o seu poder (Ef 6:12; 1 Jo 4:4; Jd 9).

III. PENALIDADES PELO PECADO

A. Para o ímpio

O ímpio que morre sem o perdão de seus pecados deve sofrer o tormento eterno no lago de fogo (Ap 20:15).

B. Para o cristão pecador

1. *Perda de comunhão.* O pecado leva a uma interrupção da comunhão na área do pecado (1 Jo 1:3,6,7).

2. *Perda da alegria.* O pecado causa a perda da alegria que temos no Senhor (Jo 15:11; Gl 5:22).

3. *Caminhar na escuridão.* O pecado faz com que o cristão ande em trevas (1 Jo 1:6; 2:10).

4. *Enfraquecimento na oração.* O pecado leva a uma falta de confiança na oração (1 Jo 3:19-22).

C. Para o cristão que persiste no pecado

Se um cristão permanece em algum pecado, então outras conseqüências podem lhe sobrevir.

1. *Punição.* O castigo de alguns pode ocorrer (Hb 12:5-11). A doença pode ser uma das formas de punição (1 Co 11:30).

2. *Exclusão.* A exclusão da igreja local pode ser necessária (Mt 18:17; 1 Co 5).

3. *Morte física.* Em alguns casos, a morte física pode ser uma punição pela persistência no pecado (1 Co 11:30; 1 Jo 5:16).

Nosso misericordioso Pai celestial, muitas vezes, é muito paciente com nossos pecados, não trazendo severas penalidades sobre nós. Porém, não devemos esquecer que o pecado cobra seu preço de muitas maneiras, internas e externas, ainda que nenhuma punição óbvia nos sobrevenha. No tribunal de Cristo, todas as nossas obras serão examinadas pelo Senhor (2 Co 5:10).

IV. A PREVENÇÃO DO PECADO

É sempre melhor prevenir do que remediar, e Deus nos apresenta maneiras de prevenir o pecado em nossa vida. Elas servem como uma vacina para prevenir que sucumbamos em conseqüência dessa doença.

A. A Palavra de Deus

A Palavra de Deus em nosso coração serve para prevenir o pecado, pois ela nos alerta, lembra, encoraja, fortalece e guia quando somos tentados a pecar (Sl 119:11).

B. A intercessão de Cristo

Nosso Senhor vive eternamente para interceder em nosso favor (Hb 7:25). Uma das coisas pelas quais ele ora é para que não pequemos. Vemos uma ilustração disso no caso de Pedro, em Lucas 22:32, e, também, na declaração explícita de João 17:15. Sem dúvida, somente saberemos o que isso envolve quando chegarmos ao céu, e mesmo lá talvez não entendamos tudo.

C. O Espírito Santo que habita em nós

Muitos dos ministérios do Espírito no cristão, hoje em dia, estão relacionados com a prevenção do pecado em nossa vida, mas vários deles se destacam.

1. *Renovação dos aspectos ligados a nossa posição em Cristo.* Por exemplo, já matamos os desejos da carne com seus desejos e cobiças, mesmo assim precisamos andar no Espírito para renovar isso em nossa experiência (Gl 5:16-24).

2. *Ensino.* Ao nos ensinar as profundezas da Palavra, ele nos ajuda a discernir o bem e o mal (1 Co 2:10; Hb 5:14). O conhecimento superficial pode impedir os pecados óbvios, mas o conhecimento mais profundo pode prevenir mais pecados.

3. *Orientando-nos na oração.* Ao conduzir nossas orações, o Espírito pode nos guiar a compreender as maneiras de prevenir o pecado em nossa vida (Mt 6:13; Rm 8:34; Ef 6:18).

4. *Capacitação para o serviço.* Capacitar-nos para o serviço (Jo 7:37-39) pode nos impedir de usar nosso tempo, dinheiro e energias para pecar (Ap 12:11).

V. O REMÉDIO PARA O PECADO

O remédio para o pecado na vida do cristão pode ser resumido em uma palavra: confissão (1 Jo 1:9). Isso não significa simplesmente mencionar ou listar pecados. Implica, sim, ver os pecados como Deus os vê. Isso certamente trará arrependimento e o desejo mais profundo de mudar. Mas se os mesmos pecados voltam a ocorrer, o remédio continua sendo esse.

VI. UM PENSAMENTO CONCLUSIVO

Quando olhamos para os pecados dos ímpios, não parece tão difícil compreender a enormidade do pecado, pois sabemos que a punição deles será a separação eterna de Deus. Mas quando pensamos nos pecados dos ímpios, de algum modo diminuímos sua seriedade. Todo pecado entristece a Deus. Cristo precisou morrer pelos pecados que cometemos antes e depois de sermos salvos. Sua morte foi a punição por todos os pecados. O fato de sermos membros da família de Deus pode trazer mais tristeza ao nosso Pai celestial quando pecamos. Deveríamos saber que as coisas poderiam ser diferentes. Deveríamos usar o poder que ele nos ofereceu. Deveríamos procurar alegrá-lo. Deveríamos resistir e lutar com maior intensidade usando todas as armas que ele nos ofereceu. E, acima de tudo, deveríamos fazer progressos e demonstrar esse crescimento em nossa vida.

> Podemos consolar nossa alma, se conhecermos alguns aspectos dessa luta e desses conflitos internos. Essa é a companhia invariável da genuína santidade cristã. [...] Detectamos, lá no fundo de nosso coração, um conflito Espiritual em andamento? Sentimos algo da carne a lutar contra o Espírito, e do Espírito a lutar contra carne, de tal forma que não somos capazes de fazer o que queremos? (veja Gl 5:17). Temos consciência de dois princípios dentro de nós que disputam pelo domínio? Pois bem, agradeçamos a Deus por isso! Esse é um bom sinal. Essa é uma forte indicação da grande obra interna da santificação. [...] Qualquer coisa é melhor do que a apatia, a estagnação, o espírito amortecido e indiferente.[2]

Queridos membros da família de Deus: continuem amadurecendo (Hb 6:1)!

1. Uma excelente discussão a respeito da doutrina básica foi escrita por THOMAS, W. H. Griffth. The Biblical Teaching Concerning Perfection. *The Sunday School Times,* 22 jul. 1944, pp. 515,16.
2. RYLE, J. C. *Santidade sem a Qual Ninguém Verá a Deus*. São José dos Campos: Fiel, 1997, p. 85.

Parte 9

Jesus Cristo, Nosso Senhor

40

O Cristo pré-encarnado

A doutrina de Cristo pode incluir tanto um estudo de sua Pessoa quanto de sua obra. No entanto, uma vez que sua principal obra foi seu sacrifício na cruz, a soteriologia normalmente é separada da cristologia. Suas outras obras normalmente são estudadas pela cristologia.

A doutrina pode ser organizada de maneira mais ou menos cronológica. Um estudo do Cristo pré-encarnado deve vir primeiro. Ele é seguido pela análise de Cristo em sua humilhação, ou seja, de sua vida aqui na Terra. (Seria errado chamar essa parte de "o Cristo encarnado", afinal a encarnação continuou após sua vida na Terra.) Então, viria o estudo de seu ministério presente e futuro. O principal problema teológico surge no período da humilhação de Cristo, enquanto ele possuía um corpo terreno. Isso está relacionado ao significado de *kenosis*, a relação de suas duas naturezas e sua impecabilidade.

A doutrina da Pessoa de Cristo é crucial para a fé cristã. É básica para a soteriologia, pois se nosso Senhor não era quem afirmava ser, então seu sacrifício foi deficiente, não sendo suficiente para pagar pelos pecados da humanidade.

I. A PREEXISTÊNCIA DO CRISTO PRÉ-ENCARNADO

A. O significado de preexistência

A idéia da preexistência de Cristo significa que ele existia antes de nascer. Para alguns autores, isso significa que ele existia antes da criação e antes do tempo. Mas, de maneira restrita, preexistência não é sinônimo de eternidade. De maneira prática, esse é um conceito similar, pois a negação da preexistência quase sempre inclui a negação da eternidade e vice-versa.

B. A importância da preexistência

1. *No nascimento*. Se Cristo veio a existir em seu nascimento, então não existe uma Trindade eterna.

2. *Não é Deus*. Se Cristo não era preexistente, então não poderia ser Deus, porque, dentre outros atributos, Deus é eterno.

3. *Mentira*. Se Cristo não era preexistente, então ele mentiu, pois afirmava ser. A pergunta que ficaria, nesse caso, é: sobre o que mais ele teria mentido, então?

C. A evidência da preexistência.

1. *Sua origem celestial*. Versículos que confirmam a origem celestial de Cristo comprovam sua preexistência antes do nascimento. Veja especialmente João 3:13 e 31.

2. *Sua obra na criação*. Se Cristo estava envolvido na criação, então obviamente ele precisava existir antes da criação. Veja João 1:3; Colossenses 1:16 e Hebreus 1:2.

3. *Seu relacionamento com Deus*. Ele afirmava ser da mesma natureza de Deus (Jo 10:30). Afirmava também possuir glória igual à do Pai antes que o mundo existisse (Jo 17:5). Paulo também afirmou que Cristo tinha a mesma natureza que Deus (Fp 2:6). Essas passagens também são evidências de sua eternidade.

4. *Seus atributos*. Ele alegava possuir a divindade absoluta, e outros testificaram isso. Essas declarações serão examinadas posteriormente, mas neste momento Colossenses 2:9 será suficiente – em Cristo habita a plenitude da Deidade.

5. *Seu relacionamento com João Batista*. Embora João tenha nascido antes de Jesus, ele reconhecia que Jesus existia antes dele (Jo 1:15, 30, o sentido literal de "antes de mim" faz referência à preexistência como base da superioridade de Cristo sobre João).

II. A ETERNIDADE DO CRISTO PRÉ-ENCARNADO

A. O significado de eternidade

Eternidade não significa, apenas, que Cristo existia antes de seu nascimento ou mesmo antes da criação, mas que ele sempre existiu, eternamente. Normalmente a eternidade e a preexistência estão sempre ligadas, embora Ário tenha ensinado a preexistência do Filho, mas não sua eternidade. Ele insistia que, se Cristo era o Filho unigênito, deveria ter um início. Hoje em dia, as testemunhas de Jeová defendem uma cristologia ariana, que nega a eternidade do *Logos*.

B. A importância da eternidade

Se a eternidade é negada, então: (a) não existe Trindade; (b) Cristo não possui a divindade absoluta; e (c) ele mentiu.

C. A evidência da eternidade

Seu relacionamento com Deus (sendo eles da mesma essência) demonstra sua eternidade, pois Deus é eterno. Observe que, no grego, a palavra usada em Hebreus 1:3 é *charakter.* Isso indica que Cristo é a representação exata da natureza ou essência de Deus.

Ele possuía atributos divinos, o que incluía a eternidade.

Os profetas do Antigo Testamento afirmavam a eternidade do Messias. Miquéias disse que suas origens são desde os dias da eternidade (Mq 5:2; veja Hc 1:12). Embora essas palavras possam significar "desde os dias da antigüidade", ou seja, desde o início dos tempos, elas também podem ser entendidas como eternidade. Isaías 9:6 o chama de "Pai da Eternidade", o que provavelmente se refere a Cristo como o Pai eterno de seu povo (mesmo que esteja olhando apenas para o futuro, sem considerar a eternidade para o passado).

Cristo afirmou sua eternidade quando declarou "antes que Abraão existisse, EU SOU" (Jo 8:58). Isso é mais do que uma existência limitada, antes que Abraão nascesse, pois disse "eu sou". Se dissesse "eu era", poderia indicar que já existia muitos séculos antes de Abraão, mas "eu sou" (*eimi*) atesta sua eternidade.

A declaração de João mostra claramente que Cristo é Deus. "o Verbo era Deus" (Jo 1:1). Não que esse Verbo (*Logos*) fosse divino (como afirmam Moffatt e Goodspeed), pois isso iria requerer *theios* (como em At 17:29 e 2 Pe 1:3). Tampouco João diz que o Verbo era um deus (como traduzem as testemunhas de Jeová). Substantivos definidos antepostos ao verbo, como esse, geralmente não têm artigo definido.[1]

III. AS ATIVIDADES DO CRISTO PRÉ-ENCARNADO

A. Sua atuação como Criador

1. *A extensão.* Ele estava envolvido na criação de todas as coisas (Jo 1:3; Cl 1:16; Hb 1:2). Isso demonstra seu poder (ser capaz de criar todas coisas).

2. *O propósito.* Todas as coisas foram criadas por ele (Cl 1:16), ou seja, com o propósito de alcançar seus objetivos na criação. Isso demonstra sua prerrogativa (fazer com que a criação servisse a seus propósitos).

3. *A continuidade.* Agora ele também sustenta a criação, pois nele tudo subsiste (Cl 1:17). Isso demonstra sua presença constante (continua a sustentar a criação).

B. Sua atividade como anjo

1. *Sua identificação com o Anjo do Senhor.* Claramente o "Anjo do Senhor" é uma automanifestação de Jeová, pois fala como Deus, se identifica com Deus e afirma exercer as prerrogativas de Deus (Gn 16:7-14; 21:17,18; 22:11-18; 31:11-13; Êx 3:2; Jz 2:1-4; 5:23; 6:11-22; 13:3-22; 2 Sm 24:16; Zc 1:12; 3:1; 12:8). Ainda assim, ele é distinto de Jeová (Gn 24:7; Zc 1:12,13). A idéia de que ele é membro da Trindade pode ser indicada pelo fato de as aparições do Anjo do Senhor terem cessado após a encarnação. Isso é confirmado pelas declarações do Antigo Testamento que mostram o Anjo do Senhor acompanhando Israel quando eles saíram do Egito (Êx 14:19; cf. 23:20) e a declaração do Novo Testamento de que a Pedra que seguia Israel era Cristo (1 Co 10:4).

2. *Seu ministério como Anjo do Senhor.* (1) Muitas vezes, agia como mensageiro (Gn 16:7-14; 22:11-18; 31:11-13). (2) Guiou e protegeu Israel (Êx 14:19; 23:20; 2 Rs 19:35). (3) Foi instrumento de juízo sobre Israel quando Deus enviou uma praga sobre o povo (1 Cr 21:1-27). (4) Era um agente de refrigério para Elias (1 Rs 19:5-7)

C. Suas outras atividades

Nenhuma atividade histórica de Cristo é revelada como ocorrendo em seu estado pré-encarnado. Sua obra como Messias requeria a encarnação, embora fosse predita no Antigo Testamento. Do mesmo modo, sua obra como Salvador necessitava da encarnação. O Antigo Testamento não dá uma revelação específica da segunda pessoa como Salvador, mostra apenas Deus como Salvador. Fazer isso também iria requerer uma revelação do Antigo Testamento sobre a Trindade. Portanto, esse período é chamado de "os tempos da ignorância" (At 17:30).

Embora nosso Senhor não estivesse inativo em seu estado pré-encarnado, suas maiores obras necessitavam da encarnação. Ainda assim, ele surge magnífico como a Pessoa do Deus eterno, mas como nas sombras, esperando que surgisse o "refletor" da encarnação para lançar luz e revelar sua glória e graça (Jo 1:17; Tt 2:11).

1. Veja: MORRIS, Leon. *Commentary on the Gospel of John*. Grand Rapids: Eerdmans, 1971, p. 77, nota.

41

A ENCARNAÇÃO DE CRISTO

I. O SIGNIFICADO DE ENCARNAÇÃO

Embora essa palavra não apareça nas Escrituras, seus componentes ("em" e "carne") aparecem. João escreveu que o Verbo se fez carne (Jo 1:14). Ele também escreveu a respeito de Jesus vindo em carne (1 Jo 4:2; 2 Jo 7). Com isso, queria dizer que a eterna segunda pessoa da Trindade assumiu a humanidade. Não possuía a humanidade até seu nascimento, pois o Senhor fez-se homem (carne) (*egeneto,* em Jo 1:14, em contraste com as quatro ocorrências da preposição *en* nos vv. 1,2). No entanto, sua humanidade não tinha pecado, um fato que Paulo guarda ao escrever que ele veio "em semelhança de carne pecaminosa" (Rm 8:3).

II. AS PROFECIAS DA ENCARNAÇÃO

A. A profecia sobre o Deus-Homem

Nessa profecia a respeito do Messias, em Isaías 9:6; o profeta anunciou a união da Deidade e da humanidade no Senhor. Disse que um menino iria nascer (uma referência à humanidade) e que seu caráter seria tal que poderia ser chamado de "Deus Forte" (*el gibbor,* uma referência à sua divindade). Isaías usa *el* apenas para se referir a Deus (veja Is 31:3). *Gibbor* significa "herói", embora essa frase signifique um herói cujas principais características mostram que ele é Deus. Portanto, nesse único versículo, são previstas a humanidade e a divindade do Senhor.[1]

O nome Emanuel revela a mesma verdade a respeito do Senhor (Is 7:14). Isso significa mais do que a presença do Senhor entre seu povo em sua providência. Nesse texto, significa que a simples presença do Filho nascido da virgem traz Deus até o seu povo.[2]

B. A profecia sobre o nascimento virginal (Is 7:14).

Nessa profecia, Isaías predisse que a encarnação ocorreria por meio de um nascimento virginal. Os liberais questionaram a tradução "virgem" para a palavra hebraica *almah*, afirmando que *bethulah* deveria ter sido usada caso Isaías realmente desejasse dizer "virgem". É verdade que *almah* significa uma mulher sexualmente madura, que poderia casar, e *bethulah* indica uma mulher separada, normalmente uma virgem, mas nem sempre (Et 2:17; Ez 23:3; Jl 1:8). Por isso não é certo dizer, como fazem os críticos, que *bethulah* seria uma palavra mais precisa para ser usada se Isaías realmente quisesse afirmar que se tratava de uma virgem.

Aparentemente, *almah* não é um termo técnico para virgem, mas se refere a uma jovem mulher que tem como uma de suas características a virgindade (Gn 24:43). Não há casos em que se possa provar que *almah* se referia a uma jovem não-virgem. A Septuaginta traduz esse termo por *parthenos* em duas das suas sete ocorrências; o mesmo ocorre em Mateus 1:23. Logo, a palavra significa uma mulher jovem na idade para casar, e uma de suas características era a virgindade. Isso ocorre, necessariamente, no caso do cumprimento dessa profecia no nascimento de Cristo.

Quem é *a* virgem a que a profecia se refere? A interpretação recai sobre três categorias básicas: (1) A interpretação não-messiânica, a qual entende que essa profecia foi cumprida por alguma mulher desconhecida no passado. Pode ter sido uma virgem ou não. Mas, nesse caso, como o versículo 23 seria explicado? (2) A interpretação estritamente messiânica, que vê essa profecia referindo-se somente a Maria, sem fazer referência a qualquer outra mulher nos dias de Isaías. Inquestionavelmente, ela se refere a Maria (v. 23), mas a questão é se diz respeito somente a ela. Sem uma referência a alguém nos dias de Isaías, que valor esse sinal teria para Acaz? (3) A profecia refere-se tanto a alguém nos dias de Isaías como também a Maria no futuro.

De acordo com essa terceira interpretação, quem seria a jovem dos dias de Isaías? Novamente, temos três respostas possíveis: (a) a mulher da Acaz; (b) alguma jovem desconhecida em Israel; ou (c) a segunda mulher de Isaías, com quem ele ainda não havia se casado no momento em que profetizou. Se (a) é verdade, então o filho era Ezequias. Se (b) é verdade, então o filho é desconhecido. Se (c) é verdade, o filho era *Maher-shalal-hash-baz* (o "Rápido-Despojo-Presa-Segura" de Is 8:3) ou outro filho não mencionado de Isaías. Segundo esse ponto de vista, a primeira mulher de Isaías, a mãe de *Shear-jashub* ("Um-Resto-Volverá", de Is 7:3), já havia morrido.

Mateus inegavelmente vê Cristo como o cumprimento da profecia de Isaías. Não pode haver dúvida disso. E tanto a interpretação estritamente messiânica quanto a que admite uma referência dupla reconhecem isso.

III. OS MEIOS DA ENCARNAÇÃO

A. A evidência

O nascimento virginal foi o meio usado para que a encarnação ocorresse. Depois disso, a encarnação passou a um estado duradouro de nosso Senhor. Ela teve início em seu nascimento e continua para sempre (sendo que agora em um corpo ressurreto). Em contraste com a encarnação, o nascimento virginal foi um evento que durou apenas algumas horas.

Quando Gabriel anunciou a Maria que ela deveria dar à luz ao Messias, ela protestou, afirmando que precisaria de um marido. Em essência, a resposta do anjo foi: "Você não irá precisar de um esposo, pois o Espírito descerá sobre você e o poder do Altíssimo a envolverá" (Lc 1:35). Essa declaração enfatiza mais a realidade da geração divina dessa criança do que o método.

Mateus teve extremo cuidado em registrar o nascimento virginal na genealogia de nosso Senhor (Mt 1:16). Ele escreveu que José era o esposo de Maria, mas que Jesus veio ao mundo somente por meio de Maria. O pronome feminino empregado indica claramente que o nascimento de Jesus veio apenas por intermédio de Maria, sem a participação de José.

Não sabemos, ao certo, se a frase "nascido de mulher" de Gálatas 4:4 refere-se ao nascimento virginal ou não. Pode apenas implicar que Cristo assumiu a humanidade do mesmo modo que se colocou sob a Lei, como diz a frase seguinte. Ou talvez se refira ao nascimento virginal, uma vez que o verbo não é o mesmo normalmente usado para "nascer". Trata-se do mesmo verbo usado em João 1:14 para se referir à encarnação, mas não por intermédio do nascimento virginal propriamente dito. Contudo, as passagens de Isaías, Mateus e Lucas são claras.

Qual é o propósito do nascimento virginal? Esse não seria o meio necessário de preservar a impecabilidade de Cristo, pois Deus poderia ter envolvido os dois pais e, ainda assim, protegido a impecabilidade da criança, se assim o desejasse. Ele serve como sinal da singularidade da pessoa que nasceu. Não sabemos, ao certo, quanto tempo demorou e como isso se espalhou entre os contemporâneos de Cristo. Claro, quando os Evangelhos de Mateus e Lucas foram escritos, esse era um fato conhecido, e, desde então, a Igreja primitiva considera essa doutrina fundamental. No início do segundo século, já era uma doutrina estabelecida.[3]

B. As genealogias

Tanto Mateus quanto Lucas estabelecem a genealogia do filho nascido da virgem. Mateus apresenta 41 nomes selecionados, enquanto Lucas inclui 77. Mateus estabelece a descendência do rei até Abraão; Lucas retrocede até Adão. A lista de Mateus normalmente é interpretada como sendo a da linhagem de José, e a de Lucas refere-se à de Maria.

Tem havido muita discussão sobre isso, particularmente em relação à questão de a genealogia de Lucas realmente chegar até Jesus por intermédio de Maria, sua mãe. Alfred Plummer levantou uma objeção a essa visão: "É provável que seja uma solução óbvia: uma era da família de José e outra referia-se a Maria, logo seria defendida se existisse algum motivo (com exceção da dúvida) para adotá-la. Mas essa solução não é sugerida por ninguém até que Amnius de Viterbo a propôs, por volta de 1490 d.C."[4]

Por outro lado, F. Godet defendeu efetivamente a linhagem de Maria em Lucas com base na ausência de artigo antes de José (3:23), o que ligaria Jesus diretamente a Eli e, aparentemente, ao mesmo tempo, deixa José fora da genealogia.[5]

Várias explicações são apresentadas para afirmar que as duas genealogias são da linhagem de José. Uma é que Matã e Matate são a mesma pessoa, fazendo com que Jacó e Eli sejam irmãos e, portanto, José é filho de Eli e sobrinho de Jacó. Se Jacó morreu sem herdeiros, seu sobrinho, José, teria se tornado o seu herdeiro, ou possivelmente José tornou-se herdeiro de Jacó porque Eli (presumindo que sua esposa tenha morrido) casou com a viúva de Jacó, seguindo o costume do casamento por levirato.[6]

Um forte argumento para a genealogia lucana ser a de Maria está ligada à maldição lançada sobre Jeoaquim (Jeconias ou Conias) em Jeremias 22:30. Ele não teria filhos, o que no versículo implica que nenhum de seus descendentes reinaria assentado no trono de Davi. (Aparentemente, teve sete filhos, que talvez fossem adotados, 1 Cr 3:17,18.) Logo, Jesus não poderia almejar ser rei e governante (embora tivesse o direito legal) se fosse um descendente sangüíneo de José, que não era descendente de Conias. Assim sendo, o nascimento de uma virgem era necessário para libertá-lo dessa linhagem amaldiçoada.[7] No entanto, isso também poderia ser feito caso Jesus estivesse ligado a José (não como seu pai natural, claro) por intermédio de Natã e não de Salomão (como Lucas pode ter indicado).

Também foi sugerido que a maldição de Conias foi anulada por opção de Deus quando ele exaltou Zorobabel (Ag 2:23). Fazer dele um "anel de selar" elevou-o a uma posição de autoridade, e o fato de ser escolhido transferiu a promessa messiânica para Zorobabel e sua família entre os descendentes de Davi. O nome de Zorobabel aparece tanto na genealogia de Mateus quanto na de Lucas.

De qualquer maneira, Lucas cuidadosamente evitou dar a impressão de que Jesus possa ter sido filho natural de José, embora tenha preservado seus laços com a realeza ao não ligá-lo somente à mãe (uma vez que o direito à coroa passava pelos homens da família). Durante seu ministério terreno, em momento algum a declaração de que Jesus tinha direito ao trono de Davi foi questionada.

IV. OS PROPÓSITOS DA ENCARNAÇÃO

Por que Deus enviou seu Filho, fazendo-o semelhante à carne pecaminosa? As Escrituras apresentam muitas respostas a essa questão. Ele fez isso para:

A. Revelar Deus a nós

Embora Deus tenha se revelado de várias maneiras, inclusive por meio das maravilhas da natureza a nosso redor, apenas a encarnação revelou a essência de Deus, mesmo que de maneira velada (Jo 1:18; 14:7-11). O único modo de o homem poder ver o Pai é conhecendo o Filho, e o única jeito de fazer isso, hoje em dia, é estudando o registro de sua vida nas Escrituras. Pelo fato de ele ter se tornado homem, a revelação de Deus foi personalizada; porque ele é Deus, essa revelação é completamente confiável.

B. Dar um exemplo de vida

A vida terrena de nosso Senhor é apresentada a nós como um padrão da vida que deveríamos viver hoje em dia (1 Pe 2:21; 1 Jo 2:6). Sem a encarnação, nós não teríamos esse exemplo. Como homem, experimentou as vicissitudes da vida e nos ofereceu seu exemplo, fruto da experiência; como Deus, ele nos concede poder para seguirmos seu exemplo.

C. Prover um sacrifício efetivo pelo pecado

Sem a encarnação, nós não teríamos um Salvador. O pecado requer a morte como pagamento. Deus não pode morrer. Então, o Salvador deve ser humano para que possa morrer. Mas a morte de um homem comum não pagaria pelo pecado eternamente, portanto o Salvador também deve ser Deus. Precisávamos de um Salvador que fosse Deus-homem, e temos isso em nosso Senhor (Hb 10:1-10).

D. Cumprir a aliança davídica

Gabriel anunciou a Maria que seu Filho receberia o trono de Davi (Lc 1:31-33). Isso não é cumprido pelo Deus invisível, que reina acima das questões humanas (o que ele certamente faz). É preciso um ser humano para ocupar o trono de Davi. Logo, o Messias precisava ser humano. Mas ocupar esse trono eternamente requer que o ocupante nunca morra. E somente Deus qualifica-se para isso. Assim sendo, aquele que cumpriu, de forma perfeita, a promessa feita a Davi precisava ser o Deus-homem.

E. Destruir as obras do diabo (1 Jo 3:8)

Note que isso foi feito no início do ministério de Cristo. O destaque é sobre sua vida, não sobre sua ressurreição, como poderíamos esperar. Por que a encarnação era necessária para derrotar Satanás? Porque Satanás deveria ser derrotado na arena em que domina: este mundo. Por isso, Cristo foi enviado a este mundo para destruir as obras de Satanás.

F. Ser um sumo sacerdote misericordioso (Hb 4:14-16)

Nosso sumo sacerdote é capaz de entender nossas fraquezas porque foi tentado como nós somos. Mas Deus nunca pode ser tentado, por isso era necessário que Deus se tornasse homem, assim ele poderia ser tentado para ser um sumo sacerdote misericordioso.

G. Ser um juiz qualificado

Embora a maioria das pessoas pense que Deus Pai será o juiz diante de quem todos irão comparecer, a verdade é que Jesus será esse juiz (Jo 5:22-27). Todos os julgamentos serão executados pelo nosso Senhor, porque ele é "o Filho do Homem". Esse título o liga à Terra e à sua missão terrena. Por que é necessário que o Juiz seja humano e tenha vivido na terra? Para que possa colocar de lado todas as desculpas que as pessoas tentam oferecer. Por que o Juiz também precisa ser Deus? Para que seu juízo seja justo e verdadeiro.

Portanto, sua encarnação tem conseqüências relacionadas a nosso conhecimento de Deus, a nossa salvação, a nossa vida diária, a nossas necessidades e ao futuro. Verdadeiramente, esse é o principal fato da história humana.

OS MINISTÉRIOS DO DEUS-HOMEM

TÍTULO	TEXTO BÍBLICO	HOMEM	DEUS
Salvador	Romanos 1:3,4	Para morrer	Para dar significado à sua morte
Sumo Sacerdote	Hebreus 4:14-16	Para representar o homem como sacrifício pelo pecado	Para representar a humanidade diante de Deus
Juiz	João 5:22	Para julgar como um de nós	Para julgar de forma justa
Fonte da vida cristã	1 João 2:6	Para ser o nosso exemplo	Para dar poder à nossa vida

1. Veja: Young, Edward J. *The Book of Isaiah*. Grand Rapids: Eerdmans, 1964, v. 1, pp. 335-8.
2. Ibid., v. 1, pp. 289-91.
3. Por exemplo, Inácio, *Esmirna* I, 1.; veja também Campenhausen, Hans von. *The Virgin Birth in the Theology of the Ancient Church, Studies in Historical Theology*. Naperville: Allenson, 1964, v. 2, pp. 10-20.
4. Plummer, Alfred. *A Critical and Exegetical Commentary on the Gospel According to Luke*. ICC, Edinburgh: T. & T. Clark, 1910, p. 103.
5. Godet, F. *A Commentary on the Gospel of St. Luke*. Edinburgh: T. & T. Clark, 1910, v. 1, pp. 195-204.
6. Veja: Machen, J. G. *The Virgin Birth of Christ*. Nova York: Harper, 1930, pp. 207-9.
7. Veja: Gromacki, Robert. *The Virgin Birth of Christ*. Grand Rapids: Baker, 1981, pp. 150-9.

42

A pessoa do Cristo encarnado

A declaração a respeito da Pessoa de Cristo encarnado, formulada pelo Concílio de Calcedônia (em 451), tem sido considerada definitiva pelo cristianismo ortodoxo. Veja sua transcrição a seguir:

> Fiéis aos santos pais, todos nós, perfeitamente unânimes, ensinamos que se deve confessar um só e mesmo Filho, nosso Senhor Jesus Cristo, perfeito quanto à divindade e perfeito quanto à humanidade, verdadeiramente Deus e verdadeiramente homem, constando de alma racional e de corpo; consubstancial ao Pai, segundo a divindade, e consubstancial a nós, segundo a humanidade; em todas as coisas semelhante a nós, excetuando o pecado, gerado, segundo a divindade, antes dos séculos pelo Pai e, segundo a humanidade, por nós e para nossa salvação, gerado da virgem Maria, mãe de Deus. Um só e mesmo Cristo, Filho, Senhor, Unigênito, que se deve confessar, em duas naturezas, inconfundíveis, imutáveis, inseparáveis e indivisíveis. A distinção de naturezas de modo algum é anulada pela união, mas pelo contrário, as propriedades de cada natureza permanecem intactas, concorrendo para formar uma só pessoa e subsistência; não dividido ou separado em duas pessoas, mas um só e mesmo filho Unigênito, Deus Verbo, Jesus Cristo Senhor, conforme os profetas outrora a seu respeito testemunharam, e o nosso mesmo Jesus Cristo nos ensinou e o credo dos pais nos transmitiu.

De maneira mais resumida, podemos descrever a Pessoa de Cristo encarnado como alguém totalmente divino e perfeitamente humano, sem mistura, mudança, divisão ou separação em uma só Pessoa, eternamente. Os elementos-chave dessa descrição incluem "totalmente divindade" (não há diminuição de qualquer atributo da Deidade), "perfeitamente humano" ("perfeitamente" em vez de "totalmente" para enfatizar sua impecabilidade), "uma só pessoa" (não duas) e "eternamente" (pois, mesmo ressurreto, continua tendo um corpo At 1:11; Ap 5:6).

I. A DIVINDADE ABSOLUTA DO CRISTO ENCARNADO

A. Ele possui os atributos exclusivos de Deus

1. *Eternidade*. Ele afirmou que existia eternamente (Jo 8:58; 17:5).

2. *Onipresença*. Ele afirmou que estava presente em todos os lugares (Mt 18:20; 28:20).

3. *Onisciência*. Ele demonstrou ter conhecimento de coisas que somente poderiam ser conhecidas se ele fosse onisciente (Mt 16:21; Lc 6:8; 11:17; Jo 4:29)

4. *Onipotência*. Ele demonstrou e alegou ter poder para fazer tudo o que desejasse (Mt 28:18; Mc 5:11-15; Jo 11:38-44).

Há mais atributos da Deidade dados a ele por outros (e.g., imutabilidade, Hb 13:8), mas os que citamos são declarações que o Senhor fez a respeito de si mesmo.

B. Ele faz o que somente Deus é capaz de fazer

1. *Perdão de pecados*. Ele perdoa pecados de maneira eterna. Os homens podem fazer isso temporariamente, mas Cristo oferece o perdão eterno (Mc 2:1-12).

2. *Vida*. Ele dá vida espiritual para quem desejar (Jo 5:21).

3. *Ressurreição*. Ele irá ressuscitar os mortos (Jo 11:43).

4. *Julgamento*. Ele irá julgar todas as pessoas (Jo 5:22,27).

Todos esse exemplos são obras que Jesus realizou ou afirmações que ele fez, não declarações que outros fizeram a respeito dele.

C. Ele recebeu os nomes e títulos de deidade

1. *Filho de Deus*. Nosso Senhor usou essa designação para falar de si mesmo (embora raramente o fizesse, Jo 10:36), e reconheceu sua veracidade quando foi usada por outros para falar dele (Mt 26:63,64). O que isso significa? Embora a frase "filho de" possa significar "descendente de", também implica "da ordem de". Logo, no Antigo Testamento, "filhos dos profetas" significava "da ordem dos profetas" (1 Rs 20:35) e "filhos dos cantores" significava "da ordem dos cantores" (Ne 12:28). Quando usada para falar de nosso Senhor, a designação "Filho de Deus" significa da "ordem de Deus", sendo uma alegação forte e clara de divindade.

> Para os judeus, em geral, o uso do termo "filho de" [...] não implicava qualquer subordinação, mas designava igualdade e identidade de natureza. Por isso, Bar Kokba, que liderou a revolta judaica em 135-132 a.C., durante o reinado de Hadrian, recebeu um nome que significava "filho da estrela". Ele supostamente foi chamado assim para se identificar com a mesma estrela profetizada em Números 24:17. O nome "filho de exortação" (At 4:36), sem dúvida significa "o exortador". A nomenclatura "filhos do trovão" (Mc 3:17) provavelmente significa "homens exaltados". "Filho do Homem", especialmente quando aplicado a Cristo em Daniel 7:13 e constantemente no Novo Testamento, significa "o representante". Assim, a

declaração de Cristo: "Sou Filho de Deus" (Jo 10:36) era entendida pelos seus contemporâneos como uma identificação com o próprio Deus, ser igual ao Pai, de maneira incondicional.[1]

2. *Deus e Senhor*. No Novo Testamento grego, Jesus é chamado de "Jeová", uma clara indicação de sua perfeita divindade (cf. Lc 1:76 com Ml 3:1 e Rm 10:13 com Jl 2:32). Ele também é chamado de "Deus" (Jo 1:1; 20:28; Hb 1:8), "Senhor" (Mt 22:43-45) e "Rei dos reis e Senhor dos senhores" (Ap 19:16).

D. Ele afirmou ser Deus

Talvez a ocasião mais clara e mais forte de tal declaração tenha sido a da festa da dedicação, quando afirmou: "Eu e o Pai somos um" (Jo 10:30). A forma neutra de "um" descarta o sentido que ele e o Pai eram uma só Pessoa. Significa que estão em perfeita unidade, tanto em natureza quanto em ações, um fato que somente poderia ser verdade se ele fosse tão Deidade quanto o Pai. Foi isso o que as pessoas que escutaram essa declaração entenderam, pois imediatamente tentaram apedrejá-lo por blasfêmia, uma vez que se fazia igual a Deus (v. 33).

Como alguém pode dizer que o próprio Jesus de Nazaré nunca afirmou ser Deus, mas que, na verdade, foram seus discípulos que atribuíram isso a ele? A maioria das passagens citadas acima mostra as próprias declarações de Cristo. Portanto, devemos encarar as seguintes opções: ou suas declarações eram verdadeiras ou ele era um mentiroso. E essas declarações são de uma Deidade total e completa – nada ficou faltando nem foi removido durante sua vida aqui na Terra.

II. A PERFEITA HUMANIDADE DO CRISTO ENCARNADO

Negações da humanidade de Cristo são menos comuns que a negação de sua divindade. Por quê? Porque, se você não injetar o fator divino na pessoa de Cristo, ele é somente um homem, apenas alguém extremamente bom e sábio. Porém, sendo apenas homem, ele não perturbaria tanto as pessoas com suas declarações como o faria sendo o Deus-homem. Contudo, os que podem afirmar rapidamente sua humanidade talvez não sejam tão rápidos em afirmar sua perfeita humanidade. Talvez reconheçam que ele era um bom homem (então, por que mentiu?) ou um grande homem (então, por que enganou os outros?), mas não um homem perfeito (pois assim poderiam sentir-se mais obrigados a escutá-lo, mesmo sem reconhecê-lo como Deus).

A. Ele possuía um corpo humano

Embora a concepção de Cristo tenha sido sobrenatural, ele possuía um corpo humano que cresceu e se desenvolveu (Lc 2:52). Chamava a si mesmo de homem (Jo 8:40).

B. Ele possuía alma e espírito humanos

A perfeita humanidade de nosso Senhor incluía uma perfeita natureza imaterial, bem como a material. Não que sua natureza humana tenha oferecido um corpo a Cristo, enquanto a natureza divina era formada de sua alma e espírito. Sua humanidade era completa e incluía tanto aspectos materiais quanto imateriais (Mt 26:38; Lc 23:46).

C. Ele estava sujeito às limitações de um ser humano

Nosso Senhor sentiu fome (Mt 4:2). Ele sentiu sede (Jo 19:28). Ele se cansou (Jo 4:6). Experimentou sentimentos como amor e compaixão (Mt 9:36). Chorou (Jo 11:35). Foi tentado (Hb 4:15). Essas são demonstrações de sua verdadeira humanidade.

D. Ele recebeu nomes humanos

A maneira como ele mais gostava de ser chamado era "Filho do Homem" (mais de 80 vezes). Esse nome liga-o à Terra e a sua missão na Terra. Dizia respeito a sua simplicidade e humanidade (Lc 19:10) bem como a seu futuro reino como rei (Mt 24:27).

Ele também era o "Filho de Davi", título que o ligava a seu antepassado Davi e às promessas reais que seriam cumpridas totalmente pelo Messias.

Paulo o chamou de "homem" em 1 Timóteo 2:5.

III. A UNIÃO DA DIVINDADE E DA HUMANIDADE NO CRISTO ENCARNADO

Esse conceito de unidade hipostática (ou união em uma única pessoa das naturezas humana e divina) provavelmente é um dos mais difíceis de entender na teologia. Nenhum de nós viu a Deidade, exceto conforme as Escrituras revelam Deus, e nenhum de nós viu sua humanidade perfeita, exceto na revelação das Escrituras que mostram Adão antes da queda e nosso Senhor. Tentar relacionar esses conceitos com a Pessoa de Cristo acrescenta complexidade a idéias que, por si mesmas, são difíceis de compreender.

A. O significado de "natureza"

Embora as palavras "natureza" e "substância" possam ser sinônimos, significando essência, precisamos fazer uma distinção entre essas duas palavras com propósitos teológicos. Se a natureza for concebida como algo que dá substância, então natureza e substância seriam a mesma coisa, e o Cristo encarnado seria formado de duas substâncias, e essencialmente seria duas pessoas, como defendiam os nestorianos. Mas se "natureza" for vista como um "conjunto de atributos"[2], esse erro é mais fácil de ser evitado. A Pessoa singular do Cristo encarnado mantinha todos os atributos divinos e todos os atributos humanos essenciais a um perfeito ser humano.

B. O caráter da união

O Credo de Calcedônia declara que as duas "naturezas" estavam unidas, sendo inconfundíveis, imutáveis, indivisíveis e inseparáveis. Isso significa que todos os atributos da Deidade e aqueles que mostravam sua perfeita humanidade desde sua encarnação eram mantidos em Jesus Cristo durante o tempo todo. Não há mistura dos atributos humanos e divinos (como ensinavam os eutiquianistas), nem mudança de alguma forma (como ensinava

Apolinário), sem divisão entre elas, e inseparáveis para que existam duas pessoas (como o nestorianismo ensinava). A ortodoxia diz que Jesus possuía duas naturezas, que formavam uma única Pessoa ou uma *hipóstase* eterna. É correto caracterizar Cristo como uma pessoa teoantrópica, mas não se pode falar de natureza teoantrópica (pois isso misturaria os atributos humanos e os divinos).

O calvinismo defendia que tal união não envolvia uma transferência de atributos de uma natureza para outra. O luteranismo ensina a ubiqüidade do Corpo de Cristo. Em outras palavras, o ubiqüitarianismo defende que Cristo, em sua natureza humana, está presente em todos os lugares e em todo o tempo. Lutero desenvolveu essa doutrina em 1527–1528 para apoiar sua crença na presença real de Cristo na ceia do Senhor.

C. A comunhão dos atributos

Isso simplesmente significa que os atributos das duas naturezas pertencem a uma só pessoa, sem misturar as naturezas ou dividir a pessoa. Em termos práticos, isso dá base para ver Cristo como alguém fraco, mesmo sendo onipotente; ignorante, mesmo sendo onisciente; limitado, mesmo sendo infinito.

Já disse que os atributos não podem ser transferidos de uma natureza para a outra. Fazer isso mudaria o conjunto dos atributos e, portanto, a sua natureza. Se a infinitude pode ser transferida para a humanidade, então a Deidade perde sua infinitude e não é mais a deidade total. No entanto, os atributos de ambas as naturezas devem ser expressos por intermédio de uma pessoa. Logo, a pessoa pode ser vista como alguém que "transfere" as expressões de uma ou de outra natureza, apesar de os atributos precisarem continuar sendo parte da natureza a que eles pertencem. Por isso, os teólogos desenvolveram um sistema para classificar as ações da Pessoa de Cristo segundo a origem de cada ação. Charles Hodge estabelece quatro categorias e Walvoord, sete.[3] Alguns exemplos incluem (a) ações predicativas da pessoa, como a redenção (ambas as naturezas estão envolvidas); (b) ações predicativas da natureza divina (embora a pessoa toda esteja sujeita a ela), como a preexistência (verdadeira apenas para a natureza divina); e (c) ações predicativas da natureza humana, como sentir sede.

Independentemente da ajuda que esse tipo de classificação possa oferecer, parece mais importante lembrar que a Pessoa de Cristo fez tudo o que fez revelando quaisquer atributos ou naturezas que possuía. Essa Pessoa sentia sede; essa Pessoa sabia todas as coisas; essa Pessoa disse não saber o dia e a hora; e (provavelmente o mais difícil) essa Pessoa morreu. Obviamente, Deus não sente sede nem pode morrer, mas essa Pessoa, Jesus Cristo, o Deus-homem, sentiu sede e morreu.

D. A consciência de Cristo

Outra questão proposta é se Cristo estava ciente de sua divindade e humanidade o tempo todo. A resposta é: a pessoa sempre teve consciência de sua divindade e aumentou sua consciência a respeito de sua humanidade (Lc 2:52; Jo 8:56-58).

E. A(s) vontade(s) de Cristo

Cristo possuía uma ou duas vontades? Calcedônia falou sobre um Cristo em duas naturezas, unidas em uma pessoa, implicando duas vontades. No século VII, os monotelitas insistiam que Cristo tinha apenas uma vontade, mas essa perspectiva foi considerada heresia pelo Concílio de Constantinopla no ano 680. Se vontade é definida como "comportamento complexo", como fez Buswell, então podemos dizer que nosso Senhor possuía um comportamento divino e, também, uma natureza humana, logo, tinha duas vontades. Se vontade é definida como "uma decisão resultante da moral", como afirma Walvoord, então a Pessoa de Cristo sempre tomava uma decisão moral; logo, tinha uma vontade. Contudo, parece que cada decisão partia da "vontade" de sua natureza divina ou da "vontade" de sua natureza humana, ou de uma mistura das duas, o que nos dá base para pensar em duas "vontades".

IV. A HISTÓRIA DESSA DOUTRINA

A. Docetismo

No final do primeiro século, Marcião e os gnósticos ensinaram que Cristo apenas *parecia* ser homem (no grego, *dokeo*, parecer ou aparentar). O apóstolo João referiu-se a esse falso ensinamento em 1 João 4:1-3. Essa heresia desafia não apenas a realidade da encarnação, mas também a validade do sacrifício e da ressurreição corpórea.

B. Ebionismo

No segundo século, essa heresia negava a divindade de Cristo e considerava Jesus o filho natural de José e Maria, mas que fora eleito para ser Filho de Deus no seu batismo, quando foi unido ao Cristo eterno.

C. Arianismo

Uma heresia que negava a eternidade de Jesus como o *logos*. Ário argumentava que, sendo Jesus o "filho unigênito", ele devia ter um começo. Os arianos afirmavam que a natureza divina de Cristo era similar a Deus, *omoiousios*, mas não igual, *homoousios*. O Concílio de Nicéia condenou esse ensinamento em 325, afirmando que Jesus possuía a mesma natureza que Deus.

D. Apolinarismo

Apolinário, o jovem (falecido por volta de 390), procurou evitar a separação indevida das duas naturezas de Cristo. Ele ensinou que Cristo possuía um corpo humano e uma alma humana, mas o *logos* divino no lugar do espírito humano (presumindo que o homem é uma tricotomia). Esse *logos* dominava o corpo e a alma humana, que eram passivos. Esse erro doutrinário atacava a humanidade de Cristo.

E. Nestorianismo

O nestorianismo dividia Cristo em duas pessoas (embora seja questionado se Nestório ensinou isso claramente ou não). Ele explicou que Jesus Cristo era o *prosopon* (forma ou aparência) da união das duas naturezas. A humana tinha a forma de Deus gravada em si, e a Deidade tomou sobre si a forma de servo. O resultado disso foi a aparência de Jesus de Nazaré. Portanto, segundo essa visão, as duas naturezas estavam separadas, o que resultava em duas pessoas. Esse ensinamento foi condenado pelo Concílio de Éfeso no ano 431.

F. Eutiquianismo

Eutíquio (c. de 378–454) opôs-se ao nestorianismo e ensinou que Cristo possuía apenas uma natureza. Esse erro também é conhecido como monofisismo. Segundo Eutíquio, sua natureza divina não era totalmente divina, tampouco sua natureza humana era verdadeiramente humana, e o resultado era uma natureza única, híbrida. Essa idéia foi condenada pelo Concílio de Calcedônia no ano 451.

Após Calcedônia, um erro similar foi desenvolvido ensinando que Cristo possuía uma só vontade, embora afirmasse verbalmente possuir duas naturezas. Isso é chamado de monotelismo e foi condenado pelo Concílio de Constantinopla III, no ano 680.

Esse estudo dos erros deveria ajudar-nos a expor a verdade e fazer com que sejamos mais cuidadosos na maneira como a ensinamos. A semântica é uma questão muito importante nas declarações teológicas.

1. Buswell, J. Oliver. *A Systematic Theology of the Christian Religion.* Grand Rapids: Zondervan, 1962, v. 1, p. 105.
2. Ibid., v. 1, p. 54.
3. Hodge, Charles. *Teologia Sistemática.* São Paulo: Hagnos, 2001, pp. 770-2; Walvoord, John F. *Jesus Christ Our Lord.* Chicago: Moody, 1974, pp. 116,17

<table>
<tr><th>GRUPO</th><th>TEMPO</th><th>NATUREZA HUMANA</th><th>NATUREZA DIVINA</th><th>CONCÍLIO DA IGREJA</th></tr>
<tr><td>Docetistas</td><td>Século I</td><td>Negada – apenas tinha aparência humana</td><td>Confirmada</td><td></td></tr>
<tr><td>Ebionitas</td><td>Século II</td><td>Confirmada</td><td>Negada – Jesus era filho natural de José e Maria</td><td></td></tr>
<tr><td>Arianos</td><td>Século IV</td><td>Confirmada</td><td>Negada – Jesus não é eterno; semelhante, mas não igual a Deus</td><td>Condenado por Nicéia, em 325</td></tr>
<tr><td>Apolinarianos</td><td>Século IV</td><td>Logos divino substituiu o espírito humano</td><td>Confirmada</td><td>Condenado por Constantinopla, em 680</td></tr>
<tr><td>Nestorianos</td><td>Século V</td><td colspan="2">Cristo era duas Pessoas</td><td>Condenado por Éfeso, em 431</td></tr>
<tr><td rowspan="2">Eutiquianos</td><td rowspan="2">Século V</td><td>Não era totalmente humano</td><td>Não era totalmente divino</td><td rowspan="2">Condenado por Calcedônia, em 451</td></tr>
<tr><td colspan="2">Cristo possuía uma natureza única, mas híbrida</td></tr>
<tr><td rowspan="2">Ortodoxos</td><td rowspan="2"></td><td>Perfeitamente humano</td><td>Totalmente Deus</td><td rowspan="2">Definido por Calcedônia, em 451</td></tr>
<tr><td colspan="2">Cristo é uma Pessoa</td></tr>
</table>

43

Cristo: Profeta, Sacerdote e Rei

Às vezes, a obra de Jesus é vista como uma divisão tripla: os ofícios de Cristo como profeta, sacerdote e rei. Eusébio (c. de 260-340) já usou essas divisões, portanto são bem mais antigas.[1] Além disso, uma conexão pode ser feita entre o Messias, o Ungido, e o fato de que todos os profetas (1 Rs 19:16; Is 61:1), sacerdotes (Êx 30:30; 40:13) e reis (1 Sm 10:1; 15:1; 1 Rs 19:15,16) somente iniciavam seu ministério após serem ungidos.

I. CRISTO COMO PROFETA

A. A designação de Cristo como profeta

Moisés profetizou que Deus levantaria um profeta semelhante a ele (Dt 18:15). Mesmo que, de outras formas, isso possa ter se cumprido na sucessão dos profetas do Antigo Testamento, seu cumprimento final ocorreu em Jesus Cristo, identificado como "esse" profeta (At 3:22-24). As pessoas que viviam nos dias de Cristo reconheceram, de maneira muito entusiástica, que ele era profeta, a ponto de os principais sacerdotes e fariseus temerem represálias se tomassem qualquer atitude drástica contra o Senhor (Mt 21:11,46; Jo 7:40-53). Além disso, as pessoas o chamavam de "Rabi" (mestre) (Jo 1:38; 3:2), não porque ele tivesse recebido treinamento formal, mas porque reconheciam a qualidade de seus ensinamentos.

Nosso Senhor também afirmava ser um profeta (Mt 13:57; Mc 6:4; Lc 4:24; 13:33; Jo 4:44) que veio para fazer o que os profetas faziam, ou seja, entregar a mensagem de Deus ao homem (Jo 8:26; 12:49,50; 15:15; 17:8).

B. A atuação do Cristo profeta

Uma das principais atividades de nosso Senhor enquanto estava na Terra era proclamar a mensagem de Deus por intermédio da pregação (Mt 4:17) e do ensino (Mt 7:29). A maneira como ele pregava e ensinava incluía as seguintes características:

1. *Era algo ocasional.* Isso não significa que ele não ensinava com freqüência, mas que apresentava seu ensino quando surgia uma ocasião propícia. Ele sempre estava aberto às

oportunidades e à variedade de situações com que se deparava. Quando possível, aproveitava as reuniões realizadas nas sinagogas (Mc 1:21). Pregava ao ar livre quando não tinha um local fechado disponível (Mc 4:1). Jesus aproveitava todas as oportunidades.

2. *Não era algo sistemático.* De fato, ele utilizava as oportunidades quando surgiam em vez de seguir uma programação. Pense, por exemplo, onde você consegue encontrar o Senhor ensinando sobre pecado? A resposta é: em diferentes passagens, de vários tipos – algumas diretas, outras por parábolas. O intérprete das Escrituras precisa sistematizar os ensinamentos de Cristo.

3. *Estava repleto de ilustrações.* Essas ilustrações eram variadas e escolhidas apropriadamente segundo a audiência (observe uma ilustração para mulheres e homens em Mateus 24:40,41 e Lucas 15:4,8).

4. *Ele utilizava perguntas.* Isso era verdade especialmente em situações controversas (Mt 22).

5. *Possuía autoridade.* Esse provavelmente era o aspecto que mais chamava atenção no ministério de Cristo como profeta. Sua autoridade estava em contraste direto com o ensino dos escribas e fariseus (Mc 1:22), pois ele provava a profundidade da verdade que anunciava.

C. O aspecto material de Cristo como profeta

Embora muito de seu material profético esteja disperso em todos os Evangelhos, quatro passagens principais foram preservadas para nós: o Sermão do Monte (Mt 5–7), as parábolas sobre os mistérios do reino (Mt 13), a conversa com quatro discípulos no monte das Oliveiras, na terça-feira anterior à crucificação (Mt 24,25), e a mensagem para os discípulos no cenáculo, na quinta-feira à noite (Jo 13–16).

Possivelmente, de toda a Bíblia, os ensinamentos de Cristo sejam as partes mais difíceis de ser interpretadas corretamente. Por que isso ocorre? Porque nosso Senhor vivia debaixo da Lei mosaica e cumpriu-a de maneira perfeita, mas também se apresentou a Israel como seu rei; e, quando foi rejeitado como rei, apresentou outra parte do plano que Deus tinha para este mundo – a lei, a Igreja e o reino. Nem sempre é fácil distinguir esses tipos de ensinamentos e não fazer confusão entre eles.

1. *O Sermão do Monte.* Alguns interpretam esse discurso como uma exposição do plano de salvação. O problema com essa interpretação é que as grandes idéias associadas à salvação, como redenção ou justificação, não aparecem em lugar algum desses capítulos. Além disso, se essa é a interpretação correta, então a salvação certamente ocorre pelas boas obras.

Outros consideram que o sermão é uma fórmula para a vida do cristão de hoje. Para interpretá-lo dessa maneira, seria necessário não considerar como literal muito do que é ensinado para que possamos obedecer enquanto estivermos neste mundo injusto. Além disso, se isso é válido para a Igreja, então por que nosso

Senhor não mencionou o Espírito Santo, tão importante para a vida cristã, ou até mesmo a Igreja?

Outros entendem, ainda, que seu propósito primário é apresentar a mensagem do reino de Cristo. João Batista, o precursor, anunciara o reino (Mt 3:2); o próprio Cristo começou a pregar essa mensagem (Mt 4:17); agora estava explicando o que estava envolvido no verdadeiro arrependimento. O reino que eles pregavam e o reino que as pessoas esperavam era o messiânico, davídico e milenar, prometido no Antigo Testamento. Cristo não deu indicação de que deveriam entender isso de outra maneira quando mudou o significado do reino que anunciava. Porém, as pessoas haviam colocado toda sua esperança em um reino político e esqueceram-se de que existiam requisitos espirituais para a vinda desse reino. Então, o Senhor explicou que estava envolvido na preparação espiritual do reino davídico.

Pregado para ensinar sobre o reino, esse discurso parece ter como propósito principal enfatizar a preparação para sua chegada. Dentre os requisitos a ser praticados em sua totalidade, estava a necessidade de estabelecer o reino por intermédio de um governo justo (Mt 5:38-42), embora o princípio geral pudesse ser seguido a qualquer momento.

Por isso o sermão é um chamado ao arrependimento para aqueles que desassociaram a mudança interior dos requisitos para o estabelecimento do reino. Portanto, possui relevância para qualquer momento em que o reino seja iminente – o que inclui a época em que Cristo pregou e o tempo futuro da tribulação. Também retrata as condições existentes quando o reino for estabelecido. Mas, assim como todas as Escrituras, é útil para os discípulos de qualquer era, pois é um dos códigos de ética mais detalhados da Bíblia.

2. *Mistérios das parábolas sobre o reino*. Em um momento posterior do mesmo dia em que ouviu as acusações blasfemas dos escribas e fariseus (Mt 12:22-37), o Senhor instruiu seus discípulos sobre as características do reino nesse período entre a sua morte e a Segunda Vinda. São chamados de "mistérios", pois eram desconhecidos no Antigo Testamento, mas agora são revelados para os que estão relacionados com ele de maneira justa (Mt 13:11). Essas características do reino de Deus são diferentes das que o reino davídico possuía no passado e das que terá no futuro. Dizem respeito a um período futuro em relação ao momento em que Cristo falou essas palavras (observe, por exemplo, que Mateus 13:24 ["é como", NVI] é um aoristo usado de maneira proléptica, ou seja, em antecipação a algo futuro) e terminam falando sobre os eventos relacionados com a Segunda Vinda de Cristo (Mt 13:39-50).

Dentre outras coisas, essas parábolas relatam as diferentes respostas dadas pelas pessoas a essa mensagem, às mentiras de Satanás, ao rápido crescimento do reino, ao mal no reino, ao valor do reino e à presença de pessoas más no reino. Essa forma do reino é temporária – até que ele volte.

3. *A mensagem no monte das Oliveiras*. No momento em que essa mensagem foi pregada (no final da vida terrena de Cristo), estava muito claro que os líderes judeus haviam rejeitado o reino, e o próprio Cristo havia apresentado a Igreja como a próxima etapa do plano divino (Mt 16:18). Isso significava que o reino estava eliminado do plano de Deus para sempre? De modo algum, e essa mensagem apresenta detalhes sobre eventos futuros que levariam à volta de Cristo para estabelecer esse reino messiânico, davídico e milenar. Mateus 24:4-14 apresenta detalhes do que acontecerá durante a primeira parte do período da tribulação. Os versículos 15-28 fazem o mesmo em relação à segunda parte desse período. Então, Cristo voltará para a Terra e assumirá o trono do seu reino (v. 30; 25:31,34). O fato de isso não ter ocorrido durante a vida dos discípulos, como eles esperavam, de modo algum revoga a garantia de que um dia Cristo reinará sobre o seu reino (At 1:6).

4. *A mensagem no cenáculo*. Na noite anterior a sua crucificação, o Senhor revelou resumidamente várias coisas a respeito de uma nova era, a da Igreja, que em breve seria inaugurada. Repetiu essas coisas de maneira resumida, porque os discípulos ainda não conseguiam entender o que realmente estava acontecendo (Jo 16:12). Quais foram algumas dessas novas revelações? (1) Deu um novo mandamento: amar uns aos outros como ele nos ama (Jo 13:34). (2) Apresentou uma nova esperança – um lugar que ele iria preparar e para onde levará os cristãos (Jo 14:1-3). (3) Prometeu outro Consolador, que ministraria de muitas maneiras diferentes: alertando, exortando, confortando, intercedendo, convencendo, ensinando, etc. (v. 16). (4) Revelou um novo tipo de relacionamento – o Espírito Santo dentro deles, não apenas com eles, os cristãos em Cristo e Cristo nos cristãos (vv. 17, 20). (5) Estabeleceu uma nova maneira de orar em seu nome (Jo 16:24,26). Tudo isso revela as enormes diferenças entre o regime vigente então e a nova dispensação da Igreja, que estava por vir.

D. A autenticação de Cristo como profeta

A Lei determinava que os falsos profetas deveriam ser apedrejados (Dt 13:5,10). Se um profeta ainda estivesse vivo na época em que sua profecia era cumprida (ou não), facilmente poderia ser provado se ele era um profeta verdadeiro ou falso. Mas se ele não estivesse vivo, então seria mais difícil. O ministério profético de nosso Senhor foi autenticado de duas maneiras: por algumas de suas profecias que se cumpriram durante sua vida e pelos milagres, que provavam às pessoas daqueles dias que ele era um profeta verdadeiro.

O teste final é a previsão detalhada de sua morte. Jesus profetizou que alguém próximo a ele o trairia (Mt 26:21), que sua morte seria provocada pelos líderes judeus (Mt 16:21), que morreria crucificado e, três dias depois, voltaria à vida (Mt 20:19). O fato de ser capaz de fornecer esse tipo de detalhe sobre sua própria morte e de esses detalhes serem verdadeiros autentica que Cristo era um profeta verdadeiro.

Ademais, alguns dos milagres de Cristo estavam diretamente ligados à testificação de que ele era um profeta verdadeiro (Lc 7:16; Jo 4:19; 9:17). Verdadeiramente, Deus falou conosco por meio de seu Filho "nestes últimos dias" (Hb 1:1,2).

II. CRISTO COMO SACERDOTE

O profeta falava aos homens em nome de Deus; o sacerdote falava com Deus em nome dos homens. Pertencer à tribo de Judá desqualificava Cristo como um sacerdote da ordem de Arão; portanto, antes de sua vinda, Deus criou uma nova ordem de sacerdotes, chamada de "ordem de Melquisedeque". Considerando sua Pessoa e obra, Cristo é um Sacerdote dessa ordem. Mesmo assim, existem semelhanças entre os sacerdotes arônicos e a Pessoa e obra de Cristo como Sacerdote.

A. Um Sacerdote segundo a ordem de Arão

Um sacerdote arônico precisava ser um homem escolhido e qualificado por Deus (Lv 21; Hb 5:1-7). Nosso Senhor, escolhido, encarnado e testado, qualificou sua Pessoa ao ser um sacerdote ministrante.

Os sacerdotes arônicos serviam como representes do povo de Deus, em especial quando ofereciam sacrifícios aceitáveis. Fizeram muitos sacrifícios, repetidas vezes, mas que não possuíam eficácia eterna. Fizeram propiciações pelo pecado no contexto de uma teocracia. Porém, o autor de Hebreus deixa claro que, se pudessem prover a satisfação eterna pelo pecado, não haveria necessidade de os sacrifícios serem repetidos ano após ano (10:2,3). Em contraste, o sacrifício de Jesus, oferecendo a si mesmo por nossos pecados, foi um sacrifício único, definitivo e por toda a humanidade. Com sua grande obra de redenção, fez algo prefigurado pela obra dos sacerdotes arônicos, embora Jesus não fosse Sacerdote segundo a ordem de Arão.

B. Um Sacerdote segundo a ordem de Melquisedeque

A figura de Melquisedeque, em Gênesis 14:18-20 e Hebreus 7:1-3, parece deliberadamente limitada aos aspectos que o ligam a Cristo. A expressão "feito semelhante", de Hebreus 7:3, não é um adjetivo que indica que Melquisedeque era como Cristo em sua pessoa (o que reforça a idéia de que se tratava de uma teofania). Observe que o verbo está no passado, indicando que a semelhança está na argumentação do autor bíblico. Suas características são limitadas para que a semelhança possa ser mais extensiva.

Dentre todos os aspectos do sacerdócio de Melquisedeque, destacam-se estes:

(1) Era um sacerdócio real. Melquisedeque era rei e também sacerdote. A união dessas duas funções era desconhecida pelos sacerdotes arônicos, embora Zacarias 6:13 tivesse profetizado que Cristo faria isso.

(2) Ele não possuía ancestrais. "Sem pai, sem mãe" (Hb 7:3) não significa que Melquisedeque não tinha pais, que não tenha nascido do modo natural ou que não morreria. A idéia, aqui, é que as Escrituras não registram esses eventos para que ele pudesse ser ligado a Cristo de maneira mais perfeita. A qualificação para alguém ser sacerdote da ordem de Arão dependia de seus ancestrais.

(3) Era atemporal, não tendo um início e um fim registrados. Por isso, Melquisedeque novamente poderia ser mais parecido com o Senhor, um sacerdote eterno segundo a ordem de Melquisedeque.

(4) Era superior à ordem de Arão. Abraão, de quem descendia a ordem arônica, reconheceu a superioridade de Melquisedeque quando deu a ele o dízimo de todos os despojos de guerra (Gn 14:20). Levi, embora ainda não tivesse nascido, e todos os sacerdotes que descenderam dele, de certa maneira estavam envolvidos nesse ato que demonstrava a superioridade de Melquisedeque.

De que maneira Cristo era um sacerdote da ordem de Melquisedeque? Assim como Melquisedeque, era um governante. Por isso, devemos nos submeter a ele. Como Sacerdote, ele nos abençoa. Assim como Melquisedeque ofereceu pão e vinho a Abraão para refrescá-lo e sustentá-lo após a batalha, nosso Senhor, sendo sacerdote, dá refrigério e sustento a seu povo. Ele fez isso, por exemplo, com Estêvão, na ocasião do seu martírio. Nosso Senhor estava em pé para sustentar Estêvão (At 7:55). Hoje em dia, ele faz o mesmo com as igrejas locais, enquanto anda entre os candelabros de ouro (Ap 2:1). Sua obra de redenção está concluída, por isso ele é visto assentado. Isso indica que jamais precisará levantar para fazê-la novamente ou para acrescentar qualquer outra coisa a ela (Hb 1:3). Mas seu ministério de ajuda e de sustento prossegue, por isso ele é visto de pé, pronto para agir. Temos um grande Sumo Sacerdote, que está de pé e pronto para vir em auxílio dos que passam por provações (Hb 2:18) e ansioso para dar graça para ajudar nos momentos de necessidade (Hb 4:16).

III. CRISTO COMO REI

O conceito de rei inclui muitas prerrogativas. Um rei de Israel tinha poderes legislativos, executivos, judiciários, econômicos e militares. O conceito de Cristo como rei pode ser resumido em cinco palavras: prometido, profetizado, anunciado, rejeitado e cumprido. A graciosa aliança de Deus com Davi prometia que o direito de governar permaneceria para sempre com a dinastia de Davi. Isso não incluía uma promessa de governo ininterrupto, pois, na verdade, o cativeiro babilônico acabou por interrompê-lo (2 Sm 7:12-16). Isaías profetizou que nasceria uma criança que estabeleceria o trono de Davi e que reinaria assentado sobre ele (Is 9:7).

Gabriel anunciou a Maria que seu filho receberia o trono de Davi e reinaria sobre a casa de Jacó (Lc 1:32,33). Durante todo o ministério terreno de Jesus, o reinado davídico foi anunciado a Israel (Mt

2:2; 27:11; Jo 12:13), mas ele foi rejeitado.

Os gadarenos repudiaram o que ele dizia (Mt 8:34). Os escribas rejeitaram sua afirmação de que era capaz de perdoar pecados (Mt 9:3). Muitas pessoas, em várias cidades, rejeitaram suas credenciais (Mt 11:20-30; 13:53-58). Os fariseus o rejeitaram (Mt 12; 15:1-20; 22:15-23). Herodes, Pôncio Pilatos, gentios e judeus rejeitaram a Cristo em sua crucificação (Jo 1:11; At 4:27).

Uma vez que o rei foi rejeitado, o reino davídico messiânico acabou sendo adiado (do ponto de vista humano). Embora jamais tenha deixado de ser Rei e continue sendo Rei hoje e sempre, Cristo jamais foi designado "Rei da Igreja" (At 17:7 e 1 Tm 1:17 não são exceções, e a tradução de Apocalipse 15:3, "Rei dos santos" (na ARC), na verdade, é "Rei das nações" na maioria dos originais mais aceitos). Embora Cristo realmente seja Rei hoje em dia, não governa como rei. Isso ocorrerá apenas na Segunda Vinda. Somente então o reino davídico se tornará uma realidade (Mt 25:31; Ap 19:15; 20). Nesse momento, o sacerdote sentará em seu trono, levando a Terra a viver sua "era de ouro" aguardada há tanto tempo (Sl 110).

1. Eusébio de Cesaréia. *História Eclesiástica.* Rio de Janeiro: CPAD, 3ª ed., 2000, pp. 16-21.

44

O AUTO-ESVAZIAMENTO DE CRISTO

I. A ORIGEM DO CONCEITO

A questão do auto-esvaziamento ou *kenosis* (termo grego derivado do verbo usado em Fp 2:7) vem sendo discutida durante toda a história da Igreja. O Sínodo de Antioquia (em 341) afirmou que Cristo esvaziou-se a si mesmo de "ser igual Deus", enquanto defendia claramente a divindade absoluta de Cristo. Durante a Reforma, essa discussão centralizava-se na possibilidade de Cristo esvaziar-se a si mesmo de seus atributos de onipotência, onisciência e onipresença sem, com isso, afetar a essência da Deidade. No século XVII, alguns afirmaram corajosamente que Cristo, na verdade, era menos que divino. Mas o século XIX trouxe uma forma quase nova da cristologia, com o surgimento e a divulgação de muitas idéias falsas de *kenosis*. Isso ocorreu porque, naquele século, surgiam muitas teorias científicas novas, como a evolução e a crítica radical. Isso também gerou uma nova ênfase na redescoberta da "verdadeira" humanidade de Jesus e, com isso, da magnitude de sua autonegação e auto-esvaziamento.

Claro, existe uma verdadeira declaração de *kenosis* ensinada em Filipenses 2:7, e essa declaração não contradiz outras verdades que as Escrituras revelam sobre o Senhor. Na verdade, a Bíblia não elabora uma doutrina de *kenosis*, embora revele os elementos básicos para a formulação de uma declaração verdadeira. A tarefa deste capítulo é reunir tudo isso e evitar a heresia.

II. O VERDADEIRO SIGNIFICADO DESSE CONCEITO

A. A passagem central

A passagem central da *kenosis*, Filipenses 2:5-11, começa com uma exortação à humildade de pensamento, seguindo o exemplo de Cristo que abandonou a glória para sofrer na cruz. A seguir, vem uma declaração concisa sobre o Cristo pré-encarnado e o Cristo encarnado.

1. *A existência eterna de Cristo* (v. 6). Isso é claramente declarado pela

forma do termo grego *hyparchon*, que está no particípio presente (especialmente quando contrastado com os aoristos seguintes). Ela declara a continuidade indefinida de existência de Cristo. Na escolha dessa palavra existe (em contraste com *eimi*) uma sugestão de que ele já existia (como em Atos 7:55), o que apóia a eternidade de sua existência. Essa existência indefinida era na *morphē* de Deus, a forma essencial que inclui a natureza total e a essência da Deidade. Se "em forma de Deus" implica ser menos do que totalmente Deus, então na "forma de servo", em Filipenses 2:7, deveria significar que, enquanto estava na Terra, Cristo era menos do que servo. Mas a questão envolvida nessa passagem é a realidade de Jesus ser servo. De maneira similar, a realidade total de sua divindade é a questão envolvida na expressão "em forma de Deus", no versículo 6.

J. B. Lighfoot, após um estudo detalhado de *morphē* na filosofia grega, em Filo, e no Novo Testamento, concluiu que sua conotação é algo "intrínseco e essencial". Então, aqui ela significa que nosso Senhor, em seu estado pré-encarnado, possuía a Deidade essencial.[1]

Assim, Paulo reforçou a divindade de Cristo ao afirmar que co-igualdade com Deus não era algo que poderia ser entendido, simplesmente porque ele sempre a teve. Cristo não a ambicionava, nem precisava fazer isso, pois era algo que possuía eternamente. Tampouco se aproveitou disso, mas, pelo contrário, voluntariamente esvaziou-se a si mesmo.

2. *O auto-esvaziamento* (vv. 7,8). Independentemente do que o esvaziamento envolvia, observe que Jesus impôs isso a si mesmo. Ninguém forçou Cristo a vir a este mundo, e ele acabou morrendo na cruz, onde levou os nossos pecados. Outros usos da idéia de *esvaziar* são encontrados em passagens como Romanos 4:14 ("cancelar"); 1 Coríntios 1:17 e 9:15 ("anular"); 2 Coríntios 9:3 ("desmentir"), mas elas, na verdade, não contribuem para entendermos a passagem central.

Em que consistia o auto-esvaziamento? Tudo o que estava envolvido em sua morte na cruz, inclusive assumir a forma (*morphē*) de servo. Mesmo nessa forma, não era menos do que seria na forma de Deus, embora, em grande parte, a sua glória estivesse encoberta (mas veja Jo 1:14). Precisava ser humano para assumir a forma de servo, algo que os dois versículos seguintes descrevem (Fp 2:7,8). O texto diz: "tornando-se em semelhança de homens". "Semelhança" indica duas coisas: primeiro, ele realmente era como os homens e segundo, ele era diferente dos homens. Sua humanidade sujeitava-o a provações e limitações, embora a palavra "semelhança" impeça-nos de concluir que ele era idêntico aos homens. Jesus era diferente porque não tinha pecado (veja Rm 8:3). Além disso, foi visto na aparência (*schema*) de homem. Essa palavra refere-se ao aspecto externo, ou seja, ações, vestimenta, comportamento e toda a aparência de que ele era um homem. Por isso, Jesus humilhou-se e foi obediente até a morte na cruz, a maior de todas as vergonhas.

A progressão vista nessa passagem inicia com a glória do Cristo pré-encarnado e continua com sua morte vergonhosa na cruz. Obviamente que, para morrer, ele precisava tornar-se homem. Para fazer isso, Jesus teve de esvaziar-se a si mesmo da condição que desfrutava em sua pré-encarnação, mas sem diminuir sua condição de Deus. Não havia como tornar-se homem e continuar na posição que desfrutava em seu estado pré-encarnado. Mas ele podia tornar-se homem (e realmente o fez) enquanto retinha os atributos completos de sua pessoa pré-encarnada, ou seja, a divindade absoluta.

O auto-esvaziamento permitia a adição da humanidade e não envolvia, de maneira alguma, a subtração da divindade nem cancelava o uso de seus atributos divinos. Ocorreu uma mudança na forma, mas não no conteúdo desse ser divino. Jesus não abriu mão de sua divindade nem do uso de seus atributos; a eles adicionou a humanidade. E fez isso para que pudesse morrer. Isaías expressou esse fato da seguinte forma: "[ele] derramou a sua alma na morte" (53:12)

Tenho a impressão de que os evangélicos confundem a questão abordada nessa passagem por não entenderem a sua principal ênfase, conforme abordamos acima. Parecem apenas tentar delinear as limitações que Cristo experimentou em sua condição terrena. Recapitulando, o Deus-*homem* experimentou limitações; mas, da mesma maneira, o *Deus*-homem evidenciava as prerrogativas da Deidade. Portanto, os conservadores sugerem que *kenosis* significa o encobrimento da glória que ele possuía na pré-encarnação, o que somente é verdade de maneira relativa (veja Mt 17:1-8; Jo 1:14; 17:5). Outros sugerem que isso significava o uso não voluntário de alguns de seus atributos divinos. Isso era verdade naquela ocasião, mas certamente nem sempre ocorreu ao longo de toda sua vida (veja Jo 1:48; 2:24; 16:30). Tampouco Cristo fez seus milagres usando apenas o poder do Espírito Santo, pois algumas vezes utilizou seu próprio poder (Lc 22:51; Jo 18:6). Então, se nosso entendimento de *kenosis* vem de Filipenses 2, deveríamos estabelecer uma definição desse conceito com base nessa passagem. Mas o texto, de modo algum, discute a questão de como e de quanto a glória de Cristo estava encoberta. Tampouco trata do uso ou da restrição dos atributos divinos. Afirma que o esvaziamento estava relacionado com o fato de Cristo tornar-se homem para que pudesse morrer. Logo, *kenosis* significa deixar a condição que o Jesus pré-encarnado desfrutava e assumir a condição de ser humano-servo.

B. Uma definição

Na *kenosis*, Cristo esvaziou-se a si mesmo e abriu mão de manter ou de abusar de sua condição de Deus e assumiu a humanidade para que pudesse morrer.

III. TEORIAS FALSAS DA *KENOSIS*

A. Cristo abriu mão de alguns ou de todos os seus atributos

Esse conceito equivocado declara que a *kenosis* significa que o Senhor realmente abriu mão (perdeu) de seus atributos divinos (ou, pelo menos, seus atributos exclusivos como onipresença, onipotência e onisciência). Essa idéia não encontra respaldo nas Escrituras e é teologicamente impossível. Se ele abriu mão de qualquer um de seus atributos, deixou de ser Deus durante sua vida na Terra. Então, não teria como fazer a afirmação registrada em João 10:30, que diz que ele e o Pai eram um em essência. Cristo não se desligou de aspecto algum de sua divindade.

B. Cristo parecia ser homem, pois disfarçava sua divindade

Essa afirmação não é tão herética, mas em essência também nega a divindade absoluta de Cristo, pois esse "disfarce" envolve uma mudança no modo de existência de Cristo. Trata-se de uma negação de que Cristo era Deus e homem ao mesmo tempo. Se isso é verdade, como Jesus poderia dizer: "Quem me vê a mim vê o Pai" (Jo 14:9)?

Toda essa discussão é esclarecida quando nos lembramos de que a relação e a atividade das duas naturezas presentes em nosso Senhor dizem respeito à doutrina da união hipostática. A doutrina da *kenosis* aborda mais a realidade de sua encarnação como algo necessário para sua morte.

---

1. LIGHTFOOT, J. B. *St. Paul's Epistle to the Philippians.* Londres: Macmillan, 1913, pp. 127-133.

45

A IMPECABILIDADE DE CRISTO

I. O SIGNIFICADO DA IMPECABILIDADE DE CRISTO

Impecabilidade significa que o Senhor Jesus jamais fez alguma coisa que desagradasse a Deus, que violasse a Lei de Moisés (sob a qual ele vivia na Terra) ou que ele, em algum momento, tenha deixado de demonstrar a glória de Deus em sua vida (Jo 8:29). Isso não implica que ele não estava sujeito às mesmas experiências que fazem parte de nossa humanidade. Por exemplo, Jesus sentia cansaço (4:6), fome (Mt 4:2; 21:18), sede (Jo 19:28) e sono (Mt 8:24). Mas em todas as fases de sua vida: infância, adolescência, juventude e vida adulta, ele sempre foi santo e nunca pecou.

II. O TESTEMUNHO DA IMPECABILIDADE DE CRISTO

A. A evidência

As Escrituras confirmam totalmente a impecabilidade de Cristo.

Desde o anúncio de seu nascimento, o Senhor foi chamado de santo (Lc 1:35). Desafiou seus inimigos a provar que ele era pecador, algo que não puderam fazer (Jo 8:46). Fracassaram em suas tentativas de preparar-lhe uma armadilha e de usar algo que Jesus disse contra ele (Mt 22:15). Jesus afirmou que sempre fazia o que agradava ao Pai (Jo 8:29). Também declarou que guardava os mandamentos do Pai (Jo 15:10). Nos julgamentos que enfrentou e durante sua crucificação, foi considerado 11 vezes inocente (por Judas, em Mt 27:4; 6 vezes por Pilatos, em Mt 27:24, Lc 23:14,22; Jo 18:38; 19:4,6; por Herodes Antipas, Lc 23:15; pela esposa de Pilatos, Mt 27:19; pelo ladrão que se arrependeu, Lc 23:41 e pelo centurião romano, Mt 27:54). Além disso, embora freqüentasse o templo, não existe registro de nosso Senhor oferecendo algum sacrifício. O silêncio quanto a isso mostra que ele não precisava fazer sacrifícios, pois não tinha pecados.

Paulo disse que nosso Senhor "não conheceu pecado" (2 Co 5:21).

Pedro também declarou que Cristo não cometeu pecado algum,

tampouco achou-se engano em sua boca (1 Pe 2:22). Ele era o Cordeiro sem defeito e sem mácula (1 Pe 1:19).

João confirmou essa mesma verdade quando disse que, em Jesus, não existia pecado (1 Jo 3:5).

O autor de Hebreus testificou a impecabilidade de nosso Senhor em diversas frases: ele não tinha pecado (4:15); ele era santo, inocente, imaculado, separado dos pecadores (7:26), e não tinha necessidade alguma de oferecer sacrifícios por si mesmo (v. 27).

Portanto, o testemunho do próprio Cristo e dos autores do Novo Testamento é uniforme: Jesus não pecou.

B. O debate

Apesar de os conservadores concordarem que Cristo não tinha pecado, não existe consenso a respeito de se ele poderia ou não ter pecado. As Escrituras dizem que Jesus não pecou, contudo há um debate sobre essa possibilidade.

O conceito de que o Senhor não poderia pecar é chamado de impecabilidade (*non posse peccare*). O conceito de que ele poderia pecar (quer tenha pecado, quer não), é chamado de pecabilidade (*non posse non peccare*). É claro que os liberais não apenas pensam que Cristo poderia ter pecado, mas também que ele realmente chegou a pecar. Essa idéia combina pecabilidade com pecaminosidade. O conceito de pecabilidade não precisa incluir pecaminosidade, e os conservadores não o incluem.

III. O TESTE DA IMPECABILIDADE DE CRISTO

A. A relação do teste de pecabilidade/impecabilidade

O debate está centrado na questão: Cristo podia ou não pecar? Isso está intimamente relacionado à tentação de Cristo. Os que apóiam a pecabilidade pensam que, se ele não pudesse pecar, então as tentações não foram reais, e Jesus não pôde servir como verdadeiro sumo sacerdote solidário a nós. Em outras palavras, a pecabilidade requer que ele estivesse suscetível ao pecado. Os que defendem a impecabilidade mencionam que ela está relacionada à união das naturezas divina e humana. Assim, mesmo que sua natureza humana fosse capaz de pecar, Cristo não pecava. Não poderia ser diferente com alguém que detinha todo o poder e que tinha vontade divina.

O teólogo Charles Hodge representa o ponto de vista da pecabilidade: "Tentação implica a possibilidade de pecar. Se à luz da constituição de sua Pessoa era impossível que Cristo pecasse, então sua tentação não era real, mas sem propósito, e ele não poderia solidarizar-se com seu povo".[1]

Por outro lado, Shedd escreveu:

> Existe uma objeção à doutrina da impecabilidade de Cristo que é incoerente com a sua capacidade de ser tentado. Se uma pessoa não pode pecar, então crê-se que ela não pode ser tentada a pecar. Isso não é correto. É o mesmo que dis-

séssemos que, pelo fato de um exército não poder ser derrotado, então não poderia ser atacado. A capacidade de ser tentado depende de sua *susceptibilidade ao pecado*, enquanto a impecabilidade depende da *vontade de pecar* [...] Aquelas tentações eram muito fortes, mas se a autodeterminação de sua vontade santa era mais forte do que elas, então as tentações não o induziriam ao pecado, e ele seria incapaz de pecar. E, ao mesmo tempo, ele seria apenas capaz de ser tentado.[2]

B. A natureza das provações de Cristo

Obviamente, esses testes eram reais. Eles aconteceram, portanto eram reais. Na verdade, os testes particulares pelos quais Cristo passou estavam à altura do Deus-homem. Um homem comum jamais seria tentado a transformar pedras em pão, mas o Deus-homem poderia ter feito isso. Nenhum homem, em sã consciência, poderia ser seriamente tentado a provar seu messianismo pulando de um lugar alto esperando chegar ao chão sem se machucar. Nenhum homem pensaria seriamente na oferta que Satanás lhe fez: *todos* os reinos do mundo. Um homem poderia pensar em parte de algum reino, mas não em todos os reinos. Portanto, essas eram provações planejadas para testar o Deus-homem de uma maneira como nenhum outro homem fora testado.

Ainda que esses testes especiais estivessem fora da experiência comum de todos os seres humanos, as áreas que representavam eram comuns a todos. Afinal, todos os desejos pecaminosos podem ser classificados como: concupiscência da carne, concupiscência dos olhos ou soberba da vida (ou uma combinação delas) (veja 1 Jo 2:16). Os testes que Satanás ofereceu ao Senhor encaixam-se nessas três categorias (Mt 4:1-11).

Quando o autor de Hebreus disse que nosso Senhor foi "tentado em todas as coisas" (*kata panta*), não quis dizer que Jesus passou por todos os testes possíveis (Hb 4:15). Por exemplo, ele jamais foi testado a assistir a programas de televisão inadequados. Mas ele, de fato, passou por testes feito "sob medida" para o Deus-homem, que se encaixavam nas mesmas categorias em que todos os testes se enquadram, inclusive os que nós enfrentamos. Cristo somente pôde ser testado em todas essas coisas porque possuía uma natureza humana, pois Deus não pode ser tentado pelo mal (Tg 1:13). Segundo o autor de Hebreus, ele foi testado "à nossa semelhança" (Hb 4:15). Em outras palavras, o fato de que ele foi feito à semelhança da carne pecaminosa permitiu que ele fosse testado. Mesmo assim, existe uma diferença fundamental entre sua humanidade e a nossa. Jesus Cristo era "sem pecado". Ele não tinha uma natureza pecaminosa e jamais cometeu um único pecado. Mesmo assim, isso não significa que sua humanidade era incapaz de pecar. Ela era capaz de pecar, embora nunca tenha conhecido pecado. Mas a Pessoa do Deus-homem não podia pecar.

Shedd observou de modo correto: "Conseqüentemente, mesmo Cristo possuindo uma *natureza* humana pecável em sua constituição, era uma Pessoa incapaz de pecar. A impecabilidade caracteriza o Deus-homem como um todo, enquanto a pecabilidade é uma propriedade de sua humanidade".[3]

C. Os resultados das provações de Cristo

1. *Sensibilidade*. Tornou-se sensível às pressões dos testes. Experimentou isso com emoções e poderes que somos incapazes de entender.

2. *Exemplo*. Apresenta-nos um exemplo de vitória sobre os tipos mais severos de testes.

3. *Entendimento*. Consegue entender o que estamos passando quando somos tentados e se compadece de nós.

4. *Graça e poder*. Pode prover a graça e o poder de que precisamos quando somos tentados. As pessoas que enfrentaram os mesmos problemas pelos quais nós podemos passar são sensíveis e compassivas, mas geralmente pouco ou nada podem fazer por nossos problemas. Cristo, porém, é capaz de fazer algo e de nos oferece a graça para nos ajudar nos momentos de necessidade (Hb 4:16). Somente um Deus-homem e Sumo-Sacerdote poderia fazer as duas coisas: ser compassivo (porque foi realmente tentado) e capacitar (porque ele é Deus).

D. Uma ilustração

Quando comecei a lecionar no seminário, deparei-me com uma grande quantidade de palavras escritas incorretamente pelos alunos nas provas que precisava corrigir. Logo no início de minha carreira docente, fiz um teste em uma turma que provavelmente não tinha mais de 20 alunos. A resposta a uma das perguntas deveria ser "Getsêmani". Acredite você ou não, vi essa palavra soletrada de oito maneiras diferentes! Mesmo deliberadamente, isso não é algo fácil de fazer. Outras palavras também apresentavam problemas de ortografia, como "expiação" e "propiciação". Lembre-se de que eu estava trabalhando com alunos que já haviam passado por faculdades e universidades.

No final de meu primeiro ano lá, no feriado de Natal, voltei à minha cidade natal para visitar a família. Em uma das primeiras noites, acabei me encontrando com professores de escolas estaduais. Eles freqüentavam a classe de escola bíblica dominical que meu pai ensinava na igreja e alguns, inclusive, haviam sido meus professores. É óbvio que desejavam saber o que eu estava achando de minha experiência como professor. Quando reclamei sobre os erros de redação, quase todos eles se identificaram com o que eu dizia. Ao mencionar os problemas que meus alunos tinham para escrever "Getsêmani", comentaram a respeito de outras palavras muito mais simples que sempre precisavam corrigir. Mas a maioria dos exemplos que mencionavam, meus alunos nunca erravam. As tentações de meus alunos para soletrar errado estavam relacionadas, particularmente, com palavras teológicas. Eram palavras de acordo com o nível diferente em que aqueles alunos encontravam-se. Porém, a questão básica era a mesma: palavras que os alunos deveriam saber, mas que estavam sendo escritas de maneira errada. Como tínhamos um problema em comum, facilmente nos identificamos.

Eu poderia dizer que todos os alunos de minha turma realmente foram testados em relação à grafia correta da palavra "Getsêmani". Os que acertaram passaram no teste; mas o teste foi oferecido a todos os alunos. Nós temos um Sumo Sacerdote que pode se compadecer de nossas fraquezas porque ele realmente foi submetido a testes que somente o Deus-homem podia enfrentar. Ele não pecou e não poderia pecar. Cristo era, e continua sendo, santo, inocente e irrepreensível, o Cordeiro imaculado de Deus.

1. HODGE, Charles. *Teologia Sistemática*. São Paulo: Hagnos, 2001, p. 823.
2. SHEDD, William G. T. *Dogmatic Theology*. Nova York: Scribner, 1891, v. 2, p. 336.
3. Ibid., p. 333.

46

A RESSURREIÇÃO E A ASCENSÃO DE CRISTO

I. A RESSURREIÇÃO

A. A importância da ressurreição de Cristo

1. *Para sua pessoa.* Se Cristo não ressuscitou dentre os mortos, então ele era um mentiroso, pois profetizou que isso ocorreria (Mt 20:19). Para as mulheres que foram até a sua sepultura buscando por ele, um anjo disse: "Ele não está aqui; ressuscitou, como tinha dito" (Mt 28:6). A ressurreição testifica que nosso Senhor era um verdadeiro profeta. Sem isso, tudo o que ele disse estaria sujeito à contestação.

2. *Para sua obra.* Se Cristo não ressuscitou dentre os mortos, então, claro, ele não estaria vivo para desempenhar todo seu ministério pós-ressurreição. Seu ministério teria terminado em sua morte. Portanto, hoje não teríamos um Sumo Sacerdote, Intercessor, Advogado ou Cabeça da Igreja. Além disso, não haveria Pessoa viva para habitar em nós e para nos capacitar (Rm 6:1-10; Gl 2:20).

3. *Para o evangelho.* Na clássica passagem de 1 Coríntios 15:3-8, a morte e a ressurreição de Cristo são consideradas de "importância primordial". O evangelho está baseado em dois fatos essenciais: o Salvador morreu e hoje vive. Seu sepultamento prova a realidade de sua morte. Ele não desmaiou simplesmente, apenas para ser revivido mais tarde. Ele realmente morreu. A lista de testemunhas comprova a realidade de sua ressurreição. Ele morreu e foi sepultado; ressuscitou e foi visto por testemunhas. Paulo reiterou essa mesma ênfase dupla em Romanos 4:25: ele "foi entregue por causa das nossas transgressões e ressuscitou por causa da nossa justificação". Sem ressurreição, não há evangelho.

4. *Para nós.* Se Cristo não levantou dentre os mortos, então nosso testemunho é falso, nossa fé é vã e não temos expectativas nem esperança para o futuro (1 Co 15:13-19). Se Cristo não ressuscitou, então os cristãos que já morreram estariam mortos no sentido absoluto da palavra, sem a esperança da ressurreição. E nós, que ainda estamos vivos, somos apenas dignos de pena, por-

que estamos enganados ao pensar que existe uma ressurreição futura para eles e para nós.

B. As evidências da ressurreição de Cristo

1. *Suas aparições após a ressurreição.* A quantidade e a variedade de pessoas que viram o Senhor em circunstâncias distintas após sua ressurreição oferecem uma prova incontestável de que ele realmente ressuscitou. Por exemplo, no dia de Pentecostes, quando Pedro apresentou como prova de sua mensagem o fato de que eles eram testemunhas da ressurreição de Cristo, o fez na mesma cidade onde havia ocorrido a ressurreição menos de dois meses antes e para um público que poderia perguntar aos outros a respeito da afirmação de Pedro (At 2:32).

A ordem das aparições entre a ressurreição de Cristo e sua ascensão parece ser a seguinte: (a) para Maria Madalena e outras mulheres (Mt 28:8-10; Mc 16:9,10; Jo 20:11-18); (b) para Pedro, provavelmente à tarde (Lc 24:34; 1 Co 15:5); (c) para os discípulos na estrada de Emaús, ao anoitecer (Mc 16:12; Lc 24:13-32); (d) para os discípulos, com exceção de Tomé, no cenáculo (Lc 24:36-43; Jo 20:19-25); (e) para os discípulos, incluindo Tomé, no domingo seguinte, à noite (Mc 16:14; Jo 20:26-29); (f) para sete de seus discípulos, no mar da Galiléia (Jo 21:1-24); (g) para os apóstolos e mais de 500 testemunhas, além de Tiago, o meio-irmão do Senhor (1 Co 15:6,7); (h) para os que testemunharam a ascensão (Mt 28:18-20; Mc 16:19; Lc 24:44-53; At 1:3-12).

2. *Efeitos que devem ter uma causa (a ressurreição).* Alguns fatos surpreendentes devem ser explicados. É inconcebível pensar que poderiam ter uma explicação satisfatória além daquela causada pela ressurreição de Cristo.

O que fez a sepultura estar vazia? Os discípulos afirmaram que estava vazia. Os guardas relataram aos sumo sacerdotes que ela estava vazia e receberam dinheiro para não contar nada a ninguém (Mt 28:11-15). Se a história que lhes mandaram contar (que os discípulos haviam roubado o corpo) era verdadeira, então, claro, deveriam ser punidos e executados por permitir que isso acontecesse enquanto eles estavam montando guarda. Alguns chegaram a sugerir que os discípulos foram até a sepultura errada, mas a presença dos guardas faz que esse argumento seja inconcebível. A sepultura estava vazia (o efeito) porque Cristo havia ressuscitado (a causa).

O que causou eventos como o dia de Pentecostes? A festa de Pentecostes ocorria todos os anos, mas no ano em que Jesus ressuscitou, o Espírito Santo desceu sobre eles conforme Jesus prometera (At 1:5). Em seu sermão, Pedro atribuiu a vinda do Espírito Santo ao fato de que o Cristo ressurreto o enviara (2:33). A descida do Espírito (o efeito) estava ligada a uma causa suficiente (o Cristo ressurreto).

O que causou a mudança no dia de adoração? Os primeiros cristãos eram todos judeus, acostumados a adorar a Deus no sábado. Mesmo assim, de forma espontânea e uniforme, eles começaram a realizar reuniões para adoração no domingo, mesmo sendo um dia normal de trabalho (At 20:7). Por quê? Porque desejavam comemorar a ressurreição de seu Senhor, que aconteceu no domingo, eles mudaram seu dia de adoração. A adoração no domingo foi o efeito, enquanto a causa foi a ressurreição de Cristo.

C. Os resultados da ressurreição de Cristo

1. *Um novo tipo de corpo*. Com a ressurreição de Cristo, pela primeira vez na história, surgiu um novo tipo de corpo ressuscitado, pois Jesus ressuscitou em um corpo eterno, que nunca mais morreria. Antes desse evento, todas as ressurreições eram restaurações do mesmo corpo carnal.

A ressurreição do corpo de Cristo estava ligada a seu corpo terreno ressurreto. As pessoas o reconheciam (Jo 20:20), os ferimentos causados pela crucificação permaneceram (20:25-29; Ap 5:6). Ele tinha a capacidade (mesmo que não tivesse a necessidade) de comer (Lc 24:30-33, 41-43), soprou sobre seus discípulos (Jo 20:22), e aquele corpo possuía carne e ossos, provando que Jesus não era apenas um espírito em uma aparição (Lc 24:39,40).

Mas seu corpo ressurreto era diferente. Podia entrar em salas fechadas sem abrir as portas (Lc 24:36; Jo 20:19). Era capaz de aparecer e de desaparecer quando quisesse (Lc 24:15; Jo 20:19) e, aparentemente, nunca estava limitado por necessidades físicas, como sono e comida.

A descrição mais detalhada do Cristo ressurreto e do assunto encontra-se em Apocalipse 1:12-16. Nessa passagem, João registra sua visão do Cristo glorificado. Ele era "semelhante a filho de homem", o que o liga à sua antiga aparência terrena, mas também irradiava glória de seus olhos, pés, voz e rosto. É dessa maneira que o veremos algum dia.

Sua ressurreição também serve como protótipo da ressurreição dos cristãos. Duas vezes Cristo é chamado de "primogênito dos mortos" (Cl 1:18; Ap 1:5). Isso significa que ele foi o primeiro a receber um corpo ressurreto eterno. Nossos corpos ressurretos, assim como o dele, serão diferentes de nossos corpos terrenos. Quando responde à pergunta: "Como serão os corpos ressurretos (ou celestiais)?", Paulo simplesmente diz que não serão os mesmos colocados na sepultura restaurados, mas serão totalmente novos quando comparados ao que tínhamos (1 Co 15:35-41).

Em seu estado eterno, os cristãos serão "semelhantes a ele" (1 Jo 3:2). O que isso significa? João explica nos versículos seguintes. Semelhante a Jesus significa ser puro (v. 3), sem pecado (v. 5) e justo (v. 7). Todo nosso ser, inclusive nosso corpo, será caracterizado dessa maneira.

2. *A prova de suas declarações*. Já mencionamos que a ressurreição de Jesus provava que ele era um profeta verdadeiro (Mt 28:6). Isso também valida sua declaração de que é Senhor e Messias, um aspecto que

Pedro ressaltou em seu sermão no Pentecostes (At 2:36). Paulo declarou que a ressurreição provava que aquele era o Filho de Deus (Rm 1:4).

3. *Um pré-requisito para todo seu ministério posterior*. Se Cristo não ressuscitou dentre os mortos, então sua vida e ministério acabaram na cruz, e ele nada mais fez depois disso. Por intermédio de sua morte e ascensão, nosso Senhor iniciou seu ministério presente e futuro, o que será discutido no próximo capítulo.

A ressurreição de Cristo sempre foi uma verdade festiva, cativante e motivadora para a Igreja. Uma das orações mais simples e um dos credos mais antigos da Igreja era "Maranata", que significa "Vem, nosso Senhor!" (1 Co 16:22). Da maneira mais clara possível, ela afirmava que Jesus é o Senhor vivo, que há de vir novamente.

Maranata!

II. A ASCENSÃO

A. Declarações sobre a ascensão

1. *No Antigo Testamento*. Duas referências profetizaram a ascensão do Messias (Sl 68:18, citado em Ef 4:8 e Sl 110:1, citado em At 2:34,35).

2. *Nas palavras de Cristo*. Nosso Senhor falou sobre ir para junto do Pai (Jo 7:33; 14:12, 28; 16:5, 10, 28) e, especificamente, sobre a ascensão (6:62; 20:17).

3. *Nas Escrituras do Novo Testamento*. O debatido final do livro de Marcos registra a ascensão (16:19); Lucas falou duas vezes sobre isso (Lc 9:51; 24:51); mas a principal descrição está em Atos 1:6-11. Mais passagens do Novo Testamento referem-se a esse fato (Ef 4:10; 1 Tm 3:16; Hb 4:14; 1 Pe 3:22), e outras que falam da presente exaltação de Cristo o pressupõem (veja Cl 3:1).

B. A descrição da ascensão

1. *O lugar*. Ocorreu nas "proximidades de Betânia" (Lc 24:50, NVI), ou seja, no lado do monte das Oliveiras em que estava localizada a cidade de Betânia (At 1:12).

2. *O procedimento*. Cristo realmente subiu como se fosse levado pela nuvem (At 1:9). A ascensão não foi um desaparecimento repentino, mas um movimento gradual para cima, embora de curta duração.

3. *A promessa*. Enquanto os discípulos observavam, dois anjos apareceram e prometeram que aquele que fora retirado deles voltaria novamente, do mesmo modo como eles o viram subir (At 1:11).

C. Problemas levantados a respeito da ascensão

1. *Ela contraria as leis da natureza*. Isso é verdade, mas o corpo ressurreto não estava, necessariamente, sujeito às leis da natureza e Cristo, como Deus, poderia anular as leis que ele próprio estabelecera.

2. *Ele subiu aos céus antes de sua ascensão pública?* Alguns pensam que João 20:17 indica que ocorreram uma ou mais ascensões antes da que é detalhada em Atos 1. No entanto, o uso de "subo" mais parece ser um presente futurista, referindo-se à ascensão pública de Atos 1 e de que ocorreria com certeza. É como se o Senhor estivesse dizendo a Maria:

"Pare de me segurar. Não precisa fazer isso, pois ainda não estou no estado de ascensão permanente. Você ainda terá a oportunidade de me ver. Contudo, não há dúvida de que certamente subirei para junto de meu Pai".[1]

D. O significado da ascensão

A ascensão marcou o final do período de humilhação de Cristo e sua entrada no estágio de exaltação. Até mesmo os 40 dias passados entre a ressurreição e a ascensão envolvem algumas limitações, como, por exemplo, com respeito a demonstrar a sua glória. Veja que suas aparições pós-ressurreição e pré-ascensão não surpreenderam seus discípulos tanto quanto a aparição de seu corpo ressurreto. Mas a aparição pós-ascensão de Cristo a João, descrita em Apocalipse 1, deve ter revelado sua glória de maneira muita mais vívida.

Após a ascensão, Cristo estava pronto para iniciar outros ministérios em favor próprio e de todo o mundo.

1. Veja MORRIS, Leon. *Commentary on the Gospel of John*. Grand Rapids: Eerdmans, 1971, pp. 840,1.

47

Os ministérios pós-ascensão de Cristo

A ressurreição e a ascensão de nosso Senhor resultaram em sua volta para o céu e deram início a seus ministérios adicionais. Pelo menos um ele já cumpriu; alguns levará a cabo durante o período que vai de sua ascensão até a Segunda Vinda; enquanto outros ainda terão início no futuro. Neste capítulo, iremos estudar, rapidamente, esses ministérios (pois muitos deles se sobrepõem a outras áreas da teologia).

I. MINISTÉRIO PASSADO

Antes de morrer, nosso Senhor prometeu não deixar seus discípulos órfãos. Ele disse que enviaria outro *Paracleto* (Consolador) (Jo 14:16-18, 26; 15:26; 16:7). O último versículo afirma, claramente, que a vinda do Espírito dependia da ida de Cristo para junto do Pai.

Pedro reiterou isso no dia de Pentecostes, afirmando que foi o Cristo ressurreto quem enviou o Espírito Santo e os sinais daquilo que testemunharam naquele dia (At 2:33). Tanto a ressurreição (v. 32) quanto a ascensão (v. 34) são mencionadas especificamente por Pedro como pré-requisitos para enviar o Espírito.

II. MINISTÉRIO PRESENTE

A. Como cabeça do corpo

Com sua ascensão e ressurreição, nosso Senhor foi colocado em lugar de honra, à destra do Pai, para ser o cabeça da Igreja, seu corpo (Ef 1:20-23). Isso envolve vários ministérios específicos, que ele desempenha em relação ao corpo.

1. *Ele formou o corpo.* Jesus formou seu corpo na Terra (a Igreja) ao enviar o Espírito no dia de Pentecostes para batizar os convertidos no corpo (At 1:5; 2:33; 1 Co 12:13). A obra batizadora do Espírito é o agente imediato que introduz as pessoas no corpo, porém o Cristo assunto é o seu principal agente, pois foi ele quem enviou seu Espírito. O efeito prático dessa nova posição deveria ser o abandono da vida antiga e a demonstração da uma novidade de vida (Rm 6:4,5).

2. *Ele se preocupa com seu corpo de muitas maneiras.* Ele o santifica (Ef 5:26), uma referência ao processo total de santificação que tem início

na conversão e que continuará até que os cristãos sejam apresentados perfeitos diante de Deus no céu. A conversão, nessa passagem, é indicada pela referência à "lavagem de água" e "pela palavra"; a primeira, aparentemente, se refere ao batismo, e a segunda, à confissão pública de quem está sendo batizado.

Sua obra de santificação inclui alimentar e cuidar de seu próprio corpo (Ef 5:29). Alimentar implica levá-lo ao amadurecimento (como em Ef 6:4). Cuidar significa, literalmente, manter aquecido, ou seja, amar e preservar seus filhos (a única outra ocorrência dessa palavra está em 1 Ts 2:7).

3. *Nosso Senhor ascendeu e também distribuiu dons ao corpo* (Ef 4:7-13). Primeiro, desceu "às regiões inferiores da terra" ("terra", no v. 9, é um genitivo apositivo que denomina as partes inferiores). Depois, subiu acima dos céus. Quando o Senhor ascendeu, levou consigo muitos que estavam cativos. Paulo usa, aqui, uma ilustração de Salmos 68:18, na qual o guerreiro triunfante é exaltado quando volta trazendo consigo prisioneiros capturados. Recebe presentes da população conquistada e os distribui entre seu próprio povo. Cristo conquistou o pecado e a morte durante seu ministério na Terra; agora, distribui dons (presentes) a seus seguidores durante seu ministério no céu. Em 1 Coríntios 12:5, a distribuição de dons também está relacionada com o Senhor.

4. *O Senhor assunto também capacita o corpo* (Jo 15:1-10). Essa famosa ilustração da videira e dos ramos deixa claro que, sem o poder do Cristo vivo fluindo através de nós, nada podemos fazer. Certamente esse é o poder da ressurreição, que depende de nosso relacionamento com o Senhor e de que ele esteja em nós (Jo 14:17). Isso não existia antes que Jesus fosse para junto do Pai. Por parte do Senhor, esse ministério envolve disciplina e encorajamento (dependendo da interpretação de "corta" [Jo 15:2], assim como em Jo 11:39, mas que também pode significar "apanhar", como em Jo 8:59), ou ainda "limpeza" (Jo 15:3). De nossa parte, devemos "permanecer", o que inclui guardar seus mandamentos (v. 10; 1 Jo 3:24).

B. Como sumo sacerdote para seu povo

Por ser um sumo sacerdote fiel, nosso Senhor compreende, socorre e dá graça a seu povo (Hb 2:18; 4:14-16). Nessa última passagem, o autor explica esse ministério depois da ascensão, dizendo que ele "subiu aos céus".

Por ser um sumo sacerdote fiel, nosso Senhor intercede por seu povo (Hb 7:25). O autor de Hebreus liga seu ministério ao fato de que esse sacerdote, diferentemente dos sacerdotes do Antigo Testamento, não está mais sujeito à morte. Permanece eternamente como sacerdote e vive para sempre a fim de interceder por seu povo. Não podemos saber com precisão a forma exata que seu ministério pode ter assumido para comunicar ou mencionar nossas necessidades. Aparentemente, ela se concentra tanto no aspecto positivo – pedir que certas coisas não aconteçam em nossa vida (Lc 22:32) – quanto no aspecto negativo – livrar-nos das coisas malignas que acontecem (1 Jo 2:1,2). Antes de chegarmos ao céu, não saberemos tudo o que o ministério de nosso sumo sacerdote significa para nossa vida, tanto suas facetas positivas quanto negativas.

Como nosso sumo sacerdote, o Senhor também foi nosso precursor, garantindo que entraremos no céu, como ele já fez (Hb 6:19,20). A idéia original desse "precursor" é a de um soldado que vai à frente das tropas fazer o reconhecimento de um local ou de um mensageiro que anuncia a chegada do rei. Em outras palavras, implica que outros irão segui-lo. Cristo agora está no céu como nosso sacerdote. Isso pressupõe que algum dia iremos segui-lo até lá.

C. Preparar um lugar para nós

Pouco antes de sua morte, o Senhor informou a seus discípulos que, em breve, iria preparar-lhes um lugar e, depois, retornaria para levá-los até lá (Jo 14:1-3). A "casa do Pai" mencionada é o céu, onde existem muitas "moradas". Essa expressão aparece apenas nos versículos 2 e 23 e indica residência permanente. Parte de seu ministério presente é preparar essas "residências" para os que são seus. Para fazer isso, ele precisou ir até o Pai pelo "caminho" da morte e da ressurreição (v. 6).

III. MINISTÉRIO FUTURO

A discussão detalhada do que ocorrerá no futuro pertence à área da escatologia. Mesmo assim, penso que seria apropriado mencionar, aqui, pelo menos, três aspectos do ministério futuro de nosso Senhor.

A. Ele ressuscitará os mortos

No futuro, todas as pessoas ouvirão a voz de Cristo ressuscitando-as dentre os mortos (Jo 5:28,29). Alguns serão chamados para a vida eterna e outros para a condenação. Pelas Escrituras, sabemos que os dois grupos não serão ressuscitados ao mesmo tempo; a voz do Senhor chamando-os será a causa da ressurreição de todos. Cristãos que viveram durante toda a "era da Igreja" serão ressuscitados durante o arrebatamento da Igreja (1 Ts 4:13-18). Aparentemente, os santos do Antigo Testamento serão ressuscitados durante a Segunda Vinda (Dn 12:2). Os ímpios mortos de todos os tempos somente serão ressuscitados após o milênio (Ap 20:5).

B. Ele recompensará todo seu povo

Embora uma pessoa comum pense que Deus (Pai) seja o juiz de todos, o Senhor disse que todo julgamento foi confiado a ele (Jo 5:22,27). Assim como a ressurreição, os julgamentos de todos não ocorrerão ao mesmo tempo, mas Cristo julgará a todos.

Os fiéis serão julgados por ele no tribunal de Cristo (1 Co 3:11-15; 2 Co 5:10) após o arrebatamento da Igreja. Para todos os salvos, o resultado desse julgamento específico será o céu, mas existem um número variável de recompensas. Todos receberão "seu louvor da parte de Deus" (1 Co 4:5).

Todos os ímpios serão julgados pelo tribunal de Cristo, no final do reino milenar (Ap 20:11-15). Todos serão recompensados por suas obras, sendo lançados no lago de fogo. Ninguém se mostrará merecedor do céu. Mas não importa quando, a verdade é que todos serão julgados por nosso Senhor.

C. Ele reinará sobre este mundo

Quando nosso Senhor retornar, tomará o controle do governo e reinará sobre as nações deste mundo como um governante absoluto e benevolente (Ap 19:15). Somente então o mundo passará por um período de justiça, de retidão, de bem-estar social, de prosperidade econômica e de conhecimento espiritual. Ele se revelará como o Rei dos reis e o Senhor dos senhores na mesma arena em que ocorreu a rebelião do homem contra Deus.

Parte 10

Tão Grande Salvação

48

ALGUMAS CONSIDERAÇÕES INTRODUTÓRIAS

I. O ESCOPO DA QUESTÃO

Soteriologia, a doutrina da salvação, é um dos temas mais importantes das Escrituras. Ela aborda a totalidade do tempo e também a eternidade passada e futura. De uma maneira ou de outra, está relacionada com todos os seres humanos, sem exceção. E possui ramificações inclusive na esfera angelical. Esse é o tema tanto do Antigo quanto do Novo Testamento. Trata-se de algo pessoal, nacional e cósmico. E está centrada na maior de todas as pessoas: nosso Senhor Jesus Cristo.

Da perspectiva divina, a salvação inclui a obra completa de Deus em trazer as pessoas da condenação para a justificação, da morte para a vida eterna, da condição de estranhos para a de filhos. Da perspectiva humana, incorpora todas as bênçãos que nossa posição em Cristo oferece, tanto nesta vida quanto na que virá.

O aspecto inclusivo da salvação é apoiado pela observação dos três tempos da salvação: passado, presente e futuro. Isso ocorre da seguinte maneira: (1) no momento em que a pessoa creu, foi salva da condenação do pecado (Ef 2:8; Tt 3:5). (2) Esse cristão também é continuamente salvo do domínio do pecado, santificado e preservado (Hb 7:25). (3) Será salvo da presença do pecado no céu para todo sempre (Rm 5:9,10).

II. OS MOTIVOS DA SALVAÇÃO

Por que Deus desejaria salvar os pecadores? Por que precisaria enfrentar a dor de entregar seu Filho unigênito para morrer por pessoas que haviam se rebelado contra a sua bondade? Qual seria o possível significado de Deus ter uma família de seres humanos?

A Bíblia aponta pelo menos três motivos pelos quais Deus desejou salvar os pecadores:

(1) Essa foi a maior e mais concreta demonstração de seu amor. Suas boas dádivas, vistas na natureza e por intermédio de seu cuidado providencial (que é imenso), não chegam aos pés do presente que ele nos deu ao fazer de Cristo o nosso Salvador. João 3:16 nos lembra de que seu amor foi

visto através desse presente, e Romanos 5:8 diz que Deus provou de maneira definitiva que ele nos amou por meio da morte de Cristo.

(2) A salvação também fez com que Deus desse uma demonstração eterna de sua graça (Ef 2:7). Cada pessoa salva será um troféu especial da graça divina para todo o sempre. Somente os seres humanos redimidos podem demonstrar isso.

(3) Deus também queria um povo que fizesse boas obras nesta vida e, desse modo, pudesse mostrar ao mundo, mesmo que de maneira imperfeita, um Deus que é bom (Ef 2:10).

Sem a salvação que Cristo oferece, essas coisas não seriam possíveis.

III. A IMPORTÂNCIA DA SALVAÇÃO

Somente em duas ocasiões o Novo Testamento condena os cristãos por eles não conseguirem fazer algo. Uma delas é não amarem o Senhor (1 Co 16:22), e a outra é pregar um evangelho que não seja o da graça de Deus (Gl 1:6-9). A falta de compreensão clara da doutrina da salvação pode levar à proclamação de um evangelho falso ou pervertido. Muitas pregações do evangelho que ouvimos hoje em dia podem estar sob essa maldição. Porém, a graça de Deus é mais forte que nossa apresentação imperfeita, e as pessoas continuam sendo salvas, mesmo que muitas vezes esse evangelho pareça imperfeito ou seja mal explicado por nós.

O aspecto positivo é que essa doutrina é essencial simplesmente porque ser testemunha do evangelho é responsabilidade de todo cristão. Para o pregador da Palavra, isso é ainda mais importante, pois ele funciona como "elo de ligação" entre Deus e a pessoa ainda não regenerada, por isso sua mensagem deve ser clara (Rm 10:14,15). Lewis Chafer, que começou seu ministério como evangelista, até o final de sua vida continuava pensando que "em um ministério equilibrado, a pregação do evangelho deveria ser, no mínimo, 75% do testemunho do púlpito. O restante pode ser para a edificação daqueles que já estão salvos".[1] Isso certamente comprova a importância de estudar e de entender esse importante tema, a soteriologia.

1. CHAFER, Lewis Sperry. *Systematic Theology*. Grand Rapids: Zondervan, 1981, v. 3, p. 9.

49

A TERMINOLOGIA BÍBLICA

I. O USO NO ANTIGO TESTAMENTO

No Antigo Testamento, a palavra hebraica mais importante relacionada à salvação é *yasha'*. Originalmente, significa algo "amplo" ou "aberto", contrastando com o estreitamento e a opressão. Logo, significa liberdade daquilo que amarra ou restringe. Posteriormente, passou a significar libertação, liberação ou aumento da largura e da profundidade de algo. Às vezes, essa libertação ocorre por intermédio da ação humana (e.g., usando os juízes, Jz 2:18; 6:14; 8:22; 12:2; ou os reis, 1 Sm 23:2), e, em outras ocasiões, por meio do próprio Yahweh (Sl 20:6; 34:6; Is 61:10; Ez 37:23; Zc 3:4). Às vezes, a salvação é individual (Sl 86:1,2), outras, coletiva, ou seja, de toda nação (Is 12:2, embora todo mundo venha a compartilhar dela, 45:22; 49:6). No Antigo Testamento, a salvação não era apenas a libertação de alguns problemas, mas também o livramento do Senhor para um propósito especial (Is 43:11,12; 49:6).

A fé era a condição necessária para a salvação no Antigo Testamento e continua sendo no Novo. Abraão creu no Senhor, e "isso lhe foi imputado para justiça" (Gn 15:6). No texto original, o prefixo hebraico *beth* indica que Abraão depositou sua fé confiantemente em Deus (cf. Êx 14:31; Jo 3:5). O relacionamento de aliança estabelecido pela Lei mosaica também implica que um israelita precisava ter fé no Deus daquela aliança se desejasse lhe agradar e não ser excluído dela.

O objeto da fé sempre foi o Deus verdadeiro (Nm 14:11; 20:12; 2 Rs 17:14; Sl 78:22; Jn 3:5). Esse Deus Salvador era a única fonte de salvação (Sl 3:8; Jn 2:9). Confiar em ídolos não era apenas ineficaz, mas também ridículo, pois a salvação vem somente do Senhor.

II. O USO NO NOVO TESTAMENTO

Tanto na Septuaginta quanto no Novo Testamento, *yasha'* e seus respectivos substantivos normalmente são traduzidos pelo verbo grego *sōzō* e seus cognatos, *sōtēr* e *sōtēria*. Contudo, muitas vezes as variantes de *sōzō* são traduzidas como *shalom* (paz ou plenitude) e seus derivados. Logo, salvação pode significar cura, recuperação, remédio, resgate, redenção e bem-estar. Isso pode estar relacionado com a preservação de um perigo, doença ou morte (Mt 9:22; At 27:20, 31, 34; Hb 5:7). Mas no uso feito pelos cristãos, isso significa salvamento da morte eterna e entrega da vida eterna àquela pessoa (Rm 5:9; Hb 7:25).

Assim como no Antigo Testamento, a iniciativa da salvação cabe inteiramente a Deus (Jo 3:16). A morte do Senhor Jesus Cristo na cruz é a única base para essa salvação (At 4:12; Hb 5:9). Como foi dito antes, essa salvação tem um aspecto passado (quando cremos), um aspecto presente e uma consumação futura.

Mas o simples uso de palavras não revela tudo o que a revelação bíblica ensina sobre a salvação. Outros conceitos, como sacrifício, redenção, justificação, reconciliação, propiciação e justificação, são vitais para um entendimento completo dessa doutrina. Serão analisados posteriormente, mas estou mencionando isso agora para que ninguém pense que a doutrina está fundamentada apenas nas palavras usadas em relação à idéia de salvação.

A salvação afeta a pessoa como um todo. Mesmo assim, a remoção completa da natureza decaída e o recebimento de um corpo ressurreto somente ocorrerão em um dia futuro, mas também fazem parte de nossa salvação (Rm 8:23). Além do mais, a maldição lançada sobre este mundo será removida (vv. 18-23), e o universo todo sentirá os efeitos da obra de reconciliação feita por Cristo (Cl 1:20).

50

A PAIXÃO DE CRISTO

A base de todas as facetas, realizações e benefícios da morte de Cristo é, claramente, o evento histórico de sua morte na cruz. "Paixão" significa sofrimento, e, particularmente, o sofrimento de Cristo no período entre a noite da última ceia e a crucificação.

I. A NECESSIDADE DA PAIXÃO

Por causa da pecaminosidade e da incapacidade do ser humano de salvar a si mesmo, foi preciso que alguém tomasse a iniciativa e que o ajudasse a encontrar aceitação e comunhão com um Deus santo. O pecado gerou (e ainda gera) afastamento de Deus, e depravação significa que nada que o homem possa fazer lhe garantirá qualquer mérito ou consideração da parte de Deus no que diz respeito à salvação.

Não iremos repetir o que foi abordado no estudo sobre a doutrina do pecado, mas os pontos mais importantes precisam ser revistos. Todas as pessoas que nasceram neste mundo estão condenadas por causa de: (a) sua relação com o pecado de Adão (Rm 5:12) e (b) sua natureza pecaminosa, com a qual todos nascem (Ef 2:3). Além disso, (c) todos cometem pecado, fruto inevitável da natureza pecaminosa (Rm 3:9-23). Isso não significa apenas condenação universal, mas também estabelece uma necessidade universal de que os seres humanos sejam salvos da penalidade do pecado.

Todos os que nasceram neste mundo são incapazes de fazer qualquer coisa para receber do Senhor o favor soteriológico. Depravação, você deve lembrar, não significa que as pessoas não possam ou que não irão fazer coisas consideradas boas aos olhos dos homens e de Deus. Tampouco significa que o homem pecaminoso não possui capacidade de julgar o bem e o mal por si só, nem que as pessoas caem em toda forma de pecado ou em um pecado em particular até o seu maior grau possível. Na verdade, depravação significa que, pelo fato de o homem ser totalmente corrupto, jamais poderá fazer coisa alguma que lhe garanta o favor salvífico da parte de Deus. Em relação à salvação, isso significa que a ajuda deverá vir de alguém que não foi afetado por essa corrupção, alguém sem pecado.

II. A PESSOA DA PAIXÃO

A pessoa envolvida nesse sacrifício propiciatório foi o Deus-homem. Apenas alguém como ele poderia efetivar a nossa salvação. Sem querer repetir o que foi apresentado em cristologia, permita-me revisar algumas das questões salientes relativas à Pessoa de Cristo e presentes em sua obra de expiação.

Embora as Escrituras estabeleçam um grande número de razões para a encarnação, a principal é que, desse modo, Deus poderia salvar as pessoas de seus pecados (Mt 1:21). Para que isso acontecesse, era necessário haver encarnação, ou seja, Deus fazer-se carne. O Senhor declarou que a penalidade pelo pecado deveria ser a morte. Como Deus não pode morrer, era preciso haver a encarnação para que existisse uma natureza humana capaz de experimentar a morte e, com isso, pagar a penalidade pelo pecado.

Deus determinou que a encarnação ocorresse por intermédio do nascimento virginal. Se seria possível acontecer isso de alguma outra maneira e, mesmo assim, preservar a ausência de pecado em Jesus Cristo é apenas uma conjectura. O aspecto principal dessa questão é que Deus determinou que isso ocorreria por intermédio do nascimento virginal. O pronome relativo feminino singular "da qual", presente em Mateus 1:16, liga Cristo de maneira inequívoca a uma genitora humana, sua mãe. Foi um nascimento virginal.

O resultado da concepção da virgem foi o nascimento do Deus-homem. Deus sempre existiu. A natureza totalmente humana de Jesus foi concebida pelo Espírito no útero de Maria. O bebê nascido era totalmente Deus e também um ser humano perfeito. Os dois foram unidos em uma só Pessoa para todo o sempre. Isso é chamado de união hipostática.

Somente esse Deus-homem, único em toda a história, qualifica-se como o Salvador adequado. O Salvador precisava ser humano para que pudesse morrer, pois Deus não pode morrer. Além disso, o Salvador precisava ser Deus para fazer com que a morte fosse um pagamento eficaz pelo pecado. Quando um pecador morre, isso ocorre em conseqüência de seus próprios pecados. Somente uma pessoa sem pecado poderia servir para expiar os pecados dos outros.

Observe que essa verdade é descrita nos primeiros versículos de Romanos 1. Quando Paulo descreve o evangelho (v. 1), afirma que dizia respeito ao Filho de Deus (v. 3), e que esse Filho era humano (vindo da descendência de Davi, v. 3) e também divino (evidenciado pelo uso de "Filho de Deus" no v. 4). Em outras palavras, o evangelho só existe porque temos um Deus-homem e um Salvador-homem. Ele era humano e, portanto, capaz de morrer, e também Deus, fazendo com que sua morte fosse o pagamento satisfatório pelos pecados do mundo. Nenhum outro tipo de Salvador seria capaz de nos salvar.

III. OS SOFRIMENTOS DURANTE A PAIXÃO

Os sofrimentos de Cristo em sua morte foram chamados pela teologia protestante clássica de "obediência passiva". Esse conceito é contrastado pela obediência ativa de Cristo, que se refere à obediência que ele sempre demonstrou. A vida de Jesus foi, sem dúvida, marcada pela obediência, começando por sua aceitação voluntária da encarnação (Hb 10:5-10) e continuou durante todo o seu período de vida na Terra (Lc 2:52; Jo 8:29). Ele aprendeu a obediência por meio do sofrimento (Hb 5:8).

Os sofrimentos da vida de Cristo, embora reais, não foram propiciatórios. Mesmo assim, o mérito de sua morte propiciatória é inseparável do fato de ele não ter pecados e da perfeição de sua vida, atestada por sua obediência constante. Embora os teólogos façam distinção entre seus sofrimentos durante a vida e os de sua morte (obediência ativa e passiva), isso não chega a ser muito significativo. Afinal, somente os sofrimentos de sua morte e sua obediência em ser o Cordeiro sacrificial serviram como expiação.

Para ser mais específico, somente os sofrimentos na cruz serviram de expiação. Foi durante as três horas de escuridão (quando Deus colocou sobre Cristo os pecados do mundo) que a expiação final foi aceita. A agressão e a violência que precederam o tempo que ele passou na cruz faziam parte dos sofrimentos de sua vida.

IV. O RESUMO DA PAIXÃO

Como mostramos no início deste capítulo, a paixão normalmente inclui os eventos da última ceia até a crucificação. Veja o resumo desses eventos e a natureza dos elementos envolvidos nas últimas horas da vida de Cristo.

A. Os julgamentos

O local tradicionalmente atribuído à celebração da Páscoa é um cenáculo (parte superior) de alguma casa na região sudeste de Jerusalém.

Saindo dali, o grupo dirigiu-se para o jardim do Getsêmani (na encosta do monte das Oliveiras, ao leste de Jerusalém), onde o Senhor foi traído e preso, e no local também restaurou a orelha de Malco. Isso possivelmente ocorreu por volta das três da manhã.

Atravessando novamente a cidade, o Senhor foi levado até a casa de Anás, onde seria ouvido. Tanto a casa de Anás quanto a de Caifás ficavam no sudeste da cidade, em um local não muito distante do cenáculo em que o Senhor e seus discípulos haviam estado naquela mesma noite.

Depois disso, foram para a corte na casa de Caifás, onde estavam reunidos ao menos parte dos integrantes do Sinédrio. Ali eles decretaram a sentença do Senhor.

Com a chegada da manhã, todo o Sinédrio confirmou a sentença emitida algumas horas antes.

Então, o Senhor foi levado diante de Pilatos, pois os judeus não tinham autoridade para executar a sentença de morte. O tribunal de Pilatos ficava em um local próximo, a nordeste da área do templo. Para chegar lá, saindo da casa de Caifás, era necessário atravessar quase toda a cidade.

Em seguida, ocorreu o exame feito por Herodes. Seu palácio ficava perto do muro ocidental de Jerusalém. Depois, o Senhor precisou atravessar novamente a cidade.

Após atravessá-la mais uma vez, de volta até Pilatos, o Senhor foi condenado à cruz.

O local da crucificação até hoje é controverso. As duas possibilidades aventadas são o lugar onde foi erguida a igreja do Santo Sepulcro, a leste do tribunal de Pilatos, e o chamado "Calvário de Gordon", a nordeste do tribunal de Pilatos. Para chegar a qualquer uma dessas localidades, é necessário viajar através de grande parte de Jerusalém. A distância total percorrida por nosso Senhor em suas condições debilitadas foi aproximadamente quatro quilômetros.

B. O dia

A visão tradicional da Sexta-feira da Paixão tem tudo a seu favor e nada que a contradiga. Os quatro Evangelhos declaram que o dia posterior à crucificação foi um sábado (Mt 27:62; 28:1; Mc 15:42; Lc 23:56; Jo 19:31). Os Evangelhos também declaram que as mulheres visitaram a sepultura de Jesus no dia seguinte ao sábado, ou seja, no primeiro dia da semana, domingo (Mt 28:1; Mc 16:2; Lc 24:1; Jo 20:1). Era uma prática comum dos judeus se referirem a uma parte do dia ou da noite como se fosse o dia inteiro (Gn 42:17,18; 1 Sm 30:12,13; 1 Rs 20:29; 2 Cr 10:5,12; Et 4:16; 5:1). Portanto, para cumprir os "três dias e três noites" de Mateus 12:40, era necessário que o Senhor estivesse na sepultura parte da sexta antes do pôr-do-sol (1º dia), todo o sábado (2º dia), e parte do domingo, após o nascer do sol, até o momento da ressurreição (3º dia). Por isso as Escrituras dizem claramente que ele ressuscitou "ao terceiro dia" (1 Co 15:4).

C. O método

A crucificação teve sua origem no Oriente. Os persas a praticavam, e Alexandre, o Grande, parece ter aprendido isso com eles. A Fenícia, famosa por suas práticas bárbaras, freqüentemente utilizava a crucificação. Roma aparentemente tomou-a emprestado de Cartago e aperfeiçoou-a, usando-a como meio de punição capital. Não sabemos até quando Roma fez uso dela.

Após receber sua sentença, o condenado era açoitado com um chicote de tiras de couro com pequenos pedaços de metal ou ossos em suas extremidades. Então, era obrigado a carregar sobre os ombros a trave da cruz até o local da execução. Essa trave tinha, aproximadamente, dois metros de comprimento e pesava cerca de 15 quilos. Era presa a uma estaca que ficava de pé, previamente colocada no local de execução. Grandes pregos, medindo cerca de 10 centímetros, eram pregados sobre as mãos e os pés da vítima. Eles tinham a cabeça mais larga para impedir que o corpo escorregasse. Às vezes, cordas também eram utilizadas para prender o corpo à cruz.

Os romanos aprenderam a empurrar os pés para cima na hora de pregá-los à cruz. Assim, a vítima poderia se apoiar neles momentaneamente e respirar mais facilmente. Isso possibilitava que o condenado resistisse por mais tempo. A morte raramente ocorria antes de 36 horas, e a maioria das pessoas sobrevivia dois ou três dias antes de morrer. A combinação de sede insaciável, dores dos açoites, câimbras, tontura, vergonha pública e horror de saber o que os aguardava antes da chegada da morte faziam da crucificação uma terrível maneira de morrer.

Foi isso o que os homens fizeram ao nosso Senhor. E Deus colocou sobre Jesus a iniqüidade de todos nós. Ele morreu para pagar a penalidade do pecado. Não se esqueça: Jesus morreu por você e por mim.

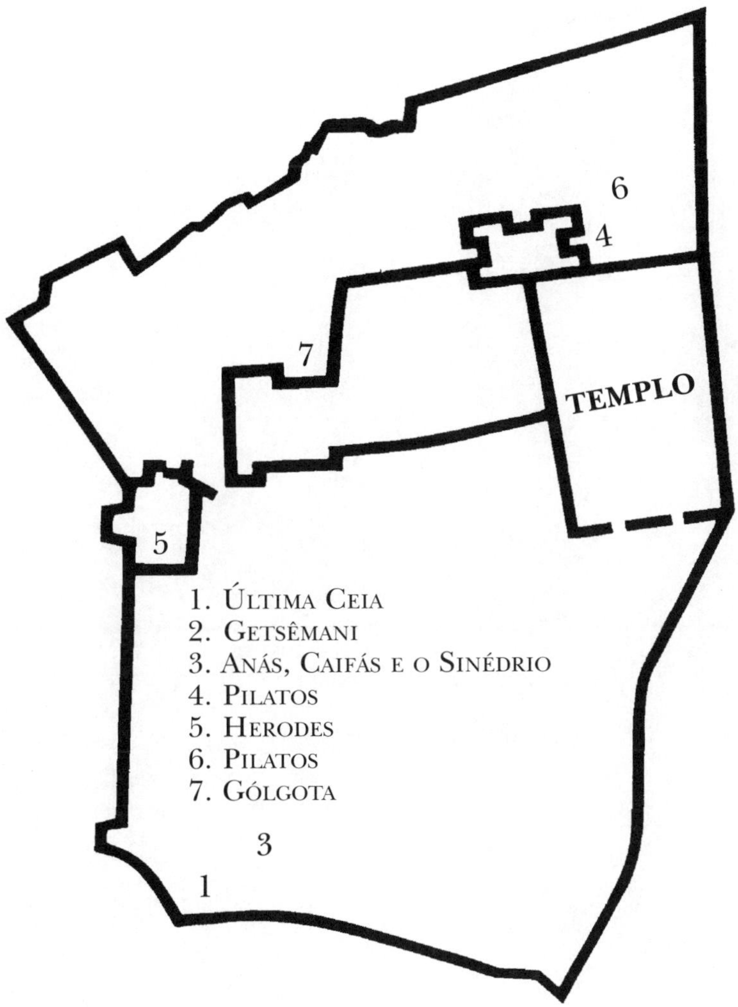

51

O SIGNIFICADO DA MORTE DE CRISTO

A verdade é que o significado total da morte de Cristo não pode ser resumido em apenas uma ou duas frases. Porém, é igualmente verdade que seu significado central pode e deve estar centrado em algumas idéias fundamentais. Dentre elas, existem quatro doutrinas básicas. (1) A morte de Cristo foi substituição pelos pecadores; (2) foi uma redenção dos pecados; (3) para o homem, foi uma reconciliação; e (4) para Deus, foi uma propiciação. Não enfatizar esses quatro aspectos ou não insistir em sua importância para o entendimento correto do significado da morte de Cristo é comprometer ou até mesmo perverter o conceito bíblico. Por exemplo, é uma idéia bíblica e apropriada encarar a morte de Cristo como uma grande demonstração do amor de Deus ou entender isso como exemplo, para nós, do auto-sacrifício de Cristo. Essas são verdades bíblicas (Jo 15:13; Rm 5:8), mas se representassem o único significado da morte de Cristo, não teriam valor eterno. Cristo precisava fazer a substituição e o pagamento pelo pecado ou seu exemplo teria significado relativamente pequeno. Portanto, devemos entender esses aspectos básicos primeiro, pois eles constituem o significado eterno e salvífico da morte de nosso Senhor.

I. EM LUGAR DOS PECADORES

A. O conceito de expiação vicária

1. *O significado de expiação vicária.* A idéia de "expiação vicária" ou de "substituição penal" significa simplesmente que Cristo sofreu como nosso substituto, ou seja, em nosso lugar. Isso tornou possível que nossos pecados fossem pagos.

O ser humano somente poderia expiar seus pecados pessoalmente se sofresse eternamente a penalidade que o pecado exigia. O ser humano, claro, jamais poderia fazer isso. Portanto, em seu amor e misericórdia, Deus interferiu nessa situação sem esperança e providenciou um "vigário" (substituto) em Jesus Cristo, que proveu a satisfação eterna pelo pecado.

EXPIAÇÃO PESSOAL	EXPIAÇÃO VICÁRIA
Oferecida pelo ofensor	Oferecida pelo ofendido
Uma questão apenas de justiça	Uma combinação de justiça e amor
Nunca terminada	Um sacrifício completo

2. *Objeções à idéia de expiação vicária.* Certas objeções foram levantadas contra esse conceito.

a. A idéia de expiação vicária faz com que Deus seja injusto, pois condenou seu Filho a tomar sobre si os pecados da humanidade. Isso poderia ser uma objeção válida, porém é fato que o Deus triúno estava envolvido no planejamento da redenção. Logo, o Filho tomou voluntariamente sobre si a obra da substituição. Em outras palavras, embora essa possa ser uma objeção válida, de nosso ponto de vista finito, o mesmo não pode ocorrer no nível infinito, pois não existem três partes distintas envolvidas.

b. A idéia de expiação vicária faz com que o Cristo inocente sofra em lugar dos pecadores. Isso é totalmente verdade e constitui um elemento essencial do sacrifício. Também é uma idéia bíblica (1 Pe 3:18). Portanto, levantar isso como objeção é questionar o plano e o propósito de Deus.

c. *Um agente moral não pode ser responsabilizado pelo pecado a menos que ele o cometa pessoalmente.* Isso não é verdade no sistema humano; por isso não precisa ser aplicada no governo divino. Por exemplo, a culpa por erros cometidos pelos executivos de uma empresa pode ser lançada sobre os membros da diretoria. Ou, ainda, a negligência por parte dos empregados de uma escola pode fazer com que os diretores sejam processados.

B. A evidência da expiação vicária

A Bíblia claramente ensina que o sacrifício de Cristo não foi uma questão de empatia, mas de substituição.

1. *No Antigo Testamento.* Os preparativos para o sistema sacrificial do Antigo Testamento incluem a necessidade de que o ofertante imponha as mãos sobre o animal oferecido como sacrifício.

> Isso tinha o significado de transmissão e delegação e implicava representação; para que realmente demonstrasse a substituição do sacrifício de quem fazia a oferta. [...] Se o sacrifício fosse trazido por mais de uma pessoa, cada uma delas devia impor as mãos sobre o animal. Não é uma questão fechada se apenas uma das mãos era colocada ou ambas; mas todos concordam que deveria ser feito "com toda força", como se isso fizesse todo o peso da pessoa ser colocado sobre o substituto.[1]

A morte do animal tomava o lugar daquele que estava oferecendo o sacrifício. O sistema claramente ensinava a substituição.

2. *No uso da preposição anti.* O significado básico dessa preposição, que ocorre 22 vezes no Novo Testamento, é confronto, oposição ou dois objetos colocados um contra o outro, sendo um tomado no lugar do outro, como uma troca. Os críticos da idéia de expiação vicária chamam isso de "transacionalismo cru". Mesmo assim, a preposição *anti* apóia a idéia de substituição.

a. No grego clássico. De maneira uniforme, *anti* significa "em lugar de", e não possui significados mais amplos, como, por exemplo, "em benefício de".[2]

b. No grego do período do Novo Testamento. Moulton e Milligan não apresentam exemplos de *anti* com o significado de "em favor de" ou "por causa de". O significado comum é "em vez de". O mesmo significado é encontrado nos escritos de Políbio (c. de 200-118 a.C.), de Filo e de Josefo.

c. Na Septuaginta. Dentre as 318 ocorrências de *anti*, não há exemplos do significado mais amplo "em benefício de". De maneira uniforme, significava "em lugar de", sendo a tradução de *tachath* (Gn 44:33).

d. No Novo Testamento. Exemplos do significado mais claro "em vez de" ou "no lugar de" são encontrados em Mateus 2:22 e Lucas 11:11. Casos nos quais a idéia de troca é proeminente ocorrem em João 1:16; Romanos 12:17; 1 Tessalonicenses 5:15; Hebreus 12:16 e 1 Pedro 3:9. Mateus 17:27 (o incidente envolvendo o pagamento de tributo) parece apresentar um sentido claro de substituição. Esse tributo era um dinheiro para a redenção (veja Êx 30:11-16). A idéia de equivalência aparece em Mateus 5:38 e 1 Coríntios 11:15, embora alguns entendam que o uso de *anti*, nessa passagem de 1 Coríntios, significa que o cabelo da mulher serve como um substituto para o véu (ou cobertura). Contudo, isso pareceria contraditório ao que Paulo ensina nos versículos anteriores. Então, provavelmente, a idéia é de equivalência. Ou seja, na esfera natural, o cabelo equivale ao que a cobertura significa na esfera espiritual.[3] Claramente, nenhum desses versículos apóia o sentido de "em favor de" ou "em benefício de".

O versículo crucial parece ser Marcos 10:45: "Pois o próprio Filho do Homem [...] veio [...] para servir e dar a sua vida em resgate por muitos" (veja também Mt 20:28). No original, o uso de *anti* exige a interpretação de que nosso Senhor veio para morrer em nosso lugar, como nosso substituto. Isso não pode ser entendido de outro modo, e foi assim que Cristo interpretou o significado de seu próprio sacrifício. *Anti* também aparece como prefixo na palavra composta *antilytron* em 1 Timóteo 2:6. Cristo foi o nosso resgate e substituto.

3. *No uso da preposição hyper.* O significado original dessa preposição era "acima", "sobre" e "em prol de". A idéia incluía ficar em cima de alguém para protegê-lo e para receber os ataques em seu lugar. Logo, a idéia básica dessa palavra abrange tanto benefício quanto substituição, simplesmente porque agir em benefício de alguém muitas vezes inclui agir em seu lugar. As duas idéias são

usadas no Novo Testamento, como veremos.

a. No grego clássico. Tanto a idéia de benefício quanto a de substituição aparecem nos escritos clássicos.[4]

b. No grego do período do Novo Testamento. Mais uma vez, essas duas idéias estão presentes. Freqüentemente, a palavra *hyper* é usada para falar de alguém escrevendo uma carta em nome de um analfabeto. Essa é claramente uma idéia de substituição.

c. Na Septuaginta. Novamente, as duas idéias são encontradas, mas é especialmente importante para a soteriologia notar que o significado de substituição é apresentado de maneira clara em versículos como Deuteronômio 24:16 e Isaías 43:3,4.

d. No Novo Testamento. Ninguém discute que *hyper* significa "em benefício de". O que se discute é se pode ou não significar "no lugar de". Aqueles que negam expiação vicária, naturalmente, desejam eliminar esse segundo sentido e insistem que a morte de Cristo, de modo algum, foi um pagamento como substituição, mas apenas um benefício para a humanidade. Os que defendem a expiação vicária podem apoiar sua argumentação no significado de *anti,* mas também apontam para o sentido de substituição em *hyper.* Essa questão é fortalecida pelo fato de *hyper* possuir um sentido de substituição em passagens que não dizem respeito ao sacrifício. Três delas são bem claras:

(1) Em Romanos 9:3, Paulo diz que gostaria de ser amaldiçoado em lugar de seus irmãos judeus. A idéia é que ele desejava receber a maldição de Deus no lugar deles.

(2) 1 Coríntios 15:29 refere-se àqueles que, ao ser batizados, demonstraram estar integrados à Igreja de Cristo para tomar o lugar dos que haviam morrido. Portanto, podia ser dito que haviam sido batizados "por causa" (no lugar) dos que já estavam mortos. Essa interpretação desse versículo requer um sentido de substituição para *hyper.*

(3) Embora existam dúvidas sobre os dois exemplos anteriores, certamente não há questionamento do significado de *hyper* em Filemom 13. Onésimo, o escravo convertido, estava em Roma com Paulo e, em breve, voltaria a seu mestre, Filemom, na cidade de Colossos. Nessa magnífica carta de intercessão em favor de Onésimo, Paulo disse a Filemom que gostaria de manter Onésimo com ele em Roma para ajudá-lo no lugar (*hyper sou*) de Filemom. Isso somente pode significar que alguém precisava estar em Roma com Paulo – seja o próprio Filemom ou o escravo Onésimo como seu substituto. Claro, a idéia de benefício também está presente. Porém, a única maneira de trazer algum benefício para Paulo era se ele mantivesse Onésimo, o substituto de Filemom, com ele em Roma.

Se *hyper* inclui essas duas idéias, benefício e substituição, em passagens que não tratam de salvação, então o mesmo deve ocorrer nas que tratam dessa questão. Veja alguns exemplos importantes em que a idéia de substituição está presente: João 11:50,51; Romanos

5:6-8; 2 Coríntios 5:21; Gálatas 3:13; Tito 2:14 e 1 Pedro 3:18.

Em resumo: a preposição *anti* sempre tem a idéia de equivalência, troca e substituição. Nunca apresenta a idéia mais ampla de "por causa de" ou "em prol de". *Hyper* denota essas duas idéias, inclusive a questão de substituição em passagens do Novo Testamento que tratam de expiação.

C. A negação da expiação vicária

Tentativas de negar a força dessa evidência normalmente são feitas de uma maneira ou de outra. Alguns alegam que, embora a idéia de substituição esteja incluída, não pode ser aplicada para mostrar o significado de controle que a morte de Cristo possui. Então, a substituição está subentendida e incluída em meio aos outros sentidos de sua morte até se tornar algo de menor importância no conceito que acabou desaparecendo de maneira prática. Veja um exemplo desse tipo de raciocínio: "A morte de Jesus é maior do que qualquer definição, mais profunda do que qualquer racionalização. [...] É estabelecida usando-se uma grande variedade de termos e de analogias, mas nunca completamente capturada em qualquer prisão verbal. [...] Embora nenhuma racionalização da cruz possa ser conseguida, devemos continuamente buscar seu sentido".[5]

Outros simplesmente procuram reinterpretar a substituição como sempre significando "por causa de". Veja um exemplo:

> A verdade é que ele [Paulo] tenta fazer o que podemos chamar de visão "representativa" da morte de Cristo. Quando Paulo escreve que Cristo morreu "por" mim, ele normalmente não quer dizer "em meu lugar", mas "em meu benefício". [...] Portanto, essa não pode ser uma questão de substituição ou de mero "bode expiatório". Em outro contexto, é verdade, a analogia de resgate por alguém cativo ou (muito raramente) de oferta sacrificial é trazida à luz por Paulo, e a idéia sugerida é a de substituição. Mas essa questão [...] é dominada pelo conceito reinante de nossa participação com Cristo em sua morte para a Lei e o pecado.[6]

Este autor não consegue examinar as evidências das preposições ou dos versículos que citei.

Claramente, de acordo com o próprio ensino de Cristo e com o restante do Novo Testamento, a morte de Jesus foi uma substituição pelos pecadores.

II. PARA OS PECADOS, REDENÇÃO

Redenção significa libertação mediante um pagamento efetuado. Para os cristãos, esse conceito tem um significado especial, pois o pagamento foi a morte do próprio Senhor.

A. A doutrina do Antigo Testamento

Três palavras hebraicas constituem a base lexical dessa doutrina do Antigo Testamento: *g'l*, *pdh* e *kopher*. A idéia primária de *g'l* é a obrigação de família relacionada com o pagamento de um preço. O resgatador (ou redentor) tinha a responsabilidade de: (a) resgatar a propriedade da família que havia mudado de dono; e (b) casar com a viúva sem filhos para gerar filhos em nome do esposo falecido. Quando não havia um irmão para fazer isso, a responsabilidade era estendida para o membro da família mais próximo (Rt 3:9).

O significado da raiz *pdh* é resgate por meio do pagamento de um preço, como ocorre em uma transação comercial, sem obrigação alguma da família (Êx 13:12; Nm 18:15-17). Essa palavra pode ter outras idéias de graça além de *g'l* apenas porque aquele que resgata não tem necessidade de fazê-lo.

O significado de *kopher* refere-se à soma paga para redimir uma vida perdida (Êx 21:28; 30:12). Todas essas palavras possuem a idéia de libertação por meio do pagamento de um preço. As circunstâncias podem variar, desde resgatar um prisioneiro de guerra, um escravo, um artigo empenhado, até a nação de Israel, mas sempre envolve a necessidade de um preço a ser pago.

Poucas associações diretas entre redenção e pecado ficam evidentes no Antigo Testamento (mas veja Sl 130:8; Is 59:20). A falta de declarações formais fazendo essa associação decorre, sem dúvida, da ligação óbvia e sempre presente entre redenção e pecado no sistema sacrificial. Uma vez que isso é visto constantemente, não precisa ser freqüentemente repetido.

B. Palavras usadas no Novo Testamento

1. *Agorazō*. A idéia básica dessa palavra é freqüentar o mercado. Posteriormente, passou a significar a compra ou aquisição no mercado. O Novo Testamento utiliza-a 24 vezes em sentido de "compra" (veja Mt 13:44; Lc 9:13). A Septuaginta utiliza-a com o mesmo sentido básico de compra, uma simples transação comercial (veja Gn 41:57; 42:5,7).

O uso soteriológico de *agorazō*, no Novo Testamento, inclui três idéias básicas: (1) Em sua obra de redenção, Cristo pagou o preço cobrado por toda a humanidade (2 Pe 2:1). (2) Esse preço está claramente estabelecido: deve ser o sangue de Cristo (Ap 5:9,10). (3) Uma vez que fomos comprados por esse preço, devemos servi-lo (1 Co 6:19,20; 7:22,23).

2. *Exagorazō*. Esse termo composto inclui apenas a idéia de comprar e de levar para fora do mercado. Duas passagens em que essa palavra é usada são especialmente significativas. Em Gálatas 3:13, a natureza de substituição da morte de Cristo fica bastante evidente. Estávamos debaixo de uma maldição. Cristo tomou sobre si essa maldição. Assim, ela foi removida de nós. Em Gálatas 4:5, Paulo declarou que os cristãos são livres, não estando mais debaixo da Lei.

Além disso, podemos observar o interessante uso dessa passagem que não trata de expiação: Efésios 5:16. Aqui, os cristãos são exortados a remir o tempo, ou seja, a adquirir e a não desperdiçar.

3. *Peripoioumai*. Essa palavra ocorre somente uma vez em referên-

cia ao sacrifício de Cristo: Atos 20:28. Significa "manter a salvo" ou "preservar". Na voz média, conforme usada nesse versículo, significa "manter" ou "salvar" alguém, "adquirir" ou "obter a posse de". Portanto, a idéia é que Deus adquiriu a Igreja pelo sangue de seu próprio Filho para tê-la como sua propriedade pessoal. Novamente a idéia de um preço a ser pago recebe destaque, e esse preço era claramente a morte de Cristo.

4. *Lutroō*. Deriva da raiz *luo* (soltar). Essa palavra era usada para se referir à libertação de animais ou prisioneiros. Normalmente estava ligada a um resgate que devia ser pago para que a libertação ocorresse. Portanto, seu significado é soltar após o recebimento de resgate.

a. Na Septuaginta. Antes de o tabernáculo ser construído, meio siclo era usado para pagar "o resgate por si próprio", quando fosse convocado. Isso era válido para todo israelita de 20 anos para cima (Êx 30:11-16). O ano do Jubileu envolvia a redenção da propriedade (Lv 25:31,32). A diferença entre o grande número de primogênitos e o pequeno número de levitas era compensada por um resgate de cinco siclos por pessoa a mais (Nm 3:46-51). Em todos esses casos, a idéia era a liberdade em troca de algum preço a ser pago.

b. No grego clássico. Novamente, o sentido é a libertação mediante o preço de resgate pago. Essa palavra, muitas vezes, era usada em relação à redenção de escravos e de prisioneiros de guerra.

c. No Novo Testamento. O verbo *lutroō* aparece em Lucas 24:21 (ligado à libertação nacional de Israel); Tito 2:14 e 1 Pedro 1:18,19 (redenção individual). Note, especialmente, nessa última passagem que o preço pago é o sangue do Cordeiro. O substantivo *lutron* ocorre apenas em Mateus 20:28 e Marcos 10:45. Como já foi previamente discutido quando tratamos do significado de *anti*, esses versículos claramente afirmam a substituição, e o preço do pagamento é a morte de Cristo. *Lutrōsis* é usado em conexão com Israel em Lucas 1:68 e 2:38. Em Hebreus 9:12, o sistema sacrificial do Antigo Testamento serve como base para o sacrifício único e definitivo de Cristo. Mais uma vez, o preço cobrado é claro: "seu próprio sangue".

Apolutrōsis aparece dez vezes no Novo Testamento: uma vez falando da libertação dos não-cristãos (Hb 11:35), uma vez em um sentido geral da redenção cristã (1 Co 1:30), três vezes com referência à escatologia (Lc 21:28; Rm 8:23; Ef 4:30) e cinco vezes para falar da libertação de um incrédulo (Rm 3:24; Ef 1:7,14; Cl 1:14; Hb 9:14). Claramente, o preço pago é a morte de Cristo. Já discutimos o uso de *antilutron* em 1 Timóteo 2:6 quando falamos sobre substituição. A morte de Cristo foi um resgate pago por todos como substituição.

C. A doutrina resumida

A redenção pode ser resumida em três idéias básicas:

(1) As pessoas são libertas ou redimidas *de algo*, ou seja, do mercado de escravos ou da escravidão do pecado. (2) As pessoas são redimidas *por meio de algo*, ou seja, pelo paga-

mento de um preço, o sangue de Cristo. (3) As pessoas são redimidas *para* algo, ou seja, para a liberdade, e depois são chamadas para renunciar a essa liberdade e serem escravos do Senhor que as redimiu.

III. PARA O MUNDO, RECONCILIAÇÃO

Reconciliação significa mudança de relacionamento. Antes hostilidade, agora paz e harmonia entre as duas partes. As pessoas podem ser reconciliadas umas com as outras (Mt 5:24, *diallassō*; 1 Co 7:11, *katallassō*), e as pessoas podem reconciliar-se com Deus (Rm 5:1-11; 2 Co 5:18-21, *katallassō*; Ef 2:16; Cl 1:20, *apokatallassō*).

A. A necessidade de reconciliação (Por quê?)

Por causa do pecado, Deus e o homem vivem uma relação de hostilidade e de inimizade. Embora isso não seja mencionado em 2 Coríntios 5, aparece nitidamente em Romanos 5. Éramos inimigos de Deus (v.10). Isso se refere à inimizade do homem com Deus ou de Deus com o homem? A segunda opção parece ser mais provável, ou seja, Deus reconhece que éramos seus inimigos. Este é o sentido da mesma palavra em Romanos 11:28, em que é dito que Deus reconhece que o povo de Israel é seu inimigo. A menção que Paulo faz à ira de Deus em Romanos 5:9 apóia a interpretação de que os inimigos eram o objeto de sua ira. O estado de alienação em que o homem se encontrava em relação a Deus não poderia ser mais sério, tampouco a necessidade de mudança, a reconciliação, mais urgente.

B. A causa da reconciliação (Como?)

O testemunho do Novo Testamento mostra que a reconciliação ocorreu por meio da morte do Senhor Jesus (Rm 5:10). Deus fez com que ele se tornasse pecado por nós para que pudéssemos receber a justiça de Deus nele. A morte de Cristo mudou completamente o estado anterior de inimizade e substituiu-o por um de justiça e de completa harmonia com um Deus justo.

C. O objeto da reconciliação (Quem?)

Há três maneiras de responder a esta questão: Deus está reconciliado com o homem, o homem está reconciliado com Deus, ambos estão reconciliados um com o outro.

Shedd ensinava que Deus está reconciliado com o homem. Ele explicou o versículo 10 de Romanos 5 (o qual diz que o homem está reconciliado com Deus) da seguinte forma: "Ele não indica a reconciliação subjetiva do pecador com Deus, mas a reconciliação objetiva de Deus com o pecador".[7] Seu argumento é que, uma vez que a ira divina foi removida, então Deus deve estar reconciliado. Contudo, isso implicaria que Deus muda, e isso estaria em conflito direto com sua imutabilidade.

John Walvoord[8] e outros estão igualmente seguros de que a reconciliação afeta somente o homem. 2 Coríntios 5:19 parece claro: em Cristo, Deus reconciliou consigo o mundo. O mundo da humanidade claramente é o objeto dessa reconciliação. Romanos 5:10 concorda, declarando que fomos reconciliados com Deus. "Deus é aquele que está ativo na reconciliação (2 Co 5:18,19), e os homens é que são reconciliados (Rm 5:10; 2 Co 5:20); ou seja, Deus age sobre eles. Então, dizemos que os cristãos recebem essa reconciliação. Eles são recipientes de um relacionamento de paz e de harmonia gerado por Deus".[9]

Contudo, outros entendem que a reconciliação envolve tanto Deus quanto o homem. Louis Berkhof ensinou que a expiação de Cristo reconciliou Deus com o pecador. "Esta é, indubitavelmente, a idéia primordial, mas não implica que não podemos falar também da reconciliação do pecador com Deus. [...] E mesmo quando dizemos que o pecador foi reconciliado, isso deve ser entendido como algo secundário. O Deus reconciliado justifica o pecador que aceita a reconciliação. [...]"[10]

Leon Morris, que também defende a idéia de que tanto homem quanto Deus são reconciliados, cuidadosamente escreve:

> Quando dizemos que Deus pode ser entendido como aquele que se reconcilia com o homem, isso não significa que, com várias imperfeições, ele altere completamente sua atitude para com o homem. É nosso modo vão de expressar nossas convicções que ele reage da maneira mais forte possível contra o pecado em qualquer tipo e forma e, dessa maneira, o homem fica debaixo de condenação. Mas quando a reconciliação é efetivada e a paz é estabelecida entre o homem e Deus, então essa condenação é removida. Deus não vê mais o homem como objeto de sua ira santa e justa, mas sim como o objeto de seu amor e de sua bênção.[11]

A passagem central indica visivelmente que o ser humano é reconciliado com Deus. É objeto dessa reconciliação, mas permanece uma sensação na qual, após o ser humano ter recebido a reconciliação pessoalmente, os dois (Deus e o ser humano) podem ser considerados reconciliados, pois voltam a ficar próximos. Embora a ira contra o ser humano e a iniciativa de causar uma mudança fossem de Deus, ele agiu sobre o ser humano e reconciliou-o consigo.

D. A provisão e a aplicação da reconciliação

A provisão de Deus para a reconciliação é universal. A condição do mundo foi mudada por causa da morte de Cristo – as pessoas agora podiam ser salvas. Mas somente isso não poderia salvar ninguém, pois o ministério de reconciliação deve ser fielmente desempenhado por intermédio da proclamação do evangelho. Quando uma pessoa crê, recebe a reconciliação que Deus lhe proveu pela morte de Cristo (2 Co 5:18-21). O mundo foi reconciliado, mas as pessoas precisam ser reconciliadas individualmente. Essa reconciliação universal modifica a posição do mundo, algo que não podia ser salvo, mas que agora obtém a salvação. A reconciliação individual pela fé, na verdade, traz essa reconciliação para a vida do indivíduo e muda a posição dessa pessoa. Aquele que antes não era salvo, agora está salvo. Então, e somente então, seus pecados são perdoados, pois foram pagos na cruz.

> [O ser humano] foi reconciliado com Deus porque a reconciliação feita por Deus com os homens pecadores para consigo, realizada uma única vez e de uma vez por todas *em Cristo*, tem efeitos eternos. Ela não se aplica meramente a um período ou a um grupo de pessoas, mas a todo o mundo. Toda vez que a palavra de reconciliação é proclamada por aqueles a quem Deus a entregou, e toda vez que é apropriada por um pecador, não importa quem ele seja ou onde esteja, essa pessoa é reconciliada por Deus para ele mesmo. E essa reconciliação significa que Deus não mais *imputa* sobre ele suas *transgressões*, ou seja, não mais cobra dele seus pecados.[12]

Em resumo: a necessidade de reconciliação está na inimizade de Deus com a humanidade pecadora. O Senhor tomou a iniciativa e reconciliou o mundo consigo. Isso foi feito por intermédio da morte de Cristo, e essa provisão mudou o mundo, levando-o a uma posição de salvação diante de Deus. Embora o mundo tenha sido reconciliado, o homem precisa ser reconciliado ao trocar de lugar com Cristo. Então, e somente então, sua condição diante de Deus muda.

IV. PARA DEUS, PROPICIAÇÃO

Propiciação significa desviar a ira fazendo uma oferta. Em relação à soteriologia, propiciação significa aplacar ou satisfazer a ira de Deus por meio do sacrifício expiatório de Cristo.

A. A necessidade de propiciação: a ira de Deus

A realidade da ira de Deus reforça a necessidade de aplacar essa ira (fazer uma propiciação). Para o liberal, esse é um conceito pagão, mas a verdade é que a ira de Deus é um ensinamento claro tanto do Antigo quanto do Novo Testamento.

1. *No Antigo Testamento*. Mais de 20 palavras diferentes são usadas cerca de 580 vezes para expressar a ira de Deus no Antigo Testamento (2 Rs 13:3; 23:26; Jó 21:20; Jr 21:12; Ez 8:18; 16:38; 23:25; 24:13). Em todas elas o pecado é o motivo dessa ira divina. De maneira especial, a idolatria gera essa ira (Dt 6:14; Js 23:16; Sl 78:21; Is 66:15-17). Os efeitos da ira de Deus incluem: aflição (Sl 88:7), pestilência (Ez 14:19), matança (Ez 9:8), destruição (Ez 5:15), ser entregue aos inimigos (2 Cr 28:9), seca (Dt 11:17), pragas (2 Sm 24:1), lepra (Nm 12:10) e exílio (2 Rs 23:26,27; Ez 19:12).

As maneiras de acalmar a ira divina incluem a purificação do pecado (Dt 13:15-17), o arrependimento (Jn 3:7-10); a intercessão (Sl 106:23; Jr 18:20) e a própria iniciativa divina de removê-la (Sl 78:38; Is 48:9).

Ao mesmo tempo, o Antigo Testamento também retrata Deus

amando seu povo e buscando ter comunhão com ele. Portanto, o conceito do Antigo Testamento não é uma idéia pagã de um Deus irascível que exige ser acalmado, mas de um Deus justo que não pode ignorar o pecado e cujo amor abre o caminho para que tenhamos comunhão com ele.

2. *No Novo Testamento*. Embora não seja mencionado com tanta freqüência no Antigo Testamento, no Novo Testamento a ira é um conceito básico para mostrar a necessidade de propiciação. O Novo Testamento usa duas palavras principais. *Orge,* que indica uma ira mais branda (Jo 3:36; Rm 1:18; Ef 2:3; 1 Ts 2:16; Ap 6:16), e *thumos,* que se trata de uma ira mais intensa (Ap 14:10,19; 15:1,7; 16:1; 19:15). Juntas, demonstram claramente a hostilidade divina contra o pecado de maneira pessoal. Sua ira não é simplesmente inevitável, impessoal e resultado de uma relação de causa e efeito, mas acima de tudo é uma questão pessoal. Abrandar essa ira não constitui vingança, mas justiça, que requeria o dom sacrifical do Filho de Deus.

B. A provisão da propiciação: o sacrifício de Cristo

Paulo inegavelmente uniu a propiciação com a morte de Cristo em Romanos 3:25. Seu sangue (ou seja, sua morte) fez com que ele fosse a propiciação. Existe uma questão interpretativa ligada ao significado de *hilasterion* nesse versículo. Como a mesma forma é usada em Hebreus 9:5, muitos entendem que isso se refere a Cristo como o lugar onde a propiciação era feita. Ele era o propiciatório. Outros entendem que essa referência significa que Cristo era a oferta de propiciação, conforme mostra Hebreus 2:17; 1 João 2:2 e 4:10. Talvez devamos aceitar as duas interpretações para essa passagem: nosso Senhor era o sacrifício satisfatório pelo pecado e também o lugar onde a propiciação era feita. Veja a interconexão de pecado, sacrifício, sangue e propiciação nessas passagens.

As referências feitas em 1 João 2:2 e 4:10 ressaltam o fato de que o próprio Cristo é a oferta que desvia de nós a ira de Deus. Ele não é chamado de propiciador (observe que, em 1 Jo 4:14, ele é chamado de "Salvador"), como se abrisse a possibilidade de serem usados outros meios de propiciação além dele. Ele é a oferta.

C. A negação da propiciação: o ensino de C. H. Dodd

1. *Seu histórico.* C. H. Dodd (1884–1973) era um pastor congregacional inglês e erudito do Novo Testamento. Ele foi professor nas universidades de Manchester e Cambridge, e após sua aposentadoria serviu como coordenador de tradução da *New English Bible.* Ele ficou conhecido primordialmente por sua obra sobre a "escatologia realizada" e *kērigma* apostólico.

2. *Sua visão de propiciação.* A perspectiva de Dodd sobre essa questão foi manifestada pela primeira vez em um artigo para o *Journal of Theological Studies* (1931, nº 32, pp. 352-60), com o título de "*Hilaskesthai*, seus cognatos, derivados e sinônimos". Em essência,

sua visão era esta: "A propiciação apresentada é [...] enganosa, pois sugere a necessidade de se aplacar um Deus irado; embora isso esteja de acordo com o costume pagão, não é uma idéia bíblica".[13] Mesmo tendo utilizado uma complexa evidência filológica e exegética, seu principal motivo para essa conclusão parece ser teológico. Para ele, é algo subcristão pensar que Deus pode estar irado e, portanto, precisa ser apaziguado; assim, a propiciação deve ser definida de outra maneira. Ele propôs "expiação" como a palavra e o conceito que substitui propiciação.

3. *Sua evidência*. Dodd cita o seguinte: (1) Pelo menos dois conceitos pagãos que apresentam exemplos do significado de "expiar" e "propiciar" eram ambíguos. (2) A palavra *kipper*, usada no Antigo Testamento, é traduzida na Septuaginta como santificar, purificar, cancelar, purgar, perdoar, mas não como propiciar. Portanto, *hilaskesthai* também terá esses significados. (3) *Hilaskesthai* é usada para traduzir outras palavras hebraicas, como "limpar" e "perdoar". (4) Quando essa palavra é utilizada para traduzir *kipper*, não significa apaziguamento, mas sim remoção da culpa.

4. *A resposta*. Roger Nicole apresentou a resposta mais compreensiva e persuasiva aos argumentos de Dodd.[14] Ele argumenta que (a) a escolha de evidências feita por Dodd é seletiva, pois omite a consideração do uso de muitas palavras relevantes; (b) ele não inclui as evidências dos textos de Filo e Josefo, sendo que ambos entendiam propiciação como apaziguamento; (c) ele ignora os contextos de várias passagens, que, se analisadas, não apoiariam as suas conclusões; e (d) a sua lógica apresenta falhas, quando entende que o significado básico de uma palavra é modificado ou perdido apenas porque são utilizadas para traduzir outros termos além daquelas que seriam equivalentes mais diretos.

Basicamente, a dificuldade para a aceitação da interpretação de Dodd é a idéia da ira de Deus. Ele sente a necessidade de eliminá-la e acaba utilizando muitos argumentos filosóficos para tentar provar seu ponto de vista. Contudo, não consegue fazer isso nem lógica, nem biblicamente. Romanos 1:18; 2:5 Colossenses 3:6; 1 Tessalonicenses 1:10; 2 Tessalonicenses 1:7-9 e Apocalipse 6:16 não podem ser desmentidos por Dodd nem por qualquer outra pessoa. Mesmo assim, ele exerceu grande influência, atingindo pessoas como T. W. Manson, D. M. Baillie, Vicent Taylor, C. K. Barrett e a versão *Revised Standard* da Bíblia inglesa.

D. A distinção entre propiciação e expiação

Como já vimos, propiciação significa aplacar a ira pessoal de Deus. Expiação é a remoção da ira impessoal, pecado ou culpa. A expiação está relacionada com a reparação do erro; a propiciação acrescenta a idéia de acalmar uma pessoa ofendida, trazendo à tona a questão do porquê da ofensa. Em outras palavras: a propiciação acrescenta a questão da ira de Deus, ao passo que a expiação pode deixar esse aspecto de fora. Se alguém desejar usar essas duas palavras corretamente, uma em ligação à outra, então poderia dizer que Cristo propiciou a ira de Deus ao se tornar a expiação por nossos pecados.

E. Um importante ponto prático

Se Deus já foi satisfeito com a morte de Cristo, então o que o pecador pode fazer para tentar satisfazer a Deus? A resposta é: "nada". Tudo já foi feito pelo próprio Deus. O pecador pode e deve apenas receber o dom da justiça que Deus lhe oferece.

Antes de Cristo morrer, era totalmente correto orar como fez o coletor de impostos em Lucas 18:13: "Ó Deus, sê propício a mim, pecador!". Embora a provisão para a comunhão com Deus tenha sido providenciada sob a Lei, esse homem não podia se basear em um sacrifício final e eterno pelo pecado que acalmaria Deus de uma vez por todas. Logo, era perfeitamente capaz de fazer uma oração como essa. Mas agora que Cristo morreu e que Deus está satisfeito, já não há necessidade de pedir que ele nos seja propício. Ele está acalmado, aplacado e eternamente satisfeito. Essa é a mensagem que trazemos a este mundo perdido: "Aceite o Salvador que, com sua morte, aplacou a ira de Deus".

1. Edersheim, Alfred. *The Temple, Its Ministry and Service*. Grand Rapids: Eerdmans, 1950, pp. 113,4.
2. Veja análise detalhada em Davies, R. E. Christ in Our Place: The Contribution of the Prepositions. *Tyndale Bulletin* 21, 1970, pp. 71-91.
3. Veja Brown, Colin (Ed.). *Novo Dicionário Internacional de Teologia do Novo Testamento*. São Paulo: Vida Nova, 1983, v. IV, pp. 638,9.
4. Compare com Davies, Christ in Our Place, p. 82.
5. Stagg, Frank. *New Testament Theology*. Nashville: Broadman, 1962, p. 135,6.
6. Wilder, Amos N. *New Testament Faith for Today*. Nova York: Harper, 1955, p. 134.
7. Shedd, William G. T. *Dogmatic Theology*. Nova York: Scribners, 1891, v. 2, p. 396.
8. Walvoord, John F. *Jesus Christ Our Lord*. Chicago: Moody, 1974, pp. 179-86.
9. Mickelsen, A. Berkeley. Romans. In: *Wycliffe Bible Commentary*. Chicago: Moody, 1962, p. 1197.
10. Berkhof, L. *Teologia Sistemática*. Campinas: Luz Para o Caminho, 1990, p. 374.
11. Morris, Leon. *The Apostolic Preaching of the Cross*. Grand Rapids: Eerdmans, 1956, p. 221.
12. Tasker, R. V. G. *The Second Epistle of Paul to the Corinthians*. Grand Rapids: Eerdmans, 1958, p. 89.
13. Dodd, C. H. *The Epistle of Paul to the Romans*. Londres: Hodder and Stoughton, 1935, p. 55.
14. Nicole, Roger. C. H. Dodd and the Doctrine of Propitiation. *Westminster Theological Journal*, n. 17, maio 1955, pp. 127-48.

52

ALGUMAS CONSEQÜÊNCIAS DA SALVAÇÃO

Poderíamos formular uma lista de conseqüências ou de benefícios da salvação, mas ela certamente apresentaria centenas de itens. Minha intenção neste capítulo é discutir apenas algumas das principais coisas que Deus fez, está fazendo ou irá fazer por causa do sacrifício completo de Cristo.

I. JUSTIFICAÇÃO

Justificação não é apenas um dos grandes benefícios da morte de Cristo, mas também uma doutrina fundamental do cristianismo, pois é isso o que o distingue como uma religião de graça e de fé. E graça e fé são as bases da doutrina da justificação.

A. O significado de justificação

Justificar significa declarar que alguém é justo. Ambas as palavras em hebraico (*sadaq*) e em grego (*dikaioō*) significam "anunciar" ou "pronunciar" um veredicto favorável, declarar alguém justo. Esse conceito não implica fazer que alguém seja justo, mas sim apenas anunciar a justiça. É um conceito usado nos tribunais, portanto justificar é dar um veredicto de justiça. Observe o contraste entre justificar e condenar em Deuteronômio 25:1; 1 Reis 8:32 e Provérbios 17:15. Assim como anunciar a condenação não faz com que alguém seja mau, tampouco a justificação faz com que a pessoa seja boa. O ato de condenar ou de justificar anuncia o verdadeiro e real estado da pessoa. Quando o veredicto é anunciado, a pessoa já era má. Do mesmo modo, a pessoa já era justa quando o veredicto de justificação é anunciado.

B. O problema da justificação

Como essa é uma idéia forense, a justificação está relacionada com o conceito de Deus como juiz. Esse tema é encontrado em toda a Bíblia. Abraão reconheceu a Deus como o Juiz de toda a Terra que precisava fazer o que era correto (Gn 18:25). No cântico de Moisés, a justiça e a retidão de Deus foram anunciadas (Dt 32:4). Paulo chamou Deus de "reto Juiz" (2 Tm 4:8). O autor de

Hebreus chamou Deus de "Juiz de todos" e Tiago lembra seus leitores que "o Juiz está às portas" (Tg 5:9).

Se Deus, o Juiz, é totalmente justo em todas as suas decisões, como poderia declarar que um pecador é justo? E todos nós somos pecadores. Existem somente três opções para Deus tratar com os pecadores em seu tribunal. Deve condená-los, comprometer a sua própria justiça se aceitá-los como são ou anunciar que são justos. Se ele pode exercitar a terceira opção, então, ao anunciar sua justiça, os estará justificando. Porém, qualquer justiça que o pecador possa ter deve ser real, não fictícia nem imaginária; aceitável pelos padrões divinos, nada menos do que isso. Se tal coisa puder ser feita, então, e somente então, Deus poderá justificá-los.

Jó colocou o problema de forma correta quando perguntou: "Na verdade, sei que assim é; porque, como pode o homem ser justo para com Deus?" (Jó 9:2).

C. Os procedimentos da justificação (Rm 3:21-26)

Na verdade, Deus pôs em prática a terceira opção, transformando pecadores em pessoas justas. Como? Ao fazer todos nós justiça de Deus em Cristo (2 Co 5:21), também fez com que muitos se tornassem justos (Rm 5:19) ao dar aos cristãos o dom da justiça (v. 17). Esse procedimento ocorre por meio de cinco passos, conforme detalhado na passagem principal da justificação, Romanos 3:21-26.

1. *O plano* (Rm 3:21). O plano de Deus em prover a justiça necessária está centrado em Jesus Cristo. Era algo separado da Lei. A construção gramatical não inclui artigo, indicando que ele não estava somente alheio à Lei mosaica, a qual não podia lhe proporcionar essa justiça (At 13:39), mas também de todas as complicações legais. "Manifestou-se" (passado) na encarnação de Cristo, e os efeitos dessa grande intervenção na história continuam até hoje. É algo constantemente testemunhado pela Lei e pelos profetas, que testificaram a vinda do Messias (1 Pe 1:11). Portanto, o plano está centrado em uma pessoa.

2. *O pré-requisito* (Rm 3:22). A justiça vem mediante (*dia*, em grego) a fé no Messias revelado, Jesus Cristo. O Novo Testamento jamais afirma que somos salvos por causa da fé (seria preciso usar *dia* com o acusativo). Ele sempre mostra a fé como o canal pelo qual recebemos a salvação (*dia* com o genitivo). Porém, para ser efetiva, a fé deve ter um objeto correto, ou seja, a fé salvadora é a fé em Jesus Cristo.

3. *O preço* (Rm 3:24,25). O preço pago claramente foi o sangue de Cristo. Para ele, o custo foi o maior de todos. Para nós, o benefício vem gratuitamente (a mesma palavra grega traduzida como "sem motivo" em Jo 15:25), ou seja, não havia motivo em nós, foi somente pela graça divina.

4. *A posição*. Quando uma pessoa crê em Jesus, ela é colocada "em" Cristo. Isso a faz ser justa. Fomos feitos justiça de Deus em Cristo. Somente essa justiça sobrepõe-se à nossa condição de desesperança e de

pecaminosidade, estando à altura das exigências da santidade de Deus.

5. *O pronunciamento* (Rm 3:26). A justiça de Cristo, que nós possuímos, não apenas supre as exigências de Deus, mas também faz com que Deus nos justifique. Somos justos de fato, portanto nosso Deus santo pode continuar sendo justo e justificar todo aquele que crê no Senhor Jesus.

Logo, ninguém pode cobrar coisa alguma dos eleitos de Deus, pois aos olhos de Deus somos justos, por estarmos em Cristo. Somente por isso Deus pode nos justificar.

D. A prova da justificação

A justificação é provada pela pureza pessoal. "Porquanto quem morreu está justificado do pecado" (Rm 6:7). Estamos numa posição em que o pecado não exerce mais poder sobre nós. A justificação diante de Deus é demonstrada pela santidade de vida aqui na Terra diante dos homens (Tg 2:24). A fé improdutiva não é a fé genuína; portanto, o que somos em Cristo será visto naquilo que somos diante dos homens. Fé e obras são como as duas metades de nossa passagem para o céu, a metade da fé não é validada sem as obras (a outra metade).

Um pensamento final: a justificação assegura que temos paz com Deus (Rm 5:1). Nosso relacionamento com ele é correto, legal e eterno. Isso forma o alicerce firme para que obtenhamos a paz com Deus.

II. O JULGAMENTO DA NATUREZA PECAMINOSA

O segundo importante benefício da morte de Cristo liga sua morte ao julgamento da natureza pecaminosa do cristão (Rm 6:1-14). Conforme já vimos, a justificação será vista em uma vida de santidade; e a base para essa vida de santidade, assim como a base para a justificação, é a morte de Cristo.

No capítulo anterior, Paulo usou a frase-chave "o dom da justiça" (Rm 5:17). Isso gera a questão presente em Romanos 6:1. Se a justiça é um dom, então não seria melhor continuar no pecado para que uma graça ainda maior possa ser manifestada? Se a salvação fosse por obras, essa questão jamais seria levantada, pois seria necessário fazer boas obras continuamente para merecer a salvação. Mas se a salvação é pela graça, então uma pessoa pode pecar o quanto quiser, pois isso irá revelar uma graça ainda maior? Paulo responde a essa questão com um enfático "não". Apresenta dois motivos pelos quais a pessoa justificada não irá continuar no pecado.

A. O julgamento nos livra do poder do pecado (Rm 6:2-10)

1. *Suas conquistas* (Rm 6:2-4). O fato de estarmos ligados à morte e ressurreição de Cristo é que nos faz sair do domínio da antiga vida e passarmos a viver uma nova vida. A morte para o pecado, então, não é uma esperança, mas uma realidade, pois Cristo morreu para o pecado uma só vez e fomos unidos a ele nessa morte pelo batismo.

Morte implica separação, não extinção. Logo, a morte para o pecado, nessa passagem, significa separação de seu domínio, mas não sua extinção. Batismo significa associação ou identificação com alguém ou com algo. Aqui, refere-se à nossa identificação com Cristo em sua morte para que sejamos separados do poder do pecado. O batismo não pode referir-se a uma cerimônia ou a um sacramento, mas sim a uma união de relacionamento com o Senhor (parecida com os israelitas sendo identificados com Moisés na travessia do mar Vermelho (1 Co 10:2). O ritual ou o batismo nas águas ilustra essa união, mas não pode torná-la real. Portanto, essa união nos une com Cristo em sua morte para o pecado (separação de seu domínio), seu sepultamento (para demonstrar de maneira conclusiva que sua morte foi real) e sua ressurreição (para nos dar novidade de vida).

2. *Seus acompanhamentos* (Rm 6:5-10). A identificação com Cristo em sua morte nos traz: (a) união com Jesus em sua vida ressurreta (v. 5); (b) anulação da antiga natureza (v. 6); e (c) libertação do domínio do pecado (v. 7). O tempo futuro usado no versículo 5 indica o que inevitavelmente deverá acontecer (como em Gl 6:5). Então, passa a referir-se à nossa ressurreição para a nova vida espiritual, não a nossa ressurreição física futura. O velho homem citado em Romanos 6:6 está relacionado à nossa posição na velha criação, debaixo da maldição da morte do pecado. Embora tenha perdido seu domínio, a velha natureza ainda procura nos dominar usando nosso "velho homem" (Ef 4:22). Isso ocorre quando tenta expressar-se usando o corpo como o veículo do pecado (esse provavelmente é o sentido de "corpo do pecado"). Para um uso similar e instrutivo de "destruído" (ARA) ou "desfeito" (ARC), de Romanos 6:6, veja Hebreus 2:14, que relaciona a morte de Cristo com a destruição do poder de Satanás.

B. O julgamento nos livra do domínio do pecado (Rm 6:11-14)

Agora, Paulo apela para que os cristãos sejam livres do domínio do pecado, baseando-se no argumento de que a morte de Cristo desfaz o pecado. Esse apelo envolve reconhecimento (v. 11), recusa (v. 12) e oferecimento (v. 13). Esse apelo significa calcular, adicionar a verdade aos fatos presentes nos versículos 1-10 e, depois, reagir de acordo com eles. Além disso, devemos nos negar a obedecer aos desejos malignos do pecado e nos apresentar (com todas as partes de nosso corpo) para ser usados por Deus. Todas essas frases pedem uma interrupção urgente e decisiva de nosso antigo padrão de vida.

Godet reuniu bem todas essas idéias quando escreveu:

> O rompimento do cristão com o pecado, sem dúvida, é gradual em sua realização, mas absoluto e conclusivo em seu princípio. Para alguém realmente romper com um velho amigo, como a influência maligna parece ser, medidas brandas são insuficientes. A única maneira efetiva é a explicação franca, seguida por uma ruptura completa que parece ser uma bar-

reira levantada contra todas as novas tentativas. Do mesmo modo, para haver o rompimento com o pecado, é necessário uma atitude decisiva e radical, uma ação divina tomando conta de nossa alma, inserindo-se entre a vontade do cristão e o pecado (Gl 6:14). Essa ação divina opera, necessariamente, pela fé no sacrifício de Cristo.[1]

III. A BASE PARA A COMUNHÃO FAMILIAR DO CRISTÃO

Nenhuma passagem é mais básica para que entendamos a comunhão familiar do cristão do que 1 João 1:5-10. Nessa passagem, João estabelece alguns princípios vitais para a vida cristã, e essa comunhão está baseada na morte de Cristo (v. 7). Outro benefício de sua morte é que ela nos dá o privilégio da comunhão com a família de Deus.

A referência dessa passagem à comunhão da família, não à justificação inicial, parece clara pelo uso repetido de formas plurais nesse trecho (18 vezes em seis versículos). E 1 João 2:1 também continua tratando do assunto e claramente se dirige a cristãos. A salvação traz perdão perfeito, completo e eterno (Ef 1:7), mas os cristãos pecam e, portanto, precisam de perdão contínuo para poder continuar desfrutando da comunhão com essa família. Alguns negam que isso seja necessário, alegando que os cristãos já foram perdoados e, por isso, não precisam pedir algo que já possuem.[2] Mas precisam perdoar e serem perdoados (Lc 11:4; 2 Co 2:10; Ef 4:32; Cl 3:13).

Existem duas condições para desfrutar da comunhão dessa família: conformar-se ao padrão da luz e confessar nossos pecados. Deus é luz – um padrão impossível para as pessoas que vivem em um corpo mortal, portanto é bom que esse não seja um dos requisitos. A exigência é que andemos na luz. Isso nos coloca na mesma esfera moral que o Pai, portanto podemos desfrutar de comunhão. Esse requisito serve para todo cristão, pois não importa qual seja sua maturidade, deve reagir segundo a luz que recebe da Palavra de Deus. Quando reage assim, então recebe mais luz, o que acarreta mais responsabilidade. Assim, a comunhão cresce à medida que o círculo de luz se expande.

Claro, a resposta nem sempre vem na mesma medida. O pecado interfere, e a confissão é necessária para que a comunhão seja restaurada. O que é a confissão? É dizer o mesmo que Deus diz a respeito do pecado. Esse processo deve incluir mais do que o simples relato do pecado cometido, pois a perspectiva de Deus também inclui o perdão do pecado. Assim, confessar inclui uma atitude de perdão desse pecado.

A confissão privada diante de Deus sempre é necessária para restaurar a comunhão. O mesmo ocorre com a confissão pública? Depende. Existem exemplos de confissão pública nas Escrituras (Tg 5:16 nos dá uma exortação geral e At 19:18 é um exemplo específico). O pecado público normalmente requer confissão pública. Muitos anos atrás, eu estava discutindo essa questão da confissão pública com um cristão bastante idoso. Ele me deu duas boas diretrizes em relação a esse assunto: (1) Certifique-se de que Deus deseja que você confesse esse pecado publicamente. Satanás, as emoções ou a pressão pública também podem requerer que você faça algo que não é da vontade do Senhor. (2) Antes de dizer qualquer coisa, pergunte se isso edificará ou não os ouvintes, pois tudo o que ocorre em uma assembléia pública deveria ser feito para a edificação.

Quando confessamos ao Pai, ele é fiel e justo para perdoar e restaurar a nossa comunhão com a família de Deus. Isso é verdade, mesmo que às vezes não "sintamos" isso. E observe que ele faz isso porque a morte de Cristo foi a propiciação por nossos pecados (1 Jo 2:1,2).

IV. O FIM DA LEI

Outro benefício importante da morte de Cristo foi a inauguração do princípio fé-justiça que viria substituir o princípio anterior, lei-obras. Contudo, a declaração de Paulo em Romanos 10:4, dizendo que Cristo é o "fim" da Lei, pode ser entendida como término ou propósito. Em outras palavras, ou Cristo terminou com a Lei ou o propósito da vinda de Cristo era cumprir a Lei (Mt 5:17). No entanto, término claramente parece ser o significado nesse contexto, por causa do contraste (iniciado em Rm 9:30) entre a Lei e a justiça de Deus. O argumento de Paulo, a seguir, não é que o judeu era incompleto e precisava da vinda de Cristo para aperfeiçoar sua posição diante de Deus, mas sim que sua posição diante do princípio lei-obras estava completamente errada. Afinal, seu objetivo era estabelecer a justiça por intermédio do esforço humano em vez de aceitar o dom da justiça oferecido por Deus. Embora seja verdade que nosso Senhor cumpriu a Lei, essa passagem não ensina isso; a idéia é que ele pôs fim à Lei e ofereceu um novo e vivo caminho até Deus.

A. A natureza da Lei

A Lei a que nosso Senhor pôs fim era, obviamente, a Lei mosaica. Isso pode ser visto pelo contraste apresentado na própria passagem. Para determinar a importância desse benefício da obra de Cristo, primeiro é necessário observar algumas questões referentes à Lei mosaica:

1. *A Lei mosaica era uma unidade.* Em geral, a Lei é dividida em três partes: a moral, a cerimonial e a judicial. Os Dez Mandamentos tratam da parte moral (Êx 34:28). Os juízos começam em Êxodo 21:2 e incluem uma lista de várias responsabilidades além do juízo para os ofensores. A parte cerimonial começa em Êxodo 25:1 e serve como regulamento da vida de adoração de Israel. Embora essa divisão tríplice seja aceita quase universalmente na teologia cristã, o povo judeu não reconhece ou pelo menos não insiste nela. Eles dividem os 613 mandamentos da Lei em 12 grupos, que, por sua vez, são subdivididos em 12 grupos de leis positivas e 12 grupos de leis negativas. Os mandamentos

específicos incluídos nessas várias categorias foram retirados de muitos lugares da Lei, pois a Lei era vista como uma unidade.

Observe que as penalidades atribuídas a certos mandamentos enfatizam ainda mais o caráter de unidade da Lei. Quando o mandamento para guardar o sábado (um dos "mandamentos") foi violado por um homem que juntava gravetos naquele dia, a penalidade era a morte por apedrejamento (Nm 15:32-36). Quando o povo de Israel violou o mandamento para guardar o ano sabático da terra (um dos "juízos"), Deus deixou que eles fossem levados cativos, e muitos morreram (Jr 25:11). Quando Nadabe e Abiú ofereceram "fogo estranho" diante do Senhor (uma das "ordenanças"), morreram na mesma hora (Lv 10:1-7). Claramente, esses mandamentos de várias partes da Lei eram também muito exigentes, e sua punição, de igual modo, severa. A Lei era uma unidade.

Tiago via a Lei como uma unidade. Entendia que, se alguém não cumprisse a lei de amar ao próximo como a si mesmo, essa única violação tornaria a pessoa culpada de descumprir toda a Lei (Tg 2:8). Jamais poderia chegar a tal conclusão a menos que a Lei fosse uma unidade.

2. *A Lei foi dada a Israel.* Tanto o Antigo quanto o Novo Testamento são unânimes ao afirmar isso (Lv 26:46; Rm 9:4). Além disso, Paulo contrastou os judeus que receberam a Lei com os gentios que não a receberam (Rm 2:14).

B. O fim da Lei

O concílio de Jerusalém resolveu essa questão de maneira clara logo no início da Igreja (At 15). Ao debater a questão a respeito de se a circuncisão era necessária ou não, sua conclusão foi um sonoro "não". Pedro descreveu a Lei como um jugo insuportável. Quando os líderes escreveram aos cristãos gentios para limitar sua liberdade apenas ao que era ofensivo aos cristãos judeus, não tentaram colocar esses cristãos sob a Lei (o que teria resolvido o problema), pois entenderam que a Lei havia chegado ao fim.

Em 2 Coríntios 3:7-11, Paulo especifica que a parte da Lei gravada em pedras (os Dez Mandamentos) havia chegado ao fim. Atreveu-se até a chamar a parte moral da Lei de "ministério da morte" e condenação, mas graças a Deus, ela foi substituída pela nova aliança, que traz vida e justificação.

Em Hebreus 7:11,12, o autor demonstra a superioridade do sacerdócio de Melquisedeque em comparação com o de Arão. Concluiu que, se o sacerdócio arônico ou levítico pudesse trazer perfeição às pessoas, não haveria necessidade de outro ministério, baseado em Melquisedeque. E essa mudança de sacerdócio exigiria uma mudança na Lei. Em outras palavras, se a Lei não havia chegado ao fim, então o sacerdócio levítico também não, e Cristo não seria nosso sumo sacerdote hoje. Porém, se Cristo é nosso sumo sacerdote, então a Lei não pode mais estar em vigor e nos aprisionar.

C. O problema levantado

Se Cristo pôs fim à Lei, então por que a ética do Novo Testamento inclui algumas das leis contidas na Lei mosaica? Como a unidade poderia terminar e, ao mesmo tempo, continuar tendo leis específicas que aprisionam os cristãos? Se o Novo Testamento incluísse todos os Dez Mandamentos, a resposta seria simples: a Lei moral permanece, enquanto o resto já foi concluído. Mas o Novo Testamento inclui apenas nove mandamentos, e isso complica ainda mais qualquer solução simples, uma vez que são incorporadas algumas leis retiradas de outras partes além da seção moral da Lei (Rm 13:9; Tg 2:8).

D. Soluções apresentadas para o problema

1. *João Calvino*. Ele ensinava que a abrogação da Lei dizia respeito à libertação da consciência do medo e à interrupção de antigos atos cerimoniais judeus. Fazia distinção entre lei moral, que ele afirmava ter sido abolida somente em seu efeito de condenar as pessoas, e lei cerimonial, que ele assegurava ter sido anulada tanto em seus efeitos como em seu uso. Ao comentar 2 Coríntios 3, distinguia somente de maneira geral entre a vida e a morte na antiga e na nova aliança. Fez uma excelente exposição dos Dez Mandamentos, mas não considerava que o domingo fosse uma continuação do sábado (como fez a Confissão de Westminster). Em outras palavras, Calvino, e a maioria de seus seguidores, consideram que parte da Lei, e não toda, fora anulada. Os Dez Mandamentos continuavam válidos para os cristãos hoje em dia, com exceção do que manda guardar o sábado, pois Calvino não o interpretava de forma literal (*Institutas,* v. II, cap. XI, p. 4 e cap. VIII, p. 33). Isso obviamente não resolve a questão totalmente.

2. *John Murray*. Afirmou claramente que os mandamentos foram abolidos, mas acreditava que podiam ser aplicados em "um sentido mais profundo" (embora eu não saiba o que isso signifique). Ele escreveu: "A abolição desses regulamentos coincide com uma compreensão mais profunda da santidade dos Mandamentos. É a mesma linha de pensamento que deve ser aplicada ao quarto mandamento. Abolição de certos regulamentos mosaicos? Sim! Mas isso não afeta, de maneira nenhuma, a santidade dos mandamentos nem a observância fiel que é o complemento dessa santidade".[3]

3. *Minha*. A única solução (que nunca vi ser proposta por outra pessoa) que parece fazer justiça total para o sentido elementar dessas várias passagens da Escritura distingue um código dos mandamentos que ele contém. A Lei mosaica era um desses vários códigos de conduta ética que Deus deu ao longo da história da humanidade. Esse código em particular possuía 613 mandamentos. Porém, existiram outros códigos. Adão viveu sob algumas leis que, somadas, poderiam ser chamadas de código de Adão ou código do Éden. Noé devia obedecer às leis de Deus, portanto havia um código noaico.

Sabemos que Deus revelou muitos mandamentos e leis a Abraão (Gn 26:5). Elas podem ser chamadas de código abraâmico. O código mosaico continha todas as leis da Lei. Hoje em dia, vivemos debaixo da lei de Cristo (Gl 6:2) ou da "lei do Espírito da vida em Cristo" (Rm 8:2). Esse código contém as centenas de mandamentos específicos registrados no Novo Testamento.

A Lei mosaica foi anulada completamente como código, sendo substituída pela lei de Cristo. A lei de Cristo apresenta alguns mandamentos novos (1 Tm 4:4), alguns antigos (Rm 13:9) e alguns revistos (Rm 13:4, com referência à sentença de morte). Todas as leis do código mosaico que são parte do código de Cristo não aparecem como continuação de parte da Lei mosaica nem são para ser observadas em sentido mais profundo, mas devem, sim, ser especificamente incorporadas a esse código e, desse modo, são válidas para os cristãos de hoje. Uma lei, em particular, que pertencia ao código mosaico está anulada. Mas essa mesma lei, se for parte da lei de Cristo, continua válida. É necessário fazer essas afirmações para que não precisemos depender de uma interpretação não-literal de 2 Coríntios 3 ou de Hebreus 7 nem de algum tipo de distorção teológica para manter parte da Lei mosaica.

Uma ilustração para essa idéia: à medida que uma criança cresce, diferentes códigos são ensinados a ela por seus pais. Alguns desses mandamentos podem ser repetidos em mais de um desses códigos. Mas, quando um novo código entra em vigor, o antigo perde a validade. O mesmo ocorreu com a Lei mosaica quando nosso Senhor tornou-se o fim da Lei "para justiça de todo aquele que crê".

V. ADOÇÃO

Outro benefício da morte de Cristo é nossa adoção na família de Deus.

A. O significado de adoção

Adoção é o ato divino que integra os que crêem em Cristo à família de Deus como membros adultos. Em contraste, o novo nascimento enfatiza a idéia de entrar para a família de Deus como uma criança que precisa ser nutrida para crescer (Jo 1:12; 3:3). Mas a adoção ensina as idéias de maturidade e de recebimento de todos os privilégios por pertencer à família de Deus. Ao mesmo tempo que ocorre a adoção, a pessoa passa a desfrutar de todos os direitos e responsabilidade desse relacionamento familiar. Tanto a adoção quanto o novo nascimento ocorrem no momento em que a pessoa crê, mas indicam aspectos diferentes de nosso relacionamento com a família de Deus.

B. O histórico de adoção

Muitas culturas têm práticas similares à adoção. Moisés, um escravo, foi adotado pela filha de Faraó no Egito. As tábuas de Nuzu revelam um costume em que um casal sem filhos poderia adotar uma criança que os serviria durante toda a vida e seria seu herdeiro. As leis hebraicas não tratam da adoção, e a palavra grega para adoção não aparece na Septuaginta. Isso provavelmente aconteceu devido à lei do levirato, que mostrava uma maneira de a família ter um herdeiro que ficaria com suas propriedades. A poligamia também era outro recurso para resolver o problema da falta de filhos.

A adoção era muito comum na cultura greco-romana, e esse é o pano de fundo histórico desse conceito do Novo Testamento. Os casais sem filhos freqüentemente adotavam um filho, que se tornava seu herdeiro. Mesmo se os pais biológicos da criança estivessem vivos, não possuíam mais direitos após a adoção. Os pais freqüentemente estavam dispostos a deixar que os filhos fossem adotados por outra família, se isso lhes garantisse uma vida melhor.

C. A doutrina paulina da adoção

Essa doutrina é exclusivamente paulina. Ele usou esse termo cinco vezes (Rm 8:15, 23; 9:4; Gl 4:5; Ef 1:5).

1. *Adoção de Israel como nação* (Rm 9:4). Veja também Êxodo 4:22.

2. *Adoção dos cristãos como indivíduos*. Esse ato de Deus foi predestinado (Ef 1:5) para que possamos dizer que o plano predeterminado de Deus incluía o nosso destino como filhos adotados. Isso só foi possível com a morte de Cristo (Gl 4:5). Aconteceu quando cremos e passamos a ser parte da família de Deus (Rm 8:15), mas sua realização plena ocorrerá somente quando recebermos corpos ressurretos (Rm 8:23).

D. As ramificações da adoção

1. *A adoção significa que fomos incluídos em uma família à qual não pertencíamos naturalmente* (cf. Ef 2:3). Os "filhos da ira" tornaram-se filhos de Deus.

2. *Adoção significa liberdade completa dos relacionamentos anteriores, em especial em relação à Lei* (Gl 4:5). Em outras palavras, o outro lado da adoção é a libertação da Lei.

3. *A adoção somente é possível por causa do ato voluntário de quem adota.* Antes da fundação do mundo, o plano de Deus incluía a nossa adoção (Ef 1:5).

4. *A adoção significa que temos todos os direitos aos privilégios de ser parte da família de Deus (Rm 8:15).* O crescimento espiritual pode estar envolvido no aproveitamento desses privilégios, mas todo cristão tem direito a eles desde o momento em que é salvo.

Tudo isso passou a ser verdade por causa da redenção que Jesus nos oferece (Gl 4:5).

---

1. GODET, F. *Commentary on Romans*. Edinburgh: T & T Clark, s.d., v. 1, p. 404.
2. Para uma excelente crítica desse conceito, veja HODGES, Zane. Fellowship and Confession in 1 John 1:5-10. *Bibliotheca Sacra*, n. 129, jan. 1972, pp. 48-60.
3. MURRAY, John. *Collected Writings*. Carlisle, PA: Banner of Truth Trust, 1976, v. 1, p. 212.

53

TEORIAS DA EXPIAÇÃO

Como era de se esperar, várias visões e teorias sobre a morte de Cristo vêm sendo propagadas por meio da história da Igreja. Algumas são verdadeiras, mas outras são falsas. Um estudo dessas idéias, mesmo que de maneira resumida, deveria ter dois resultados: ajudar-nos a não cair nos mesmos erros que outros cometeram e estabelecer a verdade de maneira mais precisa por causa dos erros cometidos.

NOME DA TEORIA	DEFENSOR	ENSINAMENTO
Resgate pago a Satanás	Orígenes (185-254)	A morte de Cristo foi um resgate pago a Satanás para satisfazer qualquer acusação que Satanás tivesse contra o homem. Mas Satanás acabou sendo enganado. A Bíblia não menciona nada a respeito do pagamento de um resgate.
Recapitulação	Irineu (130-202)	Cristo recapitulou em si mesmo todos os estágios da vida humana, revertendo o curso determinado por Adão e que nos fez pecadores. Sua obediência compensou a desobediência de Adão, e isso deveria causar uma transformação em nossa vida.
Satisfação	Anselmo de Cantuária (1033-1109) *Cur Deus Homo*	O pecado do homem manchou a honra de Deus. A morte de Cristo foi um pagamento para satisfazer

		a Deus, que encarou isso como uma obra de sub-rogação, de modo que Jesus pudesse passar para nós seus méritos. A fé é necessária para que nos apropriemos disso.
Influência Moral	Abelardo (1079-1142) Também Schleiermacher, Ritschl e Bushnell	A morte de Cristo não foi uma expiação pelo pecado, mas sim um sofrimento com suas criaturas para manifestar o amor de Deus. Esse amor sofredor deveria gerar um amor responsivo no pecador e causar nele uma mudança ética. Isso, então, o liberta do poder do pecado.
Exemplo	Fausto Socino (1539-1604)	A morte de Cristo não expiou o pecado, mas revelou a fé e a obediência como um caminho para a vida eterna e inspirou as pessoas a levar uma vida similar.
Governamental	Grotius (1583-1645) Também Wardlaw, Miley	A estrutura do governo de Deus exigia a morte de Cristo para demonstrar o desprazer de Deus com o pecado. Cristo não sofreu a penalidade da Lei, mas Deus aceitou seus sofrimentos como um substituto dessa penalidade.
Dramática	Aulen (1879-1978)	Em sua morte, Cristo venceu os poderes do mal.
Barthiana (neo-ortodoxa)	Karl Barth (1886-1968)	A morte de Cristo foi, principalmente, a revelação do amor de Deus e seu ódio ao pecado.
Substituição penal	João Calvino (1509-1564)	Cristo, aquele que não tinha pecado, tomou sobre si a penalidade que deveria ser imputada aos homens.

Talvez todos esses pontos de vista possam ser catalogados em três categorias básicas: (1) Os que relacionam a morte de Cristo com Satanás (Orígenes, Aulen). (2) Os que consideram sua morte um exemplo poderoso, capaz de influenciar pessoas (Abelardo, Socino, Grotius, Barth). (3) Os que enfatizam a punição por causa da justiça divina e a substituição (talvez Anselmo – de maneira limitada – e os reformadores). Embora possa haver alguma verdade nas interpretações que não incluem a substituição penal, é importante lembrar que essa verdade, se realmente existir, não pode resultar na salvação eterna. Somente a morte de Cristo como substituição pode prover o que a justiça de Deus exige e, portanto, torna-se a base para o dom da vida eterna para todo aquele que crê.

54

A DOUTRINA DA ELEIÇÃO

A doutrina da eleição é uma das bases da salvação, embora não seja a única. Outras doutrinas, como a da morte de Cristo, da fé, da graça eficaz e da regeneração, também podem constituir bases corretas. Todas são necessárias para trazer à tona o plano de Deus para a salvação

I. OS PRINCIPAIS PONTOS DE VISTA DA ELEIÇÃO

A. Eleição prevista

Essa interpretação entende que Deus elege as pessoas com base na fé antevista. "Por eleição, referimo-nos ao ato soberano de Deus, em graça, por meio do qual ele escolheu, em Jesus Cristo, para a salvação todos aqueles que sabia, de antemão, que o aceitariam".[1] Talvez seja correto dizer que a maioria dos evangélicos, consciente ou inconscientemente, possui esse conceito de eleição. Deus olhou para o "corredor do tempo" e, em seu conhecimento prévio, percebeu quem iria aceitar Cristo e elegeu-os para a salvação. Isso faz com que a presciência não inclua qualquer ação eletiva pré-temporal da parte de Deus.

B. Eleição coletiva

Uma variação dessa visão foi defendida por Karl Barth. Ele ensinava que a eleição é, primariamente, a eleição de Cristo, depois a eleição da comunidade e, finalmente, a eleição de indivíduos. Na verdade, todos são eleitos em Cristo, embora os incrédulos ainda não saibam disso. Por isso, a doutrina da eleição defendida por Barth fez com que ele fosse acusado de universalista.

Existe uma forma evangélica desse mesmo conceito (talvez, em alguns casos, por influência de Barth e, em outros, não). Ela encara a eleição como a escolha de um grupo, a Igreja, em Cristo, mas não de indivíduos, até que, pela fé, eles se tornem membros desse grupo. Nessa interpretação, não há sugestão de universalismo, embora a idéia de eleição coletiva seja comum aos dois. Não podemos falar de indivíduos eleitos antes da fundação do mundo, mas apenas da Igreja sendo eleita em Cristo (Ef 1:4). Quando um indivíduo crê em Cristo, é colocado nesse grupo de eleitos e, então, pode ser chamado de eleito. "O que Deus escolheu antes da fundação do mundo? A Igreja. Não os indivíduos, mas o Corpo de Cristo."[2]

C. Eleição individual, pré-temporal

Segundo essa perspectiva, eleição é "o ato eterno de Deus pelo qual ele, em seu soberano beneplácito e sem levar em conta nenhum mérito previsto nos homens, escolhe certo número deles para receber a graça especial e a salvação eterna".[3] Portanto, a eleição é incondicional (ou seja, não há nada na criatura que condicione a escolha de Deus), pré-temporal (ocorrida antes da fundação do mundo), imeritória (pela graça) e a base da salvação. Os que defendem essa idéia também reconhecem que a eleição ocorre em Cristo, mas querem dizer que ele é a base, o motivo e a garantia da eleição das pessoas. Rejeitam o conceito de eleição coletiva, insistindo que Deus elegeu indivíduos (não na base da presciência), e que os indivíduos eleitos formam um grupo, a Igreja.

II. A TERMINOLOGIA DA ELEIÇÃO

Uma compreensão correta de vários termos direta e indiretamente relacionados com a eleição nos ajudará a formular um conceito mais de acordo com a Bíblia. Muitas vezes, o principal problema para entender essa doutrina é não incluir todas as suas facetas. Nenhum homem conseguirá harmonizar a soberania e o livre-arbítrio, mas de nada adiantará ignorar ou minimizar um desses aspectos para obter uma suposta harmonia.

A. Formação da terminologia

Certos termos e conceitos formam o pano de fundo com que a eleição deve ser vista.

1. *Onisciência*. Significa que Deus possui o conhecimento inato de todas as coisas reais ou possíveis. Portanto, as escolhas de Deus foram feitas com o maior conhecimento possível.

2. *Decreto, desígnio, delineamento*. O decreto de Deus é seu plano para todas as coisas. Esse decreto principal possui diversos decretos "menores". Decretar e pré-ordenar são conceitos equivalentes em teologia, mas obviamente enfatizam a faceta da soberania em vez de tratar do livre-arbítrio. A palavra "desígnio" é menos considerada em relação à soberania, enquanto a palavra "delineamento" parece quase neutra.

As Escrituras ensinam claramente que o plano de Deus inclui todas as coisas (Ef 1:11), mas também revelam que o grau de influência direta de Deus em eventos específicos é variado. Às vezes, ordena diretamente alguma coisa (Dt 32:39; At 5:1-11). Quase sempre opera utilizando as leis naturais que ele próprio determinou e não as anula para fazer exceções, nem mesmo para os cristãos (Fp 2:30). Em certas ocasiões, Deus decide permitir que algumas pessoas dêem total vazão à natureza pecaminosa e que ajam quase sem limites (Rm 1:24,26-28). em outras, espera que simplesmente façamos escolhas com base no que parece certo ou no que ele deseja que façamos (1 Co 10:27).

À luz dessa variação, pessoalmente penso que outra palavra que não seja "decreto" poderia expressar melhor todos esses aspectos. "Desígnio" talvez seja satisfatório. "Delineamento" pode parecer muito neutra, como se Deus tomasse a iniciativa e depois perdesse o controle. Além disso, desígnio significa, plano ou projeto, lembrando o trabalho de um "arquiteto", conceito útil para explicar essa doutrina. Deus é o Arquiteto de um plano que inclui todas as coisas, mas o faz em uma variedade de relações. Os planos do arquiteto são detalhados. O mesmo ocorre com o plano de Deus. No processo de construir um edifício, os especialistas podem prever certo número de acidentes que os trabalhadores sofrerão e, em certos casos, alguns inclusive irão perder a vida. Essas tristes estatísticas estão incluídas no planejamento daquele edifício. Contudo, não poderíamos responsabilizar o arquiteto pela indiferença às regras nem pela violação das restrições de segurança que normalmente causam os acidentes. Mas quem deve ser responsabilizado? As próprias pessoas, que são descuidadas ou indiferentes. Portanto, o plano divino foi estabelecido para que a responsabilidade pelo pecado esteja sobre o indivíduo, embora Deus reconhecidamente tenha incluído o pecado em seu plano.

3. *Soberania, liberdade*. Em sentido absoluto, no que diz respeito a Deus, essas palavras são sinônimos. Somente Deus é soberano e livre, e só seremos capazes de descobrir a maneira exata como ele exerce essa soberania e liberdade por intermédio da revelação de seu plano, conforme abordamos no ponto anterior. Obviamente, o Senhor decidiu restringir-se, o que, de modo algum, faz com que ele seja menos soberano ou menos livre. Soberania significa supremacia, e Deus sempre foi, é e será soberano, escolhendo livremente como cumprirá seu plano.

B. Terminologia direta

1. *Eleição*. A eleição enfatiza a livre escolha divina de indivíduos para a salvação (a eleição de Cristo, Israel, ou anjos não estão sendo considerados aqui). Quando Paulo usa o verbo no original, ele o faz na voz média, indicando que a escolha de Deus foi feita livremente e para seus próprios propósitos (1 Co 1:27,28; Ef 1:4). Pessoas de Tessalônica foram escolhidas (2 Ts 2:13), e todos os eleitos (antes de crerem) no grupo dos que receberiam a vida eterna declararam sua fé (At 13:48); Paulo foi um vaso escolhido (para salvação e serviço, At 9:15; Gl 1:15); e os nomes de alguns indivíduos não foram escritos no Livro da Vida desde a fundação do mundo (Ap 13:8; 17:8), o que significa que outros foram escritos. A eleição é individual e incondicional.

Os eleitos de Deus nesta era da Igreja não foram escolhidos dentre as pessoas espetaculares deste mundo (1 Co 1:27,28; Tg 2:5). Foram escolhidos antes da fundação do mundo (Ef 1:4), e porque são eleitos, devem viver vidas santas (Cl 3:12; 2 Pe 1:10).

2. *Predestinação*. Predestinar é determinar previamente o destino. A

palavra *proorizō* significa "marcar com antecedência". A morte de Cristo e seu significado foram predestinados por Deus (At 4:28; 1 Co 2:7). Os eleitos de Deus são predestinados para a adoção (Ef 1:5), para uma herança (v. 11) e para serem conformes à imagem de Cristo (Rm 8:28,29).

Biblicamente, a predestinação está limitada ao povo eleito e assegura sua posição presente e destino futuro. Teologicamente, o termo vem sendo usado para incluir todas as coisas, ou seja, como um sinônimo para o plano total de Deus. A partir dessa definição teológica, é um passo fácil para alguns tipos de calvinismo usarem a predestinação para falar do destino dos não-eleitos. Com isso, surgiu a doutrina da predestinação dupla (para eleição e para a condenação). Contudo, essa é uma dedução apoiada na lógica, que não se baseia em textos bíblicos. A Bíblia é clara ao dizer que os eleitos são predestinados, mas nunca sugere que existe um decreto similar para eleger outros para a condenação. As Escrituras parecem não se importar em deixar que essa questão permaneça sendo um mistério, e nós deveríamos fazer o mesmo.

3. *Presciência*. A palavra *proginoskō* é usada para falar de (a) um conhecimento anterior, temporal (At 26:5; 2 Pe 3:17); (b) do relacionamento de Deus com Israel (Rm 11:2); (c) do sacrifício de Cristo (At 2:23; 1 Pe 1:20); e (d) do povo de Deus hoje (Rm 8:29; 1 Pe 1:2).

O debate está centrado na questão do tipo de relacionamento que o conceito de "presciência" inclui. Significa, simplesmente, que Deus sabia de tudo antes mesmo de haver qualquer relacionamento? Ou, uma variação disso, significa que, de alguma maneira, ele previu a fé e não as pessoas? Ou ainda, como defende o calvinismo, significa que, de alguma maneira, ele se relacionou com as pessoas antes que o tempo existisse, gerando uma relação de causa que faz a presciência praticamente equivaler à *predestinação* ou *pré-ordenação*? As pessoas são claramente conhecidas de antemão, mas não sua fé (Rm 8:28,29). Também é bastante claro que a presciência como simples percepção não é a base da eleição, pois 1 Pedro 1:2 inclui uma decisão da parte de Deus. A eleição está em harmonia com (*kata*) a presciência, e esta inclui o procedimento usado no momento da escolha. Portanto, existe algum tipo de relacionamento e/ou decisão inerente ao significado de presciência. Certamente, o versículo 20 de 1 Pedro inclui essas idéias, caso contrário nada mais seria mencionado além do sacrifício de Cristo. De modo similar, existe uma decisão e uma certeza em Atos 2:23 e Romanos 11:2. Um texto apócrifo também menciona essa idéia de certeza: "Porque todos os teus caminhos estão preparados, e teus juízos previstos de antemão" (Judite 9:6). A verdade é que essa palavra não inclui "eleição", tampouco pode ser reduzida a um conceito neutro de simples percepção. A presciência abrange a decisão que, por sua vez, envolve a segurança que resulta da certeza.

C. Terminologia oposta

Ao usar essa expressão, quero me referir às idéias envolvidas na retribuição e na preterição. Retribuir significa que alguém merecia a punição, enquanto preterir é ignorar aqueles que não foram eleitos para a salvação. Esses dois termos não incluem o conceito envolvido na predestinação dupla ou na reprovação, isto é, a predestinação para a condenação. Nenhum desses termos aparece nas Escrituras, embora essa idéia seja ensinada em Romanos 9:18,21; 1 Pedro 2:8 e Apocalipse 17:8. Portanto, as Escrituras realmente contêm a doutrina da preterição, embora não haja um decreto para condenar no mesmo sentido que existe um decreto para eleger. Assim, a própria idéia de eleição precisa abranger a noção de um grande número de escolhidos, e os que não o foram acabaram sendo ignorados.

De modo algum isso implica que Deus se agrada do destino dos condenados ou que eles sejam forçados a fazer algo contra sua vontade. Tampouco a doutrina da eleição anula o evangelho que afirma "todo aquele que nele crer", ou que qualquer pessoa tenha a possibilidade de saber previamente que não foi escolhida e tentar usar isso como desculpa para rejeitar a Cristo. Todos devem prestar contas a Deus por sua atitude em relação a Cristo.

III. RESUMO DA DOUTRINA

A. A eleição de Deus está baseada em seu próprio ser

Assim, o ato de eleger um povo precisa ser compatível a todos os atributos divinos, com base em sua onisciência; dessa forma, temos certeza de que, ao eleger, Deus o faz conhecendo muito bem todas as alternativas possíveis. Isso está relacionado ao exercício de sua vontade soberana, pois o Senhor, de forma alguma, foi obrigado a tomar essa atitude. Essa decisão foi tomada por um Deus que é amor. Portanto, a predestinação foi feita em amor (Ef 1:4,5). Ela expressa a misericórdia de Deus; caso contrário, como Deus poderia ter amado Jacó? (Rm 9:13-15) Revela sua graça incomparável (Ef 2:7,8). E o propósito supremo da eleição é revelar a glória divina (Ef 1:6,12,14). Normalmente, enfatizamos que Deus *elege*. Precisamos lembrar, também, que é *Deus* quem elege, e ele não pode fazer coisa alguma injusta ou sem amor.

B. Deus elegeu indivíduos

Essa questão já foi analisada. Deus escolheu indivíduos que, uma vez reunidos, formaram seu povo.

C. A eleição divina não estava baseada em um conhecimento prévio (no sentido de previsão)

A presciência não é um conhecimento neutro; envolve algum tipo de relacionamento.

D. A eleição divina ocorreu antes da fundação do mundo

Ele não nos escolheu somente após nós o termos escolhido (Ef 1:4).

E. Somente a eleição não resulta na salvação das pessoas

Para ser mais específico: a eleição assegura que os escolhidos serão salvos, mas sozinha não pode salvá-los. As pessoas são salvas pela fé na morte vicária de Cristo. E, claro, para crer nela, de alguma maneira precisam aprender sobre a morte de Cristo. Assim, a eleição, a morte de Cristo, o testemunho de sua morte e sua fé pessoal são todos elementos necessários para a salvação. Somente a eleição não salva.

F. A eleição tem um propósito, não é um capricho

Seu propósito para nós é o serviço e as boas obras (Jo 15:16; Gl 1:15,16; Ef 2:10; 1 Ts 1:4-10).

Seu propósito para Deus é manifestar sua glória (Ef 1:6,12,14).

Portanto, a doutrina da eleição é altamente motivadora e jamais deveria desestimular a vida espiritual de ninguém (Cl 3:12).

IV. OBJEÇÕES À DOUTRINA DA ELEIÇÃO

Sabemos que a eleição é apenas uma parte de considerações mais amplas do decreto total, também chamado de "plano de Deus" e de "soberania divina". As objeções a seguir são as que costumam ser levantadas em relação a essa doutrina.

A. Equivale ao fatalismo

Popularmente, essa objeção é expressa assim: "O que tiver de ser será, e não há nada que possamos fazer a respeito".

Existem duas diferenças muito importantes entre a doutrina bíblica do decreto de Deus e os falsos ensinos do fatalismo. (1) Por trás do decreto existe um Ser amoroso e inteligente. Por trás do fatalismo está apenas o acaso (algo impessoal e cego). (2) O fatalismo não dá importância aos meios. Enfatiza apenas os fins. O decreto de Deus inclui todos os meios essenciais para se alcançar os fins. Portanto, a doutrina bíblica nos apresenta um equilíbrio correto com a responsabilidade humana. O que há de ser, será, mas somente por meio de certas maneiras, atitudes e ações humanas responsáveis. Efésios 1:11 focaliza todas as coisas, não apenas os fins.

B. Não é coerente com a liberdade humana

Essa é a mesma objeção levantada em Romanos 9:19, por que Deus culparia alguém se ninguém é capaz de resistir a sua vontade e tudo é parte de seu plano?

Deus tem o direito de fazer qualquer coisa, desde que esteja de acordo com sua natureza. Mas é igualmente verdade que ele escolheu exercer seus direitos ao incluir as ações responsáveis e relativamente livres das pessoas (Fm 14; Ap 17:13 ligado ao v. 17). Eu digo que é "relativamente livre" porque ninguém possui liberdade absoluta, pois somos criaturas humanas caídas e temos limitações em tudo. Deus nos fez criaturas responsáveis, e quando deixamos de agir responsavelmente, somos culpados com justiça.

Uma ilustração: Deus sabe o dia em que você morrerá? A resposta é sim. Pergunta: Você poderia morrer um dia antes? A resposta é "não". Pergunta: Então, por que você come? Resposta: para viver. O meio (comer) é essencial para o fim (viver até o dia preordenado de sua morte). A partir desse ponto, a ilustração pode fácil e inutilmente entrar na esfera da hipótese. Suponha que eu não coma. Então, acabarei morrendo. Será que esse seria o dia que Deus planejou para minha morte? Essas são perguntas que não precisam ser feitas nem respondidas. Coma!

Para mudar essa ilustração: Deus planejou as respostas que daria às minhas orações? Sim. Então por que preciso orar? Porque essas respostas vêm quando eu oro.

Ou então: Deus sabe quem são os eleitos? Claro, ele os elegeu. Algum deles pode se perder? Não. Então, por que precisamos orar e testemunhar? Porque é dessa maneira que serão salvos. Algum deles deixará de obedecer? Não. Então, por que precisam crer? Porque essa é a única maneira de ser salvos e, a menos que eles creiam, não serão salvos. Não deixe sua mente criar perguntas hipotéticas e sem proveito algum. Que sua mente e sua vida concentrem-se em fazer a vontade de Deus e assegurem que você está agindo de forma responsável.

C. Torna Deus o criador do pecado

Penso que deveríamos reconhecer que Deus estabeleceu um plano que incluía o pecado, e essa inclusão não foi uma surpresa. Mesmo assim, deveríamos lembrar o ensino claro das Escrituras: Deus odeia o pecado (Sl 5:5), ele nunca é responsável pela prática do pecado (Tg 1:13), e colocar o pecado dentro de seu plano não faz com que o pecado seja menos pecaminoso, e nós menos culpados.

Tudo o que a Bíblia diz sobre a aparência concreta do pecado nas criaturas é que ele foi encontrado em Satanás (Ez 28:15). Isaías 45:7 talvez se refira à idéia de que Deus inclui o mal em seu plano; alguns entendem que esse versículo aborda os resultados do pecado, como a calamidade. Provérbios 16:4 também ensina que todas as coisas estão incluídas no plano de Deus. Devemos buscar um equilíbrio nessa verdade e viver sem ter uma resposta para essas questões.

Por fim, é preciso encarar as ramificações do fato de que nem todas as coisas estão incluídas, de uma maneira ou de outra, no plano divino. Isso significaria que certas coisas estavam fora do controle de Deus, e essa é uma idéia assustadora.

Escute o que disse Calvino sobre essa questão:

> Neste aspecto, porém destaca-se a incalculável felicidade da mente piedosa. Incontáveis são os males que cercam a vida humana, males que outras tantas mortes ameaçam. Para que não saiamos fora de nós mesmos: como seja o corpo receptáculo de mil enfermidades e dentro de si, na verdade, contenha inclusas e fomente as causas das doenças, o homem não pode a si próprio mover sem que leve consigo muitas formas de sua própria destruição e, de certo modo, a vida arraste entrelaçada com a morte. Que outra cousa, pois, hajas de dizer, quando nem se esfria, nem sua, sem perigo? Agora, para

onde quer que te voltes, as cousas todas que a teu derredor estão não somente não se mostram dignas de confiança, mas até se afiguram abertamente ameaçadoras e parecem intentar morte pronta. Embarca em um navio: um passo distas da morte. Monta um cavalo: no tropeçar de uma pata a tua vida periclita. Anda pelas ruas de uma cidade: quantas são as telhas nos telhados, a tantos perigos estás exposto. Se um instrumento cortante está em tua mão ou de um amigo, manifesto é o detrimento. A quantos animais ferozes vês, armados estão-te à destruição. Ou que te procures encerrar em bem cercado jardim, onde nada senão amenidade se mostre, aí não raro se esconderá uma serpente. Tua casa, a incêndio constantemente sujeita, ameaça-te pobreza durante o dia, durante a noite até mesmo sufocação. A tua terra de plantio, como esteja exposta ao granizo, à geada, à seca e a outros flagelos, esterilidade te anuncia e, dela [a resultar,] a fome. Deixo de referir envenenamentos, emboscadas, assaltos, a violência manifesta, dos quais parte nos assedia em casa, parte nos acompanha ao largo.

Em meio a essas dificuldades, não se deve o homem, porventura, sentir assaz miserável, como quem na vida apenas semivivo, sustenha debilmente o sôfrego e lânguido alento, não menos que se tivesse uma espada perpetuamente a impender-lhe sobre o pescoço? Que digas que estas cousas raramente acontecem, ou, sem dúvida, nem sempre, nem a todos, de fato, jamais todas a um só tempo. Concordo. Todavia, quando somos avisados pelos exemplos de outros de que podem acontecer também a nós e de que nem se deve excetuar a nossa vida mais do que a deles, não pode dar-se que não temamos e nos arreceemos como se nos hajam de sobrevir. Portanto, quê de mais calamitoso possas imaginar que tal estado de medrosa expectação? Acrescenta que se não exime de contumélia para com Deus se, porventura, se diga que o homem, a mais nobre dentre as criaturas, entregou Ele a todos e quaisquer golpes cegos e temerários da Sorte.[4]

Una-se a isso o argumento de Paulo e sua magnífica doxologia, apresentada na conclusão de seu argumento longo e detalhado sobre a eleição. Ele escreveu: "Ó profundidade da riqueza, tanto da sabedoria como do conhecimento de Deus! Quão insondáveis são os seus juízos, e quão inescrutáveis, os seus caminhos! Quem, pois, conheceu a mente do Senhor? Ou quem foi o seu conselheiro? Ou quem primeiro deu a ele para que lhe venha a ser restituído? Porque dele, e por meio dele, e para ele são todas as coisas. A ele, pois, a glória eternamente. Amém!" (Rm 11:33-36).

1. Thiessen, Henry C. *Introductory Lectures in Systematic Theology*. Grand Rapids: Eerdmans, 1959, p. 344; embora não tenha sido aceito que essa definição permanecesse na revisão feita por Doerksen, publicada em 1981, p. 258.
2. Esterline, Dan. The Doctrine of Predestination. *Moody Monthly*, fev. 1979, p. 86; para o mesmo ponto de vista, veja também Foster, Roger T. e Marston, V. Paul. *God's Strategy in Human History*. Wheaton, IL: Tyndale, 1975; e Shank, Robert. *Elect in the Son*. Springfield, MO: Westcott, 1970, pp. 48,9.
3. Berkhof, L. *Teologia Sistemática*. Campinas: Luz Para o Caminho, 1990, p. 115.
4. Calvino, João. *As Institutas*. vol. 1, cap. XVII, São Paulo: Casa Editora Presbiteriana, 1985, p. 239.

[illegible] 1970, [illegible] Nova York, 1970, [illegible]

[illegible] Washington, [illegible] 1956, p. 183.

[illegible]

55

A EXTENSÃO DA EXPIAÇÃO

I. A QUESTÃO

A expiação limitada ou redenção particular dificilmente pode ser descrita como uma doutrina fundamental. Mesmo assim, algumas vezes essa é uma questão que gera discussões calorosas. Louis Berkhof é um bom exemplo dos que defendem essa idéia e expressou a questão desta maneira: "Quando Deus enviou Cristo e quando Cristo veio ao mundo para fazer expiação pelo pecado, *fizeram isso com a finalidade ou propósito de salvar somente os eleitos ou todos os homens?* Essa, e só essa, é a questão".[1] Se a questão realmente está expressa apropriadamente, então a resposta é clara: a expiação foi limitada, pois Cristo não veio ao mundo para salvar todos os homens. Nossa compreensão de eleição faz com que essa seja a resposta correta.

Mas a questão proposta por Berkhof está correta? A resposta é "não". É errado dizer que "Essa, e só essa, é a questão". A pergunta correta deveria ser: Cristo pretendia, ao vir ao mundo, fazer provisão para a salvação de todas as pessoas, entendendo que o Pai iria misteriosamente atrair os eleitos para si e permitir que os outros rejeitassem a provisão apresentada? O fato de que alguns a rejeitaram não invalida a provisão nem significa que a provisão não foi feita para eles. Se dissermos que um pai provê comida suficiente para sua família, não excluímos a possibilidade de que alguns membros daquela família se recusem a comer o que lhes foi provido. Mas sua recusa não significa que a provisão foi feita apenas para aqueles que realmente comeram dessa comida. Da mesma maneira, a morte de Cristo proveu o pagamento pelos pecados de todas as pessoas – aqueles que aceitam esse pagamento e os que não aceitam. A recusa em aceitar não limita a provisão apresentada. Prover e possuir não são a mesma coisa.

II. OS PONTOS DE VISTA

Os arminianos aceitam a redenção universal ou a expiação ilimitada (juntamente com a idéia de que a graça suficiente é oferecida a todos para que possam crer). Dentre os calvinistas, existem alguns que defendem a redenção universal. São chamados de "calvinistas de quatro pontos", que seguem as idéias de Moisés Amyraldus (1596-1664). Outros ensinam a redenção particular e também são chamados de ultracalvinistas ou calvinistas de cinco pontos. Este último grupo defende que Cristo morreu para assegurar a salvação dos eleitos; portanto a extensão de sua morte estava limitada aos eleitos. Os calvinistas moderados entendem que o propósito da morte de Cristo era prover uma substituição para todos; logo, sua extensão era ilimitada.

Esses pontos de vista estão relacionados com a questão da ordem dos decretos de Deus. Essa discussão envolve mais a lógica do que a revelação e serve apenas para ressaltar as diferentes perspectivas. Ela tenta colocar uma ordem nas diferentes partes do decreto divino, concentrando-se especialmente na relação entre eleição e queda (*lapso* = queda). O supralapsorianismo coloca a eleição em primeiro lugar (*supra* = acima), seguida dos decretos para criar, permitir a queda e, depois, oferecer a salvação dos eleitos. O infralapsorianismo (*infra* = posterior) estabelece outra ordem: criação, queda, eleição e, depois, a provisão para a salvação dos eleitos, enquanto o sublapsorianismo (*sub* = abaixo) vê uma ordem distinta: criação, queda, provisão para a salvação de todos, eleição daqueles que seriam salvos. Alguns teólogos não reconhecem uma distinção entre *infra* e *sub*, e devo acrescentar que nenhum desses esquemas prova coisa alguma. A questão central dessa discussão é a extensão da expiação de Jesus, e não irá terminar nem ser resolvida ao se decidir a suposta ordem dos decretos.

III. ALGUMAS AFIRMAÇÕES IMPORTANTES

Quando discutimos essa questão, é essencial esclarecer certas verdades em nossa mente.

(1) Os que defendem a redenção ilimitada não são universalistas. Não acreditam que, no final, todos serão salvos. Tampouco essa visão requer uma lógica ou utiliza uma para chegar a essa conclusão herética. Assegurar isso é criar algo sem consistência.

(2) Todas as pessoas estão perdidas, incluindo os eleitos. O fato de uma pessoa ser salva de maneira alguma faz com que seja menos perdida do que uma pessoa não-eleita.

(3) Para ser salvo, todos precisam crer. O Pai atrairá essas pessoas a si, mas elas precisam vir até ele (Jo 6:37,44).

(4) Algumas passagens estabelecem uma relação especial entre a expiação e os eleitos. João 10:15 e Efésios 5:25 são exemplos claros. Inúmeras pessoas reconheceram isso imediatamente. Mas a questão não é essa. A pergunta que permanece é: existem Escrituras que aumentam a extensão da expiação para além dos eleitos? Um número limitado de defensores afirma que não e procura explicar essas passagens que parecem aumentar o alcance da expiação de maneiras que, na verdade, não

colaboram para solucionar a questão. Em outras palavras, os defensores da expiação ilimitada reconhecem que a expiação de Jesus é, ao mesmo tempo, limitada e ilimitada. Os que defendem a expiação limitada insistem que ela é muito limitada e não reconhecem qualquer passagem que ensine a expiação ilimitada.

IV. CONSIDERAÇÕES EXEGÉTICAS

A. 2 Pedro 2:1

Essa passagem geralmente é reconhecida como o versículo mais difícil de ser harmonizado com a idéia de expiação limitada. Aparentemente, 2 Pedro 2:1 diz que os falsos mestres (que não estão entre os eleitos) tiveram seu preço de redenção pago pelo Senhor, pois em seus ensinos negam o Senhor que os comprou (*agorazō*). Em outras palavras, Pedro parece estar dizendo que o Senhor, em seu sacrifício, pagou o preço da redenção pelas pessoas que não foram eleitas.

Os defensores da redenção particular dizem que Pedro estava apenas registrando o que os falsos mestres afirmavam. Dizem que o Senhor os comprou, mas, na verdade, isso não ocorreu, pois Jesus morreu apenas pelos eleitos. Logo, Pedro estava apenas reconhecendo o que diziam, sem afirmar que isso era verdade, e realmente pelo ponto de vista da expiação limitada isso não é verdade. Porém, é claro que, mesmo que esse seja um relato do que os falsos mestres estavam ensinando, pode continuar sendo uma declaração verdadeira. Portanto, não podemos partir do princípio de que isso seja falso apenas porque partiu da boca deles. É mais provável que Pedro estivesse enfatizando a profundidade de seu engano ao afirmar que negavam o Senhor que os havia comprado. Algumas vezes, é chamado de visão da "caridade cristã".

Outros entendem que isso significa que o Senhor (como Criador) "comprou" as pessoas que não foram eleitas, no sentido de que ele, sendo o Criador, já as possuía. Então *agorazō* (comprar, redimir) passa a significar *ktizō* (criar). O Senhor os possuía do mesmo modo que possuía Israel quando efetuou sua libertação do Egito (Dt 32:6).

Ao tentar reforçar essa interpretação, os defensores da redenção particular mencionam três argumentos que lhes dariam apoio para suas afirmações: (1) Quando a palavra Senhor (*despotes*) é usada no Novo Testamento, refere-se a Deus e não a Cristo, e poderia se referir a Cristo, se este versículo ensinasse um resgate soteriológico (veja, por exemplo, At 4:24; Ap 6:10). Quando fala da Deidade, essa palavra geralmente se refere ao Pai, mas Judas 4 não a usa para falar de Cristo? Parece que sim, e se isso realmente ocorre, então não há motivos para que em 2 Pedro 2:1 ela não esteja se referindo a Cristo.

(2) Eles também afirmam que nas outras vezes que *agorazō* é utilizado, refere-se à redenção soteriológica no Novo Testamento, e o preço pago é mencionado no contexto. Uma vez que não há preço estabelecido em 2 Pedro 2:1, essa passagem não deve

referir-se a uma redenção soteriológica real, mas sim à "posse" do Criador de sua criatura. No entanto, no contexto de Apocalipse 14:4, não há preço mencionado em relação à redenção soteriológica dos 144 mil. De modo similar, 2 Pedro 2:1 também poderia referir-se a uma redenção soteriológica sem mencionar um preço específico.

(3) Além disso, alega-se que *agorazō* é sempre usado em contextos onde existe uma espécie de compra real, numa relação entre pagar e possuir. Os falsos mestres em 2 Pedro 2:1 não eram verdadeiramente salvos, por isso *agorazō* não pode referir-se a uma compra para salvação, pois não ocorreu uma "posse". Mas observe Lucas 14:18,19, em que ocorreu a compra real de uma propriedade, embora o comprador nem chegasse a vê-la. De modo similar, dizem os defensores da redenção limitada, os falsos mestres foram realmente comprados (isto é, Cristo morreu por eles), embora nunca tenham sido possuídos (ou seja, não foram salvos).[2]

B. 1 João 2:2

Esse versículo também parece dizer, de maneira clara, que a morte de Cristo ocorreu em favor de todo o mundo, pois ele é a propiciação não apenas pelos nossos pecados, mas também pelos pecados do mundo todo. "Nossos" parece referir-se àqueles que são (ou serão) salvos, enquanto "do mundo inteiro" engloba aqueles que não são salvos. Como os defensores da redenção limitada explicam esse versículo, tornando-o compatível com o que argumentam?

Na verdade, três sugestões são feitas. Em todas elas "nossos" e "o mundo inteiro" são acrescentados à soma total de todos os eleitos; portanto, "nossos" refere-se a alguns dos eleitos e "o mundo inteiro" ao restante dos eleitos. (1) Alguns entendem que "nossos" se refere aos eleitos que viviam na Ásia Menor, onde estava o apóstolo João, e "o mundo inteiro" tratava dos eleitos que viviam fora da Ásia Menor. Essa é uma distinção meramente geográfica. (2) Outros vêem uma distinção racial; ou seja, "nossos" se referia aos eleitos entre o povo judeu, e "o mundo inteiro" designaria os eleitos gentios. (3) Outros fazem, ainda, uma distinção cronológica, em que "nossos" designaria os eleitos que viviam durante o primeiro século, enquanto "o mundo inteiro" tratava dos eleitos que viveriam durante os séculos seguintes. Em outras palavras, a expiação limitada entende que esse versículo é geográfica, étnica ou cronologicamente universal, mas somente em relação aos eleitos e não a todas as pessoas.[3]

Para reforçar isso, lembre que a palavra "mundo" nem sempre significa todas as pessoas (veja Jo 12:19), mas nenhum dicionário mostra que significa apenas os eleitos.

Além disso, outra ocorrência da expressão "o mundo inteiro", nos escritos joaninos, aparece em 1 João 5:19, em que é indiscutível que ali se incluem todos. Logo, conclui-se que seu uso, em 1 João 2:2, também se refira a todas as pessoas. Isso significa que Cristo morreu por todas as pessoas, embora, no final, nem todas sejam salvas.

C. 1 Timóteo 2:4-6; 4:10

Geralmente, os defensores da redenção limitada entendem que "todos", em 1 Timóteo 2, refere-se a todos os tipos de pessoas. Ou seja, Cristo morreu por todos os tipos de pecadores (dentre os eleitos), e o Senhor deseja que todos os tipos de pessoa (dentre os eleitos) sejam salvas. Entretanto, alguns entendem que "Salvador" em 4:10, significa que Cristo oferece os benefícios gerais da providência a todos, e para os cristãos, de um modo especial. De acor do com essa interpretação, "Salvador" não possui conotação soteriológica.

A lógica por trás dessas interpretações é: se Cristo é o Salvador de todas as pessoas, então todos devem ser salvos. Mas como nem todos são salvos, então ele não pode ser o Salvador de todos em sentido soteriológico. Contudo, Deus não é o Pai de todas as pessoas (At 17:29) e, mesmo assim, nem todas as pessoas pertencem à família redimida? (Gl 3:26). De modo similar, pode-se dizer que Cristo é o Salvador de todos, sem que todos sejam salvos.[4]

D. Hebreus 2:9

Mais uma vez parece claro que a expiação foi universal. De que outra maneira o autor desse Livro poderia dizer que ele experimentou a morte "por todo homem"? Observe que os versículos anteriores também usam a palavra "homem", e o sentido claramente é "todas as pessoas", não apenas os eleitos.

E. João 3:16

Os defensores da redenção limitada são forçados a dizer que esse versículo implica que Deus amou apenas o mundo dos eleitos. Um defensor da redenção limitada entende que esse versículo enfatiza a intensidade do amor de Deus; ou seja, Deus amou o mundo dos pecadores. Porém, se em João 3:16 é tão restrito, então nenhum dos que defendem a redenção limitada poderia dizer a seus filhos ainda crianças, por exemplo, que Deus os ama. Afinal, ele não poderia saber com que idade eles passariam a pertencer ou não aos eleitos. O Senhor, entretanto, expressou seu amor *agapaō* pelos não-salvos (e, evidentemente, não-eleitos) (Mc 10:21).

F. Atos 17:30

Esse versículo estabelece a questão de maneira tão ampla quanto possível. Deus ordena que todas as pessoas, de todos os lugares, se arrependam. Não parece ser a exegese mais correta ler isso e afirmar que ele se refere a todos os seres humanos, sem distinção de raça ou de posição social, de todos os lugares da Terra, mas somente dentre os eleitos! Afinal, para que apoiasse a expiação limitada, esse versículo precisaria ser entendido dessa maneira.

A exegese claramente apóia a idéia de expiação ilimitada.

V. CONSIDERAÇÕES TEOLÓGICAS

A. Pregação universal do evangelho

Os defensores da expiação ilimitada defendem que, para que preguemos o evangelho a todos, Cristo precisava ter morrido por todos. Isso parece mais compatível com a pregação universal do evangelho. Entretanto, devemos reconhecer que a crença na expiação limitada não anula os esforços evangelísticos. Alguns grandes evangelistas, como Charles Spurgeon, acreditavam na expiação limitada. Enquanto isso, alguns que defendem a expiação ilimitada não cumprem sua responsabilidade de testemunhar.

B. O valor da morte de Cristo

Parte do valor da morte de Cristo não estaria perdida se todos por quem ele morreu não forem realmente salvos? Os que acreditam no limite da expiação dirão que sim, por isso concluem que Cristo morreu apenas pelos eleitos. Mas se Deus estabeleceu que, além do valor salvífico dos que creram, também há um valor no sacrifício universal (e isso fez com que o mundo inteiro pudesse ser salvo), então seu valor é alcançado plenamente, embora de maneiras diferentes.

C. Os pecados dos não-eleitos são pagos duas vezes?

Alguns dos que defendem a expiação limitada argumentam que, se Cristo morreu por todos, então os pecados dos não-eleitos foram pagos na cruz pela morte de Cristo e serão pagos novamente no julgamento (quando eles forem condenados ao lago de fogo).

Uma questão similar pode ser formulada: os israelitas que se recusaram a colocar o sangue nas portas de sua casa na Páscoa tiveram seus pecados pagos duas vezes? Quando o cordeiro pascal foi morto, seus pecados foram encobertos. Mas se alguém não colocou o sangue nas portas morreu imediatamente. Esse foi um segundo pagamento por seus pecados? Claro que não.

O primeiro e suficiente pagamento simplesmente não foi aplicado sobre aquela casa. A morte após a desobediência de passar o sangue foi a retribuição justa pelo fato de a pessoa não ter se apropriado do sacrifício suficiente. A expiação de Cristo pagou pelos pecados do mundo todo, mas as pessoas devem se apropriar desse pagamento pela fé. O mundo foi reconciliado com Deus (2 Co 5:19), mas essa população que foi reconciliada como um todo, precisa ser reconciliada individualmente com Deus (v. 20).

Uma ilustração: em uma escola onde lecionei, havia um fundo para ajudar os alunos mais carentes. Quando alguém fazia uma doação, era encaminhada para o fundo de auxílio aos alunos. Os estudantes carentes inscreviam-se para receber auxílio desse fundo. Um comitê decidia quem receberia essa ajuda e qual a quantia. Mas quando o dinheiro era distribuído, emitia-se um cheque para o aluno. Ele, então, deveria endossá-lo e devolvê-lo para a escola. Somente depois disso o dinheiro era creditado ao aluno. O dinheiro não era transferido diretamente do fundo para a conta que o aluno tinha com a escola. Era preciso que ele recebesse e pagasse pessoalmente sua conta com a escola. Suponha que você tenha feito uma contribuição para cobrir todas as mensalidades de um aluno por um ano. Seria correto afirmar que as mensalidades foram pagas integralmente. Mas até que a seleção fosse feita pelo comitê e que o aluno recebesse a doação, depositando-a em sua conta, a mensalidade não estaria paga. Se ele não endossasse o cheque, não receberia o crédito, embora a conta já tivesse sido paga!

A morte de Cristo pagou pelos pecados de todas as pessoas, mas ninguém teve a sua conta paga até o momento em que creu. Se a pessoa não crer, então, embora o preço tenha sido pago totalmente, seus pecados não serão perdoados. A morte de Cristo é como se um benfeitor pagasse todas as mensalidades de todos os alunos em todas as escolas do mundo. Se isso ocorresse, o que deveríamos dizer aos alunos? Anunciar as boas novas de que as mensalidades já foram pagas.

Cristo morreu por todos. O que você deveria anunciar ao mundo?

---

1. BERKHOF, L. *Teologia Sistemática*. Campinas: Luz Para o Caminho, 1990, p. 367.
2. Veja OWEN, John. *The Death of Death in the Death of Christ*. Londres: Banner of Truth Trust, 1959, pp. 250-252; LONG, Gary. *Definite Atonement*. Nutley, NJ: Presbyterian and Reformed, 1976, pp. 67-82.
3. Veja MURRAY, John. *Redemption: Accomplished and Applied*. Grand Rapids: Eerdmans, 1961, pp. 82-5.
4. Veja OWEN. *The Death of Death*, p. 235.

56

A APLICAÇÃO DA SALVAÇÃO

Neste capítulo, estudaremos os ministérios que envolvem a aplicação da salvação. Historicamente, essa questão tem sido denominada *ordo salutis*, ou "maneiras de salvação", e ela procura organizar, em ordem lógica (não em uma ordem temporal), as atividades envolvidas na aplicação da salvação para os indivíduos. Mas, assim como a questão da ordem dos decretos no lapsorianismo, a *ordo salutis*, na verdade, pouco acrescenta a essa questão. O ponto mais discutido é a relação entre regeneração e fé, algo que discutiremos posteriormente. Em vez de tentar estabelecer uma ordem, é mais útil observar quais ministérios são exclusivos de Deus (chamado, regeneração) e quais também envolvem o homem (convicção, conversão).

I. CONVENCIMENTO

A. O que é convencimento?

Conforme está registrado em João 16:8-11, o Senhor prometeu que, após o Pentecostes, o Espírito Santo convenceria o mundo do pecado, da justiça e do juízo. O que é convencer? Não é o mesmo que converter. É persuadir ou refutar um oponente para que resolva a questão mediante uma luz clara, quer venha a aceitar quer rejeitar a evidência.

> A idéia de "convicção" é complexa. Envolve os conceitos de exame autoritário, de provas inquestionáveis ou de julgamento decisivo de um poder punitivo. Não importa qual seja a questão final, aquele que "convence" o outro coloca a verdade do caso em disputa contra uma clara luz diante dele, para que possa ser vista e reconhecida como verdade. Aquele que rejeita a conclusão envolvida na exposição, rejeita-a com seus olhos abertos e vendo todo o perigo que contém. Quando a verdade é vista como verdade, carrega consigo a condenação para todos os que se recusam a aceitá-la.[1]

Observe o uso dessa idéia em Mateus 18:15. O homem reprovado ou convencido pode aceitar a evidência e arrepender-se ou pode não fazê-lo, o que resultaria em uma confrontação maior. A convicção, então, oferece a prova, mas não garante que será aceita, o que é necessário para a conversão.

B. Quem é convencido?
O mundo. Isso diz respeito apenas aos eleitos? Não, pois o ministério de convencimento espera que alguns não aceitem a verdade. Isso inclui todas as pessoas do mundo? É provável que não, pois envolve coisas específicas, como o pecado, a justiça e o juízo, não apenas uma convicção geral que ocorre por intermédio da revelação natural. Seu sentido deve ser o de um grande número de pessoas, mais do que os eleitos, mas não todos (cf. Jo 12:19).

C. Do que eles são convencidos?
A convicção ocorre nas áreas específicas do pecado, da justiça e do juízo. O *hotis* (pronome relativo grego) dessa passagem pode significar "porque", "por", "que", "pois" ou ainda uma mistura dessas expressões. Por exemplo, se a idéia é de "porque" com sentido de motivo, então o mundo é convencido do pecado por causa da incredulidade. Se a idéia for "do que", então o mundo é convencido do pecado da incredulidade. A justiça é aquela que Cristo providenciou na cruz, completada por sua ascensão até o Pai. O juízo pode ser o julgamento futuro do incrédulo, assegurado pelo julgamento já realizado de Satanás, ou pode referir-se ao juízo de Satanás na cruz (Jo 12:31).

A ordem é lógica. O homem precisa ver sua condição de pecador, obter uma comprovação da justiça oferecida pelo Salvador e ser lembrado de que, caso se recuse a receber o Salvador, enfrentará a inevitável condenação.

D. Como ocorre o convencimento?
O mais provável é que muitas maneiras estejam envolvidas. O Espírito pode falar diretamente à consciência do homem, que, embora talvez esteja cauterizada, continua podendo ser convencida. Pode falar pela Palavra escrita de Deus ou usar o testemunho oral e a Palavra pregada. Estejam ou não pessoas envolvidas na efetivação desse ministério de convencimento, se alguém for convencido, será por ação do Espírito. Mas, algumas vezes, é possível pensar que nossa apresentação persuasiva ou bem-feita seja capaz de convencer. Isso não é verdade. É Deus quem age.

II. CHAMADO

A. O chamado geral
Somente uma ou duas passagens do Novo Testamento usam "chamar" ou "chamado" com a noção de um chamado geral aos eleitos e não-eleitos. Mateus 22:14 mostra isso, enquanto Mateus 9:13 também pode fazer o mesmo. Entretanto, a idéia é expressa claramente nas passagens de Lucas 14:16-24 e João 7:37. Esse é um convite geral de Deus para que os homens venham até ele.

B. O chamado efetivo
Este é o chamado que somente os eleitos responderão pela sua fé. Seu resultado é a salvação (Rm 8:30; 1 Co

1:2). Trata-se de uma obra de Deus, embora use a proclamação da sua Palavra (Rm 10:17). É um chamado para a comunhão (1 Co 1:9), a luz 1 Pe 2:9), a liberdade (Gl 5:13), a santidade (1 Ts 4:7) e seu reino (1 Ts 2:12).

III. REGENERAÇÃO

A. O significado de regeneração

Essa palavra é usada somente duas vezes no Novo Testamento (Mt 19:28; Tt 3:5). Seu sentido é novo nascimento. A idéia de ser nascido "do alto" (*anothen*) ocorre no original grego em João 3:3 e também inclui a idéia de nascer de novo (veja o uso de *anothen* em Gl 4:9). É a ação de Deus que dá nova vida aos que crêem.

B. Os meios da regeneração

Deus regenera (Jo 1:13) de acordo com sua vontade (Tg 1:18), por intermédio do Espírito Santo (Jo 3:5), quando a pessoa crê (Jo 1:12) no evangelho, conforme ele foi revelado na Palavra (1 Pe 1:23).

C. Relação da regeneração com a fé

Na declaração da *ordo salutis* da Reforma, a regeneração precede a fé. Pois, conforme ela afirma, um pecador deve receber a nova vida para que possa crer. Embora isso seja declarado apenas como uma ordem lógica, não é sábio insistir nisso, pois pode-se dizer que, se o pecador recebe a nova vida com sua regeneração, então por que ele precisa crer? É claro que não pode haver uma ordem cronológica, pois tanto a salvação quanto a regeneração precisam ocorrer ao mesmo tempo. Lembre-se de que a fé também faz parte do "pacote" que recebemos com a salvação. Embora a fé seja exigida para que alguém seja salvo (At 16:31), ela é um dom de Deus (Ef 2:9). As duas idéias são verdadeiras.

D. O fruto da regeneração

A nova vida produzirá novos frutos. Em 1 João 2:29; 3:9; 4:7; 5:1, 4 e 18, alguns dos resultados da nova vida são a justiça, a ausência de pecado, o amor ao próximo e a vitória sobre o mundo.

IV. FÉ

A. O significado de fé

Fé significa crença, confiança, entender que algo é verdade. Claro, a fé deve ter um objeto, ou seja, é preciso que haja fé ou confiança em algo. Ter fé em Cristo para a salvação significa ter confiança de que ele é capaz de remover a culpa do pecado e de assegurar a vida eterna.

B. A necessidade da fé

A salvação sempre ocorre pela fé e não por causa da fé (Ef 2:8). Fé é o canal pelo qual recebemos o presente de Deus que é a vida eterna; não é sua causa. Isso ocorre para que o homem jamais se orgulhe nem mesmo de sua fé. Mas a fé é necessária, sendo o único meio (Jo 5:24; 17:3).

Normalmente, no Novo Testamento a palavra grega usada para designar o verbo crer ou ter fé (*pisteuō*) é acompanhada da preposição *eis* (Jo 3:16), indicando confiança naquele objeto. Às vezes é seguida por *epi*, enfatizando a crença como algo que segura o objeto da fé (Rm 9:33; 10:11). Ou pode, ainda, ser seguida por um complemento que apresenta o conteúdo dessa fé (Rm 10:9). No grego, o verbo é usado com um dativo em Romanos 4:3. Mas não importa sua forma, indica confiança em algo ou em alguém.

C. Os tipos de fé

As Escrituras distinguem quatro tipos de fé.

1. *Fé intelectual ou histórica*. Envolve a verdade intelectual como resultado da educação, tradição, criação, etc. É algo humano e não traz salvação (Mt 7:26; At 26:27,28; Tg 2:19).

2. *Fé milagrosa*. Essa é a fé para realizar ou receber um milagre e pode ser acompanhada da salvação ou não (Mt 8:10-13; 17:20; At 14:9).

3. *Fé temporária*. Lucas 8:13 ilustra esse tipo de fé. É semelhante à fé intelectual, porém parece haver interesses mais pessoais envolvidos.

4. *Fé salvadora*. É a confiança na verdade do evangelho, conforme revelada na Palavra de Deus.

D. Os diferentes aspectos da fé

1. *O aspecto intelectual*. Envolve um reconhecimento real e positivo da verdade do evangelho e da pessoa de Cristo.

2. *O aspecto emocional*. A verdade e a pessoa de Cristo são, agora, vistas de maneira interessante e atrativa.

3. *O aspecto volitivo*. A pessoa apropria-se pessoalmente da verdade e da Pessoa de Cristo e coloca sua confiança nele.

Embora esses três aspectos possam ser distinguidos, devem estar integrados para que ocorra a fé salvadora. A pessoa crê em Cristo com todo o seu ser, não apenas com o intelecto, as emoções ou a vontade.

Talvez uma das declarações mais claras a respeito do que é necessário para se obter a fé salvadora esteja nas palavras de Jesus à mulher samaritana: "Se conheceras o dom de Deus e quem é o que te pede: dá-me de beber, tu lhe pedirias, e ele te daria água viva" (Jo 4:10). Conheça o presente de Deus na Pessoa de Cristo, então peça e receba a vida eterna.

1. WESTCOTT, B. F. *The Gospel According to St. John*. Londres: Murray, 1908, v. 2, p. 219.

57

A SEGURANÇA DO CRISTÃO

I. DEFINIÇÕES E DISTINÇÕES

O título deste capítulo não foi escolhido por acaso. Em muitos manuais e dicionários de teologia o título poderia ser "Garantia" ou "Perseverança" e, talvez em alguns poucos, "Preservação". Quais são as diferenças e por que escolher "Segurança"?

A segurança eterna é a obra de Deus garantindo que o dom da salvação, uma vez recebido, é para sempre e não pode ser perdido. O conceito de segurança eterna enfatiza a ação de Deus, garantindo a posse eterna do dom da vida eterna. Está relacionado com as pessoas regeneradas pela ação do Espírito Santo, e sua autenticidade não se baseia em sentimentos nem em experiências.

A preservação é muito similar à segurança eterna, enfatizando a obra de Deus em preservar a salvação do cristão.

A perseverança, termo geralmente usado pelo calvinismo, denomina o quinto ponto da teologia de Calvino, que recebe o nome de "perseverança dos santos". Isso significa que os cristãos "não podem cair do estado de graça, nem total nem finalmente; mas com toda a certeza hão de perseverar nesse estado até o fim e, estarão eternamente salvos" (Confissão de Westminster, cap. XVII, parágrafo 1º). Ela parece centrar-se no cristão: é o cristão quem persevera (embora pelo decreto e pelo poder de Deus). Porém, a segurança está centrada em Deus – é Deus quem assegura nossa salvação. Mesmo assim, não nega que pode haver momentos de retrocesso, e isso ressalta a necessidade de frutos visíveis na vida cristã. Às vezes, aqueles que entendem essa doutrina do ponto de vista da perseverança negam a possibilidade de um cristão ser carnal.

Na verdade, a segurança eterna, a preservação e a perseverança chegam à mesma conclusão final: o verdadeiro cristão não perde a salvação. Mesmo assim, a segurança é uma doutrina diferente. Ela é a percepção da verdade da segurança eterna ou da perseverança. Uma salvação segura é um fato verdadeiro, não importa se a pessoa sabe que a possui ou não. Portanto, um cristão tem segurança mesmo que não tenha a garantia.

II. A DOUTRINA DA SEGURANÇA

Segurança é a percepção que alguém possui da vida eterna. A ausência dessa segurança geralmente causa um trauma desnecessário e terrível. Por que alguns não têm segurança? Quatro razões podem ser sugeridas:

(1) Duvidam da veracidade de seu compromisso com Cristo. Às vezes, isso pode ocorrer pelo fato de não poderem precisar a data exata de sua conversão. A regeneração ocorre em um momento específico. As pessoas podem ser salvas ou continuar perdidas em um dado momento. Ninguém se converte em um processo, mas podemos crescer em nossa compreensão da conversão. Aos olhos de Deus e em nossa experiência, houve um momento específico em que fomos salvos, embora não consigamos precisá-lo em nossa lembrança ou compreensão.

Às vezes, essa dúvida não envolve apenas a questão do momento específico. Há quem se pergunte: *realmente* aceitei a Cristo como meu Salvador? Tal dúvida pode ser eliminada invocando novamente pelo nome do Senhor (de novo, e de novo, se for necessário). Ninguém pode nascer de novo mais de uma vez, mas pode expor honestamente ao Senhor sua dúvida e invocá-lo, clamando novamente pela salvação.

(2) Alguns não têm certeza porque duvidam de ter agido corretamente quando expressaram sua fé em Cristo. Eles se questionam: "Eu não fui à frente. Estou salvo de verdade? Será que fiz a oração correta? Recebi a Cristo em particular. Isso é suficiente ou preciso fazer algum tipo de decisão pública?" Esse problema acaba sendo muito mais real para as pessoas do que deveria. É algo que tem sido agravado pelo aumento do número de apelos a um lugar específico, e isso quase se tornou o meio da salvação.

(3) Se alguém não crê na segurança do cristão, então indubitavelmente terá dúvidas, mais de uma vez, ao longo da vida.

(4) Quando o pecado, especialmente um pecado mais sério, entra na vida de um cristão, às vezes coloca em dúvida essa experiência. A segurança não nos dá licença para pecar, mas para ter segurança precisamos entender que os cristãos irão pecar, porém esse pecado não provoca a perda da salvação. A experiência cristã normal não inclui a impecabilidade, "Porque todos tropeçamos em muitas coisas" (Tg 3:2). Isso não desculpa o pecado, pois o cristão deve crescer em santidade, mas a experiência do pecado não provoca a perda da salvação.

III. A VISÃO ARMINIANA DE SEGURANÇA

Tiago Armínio (1560-1609) recebeu seu treinamento na rígida teologia reformada. Pediram que ele defendesse o supralapsarianismo contra o sublapsarianismo, mas Armínio viu-se apoiando o sublapsarianismo com maior entusiasmo. Seus escritos, reunidos em três volumes, são, em sua maioria, tratados ocasionais que surgiram das controvérsias em que se envolveu. O sistema conhecido como arminianismo só tomou forma bem mais tarde, sendo elaborado por Simão Episcópio (1583-1643).

Dentre os principais ensinos do arminianismo encontramos os seguintes:

1. *Presciência*. Os decretos de Deus são baseados em sua presciência (com a idéia de previsão). A eleição ocorre em conseqüência de uma fé prevista, e a condenação pela resistência prevista à graça. Embora Armínio entendesse presciência como previsão, também disse: "Deus decretou que salvaria alguns e que condenaria certas pessoas em particular".[1]

2. *Poluição, não culpa*. O homem herdou a poluição de Adão, mas não a culpa imputada. A depravação não é total, pois o homem ainda pode inclinar sua vontade para as boas obras.

3. *Perfeição*. Existe a possibilidade de um cristão viver em tamanha conformidade com a vontade de Deus que poderá ser chamado de perfeito.

4. *Perda da salvação*. O arminianismo ensina claramente que um cristão pode perder a salvação. Disse Armínio: "Eu nunca ensinei que um verdadeiro cristão pode, total ou parcialmente, cair da fé e perecer, embora me pareça que algumas passagens das Escrituras deixam margem para isso".[2]

Em termos mais simples, às vezes os arminianos equivalem a segurança eterna a uma licença para pecar. Evidentemente, os calvinistas pecam e usam isso como desculpa, mas os arminianos fazem o mesmo. Nossa vida deveria estar de acordo com a nossa doutrina, porém, seja ela boa ou má, não faz com que essa doutrina seja falsa ou verdadeira.

De uma forma mais prática, a visão arminiana, que considera a possibilidade e a realidade da perda da salvação, resulta em uma catalogação de pecados. Numa determinada categoria estão os pecados que levam à perda de salvação; em outra, aqueles que não levam. Obviamente, alguns pecados são piores do que outros (Mt 7:1-5; Jo 19:11), mas se um pecado resulta na perda da salvação, então qualquer um pode fazer o mesmo. A resistência a essa conclusão pode colaborar para o ensino do perfeccionismo do arminianismo.

IV. OS MOTIVOS PARA A SEGURANÇA ETERNA

A segurança está baseada na graça de Deus e no fato de que a vida eterna é um dom eterno. Quando uma pessoa crê em Cristo, é levada a ter um relacionamento com Deus, que a certifica da segurança de sua salvação. Obviamente isso é verdade somente para as pessoas que nasceram de novo. Há os que professam a fé, mas não possuem vida. Às vezes, é possível fazer um julgamento razoável (e até com acerto) de se determinada pessoa apenas professa ter ou se, de fato, possui a vida eterna. Outras vezes isso não é possível. Mas a salvação do regenerado é garantida por seu relacionamento com Deus, por meio da fé.

A. Razões relacionadas ao Pai

1. *Seu propósito*. O propósito de Deus era glorificar o mesmo grupo que ele predestinou, chamou e justificou (Rm 8:30). Essa afirmação ousada não poderia ser feita se algum membro desse grupo pudesse perder a salvação. Se assim fosse, então aqueles que Deus justificou poderiam não ser os mesmos que ele glorificou. Contudo, o texto diz que são os mesmos.

2. *Seu poder*. Muitos concordariam que o poder de Deus é capaz de guardar o cristão (e de fato é, cf. Jd 24), mas outros argumentam que esse poder será retirado se a pessoa renunciar à fé. Contudo, Jesus disse que estamos seguros em suas mãos e nas mãos do Pai, e que ninguém pode arrancar o cristão desse lugar de segurança (Jo 10:28,29). "Ninguém" quer dizer ninguém, nem mesmo a própria pessoa. A promessa não diz "ninguém, a não ser a própria pessoa" pode tirar o cristão das mãos de Deus. Ela diz "ninguém".

B. Razões relacionadas ao Filho

1. *Sua morte*. Paulo faz duas perguntas em Romanos 8:33,34: "Quem intentará acusação contra os eleitos de Deus? [...] Quem os condenará?" Sua resposta, dizendo que ninguém pode fazê-lo, está baseada na morte, ressurreição, intercessão e advocacia de Cristo (v. 34). Se um pecado qualquer pode desfazer a salvação de um cristão, então a morte de Cristo não pagou por aquele pecado. Mas, segundo Paulo, ele pagou. O próprio Senhor disse que não perderia nenhum daqueles que o Pai lhe deu (Jo 6:39,40). Todo o que nele crê será ressuscitado no último dia, não somente o que crê e persevera.

2. *Suas orações*. O ministério atual de Cristo de intercessão nos céus possui dois aspectos: um ministério preventivo (intercessão) e um ministério curativo (advocatício). Sua oração em João 17 ilustra o aspecto preventivo. Naquele momento, Jesus orou para que fôssemos guardados do mal (v. 15), santificados (v. 17), para que pudéssemos ficar unidos (v. 21), para que estivéssemos com ele nos céus (v. 24) e que contemplássemos sua glória (v. 24). Por causa de sua constante intercessão por nós, ele é capaz de nos salvar completa e eternamente (Hb 7:25).

A defesa de Jesus entra em ação quando pecamos (1 Jo 2:1). Eu insisto, se qualquer pecado pode desfazer a salvação (e, em tese, qualquer um poderia), então Satanás sempre teria uma causa ganha contra o cristão, quando pecasse (Ap 12:10). Poderia, com justiça, exigir a condenação eterna do cristão e, se não fosse por nosso advogado, estaríamos condenados. Porém, o Senhor aponta para sua obra no Calvário, que removeu a culpa de todos os nossos pecados, aqueles cometidos antes e depois de nossa salvação. Isso é o bastante para responder às acusações satânicas. É como diz o poema:

Eu pequei. E imediatamente depois,
Satanás voou para diante da presença do Deus Altíssimo.
e ali ele fez uma acusação injuriosa.
Ele disse: "Essa alma, coisa feita de barro e relva, pecou.
É verdade que ele carrega o vosso nome.
Mas exijo a sua morte, pois tu mesmo disseste:
'A alma que pecar, essa morrerá'.
Não será essa sentença cumprida? Está morta a justiça?
Envie agora esta alma pecadora para seu destino.
Que outra coisa pode fazer o justo juiz?"
E assim ele fez, me acusando dia e noite.
Toda palavra que ele disse, ó Deus, era verdade!
Então, rapidamente alguém se levantou da destra de Deus.
Diante dessa glória os anjos esconderam suas faces.
Ele falou: "Cada i e til da Lei deve ser cumprido;
O pecador culpado deve morrer!
Mas espere, suponha que toda a sua culpa fosse transferida para mim,
e eu tivesse pago a sua penalidade!
Veja minhas mãos, meu lado, meus pés! Um dia eu fui feito pecado por ele.
Morri para que ele pudesse ser apresentado sem culpa, diante de teu trono!"
E Satanás fugiu. Ele bem sabia que não poderia suportar tanto amor,
pois cada palavra dita pelo meu querido Senhor era verdade!

– Martha Snell Nicholson

C. Razões relacionadas ao Espírito

1. *Ele regenera*. Se nascemos de novo pelo Espírito quando cremos, e se podemos perder a salvação ao renunciar a fé, esse novo nascimento também estaria perdido.

2. *Ele habita*. Se a salvação pudesse ser perdida, então a presença do Espírito na vida do cristão seria removida. O cristão ficaria desabitado.

3. *Ele batiza*. O Espírito une o cristão ao corpo de Cristo quando crê (1 Co 12:13). Portanto, se a salvação pudesse ser perdida, o cristão precisaria ser arrancado do Corpo de Cristo.

4. *Ele sela*. O Espírito sela o cristão até o dia da redenção (Ef 4:30). Se a salvação pode ser perdida, então seu selo não dura até o dia da redenção, mas somente até o dia do pecado, ou da apostasia, ou ainda da incredulidade.

É claro que não há base bíblica para a perda do novo nascimento pelo cristão, nem para o fato de ficar desabitado, ou ser removido do corpo de Cristo (mutilando, assim, seu corpo), ou ainda ter o selo removido. A salvação é eterna e completamente segura para todos os que crêem.

Em resumo: os cristãos pecam e são advertidos contra uma falsa profissão de fé e imaturidade cristã, mas, uma vez concedido, Deus jamais toma de volta o dom de sua salvação.

Os cristãos nem sempre perseverarão em piedade. Pedro não o fez (Gl 2:11). Muitos cristãos de Éfeso tampouco conseguiram (At 19:18). Ló também não (2 Pe 2:7). No tribunal de Cristo, algumas obras serão queimadas e alguns serão salvos "como que pelo fogo" (1 Co 3:15). Mesmo que cada cristão produza algum fruto (4:5), fica difícil, se não impossível, precisar a quantidade e a qualidade do que cada um apresentará. Por isso, é difícil fazer qualquer juízo da condição espiritual de cada um.

V. ALGUMAS PASSAGENS "PROBLEMÁTICAS"

Às vezes, certas passagens bíblicas são interpretadas como se invalidassem a doutrina da segurança eterna. Vamos examinar algumas delas para mostrar que há, no mínimo, uma interpretação razoável que não contradiz essa doutrina.

A. Passagens que advertem sobre a substituição da graça pela Lei

Duas passagens bíblicas advertem severamente contra a tentativa de substituir o caminho da graça pelo antigo caminho da Lei. Em Gálatas 5:4, Paulo claramente declara que aqueles que tentam se justificar pela Lei "decaíram da graça". Isto é, tentar usar a Lei como base para a justificação é afastar-se da graça, que apresenta o único meio de justificação.

O mesmo tipo de advertência aparece em Hebreus 10:26-31. Nessa passagem, o escritor alerta para o fato de que, se alguém rejeitar a verdade da morte de Cristo pelo pecado, não há outro sacrifício disponível e nem outro caminho para Deus. Tal incredulidade provoca a acusação tripla detalhada no versículo 29.

B. Passagens que advertem sobre a perda das recompensas (mas não da salvação)

Paulo fala com muita clareza sobre essa possibilidade na passagem da "corrida no estádio" (1 Co 9:24-27). As corridas são disputadas pelos prêmios, e o próprio Paulo sentia necessidade de viver disciplinadamente, para que, no fim, não fosse desaprovado nem eliminado da corrida, ou seja, não perdesse sua coroa.

A ilustração do Senhor sobre a videira e os ramos basicamente ensina a mesma verdade (Jo 15:1-17). Os ramos que estão nele são os cristãos. Assim, os cristãos são exortados a permanecer nele para dar muito fruto. Permanecer significa guardar os mandamentos de Cristo (v. 10 e 1 Jo 3:24). O cristão que não "permanece", embora esteja em Cristo (salvo), perde as oportunidades e as recompensas (galardão), tanto nesta vida quanto no tribunal de Cristo. Aquele que é lançado fora, seco e queimado, não se refere à perda da salvação, mas à perda do testemunho presente e da recompensa futura.

C. Hebreus 6:1-8

Essa passagem tão debatida é interpretada de várias formas:

(1) O ponto de vista arminiano entende que as pessoas descritas são cristãos e que, na verdade, podem

perder a salvação ("caíram" do v. 6). Porém, se a passagem ensina isso, também ensina que tal pessoa que "perdeu" a salvação jamais poderá ser salva uma segunda vez, pois é "impossível outra vez renová-los para arrependimento".

(2) Outros acham que se trata dos cristãos que professam a fé e afastam-se do conhecimento da verdade ao qual foram expostos, mas que, de fato, nunca aceitaram. Segundo essa visão, a segurança eterna não está envolvida, pois os que a professam não estão salvos.

(3) Pessoalmente, entendo que se trata de pessoas nascidas de novo. As frases descritas nos versículos 5 e 6 referem-se claramente a uma experiência de conversão (cf. "iluminados", em 10:32; "provasse", em 2:9; "participantes", em 12:8). Mas eles são cristãos imaturos (5:11-14). O autor de Hebreus adverte que é impossível retornar ao início da vida cristã e começar de novo (mas se isso fosse possível, seria preciso voltar a ser incrédulo para, então, se converter). Logo, haveria apenas duas opções: permanecer assim, nesse estado de imaturidade (6:1), ou andar em direção à maturidade (6:1). Uma vez que o estado presente não é desejável, então essa passagem é uma advertência para seguirmos adiante na vida cristã. Esse aviso é similar ao do professor que diz aos alunos: "Uma vez matriculados, é impossível para vocês, alunos, voltarem o relógio e começar o curso de novo (o que não pode ser feito, mas que precisaria ocorrer caso alguém quisesse voltar ao princípio)". E ele prossegue: "Portanto, sigam em frente e aprendam mais".

As advertências contra a imaturidade e a ausência de frutos são severas e têm graves conseqüências. Mas isso não inclui o inferno e a perda da vida eterna. Paulo exultou na confiança de que nada (e isso necessariamente inclui a própria pessoa) poderá nos separar do amor de Deus, que está em Jesus Cristo (Rm 8:38,39). E ele novamente diz: "se somos infiéis, ele permanece fiel, pois de maneira nenhuma pode negar-se a si mesmo" (2 Tm 2:13). A coerência do caráter de Deus é a garantia da salvação eterna.

1. NICHOLS, James (trad.). *The Works of James Arminius*. Auburn: Derby and Miller, 1853, v. 1, p. 248.
2. Ibid., v. 1, p. 254.

58

O QUE É O EVANGELHO?

Existe uma grande confusão sobre o conteúdo e a apresentação do evangelho da graça de Deus. Alguns não o apresentam de forma pura; outros não o fazem de forma clara; e outros, ainda, não são sinceros. Mas como Deus é gracioso, apesar de nosso testemunho imperfeito, muitas vezes nos dá luz e fé.

I. ALGUMAS FALÁCIAS NA APRESENTAÇÃO DO EVANGELHO

A. O principal objetivo do evangelho não é falar do pecado

Não há boas novas para quem não sente necessidade delas, e sem que haja compreensão do pecado, ninguém terá a sensação de que precisa de salvação. O pecado possui muitos sintomas capazes de alertar uma pessoa contra o problema básico (o próprio pecado). Portanto, a apresentação do evangelho pode concentrar-se na falta de alegria ou de paz, ou ainda na necessidade de a pessoa receber ajuda para resolver problemas. Porém, esses são apenas sintomas do pecado, que nos afasta de Deus.

Mas a verdade é que ninguém precisa ser salvo para ter alegria, paz ou a solução de seus problemas. A salvação é necessária para que seus pecados sejam perdoados. Não é a falta de alegria que impede as pessoas de irem para o céu. É o pecado. Somente a crença no evangelho resolve o problema do pecado.

B. Existem evangelhos diferentes para faixas etárias diferentes

Não existe um evangelho diferente para as crianças, outro para os jovens e um terceiro para os adultos. Tampouco um para os que não freqüentam a igreja e outro para os que freqüentam. Existe somente um evangelho. É verdade que existem maneiras diferentes de explicar o evangelho para grupos diferentes, mas se o conteúdo não for o mesmo, apresentações diferentes podem criar evangelhos diferentes. O uso de vocabulário distinto pode ser indicado, mas essas palavras distintas devem pregar o mesmo evangelho.

C. A verdade não é somente o que está na Palavra de Deus

A experiência pode confirmar ou negar uma verdade. Contudo, não pode criar uma verdade infalível. A arqueologia tampouco pode fazer isso. Nem mesmo o cumprimento das profecias é capaz disso, pois as profecias bíblicas eram verdadeiras mesmo antes de serem cumpridas. A apologética também é incapaz de tal feito. Esses argumentos têm seu lugar, mas somente encontramos a verdade absoluta na Palavra de Deus. Assim como os apóstolos, devemos pregar a Palavra (At 13:5) e argumentar com base nas Escrituras (At 17:2).

D. Nossa sabedoria convencerá as pessoas

É o ministério de convencimento do Espírito que deve estabelecer a verdade do evangelho para as pessoas não-salvas. Ele oferece a luz para que reconheçam que é a verdade (quer creiam, quer não). Porém, lembre-se de que nossa sabedoria não é capaz de fazer isso. Somente o Espírito poderá convencê-la. Claro, nossa apresentação deve ser bem preparada e bem-feita, mas apenas isso não garantirá que a pessoa seja convencida. Deus precisa agir.

E. Nosso charme irá assegurar os resultados

Até onde depender de nós, não devemos ofender a outros pela maneira como nos vestimos, falamos ou pelo que nossa cultura transmite. Porém, quando pregamos o evangelho, também anunciamos o escândalo da cruz (Gl 5:11). A mensagem é uma pedra de tropeço, mas o mensageiro não precisa ser. E mesmo que ele não seja, isso não assegura os resultados. Nosso charme não convencerá ninguém.

F. Os procedimentos geram conversões

Os procedimentos geram resultados, mas os resultados nem sempre são sinônimos de conversões. A pressão pode produzir resultados, a música tem o poder de hipnotizar, o cenário é capaz de estimular, as histórias até emocionam, mas nada disso necessariamente gera conversões. Eis um bom teste para qualquer mensagem do evangelho: o pregador deu aos ouvintes algo para que acreditem ou não? Disse a eles o que precisava ser feito ou não?

II. ALGUMAS FALÁCIAS AO ANUNCIAR O CONTEÚDO DO EVANGELHO

A. O acréscimo do batismo

Embora seja uma importante ordenança bíblica, o batismo não faz parte do evangelho. Incluí-lo como parte integrante do evangelho é o mesmo que acrescentar obras à graça de Deus. Contudo, algumas pessoas entendem que certos versículos mostram o batismo como um requisito à salvação. Vamos analisar alguns deles.

1. *Marcos 16:16.* O final "original" do Evangelho de Marcos é objeto de muito debate. Não temos certeza de

que o versículo 16 fazia parte do encerramento genuíno do texto. Na melhor das hipóteses, não seria sábio basear uma doutrina no conteúdo dos versículos 9-20. No entanto, também é possível que, se o versículo 16 realmente faz parte do texto inspirado, a referência seja ao ministério de batismo exercido pelo Espírito. Afinal, o Senhor teria anunciado Marcos 16:16 na mesma época em que anunciou Atos 1:5 (a respeito do ministério batizador do Espírito).

2. *Atos 2:38*. Aqueles que defendem que o batismo regenera entendem que esse versículo ensina que o arrependimento e o batismo resultam no perdão dos pecados. Na época do Novo Testamento, o batismo era inquestionavelmente uma prova clara de conversão, seja ao judaísmo (vide a mensagem de João Batista) ou ao cristianismo. A recusa em ser batizado levantava uma séria dúvida a respeito da sinceridade da fé. Portanto, quando a multidão de judeus perguntou a Pedro o que deviam fazer, naturalmente disse que deveriam arrepender-se (mudar de idéia em relação a Jesus de Nazaré) e ser batizados (dar uma prova clara dessa mudança).

Embora seja verdade que, exegeticamente, esse texto possa ser entendido como um anúncio de que o batismo é "para" (*eis*) o perdão dos pecados, é igualmente verdade que ele não ocorre "para o" perdão, mas sim "por causa do" perdão (que já ocorreu no momento do arrependimento). A preposição *eis* é claramente usada com esse significado em Mateus 12:41 – eles se arrependeram (devido à, por causa da) com a pregação de Jonas. Certamente esse versículo não pode significar que eles se arrependeram em conseqüência da pregação de Jonas. Portanto, podemos entender que Atos 2:38 afirma que as pessoas deveriam arrepender-se e, então, ser batizadas, porque seus pecados já foram perdoados.[1]

3. *Atos 22:16*. Este versículo contém quatro partes: (a) "Levanta-te" (no original é um gerúndio, levantando); (b) "recebe o batismo" (imperativo); (c) "lava os teus pecados" (outro imperativo); e (d) "invocando o nome dele" (outro gerúndio). Para fazer com que esse versículo ensine o batismo como algo necessário para a salvação, é preciso ligar as partes (b) e (c), receber e lavar. Mas não estão ligados entre si; na verdade, cada um desses mandamentos está ligado a um gerúndio. É necessário levantar antes de ser batizado e invocar antes que os pecados sejam lavados. Logo, esse versículo deveria ser lido da seguinte maneira: "Levantando, recebe o batismo e lava os teus pecados, invocando o nome do Senhor". Quando entendido corretamente, conclui-se que ele não ensina que o batismo regenera.

B. O arrependimento mal compreendido

Arrependimento significa mudança verdadeira de idéia que afeta a vida de alguma maneira. Assim como outros termos teológicos importantes, deve ser definido de maneira específica ao se fazer outra pergunta. Ou seja, mudar de idéia em relação a quê? As pessoas não-salvas podem arrepender-se verdadeiramente, mas não ser salvas. Isso acontece, por exemplo, quando alguém muda de idéia em relação a um mau hábito e resolve acabar com ele. Os cristãos podem arrepender-se de pecados específicos e parar de cometê-los (Ap 2:5; 2 Co 7:9 – observe, nesse versículo, que a tristeza leva ao arrependimento, mas não é necessariamente igual a arrependimento).

As pessoas não-salvas podem arrepender-se e ser salvas. Contudo, esse arrependimento precisa envolver mudança do que se pensa em relação a Jesus Cristo. Então, não importa o que a pessoa achava dele antes, desde que mude de idéia e passe a confiar nele como seu Salvador. Esse é o único tipo ou aspecto de arrependimento que pode salvar (At 2:38; 17:30; 2 Pe 3:9). No entanto, o arrependimento para a salvação pode ser precedido do arrependimento em relação ao pecado (o que ativa o senso individual da necessidade de perdão) ou de um arrependimento em relação a Deus (o que alerta para o fato de que ofendeu um Deus santo e, portanto, precisa de perdão). Esse aspecto do arrependimento (como Jo 16:8-11) não é suficiente para salvar, a menos que seja acompanhado pela fé em Cristo (At 20:21).

C. Afirmar que a submissão ao senhorio de Cristo faz parte do evangelho

1. *A questão.* A questão é apenas esta: para ser salva, a pessoa precisa tornar Cristo o Senhor de sua vida ou estar disposta a isso? Uma resposta positiva a essa questão é expressa desta maneira:

> A visão de senhorio afirma expressamente a necessidade de reconhecer Cristo como Senhor e mestre de nossa vida no momento em que o aceitamos como Salvador. Esses não são atos diferentes, em seqüência (ou passos sucessivos), mas um único ato de fé pura e que revela confiança. Pouco conhecimento teológico é necessário para discernir as diferenças básicas entre a visão de senhorio e a que não inclui o senhorio na apresentação do evangelho.[2]

Seguindo a mesma linha, Arthur W. Pink escreveu:

> Algo além de "acreditar" é necessário para a salvação. Um coração blindado de rebelião contra Deus não pode crer para a salvação, pois primeiro precisa ser quebrantado. [...] Ninguém pode aceitar Cristo como Salvador e, ao mesmo tempo, *rejeitá-lo como Senhor!* É correto o pregador acrescentar que a pessoa que aceita Cristo também deveria submeter-se a ele como Senhor. Mas não pode estragar tudo ao afirmar que, embora o convertido não consiga fazê-lo, o céu está assegurado para ele. Essa é uma das mentiras do diabo.[3]

De maneira simples, a pergunta é esta: a falta de compromisso com o senhorio de Cristo, ao longo dos anos, na vida de uma pessoa implica a ausência de fé salvadora? Ou, como

James Boice perguntou: "A 'fé' sem compromisso é uma fé verdadeiramente bíblica?"[4] O próprio Boice responde que não.

Observe que a questão não é se o cristão pecará ou se produzirá frutos. Todos os que crerem darão frutos ao longo de sua vida cristã. Tampouco se trata de o cristão escolher quem irá direcionar sua vida. Essa é uma questão essencial para o crescimento espiritual, e alguns aparentemente a decidem no momento em que crêem e outros não. A questão é: o compromisso de vida é uma parte necessária da fé e também do evangelho?

2. *Alguns exemplos*. A Bíblia apresenta alguns exemplos claros de pessoas salvas, mas não tinham um compromisso firmado. Esses não são exemplos apenas de pecados cometidos após a salvação (embora possam ser incluídos), porém demonstram uma fé salvadora sem compromisso.

Lembre-se da vida de Ló. Dificilmente poderia ser considerado um exemplo de compromisso. Mesmo assim, o Novo Testamento afirma que Ló era "justo" (2 Pe 2:7). Se tivéssemos apenas o registro do Antigo Testamento, poderíamos questionar seriamente se ele era considerado justo diante de Deus.

Observe também as condições de vida dos cristãos de Éfeso. Paulo ministrou naquela cidade durante mais de dois anos. Alguns acreditam que isso ocorreu no início de seu ministério, outros dizem que foi no final. Seja como for, converteram-se e abandonaram um estilo de vida que incluía a devoção à deusa Diana no templo em Éfeso. Depois de crer no Senhor, muitos, se não a maioria, desses fiéis (At 19:18 afirma, inegavelmente, que eram convertidos) continuavam com suas práticas supersticiosas. Seria inocência pensar que não soubessem que isso era erradas quando aceitaram Cristo, e durante dois anos muitos deles continuaram a fazer uso delas. Somente no final do ministério de Paulo em Éfeso, esses cristãos finalmente foram convencidos de que aquilo era pecado e queimaram seus livros de magia. Então, podemos dizer que, teologicamente, havia pessoas em Éfeso que se tornaram crentes em Jesus sabendo que deveriam abolir o uso de magia, mas que não o fizeram (alguns somente depois de dois anos) e, mesmo assim, eram nascidas de novo. Sua salvação não dependia da fé aliada à submissão ao senhorio de Cristo sobre seu envolvimento com a magia.

3. *Algumas observações*. Esse ensino sobre o senhorio não consegue fazer uma distinção entre salvação e discipulado. Por isso, acaba fazendo exigências de discipulado para que a pessoa seja salva. Nosso Senhor diferenciava as duas coisas (Lc 14:16-33). Esse ensino ressalta um dos vários aspectos da pessoa de Cristo (mestre de nossa vida) como algo que faz parte do evangelho. Mas por que não pedir fé nele como rei? Ou no fato de que é o juiz de todos ou de que ele era o Criador? Embora meu ponto de vista tenha sido rotulado de "fé fácil", crer não é simples assim. Afinal, o que pedimos ao ímpio não é fácil. Queremos que ele acredite que alguém que viveu 2 mil anos atrás, e

somente pode ser conhecido pela Bíblia, é capaz de perdoar seus pecados. Pedimos que ele coloque seu destino eterno em jogo com base apenas nisso. Lembre-se do exemplo do evangelista Jesus. Não pediu que a mulher samaritana corrigisse sua vida pecaminosa, nem mesmo que se dispusesse a isso para que fosse salva. Não disse quais mudanças esperava que ela fizesse em sua vida se decidisse crer. Simplesmente falou que ela precisava saber quem ele era e pedir para receber o dom da vida eterna (Jo 4:10).[5]

1. Veja ROBERTSON, A. T. *Word Pictures in the New Testament.* Nova York: Harper, 1930, v. 3, pp. 35,6.
2. GENTRY, K. L. The Great Option: A Study of the Lordship Controversy. *Baptist Reformation Review* n. 5, Primavera, 1976, v. 5, p. 52.
3. PINK, Arthur W. *Present-Day Evangelism.* Swengel, PA: Bible Truth Depot, s/d, pp. 14,5.
4. BOICE, James M. The Lord Christ. *Tenth,* out. 1980. v. 10, p. 8 e The Meaning of Discipleship, *Moody Monthly*, fev. 1986, pp. 34-7.
5. Veja RYRIE, Charles. *Balancing the Christian Life.* Chicago: Moody, 1969, pp. 169-81 e *So Great Salvation*. Chicago: Moody, 1997.

Parte 11

O Espírito Santo

59

Quem é o Espírito Santo?

Muitas pessoas chamaram o século xx de o "século do Espírito Santo". O surgimento e a disseminação do pentecostalismo, que dá uma ênfase maior nos ministérios do Espírito Santo, e o fortalecimento da ênfase do dispensacionalismo nas obras do Espírito são característicos dessa era. A preocupação desse século com a evangelização do mundo também destacou a necessidade de se conhecer o poder do Espírito para conseguir isso. Ainda que essa atenção dada à operação do Espírito Santo tenha sido uma coisa boa, nem sempre ela foi guiada pelas Escrituras. Por isso, hoje em dia existe uma necessidade ainda maior de dar uma atenção especial ao ensinamento bíblico sobre o assunto.

I. ELE É UMA PESSOA

A negação de que o Espírito é uma Pessoa pode assumir formas diversificadas. Por exemplo, quando se afirma que ele é a personificação de um "poder" – muito parecido com a idéia de que Satanás é a personificação do mal. A negação de sua personalidade ocorreu ao longo de toda a história da Igreja. Primeiro foram os monarquianos, depois vieram os arianos, os sociniamos e hoje em dia são os unitarianos, liberais e alguns teólogos neo-ortodoxos. Mas existem muitas evidências na Bíblia que provam que ele é uma Pessoa.

A. Ele possui e demonstra os atributos de uma Pessoa

1. *É inteligente.* O Espírito conhece e busca as coisas de Deus (1 Co 2:10,11). Tem mente própria (Rm 8:27); é capaz de ensinar as pessoas (1 Co 2:13).

2. *Tem emoções.* Pode ser entristecido pelas atitudes pecaminosas dos cristãos (Ef 4:30 – uma força não pode ficar triste).

3. *Tem vontade própria.* Ele a utiliza para distribuir dons ao Corpo de Cristo (1 Co 12:11). Também direciona as atividades dos cristãos (At 16:6-11).

Uma personalidade genuína possui inteligência, sentimentos e vontade própria. O Espírito possui esses atributos. Logo, logicamente deve ser uma Pessoa.

B. Tem atitudes de uma Pessoa

1. *Guia-nos à verdade ao ouvir, falar e anunciar* (Jo 16:13).

2. *Convence do pecado* (Jo 16:8).

3. *Realiza milagres* (At 8:39).

4. *Intercede* (Rm 8:26).

Essas são atividades que uma mera influência ou personificação de poder não poderiam fazer, mas as Escrituras revelam que o Espírito Santo é capaz de realizá-las.

C. Ele recebe atribuições que somente uma pessoa poderia receber

1. *Deve ser obedecido* (At 10:19-21).

2. *Pode-se mentir a ele* (At 5:3).

3. *Pode ser resistido* (At 7:51).

4. *Pode ser entristecido* (Ef 4:30).

5. *Pode-se blasfemar contra ele* (Mt 12:31).

6. *Pode ser ultrajado* (Hb 10:29).

É incoerente pensar que poderíamos fazer isso a um poder ou que uma influência reagiria dessa maneira.

D. Ele se relaciona de modo pessoal com os seres humanos

1. *Com os apóstolos*. Ele se relacionava com os apóstolos de maneira a demonstrar sua personalidade distinta (At 15:28). Ele é uma Pessoa, como eles eram pessoas; embora o Espírito seja um ser distinto que pode ser identificado.

2. *Com Jesus*. A relação que tinha com Jesus quando estava na Terra demonstra que possui uma personalidade própria. O Espírito é distinto de Jesus (Jo 16:14).

3. *Com os outros membros da Trindade*. Ele se relaciona de igual para igual com as outras pessoas da Trindade (Mt 28:19; 2 Co 13:14).

4. *Com seu próprio poder*. O Espírito relaciona-se com seu próprio poder, mas pode ser distinto dele. Portanto, concluímos que não é somente uma personificação desse poder (Lc 4:14; At 10:38; 1 Co 2:4).

E. Uma consideração gramatical

Muitas vezes, os autores do Novo Testamento usam um pronome pessoal masculino para se referir ao Espírito. Apesar de a palavra grega para Espírito ser neutra em gênero, várias vezes empregam-se pronomes masculinos para substituir o substantivo neutro, o que contraria todas as regras normais de gramática, mas indica a personalidade do Espírito (veja Jo 16:13,14; 15:26; 16:7,8).

Todos esses argumentos levam-nos à conclusão de que o Espírito Santo, embora seja um ser espiritual, é uma Pessoa tão real quanto o Pai, o Filho e nós.

II. ELE É DEUS

O Espírito não é apenas uma Pessoa; é uma Pessoa singular, pois é Deus. Provas de personalidade não são, necessariamente, provas de divindade; mas provas de divindade também são provas de personalidade. Se Deus é uma Pessoa, e o Espírito também é Deus, então ele também é uma Pessoa.

A. Seus nomes comprovam a sua divindade

Os nomes divinos revelam sua divindade. Por 16 vezes, ele é relacionado às outras duas pessoas da Trindade pelo nome (At 16:7 – "o Espírito de Jesus" e 1 Co 6:11 – o "Espírito do nosso Deus").

Além disso, nosso Senhor prometeu enviar "outro Consolador"(Jo 14:16). No original, a palavra para indicar "outro" aqui realmente significa outro, mas alguém do mesmo tipo. Ou seja, se Cristo é Deus, então o Espírito, o "outro Consolador", do mesmo tipo, também é Deus.

B. Seus atributos pertencem somente a Deus

Como já vimos, o Espírito possui atributos que mostram que ele realmente é uma Pessoa. Porém, também possui atributos que somente Deus tem, comprovando que é divino. Esses atributos são: onisciência (Is 40:13; 1 Co 2:12), onipresença (Sl 139:7) e onipotência pela virtude de sua obra na criação (Jó 33:4; Sl 104:30).

Ele também é verdade, amor, doador da vida, mas o homem também pode ser essas coisas de certa maneira.

C. Ao Espírito são atribuídas obras que somente Deus pode realizar

1. *Foi a causa do nascimento virginal* (Lc 1:35).

2. *Foi o agente que inspirou as Escrituras* (2 Pe 1:21).

3. *Estava envolvido na criação do mundo* (Gn 1:2). Aqui, como nos outros usos de "Espírito de Deus" no Antigo Testamento, podemos perguntar se as referências são claramente à terceira Pessoa da Trindade ou a Deus como Espírito (que ele é). H. C. Leupold, comentando o versículo 2, apresenta uma resposta a essa pergunta após muita reflexão:

> Nada mais além do Espírito Santo está sendo considerado aqui. [...] Pode ser necessária a luz total da revelação do Novo Testamento para nos capacitar a discernir que o Espírito de Deus, citado aqui, é o mesmo que o Novo Testamento chama de Espírito Santo. No entanto, tendo essa luz, não precisamos hesitar em acreditar que ela lança uma clara luz sobre o uso dessa expressão no Antigo Testamento. [...] Não parece razoável admitir que o Espírito da inspiração tenha revelado as palavras que descrevem sua atuação de maneira tal que, quando surgiu a totalidade do Novo Testamento, todas as declarações concernentes ao Espírito estejam em perfeita harmonia com sua revelação posterior?[1]

D. Sua relação com as outras pessoas da deidade demonstra sua divindade

1. *O Espírito como Jeová.* O Novo Testamento identifica o Espírito como o Jeová do Antigo Testamento, especialmente quando cita uma passagem do Antigo Testamento em que Deus fala e atribui isso ao Espírito (cf. At 28:25-27 com Is 6:8-10 e Hb 10:15-17 com Jr 31:31-34). Essa é uma forte evidência de que os autores

do Novo Testamento consideravam que o Espírito era Deus.

2. *Espírito e Deus*. Blasfemar contra o Espírito e mentir para ele equivale a fazer as mesmas coisas para Deus (Mt 12:31,32; At 5:3,4).

3. *Igualdade*. O Espírito é associado em termos de igualdade com o Pai e o Filho (Mt 28:19; 2 Co 13:14). A referência de Mateus para que tudo fosse feito em "nome" (no singular) fortalece esse argumento. Ou seja, os três têm um nome em comum.

O Espírito Santo é uma Pessoa, e ele é Deus.

---

1. Leupold, H. C. *Exposition of Genesis*. Columbus: Wartburg, 1942, pp. 49,50.

60

O ESPÍRITO SANTO NO ANTIGO TESTAMENTO

As cerca de 100 referências feitas ao Espírito de Deus no Antigo Testamento dão evidência de sua obra durante esse período. Contudo, nem todos concordam que elas tratam da terceira Pessoa da Trindade. P. K. Jewett, por exemplo, acredita que, no Antigo Testamento, o Espírito Santo nunca é usado para indicar "uma pessoa distinta do Pai e do Filho", mas sim, "a natureza divina vista como uma energia vital".[1] Embora seja verdade que o Antigo Testamento não revela a doutrina da Trindade, parece demonstrar que o Espírito é uma Pessoa, não uma simples força ou energia (Sl 104:30). Leon Wood observou corretamente que "também é importante reconhecer que a questão da identidade no Antigo Testamento não está tão ligada ao que as pessoas pensavam sobre esse membro da Deidade, mas sim à intenção de Deus, que inspirou os autores".[2] Pelo Novo Testamento, sabemos que Deus agia no período do Antigo Testamento usando o Espírito Santo (At 7:51; 2 Pe 1:21).

I. A OBRA DO ESPÍRITO NA CRIAÇÃO

A. A evidência

Sete versículos falam dos diversos aspectos da obra do Espírito na criação. São eles: Gênesis 1:2; Jó 26:13 (?); 27:3; 33:4; Salmos 33:6; 104:30 e Isaías 40:12-14. Embora alguns pensem que essas não são referências claras ao Espírito, na verdade não há bons motivos para desconsiderá-las. Contudo, deve ser observado que, em certas traduções, alguns desses versículos dizem "sopro" em vez de "Espírito", pois no original esse é um dos sentidos da palavra.

B. Sua atividade

O Espírito estava envolvido no planejamento geral do universo (Is 40:12-14).

Também estava ativo na criação das estrelas do céu (Sl 33:6).

O Espírito participou da criação da Terra (Gn 1:2). A palavra "paira-va" (ARA) (que no original é usada novamente apenas em Dt 32:11, com a tradução de "voejar", e em Jr 23:9

como "estremecer") significa que o Espírito estava sobre a Terra e cuidava do planeta, que ainda não era habitado.

O Espírito operou na criação dos animais (Sl 104:30) e na criação do homem (Jó 27:3; 33:4). Portanto, a extensão de suas atividades incluía todos os aspectos básicos da criação.

II. A OBRA DO ESPÍRITO NA REVELAÇÃO E NA INSPIRAÇÃO

Tanto o Antigo quanto o Novo Testamento ensinam claramente que o Espírito Santo foi o agente da revelação e do registro da mensagem de Deus no Antigo Testamento.

Pedro faz a declaração mais inclusiva sobre essa questão em 2 Pedro 1:21. As profecias não surgiram de acordo com a vontade humana, mas os autores foram tomados ou conduzidos pelo Espírito. O mesmo verbo aparece nas duas partes do versículo, indicando que não era algo gerado pela vontade do homem, mas sim pelo Espírito de Deus. Os homens que escreveram serviam como agentes, mas sua vontade não controlava nem interferia no que Deus desejava comunicar; era o Espírito quem os conduzia.

Versículos específicos do Antigo Testamento, como 2 Samuel 23:2 e Miquéias 3:8, indicam que o Espírito falava por meio dos profetas.

Além disso, o Novo Testamento atribui certas citações do Antigo Testamento ao Espírito, embora tenham sido feitas por pessoas. Quando debatia com os fariseus, Cristo citou o Salmo 110, que ele reconhecia ter sido escrito por Davi, mas foi dado pelo Espírito (Mt 22:43,44). Pedro citou o Salmo 41 em ligação com a substituição de Judas e disse que o Espírito havia previsto o que aconteceria com Judas pela boca de Davi (At 1:16,17). Posteriormente, Pedro também disse que o Salmo 2 fora dado "por intermédio do Espírito Santo, por boca de Davi, nosso pai" (At 4:25). Paulo também citou passagens do Antigo Testamento e atribuiu sua autoria ao Espírito Santo (At 28:25-27 de Is 6:9,10), e o autor de Hebreus fez o mesmo em duas passagens da epístola (Hb 3:7-11; 10:15,16). Assim, fica claro que essas referências do Novo Testamento indicam que o Espírito Santo agiu ao comunicar a verdade de Deus na época do Antigo Testamento.

III. A OBRA DO ESPÍRITO EM RELAÇÃO AO HOMEM

O ministério do Espírito em relação às pessoas no Antigo Testamento não era igual ao que passamos a conhecer depois de Pentecostes. Independentemente de como ele operava antes, o Senhor deixou bem claro que seria diferente após o dia de Pentecostes. Observe como o Senhor falou repetidas vezes sobre a "vinda" do Espírito (que já estava presente) na conversa que teve com os discípulos no cenáculo (Jo 15:26; 16:7,8,13). Isso indica que o Espírito estava agindo naquele momento e, também, que sua obra passaria a ter um caráter diferenciado depois de Pentecostes. O Senhor resumiu esse contraste dizendo que o Espírito "habita [verbo no presente] convosco [entre vocês, *para* no original] e estará [verbo no futuro] em [dentro de, *en* no grego] vós" (Jo 14:17). Embora uma leitura alternativa possa ser feita do verbo na segunda parte (i. e., "está em vós"), a maioria dos eruditos entende que a idéia é futura.

Isso marca o contraste entre o ministério do Espírito na ocasião em que o Senhor falou essas palavras e seu ministério futuro (após o Pentecostes). Buswell, desejando ressaltar esse contraste, traduz a preposição grega *en* por "entre". Isso faz com que a promessa signifique que o Espírito estaria na companhia dos discípulos. Ele reconhece que a construção poderia significar "em vocês individualmente".[3] Muitos comentaristas simplesmente parecem não identificar qualquer distinção nessa passagem. O comentário de F. Godet vai direto ao ponto:

> A operação preparatória do Espírito sobre os discípulos é expressa pelas palavras: *"Ele habita convosco";* e a relação mais íntima que eles podem ter com o Espírito no Pentecostes é "[Ele] *estará em vós"*. Logo, devemos ter cuidado para não ler, como faz a Vulgata, *menei* no futuro, "Ele deverá habitar" na primeira proposição, nem fazer como certos alexandrinos, *esti, is*, na segunda. O significado dessa frase consiste em uma antítese do presente "habita" (compare com *menon*, no v. 25) e o tempo futuro. O contraste dessas duas partes "com vós" (compare com *par' humin* no v. 25) e "em vós" corresponde exatamente a esses verbos.[4]

Com esse contraste em mente, tentaremos delinear e sistematizar o que o Espírito fez pelas pessoas durante o Antigo Testamento.

A. A natureza da sua atuação

Três palavras parecem explicar o ministério do Espírito para as pessoas no Antigo Testamento.

1. *Estava em certas pessoas.* Faraó reconheceu que o Espírito estava em José (Gn 41:38). Provavelmente, Faraó não entendia que se tratava do Espírito Santo, mas a revelação posterior parece ter deixado isso claro. O Espírito estava em Josué e, por isso, Deus o escolheu (Nm 27:18). O Espírito estava em Daniel (Dn 4:8; 5:11-14; 6:3). Nesses casos, a preposição hebraica usada era *beth* "em, dentro de".

2. *Vinha sobre certas pessoas.* A preposição usada no hebraico para descrever isso é *al.* Várias pessoas experimentaram esse ministério do Espírito (Nm 24:2; Jz 3:10; 6:34; 11:29; 13:25; 1 Sm 10:10; 16:13; 2 Cr 15:1). Dentre elas, estavam alguns juízes, Saul e os profetas Balaão e Azarias.

3. *Ele encheu Bezalel* (Êx 31:3; 35:31). Essa parece ter sido uma capacitação especial para orientar os artífices enquanto trabalhavam na construção do tabernáculo.

B. A extensão de sua atuação

1. *Limitada a um povo.* Após Deus ter escolhido Israel para ser seu povo, a obra do Espírito estava primordialmente com eles (provavelmente somente com aquele grupo de pessoas). Israel, obviamente, era uma

nação espiritualmente heterogênea, composta de judeus fiéis e infiéis. Mesmo assim, o Espírito ministrava para toda a nação, estando presente e guiando o povo (Ne 9:20; Is 63:10, 11,14). Esse parecia ser o relacionamento geral. Aparentemente, o Espírito possuía uma relação mais íntima com alguns membros da nação (veja o ponto anterior e Nm 11:29).

No entanto, não temos uma revelação clara do ministério do Espírito fora de Israel. Gênesis 6:3 parece ser uma exceção, caso esse versículo indique que o Espírito julgou a humanidade por sua maldade nos dias de Noé. Mas esse versículo pode ser apenas um alerta de que o espírito humano que Deus colocou sobre os homens não estaria com eles para sempre, pois a humanidade seria eliminada no dilúvio. Não há indicação clara de que o Espírito convenceu o mundo do pecado na época do Antigo Testamento (do mesmo modo que faz hoje, Jo 16:8). Além disso, nenhuma outra nação desfrutava de sua presença como Israel. Segundo entendemos pelo que foi revelado, o ministério do Espírito era para Israel e para os judeus que lá viviam.

2. *Limitada a certos tipos de ministério.* Como foi dito acima, não encontramos um ministério de convicção geral, não havia a habitação nem capacitação como passamos a conhecer após o Pentecostes (Jo 7:37-39). Também não havia selo e, certamente, não havia batismo (ele ainda é futuro em At 1:5). A regeneração do Espírito não é mencionada especificamente, embora alguns pensem que o Espírito regenerava no Antigo Testamento. As Escrituras dão evidência de que alguns santos tinham conflitos interiores causados pela presença da natureza carnal e de algo novo.

3. *Limitada a um tempo.* O Espírito capacitou Sansão e, depois, o abandonou (Jz 13:25; 16:20). O Espírito veio sobre Saul e, posteriormente, saiu dele (1 Sm 10 :10; 16:14). Ao que parece, não havia garantia da presença permanente do Espírito na época do Antigo Testamento.

Talvez pudéssemos fazer uma analogia entre o ministério do Espírito e a graça no Antigo Testamento. Ambos estavam presentes durante esse período, mas o Espírito que operava no Antigo Testamento viria a desempenhar um ministério novo e mais abrangente após o Pentecostes, do mesmo modo que as demonstrações de graça no Antigo Testamento eram mínimas se comparadas com a graça que abundou no mundo quando Cristo veio (Jo 1:17; Tt 2:11).

1. JEWETT, P. K. Holy Spirit. *The Zondervan Pictorial Encyclopedia of the Bible*. Grand Rapids: Zondervan, 1975, v. 3, p. 184.
2. WOOD, Leon. *The Holy Spirit in the Old Testament*. Grand Rapids: Zondervan, 1976, p. 19.
3. BUSWELL, J. Oliver. *A Systematic Theology of the Christian Religion*. Grand Rapids: Zondervan, 1962, v. 1, p. 115.
4. GODET, F. *Commentary on the Gospel of St. John*. Edinburg: T. & T. Clark, 1881, v. 3, p. 141.

61

O Espírito Santo na vida de nosso Senhor

I. O NASCIMENTO DE CRISTO

O Espírito Santo estava envolvido na concepção de nosso Senhor no útero da virgem Maria. O resultado disso foi sua encarnação (Lc 1:35).

II. A VIDA DE CRISTO

A. Aspectos do ministério do Espírito

1. *Cristo foi cheio do Espírito* (Lc 4:1). A palavra usada nessa passagem indica que essa era uma característica de sua vida (como em At 6:3,5). Não foi algo momentâneo, mas um relacionamento que ele desfrutou durante toda sua vida.

2. *Cristo foi ungido pelo Espírito* (Lc 4:18; At 4:27; 10:38; Hb 1:9). Essa unção significava que ele era o Messias (o Ungido) e que foi capacitado para o ministério profético.

3. *Cristo exultou no Espírito* (Lc 10:21). Essa foi uma das evidências de que ele estava cheio do Espírito.

4. *Cristo foi capacitado pelo Espírito durante toda a vida.* Isso foi profetizado por Isaías (Is 42:1-4; 61:1,2) e experimentado por Jesus de Nazaré em seu ministério de pregação (Lc 4:18) e na realização de milagres (Mt 12:28).

B. As áreas do ministério do Espírito

1. *O ministério do Espírito na vida de nosso Senhor estava relacionado a seu ofício de profeta.* No início de seu ministério público, ele declarou que o Espírito Santo estava sobre ele para proclamar "o ano aceitável do Senhor" (Lc 4:18).

2. *O ministério do Espírito também o capacitou a realizar alguns de seus milagres.* Sem dúvida, alguns dos milagres de Jesus foram realizados pelo poder do Espírito. Essa afirmação provocou o incidente em relação ao pecado imperdoável (Mt 12:28,31). Jesus também restaurou a visão aos cegos, porque o Espírito estava sobre ele (Lc 4:18). No Antigo Testamento, dar vista aos cegos era uma prerrogativa exclusiva de Deus (Êx 4:11; Sl 146:8) e algo que somente o Messias poderia fazer (Is 29:18; 35:5; 42:7). Portanto, quando o Senhor restaurou a visão aos cegos, estava dando uma

clara demonstração de que ele era o Messias que Israel tanto esperava. Parece lógico que o ministério do Espírito (unção e capacitação) estivesse ligado a esse tipo de milagre, que demonstrava ser Jesus o Messias ungido.

Não há relato algum, em todo o Antigo Testamento, de um cego recobrando a visão. Nenhum dos discípulos de Jesus conseguiu restaurar a visão de alguém. Somente a menção à participação de Ananias no momento em que Paulo voltou a enxergar possui alguma relevância. Porém, isso foi diferente daquilo que nosso Senhor realizou ao fazer gente que jamais havia enxergado passasse a ver. Portanto, quando Cristo entrou na história humana e fez com que tantos cegos passassem a enxergar, deu uma forte comprovação de seu messianismo.

Existem mais milagres de Cristo registrados nessa categoria do que em qualquer outra. Mateus relata a cura de dois cegos em particular (9:27-31), a cura generalizada de cegos (11:5) e a cura de pessoas cegas que resultou no pecado imperdoável (12:22), além de um número não específico de cegos curados (15:30) e a cura de pessoas cegas no templo no Domingo de Ramos (21:14). Marcos registra a abertura dos olhos de um cego em Betsaida (8:22-26) e a restauração da visão de Bartimeu e de seu amigo em Jericó (10:46-52, também registrado em Mateus e em Lucas). João registrou a cura de um homem que nasceu cego (cap. 9). Tudo isso ocorreu pelo poder do Espírito.

Mas alguns dos milagres de nosso Senhor evidentemente foram feitos por seu próprio poder inerente de Deus-homem. Vejamos alguns exemplos: a mulher com o fluxo de sangue (Mc 5:30). A cura do paralítico que foi descido pelo telhado por seus amigos é atribuída ao poder do Senhor (Lc 5:17). A cura generalizada de uma multidão após a escolha dos discípulos foi resultado de seu próprio poder (Lc 6:19). Aqueles que foram prendê-lo no jardim do Getsêmani caíram por terra no momento em que sua divindade foi demonstrada, quando disse: "Eu Sou" (Jo 18:6).

Alguns diriam que esses milagres foram atribuídos a Cristo, mas, na verdade, ele foi capacitado pelo Espírito que habitava nele. Embora isso possa ser verdade, não parece ser a maneira natural de ler esses textos. Portanto, é melhor reconhecer que ele realizou alguns de seus milagres pelo poder do Espírito (especialmente os que comprovavam sua alegação de ser o Messias ao restaurar a visão aos cegos) e alguns por seu próprio poder.

C. O conflito em relação ao ministério do Espírito

Mateus 12:22-37 e Marcos 3:22-30 registram um conflito ocorrido na Galiléia em relação ao poder do Espírito. Contudo, Lucas registra um simples incidente na Judéia, cerca de um ano depois (Lc 11:14-23).

O conflito registrado em Mateus e Marcos ocorreu porque o Senhor curou um homem cego e mudo (isso implica que provavelmente também era surdo). No entanto, a verdadeira causa desse problema era uma possessão demoníaca. Embora os exorcistas judeus fossem capazes de expulsar demônios, teriam muitas dificuldades nesse caso, pois como se comunicar com uma pessoa que, além de cega e muda, também deveria ser surda? Quando o Senhor curou o homem de todos esses problemas de uma só vez, as pessoas ficaram impressionadas e começaram a pensar que Jesus realmente era o Messias. Isso resultou nas acusações blasfemas dos fariseus, afirmando que Satanás estava usando seu amigo, Jesus, para retirar os demônios das pessoas e para dar a impressão de que Cristo tinha aquele poder. Então, concluíram eles, quem desejaria seguir uma pessoa tão amiga de Satanás quanto Jesus obviamente parecia ser?

A resposta do Senhor consistiu de três partes:

(1) Todo reino (ou casa) dividido contra si mesmo ficará deserto. Em outras palavras, Satanás não iria destruir seu próprio reino ao se unir ao reino de Jesus. É verdade que Satanás poderia permitir que os exorcistas judeus expulsassem os demônios, mas isso não criaria o mesmo tipo de cisão no reino de Satanás que Jesus poderia gerar, se realmente estivesse fazendo aquilo pelo poder de Satanás.

(2) O Senhor mostrou que aquela acusação era absurda, pois os fariseus reconheciam que os exorcistas judeus não expulsavam os demônios pelo poder de Satanás. Então, por que deveriam acusá-lo de estar fazendo isso?

(3) A partir desses fatos, a única conclusão lógica que podemos ter é que o reino de Deus havia chegado. Cristo estava derrotando Satanás ao retirar de suas mãos as vítimas e fazia isso pelo poder do Espírito de Deus.

Agora, quando acusaram Jesus de estar ligado a Satanás, os fariseus colocavam-se ao lado de Satanás. Além disso, estavam acusando o Espírito Santo, que dava poder a Cristo para expulsar os demônios. O que o Senhor quis dizer quando afirmou que um pecado contra o Filho do homem podia ser perdoado, mas não contra o Espírito? Embora os fariseus não entendessem claramente suas afirmações, essa ignorância, embora lamentável, podia ser perdoada. Mas interpretar erroneamente o poder do Espírito era algo imperdoável, pois o poder e o ministério do Espírito eram bem conhecidos desde os dias do Antigo Testamento.

Dizer algo contra o Espírito não era simplesmente um pecado da língua. Os fariseus não haviam pecado apenas com suas palavras. Era um pecado do coração expresso em palavras. Além disso, aquele era um pecado cometido diretamente contra Jesus. Para alguém cometer esse tipo de pecado era preciso que Cristo estivesse, de forma visível e pessoal, na Terra. Logo, seria impossível cometê-lo hoje em dia. Porém, demonstrar maldade de coração é imperdoável em qualquer época, especialmente se alguém morrer persistindo em sua rejeição a Cristo. O destino eterno é determinado nesta vida, mas nenhum pecado é imperdoável enquanto a pessoa estiver respirando. Na verdade, o Senhor clamou aos fariseus que se juntassem a ele em vez de se colocarem contra ele (Mt 12:30), que demonstrassem arrependimento de coração (vv. 33-35) e usassem palavras que revelavam um coração reto, não aquelas que resultariam em condenação (vv. 36,37). O próprio Paulo é uma evidência de que a blasfêmia é perdoável (1 Tm 1:13).

D. O significado do ministério do Espírito

1. *Desenvolvimento da humanidade.* Seria razoável admitir que o Espírito desempenhou um papel importante no desenvolvimento da humanidade de Cristo (Lc 2:52; Hb 5:8). O crescimento do Senhor devia estar relacionado com o Espírito que o enchia e ungia.

2. *Dependência de Cristo.* Ele dependia da orientação e do poder do Espírito, pelo menos em alguns dos milagres que realizou.

Se o Filho de Deus, que não tinha pecado, beneficiou-se desses ministérios do Espírito Santo, como poderíamos viver independentemente de seu poder?

III. A MORTE DE CRISTO

Hebreus 9:14 é citado freqüentemente como uma evidência de que nosso Senhor ofereceu a si mesmo para morrer "pelo Espírito". A questão é se essa é uma referência ao Espírito Santo ou não. O problema tem dois aspectos, o que não permite que cheguemos facilmente a uma conclusão definitiva.

Há uma evidência de que essa é uma referência ao Espírito: no original, não há artigo (literalmente, "através Espírito eterno"). Isso aponta para o Espírito Santo, assim como Hebreus 1:1 aponta mais claramente para Cristo.

Teologicamente, é aceitável deduzir que, se o Espírito desempenhou um papel importante no nascimento e na vida de Cristo, também estaria envolvido em sua morte.

Possuímos uma evidência de que não se trata de uma referência ao Espírito Santo, mas sim ao próprio espírito eterno que Cristo possuía por ser parte da Deidade. A ausência de artigo, naturalmente, indica que deveria referir-se a algo diferente do Espírito Santo, pois quando as Escrituras mencionam o Espírito Santo, normalmente o fazem utilizando o artigo.

Se a passagem está se referindo ao espírito eterno de Cristo, então não é uma referência à natureza divina oferecendo a natureza humana, mas à pessoa completa oferecendo a si mesma, pela ação do poder do Espírito que habitava nele. Seu próprio espírito divino estava envolvido na oferta do Deus-homem.

Outro versículo, 1 Pedro 3:18, pode referir-se à ação do Espírito em relação à morte de Cristo. Mesmo assim, normalmente entende-se que esse texto está relacionado com a obra do Espírito na ressurreição de Cristo. Dois grandes problemas surgem da sua exegese. Um diz respeito à identificação do "espírito" mencionado. Estaria se referindo ao Espírito Santo ou ao espírito eterno de Cristo?

Se a primeira opção está correta, então a forma é instrumental, "pelo espírito" (ARC). Se a segunda opção está correta, então é um locativo, "no espírito" (ARA). O paralelo com a "carne" pode indicar a preferência à idéia de que se trata do Espírito de Cristo (a menos que Hb 9:14 possa ser aplicado) ou de sua ressurreição.

Mesmo que essa seja uma referência ao Espírito Santo, continua existindo outro problema. Ele diz respeito ao uso do verbo grego no aoristo, ou seja, a idéia de tempo passado: "vivificado". Normalmente, o aoristo indica a atividade simultânea ou que antecede à do verbo principal, mas não de modo posterior. Se o verbo principal é "morrer", então a ação de vivificar não pode se referir à ressurreição, que ocorreu após sua morte. A referência seria, então, à vivificação no momento da crucificação (ação simultânea). Contudo, se o verbo principal é "conduzir", então compreensivelmente "vivificar" pode fazer referência à ressurreição, que ocorrerá antes que nossos corpos sejam levados ao céu. Nesse caso, a referência é feita à ressurreição de Cristo. Na primeira opção, o texto refere-se a algum tipo de vivificação ou de capacitação na cruz. Mas em nenhuma delas está claro se era o Espírito Santo quem estava envolvido e não o espírito de Cristo.

Finalmente, alguns citam Romanos 1:4 para provar que o Espírito Santo tinha parte na ressurreição de Cristo. Mais uma vez, existem dois problemas exegéticos. Um deles diz respeito ao "espírito de santidade". O paralelismo com "segundo a carne" (Rm 1:3) argumenta que ele se refere ao espírito do próprio Cristo e não ao Espírito Santo. O segundo problema trata da identificação de qual ressurreição está sendo mencionada. Literalmente, o texto diz: "ressurreição dos mortos [plural]". Isso poderia se referir: (a) à ressurreição de Cristo dentre os mortos; ou (b) às ressurreições que ele realizou quando estava na Terra; e (c) a todas elas, inclusive a sua própria. Seja qual for o caso, não podemos afirmar, com certeza, se o Espírito estava diretamente envolvido.

A verdade é que não existe uma evidência clara do envolvimento direto do Espírito Santo na morte ou na ressurreição de nosso Senhor. Desejo ressaltar apenas a participação "direta". Obviamente, não ignoro que, quando alguma atividade se relaciona com uma pessoa da Trindade, todas as pessoas estão envolvidas.

62

A HABITAÇÃO DO ESPÍRITO EM NOSSO INTERIOR

Como vimos no estudo de João 14:17 do capítulo anterior, o Espírito certamente faz coisas novas e especiais desde a sua "vinda" no Pentecostes. No centro desse ministério distinto está a habitação nos cristãos, pois isso é algo fundamental para o ministério de cada cristão.

I. AS PESSOAS HABITADAS

Para expressar a idéia de habitação, Paulo não usou apenas a preposição *en* (como ocorreu em 1 Co 6:19). Ele também usou os verbos "morar" e "habitar" (*oikeō*, no grego, veja Rm 8:9; 1 Co 3:16). Paulo fez uma relação desse ministério do Espírito com todos os cristãos.

A. A habitação interior é um presente de Deus a todos os cristãos

Muitas passagens ensinam claramente que o Espírito é dado a todos os cristãos em vez de ser algo seletivo (Jo 7:37-39; At 11:16,17; Rm 5:5; 1 Co 2:12; 2 Co 5:5). Isso poderia ser esperado, pois um dom não é uma recompensa e não há mérito envolvido em seu recebimento.

B. A ausência do Espírito prova que a pessoa não é salva

Paulo declarou que não ter o Espírito é o mesmo que não pertencer a Cristo (Rm 8:9). Judas também chamou de apóstatas aqueles que não têm o Espírito (v. 19) e que eram "sensuais" (no original, a palavra usada é "naturais"), a mesma expressão grega usada em 1 Coríntios 2:14, outro versículo que descreve uma pessoa não-salva. Ser natural é o mesmo que não ser espiritual (pois a pessoa não tem o Espírito). A conclusão lógica é que ter o Espírito é ser nascido de novo.

C. Mesmo cristãos em pecado desfrutam da habitação

O maior teste para provar se o Espírito habita ou não em todos os cristãos é verificar se ele está ou não nos cristãos pecadores. Com certeza está. O texto de 1 Coríntios 6:19 foi escrito a um grupo de grande variedade espiritual, alguns cristãos sadios, espirituais, mas muitos carnais e mundanos. Mesmo assim, Paulo não disse que apenas o grupo espiritual era habitado pelo Espírito. Um irmão, que na opinião de Paulo era cristão (5:5), estava vivendo em um pecado hediondo. Outros estavam usando a lei humana uns contra os outros (cap. 6). Mesmo assim, Paulo disse que o Espírito estava "em" todos eles (6:19). Com essa declaração, não abriu exceções, mas também fez da habitação do Espírito a base para sua exortação a uma vida santa. Assim, fica claro que todos os cristãos, mas *somente* os cristãos, têm o Espírito vivendo dentro de si.

II. A PERMANÊNCIA DO ESPÍRITO

Algumas pessoas concordam que o Espírito é dado a todos os cristãos, porém entendem que ele pode se retirar daqueles que cometem certos pecados. Portanto, reconhecem sua habitação, mas negam sua permanência.

Independentemente de qual pecado faça com que ele se retire dos cristãos, deve ser algo mais grave do que a fornicação mencionada no capítulo 5 ou as disputas legais do capítulo 6. Afinal, Paulo não excluiu aqueles cristãos de sua declaração que o Espírito habitava neles (v. 19).

Além disso, se o Espírito abandona os cristãos que pecam, então, de acordo com Romanos 8:9, deixam de ser cristãos. O Espírito não pode abandonar a pessoa sem que ela volte à sua condição de perdição e pecado. Esse abandono do Espírito implica perda da salvação, logo isso deve incluir a ausência da habitação do Espírito. A segurança do cristão e a habitação permanente do Espírito são doutrinas inseparáveis.

Mas nós também temos a promessa do Salvador de que ele iria ao Pai, que enviaria outro auxiliador para "que esteja para sempre" com os cristãos (Jo 14:16). Assim sendo, o pecado afeta a eficácia da ação do Espírito na vida do cristão, mas não remove sua presença do interior deles.

III. ALGUNS PROBLEMAS COM A HABITAÇÃO DO ESPÍRITO

A. A obediência é uma condição?

Pedro disse que "que Deus outorgou [o Espírito Santo] aos que lhe obedecem" (At 5:32). Isso significa que a obediência é uma condição para que o Espírito seja dado e, portanto, somente alguns cristãos (os obedientes) possuem o Espírito? Sim, se obediência for entendida da maneira como Pedro a usou. Ele estava falando ao Sinédrio, grupo formado por judeus que não criam em Jesus, e concluiu seu discurso pedindo que fossem obedientes. Mas obedientes a quê? Certamente, a obediência do Sinédrio nada tinha a ver com as questões relacionadas à vida cristã, pois eles não eram cristãos. A obediência que Pedro lhes pedia era a crença na verdade: Jesus era seu Messias. Pouco tempo depois, alguns dos sacerdotes em Jerusalém creram, pois Lucas disse: "também muitíssimos sacerdotes obedeciam à fé" (At 6:7).

Duas outras referências usam a obediência como sinônimo para a aceitação da salvação em Cristo.

Paulo descreveu o propósito de sua missão da seguinte forma: "para a obediência da fé entre todas as gentes pelo seu nome" (Rm 1:5, ARC). O autor de Hebreus disse que Cristo "tornou-se o Autor da salvação eterna para todos os que lhe obedecem" (Hb 5:9). Portanto, se a obediência for entendida corretamente (como obediência ao evangelho), então ela é uma condição para que a pessoa receba o dom do Espírito.

B. Algumas pessoas não foram apenas temporariamente habitadas?

Sim, mas isso ocorreu apenas antes do dia de Pentecostes (1 Sm 16:14; talvez Sl 51:11; Lc 11:13; Jo 20:22). Mas não há exemplos disso após a descida do Espírito em Pentecostes. Uma vez que aqueles que receberam o Espírito antes de Atos 2 estão ligados a um tipo diferente de atuação do Espírito, não podem ser usados como exemplos para provar que a mesma coisa ocorre após o Pentecostes, quando o Espírito Santo passou a habitar nos cristãos de maneira permanente.

C. A demora em dar o Espírito aos samaritanos não mostra que é algo posterior à salvação e, portanto, seletivo?

A Bíblia deixa claro que houve uma demora para que o Espírito Santo fosse dado aos samaritanos. A questão é: "Por quê?" Alguns dizem que isso demonstra que a habitação ocorre após a salvação e não acontecerá, necessariamente, com todos os cristãos. Outros equiparam essa descida do Espírito ao enchimento do Espírito, enquanto outro grupo afirma que o procedimento era diferente nesse caso, porque os samaritanos foram o primeiro grupo não-judeu a unir-se à igreja. Isso é parcialmente verdade, pois os samaritanos eram descendentes de judeus que haviam casado com gentios. O padrão para que os gentios recebam o Espírito parece estar em Atos 10:44, quando os gentios da casa de Cornélio receberam o Espírito no momento em que creram.

A melhor explicação para essa demora, no caso dos samaritanos, está na natureza cismática da religião samaritana. Sua adoração rivalizava historicamente com a adoração em Jerusalém. Por isso, Deus precisava provar a eles que sua nova fé cristã não deveria competir com a Igreja cristã de Jerusalém. A melhor maneira de mostrar, sem dúvida alguma, que os cristãos samaritanos pertenciam ao mesmo grupo que os cristãos de Jerusalém (e também de mostrar aos líderes de Jerusalém que os samaritanos realmente estavam salvos) era retardar o recebimento do Espírito até que Pedro e João saíssem de Jerusalém e fossem até a Samaria. Essa demora e o modo como Deus usou Pedro e João para entregar o dom do Espírito evitou que a Igreja primitiva tivesse duas igrejas mães rivais.

D. Atos 19:1-6 não mostra que a habitação ocorre depois da salvação?

Responder "sim" a essa questão requer um entendimento de que os

12 discípulos de João Batista já eram cristãos antes de terem encontrado Paulo em Éfeso. Mas essa não é a interpretação correta. Eles não se tornaram crentes em Jesus quando acreditaram na mensagem e receberam o batismo. Somente se tornaram cristãos após Paulo ter-lhes explicado a diferença entre o batismo de João e o de Jesus. Na verdade, pelo texto, não parece que eles realmente entenderam a mensagem de João. Mas quando compreenderam o que Paulo ensinava e creram, imediatamente receberam o Espírito pela imposição das mãos de Paulo. Não houve demora.

O procedimento padrão para que os gentios recebessem o Espírito foi estabelecido na casa de Cornélio, onde o Espírito foi recebido quando as pessoas creram, o que ocorreu enquanto Pedro estava pregando e antes que eles fossem batizados nas águas (At 10:44-47).

E. Qual a relação entre a unção e a habitação?

No Antigo Testamento, a unção era um assunto solene, pois fazia com que algo ou alguém fosse santificado e sacrossanto (Êx 40:9-15). Sua associação com o Espírito Santo indicava a capacitação para o serviço (1 Sm 10:1,9; Zc 4:1-14). Vemos no Novo Testamento que Cristo foi ungido (Lc 4:18; At 4:27; 10:38; Hb 1:9) e que todos os cristãos são ungidos (2 Co 1:21;1 Jo 2:20,27). Essas passagens ensinam que a unção dos cristãos não é repetida, mas sim algo que permanece. Embora no Antigo Testamento a unção estivesse mais relacionada com o serviço (como a unção de Cristo), no Novo Testamento a unção está ligada a um relacionamento que permite que eles entendam a verdade. A unção do Antigo Testamento parece mais próxima da idéia de plenitude do Espírito. Nem todos a experimentaram no Antigo Testamento, mas hoje em dia todos os cristãos podem desfrutar dela.

O Novo Testamento ensina claramente que todos os cristãos são habitados pelo Espírito de forma permanente. Espero que nossa familiaridade com o assunto não prejudique nossa percepção de sua importância. Esse ministério universal e permanente dos cristãos está em contraste direto com o ministério da habitação do Espírito no Antigo Testamento (Jo 14:17). Isso significa que, quer "sintamos" quer não, o Deus-Espírito Santo vive dentro de nosso ser continuamente. Isso deveria nos dar:
(a) uma sensação de segurança em nosso relacionamento com Deus;
(b) uma motivação para praticar essa presença de Deus; e (c) uma sensibilidade aos pecados que possamos cometer contra Deus.

63

O SELO DO ESPÍRITO

Três passagens do Novo Testamento tratam desse ministério particular do Espírito. A primeira, 2 Coríntios 1:22, diz que Deus nos selou e nos deu o penhor do Espírito. Efésios 1:13 acrescenta que fomos selados com o Espírito (*tō pneumati*) quando cremos e, mais uma vez, afirma que o Espírito é o penhor de nossa herança (v. 14). Efésios 4:30 declara que fomos selados pelo ou "no" (*en*, no grego) Espírito para o dia da redenção.

Esse ministério específico do Espírito é algo nunca mencionado no Antigo Testamento. Porém, Leon Wood tenta provar que isso ocorreu durante esse período. Argumenta que, uma vez que o selo está relacionado com a segurança do cristão e também com sua habitação nele, e os santos do Antigo Testamento tinham essa segurança e eram habitados pelo Espírito, eles também devem ter sido selados.[1] Se isso é verdade, não passa de conjectura, pois não é afirmado explicitamente em lugar algum. Contudo, parece algo que Deus fez pelos cristãos somente após o dia de Pentecostes.

I. AS PESSOAS QUE SÃO SELADAS

Assim como a habitação, o selo é algo exclusivo dos cristãos e válido para todos eles. Em 2 Coríntios 1:22, Paulo não abre exceções ao escrever para um grupo no qual as exceções seriam facilmente justificáveis. Todos são selados. Se não fosse verdade, então como Paulo poderia usar esse argumento como base para sua exortação de não entristecermos o Espírito em Efésios 4:30? Se fizesse isso, estaria dizendo que somente o grupo dos cristãos selados não deveria entristecer o Espírito.

II. A OCASIÃO DO SELO

Semelhante à habitação, a pessoa é selada quando se converte. O uso de "e" em 2 Coríntios 1:22 estabelece uma forte ligação do selo com o dom do Espírito. O Espírito é dado quando cremos (At 2:38).

A exegese de Efésios 1:13 pode ser feita corretamente de duas maneiras, que resultarão em duas respostas diferentes à questão de quando as pessoas são seladas. O verbo principal está no passado: "fostes selados". No original, o aoristo que o acompanha é traduzido como "crido". O uso do tempo passado pode expressar uma ação que precede a que o verbo principal indica. Se esse é o caso, então a crença ocorre antes de a pessoa ser selada; ou seja, havia um intervalo de tempo entre crer e ser selado. O aoristo pode indicar uma ação que ocorre no mesmo tempo que o verbo principal. Se esse é o caso, então crer e ser selado são ações concomitantes. Exegeticamente, ambas podem estar corretas. Mas, teologicamente, a crença e o selo devem ocorrer simultaneamente. Caso contrário, seria possível que existissem cristãos sem o selo.

III. O(S) AGENTE(S) DO SELO

É Deus quem claramente sela os cristãos (2 Co 1:22). Mas não está muito claro se o Espírito Santo também é um agente. Efésios 4:30 parece indicar que sim, pois usa a frase: "no qual". Efésios 1:13 é ambíguo, pois não há uma preposição. O Espírito pode ser o agente, ou o âmbito do selo, ou ambos. Somos selados "pelo" Espírito Santo e "no" Espírito.

Se forem ambos, seria como dizer: "Fui à loja em meu carro". A idéia poderia ser "usando meu carro", em que o agente é o carro que o levou à loja. Ou você poderia querer dizer "sentado em meu carro (dentro dele)", em que o carro é o ambiente onde você estava quando foi levado. Na verdade, você fez as duas coisas. O carro serviu tanto como o agente que o levou quanto como o lugar onde você estava. De maneira similar, o Espírito é o agente que sela. E o resultado disso é que estamos envolvidos por ele.

IV. A DURAÇÃO DO SELO

Esse selo irá durar até o dia da redenção (Ef 4:30). Isso se refere ao dia futuro em que nossa redenção será totalmente completa, inclusive com o recebimento de nosso corpo ressurreto (cf. Rm 8:23). Portanto, o selo garante o cumprimento integral das promessas que Deus fez a nós. Nenhum cristão pode perder esse selo em sua trajetória rumo ao céu.

V. AS CONSEQÜÊNCIAS DO SELO

A. Segurança

O conceito de selo abrange as idéias de propriedade, de autoridade, responsabilidade e, acima de tudo, de segurança. O selo assegura-nos de que temos as promessas de Deus, especialmente nossa salvação. Podemos ter certeza de que (a) ele nos possui; (b) temos nossa salvação assegurada, selada com o Espírito e por ele; e (c) seu propósito é manter-nos assim até o dia de nossa completa redenção.

Um bom exemplo dessa segurança seria uma carta registrada. Quando registramos uma carta no correio, ela não é apenas selada cuidadosamente, mas também são colocados carimbos em cima desse selo, para que ninguém mexa nele. Somente duas pessoas têm autorização para retirar esse selo: o destinatário ou o remetente (se essa carta voltar para ele). No caso dos cristãos, Deus é o remetente, e também o destinatário; além disso, é Deus quem sela. Portanto, somente Deus poderá retirar esse selo, e ele prometeu que só fará isso no dia de nossa redenção.

Tanto 2 Coríntios 1:22 quanto Efésios 1:13,14 mencionam o dom do Espírito em relação ao selo. Essa associação é bastante lógica. O selo garante que iremos receber tudo o que Deus nos prometeu, e certas coisas aguardam nossa futura redenção. A presença do Espírito em nossa vida serve como uma garantia de que tudo isso se cumprirá. Nas relações humanas, após haver uma promessa feita por um contrato, tanto o vendedor quanto o comprador são obrigados a cumprir sua parte da transação. De modo similar, o dom do Espírito Santo serve como a promessa de Deus de que ele não voltará atrás naquilo que nos prometeu.

B. Pureza

O pensamento de que, um dia, seremos completamente redimidos e perfeitos deveria nos deixar com vergonha de permitir a existência do pecado em nossa vida. Além disso, o fato de termos um relacionamento com o Espírito Santo, que fica triste quando pecamos, deveria motivar-nos a sempre buscar a pureza.

Que pecados entristecem o Espírito? Todo e qualquer pecado. Mas, no contexto imediato (o versículo anterior e o posterior a Efésios 4:30), os pecados da língua são destacados. Claro, o que sai de nossa boca é o indicativo do que está em nosso coração. A idéia de sermos selados pelo Espírito Santo e nele deveria ajudar-nos a controlar nossos lábios.

1. Wood, Leon. *The Holy Spirit in the Old Testament*. Grand Rapids: Zondervan, 1976, pp. 70,1.

64

O batismo do Espírito Santo

Outro ministério do Espírito característico da era pós-Pentecostes é o batismo no Corpo de Cristo daqueles que crêem. Isso não foi profetizado pela primeira vez no Antigo Testamento, mas sim por João Batista (Mt 3:11 e passagens paralelas). Contudo, esse ministério jamais foi experimentado por uma pessoa durante a vida de nosso Senhor na Terra. Depois da sua ressurreição e pouco antes de sua ascensão, ele disse que isso ocorreria "não muito depois destes dias" (At 1:5, numa referência ao Pentecostes). Esse ministério característico possuía um propósito particular: unir pessoas ao Corpo de Cristo. Uma vez que o Corpo de Cristo é algo exclusivo desta era, então a operação do Espírito por meio do batismo também deveria ser.

I. CONFUSÃO ACERCA DO BATISMO DO ESPÍRITO

A confusão envolvendo essa área da pneumatologia acaba gerando divisões entre os cristãos e obscurece essa grande verdade. Por que isso ocorre?

Um dos motivos para essa confusão é um conceito pouco claro do que é o Corpo de Cristo. Se uma pessoa acredita que a Igreja começou com Abraão ou com João Batista, então provavelmente será mais difícil para ela ver o ministério batizador do Espírito como algo característico desta era. Por isso, o batismo normalmente é usado como sinônimo para a experiência de conversão.[1] Mas se essa pessoa reconhece que o Corpo é uma obra de Deus que teve início no Pentecostes, então estaria clara a necessidade de o Espírito batizar as pessoas nesse Corpo.

A ênfase demasiada no batismo com água, especialmente por imersão, muitas vezes obscurece ou até mesmo apaga a doutrina do batismo com o Espírito. Se essas duas verdades não forem distinguidas, a verdade do batismo com o Espírito se perde, pois é considerada apenas outra maneira de falar sobre o batismo com água. E. Y. Mullins, teólogo batista da geração passada, entendia que o batismo do Espírito na igreja (local) implicava que o batismo literal (com água) era uma atividade guiada pelo Espírito, segundo 1 Coríntios 12:13.[2] Dale Moody, teólogo batista desta geração, afirma que "Deus dá seu Espírito no batismo".[3]

A associação contemporânea feita pelos pentecostais do batismo do Espírito com uma segunda bênção e/ ou a experiência de línguas como evidência de que a pessoa foi batizada aumenta a confusão.

Às vezes, o batismo do Espírito e o enchimento do Espírito (plenitude) não são distinguidos. Isso resulta na idéia que um "batismo de enchimento" ocorre após a conversão, mas não para todos os cristãos. Essa visão não envolve necessariamente o falar em línguas. Ela considera o batismo um enchimento que resulta em um poder especial. Essa falta de clareza ocorre porque grandes homens como R. A. Torrey e D. L. Moody não eram muito claros quando ensinavam sobre o assunto. Torrey ensinava que uma pessoa poderia ser batizada ou não com o Espírito no momento da salvação.[4] Torrey relata, na biografia que escreveu de Moody, que o batismo ensinado por Moody era algo que ocorria após a salvação.[5]

Na verdade, às vezes essa falta de clareza é algo admissível e até inocente, mas lamentavelmente certas concepções erradas são promovidas deliberadamente. Em ambas as situações, os cristãos são privados de uma verdade importante que envolve nossa união com Cristo e que provê a base sólida para uma vida santa.

II. CARACTERÍSTICAS DO BATISMO DO ESPÍRITO

A. Ocorre apenas na era da igreja

Como já destacamos, não há previsão de batismo no Antigo Testamento, e nosso Senhor disse que ele ocorreria pela primeira vez quando o Espírito descesse no dia de Pentecostes (At 1:5). Mais tarde, Pedro chamou isso de "o início" (At 11:15,16). Além do mais, o propósito do batismo (unir os convertidos ao Corpo de Cristo) e o fato de o Corpo ser exclusivo desta dispensação apóiam a conclusão de que esse ministério está em operação apenas na era da Igreja.

B. É experimentado por todos os cristãos da era da igreja

Três fatos importantes apóiam essa conclusão: o texto principal, 1 Coríntios 12:13, diz claramente que todos foram batizados, assim como todos beberam do mesmo Espírito (pela habitação). Considerando que essa declaração foi feita aos cristãos da igreja de Corinto, que possuía uma variedade tão grande de condições espirituais, vemos que a carnalidade não faz com que a pessoa perca esse ministério.

Não existe, nas Escrituras, uma exortação para alguém ser batizado com o Espírito. Isso indica que todos os cristãos experimentaram esse ministério.

Se "um só batismo" de Efésios 4:5 refere-se ao batismo do Espírito Santo (o que parece ser o mais provável), então isso é verdade para o mesmo grupo que tem "um só

Senhor" e "uma só fé", ou seja, todos os cristãos.

C. Ocorre apenas uma vez: na salvação

Ele ocorre no momento em que a pessoa é salva, caso contrário, não haveria cristãos verdadeiramente salvos. Mas se eles não foram batizados com o Espírito, não pertencem ao Corpo de Cristo. É o batismo que une o convertido ao Corpo. Portanto, se alguém pudesse ser salvo, mas não batizado, teria de viver fora do Corpo de Cristo.

Se o batismo precisa ser repetido, isso somente poderia ocorrer caso o cristão fosse retirado do Corpo de Cristo e precisasse unir-se a ele novamente. É o primeiro batismo, a conversão, que une a pessoa ao Corpo. Se um segundo batismo fosse necessário, então a pessoa precisaria ser removida do Corpo entre um batismo e o outro.

III. AS CONSEQÜÊNCIAS DO BATISMO DO ESPÍRITO

A. Ele nos une ao Corpo de Cristo

Isso envolve verdades importantes que, muitas vezes, servem para nos convencer. São elas: estar no Corpo de Cristo significa que fomos ressuscitados com ele para uma novidade de vida (Rm 6:4). Além disso, devemos exercitar nossos dons para manter esse Corpo funcionando corretamente (o contexto de 1 Co 12:13).

Experimentar um batismo serve de base e de exortação para manter a unidade desse Corpo (o contexto de Ef 4:5).

O fato de um novo batismo ser desnecessário dá-nos a segurança da posição que já ocupamos no Corpo de Cristo.

B. Une os cristãos com Cristo em sua crucificação

Estar associado com Cristo em sua morte, sepultamento e ressurreição estabelece a base para que entendamos nossa separação do poder do pecado, que habita em nós, e nossa jornada humana em novidade de vida (Rm 6:1-10; Cl 2:12).

IV. DOUTRINA CONTEMPORÂNEA DOS DOIS BATISMOS DO ESPÍRITO

Já vimos que 1 Coríntios 12:13 é muito claro a respeito de os cristãos serem batizados uma só vez. Mesmo assim, alguns teólogos contemporâneos procuram justificar o conceito de um batismo especial de poder (uma segunda bênção). Por isso, a doutrina de dois batismos, até onde sei, criou uma nova doutrina. O pentecostalismo clássico ensinava, de modo uniforme, que o batismo "no" Espírito era uma capacitação de poder e que as línguas eram a evidência dessa experiência. Agora, o neopentecostalismo está vendo dois batismos. Um deles é o que está no versículo 13, que todos os cristãos experimentam. Esse é o batismo "do Espírito", o qual une a pessoa ao Corpo de Cristo. O outro é o batismo visto no Livro de Atos, que é "de Cristo". Ele coloca as pessoas "no" Espírito, para que tenham experiências de poder. O primeiro ocorre na conversão e seu resultado é uma posição no Corpo. O segundo ocorre posteriormente e pode ser repetido; seu objetivo é o poder. O primeiro não exige que se fale em línguas; o segundo sim.

O Novo Testamento usa a frase "batizar com o Espírito" apenas sete vezes (Mt 3:11; Mc 1:8; Lc 3:16; Jo 1:33; At 1:5; 11:16; 1 Co 12:13). Na verdade, essas sete ocorrências podem ser divididas em três categorias: as previsões dos Evangelhos, as duas indicações em Atos de algo passado e futuro em relação ao Pentecostes e a explicação doutrinária de 1 Coríntios. Nos Evangelhos, parece mais natural entender Cristo como aquele que batiza e o Espírito como o lugar em que as pessoas são batizadas. Em Atos e Coríntios, parece mais natural entender o Espírito como o agente do batismo e o Corpo de Cristo como o lugar onde as pessoas são batizadas. No entanto, essas distinções não são rígidas e imediatas. Tanto Cristo quanto o Espírito são agentes e tanto o Espírito quanto o Corpo são os lugares. Cristo é o agente supremo, pois ele envia o Espírito que é, por assim dizer, um agente intermediário (At 2:33). O Corpo de Cristo é um dos lugares e o Espírito é o outro. Essa é uma obra similar ao selo do Espírito, em que ele é, ao mesmo tempo, o agente que sela e o lugar onde somos selados.

No entanto, os neopentecostais sentem a necessidade de fazer grandes contrastes. Para eles, as referências dos Evangelhos e de Atos mostram Cristo como o agente e o Espírito como o lugar. Esse batismo que dá poder ao cristão é chamado de "batismo *no* Espírito". A referência a 1 Coríntios revela o Espírito como o agente e o Corpo como o local. Esse seria o "batismo *pelo* Espírito". Todos os cristãos foram batizados *pelo* Espírito, mas nem todos experimentaram o batismo *no* Espírito.

É interessante destacar que o ultradispensacionalismo usa esse mesmo argumento dos dois batismos para apoiar seu ensino de que na época de Atos havia duas igrejas. A igreja petrina (judia) existiu do Pentecostes até Paulo, e a Igreja (Corpo) de judeus e gentios, a partir de Paulo. A igreja judia recebia poder pelo "batismo *no* Espírito", e a igreja paulina (gentia) é formada a partir do "batismo *pelo* Espírito"[6].

É mais provável que essa frase, usada de maneira pouco freqüente e aparentemente técnica, em todas as ocorrências se referisse à mesma atividade. Estabelecer dois batismos separados e tão distintos é, no mínimo, traçar uma linha tênue. Afirmar que existem, aqui, dois agentes é uma idéia bíblica (com base em At 2:33) e bastante normal, considerando que as diferentes pessoas da Trindade muitas vezes estão envolvidas na mesma obra. Além disso, Efésios 4:5 diz que existe apenas *um* batismo. É a obra de Cristo, por meio do ministério do Espírito, que une as pessoas que crêem à Igreja (ao Corpo de Cristo), com todos os privilégios e responsabilidades que acompanham essa condição.

O BATISMO *NO* OU *PELO* ESPÍRITO SANTO

(*baptizein en pneumati*)

PREVISTO NOS EVANGELHOS	CUMPRIDO PRIMEIRAMENTE NO DIA DE PENTECOSTE	EXPLICADO POR PAULO
Mateus 3:11, Marcos 1:8, Lucas 3:16 (João → pessoas) João 1:33 (Deus → João)	Atos 1:5 → Atos 2 ← Atos 11:15,16	1 Coríntios 12:13

	INTERPRETAÇÃO TRADICIONAL	INTERPRETAÇÃO NEOPENTECOSTAL	INTERPRETAÇÃO ULTRADISPENSACIONALISTA
EVANGELHOS	NO: Espírito Santo é o lugar; Jesus Cristo é o agente	NO: Espírito Santo é o lugar; Jesus Cristo é o agente; Afeta somente alguns; Línguas, poder	NO: Espírito Santo é o lugar; Jesus Cristo é o agente; Dá poder à Igreja judia
ATOS	PELO: Espírito Santo é o agente; Corpo de Cristo é o lugar	NO (idem)	NO (idem)
1 CORÍNTIOS	PELO (idem)	PELO: Espírito Santo é o agente; Corpo de Cristo é o lugar; Afeta a todos	PELO: Espírito Santo é o agente; Corpo de Cristo é o lugar; Forma a Igreja como corpo

Se ἐν = no (em todas as passagens), então existem dois lugares:

Espírito Santo

Corpo de Cristo (revelação pós-Pentecostes)

Se ἐν = pelo (em todas as passagens), então existem dois agentes:

Cristo

Espírito Santo (revelação pós-Pentecostes, Atos 2:33)

MAS... apenas um batismo (Efésios 4:5)

1. GUTHRIE, Donald. *New Testament Theology*. Downers Grove: InterVarsity, 1981, p. 564.
2. MULLINS, E. Y. *International Standard Bible Encyclopedia*. Grand Rapids: Eerdmans, 1943, v. 1, pp. 339-401.
3. MOODY, Dale. *The Word of Truth*. Grand Rapids: Eerdmans, 1981, p. 447.
4. TORREY, R. A. *The Baptism with the Holy Spirit*. Minneapolis: Bethany House, 1972, pp. 13,4.
5. TORREY, R. A. *Why God Used D. L. Moody*. Nova York: Revell, 1923, pp. 51-5.
6. BAKER, Charles F. *A Dispensational Theology*. Grand Rapids: Grace Bible College Publications, 1971, p. 503.

65

OS DONS DO ESPÍRITO

A doutrina dos dons espirituais é quase exclusivamente paulina, pois o único uso dessa palavra fora de Paulo está em 1 Pedro 4:10. A passagem de Efésios 4 atribui a distribuição dos dons ao Cristo ressurreto e glorificado. A passagem de 1 Coríntios 12 enfatiza a obra do Espírito como aquele que distribui os dons. Romanos 12, outra passagem importante sobre o tema, não especifica quem é o agente. Já mencionamos apenas brevemente o ministério de Jesus em relação à distribuição de dons ao Corpo de Cristo quando falamos de cristologia, mas agora analisaremos detalhadamente essa doutrina.

I. A DEFINIÇÃO DE DONS ESPIRITUAIS

A. O que isso significa

O termo usado para falar sobre os dons espirituais (*charisma*) está relacionado com a palavra para graça, significando algo que é dado pela graça de Deus. Um dom é um presente. O uso dessa palavra no Novo Testamento aborda desde o dom da salvação (Rm 6:23) até o dom do cuidado providencial de Deus (2 Co 1:11). Isso também inclui seu uso mais freqüente, relacionado aos dons dados aos cristãos. Quando usado nesse outro tipo de relação, entendo que o dom espiritual é uma habilidade dada por Deus para o serviço.

Nessa definição proposta, o sinônimo de dom é habilidade. Um dom espiritual é uma habilidade especial. "Dada por Deus" nos lembra de que Cristo e o Espírito são aqueles que dão os dons, e "para o serviço" procura capturar a ênfase das passagens centrais segundo a qual os dons devem ser usados para o serviço do Corpo de Cristo. Apesar de existir uma analogia entre os dons espirituais e os talentos (certamente ambos são dados por Deus, 1 Co 4:7), os talentos podem ou não ser usados para o serviço do Corpo.

B. O que isso não significa

1. *Um dom espiritual não depende do lugar onde é usado*. O dom é a habilidade e não depende de onde ela é

exercida. O dom de ensino pode ser usado dentro ou fora de sala de aula e em qualquer país do mundo. O dom de misericórdia pode ser usado na igreja ou em sua vizinhança.

2. *Um dom espiritual não é um cargo.* O dom é uma habilidade que pode ser exercida, quer a pessoa ocupe, quer não algum cargo na igreja local. Existe muita confusão relacionada ao dom de pastor. Esse dom é a habilidade de pastorear as pessoas. Quem pode fazer isso é a pessoa que, na eclesiologia moderna, exerce o que chamamos de ofício do pastorado. Pode ser desempenhado por um deão (ou reitor) de uma escola ou ainda por uma esposa e mãe em seu lar.

3. *Um dom espiritual não é um ministério para uma faixa etária específica.* Não existe o dom de ministrar a jovens ou a crianças. Todas as idades necessitam do serviço de pastores, mestres, administradores, ajudantes, etc.

4. *Um dom espiritual não é uma técnica especial.* Não há dom espiritual de escrever ou dom de educação cristã ou de música. Essas são técnicas por meio das quais podemos usar nossos dons espirituais.

5. *Dom espiritual é diferente de talento natural.* Já mencionamos que um talento pode ser usado ou não para servir o Corpo de Cristo, enquanto o dom espiritual, necessariamente, o serve. Vejamos alguns contrastes adicionais entre dons espirituais e talentos naturais.

TALENTOS NATURAIS

Dados por Deus por meio dos pais.
Dados no nascimento para beneficiar toda a sociedade.

DONS ESPIRITUAIS

Dados por Deus sem participação dos pais.
Obviamente dados na conversão para beneficiar particularmente o Corpo de Cristo.

Assim, um dom espiritual é uma habilidade dada por Deus para servir ao Corpo de Cristo onde e quando ele desejar.

II. A DISTRIBUIÇÃO DOS DONS ESPIRITUAIS

A. Eles são distribuídos pelo Cristo ressurreto e glorificado (Ef 4:11)

O fato de que o Cabeça distribui os dons a seu Corpo leva o uso dos dons a um padrão santo e superior. Esses são os dons de Cristo, confiados a nós porque ele precisa que os usemos para edificar seu Corpo. Que dignidade isso dá ao que poderia parecer o tipo mais humilde de serviço!

B. Eles são distribuídos pelo Espírito Santo segundo sua vontade (1 Co 12:11,18)

Por que o Espírito dá um dom específico a cada cristão? Porque sabe do que o Corpo necessita e qual dom encaixa-se melhor em cada cristão para a edificação do Corpo. Se acreditamos nisso, então não podemos reclamar das diferenças que existem entre as pessoas. Isso deveria motivar-nos a usar ao máximo aquilo que Deus nos deu.

Quando o Espírito nos dá seus dons? É mais provável que isso ocorra no momento da conversão. Os dons são do Espírito, mas antes da conversão não tínhamos o Espírito. Então, parece lógico que seus dons sejam dados naquele momento. Podemos não descobrir todos os dons que recebemos em nossa salvação, mas estou inclinado a crer que recebemos todos eles naquele momento. Conforme vamos crescendo, outros dons podem revelar-se para ser usados em momentos diferentes de nossa vida. O mais provável é que recebamos todos eles no momento da conversão. Talvez não possamos dizer quais dons possuímos até que olhemos para nossa vida e vejamos quais Deus vem utilizando.

C. Eles são distribuídos a todos os cristãos

Nenhum cristão pode afirmar que não possui pelo menos um dom espiritual. Pedro afirma claramente que todos têm, no mínimo, um dom (1 Pe 4:10). O cristão pode ser solteiro ou casado, e os dois são considerados dons espirituais (1 Co 7:7). Provavelmente, muitos cristãos também possuem o dom de ajuda ou de serviço.

Mas nenhum cristão possui todos os dons. Se isso fosse verdade, então a metáfora de 1 Coríntios 12:12-27 não teria sentido. Se alguém tivesse todos os dons, não necessitaria de outros cristãos. Seria a mão, o pé, o olho e o ouvido – o Corpo todo –, e isso seria impossível. Os cristãos necessitam uns dos outros simplesmente porque ninguém possui todos os dons.

D. Eles são distribuídos ao Corpo de Cristo como um todo

Com isso, desejo enfatizar que nem todas as congregações precisam esperar que todos os dons estejam presentes nela. Seu crescimento e maturidade não precisam requerer isso. Deus sabe do que cada grupo necessita e se encarregará de suprir.

Desejo dizer, também, que nem toda geração, necessariamente, precisa ter todos os dons. Uma vez dado, o dom é entregue ao Corpo de Cristo como um todo. O Senhor, no início, deu os dons fundamentais de apóstolo e de profeta (Ef 2:20). Após o estabelecimento dos fundamentos por aqueles que usaram esses dons, outros dons são necessários. Mas, no presente século, continuamos nos beneficiando disso e edificando sobre esses dons fundamentais. No primeiro século, foram dados a todo o Corpo de todos os séculos. Nenhuma geração foi ignorada. O Espírito capacita sua Igreja de acordo com sua vontade, e ele sabe exatamente o que cada cristão, cada congregação e cada geração necessita.[1]

III. A DESCOBERTA E O DESENVOLVIMENTO DOS DONS ESPIRITUAIS

Em relação aos dons espirituais, sempre existe o que chamo de "perigo do pêndulo". Em um extremo do pêndulo, está a idéia de que os dons espirituais são irrelevantes para o serviço cristão hoje em dia porque foram dados para a Igreja primitiva, e a questão importante de hoje é a maturidade, não os dons. No outro extremo, está a ênfase de que não é possível sequer começar a servir a menos que tenha certeza de que dons espirituais possui. Se os dons espirituais foram dados somente para a Igreja primitiva ou se são irrelevantes para nós hoje, então por que aparecem nos livros do Novo Testamento escritos para a segunda geração de cristãos e para aqueles que viviam no Império Romano (Efésios e 1 Pedro)? Além do mais, como os dons são necessários para o funcionamento correto do Corpo de Cristo, como seria possível que não fossem dados hoje em dia e, ainda assim, a Igreja funcionar da maneira correta?

Por outro lado, se um cristão precisa conhecer seu dom (ou dons) antes de servir, então por que não existe um mandamento para que descubramos os dons espirituais? Todos nós recebemos a ordem de usar os dons que possuímos (1 Pe 4:10). Não há, nas Escrituras, um texto afirmando que devemos saber quais dons possuímos, pois espera-se que sempre estejamos prontos para servir. Mesmo assim, arrisquei-me a usar a palavra "descoberta" como título deste ponto para encorajar o leitor a usar seus dons.

A. Informe-se sobre os dons que você possui

Existem três categorias de dons na vida de cada cristão.

1. *Habilidades naturais.* Dadas por Deus no nascimento. Inclui aspectos como o QI, certa medida de saúde e força, talento musical, habilidades lingüísticas, aptidões mecânicas, etc.

2. *Habilidades adquiridas.* Incluem atividades como cozinhar, costurar, dirigir um carro, aprender uma língua, tocar um instrumento musical, etc. Embora nossa tendência seja menosprezar essas habilidades, muitas pessoas no mundo têm a oportunidade de adquirir capacitação nessas áreas.

3. *Dons espirituais.* Um cristão deveria informar-se sobre todas as habilidades que Deus colocou em sua vida. Em outras palavras, deveria fazer um inventário para saber o que possui para servir ao Senhor. Uma avaliação periódica do que possui poderá ajudar o cristão a descobrir que áreas de serviço deveria explorar.

B. Prepare-se para aproveitar todas as oportunidades disponíveis

Esse princípio aplica-se às três categorias de habilidades: Talentos aprimorados, capacidades adquiridas e desenvolvimento dos dons espirituais. Se alguém pensa que possui o dom de ensinar, então precisa estudar. A habilidade de comunicação pode ser dada de maneira mais direta (ainda que uma habilidade possa ser aperfeiçoada pela educação), mas certamente o conteúdo precisa ser aprendido.

Se alguém acredita que possui o dom de contribuir, então deve procurar ser um bom mordomo em todas as áreas de sua vida (1 Co 4:2). A habilidade de ser generoso é dada por Deus, mas possuir os recursos para exercer a generosidade exige disciplina nas questões financeiras.

Na Igreja primitiva, o dom do evangelismo não envolvia apenas a pregação das boas novas, mas também era preciso ser itinerante para levar a mensagem. A capacidade de fazer isso envolve o cuidado especial com a saúde para verificar se a pessoa possui força o suficiente para viajar e propagar o evangelho.

Se alguém possui o dom da exortação, certamente deveria usá-lo com base em seu conhecimento bíblico. A única exortação digna e válida deve estar enraizada nas verdades bíblicas. Possuir conhecimento bíblico é algo que, obviamente, requer estudo.

C. Estar ativo na obra do Senhor

Os dons são tanto descobertos quanto desenvolvidos pelo uso. Sua utilização mostra o conjunto de habilidades que a pessoa possui, e a prática constante aprimora essas habilidades. Se você está buscando descobrir seus dons, não desperdice as oportunidades para servir. Embora possa pensar que nem tudo o que faz está de acordo com essas habilidades, Deus talvez esteja tentando lhe dizer que você possui habilidades que ainda não reconheceu.

Se você está ativo, fazendo tudo o que pode, surgirão novas oportunidades que trarão à luz dons espirituais adicionais. Por exemplo, quando lemos sobre Filipe pela primeira vez no Livro de Atos, vemos que ele estava reunindo o dinheiro para suprir as necessidades das viúvas (6:5). É questionável se, antes de iniciar seu ministério, ele tenha precisado descobrir se possuía ou não aquele dom espiritual! Viu uma oportunidade de servir e fez o que pôde. Provou ser fiel para realizar sua tarefa principal. O Senhor, então, entregou a ele outro ministério: a evangelização dos samaritanos (8:5) e, mais tarde, do eunuco etíope. Quando usou esse dom, passou a ser conhecido como Filipe, o evangelista (21:8). Mas primeiro ele foi Filipe, o ajudante das viúvas.

O mesmo princípio aplica-se à vida de Estêvão. Primeiro, ele serviu ao lado de Filipe no ministério de ajuda às viúvas, mas também era um homem cheio de fé (6:5) e uma grande testemunha do Senhor (7:1-53). A fidelidade em uma oportunidade resulta em outras oportunidades.

Deixe-me mostrar uma interessante comparação entre alguns dons espirituais e alguns mandamentos dados a todos os cristãos. A essência dessa comparação é confirmar que fomos ordenados a ministrar em muitas áreas, não importa se possuímos o dom espiritual correspondente.

DONS DADOS PARA ALGUNS

1. Ministério (serviço)
2. Exortação
3. Contribuição
4. Ensino
5. Misericórdia
6. Fé
7. Evangelismo

MANDAMENTOS DADOS PARA TODOS

1. Servir uns aos outros (Gl 5:13)
2. Exortar uns aos outros (Hb 10:25)
3. Todos contribuem (2 Co 9:7)
4. A grande comissão (Mt 28:19)
5. Ser gentil (Ef 4:32)
6. Andar pela fé (2 Co 5:7)
7. Todos dão testemunho (At 1:8)

Portanto, todos somos ordenados a realizar vários ministérios, independentemente de possuir o dom correspondente ou não. Se obedecemos fielmente a esses mandamentos, seremos capazes de descobrir nossos dons espirituais específicos.

D. Ser um bom mordomo do estado civil

Tanto ser solteiro quanto ser casado são considerados dons espirituais (1 Co 7:7). Portanto, ser fiel na mordomia que acompanha cada um desse estados é essencial. Ser solteiro ou ser casado são dons espirituais que precisam ser desenvolvidos. Os dois tipos de pessoas precisam ser mordomos fiéis (1 Co 4:2). Ambos precisam crescer em santidade (1 Ts 4:3). Ambos precisam remir o tempo (Ef 5:16).

O solteiro precisa dedicar atenção especial à pureza, à disciplina financeira, ao uso do tempo livre para estudo da Palavra e à busca de oportunidades para talvez servir em terra estrangeira por algum tempo. O solteiro deve preocupar-se com as coisas do Senhor e com as maneiras pelas quais poderá lhe agradar (1 Co 7:32). O casado deve dedicar-se à família, mas continuar colocando a obra do Senhor acima de tudo (vv. 29, 33). O exercício e o desenvolvimento corretos desses dons podem ser um fator importante no uso dos demais dons ao longo de sua vida.

E. Estar disposto a fazer qualquer coisa para Deus

Na verdade, a dedicação ou disposição para fazer qualquer coisa é mais importante do que descobrir seu dom espiritual (ou dons). A passagem de Efésios 4 que trata dos dons começa com a exortação para uma vida digna e humildade (vv. 1,2). A discussão ampliada sobre os dons em 1 Coríntios 12 é precedida naquela carta por várias exortações à dedicação (3:16; 6:19,20; 10:31). E a passagem de Romanos 12 inicia com o grande chamado para a dedicação da vida (vv. 1,2). A pessoa que não se dedica jamais descobrirá todas as habilidades que Deus lhe deu, tampouco desenvolverá plenamente as outras que poderá descobrir.

IV. A DESCRIÇÃO DOS DONS ESPIRITUAIS

A. Apostolado (1 Co 12:28; Ef 4:11)

De maneira geral, essa palavra significa alguém que é enviado (como foi usada para falar de Epafrodito em Fp 2:25). Mas o sentido técnico de apostolado refere-se aos 12 apóstolos originais e, possivelmente, a alguns outros, como Paulo e Barnabé (At 14:14). O dom foi dado para a fundação da Igreja e testificado por sinais especiais (2 Co 12:12; Ef 2:20). Esse não é um dom dado por Deus hoje em dia.

B. Profecia (Rm 12:6; 1 Co 12:10; 14:1-40; Ef 4:11)

Assim como o apostolado, a profecia também é usada tanto no sentido geral quanto no técnico. Em seu sentido geral, refere-se à proclamação, o que engloba a pregação. Porém, um profeta, tecnicamente, não era apenas capaz de proclamar a mensagem de Deus, pois também podia prever o futuro. Todas as suas mensagens, seja proclamando seja prevendo, vinham diretamente de Deus por meio de revelação especial.

É provável que esse dom tenha sido amplamente distribuído na época do Novo Testamento. Mesmo assim, poucos profetas são mencionados especificamente (Ágabo, em Atos 11:27,28; os profetas da igreja de Antioquia, 13:1; as quatro filhas de Filipe, o evangelista, 21:9; e os profetas da igreja de Corinto, 1 Co 14). Esse também era um dom para a fundação da Igreja, desnecessário após esse período e depois que a revelação do Novo Testamento foi terminada.

C. Milagres (1 Co 12:28) e curas (vv. 9, 28, 30)

É a capacidade de realizar sinais especiais, inclusive a cura física. Paulo exercitou esse dom em Éfeso (At 19:11,12), embora não quisesse ou não pudesse usá-lo com Epafrodito (Fp 2:27), com Timóteo (1 Tm 5:23) ou com Trófimo (2 Tm 4:20). O dom de cura pode ser colocado dentro de um dom mais amplo (operação de milagres). Por exemplo, quando Paulo fez com que Elimas, o mágico, ficasse cego (At 13:11), isso foi uma mostra desse dom de milagres, mas certamente não se tratava de uma cura. Reconhecemos que Deus pode fazer um milagre ou uma cura sem que ninguém exerça esse dom espiritual (como o sinal físico que acompanhou a plenitude do Espírito em At 4:31).

Se isso é verdade, então isso não quer dizer que a pessoa que considera os dons de cura e de milagres algo temporário também está dizendo que Deus não faz milagres hoje em dia. Essa pessoa pensa que os dons não estão mais em operação porque não há mais necessidade disso (ou seja, para autenticar a mensagem do evangelho).

Hoje em dia, um cristão não precisa, necessariamente, esperar que seja curado. A vontade de Deus não é dar boa saúde a todos. Embora Paulo tenha orado fervorosa e repetidamente e possuísse o dom de cura, não era a vontade de Deus curar Paulo de seu espinho na carne (2 Co 12:8,9). Se a vontade de Deus fosse curar todos os cristãos, então nenhum morreria, pois todas as suas enfermidades seriam curadas, e o organismo não se debilitaria. As pessoas que dizem possuir o dom de cura reconhecem suas limitações, pois não podem, por exemplo, curar dentes cariados ou ossos quebrados.

Desprezar os meios humanos disponíveis para a cura e simplesmente orar por uma cura milagrosa é o mesmo que orar pedindo uma colheita e depois sentar em uma cadeira de balanço recusando-se a plantar ou a cultivar o solo.

D. Variedade de línguas e interpretação de línguas (1 Co 12:10)

O dom de línguas é a habilidade dada por Deus para que a pessoa fale um idioma da Terra que seja desconhecido para quem está falando. A interpretação de línguas é a habilidade de interpretar essa mensagem em uma língua que seus ouvintes entendam. Sem dúvida, na primeira aparição das línguas, em Atos 2, tratava-se de idiomas (observe o uso da palavra "línguas" nos versículos 6 e 8). Supõe-se que o mesmo ocorreu nas línguas mencionadas em 1 Coríntios.

Existiam dois propósitos para a interpretação de línguas: comunicar a verdade de Deus e testificar a verdade da mensagem cristã, especialmente ao povo judeu (1 Co 14:5, 21,22). Como os coríntios estavam abusando desse dom, Paulo estabeleceu sérias restrições para seu uso. Somente duas ou três pessoas poderiam falar em uma reunião; ninguém podia falar em línguas a não ser que a mensagem fosse interpretada; a profecia sempre era preferida, e as mulheres deveriam permanecer em silêncio (vv. 27-34).

As línguas não interpretadas, especialmente durante a oração em particular, são infrutíferas (v. 14), simplesmente porque nem mesmo aquele que ora sabe o que está pedindo. Portanto, é melhor orar com entendimento, o que significa usar uma linguagem que a pessoa possa compreender.

Quer se acredite quer não que o dom bíblico das línguas é dado hoje, o ensinamento pentecostal de que as línguas são o sinal necessário para que alguém seja batizado pelo Espírito está incorreto. Paulo disse que todos os cristãos da igreja de Corinto foram batizados (12:13), mas nem todos falaram em línguas (v. 30).

E. Evangelismo (Ef 4:11)

Essa capacidade de proclamar a mensagem do evangelho com clareza excepcional envolve a idéia de que o ministério de evangelista era itinerante. Ele era enviado pela igreja, mas seu ministério era realizado fora dela. Também era algo que podia ser feito em público ou a sós. Possuindo ou não o dom de evangelista, todos os cristãos têm a obrigação de ser testemunhas.

F. Pastorado (Ef 4:11)

É a capacidade de pastorear, ou seja, de cuidar, alimentar espiritualmente e proteger o povo de Deus. O versículo 11 liga o ensino ao pastorado, e Atos 20:28 à capacidade de liderar.

G. Serviço (Rm 12:7; 1 Co 12:28; Ef 4:11)

É a capacidade de ajudar ou servir, no sentido mais amplo da palavra.

H. Ensino (Rm 12:7; 1Co 12:28; Ef 4:12)

É a capacidade de explicar a Palavra de Deus às pessoas. Aparentemente, esse dom, algumas vezes, é dado sozinho e, outras, está ligado ao dom do pastorado.

I. Fé (1 Co 12:9)

É a capacidade de crer que Deus suprirá necessidades específicas. Todo cristão deveria andar pela fé, e todos possuem uma medida de fé, mas nem todos podem dizer que possuem o dom da fé.

J. Exortação (Rm 12:8)

Envolve a capacidade de encorajar, de confortar e de admoestar as pessoas.

L. Discernimento de espíritos (1 Co 12:10)
Essa era a capacidade de distinguir entre as fontes verdadeiras e falsas da revelação sobrenatural quando expressas de forma oral antes que o cânon fosse fechado.

M. Misericórdia (Rm 12:8)
Assim como o dom de serviço, envolve o socorro, especialmente para aqueles que estão doentes e aflitos.

N. Contribuição (Rm 12:8)
Parece ser a capacidade de alguém ser muito generoso com suas posses. Deve ser exercido com simplicidade, ou seja, sem pensar em retorno ou em lucro pessoal.

O. Administração (Rm 12:8; 1 Co 12:28)
É a capacidade de governar a igreja.

P. Sabedoria e conhecimento (1 Co 12:8)
Assim como outros dons dados à Igreja primitiva, esses dons envolvem a habilidade de entender e de comunicar a verdade de Deus às pessoas.

A lista menciona 18 dons distintos (embora eu tenha mencionado vários juntos). Só existem esses? As Escrituras não fazem menção de que existam outros dons, mas os que foram listados parecem ser suficientes para a edificação do Corpo de Cristo.

1. Uma das análises mais concisas e equilibradas dessa doutrina está em McRae, William J. *The Dynamics of Spiritual Gifts*. Grand Rapids: Zondervan, 1976.

66

A PLENITUDE DO ESPÍRITO

Ter a plenitude do Espírito, ou ser cheio do Espírito, é uma idéia que aparece 15 vezes no Novo Testamento, quatro delas antes de Pentecostes. Aparentemente, possui um sentido duplo e suas ramificações são muito significativas para a vida e as atividades do cristão.

I. RELAÇÃO ENTRE PLENITUDE DO ESPÍRITO E ESPIRITUALIDADE

A. Uma definição de espiritualidade

Em 1 Coríntios 2:15 temos o que mais se aproxima de uma definição de espiritualidade e, na verdade, é apenas uma descrição. Se o cristão espiritual julga, examina ou discerne todas as coisas, mas continua não sendo compreendido pelos outros, então espiritualidade significa um relacionamento com Deus maduro, mas que continua amadurecendo.

A espiritualidade requer pelo menos três coisas: (a) regeneração; (b) a ministração de Deus em sua vida; e (c) tempo para crescimento e amadurecimento.

B. A função do Espírito na produção de espiritualidade

Se a maturidade é fundamental para a espiritualidade, então o Espírito Santo deve ter um papel muito importante para que ela seja gerada. A capacidade de discernir envolve o conhecimento da vontade e da perspectiva de Deus. Ela é gerada pelo Espírito por meio de seu ministério de ensino (Jo 16:12-15). Também inclui orar de acordo com a vontade de Deus, que é direcionada pelo Espírito (Rm 8:26; Ef 6:18). Assim, o cristão espiritual certamente estará exercitando os dons espirituais que o Espírito nos dá (1 Co 12:7). Ele, então, aprenderá a lutar vitoriosamente contra a carne, pelo poder do Espírito (Rm 8:13; Gl 5:16,17). Em resumo, a plenitude do Espírito é fundamental para produzir espiritualidade na vida do cristão.

C. Algumas ramificações desse conceito

Se a espiritualidade está relacionada com a maturidade, então pode haver níveis de espiritualidade, pois existem estágios de maturidade. Paulo, aparentemente, esperava que os cristãos de Corinto alcançassem um nível de maturidade em que pudessem ser chamados de espirituais dentro de cinco ou seis anos. O evangelho foi pregado em Corinto pela primeira vez durante sua segunda viagem missionária (por volta do ano 50), e sua primeira carta aos coríntios, onde lamentou que aqueles cristãos não podiam ser considerados espiritualmente maduros, foi escrita por volta do ano 55.

Parece-nos que uma pessoa pode se desviar em uma área espiritual sem perder tudo o que conquistou durante os anos. Alguns pecados afetarão mais áreas da vida e da comunhão do que outros.

Se a plenitude do Espírito está relacionada com o controle do Espírito na vida do crente, então um novo convertido certamente pode ser controlado em todas as áreas que conhece. Mas isso não significa que ele seja espiritual, pois não houve tempo suficiente para que amadurecesse. À medida que se alcança a maturidade, surgem mais áreas que precisam ser controladas. Conforme damos uma resposta positiva e permitimos que o Espírito aumente seu controle, amadurecemos mais ainda. E assim por diante.

O fato de alguém ser cristão durante certo tempo não é garantia de maturidade espiritual. A pessoa pode não permitir que o Espírito controle sua vida durante alguns desses anos.

Existem estágios de maturidade. Embora alguém seja capaz de alcançar certa maturidade, sempre existe uma maturidade maior a ser alcançada. A espiritualidade é um relacionamento maduro com Deus e que continua amadurecendo.

II. A PLENITUDE DO ESPÍRITO

Parecem existir duas facetas da plenitude do Espírito. A primeira pode ser descrita como um ato soberano de Deus, em que ele se apossa de alguém para realizar uma obra especial. Isso é expresso pela frase grega *pimplēmi pneumatos agiou*, e ressalta o evento em que a pessoa é cheia do Espírito, não o resultado desse estado de plenitude. Ela é utilizada no Evangelho de Lucas para falar de João Batista (1:15), de Isabel (v. 41) e de Zacarias (v. 67). No Livro de Atos, refere-se ao grupo presente no dia de Pentecostes (2:4), a Pedro (4:8), aos cristãos (v. 31) e a Paulo (9:17 e 13:9).

Observe que essa faceta da plenitude foi experimentada mais de uma vez pelas mesmas pessoas, e não há menção de um pecado entre as duas ocasiões, o que poderia indicar a necessidade de um novo enchimento. Essa repetição foi causada por uma nova necessidade de uma obra especial, não por um pecado que interrompeu algo (At 2:4; 4:8,31). Deus fez isso como um ato soberano, sem impor condições àqueles que seriam cheios do Espírito.

A segunda faceta da plenitude do Espírito pode ser descrita como uma grande influência e o controle do Espírito na vida dos cristãos. Evidencia um estado permanente de plenitude e não um evento específico. Produz um caráter melhor e parece ser um sinônimo de espiritualidade. É indicada pela frase grega *plere* ou *pleroō pneumatos agiou*. Está presente em Lucas 4:1 (Cristo); Atos 6:3,5 (os primeiros ajudantes dos apóstolos); 7:55 (Estêvão); 11:24 (Barnabé); 13:52 (os discípulos); e Efésios 5;18 (cristãos).

Essa faceta da plenitude é a melhor referência ao caráter que alguém poderia esperar. Parece ser algo que qualquer cristão pode esperar alcançar (At 13:52), mas que nem todos chegam a experimentar (6:3). Embora condições específicas não sejam mencionadas nesses contextos, as exigências normais para o crescimento cristão seriam condições implícitas para se obter esse tipo de caráter.

Na única vez em que Paulo escreveu para falar da plenitude do Espírito (Ef 5:18), enfatizou esse aspecto. O fato de ter dado uma ordem (o verbo está no imperativo) parece indicar que nem todos os seus leitores haviam experimentado isso. Duas questões surgem na interpretação desse versículo.

A primeira diz respeito ao significado de "espírito". Trata-se de uma referência ao Espírito Santo ou espírito humano? Se a segunda idéia está correta, então esse versículo ensina que devemos usar o espírito humano na adoração coletiva (embora não haja nenhuma outra passagem do Novo Testamento que faça referência ao enchimento com o espírito humano). E realmente, as outras ocorrências de *en pneumati* em Efésios (2:22; 3:5; 6:18) e Colossenses (1:8) todas se referem claramente ao Espírito Santo. Portanto, poderíamos concluir que Paulo também se referia ao Espírito Santo em Efésios 5:18. Observe que o verbo *pleroō* é usado em relação a Deus (3:19) e ao Filho (4:10). Por que Paulo mudaria, passando a falar do espírito humano em 5:18?[1]

A segunda questão diz respeito ao uso de *en*. Significa "com" o Espírito ou "do" Espírito? Em outras palavras, o Espírito é o conteúdo desse enchimento ou seu agente? Pode significar os dois. (Para ver a idéia de "conteúdo", veja Rm 1:29 e 2 Co 7:4). Talvez as duas idéias devam ser entendidas nessa passagem. O Espírito é o agente que nos enche dele mesmo.[2]

Em resumo: a plenitude do Espírito é um ato soberano de Deus que nos capacita pelo Espírito para uma atividade especial, mas também é o Espírito nos enchendo com seu próprio caráter.

III. AS CARACTERÍSTICAS DA PLENITUDE DO ESPÍRITO

A. Produz um caráter semelhante ao de Cristo (Gl 5:22,23)

Quando o Espírito controla uma vida, seu fruto será produzido nessa vida. E, claro, a descrição do fruto do Espírito é uma descrição de semelhança com Jesus Cristo. No entanto, cada uma dessas características deve ser vista em todos os seus aspectos, não apenas como uma faceta compatível com nossas idéias de semelhança com Cristo.

Sem dúvida, muitos entendem que semelhança com Cristo seja um reflexo de sua própria personalidade. Uma pessoa introvertida provavelmente irá pensar que nosso Senhor era tímido e quieto, enquanto uma pessoa extrovertida o verá como um líder arrojado. Quando o sentido das nove palavras que descrevem o fruto do Espírito (Gl 5:22,23) é entendido em sua totalidade, vemos uma bela imagem do que realmente é ser parecido com Cristo.

Por exemplo, o amor não consiste apenas em gentileza, mas às vezes também envolve firmeza. Quando Cristo tratou com as crianças, demonstrou gentileza. Quando expulsou os cambistas do templo, tomou uma atitude firme. Porém, ambas foram demonstrações de amor, porque ele é Deus, e Deus é amor.

A alegria não é demonstrada apenas na felicidade, mas também nas provações (1 Pe 1:6). A paz envolve tranqüilidade, mas também pode incluir problemas nos relacionamentos humanos (Mt 10:34). A longanimidade significa paciência e uma atitude constante, mas não exclui a repreensão (como Jesus fez com Filipe em Jo 14:9). A benignidade e a bondade transmitem a idéia de pensamentos e de ações boas. Porém, podem incluir o lançamento de porcos ao mar da Galiléia como um favor às pessoas que estavam envolvidas naquela atividade ilegal (Mt 8:28-34). A fidelidade certamente implica lealdade constante e demonstração de dependência de Deus, mas pode incluir uma atitude diferente. Mansidão é sinônimo de gentileza, mas não significa fraqueza. O domínio próprio afeta todas as áreas de nossa vida (1 Co 9:27).

B. Envolvimento evangelístico

Quando a plenitude do Espírito é mencionada no Livro de Atos, sempre existem registros de conversões. O enchimento do Espírito no dia de Pentecostes (2:4) resultou na conversão de três mil pessoas (v. 41). O enchimento dos discípulos em 4:31 resultou em multidões de homens e mulheres entregando-se ao Senhor (5:14). Uma das qualificações para a escolha dos primeiros diáconos foi que deveriam ser cheios do Espírito (6:3). Isso foi seguido pela conversão de vários sacerdotes (v. 7). Paulo foi cheio do Espírito após sua conversão, e o fruto de sua vida é bastante conhecido. Quando Barnabé, um homem cheio do Espírito, foi para Antioquia, muitos se converteram (11:24). Certamente os que oraram (4:24) e os que contribuíram (v. 34) estavam tão envolvidos quanto aqueles que deram o testemunho direto que resultou nessas conversões.

C. Adoração, louvor, ação de graças, submissão (Ef 5:19-21)

Paulo mencionou essas quatro evidências da plenitude após escrever a ordem para sermos cheios do Espírito (v. 18). O louvor é expresso exteriormente ao falarmos uns com os outros em salmos e hinos e cânticos espirituais. Cantar e entoar melodias no coração é a evidência de uma atitude interior de adoração. A ação de graças deveria ser vista como algo mais amplo. Lembre-se de que esse texto foi escrito por um homem que, naquele momento, estava preso em uma casa em Roma, aguardando seu julgamento. A submissão nos relacionamentos (marido/mulher, pais/filhos, senhores/servos) também caracteriza uma vida cheia do Espírito. Note que essas são coisas rotineiras que afetam nossa vida, não feitos extraordinários de força espiritual.

IV. COMO POSSO SER CHEIO DO ESPÍRITO?

Não existe, no Novo Testamento, um modelo de oração para o enchimento do Espírito após o Pentecostes. A oração, mesmo que constante, não parece ser a maneira de se obter a plenitude.

Se a plenitude está ligada à submissão ao controle do Espírito na vida de uma pessoa (seja pelo governo soberano de Deus sobre as pessoas, seja por um controle que gera caráter), então esse enchimento está relacionado à submissão. Quando permito que o Espírito faça o que deseja, a decisão soberana é dele. Posso dar conta de minha disposição, mas não sou capaz de manipular suas atividades.

À medida que a pessoa vai amadurecendo, seu conhecimento e perspectivas vão se aprofundando e aumentando. Novas áreas que precisam ser submissas irão revelar-se. Portanto, as pessoas cheias do Espírito precisam ser cheias enquanto continuam a amadurecer no Senhor. Mas nenhum cristão pode deixar de ser cheio em momento algum de seu crescimento espiritual.

BATISMO	PLENITUDE
OCORRE SOMENTE UMA VEZ NA VIDA DE UM CRISTÃO	É UMA EXPERIÊNCIA REPETIDA
JAMAIS OCORREU ANTES DO DIA DE PENTECOSTES	OCORREU NO ANTIGO TESTAMENTO
NECESSÁRIO PARA TODOS OS CRISTÃOS	NÃO É NECESSARIAMENTE EXPERIMENTADA POR TODOS OS CRISTÃOS
NÃO PODE SER DESFEITO	PODE SER PERDIDA
RESULTA EM “POSIÇÃO”	RESULTA EM “PODER”
OCORRE QUANDO CREMOS EM CRISTO	OCORRE AO LONGO DA VIDA CRISTÃ
NÃO HÁ PRÉ-REQUISITOS (EXCETO FÉ EM CRISTO)	DEPENDE DA SUBMISSÃO

1. Para uma declaração sobre a visão do espírito humano, veja SALMOND, S. D. F. The Epistle to the Ephesians. *The Expositor's Greek Testament*. Grand Rapids: Eerdmans, 1952, v. 3, p. 362.
2. Essa é a perspectiva de ELLICOTT, C. J. *St. Paul's Epistle to the Ephesians*. Londres: Longmans, 1868, p. 124.

67

Outros ministérios do Espírito

I. ENSINO

O ministério de ensino do Espírito foi uma das últimas promessas feitas por Cristo antes de sua crucificação. Ele disse:

> Tenho ainda muito que vos dizer, mas vós não o podeis suportar agora; quando vier, porém, o Espírito da verdade, ele vos guiará a toda a verdade; porque não falará por si mesmo, mas dirá tudo o que tiver ouvido e vos anunciará as coisas que hão de vir. Ele me glorificará, porque há de receber do que é meu e vo-lo há de anunciar. Tudo quanto o Pai tem é meu; por isso é que vos disse que há de receber do que é meu e vo-lo há de anunciar.
>
> (Jo 16:12-15)

A. O tempo

Quando nosso Senhor disse essas palavras, esse ministério particular do Espírito ainda era futuro. Teve início no dia de Pentecostes e continua em ação até hoje. A clara compreensão de Pedro, revelada em seu sermão no Pentecostes, é a evidência do início desse ministério.

B. O conteúdo

Em geral, o conteúdo do ministério do Espírito envolve "toda a verdade" (o texto utiliza artigo definido). Isso, claro, significa uma revelação do próprio Cristo, mas com base apenas na Palavra escrita (pois não temos nenhuma outra informação a respeito disso, a não ser por meio da Bíblia). Portanto, ele ensina ao cristão o que está nas Escrituras, o que o leva a entender a profecia ("as coisas que hão de vir"). Essa particularização de uma promessa genérica em relação ao ensino deveria encorajar todos os cristãos a estudarem as profecias. Veja, também, que o Espírito não originou sua mensagem – ela veio do Senhor.

C. O resultado

A glorificação de Cristo é o resultado do ministério de ensino do Espírito. Se ele não é glorificado, então o Espírito não está ministrando. Veja, também, que no culto religioso não é o Espírito que é ou que deve ser glorificado, mas somente Cristo. Além disso, se Cristo somente é conhecido por meio da Palavra escrita, então ele será glorificado quando a Palavra de Deus for exposta, no poder do Espírito.

D. O procedimento

Como o Espírito ensina o cristão? João declarou: "Quanto a vós outros, a unção que dele recebestes permanece em vós, e não tendes necessidade de que alguém vos ensine; mas, como a sua unção vos ensina a respeito de todas as coisas, e é verdadeira, e não é falsa, permanecei nele, como também ela vos ensinou" (1 Jo 2:27). Isso não significa que professores humanos sejam desnecessários para explicar a Palavra de Deus. Se essa fosse a idéia, qual seria a utilidade do dom de ensino? (Rm 12:7). João escreveu para falar sobre a presença de anticristos naquele grupo. Após declarar suas próprias convicções em relação àquelas heresias, o apóstolo simplesmente declarou que nenhum homem precisava lhes dizer o que era verdade, pois o Espírito Santo iria confirmá-la. Os mestres humanos são um instrumento necessário no processo de instrução dos cristãos, embora a testificação desse ensino venha do Espírito.

II. ORIENTAÇÃO

"Pois todos os que são guiados pelo Espírito de Deus são filhos de Deus" (Rm 8:14). Essa orientação confirma nossa condição de filhos, pois os filhos são guiados pelos pais. Guiar é uma das obras particulares do Espírito. Romanos 8:14 declara isso, e o Livro de Atos a ilustra amplamente (8:29; 10:19,20; 13:2,4; 16:6,7; 20:22,23). Para os cristãos, esse é um dos ministérios mais confortadores. Os filhos de Deus não precisam andar em trevas; sempre estarão livres para pedir e receber a direção do próprio Espírito.

III. TESTIFICAÇÃO

É o Espírito, também, que assegura ao cristão que ele é filho de Deus. "O próprio Espírito testifica com o nosso espírito que somos filhos de Deus" (Rm 8:16). No original, a palavra usada para indicar filhos é *tekna* (cuja conotação é filhos pela vontade divina, diferente de *huioi,* filhos naturais); isso serve para enfatizar que o cristão compartilha a vida com o Pai. Por isso, também se torna um herdeiro do que o Pai possui. A obra do Espírito é testificar isso no coração de cada cristão.

Sem dúvida, a testificação também é trazida ao coração do cristão por meio de um entendimento crescente de algumas coisas que o Espírito fez por ele. Por exemplo, a testificação aumentará quando a pessoa entender o que significa ser selado com o Espírito e receber a plenitude do Espírito como garantia do término da redenção (Ef 1:13,14). A compreensão do que está envolvido na união do Espírito com o corpo ressurreto e imortal de Cristo também servirá como testificação. É claro que entender essas grandes conquistas faz parte do ministério de ensino do Espírito. Por isso, de muitas maneira diferentes, o Espírito Santo está preocupado (e associado) com a testificação dos filhos de Deus.

IV. INTERCESSÃO

A. A declaração

Embora não entendamos totalmente as ramificações da oração do Espírito em favor do cristão, essa realidade é perfeitamente clara: "Também o Espírito, semelhantemente, nos assiste em nossa fraqueza; porque não sabemos orar como convém, mas o mesmo Espírito intercede por nós sobremaneira, com gemidos inexprimíveis" (Rm 8:26).

B. A necessidade

O motivo declarado pelo qual necessitamos de ajuda é nossa fraqueza (a palavra é singular). Ele nos ajuda em todas as nossas fraquezas, mas se manifesta de modo especial em relação à nossa vida de oração, nos ensinando a orar naquele momento. Enquanto esperamos por nossa redenção completa, precisamos de orientação para os detalhes da oração.

C. O método

A maneira como o Espírito supre as nossas necessidades é descrita, de modo geral, pela palavra "ajuda", que significa, literalmente, "colocar mãos à obra em cooperação conosco".[1] De modo específico, essa ajuda ocorre por meio de "gemidos inexprimíveis". Esses gemidos, cujo significado não podemos entender, não encontram expressão adequada nem formulada. Mas estamos certos de uma coisa: estão de acordo com a vontade de Deus.

Em Efésios 6:18, ficamos sabendo que o Espírito guia e orienta nossas orações. Essa é mais a liderança direta do coração e da mente do cristão quando ele ora do que os gemidos inexprimíveis do próprio Espírito.

D. O resultado

O resultado da vida de oração é a segurança do futuro e a redenção completa do cristão (Rm 8:23). Esse ministério do Espírito é um tipo de garantia incondicional da redenção. Essa vida de oração tão satisfatória nos ajudará a ficar satisfeitos neste mundo, enquanto esperamos por sua consumação. O ministério do Espírito, portanto, não está apenas ligado à resposta de oração, mas é responsável pela segurança e pela alegria que experimentamos nesta vida.

V. SANTIFICAÇÃO

A. O conceito de santificação

A palavra *santificar* significa, basicamente, "separar". Em seu sentido original, a raiz da palavra é a mesma de *santo*. Para o cristão, a santificação inclui três aspectos. O primeiro é chamado de santificação posicional ou definitiva. Relaciona-se com a posição que cada cristão desfruta por estar separado tornando-se membro da família de Deus pela fé em Jesus Cristo. Isso é verdade para todos os cristãos, não importa seu nível de crescimento espiritual. Apesar de todas as suas práticas pecaminosas, Paulo estava chamando os cristãos carnais de santos. Isso ocorreu porque eles foram santificados (veja 1 Co 1:2 e também 6:11, em que os verbos indicam fatos já ocorridos, não algo que precisa ser alcançado.

O segundo aspecto da santificação está relacionado a nossa condição atual ou progressiva de separação ao longo de toda nossa vida cristã. Todo mandamento e exortação para uma vida santa diz respeito à santificação progressiva (1 Pe 1:16).

O terceiro aspecto normalmente é chamado de santificação plena, a qual somente obteremos no céu, quando seremos separados para nosso Deus de maneira completa e eterna (Ef 5:26,27; Jd 24,25).

B. Os agentes da santificação

Além do próprio cristão, todas as pessoas da Trindade estão envolvidas na santificação. Na santificação posicional, que ocorre quando somos salvos, o Espírito Santo nos santifica, nossa responsabilidade é apenas acreditar na verdade (2 Ts 2:13). A morte de Cristo é a base para a posição que ocupamos na santificação (Hb 10:10). Na santificação plena, é Deus quem nos apresentará irrepreensíveis.

Vários agentes estão envolvidos no processo da santificação progressiva. Foi ao Pai que nosso Senhor orou para que pudesse nos santificar pela verdade (Jo 17:17 e 1 Ts 5:23). Portanto, a Bíblia torna-se o fundamento indispensável para nossa santificação. De que outra maneira, a não ser por sua Palavra, poderíamos ter certeza do que agrada um Deus santo? A morte de Cristo (para a qual ele se santificou ou se separou) serve de base para que possamos progredir em nossa santificação (Jo 17:19; Rm 6:1-13). No entanto, o Espírito Santo é o principal agente no desenvolvimento de nossa santificação progressiva. É por meio do Espírito que mortificamos espiritualmente as obras do corpo (Rm 8:13). O Espírito gera o amor em nosso coração (Rm 5:5). Pelo Espírito, somos transformados de glória em glória para ficarmos mais parecidos com Cristo (2 Co 3:18). E é o fruto do Espírito que nos faz parecidos com Cristo, o alvo final de nossa santificação (Gl 5:22,23).

Mesmo assim, na santificação, o cristão deve assumir com fidelidade suas responsabilidades. Quando nos apresentamos como escravos da justiça, o resultado é a santificação (Rm 6:19; veja também Rm 6:13; 2 Co 7:1; 1 Pe 2:11). Devemos obedecer às ordens e exortações da vida cristã para que possamos crescer em santidade.

Reter ou esconder áreas de nossa vida da santificação que Deus deseja para nós fará que sejamos controlados pela carne e não pelo Espírito. Como resultado, o cristão será carnal nessas áreas rebeldes ou não submissas (1 Co 3:1-5). As características da vida de um ímpio são demonstradas porque ele é controlado pela carne (Gl 5:16-21). A submissão, a plenitude do Espírito e o processo de santificação estão envolvidos em nossa separação. Desse modo, somos transformados mais e mais à imagem de Cristo.

---

1. Parry, R. St. John. Romans. *Cambridge Greek Testament*. Nova York: Cambridge University Press, 1912, p. 120.

68

HISTÓRIA DA DOUTRINA DO ESPÍRITO

I. ATÉ O CONCÍLIO DE NICÉIA

A. Testemunho ortodoxo

A formulação doutrinária da fé cristã não ocorreu de forma única em um momento determinado da história da Igreja. Tampouco uma definição de todas as doutrinas cristãs ocorreu em um evento similar. Algumas vezes, certa doutrina chamava a atenção; outras, um enfoque maior era colocado sobre uma doutrina diferente.

No que diz respeito a uma definição formal, a doutrina do Espírito Santo não recebeu muita atenção nos primeiros séculos. O que passamos a denominar "expressão ortodoxa" da doutrina do Espírito foi testemunhado pela Igreja primitiva na fórmula batismal, no credo apostólico e na eliminação do erro quando aparecia. O uso do nome tríplice do Pai, do Filho e do Espírito mostra que a divindade e a personalidade do Espírito foram reconhecidas pela Igreja primitiva tanto implicitamente quanto na prática.

Em relação ao Espírito, a principal ênfase da era apostólica estava na experiência com o Espírito, não na doutrina. Essa ênfase pode ser notada especialmente no livro apócrifo *O Pastor,* escrito por Hermas. Em uma era de apologetas, o Espírito não recebia muito destaque nesses escritos, pois a ênfase estava sobre o *logos*. Ao mesmo tempo, parecia não haver experiências erradas do Espírito na falta de definição doutrinária.

B. Montanismo (170)

Foi com o surgimento do montanismo que a questão do Espírito Santo passou a ter maior destaque. O ímpeto original desse movimento era uma reação contra a crescente rigidez e frieza da Igreja organizada. O montanismo (também chamado de heresia da Frígia) surgiu na Frígia por volta do ano 170, através do ministério de Montano e de duas mulheres, Prisca (ou Priscila) e Maximila. Elas diziam ser profetizas e anunciavam que aquele período seria "a era do Paracleto", quando seriam dadas novas revelações de Deus. Enfatizavam a proximidade do fim do mundo e insistiam em padrões morais muito elevados e rígidos para seus seguidores. Foi essa grande moralidade que atraiu Tertuliano e outros para o movimento.

O montanismo também era uma reação ao gnosticismo e à sua intelectualidade, que parecia levantar uma barreira na comunicação pessoal de uma alma com Deus. Para muitos, o montanismo defendeu a presença ativa e o ministério do Espírito na Igreja e defendia um tipo de vida de Igreja mais espiritual. Contudo, o montanismo foi oficialmente condenado, pois insistia em uma revelação adicional, enquanto a Igreja afirmava sua crença de que o Espírito não dá novas revelações além do que está registrado nas Escrituras. Mesmo com toda essa ênfase nas experiências com o Espírito, naquela época essa doutrina continuou sem uma formulação.

C. Sabelianismo (215)

O monarquianismo foi o antecessor do sabelianismo. Em sua forma modalista, o monarquianismo ensinava que o Filho era somente outro modo de expressão do Pai. Noeto e Praxeas foram os líderes desse movimento. Eles também ensinaram o patripassianismo (ou seja, o Pai foi crucificado). Visto que os monarquianos ensinavam que o Filho era outro modo de expressão do Pai, isso forçou a Igreja a fazer uma avaliação do tipo de relação que o Espírito tinha com o Filho e com o Pai. Sabélio ensinava que Deus é uma unidade, mas que se revelou de três maneiras (ou formas) diferentes. Essas três formas não eram três hipóstases, mas sim três papéis desempenhados por um único Deus. O sabelianismo foi o primeiro grande erro relativo à Trindade que conquistou muitos seguidores dentro da Igreja.

D. Arianismo (325)

A controvérsia ariana é chamada assim porque foi gerada pela visão antitrinitária de Ário, um presbítero de Alexandria. O princípio monoteísta do monarquianismo era o conceito dominante em sua argumentação. No entanto, fez distinção entre o Deus eterno e o Filho, que foi gerado pelo Pai e que teve um início. Também acreditava que o Espírito Santo foi a primeira coisa criada pelo Filho – pois todas as coisas foram criadas pelo Filho. Ário opunha-se a Atanásio, e o Concílio de Nicéia foi convocado para debater essa questão.

A principal declaração do Concílio dizia respeito à divindade da segunda Pessoa e à conclusão que Cristo era "da mesma substância" que o Pai. A atenção do Concílio estava centrada no Filho e não no Espírito, e o Credo de Nicéia apenas menciona o Espírito, dizendo: "Creio no Espírito Santo". Com base em sua declaração específica a respeito do Filho, podemos dizer que essa declaração deixa apenas subentendida a divindade e a personalidade do Espírito. A Igreja, possivelmente, estava satisfeita em não antecipar a heresia nem em ir além do que a situação exigia. Atanásio, contudo, foi muito mais incisivo em seu ensino. Defendia vigorosamente que o Espírito, assim como o Filho, possuía a mesma essência que o Pai.

II. DE NICÉIA ATÉ A REFORMA PROTESTANTE

A. O Concílio de Constantinopla (381)

Nem tudo foi resolvido pelo Concílio de Nicéia. Embora o ensino de Atanásio fosse claramente ortodoxo e detalhado, a declaração do Credo de Nicéia não foi definitiva em relação ao Espírito. Uma nova controvérsia surgiu pouco tempo depois, e as pessoas começaram a declarar sua descrença na divindade do Espírito. Como resultado, surgiram os macedônios. Seu líder, Macedônio, bispo de Constantinopla, defendia que o Espírito Santo era uma criatura subordinada ao Filho. Seu partido foi apelidado de pneumatoquianos ("os que falam mal do Espírito"). O entendimento ortodoxo dizia que o Espírito Santo era divino, caso contrário o Filho também não seria divino. Basílio de Cesaréia, Gregório de Nazianzo e Gregório de Nissa foram os líderes na propagação da visão ortodoxa e prepararam o caminho para o Concílio de Constantinopla.

A controvérsia cresceu e atingiu uma proporção tão grande que o imperador Teodósio precisou convocar o concílio de Constantinopla. Havia 150 bispos ortodoxos representando somente a Igreja Oriental. No ano 381, o Concílio reuniu-se e, sob a liderança de Gregório de Nazianzo, formulou a seguinte declaração a respeito do Espírito Santo: "Cremos no Espírito Santo, Senhor e Vivificador, que procede do Pai e do Filho, que com o Pai e o Filho será conjuntamente adorado e glorificado, que falou por meio dos profetas".[1] Tem sido mostrado que o credo usou uma moderação acentuada ao evitar o termo "da mesma substância" (usado para falar de Cristo no Credo de Nicéia) para expressar a unicidade do Espírito com o Pai e o Filho. Na verdade, o Espírito nem sequer é chamado de Deus no credo, embora os termos em que sua obra é descrita não podem ser aplicados a nenhum ser criado. Mesmo assim, a declaração contrariava os macedônios, ainda que não confirmasse a co-substancialidade do Espírito com o Pai nem definisse a relação do Espírito com o Pai e o Filho, mas serviu para resolver a questão da divindade do Espírito assim como o Concílio de Nicéia havia decidido a questão da divindade de Cristo.

B. Agostinho (354-430)

1. *De trinitate*. O conceito da Trindade na Igreja Ocidental alcançou sua formulação final nessa obra de Agostinho. Seu interesse pela doutrina da graça naturalmente levou-o a pensar sobre o Espírito, pois sua experiência ensinou-lhe como o poder do Espírito é necessário para o cristão. Em sua obra *De Trinitate*, ele declara que cada uma das três pessoas da Trindade possuía a essência completa e que cada uma é interdependente das outras. Declarou que não estava satisfeito com a palavra "pessoas" para expressar as três hipóstases, mas usou esse termo "para não ficar em silêncio". Em seu conceito de Trindade, o Espírito procedia tanto do Pai como do Filho.

2. *A controvérsia pelagiana* (431). Agostinho também acrescentou grande ênfase à graça eficaz como obra do Espírito. Isso influenciou profundamente não apenas sua doutrina do homem e do pecado, mas também sua doutrina do Espírito. Pelágio, seu oponente na controvérsia, defendia uma negação prática do pecado original e enfatizava a capacidade humana de fazer o bem sem a capacitação do Espírito. O Concílio de Éfeso tratou com a controvérsia em 431 e condenou Pelágio e sua visão defendendo Agostinho e suas idéias. Embora o pelagianismo tenha sido oficialmente condenado, não foi erradicado da Igreja, pois o pelagianismo e o semi-pelagianismo (assim como o agostinismo) continuam existindo até os dias de hoje.

C. O Concílio de Calcedônia (451)

Em 451, o Concílio de Calcedônia, representando as sés de Roma, Constantinopla, Antioquia e Jerusalém, confirmou a decisão de Nicéia e Constantinopla. O concílio declarou, explicitamente, que o Credo de Nicéia era suficiente como declaração apropriada da doutrina da Trindade. Disse, também, que as frases acrescentadas pelo Concílio de Constantinopla em 381 tinham apenas a intenção de esclarecer, não de mudar, o Credo de Nicéia. Isso estabeleceu, de forma definitiva, a doutrina da divindade do Espírito Santo.

D. O Sínodo de Toledo (589)

Embora a questão da divindade do Espírito tivesse sido resolvida em Constantinopla e em Calcedônia, ainda persistia a questão importante e misteriosa da relação exata do Espírito com o Pai e o Filho. Esse foi um problema surgido na Igreja Latina (Ocidental) (a questão da divindade do Espírito surgiu no Oriente). O termo "geração" foi usado para descrever a relação do Filho com o Pai, enquanto o termo "processão" era utilizado para mostrar a relação com o Espírito. A questão era: "O Espírito procede apenas do Pai ou do Pai e do Filho? Embora o Concílio de Constantinopla não declarasse que o Espírito procedia do Filho e também do Pai, essa era a crença de muitos líderes da Igreja. Sentia-se a necessidade de acreditar nisso, caso contrário, a processão do Pai pareceria uma negação da unicidade essencial do Filho com o Pai. No entanto, não havia unanimidade nessa questão, pois outros sentiam que dizer que o Espírito procedia do Pai e do Filho significaria que o Espírito era dependente do Filho, e isso afetaria sua divindade.

Os teólogos ocidentais defendiam a processão do Pai e do Filho, e durante o Sínodo de Toledo acrescentaram ao Credo de Constantinopla a famosa cláusula *filioque* (e do Filho). Essa cláusula dizia que "o Espírito procede do Pai e do Filho". Como o *filioque* entrou nos credos é uma questão debatida. Alguns pensam que foi um "erro grave" do copista. De qualquer forma, essa cláusula nunca gerou suspeitas, mas foi repetida sínodo após sínodo como uma doutrina ortodoxa. Os líderes da Igreja

Oriental entendiam que a Igreja Ocidental estava modificando o Credo estabelecido em Constantinopla e jamais adotaram o acréscimo do *filioque,* considerando-a uma heresia até hoje.

Assim, três idéias em relação à Trindade foram estabelecidas acima de qualquer dúvida, ao menos na Igreja Ocidental. A divindade do Filho foi estabelecida no Concílio de Nicéia; a divindade do Espírito em Constantinopla; e a processão do Espírito do Pai e do Filho no Sínodo de Toledo. A presença de heresias forçou a Igreja a definir essas grandes questões doutrinárias.

E. Abelardo (1079-1142)

Abelardo falou da Trindade de maneiras que o fizeram ser acusado de sabelianismo. O nome do Pai, ele dizia, significa poder, o do Filho, sabedoria, e o do Espírito, bondade. Algumas vezes, Abelardo parecia indicar uma distinção real das Pessoas na Deidade, mas em outras ocasiões suas ilustrações e expressões eram modalistas.

F. Tomás de Aquino (1225-1274)

Em Tomás havia a compreensão ortodoxa da Trindade. De modo geral, contudo, os séculos anteriores à Reforma Protestante pouco acrescentaram à doutrina do Espírito além do que já havia sido bem sistematizado por Agostinho. No Ocidente, enquanto a influência de Agostinho continuava operando, a Igreja tornou-se semi-pelagiana (diminuindo a ênfase no pecado original e enfatizando a liberdade da vontade humana). Isso e o crescente sacerdotalismo, bem como suas conseqüências (que concediam poderes especiais ao clero), tendiam a manter as pessoas afastadas de qualquer estudo mais detalhado sobre o Espírito Santo. Embora alguns tivessem tendências para o misticismo, nenhum estudo novo da doutrina do Espírito foi realmente feito até a época da Reforma.

III. DA REFORMA ATÉ O PRESENTE

A. A Reforma Protestante (1517)

Até a época da Reforma, a atenção da Igreja estava direcionada apenas para a pessoa do Espírito Santo. Com a Reforma, o foco voltou-se para sua atuação. No tocante à Pessoa do Espírito, todas as confissões reformadas expressavam a doutrina ortodoxa do Espírito em relação às outras pessoas da Trindade. No tocante à sua operação, havia uma ênfase renovada na necessidade de sua obra de regeneração do homem. Isso aconteceu porque a ênfase agostiniana na depravação total do homem foi retomada.

Outra contribuição importante dos reformadores foi sua ênfase na necessidade de iluminação pelo Espírito. A Igreja Católica Romana ensinava que somente o sacerdote podia interpretar a Palavra de Deus. Porém, os reformadores defendiam abertamente o estudo da Bíblia, assegurando que todos os cristãos poderiam aprender suas verdades por meio do ministério de ensino do Espírito Santo.

A ênfase dada por Lutero à justificação pela fé fez com que ele ensinasse muito sobre a obra do Espírito nessa questão. Calvino enfatizou os aspectos da obra do Espírito Santo associados à Trindade e ao ministério do Espírito no coração e na vida dos cristãos.

Os vários documentos e credos resultantes da Reforma são uniformes em sua ortodoxia. Tanto a Confissão de Augsburgo quanto os Artigos de Fé Anglicanos, a Fórmula de Concórdia, a Confissão Helvética e a Confissão de Westminster reforçavam a divindade do Espírito e, seguindo o Concílio de Calcedônia, incluíam a cláusula *filioque* bem como a ênfase particular trazida à luz pela própria Reforma. Com certeza, podemos dizer que, antes do período da Reforma, não havia uma doutrina desenvolvida do Espírito Santo.

B. Socinianos e arminianos

Quase todos os movimentos religiosos são seguidos pelo excesso e pelas reações. A Reforma não foi a exceção. Alguns foram para um extremo, caindo no entusiasmo desequilibrado e no misticismo. Outros tinham uma tendência para o racionalismo, que ignorava quase que totalmente a obra do Espírito Santo na vida do cristão. No século XVI, os socinianos declararam ser errado acreditar que as três pessoas da Trindade possuíam uma única essência. Esse ensinamento ecoava os arianos, mas foi mais além, negando a preexistência do Filho e definindo o Espírito Santo como "uma virtude de energia fluindo de Deus para o homem".

Na Igreja Reformada surgiu um sério problema em relação ao que passou a ser conhecido como teologia arminiana (elaborada por Armínio, 1560-1609). A tendência total desse ensinamento era enfatizar o esforço humano e a vontade e fazer da salvação uma obra do homem, em vez de ser uma obra divina, em que a vontade humana substitui a obra do Espírito na regeneração.

O Sínodo de Dort (1618-1619) passou a tratar dessa questão. Condenou a teologia de Armínio, enfatizando, da maneira mais forte possível, a necessidade da obra e do poder do Espírito Santo. Contudo, o Sínodo não eliminou a teologia arminiana, que existe até hoje. O movimento puritano da Inglaterra esforçou-se em combater o arminianismo, dando grande ênfase à doutrina da graça.

C. John Owen (1616-1683)

Uma das contribuições mais importantes dos puritanos foi o livro escrito por Owen, *Discourse Concerning the Holy Spirit.* Muitos acreditam que essa obra nunca foi superada. Ela é um desenvolvimento dos grandes princípios da Reforma em relação ao Espírito Santo e à vida cristã.

D. Abraham Kuyper (1837-1920)

A obra escrita por Kuyper também é um clássico nessa área, especialmente em vista do racionalismo que havia tomado conta da Europa. Swedenborg (1688-1772) negava a Trindade. Schleiermacher (1768-1834), embora contestasse o racionalismo dominante ao enfatizar a necessidade e a realidade da religião pessoal, negava as realidades objetivas da encarnação, a cruz e a vinda do Espírito Santo. Sua doutrina da Trindade era sabelianista – as pessoas da Deidade eram apenas maneiras de ela se manifestar. Sua personalidade distinta foi negada, e a obra do Espírito foi definida como "o Espírito coletivo da nova vida corporativa iniciada por Cristo". Ritschl (1822-1889) reviveu o monarquianismo de Paulo de Samosata. Defendia uma teologia sem o aspecto metafísico, o que necessariamente influenciou sua visão do Espírito Santo.

E. Os Irmãos de Plymouth (1825)

Devemos a esses irmãos um entendimento correto do ministério batizador do Espírito e a natureza distinta da Igreja do Novo Testamento. A Igreja deve muito ao testemunho dos Irmãos sobre a importância da Palavra de Deus, a iluminação do Espírito e a posição que todo cristão ocupa em conseqüência da obra do Espírito. É verdade que ocorreram divisões lamentáveis nesse grupo, mas os Irmãos deram um importante testemunho da presença, do poder e da orientação do Espírito na Igreja.

F. Neo-Ortodoxia

A neo-ortodoxia foi um movimento surgido no século XX como conseqüência do ensinamento de Karl Barth (1886-1968). Foi uma reação ao liberalismo que durou até que os horrores da Primeira Guerra Mundial forçaram os homens a pensar mais seriamente sobre o pecado e sua falta de competência para resolver os próprios problemas. O movimento neo-ortodoxo afirmava ser uma "nova reforma", que chamava os homens a voltar para a Bíblia. Realmente conseguiu isso, mas não para a Bíblia dos reformadores. Os teólogos neo-ortodoxos voluntariamente abraçaram os ensinamentos do liberalismo sobre a precisão e a verdade da Bíblia, enquanto, ao mesmo tempo, tentavam pregar a mensagem bíblica.

Embora a neo-ortodoxia possua tantos expoentes quanto existem teólogos neo-ortodoxos, podemos dizer que, em geral, sua visão do Espírito Santo deixa muito a desejar. A maioria dos escritores neo-ortodoxos nega a personalidade distinta do Espírito e confirma sua divindade somente ao afirmar que ele é representado como uma manifestação divina de Deus. O Espírito Santo é considerado mais como uma atividade de Deus do que uma pessoa da Deidade.

A visão que Barth possuía da Trindade foi denominada "modalista", embora ele rejeitasse o termo. Ele também rejeitou o que é normalmente considerado um modalismo da manifestação divina de Deus em três maneiras distintas. Barth fez isso porque não se esforçou para expressar corretamente a doutrina da Trindade. Por outro lado, rejeitou o termo "pessoa" em relação à Trindade, como se isso fosse um exagero; ou seja, o triteísmo, a crença em três deuses. Sua visão parecia ser a de que a Trindade consiste mais numa manifestação tríplice de Deus e menos em três pessoas distintas.

Barth, ao contrário de muitos teólogos neo-ortodoxos, acreditava na divindade do Espírito.

G. Neoliberalismo

O surgimento e a franca aceitação da teologia neo-ortodoxa fez com que o liberalismo reexaminasse suas próprias afirmações. O resultado disso foi o surgimento de um "novo liberalismo", que nada mais é do que o velho liberalismo com a tendência de levar o pecado a sério e ser menos otimista. Sua maneira de encarar os problemas do mundo pode ser diferente, mas seus ensinamentos são pouco distintos do antigo liberalismo. O neoliberalismo dispensa, rápida e completamente, a doutrina ortodoxa do Espírito simplesmente por não acreditar na divindade da segunda Pessoa da Trindade. Na verdade, para eles não existe uma Trindade e, claro, não há uma terceira pessoa divina. O Espírito é meramente uma função de Deus que não possui qualquer qualidade distinta de personalidade.

H. Pentecostalismo

Sem dúvida alguma, o pentecostalismo moderno é uma reação contra a esterilidade que começou a caracterizar as igrejas estabelecidas na era moderna. Enfatiza o batismo no Espírito Santo como uma segunda obra de graça que nos concede poder e que promove o retorno à experiência de todos os dons concedidos e utilizados na época do Novo Testamento. A doutrina ortodoxa a respeito da Pessoa do Espírito é admitida por eles. A realidade da obra do Espírito na vida dos cristãos também é ensinada, mas nem sempre da maneira correta.

Assim, no decorrer da história da Igreja, é possível vislumbrar a formulação do que passou a ser conhecido como doutrina ortodoxa da pessoa do Espírito, depois disso definida pela Igreja primitiva e desenvolvida durante a Reforma. Como em toda tentativa de definir ou de desenvolver a verdade, alguns movimentos distanciaram-se dela, seja de forma racionalista e fria, seja com entusiasmo desequilibrado e misticismo. A história deveria nos ensinar que a doutrina ortodoxa não é apenas importante para a fé, mas igualmente vital para a vida. Talvez em nenhuma doutrina esse casamento de verdade e vida seja mais importante do que na doutrina do Espírito Santo.

---

1. Segundo o texto de GRUDEM, Wayne. *Teologia sistemática*. São Paulo: Vida Nova, 1999, p. 996.

Parte 12

"Edificarei a Minha Igreja"

69

O QUE É A IGREJA?

A importância da Igreja dificilmente poderá ser superestimada. Deus comprou-a com o sangue de seu próprio Filho (At 20:28). Cristo ama sua Igreja, cuida dela e a valoriza (Ef 5:25,29), e um dia ela se apresentará diante dele sem mácula, em toda sua glória (v. 27). A principal atividade de Jesus Cristo na Terra, atualmente, é edificar sua Igreja (Mt 16:18). Ele faz isso por meio da distribuição de dons espirituais (Ef 4:12). Assim, os cristãos participam do que Cristo faz em seu Corpo hoje em dia pelo exercício desses dons.

I. O SIGNIFICADO DA PALAVRA IGREJA

A. A palavra em português

A palavra "igreja" deriva do latim *ecclesia*. Sua idéia original vem do grego *ekklesia*. Sua utilização original designava uma "assembléia de cidadãos". Era uma reunião de pessoas que visava resolver questões comuns. Somente posteriormente passou a designar a "assembléia de fiéis".

B. A palavra hebraica

A palavra hebraica *qahal* significa, simplesmente, "assembléia" e normalmente é traduzida pela Septuaginta como *ekklesia*. No entanto, não se refere, necessariamente, a uma assembléia religiosa (Gn 28:3; 49:6; Sl 26:5), nem mesmo a uma reunião de seres humanos (Sl 89:5, NTLH). Mesmo assim, na maioria das vezes, refere-se à congregação de Israel.

C. A palavra grega

Como já vimos, o termo grego *ekklesia* indicava uma assembléia, e seu uso primário era político e não religioso. Não se referia a pessoas, mas à reunião. Em outras palavras, quando as pessoas não estavam reunidas formalmente, não eram chamadas de *ekklesia*. Essa palavra é usada da mesma maneira que no grego secular duas vezes no Novo Testamento (At 19:32,41).

Quando a palavra grega é usada no Novo Testamento, são necessários aspectos mais ricos e completos do que seu uso secular básico. Por exemplo, as próprias pessoas, estejam elas reunidas ou não, são a *ekklesia*. Mesmo assim, essa palavra, conforme é usada no Novo Testamento, continua mantendo seu sentido básico de assembléia e não se aproveita do seu suposto sentido teológico (com base na divisão da palavra em duas partes, "chamado" e "para fora") para indicar pessoas "chamadas para fora". Se essa palavra deve ser traduzida considerando a sua etimologia, então precisaria ser traduzida como "chamados juntos" e não "chamados para fora".

II. OS USOS DESSA PALAVRA NO NOVO TESTAMENTO

Se a palavra "igreja" está relacionada com uma assembléia reunida, então os usos distintos desse conceito no Novo Testamento deveriam nos dizer: (a) qual é o caráter ou natureza desse grupo reunido; e (b) quais são os enfoques e os motivos que serviram para reunir essa assembléia.

A. Atos 19:39,41

Aqui o grupo era composto de gentios cujo motivo para se reunir era exercer um privilégio político. Os cidadãos dessa cidade livre tinham o direito de se reunir em uma assembléia legislativa, o que faziam três vezes por mês. Mas essa ocasião era uma assembléia ilegal que não agradava Roma, por isso os líderes tinham grande urgência de dispersar o grupo.

B. Atos 7:38

Nessa passagem, o grupo era formado por israelitas que se reuniram para receber a Lei de Deus por meio de Moisés. O caráter espiritual desse grupo era misto; alguns tinham um relacionamento pessoal e correto com Deus, mas outros não. Claro, todos estavam relacionados com Deus no sentido genérico (Deus havia escolhido sua nação). Porém, apenas isso não era garantia da salvação espiritual de cada pessoa. O chamado nacional era o motivo para sua reunião ao pé do monte Sinai.

C. Efésios 1:22,23

Nessa passagem, a assembléia é a Igreja, o Corpo de Cristo. O caráter desse grupo é 100% regenerado, e o motivo para sua existência é o ministério do batismo do Espírito, que acrescenta ao Corpo de Cristo aqueles que crêem (1 Co 12:13). Esta Igreja é universal, inclui todos os cristãos em todos os lugares da Terra e, também, os que estão no céu (Hb 12:23). Para ser mais específico, a Igreja não é invisível, pois a maioria de seus membros é bem visível. Creio que Igreja universal constitui um conceito melhor.

D. Romanos 16:5; 1 Coríntios 16:19; Colossenses 4:15; Filemom 2

Esses eram grupos muito localizados – igrejas nas casas. As pessoas reunidas (ao menos no período do NT) seriam as que confessavam ter aceitado Cristo como Salvador. Em alguns casos, os que apenas professavam, mas não possuíam a salvação, estavam associados com as igrejas locais (1 Jo 2:19; Ap 3:20). Para constituir igrejas cristãs, as pessoas precisavam fazer uma profissão de fé cristã.

Quais eram os enfoques dessas igrejas locais? Um era o geográfico. Outro era a profissão de fé em Cristo. O terceiro, a prática do batismo e a ceia do Senhor. E o último, o exercício das responsabilidades do grupo, como o ensino.

III. O CONCEITO NEOTESTAMENTÁRIO DE IGREJA

Normalmente, o conceito de Igreja está centrado na Igreja universal e na igreja local. Algumas vezes, são erroneamente denominadas Igreja invisível e Igreja visível. Mas mesmo as denominações universal e local não parecem cobrir todos os apectos do conceito. Universal é um bom nome para se referir ao Corpo de Cristo, na Terra ou no céu (Hb 12:23), mas "local" necessita de uma definição mais complexa. O que há de local na Igreja local?

Conforme já vimos, algumas vezes, "local" descreve a igreja em uma casa. Essa é a unidade local retratada no Novo Testamento. Embora fosse "local", a igreja de Corinto (1 Co 1:2) devia abranger várias igrejas nas casas. Isso porque ela se limitava à cidade de Corinto e não incluía outras igrejas na Grécia, como a de Tessalônica (1 Ts 1:1).

Mesmo assim, a palavra "igreja" no singular também é usada para designar as várias igrejas de uma região (At 9:31). Nessa passagem, "a igreja" incluía grupos espalhados por toda a Judéia, Galiléia e Samaria. Quando Paulo perseguiu a Igreja no período anterior à sua conversão, não se restringiu a apenas uma igreja local (1 Co 15:9). Então, o conceito de igreja local pode incluir um grupo reunido em uma única casa, vários grupos em uma cidade ou até mesmo muitos grupos em uma região. Mesmo com todas essas opções, 1 Coríntios 10:32 pode não se encaixar em nenhuma delas. A idéia de ser "tropeço" para a igreja de Deus deve estar relacionada a grupos visíveis, embora nem todos estivessem na mesma região. Certamente, deve dizer respeito a qualquer aspecto da igreja visível com a qual uma pessoa venha a entrar em contato.

Aparentemente é preciso mais do que essa categorização dupla da Igreja: universal e local. (1) Existe uma Igreja universal – todos os cristãos da Terra e do céu. (2) Existe uma Igreja visível – igrejas locais em várias áreas, especialmente aquelas que conhecemos. (3) Existe uma Igreja local – a assembléia particular com que mantenho contato direto e que constitui meu sustento espiritual. Na verdade, todo cristão pertence a esses três aspectos da Igreja, e 1 Coríntios 10:32 aplica-se a qualquer um deles, em qualquer tempo.

IV. OUTROS CONCEITOS DE IGREJA

A. O conceito católico romano

O conceito para os católicos romanos: "Igreja é uma sociedade divinamente constituída, formada por membros de todas as raças e nações, que professam somente uma fé; todos usam os mesmos sacramentos como meios para a santidade e a salvação, e todos são governados benignamente pelo sucessor de São Pedro, o vigário de Cristo, o papa[...]"[1]

B. O conceito anglicano

O conceito anglicano declara: "A Igreja visível de Cristo é uma congregação de fiéis, na qual é pregada a pura Palavra de Deus, e são devidamente ministrados os Sacramentos conforme a Instituição de Cristo [...]"[2] A Igreja Anglicana está sob a liderança temporal do rei ou da rainha do Inglaterra.

C. O conceito reformado

A Confissão de Fé de Westminster declara: "A Igreja católica ou universal, que é invisível, consiste do número total dos eleitos [...] A Igreja visível, que também é católica ou universal, sob o evangelho, consiste de todos aqueles que, pelo mundo inteiro, professam a verdadeira religião, juntamente com seus filhos [...]" (cap. 25).[3]

D. O conceito batista

A Confissão de Fé Batista de 1646 declara que "a Igreja é uma companhia visível de santos, chamados e separados do mundo pela Palavra e pelo Espírito de Deus, para a profissão visível da fé do evangelho; sendo batizados nessa fé" (artigo 33). Alguns batistas modernos reconhecem a realidade da Igreja universal, outros não.

1. PALLEN, C. B. Catholic Church. *The New Catholic Dictionary*. Nova York: The Universal Knowledge Foundation, 1929, pp. 180,1.
2. Artigo XIX dos Trinta e Nove Artigos da Religião (Igreja Anglicana), in: GRUDEM, Wayne. *Teologia Sistemática*, São Paulo: Vida Nova, 1999, p. 1002.
3. Ibid., p. 1021.

70

A SINGULARIDADE DA IGREJA

A Igreja é única no propósito de Deus. Embora o Senhor tenha se relacionado com outros grupos, sua obra em relação à Igreja continua sendo algo distinto. O Senhor disse: "edificarei a minha igreja" (Mt 16:18), e hoje em dia essa é a sua principal atividade. Essas palavras de Cristo indicam aspectos distintos a respeito da Igreja: (a) era uma obra futura em sua vida terrena; (b) não era o mesmo reino que ele havia ensinado; (c) deve ser algo diferente da teocracia de Israel. Examinaremos agora essas e outras distinções.

I. A RELAÇÃO DA IGREJA COM O REINO

Existe muita confusão devido à falha em definir, distinguir e comparar Igreja e reino. Baseado na obra *A Cidade de Deus*, escrita por Agostinho, a equivalência entre Igreja e reino resultou na autoridade absoluta da Igreja na Terra. O pós-milenismo procura estabelecer um reino terreno baseado no crescimento e no sucesso da Igreja. A concepção errada de teocracia entende que a missão da Igreja é estabelecer a Lei de Deus do Antigo Testamento nos reinos deste mundo hoje. A teologia reformada, menos direta que a teocracia, promove o conceito de senhorio de Cristo sobre todas as estruturas do mundo e encara a Igreja como principal agente para alcançar isso. Qual é a relação entre Igreja e reino?

A. O significado de reino

O dicionário define reino como uma comunidade politicamente organizada. Portanto, envolve governante(s), governados e um local. Para definir um reino em particular, precisamos fazer várias questões: quem é o governante? Quem são os governados? Quando virá e onde estará esse reino? Os vários reinos das Escrituras podem e devem ser distintos ao se fazer essas perguntas.

B. Os vários conceitos de reino

1. *O reino universal.* As Escrituras revelam Deus como o governante do mundo inteiro (1 Cr 29:11; Sl 145:13). Como tal, exercita sua jurisdição

sobre as nações do mundo, escolhendo governantes de sua preferência e julgando o mundo (Sl 96:13; Dn 2:37). No pensamento judaico, esse conceito de reino começou com Adão, mas foi desfigurado quando o pecado entrou no mundo. Mesmo assim, persistiu até Abraão, que relembrou as pessoas do reino com um sucesso apenas parcial (testemunhou a rebelião de Sodoma e Gomorra). No entanto, quando Israel aceitou a Lei mosaica, esse reino foi restabelecido, embora a rebelião tenha surgido quase imediatamente (com o bezerro de ouro) e, repetidas vezes, durante toda a história de Israel. Apenas o remanescente fiel reviveu o reino. Somente o Messias poderia trazer a realização completa desse reino.

A teologia cristã reconhece esse conceito de reino universal (embora normalmente inclua os anjos, algo que o judaísmo não faz). Deus é o governante das nações (Ap 15:3) e, no final, quando ele as julgar, todas se submeterão a ele (Sl 110:6).

Em resumo, no reino universal, Deus é o governante supremo (reina sobre todos), e faz isso em todo o tempo e pela eternidade.

2. *O reino davídico/messiânico.* Tanto o judaísmo quanto a teologia cristã pré-milenista dão uma ênfase maior ao conceito de reino. Ele é davídico porque diz respeito às promessas feitas na grande aliança do Senhor com Davi (2 Sm 7:12-16). Também é messiânico porque o Messias será seu governante. Esse reino será concretizado na Segunda Vinda de Cristo, quando ele estabelecerá seu reino e cumprirá as promessas feitas a Davi. (Para uma discussão mais detalhada dessa questão, veja a parte de escatologia, começando no capítulo 77.)

Em resumo, no reino davídico-messiânico, Cristo é o governante, ele reinará sobre a Terra e seus habitantes durante os mil anos que sucederão sua segunda vinda.

3. *A forma misteriosa do reino.* Em Mateus 13, Cristo revelou os mistérios relativos ao conceito de reino (v. 11). Usamos esse nome (misterioso) porque Jesus disse aos discípulos certas coisas sobre o reino que eram previamente desconhecidas. Logo, essa idéia de reino começou quando o Senhor estava ensinando e terminará apenas na sua Segunda Vinda (vv. 39,40). Em outras palavras, esse é o conceito de reino usado para abordar o período entre as duas vindas de Cristo. O governante é Deus. Os governados são as pessoas da Terra que se relacionaram de maneira positiva, neutra ou negativa com a "cristandade" (inclusive os verdadeiros cristãos, os nominais, os que rejeitam e até os que se opõem). O tempo é o período entre as duas vindas.

4. *O reino espiritual.* Espiritual pode não ser a melhor denominação,[1] mas nada parece caracterizar melhor esse conceito de reino. Refere-se ao reino em que todos os cristãos foram colocados (Cl 1:13) e adentraram mediante o novo nascimento. O governante é Cristo; nesse conceito de reino, ele reina apenas sobre os cristãos, e existe um relacionamento entre eles agora.

C. A relação da Igreja com esses reinos

1. *Com o reino universal.* A relação ocorre porque a Igreja está no mundo e faz parte do reino universal de Deus. Ele a planejou, originou-a e reina sobre ela, bem como sobre todos os aspectos de seu universo.

2. *Com o reino davídico/messiânico.* A Igreja, de modo algum, faz parte desse reino. Quando o reino for estabelecido, a Igreja terá ressuscitado e reinará com Cristo durante o reino milenar.

3. *Com a forma misteriosa do reino.* A Igreja faz parte da cristandade, portanto também faz parte desse conceito de reino.

4. *Com o reino espiritual.* A verdadeira Igreja, o Corpo de Cristo, é equivalente a esse conceito de reino.

Se alguém tentasse resumir o relacionamento da Igreja com o reino, precisaria dizer que:

A Igreja está relacionada ao reino, mas, em certos aspectos, eles não são equivalentes. Não está ligada a nenhum outro conceito de reino. Equivale a outro conceito. O conceito de reino deve ser definido antes que alguém determine o relacionamento da Igreja com ele.

II. A RELAÇÃO DA IGREJA COM ISRAEL

A Igreja é distinta de Israel e não teve início até o dia de Pentecostes, portanto não existia durante o Antigo Testamento.

A distinção entre Israel e a Igreja é comprovada por vários fatores: (1) No Novo Testamento, o Israel natural e os gentios são contrastados após a Igreja ter sido nitidamente estabelecida (At 3:12; 4:8,10; 5:21, 31,35; 21:19). (2) O Israel natural e a Igreja são claramente distintos; isso demonstra que a Igreja não é Israel (1 Co 10:32). A distinção feita pelos apóstolos não teria significado se Israel e a Igreja fossem a mesma coisa. (3) Gálatas 6:16 não apresenta uma prova clara de que existe igualdade entre Israel e a Igreja. Somente se o *kai* [conjunção grega] fosse explicativo, essa frase equivaleria o Israel de Deus com a nova criação: a Igreja. Mas esse *kai* pode ser enfático, o que daria uma ênfase especial a uma parte muito importante (os crentes judeus) na bênção dada a toda a Igreja (como o *kai* de Mc 16:7 e At 1:14). Ou simplesmente podia ligar os judeus cristãos à nova criação. O argumento do Livro de Gálatas vai contra o uso explicativo (o único que poderia identificar a Igreja com Israel). Uma vez que Paulo atacou severamente os legalistas judeus, seria esperado que distinguisse uma bênção especial para os membros do povo judeu que haviam esquecido o legalismo e verdadeiramente seguido a Cristo.

III. A RELAÇÃO DA IGREJA COM ESTA ERA

A Igreja não existia na época do Antigo Testamento, pois foi fundada no dia de Pentecostes. Ela é exclusiva do período em que vivemos, a chamada "era da Igreja". Quatro linhas de evidência apóiam essa conclusão:

(1) Nosso Senhor disse: "Edificarei a minha igreja" (Mt 16:18). Ele não disse que continuaria a acrescentar

algo que já existia, mas que daria início a algo ainda não existente.

(2) A Igreja não poderia ter um Cabeça funcional antes da ressurreição de Cristo. Portanto, não poderia existir até pouco tempo depois que o Senhor ressuscitou dos mortos (Ef 1:20).

(3) A Igreja não poderia ser uma entidade operando com base em dons espirituais funcionais antes da ascensão de Cristo (Ef 4:7-12).

(4) O caráter misterioso do corpo era desconhecido na época do Antigo Testamento (Ef 3:5,6; Cl 1:26). No grego clássico, *mysterion* significava algo escondido ou secreto. Era um termo usado para designar os ritos sagrados das religiões de mistério gregas, segredos que somente os iniciados podiam compartilhar. Nos Rolos do Mar Morto, as palavras relevantes não enfatizavam tanto que era algo desconhecido, mas implicavam uma sabedoria muito acima do entendimento finito. No Antigo Testamento, a palavra equivalente ocorre somente em Daniel 2:18,19,27-30,47; 4:9. Logo, o conceito de mistério é um segredo que somente os iniciados podiam compartilhar. Isso também inclui duas idéias: (a) um tempo em que o segredo não era totalmente conhecido seguido por um tempo em que foi revelado; e (b) sabedoria mais profunda ou superior revelada aos iniciados.

Qual é o conteúdo do mistério dessas passagens? Os gentios seriam co-herdeiros dos judeus, membros do mesmo Corpo e partilhariam das mesmas promessas em Cristo por meio do evangelho. O Antigo Testamento já havia revelado que os gentios compartilhariam com eles o plano de redenção traçado por Deus (Gn 12:3; Is 42:6,7), portanto essa verdade não é um mistério. Mas não é revelado pelo Antigo Testamento que haveria um Corpo comum, compartilhado por judeus e gentios. Se consultarmos a palavra "corpo" em uma concordância bíblica, veremos rápida e conclusivamente que a idéia de Corpo de Cristo (ou de qualquer outro Corpo que reuniria todos os redimidos) não é encontrada em passagem alguma do Antigo Testamento. Cronologicamente, a primeira vez que Paulo usou a palavra "corpo" com o sentido de Corpo de Cristo foi na discussão desse conceito em 1 Coríntios 12:12-25. A ocorrência seguinte foi em Romanos 12:4,5, e todos os outros usos aparecem em Efésios e Colossenses. Em Efésios 2, um sinônimo para esse Corpo único (v. 16) é "novo homem" (v. 15). Esse mistério claramente era desconhecido no Antigo Testamento, e uma vez que o Corpo é o novo homem, não se trata de uma continuação ou reformulação de Israel.

Existe uma continuidade entre a redenção de todas as eras (pois todos são redimidos e seu destino comum é o céu). Mas também há uma descontinuidade, pois os redimidos de hoje são integrados ao Corpo de Cristo e não a algum tipo de Israel. Semelhantemente, os redimidos antes dos dias de Abraão (como Enoque e Noé) não pertenciam a Israel, embora fizessem parte da família de Deus. Portanto, existem os remidos pré-Israel (os santos que viveram antes de

Abraão) e os santos pós-Israel (os cristãos no Corpo de Cristo).

Mas o "como" (*hos*, no grego) de Efésios 3:5 não significa que esse mistério de um só Corpo era apenas comparativamente desconhecido no Antigo Testamento? Observe que na passagem paralela de Colossenses 1:26 não há idéia de "menos conhecido/melhor conhecido", o contraste aqui é conhecido/desconhecido. Para colocar essas duas passagens em harmonia, o "como" de Efésios 3:5 não pode ser uma comparação. Com certeza, esse "como" (*hos*) deve ter outros sentidos. É possível que introduza uma frase acrescentando mais informações (conforme é visto claramente em At 2:15 – os discípulos não estavam menos embriagados do que a multidão pensava). Quando um negativo o precede, esse termo pode ter o sentido de contraste (veja 1 Co 7:31). Em outras palavras, o novo Corpo não era conhecido em outras eras, mas agora é revelado. A Igreja é o Corpo de Cristo, e uma vez que esse Corpo não foi revelado nem estava operante até o início da era do Novo Testamento, a Igreja é distinta dessa era.

IV. A RELAÇÃO DA IGREJA COM JESUS CRISTO

Durante seu ministério terreno, nosso Senhor anunciou que faria algo novo ao edificar sua Igreja (Mt 16:18). "Edificarei" obviamente é um verbo no tempo futuro, indicando algo que Cristo não havia feito até então. Na verdade, a Igreja não começou como uma realidade funcional até a descida do Espírito no dia de Pentecostes. Então, qual era o relacionamento do Senhor com a Igreja se, durante seu ministério na Terra, ela ainda não estava atuante?

A resposta pode ser dada em uma palavra: ele foi o fundador da Igreja, que pertence a ele (Mt 16:18). Ele é também seu fundamento (1 Co 3:11). (1) Como fundador da Igreja, Jesus escolheu os discípulos que também teriam um papel importante na fundação desse edifício (Ef 2:20-21). (2) Como seu fundador, o Senhor ensinou aos discípulos algumas coisas que seriam válidas apenas depois que a Igreja começasse a operar. A maior parte desse ensinamento está registrado em seu discurso no cenáculo (Jo 13–17). Alguns dos ensinos de Cristo diziam respeito à Lei mosaica, sob a qual ele vivia; alguns tratavam do reino milenar futuro, e outros estavam ligados com a Igreja futura. O discurso no cenáculo serve como uma semente do que, posteriormente, seria encontrado nas epístolas do Novo Testamento. Algumas das coisas novas que Jesus revelou incluíam um novo mandamento (13:34), uma nova esperança (o arrebatamento da Igreja, 14:1-3), um novo relacionamento ("eu estou em meu Pai, e vós, em mim, e eu, em vós", v. 20), e uma nova base para a oração (16:24).

(3) Com sua morte e ressurreição, o fundador também se tornou a pedra angular (At 4:11; Ef 2:20). Ele comprou a Igreja com seu próprio sangue (At 20:28). Sua ressurreição e ascensão fizeram dele o cabeça da Igreja (Ef 1:20-23). Ele a capacita, dentre outras coisas, distribuindo dons aos membros de seu Corpo (4:8).

(4) Como seu fundador, também foi ele quem enviou o Espírito Santo, que fez da Igreja uma entidade funcional (At 2:33).

Qual é a rocha sobre a qual a Igreja é edificada? (Mt 16:18). Alguns entendem que essa é uma referência a Pedro. Se isso for verdade, Cristo estava fazendo um jogo com as palavras gregas *petros* (Pedro) e *petra* (pedra). A primeira palavra é masculina e significa "pedra", enquanto a segunda é feminina e significa "rochedo". Por causa dessas diferenças de palavras e de gêneros, dificilmente seria uma referência a Pedro. Às vezes, suspeito que algumas pessoas temem que essa interpretação apoiará a alegação da Igreja Católica Romana. Ela afirma que Pedro é a pedra sobre a qual a Igreja é edificada (como diz a inscrição em latim na base do domo da Igreja de São Pedro, em Roma, pois em latim não existe diferença de gênero e de palavras). Contudo, os apóstolos realmente fazem parte da fundação da Igreja (Ef 2:20), embora Pedro, com toda sua importância, certamente não possuísse a primazia papal (At 2:14; 10:34; Gl 2:11).

Outros entendem que, nessa passagem, a rocha mencionada era Cristo, como também ocorre em outras partes das Escrituras (1 Co 3:11; 1 Pe 2:5-9). No entanto, isso parece criar uma distinção entre as duas pedras, o que contraria sua ligação íntima com o próprio texto. Uma modificação dessa visão entende que a pedra é a confissão de Pedro de que aquele era o Messias (Mt 16:16).

Talvez a verdade seja uma combinação dos elementos dessas duas idéias. Ou seja, a pedra é Pedro usando as chaves do reino (Mt 16:19; Is 22:22) na proclamação da verdade sobre Cristo para judeus e gentios.

Portanto, Jesus é o fundador de sua Igreja e ele escolheu o fundamento apostólico, deu ensinamentos básicos sobre o relacionamento com a Igreja, deu sua vida para se tornar a pedra de esquina e, depois, enviou o Espírito Santo no dia de Pentecostes para dar início à Igreja.

V. A RELAÇÃO DA IGREJA COM O ESPÍRITO SANTO

O derramamento do Espírito, no dia de Pentecostes, marca o início da Igreja como um Corpo funcional. Antes de sua ascensão, o Senhor prometeu que os discípulos, em breve, seriam batizados com o Espírito Santo (At 1:5). Embora a palavra "batismo" não apareça no relato de Pentecostes no capítulo 2 de Atos, em 11:15,16 fica bastante claro que o batismo ocorreu pela primeira vez nesse dia. Pois, segundo Paulo (1 Co 12:13), o batismo no Espírito introduz as pessoas no Corpo de Cristo. Uma vez que a Igreja é o Corpo de Cristo (Ef 1:22,23), então esse Corpo teve início quando as primeiras pessoas foram batizadas no Pentecostes.

Muitas outras coisas ocorreram no dia de Pentecostes. Os discípulos foram cheios do Espírito (At 2:4). Naquele dia, três mil pessoas foram batizadas nas águas (v. 41). A Igreja visível teve início naquela ocasião (vv. 42-47).

Além de batizar no Corpo de Cristo aqueles que creram, o Espírito Santo também habita nos cristãos individualmente (1 Co 6:19), nas igrejas locais (3:16) e no Corpo de Cristo (Ef 2:22). O Espírito também capacita, lidera, conforta e distribui dons à Igreja (At 1:8; 9:31; 1 Co 12:4). De uma maneira bastante real, o Espírito é o poder dessa Igreja e a vida que lhe dá energia.

1. Tomei o termo emprestado de Buswell, J. Oliver. *A Systematic Theology of the Christian Religion*. Grand Rapids: Zondervan, 1962, v. 2, p. 346.

71

PRINCÍPIOS E/OU PADRÃO?

Antes de considerarmos o ensinamento bíblico sobre a organização, a ordem e as ordenanças das igrejas locais, uma pergunta básica deve ser levantada: Em relação a essas questões, o Novo Testamento ensina princípios que devem ser seguidos de maneira geral, mas adaptados às várias culturas e tempos? Ou espera-se que o padrão utilizado na época do Novo Testamento seja seguido até hoje em todas as culturas? Por exemplo, o Novo Testamento ensina princípios de governo da Igreja que podem ser adaptados de várias maneiras ou oferece um padrão em particular que deve ser seguido? Muitos diriam que a flexibilidade nessa área é algo permitido. A Igreja deve possuir líderes, mas há pouca diferença se eles são chamados de presbíteros, diáconos ou se uma igreja possui ambos. Eles podem ser chamados de obreiros e, mesmo assim, continuar seguindo o padrão neotestamentário de liderança.

Vejamos outro exemplo. O Novo Testamento ensina o princípio de que os cristãos se reúnam. Mas, na época do Novo Testamento, eles se reuniam em casas. Hoje em dia, temos a flexibilidade de construir prédios (igrejas) ou deveríamos seguir o padrão neotestamentário e continuar nos reunindo nas casas? A maioria das pessoas acredita que se permita certa flexibilidade nesses casos.

Mais um exemplo: o princípio do batismo com água (independentemente de sua forma) serve para demonstrar o abandono da antiga vida e a entrada em uma nova. Existe alguma maneira de seguir esse princípio sem cumprir o padrão de batismo usado hoje em dia? Quase todos os cristãos responderiam que não. Então, por que não construir um pequeno vestiário na plataforma da igreja, pedir que o candidato entre nele, mude suas roupas ali mesmo e saia de lá com roupas novas? Essa atitude não ilustraria a mesma verdade que o batismo? Essa não é uma ilustração registrada pelas Escrituras? (veja Cl 3:9-12). No governo da Igreja, podemos permitir certa flexibilidade entre princípios e padrões. Ao usar o prédio da igreja, permitimos uma flexibilidade total entre princípio e padrão. Em relação ao batismo, não permitimos que haja tal flexibilidade. Não importam as idéias que um grupo tenha sobre essa questão, duvido que alguém seja totalmente coerente em sua prática.

Argumentos em favor da flexibilidade, na maioria das vezes, são históricos e análogos. Historicamente, destaca-se que, pelo fato de a Igreja primitiva ser influenciada pela cultura de seus dias e de ter adotado as formas daquela cultura, podemos fazer o mesmo hoje em dia. Para provar isso, basta lembrar que existiam anciãos nas sinagogas (embora as comunidades gentílicas também os possuíssem). Porém, temos menos certeza ainda de que a idéia de diácono foi tomada emprestada das sinagogas. O batismo era um dos requerimentos para prosélitos que se convertiam ao judaísmo, também usado pelas religiões de mistério. A ceia do Senhor era algo novo para a Igreja, embora tenha sua origem na celebração da Páscoa. O modo de instrução nas sinagogas judias e na Igreja cristã eram similares. A excomunhão era praticada pelos dois grupos. É inquestionável que muitas práticas da Igreja tiveram seus antecedentes no judaísmo. Isso deve ser esperado. Mas a questão permanece: quando a Igreja assumiu essas práticas, elas foram divinamente sancionadas (devem ser seguidas hoje) ou apenas divinamente exemplificadas (não precisam ser seguidas em todos os seus detalhes hoje)? O argumento histórico realmente não resolve a questão.

Analogias são freqüentemente utilizadas para apoiar a flexibilidade entre princípios e padrões. Por exemplo, o evangelho é um princípio inviolável, mas existem muitos padrões para seguir em sua apresentação. A salvação é um absoluto, mas as experiências de conversão são variadas. Portanto, argumenta-se, embora a Igreja seja um absoluto, suas formas e funções são variáveis. Mas como esse não é um argumento exegético, tem pouca força.

Os que entendem que a prática da Igreja deveria ser rigidamente conformada aos princípios e padrões do Novo Testamento lembram que as Escrituras afirmam ser suficientes para toda boa obra, inclusive a obra da Igreja local (2 Tm 3:16,17). Sejamos específicos, Paulo escreveu 1 Timóteo com todos os detalhes sobre a vida e governo da igreja, para que Timóteo pudesse saber como se comportar na casa do Senhor e como ensinar aos outros esses mesmos detalhes (1 Tm 3:15). Na mesma epístola, o condicionamento cultural da verdade é especificamente descartado (1 Tm 2:11-14). Além disso, Paulo esperava que as igrejas seguissem as "tradições", que incluíam tanto padrões quanto práticas (1 Co 11).

Essa questão pode ser resolvida? Provavelmente não de maneira conclusiva (e ninguém é totalmente coerente). Mas, para concluir, a flexibilidade excessiva parece ignorar os padrões detalhados revelados no Novo Testamento. Reconhecer a diferença de interpretação em relação a alguns detalhes é uma coisa, mas é completamente diferente afirmar que isso não é importante. Meu sentimento é que deveríamos procurar seguir de maneira tão detalhada quanto possível os padrões da vida eclesiástica, segundo revelados no Novo Testamento. Afinal, não há resposta satisfatória à questão do porquê de alguns padrões terem sido estabelecidos. Mas, uma vez que eles existem, devemos utilizá-los.

72

OS TIPOS DE GOVERNO DA IGREJA

Do que a igreja local é formada? A igreja existe no momento e no lugar em que dois cristãos estão reunidos em nome de Cristo? Se isso é verdade, então todo lar cristão também é uma igreja cristã! Qual é a quantidade de organização necessária para se ter uma igreja local? Alguns dizem que quanto menos, melhor, enquanto outros optam por uma organização mais complexa.

O Novo Testamento não oferece uma definição formal de igreja local. No entanto, descreve o que a assembléia local normalmente deve conter. Com base nisso, podemos formular uma definição de igreja local. Trata-se de uma assembléia de pessoas que professam sua fé em Cristo, que foram batizadas e que estão organizadas com o propósito de fazer a vontade de Deus. Observe os importantes aspectos dessa definição: (1) Os que não professam sua fé em Cristo estão excluídos. A profissão pode não ser genuína, mas deve ser feita. (2) Sem questionar o modo como o batismo é feito, está claro que o Novo Testamento desconhece membros da igreja que não sejam batizados. (3) Uma igreja sempre possui algum tipo de organização, e no Novo Testamento a organização foi instituída logo que foi possível fazê-lo (At 14:23). (4) A igreja existe com um propósito: fazer a vontade de Deus. Isso inclui muitas coisas: observar as ordenanças, evangelizar, edificar os cristãos, adorar, contribuir, os ministérios com diferentes faixas etárias, etc. Um ministério especializado para um grupo particular de pessoas não pode ser igreja, embora possua aspectos e atividades similares aos de uma igreja. Se essa reunião não abre as portas para todos os cristãos, então não é igreja.

Embora essa definição pareça rígida demais, observe que ela é abrangente. A maneira de batizar pode ser debatida, mas não se discute a necessidade de os membros serem batizados (segundo o exemplo do Novo Testamento). O tipo específico de organização pode não estar detalhadamente explicitado, mas o fato de que a organização existe é bastante claro. Nada é dito sobre o local das reuniões, o número de encontros, a freqüência da administração das ordenanças ou as estruturas necessárias para que o ministério prossiga.

Por existir um amplo debate sobre os aspectos específicos da organização da igreja, há diferentes tipos de igreja. Mas é indiscutível que a Igreja primitiva era organizada. Logo no seu início, contava seus membros (embora posteriormente essa prática tenha sido interrompida) (veja At 2:41; 4:4). Pouco tempo depois, os cristãos sentiram necessidade de escolher ajudantes para os apóstolos (6:1-7). As atividades de socorro aos pobres também precisaram ser organizadas (4:32-37). Os presbíteros foram reconhecidos como líderes (11:30). No retorno de sua primeira viagem missionária, Paulo ordenou presbíteros nas igrejas que estavam sendo estabelecidas (14:23).

I. GOVERNO MÍNIMO

A. Características

Em geral, os grupos que procuram manter a organização resumida ao mínimo são liderados por pequenos grupos de presbíteros, enfatizam o exercício dos dons espirituais de todos os membros, minimizam o conceito de membresia e dão destaque à liderança espiritual de Cristo.

B. Algumas observações

Esses grupos, obviamente, possuem alguma forma de organização. Por exemplo, exercem a disciplina na igreja mais do que alguns grupos muito mais organizados. Isso é algo que requer uma atividade organizada. São propensos a um sistema federalista de governo, embora provavelmente com um envolvimento menor da congregação na tomada das decisões. Um ministério único normalmente não pertence a uma estrutura. Não podemos pensar que esse tipo de governo aplique-se apenas a grupos pequenos. Também pode funcionar bem em grupos maiores. Alguns grupos da tradição dos quacres e os irmãos de Plymouth utilizam esse sistema de governo mínimo. Muitas das chamadas "comunidades" também fazem essa opção.

II. GOVERNO NACIONAL

A. Características

Uma Igreja nacional é um grupo de igrejas organizadas sob a liderança do Estado ou limitada às fronteiras de um país. O direito implícito de o Estado envolver-se e exercer controle sobre as igrejas faz parte da estrutura organizacional. A profundidade e a maneira como esses direitos podem ser exercidos variam de Estado para Estado. O governo de Estado pode permitir ou não a coexistência de igrejas livres juntamente com a Igreja nacional. Pode ou não possuir concílios e sínodos e estar envolvido ou não no exercício ou ratificação das disciplinas. Pode coletar ou não os dízimos e estar envolvido no apoio a cada Igreja em particular. Independentemente dos detalhes dessa relação entre Igreja nacional e Estado, existe uma relação formal, e ela constitui as características básicas dessa forma de governo da Igreja. A Igreja Anglicana (na Inglaterra) e a Igreja

Luterana (na Alemanha e alguns países escandinavos) são igrejas nacionais.

B. Passagens bíblicas relevantes

Os argumentos em favor de uma separação entre Igreja e Estado são baseados nas seguintes Escrituras: Segundo registra Mateus 22:21, Cristo fez distinção entre essas duas esferas de responsabilidade (César e Cristo) e os relacionamentos de seus seguidores com cada um deles. Outras passagens detalham a responsabilidade dos cristãos com o Estado (Rm 13:1-7; 1 Pe 2:13-17; Tt 3:1). Quando surge um conflito entre as duas esferas de poder e o Estado procura contrariar a lei divina, existem exemplos bíblicos de desobediência civil (Dn 3;6; At 5:29). Existe, também, pelo menos um exemplo de resistência passiva (não ilegal) para forçar os poderes seculares a reconhecer uma injustiça (At 16:37).

Nas disciplinas executadas pela Igreja no Novo Testamento, o envolvimento do Estado é inexistente (Mt 18:17; 1 Co 5; 2 Ts 3:11-15). Se uma Igreja nacional fosse o padrão das Escrituras, poderíamos esperar que os passos descritos em Mateus 18:17 para tentar corrigir o problema incluiriam um passo final: levar a questão às autoridades seculares. Contudo, a igreja (Corpo) é a última instância a ouvir a questão no Novo Testamento.

Na tentativa de manter Igreja e Estado separados, surgem alguns difíceis problemas práticos. A Igreja deveria aceitar a isenção de impostos? Até que ponto as igrejas deveriam usar o processo legislativo para promover objetivos religiosos na sociedade? A Igreja deveria defender o crédito escolar para as mensalidades pagas às escolas cristãs?

III. GOVERNO HIERÁRQUICO

A. Alguns exemplos

Em um sistema hierárquico, a parte do clero que toma as decisões está organizada em ordens ou classes, cada uma subordinada a seu superior. No sistema metodista, a autoridade da hierarquia é menos absolutista. Na Igreja Episcopal, a hierarquia da autoridade é mais destacada. Na Igreja Católica Romana, porém, a autoridade baseia-se totalmente na hierarquia, conduzida até sua instância maior, o papa. O governo da Igreja da Inglaterra (anglicana) combina formas de governo tanto nacional quanto hierárquico.

B. As justificativas

As justificativas para esse conceito de governo estão baseadas (a) na primazia dos apóstolos, especialmente Pedro; e (b) em uma linha ininterrupta de sucessão desde os apóstolos até os dias de hoje. Embora seja verdade que os apóstolos formavam o fundamento sobre o qual a igreja foi edificada (Ef 2:20) e que Pedro ocupava uma posição de destaque, mas não fosse o líder absoluto (Gl 2:11), o apostolado desapareceu por volta do fim do primeiro século. Por isso, não pode haver uma linha de sucessão ininterrupta de bispos (sucessores dos apóstolos) até os dias de hoje.

Fica claro que existiam tanto presbíteros quanto diáconos na época do Novo Testamento. Mas um terceiro (e distinto) ofício, o de bispos, não é visto no Novo Testamento. Geralmente, considerava-se que bispos e presbíteros eram uma referência à mesma posição. A ascendência de um bispo sobre os outros oficiais começou no início do segundo século, mas essa transferência de poder dos apóstolos para os bispos nunca aparece ou é regulamentada no Novo Testamento. Na verdade, no final do primeiro século, o *Didaque*, o manual da Igreja daquela época, instruía cada congregação a escolher seus próprios bispos e diáconos (15:1), o que é totalmente contrário ao conceito de sucessão apostólica. Para ser mais específico, existe um aspecto legítimo na sucessão apostólica. A doutrina dos apóstolos é o que todas as gerações seguintes deveriam ensinar (2 Tm 2:2), mas essa é uma sucessão de doutrina, não de ordenação.

IV. GOVERNO CONGREGACIONAL

A. Descrição

1. *Autoridade*. Basicamente, a forma de governo congregacional entende que a autoridade maior de governo da igreja está sobre os próprios membros.

2. *Autonomia*. Além disso, sua percepção é a de que cada igreja constitui uma unidade autônoma. Portanto, não há outra pessoa ou organização acima dela além de Cristo, o cabeça.

3. *Responsabilidade*. O congregacionalismo não implica que a congregação inteira precise votar cada decisão a ser tomada. A responsabilidade é delegada a oficiais e líderes, embora, assim como os outros membros, eles possuam apenas um voto na congregação.

4. *Comunhão*. Tampouco a autonomia chega ao extremo de as igrejas não terem comunhão umas com as outras. Berkhof classifica o congregacionalismo como um sistema de independência que nega a unidade do Corpo de Cristo,[1] mas isso não é verdade.

B. Apoio para essa visão

1. *Autonomia local*. Embora os apóstolos e seus ajudantes de fato exercessem autoridade sobre mais de uma igreja local, na época do Novo Testamento os presbíteros e diáconos não faziam isso. Portanto, como não existem mais apóstolos hoje em dia, as igrejas locais são autônomas.

2. *Disciplina*. A igreja inteira recebeu o poder de exercer a disciplina (Mt 18:17; 1 Co 5:4,5; 2 Co 2:6,7; 2 Ts 3:14,15). O fato de uma questão tão importante como a disciplina não ser entregue somente aos líderes, mas à congregação toda, serve de apoio ao conceito congregacional de governo.

3. *Liderança*. A igreja inteira estava envolvida na escolha dos líderes. Certas passagens claramente apóiam essa idéia (At 1:23,26; 6:3,5; 15:22, 30; 2 Co 8:19). Outras, como Atos 14:23 e Tito 1:5, parecem argumentar contra o envolvimento congregacional na escolha. Atos 14:23 registra que alguns líderes foram "eleitos" no

retorno da primeira viagem missionária de Paulo. O verbo usado é *cheirotoneō*, que significa "nomear" ou "designar". Contudo, os defensores do congregacionalismo preferem usar uma idéia mais relacionada com o entendimento etimológico desse verbo. Ou seja, uma escolha pelo levantar de mãos, como o voto congregacional. No entanto, até mesmo A. H. Strong, teólogo batista e defensor do congregacionalismo, reconhece que a idéia de voto popular não pode ser sustentada por esse verbo. Ele nega essa interpretação do verbo nessa passagem, bem como em Tito 1:5 (em que Paulo instrui Tito a "constituir" presbíteros em cada cidade), para apoiar o governo federativo. Para Strong, esses versículos "nada decidem sobre o modo de escolha, tampouco a escolha da comunidade é necessariamente excluída por eles".[2] Seria melhor para o congregacionalismo simplesmente reconhecer esses exemplos como algo praticado pelos apóstolos e não como instruções para nós hoje.

4. *Ordenanças*. Várias passagens comissionam as ordenanças a toda Igreja, não apenas aos líderes ou a uma hierarquia (Mt 28:19,20; 1 Co 11:2,20).

5. *Governo*. O sacerdócio de todos os cristãos colabora para o conceito de governo democrático e congregacional (1 Pe 2:5,9).

C. Uma defesa ao congregacionalismo

1. *Autoridade*. O Novo Testamento parece ensinar claramente que a autoridade suprema pertence à igreja local, a qual, por sua vez, está sob a liderança de Cristo. Isso não exclui a comunhão com outras congregações, mas também não defende uma estrutura organizacional acima da igreja local.

2. *Escolha de líderes*. Também parece claro que a igreja inteira estava envolvida em muitas questões da congregação, mas não estava envolvida em tudo. Em alguns casos, os líderes eram escolhidos e não votados por todos. A escolha dos primeiros ajudantes dos apóstolos, em Atos 6, exemplifica a graciosa harmonia existente entre os apóstolos. Eles pediram que a congregação escolhesse, e ela apresentava suas decisões diante dos apóstolos para que fossem confirmadas. Não sabemos o que aconteceria se a congregação escolhesse alguém que os apóstolos não aprovassem. Presume-se que essa pessoa não receberia permissão para servir (isso significa que a congregação não seria a autoridade final).

3. *Restrições*. Às vezes, parece haver uma distorção sutil (mas importante) nas distinções entre o que todos os cristãos possuem igualmente como membros do Corpo de Cristo e os ministérios que podem desempenhar dentro do Corpo local. O fato de todos os cristãos serem sacerdotes não significa que todos podem ocupar os mesmos cargos. As qualificações para a liderança excluem alguns. Façamos uma analogia. Todos os cidadãos do país acima de 16 anos podem votar, mas nem todos podem ocupar cargos no Congresso ou ser presidente (pois

existe uma idade mínima para isso). Embora vivamos em uma democracia, existem restrições que impedem que alguns cidadãos exerçam certas atividades. Isso parece ser igualmente verdade na Igreja, e o congregacionalismo pode, consciente ou inconscientemente, ignorar isso.

4. *Pluralidade de liderança*. Na prática, o congregacionalismo não é totalmente congregacional. A congregação não toma todas as decisões. Os líderes assumem uma autoridade que nem sempre é atribuída especificamente a eles. Os diáconos, muitas vezes, funcionam como presbíteros para que realmente exista uma pluralidade de liderança. Na verdade, algumas igrejas de regime congregacional e federativo funcionam de maneira similar. Isso é especialmente verdade quando a igreja governada por um concílio (ou presbitério) é autônoma. Se ela pertence a uma denominação, então claramente difere da igreja congregacional autônoma.

V. GOVERNO FEDERATIVO

A. Significado

Segundo alguns dicionários, o governo federativo ou conciliar refere-se a uma unidade individual que "entrega sua soberania individual a uma autoridade central, mas retém poderes residuais de governo". Em relação ao governo da Igreja, o sistema federativo significa que os membros delegam parte de seu poder aos líderes. Quando existe uma estrutura denominacional, significa, também, que as igrejas individuais abrem mão de alguns aspectos de sua autonomia em favor de uma estrutura organizacional superior. Em contraste, o padrão congregacional restringe a autoridade aos membros e às igrejas locais e autônomas.

Dentre as denominações, os presbiterianos e os grupos reformados, em geral, adotaram o sistema federativo. Mas ele também é exercido em um bom número de igrejas independentes, por vezes chamadas de "comunidades". Essa forma de federalismo, contudo, está limitada à igreja local e não envolve nenhum tipo de organização exercendo poder sobre um grupo de igrejas. Em outras palavras, as denominações de governo federativo envolvem presbitérios, sínodos e assembléias gerais, mas isso não acontece nas igrejas locais de governo federativo.

B. Apoio para essa visão

1. *Liderança*. Sem dúvida os líderes ocupam lugar de destaque na forma de governo revelada pela Igreja do Novo Testamento. Deduzimos que eles possuíam uma posição de responsabilidade a qual não exigia que todas as decisões precisavam da aprovação dos membros da igreja local. Em Hebreus 13:17, os cristãos são incentivados a submeter-se a seus líderes locais. Portanto, conclui-se que a autoridade é entregue aos líderes e não aos membros. Para ser mais específico, a liderança não é uma ditadura. Os líderes são responsáveis por seus membros.

2. *Designação de líderes*. Em alguns casos, fica bastante claro que os líderes eram indicados e não eleitos.

Esse é o significado óbvio de Atos 14:23 e Tito 1:5. Um congregacionalista pode argumentar que, ao menos em Atos 14:23, essa era uma prática exclusiva dos apóstolos. Compreendemos que a comissão de Tito para designar líderes também estava sob a orientação de um apóstolo. Mesmo que isso seja verdade, não temos certeza de que o voto da congregação sempre foi o método usado no Novo Testamento para a escolha dos líderes. Nenhum versículo específico indica isso, porém existem versículos que apóiam a nomeação.

3. *Disciplina*. Embora nas questões disciplinares a decisão final envolvesse a congregação inteira, os líderes davam instruções sobre o que deveria ser feito (1 Co 5; 1 Tm 5:20).

4. *Ordenação*. Os defensores do federalismo afirmam que a "ordenação" era uma questão importante. Ela acontecia quando as mãos eram impostas pelos presbíteros (1 Tm 4:14).

Os congregacionalistas argumentam que os presbíteros agem em benefício de toda a congregação e que a autoridade para a ordenação está sobre a congregação.

C. Observações

Na prática, muitas igrejas utilizam uma mistura de congregacionalismo e de federalismo. Muitas vezes, o federalismo acaba delegando autoridade excessiva às estruturas organizacionais acima das igrejas locais. Se os desvios de doutrina surgem em uma denominação, a história nos ensina que é muito difícil, se não impossível, uma igreja local questionar uma superestrutura. Se essa igreja sentir necessidade de abandonar a denominação, muitas vezes isso tem um custo elevado, podendo, inclusive, resultar na perda de tudo o que ela possui.

Muitos congregacionalistas não conseguem beneficiar-se dos dons da liderança. Isso também permite que cristãos carnais e imaturos tenham o mesmo poder que os outros.

Nesse debate, algumas coisas são claras. A Igreja e o governo romano estavam separados. Não havia uma Igreja nacional na época do Novo Testamento. A Igreja hierárquica foi algo que se desenvolveu após o fechamento do cânon. A Igreja primitiva possuía uma estrutura de governo. As igrejas locais, embora tivessem comunhão e cooperassem mutuamente, não estavam unidas por uma organização. A congregação estava envolvida na decisão de algumas questões. Os líderes assumiam o controle em outras questões. A imagem apresentada pelo Novo Testamento parece englobar uma mistura de governo congregacional e federal, limitado a um nível local.

1. BERKHOF, L. *Teologia Sistemática*. Campinas: Luz Para o Caminho, 1990, p. 584.
2. STRONG, A. H. *Systematic Theology*. Filadélfia: Judson, 1907, p. 906. (*Teologia Sistemática*. São Paulo: Hagnos, 2003, v. 1.)

73

Liderança qualificada para a igreja

I. A NECESSIDADE DE LIDERANÇA

Sejam quais forem as preferências de uma pessoa ou organização em relação a tipos de líderes, ninguém pode negar que a liderança era considerada necessária pelas igrejas do Novo Testamento. Lembre-se de algumas questões: (1) Logo no início da vida das igrejas, fundos de assistência foram enviados de Antioquia para os presbíteros nas igrejas da Judéia (At 11:29). (2) Paulo indicou presbíteros quase que imediatamente após fundar as igrejas em sua primeira viagem missionária (At 14:23). (3) O concílio em Jerusalém foi convocado, dirigido e concluído por líderes (At 15). (4) Presbíteros e diáconos aparecem como elementos comuns na vida de várias igrejas (At 20:17; Fp 1:1). (5) Paulo parecia considerar os líderes uma necessidade para o funcionamento correto das igrejas (Tt 1:5). (6) Liderança é um dos dons espirituais (Rm 12:8) exercido nas igrejas locais (Hb 13:7,17).

II. OS TIPOS DE LÍDERES

Todos concordam que havia pelo menos dois tipos de líderes nas igrejas do Novo Testamento: presbíteros e diáconos. Porém, nem todos concordam que ambos são necessários hoje. Por isso, nem todas as denominações utilizam essa divisão. Muitas vezes os presbíteros são chamados de anciãos e biblicamente equivalem aos bispos. Tem-se comentado, por exemplo, que pelo fato de Paulo ter mencionado somente presbíteros em Tito 1, os diáconos são opcionais na organização da igreja. Porém, é igualmente verdade que ele escreveu sobre presbíteros *e* diáconos em 1 Timóteo 3. Tampouco existe consenso sobre quantos presbíteros cada congregação deve possuir – um ou diversos. Mas provavelmente todos concordem com a pluralidade de diáconos. Por exemplo, no sistema batista (congregacional), o único pastor da igreja ocupa o cargo de presbítero, enquanto no sistema presbiteriano (federativo), o pastor é apenas um dos diversos presbíteros.

Uma questão mais básica é se existe ou não um terceiro tipo de líder: os bispos. Essa palavra é usada uma vez para falar de Cristo (1 Pe 2:25); em todas as outras, refere-se aos líderes humanos das igrejas. Que bispos e presbíteros referiam-se ao mesmo grupo parece claro pelas seguintes razões: (1) Paulo comissionou Tito a indicar presbíteros em cada cidade de Creta e imediatamente os denominou "bispos" (Tt 1:5-7). (2) Quando Paulo convidou os presbíteros da igreja de Éfeso para se encontrarem com ele em Mileto, chamou-os de bispos (supervisores) (At 20:17,28). Ele também reconheceu que uma de suas funções era pastorear as pessoas (v. 28). (3) Quando Paulo enumerou as qualificações para bispos e diáconos (1 Tm 3:1-13), não mencionou os presbíteros (embora saibamos, por 1 Tm 5:17, que a igreja possuía presbíteros). Isso seria uma forte indicação de que a nomenclatura bispos e presbíteros refere-se ao mesmo grupo. (4) Em Filipenses 1:1, Paulo mencionou apenas bispos e diáconos. Por que ele omitiria presbíteros, se realmente existissem três tipos de líderes?

Alguns defendem que os bispos eram um terceiro tipo de líder. Citam como apoio a autoridade exercida por Tiago sobre o concílio em Jerusalém (At 15) e porque é dito que Timóteo e Tito serviram, respectivamente, como bispos sobre as igrejas de Éfeso e Creta. Contudo, Inácio (c. de 50–115) foi o primeiro a distinguir bispos de presbíteros e diáconos como três tipos distintos de oficiais (*Ad Smyrna*, vii). O fato de ser preciso haver bispos estava ligado a várias necessidades: preservação da unidade da Igreja, garantia da continuidade da fé apostólica e, mais tarde, existência de um canal humano para ministrar a graça divina.[1]

Em resumo, a evidência aponta para apenas dois tipos de oficiais na igreja, bispos-presbíteros (ou presbíteros supervisores) e diáconos.

III. DISTINÇÕES ENTRE DONS E CARGOS

É comum haver confusão entre os dons que Deus concede na vida de um cristão e os cargos que ele pode ocupar na organização da igreja. Por exemplo, pastor e pastorado são freqüentemente considerados uma coisa só, e não coisas distintas, como seria normal. Pastor é um dom espiritual, enquanto pastorado (na eclesiologia contemporânea) é um cargo ocupado pelo líder principal da igreja (especialmente no sistema congregacional). Porém, vejamos algumas diferenças importantes entre dons espirituais e cargos.

1. *Dom* versus *cargo*. Uma pessoa pode ter certo dom espiritual, mas não ocupar um cargo na igreja local. Na verdade, isso acontece com a maioria dos crentes. Eles possuem dons (pois todos os cristãos os têm) embora não sejam oficiais da igreja. No entanto, é importante que as pessoas que ocupam cargos também exerçam certos dons espirituais. Os presbíteros ensinam e governam, e os diáconos devem exercer o dom de serviço (Rm 12:7). Assim, a pessoa portadora de dons pode não ocupar

um cargo, mas quem ocupa um cargo também precisa possuir dons.

2. *Homens e mulheres.* Os dons são concedidos tanto a homens quanto a mulheres, mas os cargos mais importantes na igreja devem ser ocupados por homens. O único dom não concedido às mulheres foi o de apóstolo. Deus, porém, concedeu os outros dons tanto a homens como a mulheres. Até mesmo o dom de pastor pode ser exercido por mulheres, se entendermos corretamente que esse dom é a habilidade para pastorear. Isso não equivale a dizer, contudo, que uma mulher pode ocupar o que hoje chamamos de pastorado. Os principais cargos das igrejas do Novo Testamento foram ocupados por homens. Isso é perfeitamente claro porque tanto os presbíteros como os diáconos deviam ser "maridos de uma só mulher". Nenhuma mulher poderia preencher essa qualificação!

3. *Dentro e fora da igreja.* Os dons espirituais podem ser exercidos dentro e fora da igreja local. Os cargos dizem respeito apenas à igreja local. O dom de evangelista, por exemplo, pode e deve ser exercido dentro e fora da igreja. Presbíteros e diáconos, por outro lado, funcionam apenas no contexto de sua comunidade local.

IV. PRESBÍTEROS

A. Sua quantidade

Existe um debate considerável sobre a questão do número de presbíteros que cada igreja possuía na época do Novo Testamento ou que deve possuir hoje. Os que defendem o governo presbiteriano (sistema conciliar) crêem que cada congregação tinha diversos presbíteros. Os defensores do governo autônomo, por outro lado, vêem apenas um único presbítero (o pastor) em cada congregação. Mesmo assim, ambos concordam que cada igreja possuía mais de um diácono.

O fato de que a Igreja primitiva se reunia em casas (Rm 6:15; 1 Co 16:19; Cl 4:15) faz com que seja mais difícil resolver, de forma conclusiva, esse debate. Está claro que a igreja de cada cidade (isto é, a soma total das igrejas nos lares de cada cidade) tinha presbíteros (Fp 1:1; Tt 1:5). Contudo, não temos certeza de que isso também significa que cada igreja-lar possuía mais de um presbítero. Em outras palavras, cada igreja-lar deveria ter apenas um presbítero. E ele, junto com os outros presbíteros de outras igrejas-lares, constituía o corpo de presbíteros naquela cidade.

Além disso, as cartas do Senhor ressurreto às igrejas da Ásia Menor foram enviadas "ao anjo" de cada igreja. Caso isso se refira a um ser angelical, então não tem relevância alguma para nossa questão. Mas se "anjo" designa o líder humano de cada igreja, então obviamente havia apenas um. Isso reforça o ponto de vista segundo o qual cada igreja não possuía mais de um presbítero.

Outro argumento intrigante a favor da idéia de apenas um presbítero em cada congregação está em 1 Timóteo 3. Quando Paulo descreveu as qualificações para o bispo, utilizou o singular o tempo todo (vv. 1-7). Mas quando listou as qualificações para diáconos, passou a usar o plural (vv. 8-13). Isso indicaria existir apenas um presbítero e diversos diáconos em cada igreja?

Ou, talvez, cada igreja tivesse pelo menos um presbítero e, muitas vezes, mais de um. Esse "um" seria o "presbítero que preside" (1 Tm 5:17). Por causa de sua posição de destaque, seria *o* presbítero da igreja (embora pudesse haver outros na igreja). Alguns nem mesmo levariam essa idéia em consideração se ela não parecesse apoiar o conceito de um único bispo liderando os presbíteros. Contudo, o fato de ter sido exatamente isso o que acabou acontecendo nos séculos seguintes pode significar que, realmente, havia um presbítero que presidia cada congregação no primeiro século.

B. O ministério dos bispos e/ou presbíteros

Caso presbítero e bispo refiram-se à mesma pessoa, então o principal ministério dos presbíteros é supervisionar o trabalho da igreja em todos os seus aspectos. Os presbíteros não são responsáveis apenas pelo bem-estar espiritual da igreja, enquanto os diáconos cuidam de assuntos financeiros, como às vezes se pensa. Aos presbíteros cabe a supervisão de todos os aspectos da obra local. Observe que os donativos para os necessitados da Igreja primitiva foram enviados aos presbíteros em Jerusalém para, depois, ser distribuídos (At 11:30). Portanto, o organograma básico de uma igreja não deve ser assim:

PRESBÍTEROS (Questões espirituais)	**DIÁCONOS** (Questões financeiras)

Mas assim:

PRESBÍTEROS
(Todos os aspectos)
DIÁCONOS
(Tudo o que for delegado a eles pelos presbíteros)

1. *Supervisão geral envolve governar.* Isso significa presidir (1 Tm 5:17) e liderar (Hb 13:17), não como um dominador e um ditador, mas sem perder o controle e a autoridade (1 Pe 5:3; Hb 13:17). Um oficial que preside, por exemplo, nem mesmo tem direito a voto, exceto no caso de empate, mas ele exerce controle (sobre a agenda, a duração das discussões, a quem reconhecer etc.). Seria desejável que esse aspecto do

ministério do presbítero envolvesse o dom espiritual de governo (1 Co 12:28). No grego, a palavra usada nessa passagem possui a idéia básica de pilotar (como em At 27:11). Portanto, um presbítero lidera, guia, governa, dirige seu rebanho, como um piloto que conduz seu barco habilmente através das águas traiçoeiras deste mundo.

2. *Supervisão geral envolve guardar a verdade* (Tt 1:9). Isso significa a proclamação e a explicação da doutrina, que também serve como defesa contra os ensinamentos falsos. Por esse motivo, os presbíteros devem ser capazes de ensinar (1 Tm 3:2). Certamente ninguém deveria ser escolhido como presbítero a menos que conheça bem as doutrinas de nossa fé e seja capaz de explicá-las e defendê-las apropriadamente.

C. Suas qualificações

1. *Em relação ao caráter pessoal.* Duas passagens mencionam as qualificações para os presbíteros (bispos): 1 Timóteo 3:1-7 e Tito 1:5-9. A maioria dessas qualificações diz respeito ao caráter do obreiro. Reunindo 1 Timóteo 3:2-4 e Tito 1:7, teremos uma lista de 13 itens.

a. Um presbítero deve ser irrepreensível. Ou seja, de caráter íntegro para que nenhuma acusação possa ser feita contra ele.

b. Deve ser esposo de uma só mulher. Isso significa que somente quem é casado pode ser presbítero? Os que não pensam assim alegam que, se essa fosse a idéia de Paulo, ele teria dito "casado com uma mulher". Por outro lado, os que defendem que todo presbítero deve ser casado dizem que todas as referências bíblicas mostram que ele possui mulher e filhos. Além disso, todas as qualificações trazem a idéia de dever. Mas Paulo era casado e tinha filhos? Várias observações podem ser feitas: (a) ele nunca é chamado de bispo ou presbítero; (b) fica claro que ele não tinha uma mulher (era solteiro ou viúvo) quando escreveu 1 Coríntios 7:8; (c) é difícil provar que ele era casado somente porque pertencia ao Sinédrio. Afinal, Atos 26:10 não indica, necessariamente, que ele era membro. Tampouco pode ser provado que o casamento era um pré-requisito para o Sinédrio antes do ano 70 d.C.

Isso significa que um líder não pode casar após um possível divórcio? Alguns argumentam que se o divórcio é justificado, um novo casamento é permitido, portanto um presbítero divorciado que casou novamente pode servir na igreja. Em outras palavras, "esposo de uma só mulher" significa que ele tem apenas uma mulher por vez.[2] No entanto, a mesma frase (em ordem inversa, "esposa de um só marido") aparece em 1 Timóteo 5:9, que trata a inscrição de viúvas que casaram de novo.[3] Concluir que o homem que casou novamente após o divórcio não pode ser presbítero não significa, também, que um homem divorciado, mas que não casou novamente, seja impedido de servir à igreja. Isso dependeria de se teve culpa ou não no que motivou o divórcio. Essa claramente não é uma proibição da bigamia ou da poligamia, pois não eram práticas comuns entre gregos e romanos. Podiam ter muitas mulheres, mas somente uma esposa. Parece-me que Paulo estava proibindo a bigamia (ou seja, ser casado legalmente com duas mulheres ao mesmo tempo). Acredito que essa é a proibição referida na passagem.

Essa frase significa que um viúvo que casa novamente não pode servir como presbítero? Paulo permitia (veja 1 Co 7:39,40) e até encorajava (1 Tm 5:14) que as viúvas casassem novamente. Mesmo assim, alguns concluem que, uma vez viúvo (ou viúva), o novo casamento não é permitido para quem deseja servir como líder na igreja. Essa pode ser tanto uma questão de disciplina mais restrita para os líderes quanto um exemplo para os demais.[4]

c. Deve ser temperante. Essa palavra originalmente significa "sem vinho".

d. Deve ser sóbrio. Ou seja, sensível e sereno.

e. Deve ser modesto (ou "de bom comportamento"). No grego, é uma variação da palavra *kosmos* (indicando ordem).

f. Deve ser hospitaleiro.

g. Deve ser apto e disposto a ensinar (para que possa instruir outros e refutar erros [Tt 1:9]).

h. Não deve ser dado ao vinho.

i. Não deve ser violento.

j. Deve ser cordato, que não brigue por seus direitos ("moderado", ARC ou "amável", NVI)

l. Deve ser inimigo de contendas.

m. Não deve ter amor ao dinheiro. Isso certamente inclui abuso de sua posição para obter lucro pessoal.

n. Não deve ser irascível ("briguento", NVI) (Tt 1:7).

2. *Em relação à vida familiar.* O ambiente mais íntimo e restrito do lar serve como uma prova de sua habilidade de liderar a igreja. Portanto, o presbítero deve (o "é necessário", de 1 Timóteo 3:2, também serve para essas questões) governar (literalmente, presidir) bem sua família, para que seus filhos demonstrem submissão. Seus filhos precisam ser convertidos? As palavras de Tito 1:6, "filhos crentes" ou "filhos fiéis" (ARC), podem indicar ou dar a idéia de fidelidade à família, mas não se pode forçá-los a nascer de novo. Essa qualificação presume que o presbítero não seja apenas casado, mas que também tenha filhos de idade suficiente para demonstrar seu compromisso voluntário com a família. Obviamente, o sentido da palavra "ancião" (como o presbítero é chamado em algumas igrejas) indica uma pessoa de idade.

3. *Em relação à maturidade espiritual.* Um presbítero não pode ser novo convertido, pois há o risco de ficar cheio de soberba e de ter um comportamento arrogante. Esse orgulho poderá ser o motivo de sua queda, como aconteceu com Satanás.

4. *Em relação à vida comunitária.* Seu testemunho na comunidade também deve ser bom.

Logicamente, um homem pode não exibir todas essas características em sua vida, pois muitas dependem do ambiente onde ele foi criado. Mas certamente precisa demonstrar essas qualidades quando servir como presbítero. O que ele era antes da salvação não limita sua qualificação como presbítero – com uma única exceção possível. A interpretação de que "esposo de uma só mulher" significa "casado apenas uma vez" é algo que obviamente não pode ser modificado com a conversão. Segundo as pessoas que pensam assim, se um homem foi casado duas vezes antes ou depois de ser salvo, não estaria à altura dos requerimentos para a liderança.

D. Sua seleção

1. *Como os presbíteros são escolhidos?* O termo "ancião" era usado em Israel e em outras nações para designar líderes. As sinagogas possuíam anciãos responsáveis pelo governo da comunidade judia. O concílio de Jerusalém aparentemente apropriou-se do conceito de ancião existente no judaísmo. Quando novas igrejas eram plantadas, os apóstolos designavam presbíteros para elas (At 14:23; Tt 1:5). As Escrituras, contudo, não dizem como eram escolhidos. A maneira de fazer essa escolha hoje em dia, provavelmente, será determinada segundo o tipo de governo da congregação. Na distribuição hierárquica, serão nomeados. No regime federativo, provavelmente escolhidos pelos líderes já existentes. No sistema congregacional, eleitos por toda a igreja. Muitas igrejas utilizam uma combinação de métodos, ou seja, os líderes indicam e a congregação vota ou ratifica a decisão.

2. *Por quanto tempo deveriam servir?* Mais uma vez, o Novo Testamento silencia sobre essa questão. Certamente um presbítero não deveria continuar servindo se, por algum motivo, for desqualificado.

3. *Devem ser ordenados?* Os apóstolos impuseram as mãos sobre os primeiros ajudantes escolhidos em Atos 6:6. A igreja impôs as mãos sobre Paulo e Barnabé quando foram enviados em sua primeira viagem missionária (At 13:3). Os presbíteros impuseram as mãos sobre Timóteo (1 Tm 4:14). Tito nomeou presbíteros em Creta (Tt 1:5). Paulo alertou sobre a imposição precipitada de mãos (1 Tm 5:22). Se isso era um tipo de ordenação, indica reconhecimento público, testificação do chamado e de sua habilidade e uma associação da congregação com o ministério de ordenação das essoas. Impor as mãos parecia ser o símbolo visível da "ordenação". Esse ritual tem suas raízes no Antigo Testamento, em que possuía a idéia de: (a) separação para um ofício (Nm 27:23); (b) bênção (Gn 48:14); (c) dedicação a Deus (Lv 1:4); e (d) transferência e participação na ação (v. 4, o verbo significa apoiar).

A ordenação, no Novo Testamento, não era a designação para um ofício, mas sim um reconhecimento, aprovação e apoio. Observe, também, que existia um relacionamento contínuo entre aqueles que ordenavam e a pessoa sendo ordenada (1 Tm 5:22). Por isso, não deveria ser algo precipitado. Se for praticado hoje em dia, não precisa ser restrito a "pastores". Segundo o exemplo do Novo Testamento, presbíteros, diáconos e até mesmo missionários podem ser ordenados.

V. DIÁCONOS

A. Seu número

Parece haver consenso quanto ao número de diáconos; havia vários. A primeira referência clara a um grupo oficial de diáconos está em Filipenses 1:1, em que a idéia é de plural (como os bispos e presbíteros). Mas esse texto prova, necessariamente, que existiam vários diáconos em cada congregação mais do que havia vários presbíteros em cada congregação. O mesmo acontece em 1 Timóteo 3:8-13. Nessa passagem, vários diáconos estão associados com um único presbítero, uma referência mais forte de que havia vários diáconos em cada igreja.

B. Seu ministério

Esta palavra significa "servir", sendo usada com maior freqüência em um sentido não-oficial, tanto antes quanto depois que o ofício de diácono é revelado no Novo Testamento (Cl 1:7; 1 Tm 4:6). "Diaconia" era um ministério geral que podia ser oficial ou não. O Novo Testamento não especifica o que os diáconos oficiais faziam. Alguns usam Atos 6 para indicar que os diáconos deveriam estar envolvidos na distribuição de esmolas. Mas existe pouca certeza de que os sete homens escolhidos naquela ocasião realmente eram diáconos oficiais. Provavelmente, seria mais correto chamá-los de os primeiros ajudantes não-apostólicos. O fato de que os diáconos deviam ser "de uma só palavra" e que suas esposas não poderiam ser maldizentes (1 Tm 3:8,11) pode indicar que eles tinham algum tipo de ministério pessoal, individual, de aconselhamento com as pessoas na congregação. Isso exigiria que não quebrassem a confiança do que ficavam sabendo por meio de seu ministério.

Nos escritos gregos, "diácono" descrevia um garçom, um mensageiro, um mordomo e um servo. Esses usos podem reforçar o conceito de que os diáconos oficiais da igreja faziam todos os tipos de serviço que os presbíteros lhes delegavam.

C. Suas qualificações (1 Tm 3:8-10,12,13)

1. *Pessoais* (v. 8). Os diáconos devem ser (a) respeitáveis, dignos, sérios, (b) de uma só palavra (que não diz uma coisa para uma pessoa e algo diferente para outra), (c) que não sejam inclinados a muito vinho e (d) nem gananciosos.

2. *Doutrinárias* (v. 9). Os diáconos deveriam buscar o objeto da verdade cristã ("a fé") com a consciência limpa, ou seja, uma vida de acordo com aquilo que professa.

3. *Espirituais* (v. 10). Os diáconos devem ser testados e aprovados, ser irrepreensíveis.

4. *Familiares* (v. 12). Assim como os presbíteros, os diáconos devem ser maridos de uma só mulher e governar bem sua casa.

D. Sua seleção

Nada claro e definitivo é dito sobre a escolha de diáconos ou suas funções. A congregação estava bastante envolvida na escolha dos ajudantes em Atos 6.

VI. DIACONISAS

A. Ofício ou ministério?

Duas passagens bíblicas estão relacionadas com essa questão: Romanos 16:1,2, em que é dito que Febe estava servindo (literalmente, "diácono") à igreja de Cencréia, e 1 Timóteo 3:11, em que *gunaikas* pode referir-se a um grupo distinto de líderes femininas ou simplesmente às esposas dos diáconos. Inquestionavelmente, as mulheres possuíam um ministério na Igreja primitiva, mas não está claro se algumas delas ocupavam o ofício de "diaconisas".

Em favor da idéia de ofício estão as seguintes considerações: (1) A palavra grega usada para "ajudando", em Romanos 16:2, é usada fora do Novo Testamento para falar de um oficial em uma sociedade religiosa. No entanto, isso é valido somente para a forma masculina e não na feminina, usada no versículo 2. (2) No original, a palavra traduzida por "Da mesma sorte", em 1 Timóteo 3:11, para falar das mulheres é a mesma usada no versículo 8 para falar dos diáconos. Isso possivelmente indica um ofício distinto para essas mulheres.

O posicionamento contrário à idéia de diaconisas alega que: (1) Em grego, existe uma palavra para designar diaconisa, mas ela não é usada no Novo Testamento. (2) Febe foi chamada de *diakonon*, e esse era um título usado para falar de alguém que possuía um ofício. Porém, não há exemplos conhecidos desse termo sendo usado para falar de uma mulher (a menos que Febe seja uma exceção). (3) Se o versículo 11 apresenta um novo ofício (as diaconisas), então por que Paulo termina sua lista de qualificações para os diáconos antes de começar a mencioná-las? Em vez disso, ele prossegue com uma lista das qualificações para os diáconos nos versículos 12 e 13. Isso pode indicar que se referia às esposas dos diáconos, no versículo 11, não a um ofício distinto na igreja. Alguns liberais, sentindo a força dessa questão, argumentam que o versículo 11 está fora de ordem no texto e que deveria ser colocado após o versículo 13.

No ano 112, Plínio, o governador romano da Bitínia, escreveu a Trajano e mencionou duas mulheres cristãs que eram *ministrae*. Mas se essas eram oficialmente diaconisas não está nem um pouco claro, especialmente porque as diaconisas não são mencionadas por uma palavra específica (*diakonissa*) em qualquer literatura até um escrito do terceiro século chamado *Didascalia*. Nesse documento, as diaconisas aparecem como uma ordem de ajudantes reconhecida e estabelecida, que deviam ser virgens ou viúvas.[5]

B. Suas qualificações

A única lista de qualificações bíblicas estaria no versículo 11 – se essa passagem realmente se refere a diaconisas. Uma lista não-bíblica aparece na *Didascalia,* em que se afirma que elas devem ser virgens ou viúvas, fiéis e honradas.

C. Seu ministério

A *Didascalia* faz uma lista de suas funções, tais como auxiliar no batismo de mulheres, visitar os doentes, ministrar aos necessitados e aos que estão se recuperando de alguma doença (III. 16.12).

VII. CURADORES

O conceito de curador, é claro, não é bíblico. Trata-se de uma idéia contemporânea (mas não antibíblica) em algumas sociedades. Também chamado de conselho diretor, assume a responsabilidade sobre uma propriedade em nome de um grupo para impedir complicações legais quando alguém morre. Se a propriedade estivesse no nome de indivíduos, não pertenceria ao grupo, e a porção individual passaria a seus herdeiros (que poderiam ser ímpios) por ocasião de sua morte. A existência de curadores evita esse tipo de complicação.

1. Veja Hatch, Edwin. *The Organization of the Early Christian Churches*. Londres: Rivingtons, 1881, pp. 83-112.
2. A. T. Robertson diz, sem elaboração ou prova, que esse é o significado "claro" em *Word Pictures in the New Testament*. Nova York: Harper, 1931, v. 4, p. 573.
3. Acerca deste versículo, Robertson conclui inconsistentemente que "viúvas nesta lista não devem ser casadas uma segunda vez". *Word Pictures,* v. 4, p. 585.
4. Nute, Alan G. *A New Testament Commentary*. Grand Rapids: Zondervan, 1969, p. 510.
5. Para uma documentação mais aprofundada, veja também Ryrie, Charles. *The Role of Women in the Church*. Chicago: Moody, 1979, pp. 85-91,102,103, 131-6.

74

AS ORDENANÇAS DA IGREJA

I. O CONCEITO DE ORDENANÇA

O batismo e a ceia do Senhor geralmente são chamados de ordenanças, embora alguns grupos prefiram chamá-los de sacramentos. A palavra "sacramento" significa fazer algo sagrado, dedicar a um deus ou ao uso sagrado. A palavra latina foi usada na Vulgata para traduzir o termo grego *mystērion,* que dava a idéia de algo misterioso ou mágico. Assim, os grupos que preferem chamar esses ritos de "sacramentos da Igreja" normalmente atribuem a eles algum poder misterioso ou um instrumento real de transmissão da graça. O Concílio de Trento definiu um sacramento como "algo presente aos sentidos, que pela divina instituição possui o poder não apenas de representar, mas também de oferecer a graça de modo eficaz".

Em contraste, "ordenança" (embora seja sinônimo de sacramento no dicionário) não incorpora a idéia de manifestar graça, mas apenas a idéia de símbolo. Assim, a ordenança não possui, em si mesma, um poder intrínseco para mudar aqueles que lhes obedecem, embora Deus possa usar isso para ministrar às pessoas.

II. O NÚMERO DE ORDENANÇAS

Muitos (como Thiessen) restringem as ordenanças às ordenadas por Cristo para que fossem administradas na igreja. Segundo esse tipo de definição, o batismo e a ceia do Senhor são ordenanças claras, embora o lava-pés também possa ser.

Se uma ordenança pode ser entendida de maneira mais ampla (embora dentro dos parâmetros de ser ordenada por Deus e relacionada com a igreja), então o casamento e a oração pelos doentes em Tiago 5 também podem ser considerados ordenanças. O casamento foi ordenado por Deus e simboliza o importante relacionamento entre Cristo e a Igreja, e a oração pelos doentes envolve a igreja, por meio dos presbíteros. No entanto, todos concordam que o batismo e a ceia do Senhor qualificam-se como ordenanças da Igreja.

III. A ORDENANÇA DO BATISMO

A. A importância do batismo

A importância do batismo é apoiada pelas seguintes considerações:

1. *Cristo foi batizado* (Mt 3:16). Embora o significado de seu batismo seja totalmente diferente do significado do batismo cristão, existe um sentido em que seguimos o Senhor quando somos batizados. É verdade que nunca poderemos imitar completamente a Jesus, uma pessoa sem pecados, mas devemos seguir seus passos, e o batismo é uma maneira de fazer isso (1 Pe 2:21).

2. *O Senhor aprovou que seus discípulos batizassem* (Jo 4:1,2).

3. *Cristo ordenou que as pessoas fossem batizadas na era da Igreja* (Mt 28:19).

Evidentemente, esta ordem não era somente para os apóstolos que a ouviram, mas para seus seguidores em todos os tempos, desde que prometeu sua presença até à consumação do século.

4. *A Igreja primitiva deu lugar de destaque ao batismo* (At 2:38,41; 8:12,13,36; 9:18; 10:47,48; 16:15,33; 18:8; 19:5). A Igreja primitiva nunca considerou a possibilidade de um cristão não ser batizado.

5. *O Novo Testamento usou a ordenança para retratar ou simbolizar importantes verdades teológicas* (Rm 6:1-10; Gl 3:27; 1 Pe 3:21).

6. *O autor de Hebreus estabeleceu o batismo como uma verdade fundamental* (6:1,2). Não é mais opcional ou menos importante do que as doutrinas do arrependimento, ressurreição e juízo.

B. O significado de batismo

Biblicamente, o batismo é associado ao perdão (At 2:38; 22:16), à união com Cristo (Rm 6:1-10), ao fazer discípulos (Mt 28:19) e ao arrependimento (At 2:38). Isso não é uma conclusão de que o batismo com água afeta o perdão, etc., mas está intimamente relacionado com esses elementos que dão início à vida cristã.

Teologicamente, o batismo pode ser definido como um ato de associação ou de identificação com uma pessoa, um grupo, uma mensagem ou um evento. Nas religiões de mistério gregas, o batismo estava intimamente associado com a iniciação na religião. O batismo de prosélitos judeus associava o prosélito ao judaísmo. O batismo de João Batista associava seus seguidores à mensagem da justiça (não tinham um grupo ao qual se unir). João parece ter sido a primeira pessoa a batizar outras (em geral, os batismos eram autoadministrados). Para Tiago e João, ser batizado com o batismo de Cristo significava estar associado com seu sofrimento (Mc 10:38,39). Ser batizado com o Espírito associa a pessoa com o Corpo de Cristo (1 Co 12:13) e com a vida nova em Cristo (Rm 6:1-10). Ser batizado em Moisés envolve a identificação com sua liderança ao tirar os israelitas do Egito (1 Co 10:2). Ser batizados pelos mortos significa estar identificado com o grupo cristão e tomar o lugar de um cristão que morreu (1 Co 15:29). O batismo cristão significa identificação com a mensagem da salvação, a pessoa do Salvador e a comunidade de cristãos. Alguns dos batismos citados não envolvem água. Observe, também, quanto iríamos perder se não tivéssemos um entendimento correto do significado e das implicações do batismo.

C. Os sujeitos ao batismo

A questão é: somente aqueles que crêem deveriam ser batizados ou os filhos dos pais que se converteram também devem ser batizados? Vejamos os argumentos favoráveis e contrários ao batismo infantil.

1. *O argumento da circuncisão.* Colossenses 2:11,12 faz uma ligação clara entre circuncisão e batismo. Uma vez que na antiga aliança as crianças eram circuncidadas, na nova aliança elas também deveriam ser batizadas. O argumento apóia-se no conceito da teologia das alianças – existe apenas uma aliança de graça que envolve o ritual de iniciação nessa aliança. No Antigo Testamento era a circuncisão, e no Novo Testamento é o batismo. Esses rituais indicam a participação na aliança, mas não necessariamente uma fé pessoal.[1]

2. *O argumento da história.* Desde seu início, a Igreja praticou o batismo infantil, portanto, é algo permitido. Os Pais da Igreja apoiavam o batismo infantil e, muitas vezes, associavam-no à circuncisão. Porém, apenas o fato de a Igreja primitiva praticar ou crer em algo não faz com que isso seja correto. Algumas pessoas ensinavam na Igreja primitiva que o batismo regenera, o que é uma heresia.

3. *O argumento da família.* Na época do Novo Testamento, famílias inteiras eram batizadas. É provável que algumas crianças pequenas tenham sido incluídas em alguns desses batismos de famílias (veja At 11:14; 16:15,31,33; 18:8; 1 Co 1:16). Alguns citam que a promessa de 1 Coríntios 7:14 não apenas permitia, mas também esperava que ocorresse o batismo infantil na família em que um dos pais é cristão.

Os argumentos contrários ao batismo infantil são: (a) a ordem das Escrituras é sempre a de que a pessoa deve crer e depois ser batizada (Mt 3:2-6; 28:19; At 2:37,38; 16:14,15,34); (b) o batismo é o rito inicial na comunidade de fiéis (a igreja). Portanto, deveria ser feito apenas por pessoas capazes de exercer fé conscientemente. Em contraste, a circuncisão iniciava as pessoas (inclusive as crianças) em uma teocracia, que não possuía descrentes entre elas; (c) a idade da criança jamais é mencionada em passagem alguma que menciona o batismo das famílias. Então, isso excluiria as crianças dos batismos; (d) se 1 Coríntios 7:14 permite ou requer o batismo de crianças em uma família em que um dos pais se converteu, precisaria também permitir ou requerer que o pai não-cristão também fosse batizado.

D. Um segundo batismo

Existe apenas um exemplo claro de pessoas sendo batizadas duas vezes (At 19:1-5): 12 homens batizados por João Batista que foram batizados novamente por Paulo após crer na mensagem cristã. Isso constitui um exemplo para aconselhar os que foram batizados quando crianças, adolescentes ou adultos e se converteram recentemente. Também serve de argumento contra o batismo infantil; pode-se questionar: "Por que batizar uma criança se, após aceitar a Cristo, ela deverá ser batizada de novo?"

E. O tempo do batismo

Os exemplos do Novo Testamento indicam que os cristãos foram batizados logo após crer em Jesus. Não há indicação de um período probatório, embora isso possa ser justificado para atestar que sua fé é genuína.

F. As maneiras de batizar

1. *Argumentos para aspersão.* (1) Certos rituais de purificação envolviam a lavagem ou aspersão (veja Êx 24:6,7; Lv 14:7; Nm 19:4,8) ou ainda abluções (literalmente, "batismos") em Hebreus 9:10. (2) Aspersão retrata melhor a limpeza do Espírito em Ezequiel 36:25. (3) A palavra grega *baptizo* é usada em sentido secundário, "colocar sob a influência de", e aspersão traduz melhor esse sentido. (4) A imersão seria improvável ou impossível em certas ocasiões (At 2:41, muitas pessoas; 8:38, pouca água em um lugar deserto; 16:33, pouca água em uma casa). (5) A maior parte da Igreja visível não utiliza a imersão.

2. *Argumentos para efusão.* (1) A efusão ou o derramamento de água retrata melhor a vinda do Espírito sobre a vida do cristão e entrando nele (Jl 2:28,29; At 2:17,18). (2) As frases "na água" e "saindo da água" (em At 8:38,39) também poderiam ser traduzidas "com a água" e "sem a água". Em outras palavras, a pessoa batizada estava em contato com a água, talvez até dentro da água, mas não completamente envolvido pela água. (3) Desenhos registrados pela Igreja dos primeiros séculos mostravam o candidato ao batismo com água na altura da cintura, enquanto a pessoa que estava batizando derrama um pouco de água sobre a sua cabeça com uma espécie de tigela.

3. *Argumentos para imersão.* (1) Inquestionavelmente, a imersão é o sentido normal e primário da palavra grega *baptizō*. A língua grega possui palavras para "aspergir" e "derramar", mas elas jamais são usadas em relação ao batismo. (2) A imersão retrata melhor o significado de batismo, que é a morte para a vida antiga e a ressurreição para a nova (Rm 6:1-4). (3) A imersão podia ser feita nos dois casos. Em Jerusalém existiam tanques o suficiente para permitir a imersão de 3 mil convertidos no dia de Pentecostes. A estrada para Gaza era desértica, mas havia fontes de água. Muitas vezes, as casas possuíam uma espécie de banheira no seu exterior, o que possibilitaria, por exemplo, a imersão de toda a família do carcereiro. (4) O batismo de prosélitos judeus era uma auto-imersão em um tanque de água. Esse procedimento poderia ser, naturalmente, adotado pela Igreja cristã. (5) A efusão e não a aspersão foi a primeira forma de batismo que diferia da imersão. Era permitida em caso de doença. Isso era denominado "batismo clínico". Cipriano (c. de 248-258 d.C) foi o primeiro a aprovar a aspersão. Até mesmo os que não defendem a imersão reconhecem que

essa era uma prática universal da Igreja apostólica (veja as *Institutas,* de Calvino, v. IV, cap. XV).

Uma observação: parece-me que as pessoas que desejam justificar a aspersão pensavam dessa maneira: Se você conseguir provar que qualquer forma de não-imersão (como a efusão) era praticada no início da história da Igreja, poderá praticar a aspersão de forma legítima, embora seja evidente que isso não era praticado na Igreja apostólica. Em outras palavras, se o derramamento pode ser um "furo" no argumento universal da imersão, então podemos defender a aspersão também. No entanto, a evidência diz apenas que o processo de derramar (se fosse praticado) era considerado o mesmo que imersão, mas a aspersão não era considerada uma forma válida de batismo.

G. Imersão trina

A imersão trina é a imersão do candidato três vezes (geralmente para a frente). Isso serve para simbolizar sua associação com o Deus trino. O *Didaque* (documento que circulava na Igreja primitiva) declara que se a imersão não fosse possível, então a água deveria ser derramada três vezes sobre a cabeça (cap. 7). Observe que esse documento não diz para imergir três vezes, mas sim "derramar" três vezes. Os proponentes da imersão trina destacam que alguns léxicos afirmam que *baptizō* significa imergir repetidamente (mas alguns não o fazem). A evidência para essa interpretação não é forte.

IV. A CEIA DO SENHOR

A. A instituição

Aparentemente, o Senhor instituiu a ceia em ligação com a celebração da Páscoa antes de sua crucificação, embora isso apresente um problema cronológico. Partindo do princípio de que a crucificação ocorreu em uma sexta-feira, o Evangelho de João parece declarar que a Páscoa não foi celebrada até após a morte e sepultamento de Jesus (18:28; 19:14). No entanto, alguns pensam que os galileus e/ou fariseus comiam a Páscoa na noite de quinta-feira, enquanto os judeus e/ou saduceus a celebravam na noite de sexta. (O tempo imperfeito usado em Marcos 14:12, "quando se fazia o sacrifício", pode indicar que os sacerdotes ofereciam sacrifícios nos dois dias.)

B. A ordem

Apenas a ordenança (sem a ceia) mostrava Cristo tomando o pão sem fermento, dando graças, distribuindo aos discípulos e fazendo o mesmo com o cálice.

Durante os primeiros séculos, o culto mais completo incluía a festa do amor, várias orações de ações de graças e confissão, leitura e explicação das Escrituras, a própria ceia, uma coleta para os órfãos, viúvas, doentes e necessitados e o beijo santo. Veja os capítulos 7 a 15 do *Didaque* e 65 e 67 da *Apologia,* de Justino Mártir.

A primeira referência citada acima de Justino Mártir declara que o vinho era misturado com água. As Escrituras não usam a palavra "vinho", quando fala da ceia, cita apenas o "cálice" e o "fruto da videira". Com certeza, isso se refere ao suco retirado da uva, mas não declara se era fermentado ou não. O vinho não fermentado era mais comum nos tempos de Cristo do que a maioria das pessoas pensa. Mesmo assim, se era fermentado, aparentemente parte dele era diluído em água. Devido ao problema mundial das pessoas de hoje com o álcool, por causa dos alcoólatras convertidos ou mesmo para impedir que alguém comece a beber, o suco não fermentado é preferível.

C. Seu significado

1. *Para lembrar Cristo* (1 Co 11:24). Ele relembra sua vida (o pão), sua morte (o cálice), sua ressurreição e sua presença viva (a própria celebração).

2. *Proclamação da sua morte* (1 Co 11:26). Essa celebração declara a mensagem do evangelho bem como todas as afirmações do evangelho sobre a pessoa redimida. Conheço um missionário que recebeu o chamado para o campo de missões no dia em que, quando pastoreava uma igreja, ministrava a ceia do Senhor e fazia uma meditação sobre o significado da ceia, enquanto os diáconos distribuíam os elementos.

3. *Garantia da Segunda Vinda de Cristo* (Mt 26:29; 1 Co 11:26).

4. *Momento de comunhão com Cristo e seu povo* (1 Co 10:21). Em que sentido o Senhor está presente na ceia? A Igreja Católica Romana ensina que, no momento da consagração dos elementos, o pão e o conteúdo do cálice transformam-se literalmente no corpo e no sangue de Cristo (transubstanciação). A Igreja Luterana ensina que o verdadeiro corpo e o sangue de Cristo estão presentes misturados aos elementos. Eles não são transformados, mas a oração de consagração comunica Cristo aos participantes (consubstanciação). A visão reformada (de Calvino) ensina que, embora os elementos sejam apenas símbolos, tomá-los significa participar de Cristo em sua presença redentora (espiritual). O reformador Zwínglio, contudo, ensinou que a ceia era apenas um memorial. Realmente é um memorial, mas também uma celebração na qual a presença de Cristo em seu povo afeta a comunhão real.

D. Seus requerimentos

1. *Regeneração*. Somente os cristãos podem participar.

2. *Comunhão com a igreja local*. Os cristãos que não se arrependeram quando disciplinados estavam excluídos da ceia (1 Co 5:11-13; 2 Ts 3:6, 11-15).

3. *Purificação antes de participar* (1 Co 11:27-32).

E. Sua freqüência

As Escrituras não são específicas sobre essa questão. Após o Pentecostes, os cristãos "partiam o pão de casa em casa", mas isso não prova que a ceia era celebrada diariamente (At 2:46). Não está claro se o partir do pão, nesse texto, significa alguma outra coisa além de fazer uma refeição juntos para ter comunhão. Outra questão é que o texto nem mesmo implica que isso ocorria todos os dias e em todas as casas. Em Trôade, fica evidente que os cristãos incluíam a ceia nos encontros que realizavam no primeiro dia da semana (20:7). Não importa com que freqüência uma Igreja observe essa ordenança, deveria haver um intervalo de tempo suficiente para que não perca seu aspecto de celebração especial.

F. Algumas questões

1. *Em que culto a igreja deveria celebrar a ceia?* Segundo o exemplo da Igreja primitiva, a resposta seria todos os domingos. Mas como era uma ceia, parece apropriado realizá-la durante o culto de domingo à noite, com uma freqüência regular.

2. *Deveria ser celebrada apenas na igreja?* Esse parecia ser o padrão (1 Co 11:18,20).

3. *Somente os membros da igreja devem participar?* Esse parece ser o exemplo do Novo Testamento, pois somente os cristãos batizados estavam claramente associados com a assembléia local. Os visitantes deveriam ser excluídos se eles são cristãos? Não necessariamente. Como sinal de cortesia, poderiam participar. Mas o fato de a disciplina e a comunhão com a Igreja local estarem relacionadas com a ceia indica que somente os membros da Igreja local deveriam tomar a ceia.

V. A FESTA DO AMOR

Como parte do culto que incluía a ceia do Senhor, tomava-se uma refeição completa *na* e *pela* igreja. Essa "festa do amor" é mencionada especificamente em 2 Pedro 2:13 (em alguns manuscritos) e em Judas 12. Mas também é subentendida em 1 Coríntios 11:20 (e possivelmente em Atos 2:42,46; 6:1).

Independentemente da origem dessa festa (festas pagãs, refeições comuns judias, desejo que os cristãos tinham de evitar as carnes oferecidas aos ídolos, etc.), as pessoas estavam abusando dela na época em que Paulo escreveu 1 Coríntios. Alguns a utilizavam como desculpa para a glutonaria, comendo tanto quanto possível e recusando-se a dividir o que haviam trazido com os outros. Paulo instruiu aquela igreja dizendo que as pessoas deveriam comer em casa em vez de negar as idéias de comunhão e de amor que o termo ágape significava. Durante o século IV, a festa do amor deixou de ser praticada e raramente acontece hoje em dia. O fato de Paulo aconselhar que fosse suspensa nas igrejas não faz com que seja uma ordenança.

VI. O LAVA-PÉS

No Oriente era comum as pessoas andarem de sandálias. Com isso, seus pés normalmente ficavam sujos de pó ou da lama das estradas. Então, na última ceia, segundo o costume daquela época, o Senhor lavou e secou os pés dos discípulos (Jo 13:1-20). Esse ato servia como exemplo de humildade (v. 15), uma exortação para que perdoassem uns aos outros (v. 14), e uma lição sobre a necessidade de limpeza na vida cristã (v. 10). Assim como o batismo simboliza a limpeza do perdão dos pecados, a lavagem dos pés simboliza a limpeza necessária para a comunhão.

Aqueles que se concentram na limpeza, encontram argumentos para continuar fazendo disso uma ordenança hoje. Aqueles que enfatizam o exemplo ou aspectos de perdão não pensam ser necessário realizar esse ritual, mas preferem praticar as verdades espirituais que o ritual ilustrava. A exortação para seguir o exemplo de Jesus nos versículos 14 e 15 está relacionada ao perdão mútuo em humildade, mas não diz respeito ao perdão divino dos equívocos que cometemos na vida. Então, isso serviria como argumento para não considerar o lava-pés uma ordenança.

1. BUSWELL, J. Oliver. *A Systematic Theology of the Christian Religion*. Grand Rapids: Zondervan, 1962, v. 2, p. 262.

75

A ADORAÇÃO DA IGREJA

I. SIGNIFICADO DE ADORAÇÃO

A. As palavras envolvidas

1. *Proskuneō*. Essa palavra primária para adoração está ligada com a idéia de beijar (como beijar a terra para honrar os deuses territoriais); passou a designar a prostração de alguém em reverência. Isso demonstrava que o adorador considerava o objeto merecedor daquilo que estava sendo oferecido. Nosso Senhor usou essa palavra em sua declaração clássica sobre adoração em João 4:24. Em relação à igreja, a palavra ocorre somente em 1 Coríntios 14:25 e diz respeito à adoração de um incrédulo que vem para a assembléia. Talvez o uso desse termo fosse evitado para descrever a adoração da igreja porque tinha relação com os ritos pagãos e com a idéia de que a adoração *proskuneō* era feita na presença visível do objeto adorado. Esse pode ser o motivo pelo qual a maioria de suas ocorrências esteja nos Evangelhos e em Apocalipse (em relação tanto à verdadeira quanto à falsa adoração, mas sempre na presença do objeto visível). Mesmo assim, a idéia de prostrar-se em reverência ao objeto adorado continua sendo um aspecto real da adoração cristã.

2. *Latreuō*. Essa palavra muito significativa apresenta a idéia de que a adoração é o serviço sacerdotal. Toda a vida do cristão deveria ser caracterizada pelo culto-adoração (Rm 12:1); a adoração reflete esse tipo de adoração (At 13:2; Rm 1:10); a palavra aparece várias vezes associada à contribuição (Rm 15:27; 2 Co 9:12); e então o ministério geral do evangelho é o serviço-adoração (Rm 15:16; Fp 3:3). Talvez o motivo para essa palavra ser usada para falar da adoração do cristão em vez da primeira é simplesmente o fato de Cristo não estar visível hoje em dia e, portanto, nossa adoração deveria ser demonstrada no culto.

B. O conceito

A adoração da igreja, então, consiste no culto individual, comunitário, público e provado para o Senhor, gerado por uma reverência e submissão àquele que é totalmente digno.

II. O CARÁTER DA ADORAÇÃO (JO 4:24)

Nosso Senhor revelou duas verdades básicas sobre a verdadeira adoração quando declarou que deve ocorrer em espírito e em verdade. "Em espírito" inclui três aspectos sobre o centro da adoração: (1) a adoração pode e deve ocorrer a qualquer momento e em todos os lugares, pois o espírito não está confinado a um único lugar ou tempo; (2) a adoração vem do espírito do homem (Hb 4:12); não é um ritual apenas superficial; (3) a verdadeira adoração é uma experiência de pessoa para pessoa, honrando com nosso espírito em todos os momentos e em todos os lugares o Deus que foi revelado através do Senhor Jesus.

"Em verdade" significa que o caráter da verdadeira adoração deve ser genuíno e sem pretensão. Deus odeia a adoração que não é sincera (Is 1:10-17; Ml 1:7-14; Mt 15:8,9). A falsa adoração é aquela que não está de acordo com a Palavra de Deus revelada. Portanto, para alguém adorar em verdade, precisa de um conhecimento crescente da Palavra, o que também aumentará a nossa admiração pelo valor do Deus que adoramos.

III. O CONTEÚDO DA ADORAÇÃO COLETIVA

Na verdade, o Novo Testamento pouco diz sobre a forma e o conteúdo da adoração na igreja local. Mesmo assim, algumas indicações são fornecidas em Atos 2:20; 1 Coríntios 12–14, e algumas outras passagens.

A. A Palavra

Desde seu início, a Igreja dá grande importância à doutrina (At 2:42). Ela serviu tanto para edificar os cristãos (v. 42; 11:26; 1 Co 14:26; 2 Ts 2:5, em que Paulo ensinou escatologia aos novos convertidos; 2 Tm 4:2) como para o evangelismo (At 4:2; 13:5; 17:2, alcançando incrédulos que não pertencem à igreja; 1 Co 14:23,24, em que os incrédulos vêm para o culto na igreja). Todas as epístolas demonstram o tipo de ensinamento que deve ser comum nas igrejas e incluem os aspectos do ensino doutrinário e sua aplicação.

Dentro da assembléia, as maneiras de pregar e de ensinar parecem flexíveis. Claramente, qualquer homem cristão poderia falar se o fizesse de maneira ordeira e se sua mensagem fosse aprovada no teste da verdade (1 Co 14:26-33). As mulheres não tinham permissão para falar em público e para grupos mistos, embora as mais velhas fossem comissionadas para ministrar às mais jovens (v. 34; 1 Tm 2:12; Tt 2:3-5).

B. Oração

A oração era praticada tanto de maneira individual quanto coletiva (At 4:24; 6:4; 10:9; 12:5; 13:3; 1 Tm 2:1-8). De acordo com esta última passagem, os homens lideram a oração pública na Igreja (pois a palavra no v. 8 é "varões"). Se as mulheres também oravam durante a adoração pública, depende da interpretação de 1 Coríntios 11:5.

Paulo podia estar permitindo essa prática ou, talvez, apenas reconhecendo que isso acontecia em Corinto sem que ele aprovasse.

C. Cânticos

O Novo Testamento ensina que um dos aspectos envolvidos na adoração é o ato de cantar, tanto em particular quanto em público. Quando alguém está feliz, deve cantar (Tg 5:13). Paulo e Silas cantaram hinos de oração na cadeia (At 16:25). Os cânticos também eram parte da adoração coletiva (1 Co 14:26, era provavelmente um solo; Cl 3:16). Embora fossem feitas distinções entre salmos, hinos e cânticos espirituais, isso não era rígido. A menção a "salmos" possivelmente esteja relacionada aos salmos do Antigo Testamento, talvez com alguns acréscimos cristãos. Os hinos podem ser louvores direcionados a Deus (mas é possível incluir alguns salmos, At 16:25). Dentre os cânticos espirituais, abrange-se uma variedade maior de temas. Na maioria das igrejas de hoje, a música é parte importante da adoração.

Algumas passagens do Novo Testamento podem ser reproduções de partes dos hinos usados pela Igreja primitiva (Ef 5:14; 1 Tm 3:16). As muitas doxologias também colaboram com esse importante aspecto da adoração (Rm 9:5; 11:33-36; 16:27; Fp 4:20; 1 Tm 6:16; 2 Tm 4:18).

Não é improvável que alguns desses versículos reflitam declarações de fé, expressas sem um acompanhamento musical. Talvez 1 Timóteo 3:16 seja o exemplo mais claro disso. Outros podem ser 1 Coríntios 12:3; 15:3-5; 16:22. Esses trechos sugerem que a recitação de uma aliança da Igreja (algo que hoje não é tão comum quanto antigamente) pode ser apropriado e útil.

Com isso, podemos aprender alguns princípios sobre o uso da música nas igrejas de hoje? O ato de cantar deveria ser encorajado em muitos níveis: individualmente, na igreja (coletivo), em solos na igreja, com ou sem instrumentos. Os exemplos do Novo Testamento, inclusive as doxologias, louvam o caráter de Deus e suas obras com uma linguagem rica; isso não é superficial nem repetitivo. O Novo Testamento não dá indicações de que uma forma musical específica era usada.

D. Ofertas

O Novo Testamento fala mais sobre contribuição financeira do que qualquer outro aspecto da vida da igreja. Dar ofertas a outros serve como um exemplo claro de que uma pessoa ama a Deus (Tg 2:15-17; 1 Jo 3:17,18), resultado de uma vida que primeiro foi entregue ao Senhor (2 Co 8:5). Isso deveria ser algo feito voluntariamente (2 Co 8:11,12; 9:7), com liberalidade, mesmo na pobreza (2 Co 8:12), com alegria (2 Co 9:7) e de acordo com a prosperidade que o Senhor deu àquela pessoa (1 Co 16:2). Segundo a revelação do Novo Testamento, a contribuição é a principal área em que havia um esforço cooperativo entre as várias igrejas (At 11:27-30; 2 Co 8-9).

E. Comunhão

A Igreja primitiva continuava em comunhão (At 2:42). Isso significa que eles tinham um relacionamento íntimo uns com os outros. Essa proximidade consistia de sua fidelidade doutrinária comum, de sua disposição em compartilhar coisas materiais, da experiência da comunhão na ceia do Senhor e das orações em conjunto.

Em outras palavras, a comunhão é formada por todos os aspectos da adoração. Não é algo separado, que exista de forma independente. É a prática da adoração comunitária. Com base na ilustração de 1 Coríntios 12, pode ser chamada de vida no corpo. Mas, segundo a ilustração de Efésios 2, também poderia ser chamada de vida no lar. O alvo, independentemente do título, é aumentar a saúde, a força, o compromisso e os números do corpo ou da casa (Ef 4:12-17).

IV. O DIA DA ADORAÇÃO COLETIVA

A Igreja do Novo Testamento usava o domingo como seu dia de adoração coletiva. Faziam isso apesar de não ser um feriado semanal, em que as pessoas não trabalhavam. Sem dúvida, muitos escravos cristãos estavam de prontidão dia após dia. Mesmo assim, conseguiam achar tempo para participar da adoração coletiva.

A. A origem do dia do Senhor

Embora os autores modernos, invariavelmente, procurem enfatizar a ligação entre o dia do Senhor e o sábado, a Igreja primitiva e os Pais da Igreja não faziam essa ênfase. Atribuíam valor moral ao aplicar os Dez Mandamentos, mas abriram uma exceção ao quarto, que dizia respeito ao sábado. Observe a ausência do problema sábado-dia do Senhor em Atos 15:29 e o ensino claro do Novo Testamento sobre o fim da Lei mosaica, inclusive dos Dez Mandamentos (nove deles, exceto o que diz respeito ao sábado, são repetidos nas epístolas, 2 Co 3:7-11; Cl 2:16). A idéia de um dia especial para adoração pode estar ligada ao sábado, mas não estava relacionada ao sétimo dia de maneira particular.

Tampouco o conceito de dia do Senhor originou-se do calendário. Embora os judeus respeitassem um ciclo de sete dias (baseados na semana da criação), uma divisão semanal do tempo era desconhecida no mundo greco-romano até depois do estabelecimento da Igreja no primeiro século. Perto do terceiro século, a divisão em semanas havia se popularizado, pois o calendário romano estava quase fora de uso até o governo de Constantino. Antes disso, as semanas de "trabalho" eram de quatro ou oito dias. A designação de sete dias surgiu da junção de Sol, de Lua e dos cinco planetas conhecidos então. Até a época da Revolução Francesa, no século XIX, foi feita uma tentativa de estabelecer três semanas de dez dias em cada mês, sendo que cada décimo dia de descanso e mais cinco feriados a cada ano resultavam nos 365 dias do ano.

A única explicação sobre o porquê de a Igreja primitiva estabelecer um novo dia de adoração não ligado ao sábado e o calendário existente era fato de o domingo marcar o dia da ressurreição do Senhor. Ele não apenas ressuscitou no primeiro dia da semana, mas também as seis aparições pós-ressurreição ocorreram no domingo, e o dia de Pentecostes, quando o Corpo de Cristo foi formado, caiu em um domingo. Quase sempre esse dia é designado como o primeiro dia da semana (Mt 28:1; Mc 16:2,9; Lc 24:1; Jo 20:1,19; At 20:7; 1 Co 16:2). Em Apocalipse 1:10, ele é chamado de "dia do Senhor", termo similar à ceia do Senhor (1 Co 11:20) e usado pelos cristãos para protestar e opor-se ao "dia do imperador" ou "dia de Augusto". O dia do Senhor, portanto, é o primeiro dia da semana, o dia de sua ressurreição, e o dia usado pelos cristãos para celebrar os grandes eventos da história.

B. A singularidade do dia do Senhor

A Igreja primitiva deixou claro que esse era um dia singular. Embora fossem às reuniões na sinagoga durante o sábado, os cristãos faziam isso para evangelizar. Deixavam para se encontrar com os outros cristãos no domingo. Romanos 14:5 não significa que os cristãos não separavam o primeiro dia da semana para a adoração. Na verdade, Paulo os estava exortando a não se deixar pressionar pelos elementos judaicos dentro da Igreja jejuando ou guardando certos dias.

C. As atividades do dia do Senhor

1. *Lembrar e celebrar a ressurreição de Cristo.*

2. *Reunião para o louvor coletivo* (Hb 10:25; 1 Co 3:16).

3. *Fazer as contas para estabelecer as ofertas* (1 Co 16:2).

4. *Celebrar a ceia do Senhor* (At 20:7).

D. A negligência contemporânea do dia do Senhor

1. *O motivo.* Nos países cristianizados, o domingo civil, com sua paralisação parcial das atividades regulares, passou a ser preenchido com outras atividades (jogos esportivos, oportunidades para compras, etc.). Os cristãos também acabaram presos a esses usos seculares do dia do Senhor, e as igrejas abandonaram as oportunidades de utilizar as horas disponíveis no domingo para suas atividades. O resultado pode ser que, em breve, o domingo seja um dia da semana igual aos outros, exigindo também uma carga horária de trabalho igual e os cristãos voltarão a se comportar como os que viviam no primeiro século, procurando usar as primeiras horas da manhã ou tarde da noite para adorar.

2. *Os resultados.* Negligenciar o dia do Senhor é desrespeitá-lo, minimizar o testemunho de sua ressurreição e perder os benefícios do ministério e a proteção da adoração coletiva.

76

OUTROS MINISTÉRIOS DA IGREJA

Além dos ministérios envolvidos na adoração, o Novo Testamento também dá exemplos e mandamentos a respeito de outros ministérios. A adoração é dirigida primariamente ao que está sendo adorado: Cristo, o cabeça da Igreja; mas ela também tem um efeito sobre os membros da igreja.

I. O MINISTÉRIO DA DISCIPLINA

O propósito de Cristo para a Igreja é santificá-la e apresentá-la para si mesmo sem mácula nem ruga (Ef 5:26,27). Todas as atividades de uma igreja também deveriam almejar este objetivo. Isso inclui a disciplina, pois ela também foi criada para produzir um caráter santo naquele que está sendo disciplinado.

A. Os objetivos da disciplina

As Escrituras apresentam quatro razões para a necessidade da disciplina: (1) Remover o erro e evitar que o pecado "levede" a igreja com sua influência (1 Co 5:6-8). (2) Proteger outros cristãos do pecado e desafiá-los a uma vida santa (Gl 6:1; 1 Tm 5:20). (3) Produzir uma fé sadia (Tt 1:13). (4) Reintegrar e restaurar um irmão que está em pecado (2 Co 2:5-11).

B. Atitudes na disciplina

Os que estão envolvidos no processo de disciplina deveriam tomar as seguintes atitudes: (a) ser mansos (Gl 6:1); (b) ter uma postura inflexível diante do pecado (Tt 1:13); (c) amar (2 Ts 3:9-15); (d) demonstrar um espírito de perdão diante do arrependimento (2 Co 2:5-11).

C. Princípios para a disciplina

Os três princípios para a disciplina são: (a) imparcialidade (1 Tm 5:21); (b) passos decididos, mas não apressados (Mt 18:15-20); e (c) almejar a correção e a eventual restauração (2 Co 2:6-8).

D. Pessoas que devem ser disciplinadas

As Escrituras mencionam sete tipos de pessoas que precisam de disciplina (algumas têm elementos em comum com as demais):

1. *Um presbítero que for acusado* (1 Tm 5:19,20). No caso de um pecado persistente na vida de um presbítero, duas ou três testemunhas precisam ser chamadas, e a exortação deve ser pública, para que os outros tenham temor do pecado.

2. *Um irmão que comete pecado* (Mt 18:15-20). Os passos são a exortação em particular (algo muitas vezes ignorado), outras pessoas devem ser chamadas (algo também pouco comum), e depois a exposição feita diante de toda a igreja, se a pessoa continuar sem se arrepender. A igreja, então, deve cortar a comunhão espiritual e social com essa pessoa.

3. *Um irmão surpreendido em alguma falta* (Gl 6:1). Isso se refere a alguém que caiu em algum pecado num momento de descuido, mas não é um pecado persistente. Ele precisa da ajuda de alguém maduro para corrigir sua vida e fazê-la ser útil novamente (no original, a palavra "corrigir" é usada também em Mt 4:21, "consertando"; Ef 4:12, "edificação"; e 1 Ts 3:10 "completar").

4. *Um irmão que anda desordenadamente* (2 Ts 3:6). Isso diz respeito a alguém que parou de andar segundo as Escrituras. Essa passagem, especificamente, fala de alguém que se recusava a trabalhar, pensando que a vinda do Senhor era imediata. A disciplina de Paulo era dizer a eles para arranjar um trabalho, pois outros cristãos não precisavam sentir-se obrigados a sustentá-los.

5. *Os falsos mestres* (Tt 1:10-16). Quando falsos mestres ganham espaço na igreja, devem ser severamente exortados. Himeneu e Alexandre aparentemente ensinavam que a ressurreição devia ser entendida de maneira espiritual ou alegórica. Por isso deveriam ser evitados pelos demais. Paulo entregou-os a Satanás para que fossem castigados (1 Tm 1:20; 2 Tm 2:17,18).

Embora Paulo tratasse os falsos mestres com severidade, demonstrava ter grande paciência com as pessoas que se desviavam da sã doutrina. Ele não recomendou a excomunhão dos irmãos de Corinto que negavam a ressurreição. Na verdade, ensinou-lhes pacientemente a verdade. Presume-se que, se eles rejeitassem o que Paulo estava ensinando e passassem a propagar essa heresia, ele os teria disciplinado da mesma maneira.

6. *Pessoas facciosas* (Tt 3:8-11). Estão incluídas nesse grupo pessoas que causam divisões com base em disputas inúteis e sem proveito algum, perturbando a Igreja. Essas pessoas deviam ser alertadas duas vezes, depois rejeitadas ou evitadas. Romanos 16:17 instrui-nos a fazer algo similar. Nessa passagem, a idéia de "afastar" inclui o contato pessoal, social e espiritual.

7. *O irmão imoral* (1 Co 5). Como nesse caso o pecado de incesto era algo persistente e público, a parte culpada deveria ser entregue a Satanás, ou seja, excluída da comunhão da igreja e devolvida ao domínio do deus deste mundo para sofrer as conseqüências de seus atos, como a doença ou a morte. Para os outros pecados cometidos pelos cristãos mencionados no versículo 11 (impureza, avareza, idolatria, maledicência, bebedice, roubo), a punição era

ser excluído da comunhão (inclusive social – "com esse tal, nem ainda comais").

John Wesley era bastante conhecido por sua ênfase na disciplina e na sensibilidade ao pecado. Os líderes das classes nas casas (os precursores das igrejas-lares) eram instruídos a perguntar toda semana sobre a vida espiritual e o comportamento de cada membro. A cada três meses, aqueles que viviam o evangelho verdadeiramente recebiam um comprovante que atestava isso, mas os que não o faziam eram excluídos desses encontros semanais.[1]

Se a igreja falhar no exercício de seu ministério da disciplina, isso acabará resultando em igrejas mais fracas (embora provavelmente com mais membros).

II. O CUIDADO DAS VIÚVAS

A religião pura, disse Tiago, inclui visitar os órfãos e as viúvas (Tg 1:27). O Novo Testamento não apresenta detalhes do que isso envolve em relação aos órfãos, mas existem diretrizes detalhadas para o ministério da igreja com as viúvas.

A. A responsabilidade da família

Nos tempo de Jesus, existia um fundo comum, no templo, usado para sustentar as viúvas e os órfãos. Quando muitas viúvas judias converteram-se ao cristianismo, a igreja assumiu seu sustento. No entanto, Paulo deixa muito claro que pertence à família da viúva a obrigação de sustentá-la. Isso é válido para as viúvas jovens (1 Tm 5:4-8) e para as mais velhas (v. 16).

B. A responsabilidade da igreja

Se não há parentes que sustentem a viúva, então a igreja deveria assumir essa obrigação, não importa sua idade. Uma mulher "verdadeiramente viúva" não é, necessariamente, uma viúva que perdeu o marido, mas alguém que não possui família que a sustente (1 Tm 5:5). Portanto, a igreja a que ela pertence deve cuidar de seu sustento. As viúvas mais jovens são encorajadas a casar novamente (v. 14); as viúvas que se qualificavam poderiam ser inscritas na igreja após os 60 anos (vv. 9,10).

O que uma igreja deveria fazer a respeito dessa responsabilidade num tempo em que há seguros, pensões e outras provisões financeiras para viúvas? Os princípios parecem claros: a igreja deveria assumir essa obrigação até que a família possa sustentá-la (seja por meio dos parentes vivos ou da herança de parentes que já morreram). Esse sustento podia ser total ou parcial. Hoje em dia, é muito comum que as viúvas dos obreiros cristãos acabem passando necessidade.

III. O MINISTÉRIO DE CARIDADE

A igreja de Cristo também deveria ministrar a outros que estão passando por necessidades.

O alcance dos vários níveis de ajuda aos pobres e necessitados deve iniciar na igreja local. As pessoas de cujas necessidades tomamos conhecimento na igreja (sejam cristãos ou ímpios) têm a primazia (Tg 2:2,3,15, 16; 1 Jo 3:17). A Igreja primitiva também estava preocupada com as necessidades dos cristãos que viviam em outros lugares (At 11:27-30). Paulo dedicou muito tempo e esforço para fazer uma coleta em benefício aos cristãos de Jerusalém. Isso envolveu um esforço cooperativo de igrejas de várias cidades. O dinheiro não passava diretamente dos doadores a seus destinatários. Era administrado por um comitê escolhido pelas igrejas que, aparentemente, fazia a distribuição seguindo a orientação da liderança (2 Co 8:18-22).

Às vezes, a Igreja primitiva também se preocupava com o sustento dos missionários. Embora Paulo trabalhasse para sustentar a si mesmo e a seus companheiros, ele também recebia doações. A igreja de Filipos, aparentemente, mandou contribuições para Paulo pelo menos três vezes (Fp 4:16). Além disso, ele defendeu abertamente o direito de pessoas envolvidas no ministério serem sustentadas por outros (1 Co 9:4-14).

Nesses dias de comunicação de massas, nenhuma pessoa ou igreja é capaz de suprir sozinha as necessidades de que toma conhecimento. Muitos pedidos são feitos quase que diariamente. Então, quais deveriam ser nossas prioridades? Em relação às pessoas que deveríamos prover, as prioridades são os servos do Senhor, os membros do povo de Deus que passam necessidade e depois os outros (Gl 6:10). Normalmente, uma pessoa ou igreja deve dar prioridade àqueles que estão sob sua responsabilidade na região onde vivem, depois aos que estão em outros lugares.

1. Veja *Works of John Wesley*, v. VIII, p. 250ss.

Parte 13

O Porvir

77

Introdução à Escatologia

I. O SIGNIFICADO DE ESCATOLOGIA

Escatologia significa a teologia das últimas coisas. Esse estudo pode abranger todas as coisas que eram futuras em relação ao momento em que foram escritas. Ou, então, podem incluir apenas as que ainda são futuras em relação a nosso ponto de vista presente. Trata da consumação de todas as coisas, sendo que se relacionam tanto com os indivíduos quanto com o mundo.

Todos possuem algum tipo de escatologia. Para muitos teóricos modernos, a escatologia é um estudo feito em desespero, pois tudo acabará em morte – a morte do indivíduo e a morte do universo. Nem mesmo a evolução promete a imortalidade. Para outros, o desespero é modificado por uma vaga esperança em algum tipo de vida após a morte. Para o cristão, a Bíblia apresenta um ensino claro e detalhado sobre o futuro, assim ele pode saber, com certeza, o que esta à sua frente.

II. ABRANGÊNCIA DA ESCATOLOGIA

O estudo das últimas coisas (aquelas que, do nosso ponto de vista, ainda são futuras) abrange o ensinamento bíblico a respeito do estado intermediário, as ressurreições, o arrebatamento da Igreja, a Segunda Vinda de Cristo e o milênio.

III. O DESENVOLVIMENTO DA ESCATOLOGIA

O estudo pode ser feito de diversas maneiras. Uma delas seria separar o futuro do indivíduo do futuro do mundo. Outra seria catalogar o futuro para a Igreja, o futuro para Israel, o futuro para os gentios e o futuro para o mundo. Outra ainda seria estudar os vários ensinamentos em sua ordem cronológica. A abordagem da teologia bíblica estuda a escatologia do Antigo Testamento, a escatologia de Jesus, a escatologia de Paulo, a escatologia de João, etc.

Nenhum método é necessariamente superior a outro. A maioria dos autores parece combinar várias perspectivas, e comigo não será diferente. Alguns dos tópicos, como a ressurreição, por exemplo, serão discutidos do ponto de vista individual. Outros, como a tribulação, serão detalhados cronologicamente. As três interpretações básicas da escatologia – pré-milenismo, pós-milenismo e amilenismo – precisam ter um tratamento mais sistemático para que possamos entender sua maneira distinta de ver essa questão. Devido ao debate contemporâneo sobre o relacionamento do arrebatamento da Igreja com a tribulação, daremos uma atenção especial a essa questão.

IV. A IMPORTÂNCIA DA ESCATOLOGIA

Como existem divergências nessa área doutrinária, e porque algumas coisas não estão muito claras, alguns supõem que a escatologia deveria ter uma importância menor que outras áreas da verdade bíblica. Existe alguma área da doutrina ainda não debatida? Pense sobre a Trindade, a natureza da Pessoa de Cristo, o governo da Igreja, a predestinação, a segurança eterna ou, ainda, os efeitos do pecado de Adão. Pense sobre alguns conceitos difíceis de interpretar nessas áreas, como a triunidade de Deus, Deidade e humanidade unidas em uma única Pessoa, o significado de "Filho unigênito", o conceito de pecado imputado, etc. Embora não possamos nem devamos esquivar-nos de fazer um estudo detalhado desses ensinamentos, tampouco devemos ignorar o que a Bíblia diz a respeito do futuro.

Para o cristão, o conhecimento da profecia: (a) oferece alegria em meio à aflição (2 Co 4:17); (b) limpa e encoraja a vida em santidade (1 Jo 3:3); (c) é útil, como todas as Escrituras, para muitas necessidades importantes da vida cristã (2 Tm 3:16,17); (d) apresenta fatos sobre a vida após a morte (2 Co 5:8); (e) mostra a verdade sobre o fim da história; (f) dá provas da confiabilidade de todas as Escrituras – pois o número de profecias que veio a cumprir-se precisamente como foi profetizado não pode ser considerado obra do acaso, mas obra de Deus; e (g) eleva nosso coração em louvor a Deus, que está no controle total e que cumprirá sua vontade na história. Ignorar a profecia é perder esses benefícios.

78

A VISÃO PÓS-MILENISTA

Sou um pré-milenista, e essa será a perspectiva pela qual analisarei a escatologia nesta parte do livro. Contudo, antes de explicar a visão pré-milenista do futuro, penso que seria útil analisar primeiramente os três maiores sistemas escatológicos: pós-milenismo, amilenismo e pré-milenismo.

I. UMA DEFINIÇÃO DE PÓS-MILENISMO

Loraine Boettner forneceu uma definição construtiva do pós-milenismo. Estas foram as suas palavras:

> Essa visão das últimas coisas que temos do reino de Deus está sendo estendida pelo mundo por meio da pregação do evangelho e da obra redentora do Espírito Santo no coração das pessoas, de modo que o mundo todo acabará cristianizado e a volta de Cristo deverá ocorrer no final de um longo período de justiça e de paz normalmente chamado de "milênio" [...]. A Segunda Vinda de Cristo será seguida, imediatamente, pela ressurreição generalizada, o juízo geral e a introdução do céu e do inferno em sua plenitude.[1]

A. H. Strong descreveu o milênio como "um período, nos dias finais da Igreja militante, quando, sob a influência especial do Espírito Santo, o espírito dos mártires deverá ressurgir, a verdadeira religião será grandemente estimulada e revivida, e os membros das igrejas de Cristo ficarão tão conscientes de sua força em Cristo que chegarão a uma abrangência antes desconhecida e triunfarão sobre o poder do mal tanto dentro quanto fora dela".[2]

II. CARACTERÍSTICAS DOUTRINÁRIAS DO PÓS-MILENISMO

A. Em relação à Bíblia

Os pós-milenistas bíblicos acreditam na autoridade da Bíblia. Claro, os liberais que esperam que uma "era dourada" seja alcançada por meio de esforços humanos, têm uma visão pós-milenista da história, embora não possuam base bíblica para isso.

B. Em relação ao milênio
A confiança no poder de Deus faz com que eles acreditem que a Grande Comissão será cumprida, e a maior parte do mundo será salva. Acreditar em outra coisa faz com que a Comissão seja ineficaz, e o poder de Deus, anulado.

C. Em relação à Igreja
A Igreja, cumprindo a Grande Comissão, será o instrumento utilizado para trazer o milênio à Terra e estabelecê-lo aqui.

D. Em relação à volta de Cristo
Os pós-milenistas acreditam na volta literal de Cristo no final do milênio. Seu retorno será imediatamente seguido pela ressurreição e pelo julgamento generalizados.

E. Em relação ao milênio
1. *Duração*. De acordo com os pós-milenistas, o milênio será um longo período de tempo, mas não necessariamente mil anos. Talvez seja muito mais longo que mil anos literais.

2. *Início*. Alguns entendem que o milênio terá início de maneira gradual; outros vêem um início mais abrupto para que a justiça se espalhe por toda a Terra.

3. *Características*. O milênio será um tempo de paz, de prosperidade material e de bem-estar espiritual na Terra. Contudo, nem todos serão salvos, tampouco o pecado será erradicado. Mas os princípios cristãos serão dominantes, não mais uma exceção, e o pecado será reduzido a proporções mínimas.

4. *Atividades*. Alguns pós-milenistas entendem que haverá um breve período de apostasia no final do milênio, pouco antes da volta de Cristo.[3]

F. Em relação a Satanás
Os pós-milenistas entendem que Satanás ficará amarrado durante todo o tempo e sempre debaixo do controle de Deus. Mas ele será amarrado de uma maneira especial no início do milênio, de acordo com Apocalipse 20. Porém, isso ainda não ocorreu, pois ainda não estamos no milênio; estamos apenas estabelecendo as suas bases.

III. EVIDÊNCIAS DE QUE O MUNDO ESTÁ FICANDO MELHOR

Se ainda não estamos no milênio, mas apenas preparando as suas bases, então deveríamos ser capazes de ver as evidências de que as coisas estão melhorando no mundo. O pós-milenismo acredita que isso é possível. Essas evidências abrangem muitos elementos: (1) As condições sociais certamente estão melhorando em muitas partes do mundo. (2) A enorme quantidade de dinheiro doado às causas cristãs para promover melhores condições de vida neste mundo. (3) A Bíblia continua sendo o livro mais vendido do mundo.
(4) Mais do que nunca, o evangelho é disseminado de muitas outras maneiras e em muitos outros lugares do mundo. O rádio e a distribuição de

literatura são duas das maneiras como isso está ocorrendo.

Obviamente, essas evidências são reais, e nenhum cristão pode deixar de ser grato a Deus por isso. Mas se isso é um presságio de um milênio eminente é outra questão. Precisamos levar em conta o aumento contemporâneo do mal antes que possamos dar uma resposta precisa.

IV. APOIO DAS ESCRITURAS PARA O PÓS-MILENISMO

A. Passagens que falam sobre a "era dourada"

Considerando que as muitas passagens que falam de um reino triunfante de Cristo não foram cumpridas na história, conclui-se que serão cumpridas no futuro, mas devem ocorrer antes da Segunda Vinda de Cristo. Muitos desses textos bíblicos são os mesmos que os pré-milenistas afirmam referir-se ao reino milenar. O pós-milenismo entende que serão cumpridos antes da volta de Cristo, enquanto os pré-milenistas esperam que eles sejam cumpridos somente após a volta de Cristo. Essas passagens incluem Salmos 2:8; 22:27; 47; 72; 86:9; Isaías 2:2-4; 11:6-9; Jeremias 31:34; Daniel 2:35,44 e Miquéias 4:1-4.

B. Passagens que caracterizam o evangelho como algo poderoso e mundial

Uma vez que o evangelho é o poder de Deus (Rm 1:16), os pós-milenistas argumentam que é inconcebível que o mundo não se converta. Deus deseja que todos os homens sejam salvos (1 Tm 2:4), portanto, orar esperando que isso aconteça é orar segundo a vontade de Deus.

C. Outras passagens

A parábola de Cristo sobre o fermento confirma a extensão universal do reino (Mt 13:33). Romanos 11 prediz a conversão de um grande número de judeus e gentios. Apocalipse 7:9,10 retrata a reunião de uma grande multidão de redimidos procedentes de todas as partes do mundo.

V. ESBOÇO HISTÓRICO DO PÓS-MILENISMO

A. Joaquim de Fiore (c. de 1135-1202)

Um dos primeiros grandes expoentes da visão pós-milenista, Joaquim explicava que a história era trinitariana, ou seja: a primeira era foi do Pai, quando a humanidade vivia sob a Lei do Antigo Testamento; a segundo era foi a do Filho, o período da graça coberta pelo Novo Testamento; e a terceira era deveria ser a do Espírito Santo, iniciando por volta de 1260, quando o mundo seria convertido.

B. Daniel Whitby (1638-1726)

Whitby era clérigo erudito que publicou 39 obras, inclusive *A Treatise of the True Millennium* [Um tratado sobre o verdadeiro milênio].[4] Ele ensinava que, após o mundo ser convertido, os judeus retornarem à Terra Santa, e o papa e os turcos serem derrotados, o mundo desfrutaria de um período de paz e justiça durante mil anos. No final desse milênio, Cristo viria pessoalmente à

Terra para ressuscitar os mortos e julgar todas as pessoas. Sua visão era muito popular e foi adotada por muitos pregadores e comentaristas dos séculos XVIII e XIX.

O pós-milenismo de Whitby estava muito centrado nos judeus. Ele descreveu o milênio como o reino dos judeus convertidos com os gentios "correndo para unir-se a eles". Todas as bênçãos espirituais do milênio seriam levadas às outras nações pelos judeus. Ele acreditava que, durante o milênio, a Igreja viveria em um estado revitalizado, embora a ressurreição do corpo somente ocorresse depois do milênio.

C. Outros pós-milenistas

Os liberais que defendem o progresso inevitável por meio do processo natural (ou evolucionário) com justiça podem ser chamados de pós-milenistas. No entanto, eles não interpretam as Escrituras literalmente e acreditam que o mundo está melhorando por meio do poder do homem.

Os pós-milenistas conservadores aceitam as Escrituras como a Palavra de Deus e atribuem as melhorias do mundo ao poder de Deus. James Snowden entendia que o milênio seria o período de tempo entre a Primeira e a Segunda Vinda de Cristo.[5] O quadro apresentado por ele é diferente do amilenismo, pois ele ensinava que o mundo estava ficando melhor. Snowden interpretava os eventos de Apocalipse 20 como algo do passado ou que descreviam a alegria celestial.

Charles Hodge ensinou que a Segunda Vinda será precedida da difusão universal do evangelho, a conversão nacional dos judeus e a vinda do anticristo. Quando Cristo vier, ocorrerá uma ressurreição generalizada e o julgamento de toda a humanidade.[6]

O pós-milenismo do mundo após a Segunda Guerra Mundial até recentemente se caracterizou por ser liberal. Os grandes avanços do século XX por meio de conquistas humanas deram credibilidade a esse conceito. Havia poucos pós-milenistas bíblicos (Loraine Boettner era uma exceção).

Mas um fenômeno interessante desenvolveu-se em meados do século XX. Alguns dos antigos amilenistas tornaram-se pós-milenistas devido a sua crença na teocracia. Teocracia é a condição de um lugar governado por Deus. Os teocratas acreditam que é possível dominar a Terra por meio da ciência, da educação, das artes e de todas as outras buscas para efetivar o domínio de Deus sobre todas as coisas. Para alguns, isso significa impor a Lei do Antigo Testamento à vida moderna não apenas nas questões morais, mas também no governo, nas finanças e em outras áreas. Contudo, se isso ocorrer, as condições do mundo irão melhorar, e desfrutaremos do governo de Deus sobre a vida neste mundo. Assim, muitos teólogos reformados que apóiam fortemente o uso da Lei e que eram amilenistas mudaram de posição, adotando o pós-milenismo como o objetivo de seu programa teocrático.

Em resumo: os liberais promovem o objetivo pós-milenista por meio do humanismo. Os pós-milenistas bíblicos o promovem por meio da pregação do evangelho pela Igreja. Os teocratas promovem isso por meio do evangelho e da imposição da Lei do Antigo Testamento.

1. BOETTNER, Loraine. *The Millennium*. Nutley: Presbyterian and Reformed, 1957, p.14.
2. STRONG, A. H. *Systematic Theology*. Filadélfia: Judson Press, 1907, p. 1013. (*Teologia sistemática*. São Paulo: Hagnos, 2003, v. 2.)
3. Veja BOETTNER, *The Millennium*, p. 69.
4. WHITBY, Daniel. *A Treatise of the True Millennium*. Londres: W. Bowyer, 1700.
5. SNOWDEN, James. *The Coming of the Lord*. Nova York: Macmillan, 1919.
6. HODGE, Charles. *Teologia sistemática*. São Paulo: Hagnos, 2001, p. 1603.

79

A VISÃO AMILENISTA

I. UMA DEFINIÇÃO DE AMILENISMO

Amilenismo é a interpretação das últimas coisas que defende a inexistência de um milênio antes do fim do mundo. Defende que, até o final, haverá um desenvolvimento paralelo tanto do bem quanto do mal, do reino de Deus e do que pertence a Satanás. Após a Segunda Vinda de Cristo, no final do mundo, ocorrerá a ressurreição generalizada e o juízo de todas as pessoas.

II. DOUTRINAS CARACTERÍSTICAS DO AMILENISMO

A. Em relação à Bíblia

Em geral, os amilenistas têm grande respeito pela inspiração e autoridade da Bíblia. Se alguns não o fazem, não é devido a seu amilenismo. É necessário lembrar nomes como Oswald T. Allis, William Hendriksen e Anthony A. Hoekema, todos amilenistas, embora grandes defensores da infalibilidade das Escrituras.

B. Em relação ao milênio

Entre os amilenistas conservadores, existem duas visões a respeito do milênio. Uma delas diz que é possível ver, nesta era, o cumprimento das passagens que falam do milênio mediante a Igreja na Terra (e.g. Allis e Berkhof). A outra entende que isso está se cumprindo pelos santos no céu agora (e.g. Warfield e Floyd Hamilton). As duas perspectivas concordam que não haverá um reino terreno futuro.

C. Em relação às alianças

Os pré-milenistas baseiam-se no argumento de que as alianças bíblicas contêm promessas ainda não cumpridas e requerem um milênio terreno para que se cumpram literalmente. Os amilenistas dizem que essas promessas não precisam ser cumpridas, pois eram condicionais, e essas condições não se realizaram.

D. Em relação à Igreja

Os amilenistas acreditam que a Igreja cumpre as promessas de Deus de maneira espiritual e serve como um antítipo. A Igreja é um reino celestial, espiritual, enquanto para o milênio pré-milenista, esse reino é carnal e terreno. (Mas a Igreja não pode ser considerada terrena e carnal?). A Igreja cumpre as promessas, e o novo céu e a nova terra que imediatamente seguem a era da Igreja consumam a história.

III. A HERMENÊUTICA DO AMILENISMO

Inquestionavelmente, as diferentes interpretações do milênio resultam de hermenêuticas diferentes. Ou seja, possuem princípios de interpretação distintos. Os pré-milenistas usam a interpretação literal ou normal em todas as áreas da verdade bíblica, enquanto os amilenistas utilizam um princípio não-literal ou espiritual na área da escatologia. Todos os conservadores, independentemente de seus argumentos escatológicos, usam a interpretação literal ou normal em todas as Escrituras, menos na escatologia. Floyd Hamilton, um amilenista, reconhece que "uma interpretação literal das profecias do Antigo Testamento apresenta-nos uma imagem do reino terreno do Messias igual à dos pré-milenistas".[1] Os amilenistas, claro, não aceitam essa imagem do futuro, porque ela utiliza hermenêuticas distintas na área da profecia.

Embora os autores geralmente não detalhem sua hermenêutica antes de detalhar seus comentários ou o desenvolvimento de suas teologias, Oswald T. Allis discute os princípios hermenêuticos que utiliza para interpretar a profecia.[2] Quero resumir suas idéias da interpretação das profecias e comentá-las rapidamente.

(1) Ele primeiro procura estabelecer que ambos são métodos literais e figurativos de interpretação que possuem seu lugar de direito e suas necessárias limitações. No entanto, parece colocar todas as limitações na questão literal e nenhuma na alegórica.

(2) Algumas dessas limitações da interpretação literal são: (a) a presença de figuras de linguagem (que não podem ser interpretadas literalmente) dá a liberdade para diferentes modos de interpretação; (b) o fato de que o tema principal da Bíblia é espiritual acrescenta validade à interpretação alegórica ou espiritual; e (c) o fato de o Antigo Testamento ser preliminar e preparatório para o Novo Testamento faz-nos esperar que o Novo Testamento sirva para interpretar as profecias literais do Antigo Testamento de maneira figurativa.

Nenhum literalista nega que a Bíblia contém figuras de linguagem, porém insiste que elas descrevem verdades literais. Para explicar isso, podemos usar o seguinte exemplo: as melhores rosas da região em que vivo são cultivadas na cidade de Tyler, no Texas. As rosas de Tyler são famosas. Agora, se eu assistir a um comercial que me diz para usar esse ou aquele tipo de fertilizante para conseguir cultivar rosas de Tyler, isso não significa que eu precise morar na cidade de Tyler. A idéia é: não importa onde eu more, posso cultivar o mesmo tipo de rosas magníficas que crescem em Tyler. A figura de linguagem tem um significado simples e literal em relação ao tipo de rosas que poderei cultivar. "Rosas de Tyler" refere-se a rosas, não a tomates; mas "rosas de Tyler" também indica um tipo superior de rosas, sejam elas realmente cultivadas em Tyler ou não.

(3) Se essas duas primeiras teses são verdadeiras, então uma questão surge naturalmente: como alguém pode saber se deve interpretar uma passagem de maneira literal ou alegórica? A resposta de Allis é: decida qual apresenta o verdadeiro significado da passagem! Não é necessário comentar esse tipo de declaração.

(4) Allis prossegue afirmando que a única maneira de entender literalmente uma profecia é quando seu significado literal é claro e óbvio. Quase todas as profecias possuem linguagem figurativa ou parabólica e devem ser interpretadas dessa forma. Então, na verdade, a maioria das profecias não será interpretada de maneira literal.

(5) Para interpretar e entender a profecia de maneira correta e completa, seu cumprimento também deve ser conhecido. Todas as profecias foram anunciadas antes de seu cumprimento ser conhecido. Caso contrário, não poderia ser chamada de profecia. Se formos seguir o princípio de Allis, então nenhuma profecia jamais poderia ser nem será entendida até que surja seu cumprimento. Nenhum israelita necessitava aceitar, de maneira literal, as profecias sobre o cativeiro babilônico ou assírio que ocorreriam no futuro, pois não poderiam ter certeza de que essas profecias se cumpririam literalmente até que o cativeiro se tornasse real. Com esse princípio de interpretação, que força essas profecias teriam? Mas, veja bem, os amilenistas querem ser capazes de afirmar que não podemos ter certeza de que as profecias do Antigo Testamento, em relação ao reino milenar, serão cumpridas literalmente, pois nenhum tipo de cumprimento chegou a acontecer ainda. Mas como a Igreja possui algumas características similares ao reino, então a Igreja deve estar cumprindo essas profecias do Antigo Testamento.

(6) Buscando reforçar sua idéia de que deveríamos esperar uma maneira vaga de interpretar a profecia, Allis, em toda a sua discussão de hermenêutica, caracteriza a profecia como algo indefinido, enigmático, até enganoso, recheada de símbolos, imprecisa e sujeita a várias interpretações. Essas são palavras dele, não minhas. Mas, com certeza, essas características alegadas são verdadeiras apenas se a interpretação abandona os princípios da interpretação literal ou normal.

IV. EVIDÊNCIAS INTERPRETATIVAS DO AMILENISMO

Os amilenistas interpretam certas passagens e doutrinas-chave de maneiras que apóiam essa perspectiva.

A. A interpretação da aliança abraâmica

Os pré-milenistas mostram que, se a parte da aliança que ainda não foi cumprida precisar ser cumprida literalmente (a promessa da terra da

Palestina), isso deverá ocorrer em um milênio futuro, pois não existe lugar na história passada ou presente para um cumprimento literal. Os amilenistas dizem que não precisamos esperar um cumprimento futuro porque: (a) as promessas eram condicionais e as condições para seu cumprimento nunca existiram; ou (b) a promessa de uma terra foi cumprida nos dias de Josué (Js 21:43-45); ou (c) foi cumprida por Davi (2 Sm 8:3); ou (d) foi cumprida durante o reinado de Salomão (1 Rs 4:21); ou (e) agora está sendo cumprida pela Igreja na Terra; ou (f) agora está sendo cumprida pela Igreja no céu; ou (g) será cumprida por todos os remidos na nova terra eterna que surgirá no futuro. Se qualquer uma dessas sete opções estiver correta, então as outras seis são desnecessárias. Parece que os amilenistas, na verdade, não sabem quando, como ou se uma aliança abraâmica foi, precisa ser ou será cumprida. Sua única certeza é que não ocorrerá em um milênio terreno futuro, pois esse período não existe em seu sistema teológico.

B. A INTERPRETAÇÃO DE EFÉSIOS 3:5

Para os amilenistas, o mistério dessa passagem é que a Igreja, na realidade, estava no Antigo Testamento e, portanto, cumpre aquelas promessas do Antigo Testamento. Essa questão foi discutida na parte que abordava a Igreja.

C. As 70 semanas de Daniel

Os amilenistas possuem certas características em comum em sua interpretação de Daniel 9:24-27. São elas: (a) o início das 70 semanas foi em 536 a.C., durante o reinado de Ciro e não (como dizem os pré-milenistas) em 445 a.C., com Artaxerxes. Isso faz com que as 70 semanas sejam de duração imprecisa; (b) a setuagésima semana é a era da Igreja, não um período futuro de sete anos de tribulação.

Essas interpretações características do amilenismo surgiram porque a interpretação literal não foi utilizada de maneira consistente.

V. A HISTÓRIA DO AMILENISMO

A. Do Novo Testamento a Agostinho

Até os dias de Orígenes (c. de 185-254), a ênfase na hermenêutica literal fazia com que os apologetas fossem pré-milenistas. Os Pais da Igreja pensavam que estavam vivendo os últimos dias e esperavam a imediata Segunda Vinda de Cristo para trazer o reino. Orígenes, usando um método alegórico de interpretação, espiritualizou o reino futuro e entendeu que ele seria a presente era da Igreja que teve início com Adão. Essa escatologia amilenista foi popularizada por Agostinho.

B. Agostinho (354-430)

Ao espiritualizar o conceito de reino, Agostinho fez com que significasse a existência da Igreja neste mundo. O milênio é o período de tempo entre a Primeira e a Segunda Vinda de Cristo. "Durante os 'mil anos' enquanto o diabo estiver amarrado, os santos também reinarão durante 'mil anos' e, sem dúvida, os dois períodos são idênticos e significam o período entre a primeira e a segunda vinda" (Cidade de Deus, cap. XX). Contudo, ele entendeu que Satanás amarrado não significa que Satanás não possui poder para enganar, mas que, durante o período entre as duas vindas, ele não tem permissão para usar todos seus poderes. Pouco antes do fim, Satanás será libertado para enganar as nações contra a Igreja, uma rebelião a que Deus dará fim. Isso será seguido pelo juízo geral e pelo estado eterno.

Agostinho entendia que os mil anos eram literais e esperava que a Segunda Vinda de Cristo ocorreria mil anos após a sua ascensão. Quando chegou o ano 1000 e a Segunda Vinda não ocorreu, os mil anos foram espiritualizados para simbolizar um período de tempo indefinido ou o período total entre a Primeira e a Segunda Vinda de Cristo.

C. Escatologia reformada

Os grandes líderes da Reforma tinham uma escatologia amilenista. Estavam satisfeitos em seguir os ensinamentos da Igreja Católica Romana, que, por sua vez, seguia Agostinho.

Lutero aceitava a grande tribulação e o retorno corpóreo de Cristo. Acreditava que isso ocorreria na metade da tribulação. Assim como muitos outros, Lutero também dividiu a história em seis eras de mil anos cada, seguida por uma sétima era de descanso sabático eterno. Ele ensinava que a sexta era podia ser chamada de a "era dos papas", iniciando em 1076, mas não duraria todos os mil anos. Portanto, acreditava que estava vivendo numa época que precederia a Segunda Vinda de Cristo, que estava muito próxima.

Calvino ensinava que Israel e a Igreja eram a mesma coisa e esperavam pela Segunda Vinda para que ocorressem a ressurreição, o juízo geral e também o estado eterno. Ele criticava o quiliasmo (crença no milênio), descrevendo-o em seus ensinamentos como "ficção", "insulto", "sonho" e "blasfêmia intolerável". Opunha-se ferrenhamente à idéia de que a bênção eterna dos santos estaria limitada a mil anos (uma compreensão errônea do que o pré-milenismo ensinava).

D. A era moderna

Embora os amilenistas agostinianos geralmente sejam seguidos nos tempos modernos (ou seja, o milênio é um período na Terra entre as duas vindas do Senhor), surgiu outra forma de amilenismo. B. B. Warfield (seguindo Kliefoth, que escreveu em 1874) ensinou que o milênio é o estado presente dos santos no céu.[3] Em geral, os credos reformados dizem pouco sobre a questão do milênio, preferindo concentrar-se na ressurreição generalizada, no julgamento e na eternidade. Uma das razões para a popularização da preferência pelo amilenismo em relação ao pré-milenismo é o contraste entre o conceito pré-milenista de cumprimento no reino terreno (geralmente o adjetivo *terreno* ou *carnal* é usado com essa frase) e o conceito amilenista de cumprimento das profecias do Antigo Testamento na Igreja desta presente era (e geralmente o adjetivo *espiritual* é usado com essa frase). Então, o sistema que enfatiza a Igreja espiritual em vez do reino carnal é o preferido. Quando ouço ou leio esse argumento, fico querendo perguntar: desde quando a Igreja é apenas espiritual e o reino apenas carnal? A Igreja é composta de pessoas carnais, e o reino terá muitas características espirituais. O espiritual e o carnal caracterizam tanto a Igreja quanto o reino futuro.

Claro, a evidência conclusiva para a verdade de uma doutrina nunca é histórica, mas exegética.

1. Hamilton, Floyd. *The Basis of Millennial Faith*. Grand Rapids: Eerdmans, 1942, p. 38.
2. Allis, Oswald T. *Prophecy and the Church*. Filadélfia: Presbyterian and Reformed, 1945, p. 17-30.
3. Warfield, B. B. *Biblical Doctrines*. Nova York: Oxford, 1929, pp. 643,4.

80

A VISÃO PRÉ-MILENISTA

Apesar de o restante desta parte do livro ser um aprofundamento da escatologia pré-milenista, ter um panorama atual dessa questão poderá nos ajudar.

I. UMA DEFINIÇÃO DE PRÉ-MILENISMO

O pré-milenismo é a visão que afirma que a Segunda Vinda de Cristo ocorrerá antes do milênio. Isso resultará no estabelecimento do reinado de Cristo nesta Terra por um período literal de mil anos. Também entende que haverá muitas ocasiões em que ressurreições e juízos ocorrerão. A eternidade começará após esses mil anos serem concluídos. Dentro do pré-milenismo, existem visões diferentes sobre quando o arrebatamento ocorrerá.

II. DOUTRINAS CARACTERÍSTICAS DO PRÉ-MILENISMO

A. Em relação à Bíblia

O pré-milenismo tem grande respeito pelo que está nas Escrituras. Provavelmente, seria seguro afirmar que, quase sem exceção, os pré-milenistas pré-tribulacionistas acreditam na inerrância da Bíblia.

B. Em relação ao milênio

Todas as formas de pré-milenismo entendem que o milênio virá após a Segunda Vinda de Cristo. Sua duração será de mil anos; sua localização será nesta Terra; seu governo será teocrático com a presença pessoal de Cristo reinando como Rei; cumprirá todas as promessas ainda não realizadas a respeito do reino terreno.

Embora os pré-milenistas, em geral, vejam o reino vindouro de maneira literal, nem todos pensam assim. Para George E. Ladd, as profecias a respeito de Israel são espiritualizadas, e o reino milenial é visto mais como uma extensão do reino espiritual de Deus.[1] Para Robert Mounce, os mil anos de Apocalipse 20 são literais, mas esse reino futuro não é "a era messiânica profetizada pelos profetas do Antigo Testamento".[2]

C. Em relação às alianças

Os pré-milenistas entendem que a promessa da aliança abraâmica, que dava aos descendentes de Abraão a terra desde o rio do Egito até o rio Eufrates, jamais foi cumprida, mas será totalmente realizada durante o reino milenar (Gn 15:18). As promessas da aliança davídica também requerem o estabelecimento do reino milenar para que sejam cumpridas (2 Sm 7:12-16).

D. Em relação à igreja

Os pré-milenistas dispensacionalistas fazem forte distinção entre a Igreja e Israel. Como a Igreja não cumpriu as promessas a Israel ainda não cumpridas, deve haver um momento em que isso ocorrerá – e será durante o milênio.

A extensão em que esse sistema teológico distingue Israel e a Igreja revelará sua posição escatológica. Observe o seguinte quadro:

AT	NT	MILÊNIO
Israel = Igreja	Israel = Igreja	Não há milênio = Amilenismo
Israel = Igreja	Israel = Igreja	Israel ≠ Igreja = Aliança pré-milenista
Israel ≠ Igreja	Israel ≠ Igreja	Israel ≠ Igreja = Pré-milenismo dispensacionalista

III. A HERMENÊUTICA DO PRÉ-MILENISMO

Os pré-milenistas utilizam a hermenêutica denominada normal ou literal. E isso, com certeza, estabelece sua visão dos eventos futuros.

IV. A HISTÓRIA DO PRÉ-MILENISMO

A. O período antigo

Nos primeiros séculos da história da Igreja, a visão pré-milenista foi amplamente defendida, mesmo que os detalhes cronológicos nem sempre estejam claros. As descrições do milênio são literais, o reino futuro de Cristo em Jerusalém é um tema proeminente, e esse reino virá após o retorno de Cristo. O historiador da Igreja, Philip Schaff, resumiu isso da seguinte maneira: "A questão mais intrigante da escatologia do período anteniceno é o quiliasmo proeminente, ou milenismo, crença no reino visível de Cristo em glória na Terra com os santos ressurretos durante mil anos, antes do julgamento e da ressurreição generalizada. Isso não foi, de fato, uma doutrina da Igreja incorporada a nenhum credo ou forma de devoção, mas sim uma opinião de renomados professores grandemente aceita".[3]

Com a união da Igreja e do Estado sob o governo de Constantino, a esperança da vinda de Cristo acabou diminuindo um pouco. A escola alexandrina de interpretação atacou a hermenêutica literal sobre a qual se baseia o pré-milenismo, e a influência dos ensinamentos de Agostinho reinterpretou o conceito e a duração do milênio.

B. Os períodos medieval e da reforma

Na Idade Média, a maioria das doutrinas, inclusive a escatologia, foi obscurecida pelas trevas que caracterizaram aqueles séculos. Como já vimos, os reformadores, de modo geral, eram amilenistas em sua escatologia, embora os anabatistas e os huguenotes defendessem o quiliasmo.

C. O período moderno

O período moderno testemunhou o crescimento dos ensinamentos pré-milenistas. Grande número de comentaristas (como J. A. Bengel e Henry Alford) escreveu a partir dessa perspectiva. A propagação do dispensacionalismo nos séculos XIX e XX trouxe consigo um interesse renovado dos estudos proféticos.[4]

---

1. LADD, George Eldon. *Teologia do Novo Testamento*. São Paulo: Hagnos, 2002, pp. 60-6, 580-4.
2. MOUNCE, Robert. *The Book of Revelation*. Grand Rapids: Eerdmans, 1977, p. 359.
3. SCHAFF, Philip. *History of the Christian Church*. Nova York: Scribners, 1884, v. 2, p. 614. Para citações de alguns destes "renomados professores" veja RYRIE, Charles C. *The Basis of the Premillennial Faith*. Neptune, NJ: Loizeaux, 1954, pp. 17-33.
4. Para uma discussão detalhada, veja SANDEEN, Ernest R. *The Roots of Fundamentalism*. Chicago: University of Chicago Press, 1970; e KRAUS, C. Norman. *Dispensationalism in America*. Richmond: John Knox, 1950.

81

A ALIANÇA DE DEUS COM ABRAÃO

I. A IMPORTÂNCIA ESCATOLÓGICA DESSA ALIANÇA

A interpretação da aliança abraâmica é um divisor de águas entre o pré-milenismo e amilenismo. A questão central envolve seu cumprimento. Todos concordam que certos aspectos já foram cumpridos. Porém, nem todos concordam com o cumprimento de outros aspectos, particularmente em relação à promessa de uma Terra. Os amilenistas, mesmo discordando quanto ao tempo do cumprimento da Terra Prometida, são unânimes em dizer que não se cumprirá em um reino terrestre futuro. Por outro lado, os pré-milenistas dizem que, como não há cumprimento no presente nem no passado, então será futuro. Esse é o único sistema que inclui um tempo futuro de cumprimento da promessa na Terra.

II. AS PROMESSAS DA ALIANÇA

A. As promessas pessoais a Abraão (Gn 12:2)

Três pequenas partes da frase dita a Abraão (usando a forma associativa do verbo no hebraico) revelam as promessas pessoais de Deus a Abraão.

1. *"De ti farei uma grande nação"*. Quando Deus disse isso, Abraão ainda não possuía herdeiros. Logo, a promessa claramente se refere à nação judaica, aos descendentes de Abraão, que nasceriam por intermédio de Isaque e de Jacó.

2. *"Te abençoarei"*. No cumprimento dessa promessa, Deus deu a Abraão bênçãos temporais: terra (Gn 13:14,15,17), servos (Gn 15:7), riquezas (Gn 13:2; 24:34,35) e também bênçãos espirituais (Gn 13:18; 21:22).

3. *"Te engrandecerei o nome"*. Deus prometeu a Abraão fama, renome e boa reputação.

A última parte de 12:2 afirma o propósito ou resultado da bênção de Deus sobre Abraão: "Sê tu uma bênção!".

B. Promessas universais (Gn 12:3)

1. *A promessa divina era abençoar ou amaldiçoar as pessoas dependendo de sua relação com Abraão.* O relacionamento de Abraão com Deus era tão próximo

que abençoá-lo ou amaldiçoá-lo, na prática, seria o mesmo que abençoar ou amaldiçoar o próprio Deus (Gn 20:2-18; 21:22-34; 23).

2. *A promessa de que todas as famílias da terra seriam abençoadas.* Paulo deixou claro que essa promessa cumpriu-se em Cristo (Gl 3:16). "Descendente" pode ser tanto coletivo quanto individual. Ou seja, a descendência era uma linha, uma família e, especialmente, uma pessoa: Cristo (vv. 19). O ponto conclusivo de Paulo naquele capítulo é: "Não tentem tornar-se filhos de Abraão pela circuncisão, mas estando em Cristo" (vv. 27, 29). Nossa posição em Cristo nos torna herdeiros dessa promessa e, em particular, da aliança abraâmica. Observe que Paulo não está dizendo que a Igreja cumpre totalmente a aliança. Centrou-se somente na promessa que diz respeito à bênção por meio do "descendente" (a palavra "promessas", no plural, do v. 16 é usada porque a aliança foi repetida várias vezes a Abraão, não porque Paulo desejava indicar seu cumprimento total pela Igreja).[1]

C. Promessas de uma nação (Gn 15:18-21)

1. *A promessa de que Abraão seria pai de uma grande nação foi feita tanto para uma pessoa quanto para uma nação.* Abraão, de fato, gerou milagrosamente um herdeiro com Sara (Gn 21:2).

2. *A promessa de que a nação receberia uma terra específica como herança.* Veja Gênesis 12:7; 13:15,17; 15:7,8,18; 17:8; 24:7; 26:3; 28:13,14; 35:12; 48:4; 50:24. Gênesis 17:1-8 enfatiza que a terra lhe seria para possessão perpétua, enquanto Gênesis 15:18 descreve que as fronteiras iniciariam no rio do Egito e se estenderiam até o rio Eufrates.

Continua existindo um debate em relação à identidade do "rio do Egito". Uma posição equivale o rio (*nahar*) do Egito com o rio Wadi (*nahal*) do Egito. Modernamente, ele é chamado de *wadi el-Arish*, e durante as estações chuvosas corre do meio da península do Sinai para o Mediterrâneo, distando cerca de 140 km ao leste do Canal de Suez (Nm 34:5, Js 15:4, 47; 1 Rs 8:65; 2 Rs 24:7; 2 Cr 7:8; Is 27:12; Ez 47:19; 48:28). Essa é a opinião de Walter C. Kaiser Jr.[2] A outra posição identifica o rio do Egito com o Nilo, especificamente seu canal oriental. A palavra *nahar,* usada em Gênesis 15:18, também se refere a um rio perene, que é o caso do Nilo, mas não ao *wadi el-Arish*. Essa é a opinião de Bruce K. Waltke e K. A. Kitchen.[3]

Em algumas passagens, o enfoque está sobre Canaã ou sobre alguma fração daquela grande área prometida no versículo 18 (Gn 17:8; 1 Rs 8:65; Ez 47:13-20). Em várias ocasiões, Israel ocupou parte da área mais vasta, mas nunca a totalidade dessa área e jamais como sua possessão perpétua.

III. A RATIFICAÇÃO SOLENE DA ALIANÇA

Quando comparada aos costumes do Oriente Próximo, a cerimônia de ratificação descrita em Gênesis 15:9-17 indica que o próprio Deus obrigou-se a cumprir os termos da aliança. Isso porque somente ele passou em meio aos pedaços dos animais sacrificados. O significado disso é chocante: Deus jurou fidelidade às suas promessas e colocou a obrigação de seu cumprimento apenas sobre si mesmo. Abraão não fez juramento algum. Estava em sono profundo, mas, mesmo assim, consciente das promessas de Deus.[4] Fica claro que a aliança abraâmica não estava condicionada ao que Abraão iria fazer ou não. Seu cumprimento, em todos os aspectos, dependia somente da ação de Deus.

IV. CONDIÇÕES ALEGADAS DA ALIANÇA

A incondicionalidade da aliança abraâmica fornece um importante apoio para o pré-milenismo. Isso porque a Terra Prometida precisa de um tempo futuro (o milênio) em que será cumprido. Portanto, os amilenistas alegam que realmente havia condições ligadas ao cumprimento da aliança que torna impossível vê-la como incondicional.

A. Gênesis 12:1

O imperativo "sai da tua terra" expressa uma condição que invalidaria a aliança, caso Abraão não obedecesse. No entanto, gramaticalmente, esse imperativo, seguido por dois imperfeitos e uma série de associativos imperfeitos nos versículos 2 e 3, expressa uma intenção (o que Deus pretendia fazer por Abraão). Outros exemplos desse uso estão em Gênesis 30:18 e 45:18.

B. Gênesis 12:2

A expressão "sê tu uma bênção" é vista, por alguns, como uma condição para o cumprimento da aliança. No entanto, gramaticalmente esse imperativo expressa uma conseqüência esperada que aconteça com certeza ou uma intenção. A gramática de hebraico elaborada por Gesenius, Kautzsch e Cowley cita essa passagem como um exemplo de intenção.[5]

C. Gênesis 17:1

Alguns entendem que "anda na minha presença" é uma condição para o cumprimento da aliança. No entanto, a construção gramatical é a mesma de 12:1 e expressa intenção.

D. Gênesis 22:16-18; 26:5

Uma vez que a aliança fora estabelecida firmemente muitas vezes antes desses eventos, seria incoerente ver essas passagens como condições impostas depois de claras afirmações de incondicionalidade. Pelo contrário, nessas ocasiões Deus reconheceu o valor de Abraão, relembrando a ele e a seus descendentes que fé e obediência eram necessárias para a participação nos benefícios das promessas incondicionais dessa aliança.[6]

V. INTERPRETAÇÕES DO CUMPRIMENTO DA ALIANÇA

A. A visão amilenista

O amilenismo ensina que todas as provisões da aliança foram cumpridas, inclusive a promessa de uma terra. Isso é feito ao espiritualizar-se a Terra Prometida, afirmando que a

Igreja cumpre esse papel, e vendo isso no passado da história de Israel. Um desses cumprimentos propostos afirma que isso ocorreu nos dias de Josué. Lemos em Josué 21:43-45 que Deus disse a Josué que estava cumprindo a promessa que fizera a Israel dando-lhes a terra prometida aos seus pais. É evidente que não possuíram a terra de Canaã para sempre, nem mesmo conseguiram conquistá-la por completo naquele tempo. Mas, deixando de lado essas considerações, Deus declara que o cumprimento da aliança havia ocorrido. Como isso poderia ocorrer? Nas várias declarações da aliança, a Terra Prometida ia do rio do Egito até o Eufrates (Gn 15:18) e era toda a terra de Canaã (17:8). A primeira idéia, que era maior, incluía a segunda, menor. Sob a liderança de Josué, os israelitas nunca ocuparam os amplos limites dessa terra, mas deixaram claro seu desejo pela terra de Canaã. Portanto, nenhuma dessas promessas foi cumprida de maneira perpétua.

Em 2 Samuel 8:3, "aquele" que foi restaurar seu governo no rio não é Davi, pois "o sujeito da sentença é Hadadezer".[7] Embora o reino de Salomão fosse extenso, ele não reinou sobre toda a terra prometida a Abraão, e menos ainda o fez eternamente. Talvez uma ilustração nos ajude: Suponha que eu prometa pagar a um aluno todo o seu curso. Em geral, isso significaria quatro anos de pagamentos. No final do primeiro ano, poderia dizer que cumpri minha promessa. Poderia, inclusive, dizer (como em Gênesis 26:5): "Por causa das suas boas notas, ficarei feliz em pagar o curso no próximo ano". A promessa maior de pagar o total do curso inclui a promessa menor de pagar as despesas de cada ano.

A promessa maior de uma terra entre os dois rios incluía a terra de Canaã e o território que Salomão governou. No entanto, isso não significa que a terra de Canaã ou o reino de Salomão fossem equivalentes à área maior.

Por favor, observe a inerente contradição da posição amilenista. Sendo a aliança condicional, os próprios amilenistas não precisam buscar um cumprimento nos dias de Davi, de Josué ou de Salomão. Se a aliança foi cumprida naqueles dias, então não era condicional. Se foi cumprida por Josué ou Salomão, então a Igreja não a cumpre. Se é a Igreja quem cumpre, então ninguém precisa encontrar seu cumprimento nos dias de Josué ou de Salomão. Creio que os amilenistas precisam de "pneus sobressalentes". Ou seja, caso o argumento da condicionalidade apresentar um "furo", eles podem usar os "pneus" do possível cumprimento em Salomão ou Josué ou pela Igreja!

Uma nova abordagem para o cumprimento da promessa de uma terra foi proposta por Anthony Hoekema, que vê múltiplos cumprimentos dessa promessa durante a história de Israel, mas um cumprimento final atípico: a nova terra. Ele expande a Terra Prometida abrangendo toda a Terra e diz que os beneficiários da promessa incluem todos os remidos. Assim, Hoekema nega qualquer cumprimento nesta Terra durante um milênio futuro.[8]

B. A visão pré-milenista

O pré-milenismo insiste que todos os elementos da aliança abraâmica devem ser cumpridos, pois a promessa é incondicional. Grande parte da aliança já foi cumprida e de maneira literal. No entanto, o que ainda falta também será cumprido literalmente. Novamente voltamos nossa atenção para a questão da ocupação incompleta da terra. Embora Israel, como nação, tenha ocupado parte da Terra Prometida pela aliança, ela jamais foi ocupada totalmente conforme o prometido. Portanto, deve haver algum momento no futuro em que Israel o fará. Para os pré-milenistas, isso ocorrerá no reino do milênio. Logo, a aliança abraâmica fortalece a escatologia pré-milenista.

1. Veja LIGHTFOOT, J. B. *A Commentary on St. Paul's Epistle to the Galatians*. Nova York: Macmillan, 1892, p. 142.
2. KAISER Jr., Walter C. The Promissed Land: A Biblical-Historical View. *Bibliotheca Sacra,* n. 138, p. 311.
3. WALTKE, Bruce K. *The Zondervan Pictorial Encyclopedia of the Bible*. Grand Rapids: Zondervan, 1975, v. 5, p. 121; KITCHEN, K. A. *The New Bible Dictionary*. Grand Rapids: Eerdmans, 1962, pp. 353,4.
4. Veja ROGERS Jr, Cleon L. The Covenant with Abraham and Its Historical Setting. *Bibliotheca Sacra*, n. 127, pp. 241-56.
5. GESENIUS, William. *Gesenius' Hebrew Grammar*. (ED)KAUTZSCHE, E. e COWLEY, A. E. Oxford: At the Clarendon Press, 1898, p. 325.
6. KAISER Jr, Walter C. *Teologia do Antigo Testamento*. 2. ed. São Paulo: Vida Nova, 1984, pp. 96,7.
7. KIRKPATRICK, A. F. The Second Book of Samuel. *The Cambridge Bible for Schools and Colleges*. Cambridge: University Press, 1897, p. 106.
8. HOEKEMA, Anthony. *The Bible and the Future*. Grand Rapids: Eerdmans, 1979, pp. 206-12; 274-87.

82

A ALIANÇA DE DEUS COM DAVI

Assim como a que fez com Abraão, a aliança de Deus com Davi também fortalece a escatologia pré-milenista.

I. AS PROVISÕES DA ALIANÇA (2 SM 7:12-16)

Davi desejava construir um templo para o Senhor para substituir as tendas temporárias que abrigavam o tabernáculo. Considerando que o próprio Davi morava em uma casa de cedro, parecia mais do que justo que Deus tivesse um lugar apropriado para sua adoração. Mas Deus revelou ao profeta Natã que tinha planejado algo muito maior para Davi. E essa revelação é a aliança davídica.

A. Promessas relacionadas a Davi

1. *Descendentes*: Davi teria um filho que o sucederia e estabeleceria seu reino (v. 12).

2. *Reino*: A casa, o trono e o reino de Davi seriam estabelecidos para sempre (v.16). Embora prometesse que o direito de governar pertenceria eternamente à dinastia de Davi, a aliança não garantia que esse governo jamais seria interrompido. Como se sabe, o cativeiro babilônico interrompeu a dinastia davídica.

B. Promessas relacionadas a Salomão

1. *Templo*: Salomão, e não Davi, construiria o templo (v. 13a).

2. *Trono*: O trono de Salomão seria estabelecido para sempre (v. 13b).

3. *Castigo*: Ele seria castigado por seus pecados, mas não deposto (vv. 14,15).

Deus não prometeu, especificamente, que a posteridade de Davi seria estabelecida pela linhagem de Salomão. Os filhos de Jeconias (ou Conias), um dos descendentes de Salomão, foram apagados da história por Deus (Jr 22:30). Na verdade, Conias teve sete filhos (talvez adotados – 1 Cr 3:17,18), mas nenhum deles ocupou o trono.

Assim, no tocante à continuação da dinastia, Conias foi estéril. Sua linhagem não manteve os direitos legais ao trono, que foram vindicados por Jesus por meio de seu pai legal, José (Mt 1:7,12,16).

Novamente é importante lembrar que essas promessas foram feitas incondicionalmente. Mesmo assim, alguns tentam negar isso, afirmando que a aliança poderia ser rompida e citam o "se" de 2 Samuel 7:14 e passagens como 1 Reis 2:4; 8:25; 9:4,5; Isaías 24:5 e Ezequiel 16:59. A solução é simples:

> A "quebra" ou condicionalidade pode apenas se referir à invalidação *pessoal* e *individual* dos benefícios da aliança, mas não afeta a transmissão da promessa aos descendentes na linhagem. É por isso que Deus podia, incondicionalmente, afirmar sua fidelidade e a eternidade da aliança ao falar a Davi, a despeito dos homens desprezíveis que haveriam de surgir no meio de sua linhagem. Nesse caso, pois, ele acha tais pessoas em falta, mas não acha falta alguma em sua aliança abraâmica-davídica-nova (cf. Jr 31:32; Hb 8:8).[1]

II. A CONFIRMAÇÃO DA ALIANÇA NO ANTIGO TESTAMENTO

Na verdade, todas as passagens do Antigo Testamento que descrevem o Messias como rei e seu reino vindouro confirmam as promessas da aliança davídica. Todos os salmos reais, por exemplo, dão mais informações sobre o reino davídico (Sl 2; 18-20; 21; 45; 72; 89; 101; 132; 144). O Salmo 89:3,4,19-37 apresenta uma forte confirmação da imutabilidade da aliança. Chega a parecer que Deus estava antecipando a alegação amilenista de que a promessa do reino seria espiritualizada (a Igreja), quando disse que, mesmo vindo o castigo pelo pecado, a aliança jamais seria rompida ou alterada (vv. 32-34).

Algumas passagens de Isaías também prevêem e descrevem o reino visível e terreno prometido na aliança davídica. Isaías previu o reino do Messias "sobre o trono de Davi e sobre o seu reino" (9:7). Em outras ocasiões, descreveu algumas das características desse reino (caps. 11; 24; 25; 54; 60 e 61).

Outras promessas importantes do Antigo Testamento sobre o reino davídico são Jeremias 23:5,6; 30:8,9; 33:14-17,20,21; Ezequiel 37:24,25; Daniel 7:13,14; Oséias 3:4,5; Amós 8:11 e Zacarias 14:4,9.

III. A CONFIRMAÇÃO DA ALIANÇA NO NOVO TESTAMENTO

A questão crucial relacionada com a evidência do Novo Testamento sobre o reino é: os ensinos de Cristo ou dos apóstolos de alguma maneira mudaram ou alteraram o conceito de um reino terreno do Antigo Testamento? Na época da Primeira Vinda de nosso Senhor, os judeus esperavam ansiosamente por um reino terreno. Os termos "reino de Deus" e "reino dos céus" estavam nos lábios do povo. Segundo o conceito do povo judeu, as principais características desse reino seriam: (a) terreno, (b) nacional, (c) messiânico, (d) moral e (e) futuro. Isso significava: (a) nesta terra, (b) ligado especificamente à nação de Israel, (c) governado pelo próprio

Messias, (d) segundo os altos padrões estabelecidos por Deus, (e) ainda não chegara. Por acaso, os ensinos do Senhor ou de outros mudaram esses conceitos?

A. Na pregação de João Batista
Sua mensagem era muita simples: "Arrependei-vos, porque está próximo o reino dos céus" (Mt 3:1,2). Embora a ênfase estivesse em pregar o arrependimento e não em fazer uma descrição do reino, sua mensagem confirmava a aliança davídica.

B. Na pregação de Cristo
Gabriel anunciou a Maria que Deus daria a seu filho o trono de Davi, seu pai, e seu reinado sobre Israel seria eterno (Lc 1:31-33). Os magos buscavam o "Rei dos judeus" (Mt 2:2). Nosso Senhor anunciou que o reino estava próximo (4:17,23; 9:35). Ele insistiu que a justiça era necessária para alguém entrar no reino (5:20). Jesus também designou essa mensagem a 70 discípulos (Lc 10:1-9).

Apesar de sua mensagem ter sido continuamente rejeitada pelo povo, especialmente por seus líderes, nosso Senhor introduziu os mistérios do reino (Mt 13). Revelaram aspectos do reino até então ocultos, pois descrevem que forma o reino teria entre a Primeira e a Segunda Vinda de Cristo. Isso significava que o reino davídico tomaria uma nova forma, na qual a Igreja cumpriria as promessas feitas a Davi? Não, pelo simples fato de que o Senhor continuou a falar sobre o reino davídico até o final de sua vida terrena (Mt 25:34). Além disso, quando os discípulos questionaram, pouco antes de sua ascensão, sobre quando viria o reino prometido a Israel, o Senhor não afirmou que o reino tinha se transformado na Igreja. Apenas disse que não podia revelar o tempo da chegada do reino (At 1:6-8). Em outras palavras, independentemente da forma que o reino assuma na era atual (i.e., os mistérios do reino), isso não mudaria nem revogaria as promessas da aliança davídica em relação a um reino terrestre e futuro.

Portanto, os ensinos do Novo Testamento confirmam a aliança davídica.

1. Kaiser Jr., Walter C. *Teologia do Antigo Testamento*. 2. ed. São Paulo: Vida Nova, 1984, p. 161.

83

UM PANORAMA DOS EVENTOS FUTUROS

Este capítulo apresentará um panorama dos eventos futuros segundo a visão pré-milenista e pré-tribulacionista das Escrituras. Servirá de base para as discussões detalhadas de eventos futuros selecionados que faremos posteriormente.

I. EVENTOS QUE ENVOLVEM O FINAL DA ERA DA IGREJA

A. O aumento da apostasia

O termo "últimos dias" inclui o período completo entre a Primeira e a Segunda Vinda de Cristo (Hb 1:2). Abandono e apostasia da fé, dentre outras coisas, caracterizarão esse período (2 Tm 3:1). Por isso, a presença da apostasia não é uma indicação do final da era da Igreja, mas o aumento da apostasia o é. A apostasia é tanto presente quanto futura. Quando chegar a seu ponto crítico, conduzirá ao reino do "homem da iniqüidade" durante a tribulação (2 Ts 2:3). À medida que nos aproximamos dos dias da tribulação, podemos esperar uma apostasia crescente em todo o mundo.

1. *Características doutrinárias da apostasia*. São, no mínimo, três, incluindo: (a) negação da doutrina da Trindade (1 Jo 2:22,23); (b) negação da doutrina da encarnação de Cristo (1 Jo 2:22; 4:3; 2 Jo 7). Nos dias de João, isso assumiu a forma de negação da real humanidade de Jesus, embora também assumisse a forma de negação da divindade de Cristo. Rejeitando-se tanto a trindade quanto a encarnação, rejeita-se a existência do Deus-Homem, o que é essencial para nossa salvação. Se Jesus Cristo não fosse homem, não poderia ter morrido, mas se não fosse Deus, sua morte não poderia resgatar dos pecados. O terceiro ponto é: (c) negação da doutrina da volta de Cristo (2 Pe 3:4).

2. *O estilo de vida característico dessa apostasia*. Abandono doutrinário sempre traz consigo declínio da moralidade. Paulo listou 19 características desse declínio em 2 Timóteo 3:1-5.

São elas: egoísmo, avareza, orgulho, arrogância, blasfêmia, desobediência aos pais, ingratidão, irreverência, ausência de afeição, inimizade latente que impede os homens de concordarem entre si, calúnia, falta de domínio próprio, crueldade, inimizade com o que é correto, traição, obstinação (precipitação ou imprudência), preocupação excessiva, amor aos prazeres, pretensa adoração sem vida piedosa.

B. Preparação para a Igreja ecumênica

Durante a primeira parte da tribulação, a religião organizada e ecumênica chegará a seu apogeu. Esse sistema religioso apóstata é descrito em Apocalipse 17 como "Mistério, Babilônia" (v. 5, ARC). Terá abrangência mundial (v. 15), será infiel ao Senhor e à verdade (o termo meretriz aparece nos vv. 1, 5, 15,16), fará grandes alianças políticas (vv. 12,13), trará na mão "um cálice de ouro transbordante de abominações", isto é, embora seja corrupta internamente, terá uma aparência exterior gloriosa e esplêndida (v. 4) e perseguirá os santos que estiverem vivos durante a tribulação (v. 6).

O pano de fundo para tal sistema, aparentemente, já terá sido estabelecido antes de a tribulação começar, nos anos finais da era da Igreja. Essa preparação incluirá o esforço pela unidade da cristandade e também a ascendência de doutrinas que vários grupos apoiarão.

II. O ARREBATAMENTO DA IGREJA

A. O conceito de arrebatamento

O conceito moderno de "arrebatamento" parece ter pouco ou nenhuma ligação com os eventos escatológicos. Essa palavra não aparece na Bíblia. No entanto, é empregada corretamente para falar desse evento. Arrebatamento é a experiência de "ser levado embora". Um de seus sinônimos em português é "rapto", derivado do latim *rapio*, que significa "agarrar" ou "roubar". Está relacionada também a um êxtase místico ou ao transporte real de um lugar para outro. O arrebatamento da Igreja significa que ela será levada da Terra para o céu.

A palavra grega de onde tiramos "arrebatamento" aparece em 1 Tessalonicenses 4:17, em que é traduzida por "arrebatados". Na tradução latina aparece a palavra *rapturo*. A palavra grega é *harpazō*, que significa "arrancar" ou "levar embora". Em outras passagens, ela é usada para ilustrar como o Espírito arrebatou Filipe perto de Gaza e o levou para Cesaréia (At 8:39). Também para descrever a experiência de Paulo sendo levado ao terceiro céu (2 Co 12:2-4). Logo, não há dúvida de que a palavra usada em 1 Tessalonicenses 4:17 indica um movimento real de pessoas levadas da Terra para o céu.

B. Os elementos do arrebatamento (1 Ts 4:13-18)

1. *A volta de Cristo* (v. 16). O próprio Senhor retornará para seu povo, acompanhado de toda a grandeza que sua presença merece. Haverá um grito de comando (não é especificado se emitido pelo Senhor ou por um arcanjo). A trombeta de Deus reunirá os mortos em Cristo para sua ressurreição e, também, será um aviso para aqueles que o rejeitaram e que perderam o arrebatamento.

2. *A ressurreição* (v.16). A essa altura, somente os mortos em Cristo serão ressuscitados. Isso significa os cristãos que morreram depois do dia de Pentecostes, pois embora antes deles existissem cristãos, não foram colocados "em Cristo". Os mortos em Cristo serão ressuscitados um pouco antes da transformação dos vivos. Mesmo assim, os dois grupos experimentarão suas respectivas mudanças "num momento, num abrir e fechar de olhos" (1 Co 15:52). O processo inteiro será instantâneo, não gradual. A palavra usada para "momento" é da mesma raiz de que deriva a palavra "átomo". Quando o átomo foi descoberto, pensava-se que ele era indivisível, por isso recebeu esse nome. Mesmo com a divisão posterior do átomo, a palavra manteve o conceito de algo indivisível. A ressurreição dos mortos e a trasladação dos vivos ocorrerão em um momento indivisível de tempo.

3. *Um arrebatamento* (v.17). Somente os cristãos vivos serão arrebatados (embora usemos esse termo para falar de todos os eventos envolvidos no processo). Isso significa que serão tomados e levados à presença do Senhor sem experimentar a morte física.

4. *Uma reunião* (v. 17). A reunião será do Senhor com seus amados, por quem ele morreu.

5. *Um conforto* (v.18). A verdade do arrebatamento tanto consola quanto encoraja (a palavra possui ambos os sentidos). A descrição de Paulo do arrebatamento, tanto em 1 Coríntios 15:51-58 quanto em 1 Tessalonicenses 4:13-18, não dá nenhum apoio para um arrebatamento parcial. Essa visão ensina que somente os cristãos espirituais serão arrebatados em várias levas durante a tribulação. Paulo declarou claramente que "seremos transformados" (1 Co 15:51) naquele momento. Ele escreveu essas palavras aos coríntios, e poucos deles poderiam ser chamados de espirituais.

III. EVENTOS NO PERÍODO DA TRIBULAÇÃO

Tendo em vista o grande número de fatos envolvidos nesse período de sete anos de tribulação e também meu desejo de colocá-los juntos (numa ordem tão cronológica quanto possível), creio ser melhor fazê-lo no próximo capítulo.

IV. EVENTOS DA SEGUNDA VINDA DE CRISTO

A. A Segunda Vinda

No clímax da campanha do Armagedom, o Senhor voltará a esta Terra para julgar e reinar. Sua volta é descrita em Zacarias 14:1-11 e em Apocalipse 19:11-16. Há muitas outras passagens que se referem a isso, porém essas duas fazem as descrições mais detalhadas.

B. Os juízos da Segunda Vinda

Esse assunto será discutido em capítulo posterior.

V. O MILÊNIO

Considerando que as Escrituras dão muitos detalhes sobre o futuro reino milenar de Cristo, gostaria de dedicar um capítulo inteiro ao milênio e aos eventos ocorridos em seu final.

84

A TRIBULAÇÃO

I. SUA SINGULARIDADE

Quando descreveu o período da grande tribulação, o Senhor disse: "porque nesse tempo haverá grande tribulação, como desde o princípio do mundo até agora não tem havido e nem haverá jamais" (Mt 24:21). Esse será um tempo de tormento como nunca se viu na história do mundo. Desde que o Senhor disse essas palavras, ocorreram muitos tempos difíceis, e ele mesmo alertou os discípulos: "No mundo tereis aflições" (Jo 16:33, ARC). O que, então, torna esse futuro período diferente? Como a grande tribulação será singular?

Duas características irão distinguir a tribulação de todos os outros períodos difíceis que o mundo já viu: Em primeiro lugar, ela terá escala mundial, não é algo localizado, conforme diz a promessa de livramento (Ap 3:10) e é descrito em detalhes nos juízos do Apocalipse. As intensas perseguições locais e as calamidades que vemos hoje em dia não podem ocorrer no início da tribulação, pois esse tempo afetará *o mundo todo*.

Assim, a tribulação também será algo singular, especialmente no que diz respeito à maneira como os homens reagem. Em um dos primeiros juízos, os homens irão esconder-se nas cavernas e penhascos e dizer aos montes: "Caí sobre nós e escondei-nos da face daquele que se assenta no trono e da ira do Cordeiro" (Ap 6:16). Quando a grande tribulação vier, os homens agirão como se pensassem que o mundo está chegando ao fim.

Durante anos algumas pessoas vêm falando como se *pensassem* que o fim está próximo, mas, no início da tribulação, elas perceberão que o fim realmente não tardará. Hoje em dia, os cientistas, os políticos e até mesmo os líderes da Igreja alertam para o fato de que o fim da história humana poderia ocorrer muito em breve, e usam até mesmo o termo "Armagedom". As pessoas, porém, não se comportam como se cressem nisso. Propriedades estão sendo compradas e vendidas, economias são acumuladas e planos continuam sendo feitos para o futuro. Mas, quando a tribulação vier, as pessoas irão esconder-se em abrigos antibombas e buscarão a morte em vez de preservar a vida. O futuro, naqueles dias, não terá atrativo algum.

A singularidade da tribulação está no fato de ser em escala mundial e de caracterizar um tempo em que as pessoas desejarão morrer mais do que viver. Algum tempo durante a tribulação, até mesmo o suicídio será impossível, e as pessoas serão forçada a viver.

II. O INÍCIO DA TRIBULAÇÃO

A tribulação não começa, necessariamente, no dia em que a Igreja for levada para se encontrar com o Senhor no ar. Embora eu creia que o arrebatamento preceda o início da tribulação, as Escrituras nada dizem se algum tempo transcorrerá ou não (e qual a sua duração) entre o arrebatamento e o início da tribulação.

Na verdade, a tribulação começa com a assinatura da aliança entre o líder de uma organização representando os países da Europa e o povo judeu. Esse tratado dará início aos eventos da 70ª semana (ou sete anos) da profecia de Daniel. Existe um intervalo de duração indeterminada entre as primeiras 69 semanas (de sete anos cada) e a última (70ª) semana de sete anos.

Estamos vivendo nesse intervalo. É o tempo no qual Deus está formando a Igreja, o Corpo de Cristo, para salvar tanto judeus como gentios. Considerando que Deus ainda não terminou o plano atual, a última das 70 semanas ainda não começou. Quando começar, Deus, mais uma vez, voltará sua atenção de modo especial para seu povo, os judeus, e para Jerusalém, sua cidade santa, conforme a profecia de Daniel 9:24.

Quando esse último período de sete anos começar, "Ele fará firme aliança com muitos, por uma semana" (v. 27). Quem é esse "ele"? Gramaticalmente, poderia ser tanto o Messias ou "um príncipe que há de vir" (v. 26), o que provavelmente está relacionado com as pessoas que destruíram Jerusalém no ano 70 d.C. A segunda interpretação é a melhor, porque normalmente o sujeito mais próximo de um pronome é preferido e, nesse caso, seria o príncipe, não o Messias. Além disso, não há nada no registro da vida de Cristo que o ligue, de alguma maneira, à realização (e posterior ruptura) de uma aliança de sete anos com o povo judeu.

Esse homem é o "chifre pequeno" (Dn 7:8, 24,25) que lidera a coalizão das nações ocidentais durante os dias da tribulação. Ele também é chamado de "homem da iniqüidade" (2 Ts 2:3) e estará relacionado com a besta (Ap 11:7; 13:1; 17:11; 19:20). No início da tribulação, fará uma aliança ou alguma espécie de acordo com Israel. Esse tratado unirá o ocidente com a nação judia e garantirá a proteção a Israel. Desse modo, ele será capaz de restabelecer os antigos rituais do judaísmo. Parece que essa provisão também garantirá proteção, enquanto Israel reconstrói o templo em Jerusalém como o centro de suas celebrações religiosas. Mas sabemos que essa aliança será rompida e o "homem da iniqüidade" receberá adoração no templo de Deus. Parece óbvio que o templo já terá sido reconstruído durante a primeira parte da tribulação (2 Ts 2:4).

A união de países da Europa ocidental com Israel é interessante à luz dos eventos atuais. Isso parece indicar que Israel não será forte o suficiente para sentir-se seguro diante das hostilidades que o cercarão. Não poderá mais "andar sozinho" e decidirá fazer uma aliança com as nações ocidentais. A situação da nação de Israel parecerá brilhante. Ela se sentirá segura em sua terra, estará adorando de acordo com o padrão do Antigo Testamento. Além disso, Jerusalém voltará a ter um templo e será importante entre as nações do mundo. Mas isso será apenas o começo.

III. OS JUÍZOS DOS SELOS, DAS TROMBETAS E DAS TAÇAS

A. A seqüência

Apocalipse 6–19 descreve a tribulação em detalhes. Lemos, aqui, a respeito de três seqüências de juízos. A primeira está relacionada com a abertura dos sete selos do rolo; a segunda é associada às sete trombetas; a terceira, com o derramamento do conteúdo das sete taças.

Essas três seqüências de juízos ocorrem uma após a outra, ou os juízos das trombetas e o das taças lembram em muito o que ocorre no juízo dos selos, apenas com uma intensidade maior? Em outras palavras: os juízos das trombetas e dos selos ocorrem após os selos como juízos diferentes e separados ou retratam os mesmos acontecimentos?

Acredito que as três séries sucedem umas às outras em seqüência cronológica e que não há superposição. De qualquer maneira, contudo, o juízo dos selos é o primeiro juízo dos dias da tribulação e, provavelmente, ocorrerá durante o primeiro ano desse período.

B. Os selos

1. *O juízo do primeiro selo* (Ap 6:1,2). A abertura do primeiro selo revelado por João mostra um cavalo branco montado por um cavaleiro que saiu para conquistar. Ao interpretar o Apocalipse, sempre comece com o que é mais claro. Aqui, parece bastante óbvio que, nos primeiros meses da tribulação, as nações serão conquistadas por esse cavaleiro. Alguns pensam que se trata do homem da iniqüidade, o líder da coalizão de nações. Seus métodos de conquista, contudo, são o que chamaríamos de "guerra fria". Essa descrição coincide exatamente com o retrato do início da tribulação em 1 Tessalonicenses 5:3. Será um dia em que as pessoas estarão falando sobre paz e segurança. Isso pode indicar que estamos vivendo nos dias imediatamente anteriores à tribulação. Por outro lado, não há nada na Palavra de Deus que indique que não poderá ocorrer outra guerra na era presente, seguida de outro período de paz antes da vinda do Senhor. Alguns eruditos evangélicos concordam que o primeiro cavaleiro representa apenas o espírito da conquista, uma atitude que tem caracterizado a humanidade

ao longo da história. Não há dúvida de que esse espírito será intensificado à medida que o fim se aproxima.

2. *O juízo do segundo selo* (Ap 6:3,4). No juízo do segundo selo, a paz será removida da Terra, e os seres humanos irão guerrear uns com os outros. A frase "também lhe foi dada uma grande espada" confirma essa interpretação. A cor vermelha do segundo cavalo sugere derramamento de sangue. A guerra sempre seguiu o espírito de conquista.

3. *O juízo do terceiro selo* (Ap 6:5,6). O terceiro juízo (provavelmente ainda no primeiro ano da tribulação) traz a fome ao mundo. Um cavalo preto retrata esse evento, e a balança nas mãos do seu cavaleiro representa um rígido racionamento de comida. O denário romano (v. 6) representava o salário pago por um dia inteiro de trabalho na Palestina nos tempos de Jesus (Mt 20:2). Normalmente, era possível comprar com ele 10 quilos de trigo ou 30 de cevada. Nas condições desse momento futuro de fome, seria possível comprar apenas um quilo de trigo ou três de cevada – um décimo do suprimento normal de comida. No entanto, há um aspecto irônico nessa fome. O azeite e o vinho, algo que a maioria das pessoas naquele tempo não podia adquirir, não serão racionados. A escassez dos alimentos básicos e a disponibilidade de itens de luxo será a realidade das pessoas que viverão em um estado de grande pobreza.

4. *O juízo do quarto selo* (Ap 6:7,8). Esse cavalo será, literalmente, de cor amarelo-esverdeada. Esse cavaleiro é o único que recebe um nome: Morte. Obviamente, a morte atinge o aspecto físico da pessoa. Ela é acompanhada pelo *hades* (VR), o lugar dos mortos (v. 8), que atinge a parte imaterial. Esse juízo terá efeito devastador. Um quarto da população da Terra será morta pela espada (guerra), pela fome (algo que seguidamente acompanha a guerra), pelas pragas (e doenças que normalmente são conseqüências da guerra) e pelos animais selvagens da terra, que, aparentemente, estarão soltos andando livremente pela terra, matando os seres humanos. Usando de sua astúcia, a humanidade sempre busca maneiras de atingir a paz, a fartura e a longevidade, mas tudo isso se perderá em um curto espaço de tempo, quando esse juízo tiver início.

5. *O juízo do quinto selo* (Ap 6:9-11). Embora a ação do quinto selo atinja o céu, ele pressupõe que certos eventos tenham ocorrido na Terra. O grupo de mártires no céu (v. 9) implica que essas pessoas testemunharão de Cristo no início da tribulação. Eles serão assassinados por causa de seu testemunho.

6. *O juízo do sexto selo* (Ap 6:12-17). Esse juízo dá início ao caos completo que toma conta da Terra. Incluirá seis eventos catastróficos: (1) Um gigantesco terremoto. (2) O Sol ficará escuro, "negro como saco de crina". (3) A Lua ficará vermelha "como sangue". (4) Haverá uma chuva de meteoros de conseqüências devastadoras. (5) Aparentemente, o céu será aberto durante um momento para que os homens da Terra possam ver uma cena gloriosa: Deus assentado em seu trono.

(6) Todos os montes e ilhas serão removidos de seu lugar.

Esses juízos gerarão terror no coração de todos os que estiverem vivos naquele momento. Seu coração será tomado pelo medo – não por causa dos distúrbios físicos ou das terríveis guerras e pestes, mas porque verão Deus em seu trono. Os homens pedirão para se esconder "da face daquele que se assenta no trono e da ira do Cordeiro" (v. 16). Farão tudo o que for possível para não confrontar o seu Criador e Juiz, buscando até mesmo a morte sob as rochas e montanhas, onde tentarão esconder-se. Todos os tipos de pessoas serão afetados (v. 15). Como já vem ocorrendo no decorrer da história, não haverá arrependimento ou conversão em massa. As pessoas não desejarão ver a face de Deus, mas buscarão fugir dela.

Esses serão os primeiros juízos da tribulação. Porém, será apenas o início – o pior ainda está por vir.

IV. OS REMIDOS DA TRIBULAÇÃO

No momento em que o quinto selo for aberto, muitos dos verdadeiros cristãos já terão morrido. Em outras palavras, durante os primeiros anos da tribulação, haverá um testemunho verdadeiro do evangelho. Isso receberá a oposição da Igreja ecumênica mundial, que estará "embriagada com o sangue dos santos e com o sangue das testemunhas de Jesus" (Ap 17:6). Em nome da religião, a Igreja organizada da primeira metade da tribulação matará os verdadeiros cristãos por causa de sua fé.

Mas como eles se converterão? Com o arrebatamento da Igreja, todos os verdadeiros cristãos serão removidos da Terra. Portanto, nenhum deles estará vivo no planeta logo após esse evento. Para que existam muitos mártires, primeiro é necessário que existam cristãos. Como as pessoas poderão converter-se? Em Apocalipse 7:1-8, vemos que existe uma espécie de intervalo entre os juízos. Até mesmo o vento pára de soprar. (Você consegue imaginar o efeito sobre o clima que a ausência de vento pode causar? Acrescente a isso o distúrbio na topografia da Terra com a remoção de ilhas e de montes, e poderá ter uma noção do caos crescente que cobrirá o planeta durante os primeiros anos da tribulação.)

O propósito dessa suspensão nos juízos é para que certo grupo de pessoas possa receber o "selo" (v. 3). Essas pessoas são chamadas de "servos do nosso Deus". A descrição detalhada de quem são está nos versículos 4-8. Trata-se de judeus de todas as 12 tribos que farão uma obra especial para Deus. O texto não declara nem sugere se o selo colocado sobre eles é uma marca visível ou algum tipo de característica. Para ser real, um selo não precisa ser visível (Ef 4:30). Em primeiro lugar, é uma garantia de segurança e de propriedade. Essas duas idéias estão envolvidas na selagem desse grupo. Essas pessoas são propriedade divina. Isso implica que são redimidas. Serão mantidas a salvo por Deus, o que pode significar que o Senhor as protegerá de seus inimigos na Terra enquanto realizam a obra que lhes foi confiada.

Mas como essas pessoas serão salvas? Embora não existam cristãos na Terra imediatamente após o arrebatamento, Bíblias e livros cristãos continuarão existindo. Em outras palavras, a informação sobre Cristo estará disponível para dar às pessoas informações sobre o que é necessário para obter a fé salvadora.

Qual será essa importante obra para Deus que realizarão para que sejam protegidas sobrenaturalmente por Deus? Na verdade, essa passagem não especifica, mas Apocalipse 14 oferece alguns indicativos sobre a resposta. Nessa passagem, o mesmo grupo é visto no céu após realizar sua obra na Terra. Essas pessoas são chamadas de redimidos e de seguidores do Cordeiro. Isso pode significar que se trata de um grupo especial de testemunhas do evangelho durante a tribulação. Não serão os únicos a dar testemunho, mas serão o único grupo a receber proteção especial dos ataques dos inimigos.

Os primeiros juízos da tribulação e a situação religiosa da primeira metade desse período são repetidos, de maneira resumida, na mensagem pregada por Jesus no monte das Oliveiras. Essa mensagem passou a ser conhecida como sermão profético ou escatológico (Mt 24). Os versículos 4 a 14 tratam dos eventos transcorridos na primeira metade da tribulação, pois o versículo 15 trata de algo que acontecerá exatamente no meio desse período de sete anos. Observe como o juízo dos selos é resumido: "E, certamente, ouvireis falar de guerras e rumores de guerras [...] Porquanto se levantará nação contra nação, reino contra reino, e haverá fomes e terremotos em vários lugares" (vv. 6,7). Note, também, a referência aos mártires do quinto selo: "Então, sereis atribulados, e vos matarão. Sereis odiados de todas as nações, por causa do meu nome" (v. 9). A falsa religião é mencionada: "levantar-se-ão muitos falsos profetas e enganarão a muitos" (v. 11). O ministério dos 144 mil selados e de outras testemunhas contribuirá para que seja "pregado este evangelho do reino por todo o mundo, para testemunho a todas as nações" (v. 14). Aqui estão, de maneira resumida, os principais eventos da primeira metade da tribulação descritos por Cristo antes da crucificação.

V. EGITO E RÚSSIA NA TRIBULAÇÃO

Até aqui temos voltado nossa atenção principalmente para a federação das nações européias ocidentais lideradas pelo "homem da iniqüidade". Mas durante a primeira metade da tribulação, outras alianças poderosas serão feitas. O Egito, ao sul da Palestina, continuará sendo uma nação forte e ameaçadora até que o líder das nações o conquiste. Essa derrota é profetizada em Daniel 11:40-43, e embora os estudiosos não cheguem a um acordo sobre quando isso ocorrerá, aparentemente não será depois da metade da tribulação.

Por isso, o Egito somente poderá ser considerado um Estado poderoso até que cerca de três anos tenham se passado. Depois, será derrotado e conquistado pelo anticristo e seu exército. O Egito não é citado em nenhuma das guerras nem como parte das nações na segunda metade da tribulação.

As nações do Oriente formarão uma espécie de coalizão e não participarão ativamente de nenhum dos eventos envolvendo a Palestina até o final da tribulação. As tendências atuais das nações orientais que visam a independência e o desligamento da influência ocidental são significativas. Podem ser preparatórias para uma aliança mais forte entre essas nações do que a existente no momento.

Além da confederação de nações européias, com certeza o bloco mais importante é o de Gogue e Magogue. Esses nomes, citados em Ezequiel 38 e 39 são identificados em Gênesis 10:2 como os filhos de Jafé. Após o dilúvio, os jafetitas migraram da Ásia Menor para o norte, além dos mares Cáspio e Negro. Eles se estabeleceram em uma área ocupada, hoje em dia, por Rússia, Ucrânia e Cazaquistão. Logo, "Gogue" e "Magogue" podem referir-se às pessoas que vivem na região ao norte da Palestina. Irão aliar-se a nações como Pérsia (atual Irã), Etiópia (norte do Sudão), Pute (Líbia), Gômer (provavelmente a parte ocidental da Turquia e a Ucrânia) e Togarma (a região da Turquia próxima à fronteira com a Síria) (veja Ez 38:5,6). O Ocidente fará um protesto (v. 13), mas sem resultado, e esse exército invasor vindo do Norte cobrirá Israel como uma nuvem (v. 16). Esses soldados irão roubar e saquear a terra que pensava estar segura por causa da proteção do Ocidente.

Nesse momento, Deus intervirá e destruirá totalmente as forças armadas da Rússia e seus aliados (Ez 38:21–39:7). Tropas aparentemente invencíveis serão derrotadas de maneira sobrenatural e completamente arrasadas. O exército russo será enterrado em Israel (Ez 39:11). Somente então a influência do exército russo no Oriente Médio terá fim – pela intervenção direta de Deus.

VI. O PROGRAMA DO ANTICRISTO

As Escrituras dividem várias vezes os sete anos de tribulação em duas partes iguais. A última das 70 "semanas" de sete anos é dividida ao meio por um evento muito importante (Dn 9:27). Em Apocalipse, as duas metades da tribulação são chamadas de "um tempo, tempos e metade de um tempo" (Ap 12:14), "quarenta e dois meses" (11:2; 13:5) ou ainda 1.260 dias (11:3; 12:6), cada um deles totalizando três anos e meio.

Essa invasão de Gogue e Magogue sobre a Palestina, que ocorrerá pelo Norte, parece ser um tempo em que os planos do "homem da iniqüidade" (anticristo) serão quase exterminados. Mas a interferência sobrenatural de Deus e a destruição das forças russas abrirão caminho para que a besta reassuma seu plano.

A. A morte das duas testemunhas

Primeiro, o anticristo precisa eliminar a oposição de duas pessoas (Ap 11:3-13) que estarão se opondo a ele. A morte dessas "duas testemunhas" será o primeiro grande feito da besta na metade da tribulação.

As duas testemunhas terão um ministério espetacular durante a primeira metade da tribulação. Terão poder para matar seus inimigos com fogo, impedir que a chuva caia, transformar água em sangue e lançar pragas sobre a Terra com a freqüência que desejarem. O uso freqüente de seus poderes contribuirá para a devastação geral. Pense, por exemplo, no que acontecerá quando usarem esse poder de impedir que a chuva caia. Juntamente com as mudanças climáticas e topográficas que ocorrerão na Terra, virão desastres inimagináveis.

Mesmo sendo invencíveis por três anos e meio, Deus permitirá que a besta mate as testemunhas após terem terminado sua obra (Ap 11:7). Transformar essas testemunhas em mártires fará com que o anticristo receba grande apoio das nações do mundo, mas a besta não ficará satisfeita apenas em matá-las. Seus corpos serão colocados nas ruas de Jerusalém. As pessoas, vendo que as testemunhas morreram, se alegrarão por não precisar mais ouvir seus avisos.

Porém, somente olhar para os corpos em decomposição desses dois homens não satisfará as pessoas. Transformarão essa ocasião em um feriado mundial e trocarão presentes entre si. É interessante notar que, durante toda a tribulação, essa é a única ocasião em que a alegria é mencionada. As pessoas serão tomadas de tanta satisfação pela morte das testemunhas que, para elas, será como um feriado festivo. Se tivessem crido na pregação das testemunhas, seu assassinato seria uma ocasião triste e não um feriado.

Mas Deus intervirá. Depois de três dias e meio, os corpos das testemunhas serão ressuscitados e trasladados ao céu em uma nuvem de glória. Imagine a cena. Longas filas se formarão para que todos vejam os cadáveres. Talvez até câmeras de TV estejam filmando o momento exato em que elas forem ressuscitadas. Os habitantes da Europa e da América estarão assistindo a essa transmissão via satélite. Os apresentadores dos telejornais, em geral calmos e simpáticos, ficarão quase histéricos ao ver uma ressurreição em andamento e ao perceber que milhões de telespectadores esperam deles uma explicação. Como os produtores dos programas de notícias tratarão desse caso? Além disso, uma voz vinda do céu será ouvida em milhões de casas (v. 12).

Antes que os jornais registrem essa história ou que os comentaristas escrevam suas análises, ocorrerá outro importante evento para ser coberto por eles. Um grande terremoto em Jerusalém destruirá um décimo da cidade, matando sete mil pessoas.

Aparentemente, nesse mesmo momento, as 144 mil testemunhas também morrerão (Ap 7), e a besta destruirá a Igreja ecumênica mundial (17:16). Isso eliminará toda oposição possível a seu próximo grande ato.

B. Exigência de adoração

Após se livrar de toda oposição religiosa, a besta emitirá uma ordem: "Adorem-me". Para reforçar seu mandamento, precisará romper seu acordo com os judeus. Isso possibilitará que restabeleçam sua adoração no templo que reconstruirão em Jerusalém. A besta fará isso (Dn 9:27) para exigir que somente ela receba adoração (Mt 24:15; 2 Ts 2:4).

Como fará isso?

Em primeiro lugar, receberá ajuda sobrenatural. O texto diz que Satanás dará a ela seu poder, seu trono e grande autoridade (Ap 13:2). A partir desse momento, o diabo trabalhará furiosamente para fazer tudo o que puder para prejudicar os planos de Deus. Ele travará uma guerra com Miguel e seus anjos, mas perderá. Como resultado, será lançado fora do céu. Então, Deus alertará os habitantes da Terra: "Ai da terra e do mar, pois o diabo desceu até vós, cheio de grande cólera, sabendo que pouco tempo lhe resta" (Ap 12:12). O poder de Satanás estará por trás das atitudes da besta, o anticristo, e ele o usará ao máximo.

Outro motivo para a grandeza da besta é porque ela será ferida de morte e essa ferida mortal será curada (Ap 13:3). O mundo todo ficará admirado. A frase "golpeada de morte" significa, literalmente, "como se fosse morto". No original, essa é exatamente a mesma frase usada para falar da morte de Cristo em Apocalipse 5:6.

Considerando que Cristo realmente morreu, esse pode ser um indício de que a besta também morrerá para, depois, ter sua vida restaurada. O texto diz que ela sai do abismo (Ap 11:7), o que parece confirmar a idéia de que ela experimentará a ressurreição. Se esse não for o caso, a passagem, ao menos, sugere que a besta terá algum tipo de restauração que fará com que todos os homens a sigam. Sua ressurreição (ou restauração) miraculosa fará com que todos os homens reconheçam sua singularidade ("Quem é semelhante à besta?") e sua força ("Quem pode pelejar contra ela?") (13:4).

O programa da besta incluirá a blasfêmia e a guerra (Ap 13:5-7). Ela ofenderá a Deus (Dn 7:25). Isso incluirá blasfêmias contra o nome de Deus, a habitação de Deus e os habitantes do céu. Receberá permissão (observe que Deus permanece no controle) para fazer guerra contra os santos (Ap 12:17) e matá-los. Mas seu poder será limitado por Deus a 42 meses.

Esse é um exemplo da reunião de muitas forças por trás dos eventos: Deus controlará tudo, mas Satanás dará poder à besta que, por sua vez, tomará a iniciativa de blasfemar contra Deus. Os homens se unirão voluntariamente a esse exército e lutarão por ele. Irão martirizar o povo de Deus, que, mesmo sendo morto, continuará protegido por Deus!

Para promover seu programa de maneira mais eficaz, o anticristo terá um importante general. Trata-se da "segunda besta" (Ap 13:11-18), e sua única função é promover os propósitos, exercer e estimular a adoração da primeira besta, o homem da iniqüidade. Em nenhum momento de sua trajetória, a segunda besta promove a si mesma, mas sua preocupação sempre está centrada na primeira besta. Seu poder será tão grande quanto o que possui o homem da iniqüidade, mas ela usará isso em interesse de seu superior, não para si mesma (v. 12).

Esse general terá poder de fazer que fogo caia do céu, duplicando o poder das duas testemunhas para mostrar ao mundo que ela é tão grande quanto eles (v. 13). Terá a capacidade de realizar outros milagres (vv. 13,14). Além disso, ordenará que os homens construam uma imagem da primeira besta (v. 14), e eles, aparentemente, logo obedecerão de bom grado. Seu próximo passo será dar vida à imagem que construíram. A palavra usada para "fôlego" (v. 15) é *pneuma*, e isso pode indicar um milagre sobrenatural (feito pelo poder de Satanás) que realmente dará vida à imagem. É verdade que essa palavra pode ser traduzida por "vento", o que talvez indique algum movimento mágico por parte da besta para dar aparência de vida à imagem. A fala e os movimentos de uma imagem facilmente poderiam ser artificiais, mas com a mesma facilidade ser obra de Satanás.

C. Controle comercial

O maior feito da segunda besta, que às vezes é chamada de "falso profeta" (Ap 16:13; 19:20; 20:10), será uma estratégia para forçar a humanidade a adorar o homem da iniqüidade. Será um plano simples, mas elaborado com astúcia: "A todos, os pequenos e os grandes, os ricos e os pobres, os livres e os escravos, faz que lhes seja dada certa marca sobre a mão direita ou sobre a fronte, para que ninguém possa comprar ou vender, senão aquele que tem a marca, o nome da besta ou o número do seu nome" (Ap 13:16,17). Em outras palavras: curve-se ou morra de fome!

A "marca" é uma impressão feita por um selo, do tipo utilizado para marcar escravos ou animais. Os homens irão se tornar escravos do homem da iniqüidade e precisarão carregar a marca de identificação dessa escravidão. Talvez os escravos tímidos recebam essa marca na mão direita. Para evitar constrangimentos, talvez nem apertem as mãos das pessoas para não mostrar a marca. Os seguidores corajosos do anticristo deverão colocar essa marca no meio da testa.

Como será a marca? O versículo 17 indica que será o nome da besta ou o seu número, e esse número é 666, o número do homem da iniqüidade, não de seu general. Historicamente, esse número vem sendo associado a tantos personagens que demonstra ser uma coincidência que não merece confiança. Quando esse grande conquistador assumir o poder, contudo, não haverá dúvidas de quem ele é. De uma maneira desconhecida para nós, o número 666 terá grande importância em sua identificação (Ap 16:1-3; 19:20; 20:10).

Esse será um período negro da história da humanidade. Suponho que o anticristo alcançaria o sucesso absoluto em fazer com que o mundo inteiro esteja a seus pés, se não fosse pela presença do remanescente fiel. Ele será formado pelas pessoas que se recusarão a curvar-se. Outra dificuldade do anticristo é o espaço de tempo que possui para agir.

VII. OS JUÍZOS DAS TROMBETAS E DAS TAÇAS

A. As trombetas

Enquanto isso, Deus continuará enviando os juízos de sua ira sobre a Terra. A primeira série de juízos terá início quando os selos do livro forem abertos. Já vimos o que acontecerá quando os seis primeiros selos forem abertos. Quando o sétimo selo for aberto, (Ap 8:1), poderíamos esperar por um holocausto. Em vez disso, há um momento de silêncio – o silêncio tranqüilo da expectativa e de maus presságios. Durará meia hora e será aterrador. A abertura do sétimo selo dará início a uma nova série de juízos anunciados pelo toque de sete trombetas (Ap 8:7–9:21; 11:15-19). Os três últimos dos sete juízos das trombetas serão distintos dos quatro primeiros – pois são chamados especificamente de "ais" –, o que parece implicar que serão mais severos.

Qual é o ponto que marca a metade (três anos e meio) da tribulação em relação a esses juízos? As Escrituras não dizem especificamente, mas muitos entendem que essa metade vem depois do juízo da primeira trombeta ou junto com o primeiro juízo do ai (o juízo da quinta trombeta). Se isso for verdade, o juízo da primeira trombeta ocorre quando o anticristo matar as duas testemunhas e assentar-se para ser adorado. Os juízos das trombetas parecem continuar até o último ano desse período de tribulação. São seguidos de uma rápida série de juízos que cairão sobre a Terra durante os últimos meses do sétimo ano.

1. *O juízo da primeira trombeta* (Ap 8:7). Saraiva e fogo, misturados com sangue, cairão sobre o planeta, matando um terço da Terra, das árvores e de toda erva verde. O fogo e o sangue, nessa passagem, não são simbólicos. Devem ser interpretados literalmente. Devastarão a vegetação da Terra e causarão terríveis conseqüências no clima do globo.

2. *O juízo da segunda trombeta* (Ap 8:8,9). É explicado com uma figura de linguagem – algo parecido com uma "grande montanha ardendo em chamas". Provavelmente, nada do que conhecemos pode ser comparado a isso. Acredito que será algo ainda desconhecido por nós, mas seu efeito é claro: a terça parte do mar se transformará em sangue, e a terça parte das embarcações será destruída. Pense em como esse juízo afetará as manchetes dos jornais e em seu efeito no coração das pessoas.

3. *O juízo da terceira trombeta* (Ap 8:10,11). Esse juízo afetará o suprimento de água potável. As águas ficarão amargas e poluirão todo o sistema de abastecimento. Em conseqüência disso, muitos morrerão por causa da contaminação e da poluição.

4. *O juízo da quarta trombeta* (Ap 8:12,13). Esse juízo afetará o Sol, a Lua, as estrelas e o ciclo normal dia-noite. Uma vez que um terço dos corpos celestes será destruído, talvez o ciclo de 24 horas para dia e noite será reduzido a apenas 16 horas. Em seu sermão no monte das Oliveiras,

Jesus previu que "Haverá sinais no sol, na lua e nas estrelas" (Lc 21:25).

5. *O primeiro ai – o juízo da quinta trombeta* (Ap 9:1-12). Como flechas lançadas de um arco, os gafanhotos do juízo do primeiro ai serão lançados sobre a Terra. Eles sairão do abismo sem fim – literalmente o "poço do abismo". Esse abismo, que possui uma cobertura como a de um poço, está fechado a chave. A propósito, Apocalipse 9 contém mais ocorrências da palavra "como" do que qualquer outro capítulo das Escrituras. Foi difícil para João descrever o que ele estava vendo. Mesmo assim, o horror do juízo está claro.

Desse "poço" sairão os gafanhotos (Ap 9:3-11) que estão longe de ser insetos. Sairão diretamente da habitação de Satanás. Parecem criaturas animalescas, pois são "como" gafanhotos, mas sua natureza é demoníaca. Talvez sejam demônios que assumiram a forma desse tipo especial de gafanhoto. Serão liderados por um anjo, o "rei" do poço do abismo (v. 11).

Esses gafanhotos possuem um ferrão na ponta de sua cauda, como os escorpiões. "A dor da picada de um escorpião, embora geralmente não seja fatal, talvez seja a mais aguda que um animal é capaz de causar no corpo humano. Esse inseto é um dos mais ferozes e malignos que existe, e seu veneno é parecido com eles [...] também é difícil de nos protegermos deles [os gafanhotos], se é que podemos fazê-lo, pois voam para onde querem, vagando pelo ar, e habitam nas trevas".[1] Ao contrário dos gafanhotos comuns, essas criaturas não atacarão as plantas, somente os homens. Ficarão livres por cinco meses. Durante esse período, os homens não poderão cometer suicídio. Parece algo impossível, mas de algum modo essa será a realidade.

É difícil imaginar criaturas assim, mas não há motivos para pensar que sejam apenas símbolos. Lembre-se de que o poder de Satanás e de seus anjos é grande, e esses gafanhotos ferozes são demoníacos. Parece óbvio porque esse é o chamado primeiro "ai". Os homens não acreditam nem aceitam a existência e a atuação dos demônios. Logo, os que estiverem vivos naquele momento provavelmente tentarão arranjar alguma explicação natural para essas criaturas e tentarão destruí-los com algum pesticida poderoso. Mas uma explicação não será achada e seus antídotos serão ineficazes.

6. *O segundo ai – o juízo da sexta trombeta* (Ap 9:13-21). Com o juízo do quarto selo, um quarto da população da Terra será morta. Com o juízo da sexta trombeta, mais um terço morrerá. Isso significa que somente com esses dois juízos a população será reduzida a quase a metade. Acrescente a isso aqueles que morrerão em conseqüência da guerra, da fome e das doenças. Não será difícil ver como a morte será comum durante esse período tão terrível.

Esse juízo será executado por intermédio de um exército de 200 milhões de cavaleiros. Muitos entendem que serão os exércitos do Oriente que marcharão para invadir a Palestina. Outros entendem que se trata de uma horda de demônios, pois as Escrituras dão exemplos de exércitos sobrenaturais (2 Rs 2:11; 6:13-17; Ap 19:14). As armas da destruição, nesse caso, serão fogo, fumaça e enxofre (Ap 9:17). Uma vez que essas são as armas do inferno, talvez indiquem que seu exército é formado de demônios, os habitantes do inferno.

Poderíamos pensar que as longas listas dos obituários nos jornais iria surpreender os homens e forçá-los a encarar suas responsabilidades diante de Deus. Em vez de se arrependerem e de buscar ao Senhor pedindo misericórdia, os que não forem mortos por esse exército endurecerão o coração. A religião dos que não forem salvos durante a tribulação será a adoração de demônios e de ídolos. Assassinatos, feitiçarias, prostituição e furtos serão comuns (vv. 20,21). A feitiçaria pode incluir o uso de drogas, pois no original essa é uma palavra derivada de *pharmakeia*. É interessante destacar que três dessas quatro práticas são violações diretas dos Dez Mandamentos. A ética dos homens será um reflexo de sua religião, e durante esses dias os vícios, e não as virtudes, reinarão triunfantes.

7. *O terceiro ai – o juízo da sétima trombeta* (Ap 11:15-19). Ao soar da sétima trombeta, será ouvido o anúncio de que o fim está próximo. Mesmo assim, muitos outros juízos serão lançados sobre a Terra antes que o fim chegue. Esses juízos serão as taças da ira de Deus (16:1-21). Essas últimas pragas acontecerão nos meses (ou talvez semanas) finais do último ano da tribulação, sem interrupção ou pausa. Os sete anjos relacionados a esses juízos serão instruídos a derramá-los sobre a Terra ao mesmo tempo. Tudo isso acontecerá no mesmo período em que o anticristo exigirá que as pessoas o adorem. Os homens serão pressionados de todos os lados. A maioria decidirá apostar no anticristo.

B. As taças

1. *O juízo da primeira taça* (Ap 16:2). Fará que surja uma terrível chaga nos homens descrita como feridas "malignas e perniciosas", que talvez indiquem algum tipo de câncer. Essa aflição ocorrerá apenas com aqueles que adoram a besta; os convertidos não serão atingidos. Mas a besta, aparentemente, nada poderá fazer por seus seguidores, pois continuarão amaldiçoando a Deus por causa das chagas, mesmo depois que a quinta taça for derramada (v. 11).

2. *O juízo da segunda taça* (Ap 16:3). As águas irão transformar-se em sangue durante esse juízo. Todo ser vivo do mar morrerá. As frases vívidas do texto bíblico descrevem barcos navegando em mares de sangue. Com o segundo juízo das trombetas, um terço das criaturas do mar morrerá (Ap 8:9). Nesse momento, a destruição da vida marinha será total. Você consegue imaginar o mau cheiro e as doenças que isso causará nas pessoas que vivem à beira-mar em toda a Terra? Sabe-se que cerca de 72% da superfície do planeta está coberto pela água.

3. *O juízo da terceira taça* (Ap 16:4-7). Nessa ocasião, semelhantemente ao que ocorreu no juízo da terceira trombeta, o suprimento de água potável é afetado. Agora, em vez de

ficarem amargas, as águas irão se transformar em sangue. As vítimas dessa praga receberão uma retribuição implacável. Derramaram o sangue dos santos e profetas, agora precisarão beber sangue. Merecerão o que receberem. Para nós, não é fácil entender como Deus pode tratar as pessoas dessa maneira. Mas é bom lembrar que, durante milhares de anos, ele vem sendo gracioso e longânimo, não dando ao mundo o tipo de juízo que ele merece.

4. *O juízo da quarta taça* (Ap 16:8,9). Durante esse período, a força do Sol aumentará tanto que as pessoas serão queimadas por seu calor intenso. Mais uma vez, os homens endurecerão o seu coração em vez de buscar a Deus e de demonstrar arrependimento.

5. *O juízo da quinta taça* (Ap 16:10,11). O trono da besta será afetado, e seu reino ficará em trevas. Isso dificilmente diminuirá seu esforço para que todos os homens a adorem. Como conseqüência, os homens morderão a língua e blasfemarão contra Deus. Culparão o Senhor por suas feridas e suas dores, pois a dor sempre parece pior nas trevas do que na luz.

6. *O juízo da sexta taça* (Ap 16:12-16). O rio Eufrates secará (ele havia se transformado em sangue anteriormente). Isso facilitará a travessia dos exércitos dos reis do Oriente (Dn 11:44), que correrão para participar da guerra do Armagedom.

7. *O juízo da sétima taça* (Ap 16:17-21). Destruição e desordem tomarão conta do mundo e, com isso, se ouvirá o brado: "Feito está!" Muitos distúrbios físicos virão em seguida. Um terremoto dividirá Jerusalém ao meio e fará com que outras cidades caiam. Ilhas e montes desaparecerão, e será testemunhada uma tempestade como nunca se viu, com pedras de granizo pesando cerca de 35 quilos cada. Apesar da severidade e da universalidade desses últimos juízos, os que sobreviverem continuarão blasfemando contra Deus em vez de buscá-lo clamando por misericórdia. Tudo o que o ser humano construiu neste mundo literalmente se desfará diante de seus próprios olhos, mas ele pensará que continua senhor de seu destino e que não precisa de Deus.

A conclusão desse juízo levará os seres humanos ao final da tribulação e à Segunda Vinda de Cristo para iniciar seu reino sobre a Terra. Falta apenas uma parte para que a figura esteja completa.

VIII. O ARMAGEDOM

Vamos recapitular: antes da metade da tribulação, o governante do Ocidente, o anticristo (o homem da iniqüidade), mantendo seu acordo com Israel, invadirá e conquistará o Egito. Nesse momento, os exércitos russos vindos do Norte invadirão e conquistarão a Palestina. Quando tudo parecer perdido para o anticristo e para Israel, Deus intervirá de maneira sobrenatural e destruirá os exércitos da Rússia, que vêm do Norte. Isso dará ao homem da iniqüidade uma oportunidade para romper sua aliança com Israel, a fim de se assentar para ser adorado e para tentar conquistar o mundo.

Contudo, enquanto ele prossegue com seu plano, as nações do Oriente se unirão e tentarão pará-lo. Para tanto, marcharão para o oeste, entrando na Palestina. O juízo da sexta taça secará o rio Eufrates, acelerando a entrada na Terra Prometida. Durante esse intervalo, o anticristo terá se estabelecido firmemente na Palestina como governante religioso e político.

O campo de batalha no qual os exércitos do Ocidente e do Oriente se encontrarão será a planície de Esdraelom, na região ao redor do monte de Megido. Por isso, essa batalha é chamada de Armagedom. Em hebraico, *har* é monte ou montanha, e *magedom* é Megido. Essa planície está localizada a 30 km ao sul-sudeste de Haifa. Hoje, o tamanho desse vale é de aproximadamente 30 por 20 km.

Jerusalém será o outro campo de batalha. Haverá um combate de casa em casa e os inimigos do Senhor terão um sucesso temporário. Mas Jesus Cristo enviará uma praga e depois ficará sobre o monte das Oliveiras para "destruir todas as nações que vierem contra Jerusalém" (Zc 12:9; 14:12; 14:4).

Na Segunda Vinda de Cristo, outra área de conflito estará centrada em Bozra, na região de Edom, localizada cerca de 30 km ao sudeste da extremidade sul do mar Morto (Is 63:1-6). Olhando essas três áreas de conflito ao mesmo tempo, temos uma imagem terrível de um massacre indescritível englobando toda a terra de Megido, ao norte, Jerusalém, no centro, e Edom, a sudeste (cerca de 220 km).

No meio da batalha, o Senhor Jesus Cristo voltará e os exércitos celestiais derrotarão os exércitos da terra (Ap 19:11-21). A carnificina será indescritível (Ap 14:20; 19:17,18).

Mas seu resultado é conhecido – a besta será derrotada, e seus exércitos, capturados. Ela e o falso profeta (seu general) serão lançados no lago de fogo e atormentados para todo o sempre. Desse modo a tribulação chegará ao fim.

Por que é necessário que exista um período assim? Existem pelo menos dois motivos: primeiro, a maldade humana deve ser punida. Deus parece não estar fazendo nada a respeito do mal agora, mas algum dia ele agirá. Um segundo motivo é que o homem deve, de uma maneira ou de outra, prostrar-se diante do Rei dos reis e do Senhor dos senhores. Poderá agir voluntariamente agora, vindo a Cristo pela fé e recebendo a salvação. Posteriormente, *precisará* fazer isso, recebendo apenas a condenação.

1. SEISS, J. A. *The Apocalypse*. Nova York: Cook, 1865, p. 83.

85

O ARREBATAMENTO DA IGREJA

I. DEFINIÇÕES E DESCRIÇÕES DO ARREBATAMENTO

Conforme expliquei no capítulo 83, a palavra "arrebatamento" não está nas Escrituras. Contudo, essa idéia aparece em 1 Tessalonicenses 4:17 e deriva do termo grego para "arrancar". Para ser mais específico, esse texto está relacionado apenas ao traslado dos cristãos que estiverem vivos quando Jesus voltar. No entanto, o arrebatamento normalmente se refere à trasladação dos cristãos vivos de sua mortalidade terrena para a imortalidade no céu, e também à ressurreição dos corpos corruptíveis dos cristãos para a incorruptibilidade celestial.

Três passagens descrevem o arrebatamento: João 14:1-3; 1 Coríntios 15:50-58 e 1 Tessalonicenses 4:13-18. Os diferentes aspectos do arrebatamento foram discutidos no capítulo 83.

II. VÁRIAS INTERPRETAÇÕES

No século XIX, o ensino sobre o arrebatamento da Igreja voltou a ser difundido mundialmente. Isso levantou várias questões. A Segunda Vinda de Cristo envolverá vários estágios? Qual o relacionamento desses estágios com o período da tribulação? Qual a distinção entre Israel e a Igreja no plano de Deus? Uma das questões escatológicas mais debatidas desde então diz respeito ao momento em que ocorrerá o arrebatamento.

Os amilenistas vêem a Segunda Vinda de Cristo como um evento único, que será seguido da ressurreição e do juízo generalizados. Para os pós-milenistas, não há um arrebatamento distinto.

Porém, os pré-milenistas oferecem quatro respostas possíveis a essa questão. Para eles, o arrebatamento pode ser: parcial (ou seja, somente certos cristãos serão arrebatados), pré-tribulacional, mesotribulacional ou pós-tribulacional. O arrebatamento parcial diz respeito à extensão do arrebatamento, enquanto os outros três concentram-se no tempo do arrebatamento.

III. A EXTENSÃO DO ARREBATAMENTO – PARCIAL OU TOTAL?

A. Definição do arrebatamento parcial

O arrebatamento parcial ensina que somente os cristãos que estão "vigiando" e "esperando" pela volta do Senhor serão encontrados fiéis e dignos de escapar dos terrores da tribulação ao ser levados pelo arrebatamento.

B. Seus defensores

Aparentemente, essa visão teve origem com Robert Govett. Em 1835, ele a descreveu em seu livro *Entrance into the Kingdom: The Apocalypse Expounded by Scripture*. Isso também foi ensinado por J. A. Seiss, G. H. Pember, G. H. Lang, e o movimento da Igreja Local, de Witness Lee.[1]

C. Questões teológicas envolvidas nessa visão

1. *Salvação*. Os defensores do arrebatamento defendem a salvação pela graça e a segurança eterna dos cristãos. Porém, interpretam as passagens debatidas sobre a segurança, como fazem os arminianos, mas com uma exceção importante: O prejuízo para o cristão que peca não é a perdição, mas ele não participar do milênio. Todo cristão tem o direito de herdar o reino, mas isso pode ser perdido com a desobediência.

2. *Santificação*. Muitas vezes, os defensores do arrebatamento parcial dão grande ênfase à santificação e à santidade. Podem ensinar que o batismo do Espírito Santo está ligado ao poder para testemunhar e que a plenitude e a habitação do Espírito são apenas para alguns cristãos, não para todos. Essa ênfase influencia sua visão do arrebatamento; ou seja, somente os cristãos espirituais serão arrebatados para escapar da tribulação.

3. *Primeira ressurreição*. A primeira ressurreição é vista como a ressurreição para que os cristãos espirituais recebam seu galardão. Não é algo para todos. Os cristãos que não vencerem serão ressuscitados somente depois do milênio. Portanto, essa segunda ressurreição (que envolveria somente os ímpios) incluirá tanto cristãos quanto ímpios.

D. Panorama dessa visão

Os defensores do arrebatamento parcial ensinam que o arrebatamento e a ressurreição dos vencedores ocorrerão em diversas ocasiões diferentes.

1. *Antes*. Pouco antes do início da tribulação, os santos maduros que estiverem vivos serão transladados, e os santos que estiverem mortos serão ressuscitados.

2. *Durante*. Durante os sete anos de tribulação, outros santos da era da Igreja que não estavam prontos no início do arrebatamento serão arrebatados em vários intervalos. São vistos em Apocalipse 7:9, 14; 11:2; 12:5 ("filho" inclui os crentes); 16:15 (um arrebatamento para livrar os cristãos da guerra do Armagedom); e o arrebatamento final no término desse período.

3. *Depois*. No final do milênio, ocorrerá a ressurreição dos cristãos

PRÉ-TRIBULACIONISMO

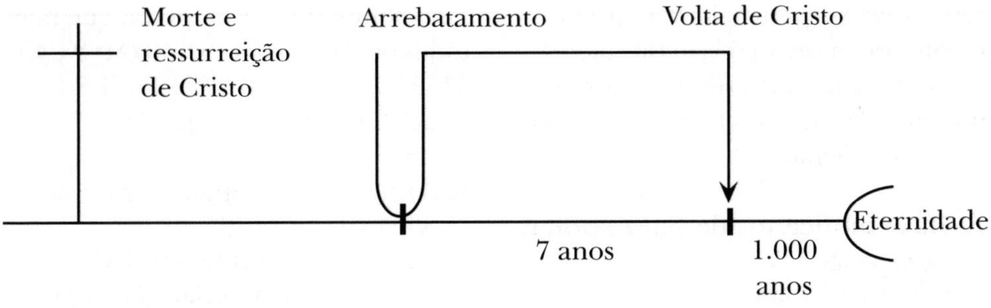

MESOTRIBULACIONISMO

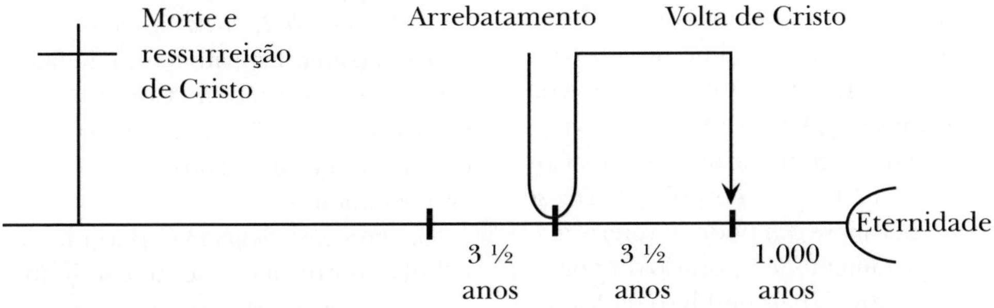

PÓS-TRIBULACIONISMO

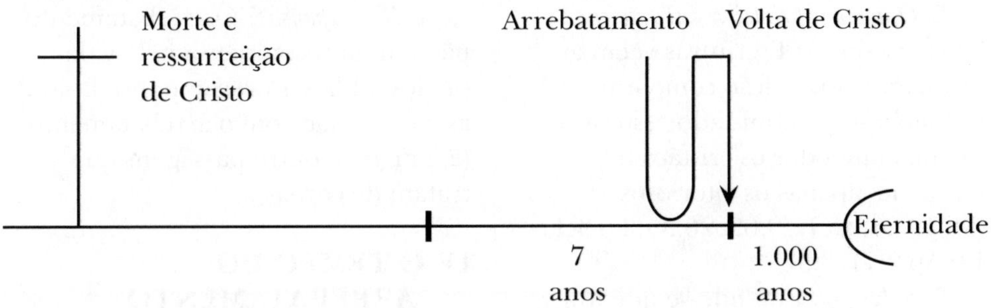

ARREBATAMENTO PARCIAL

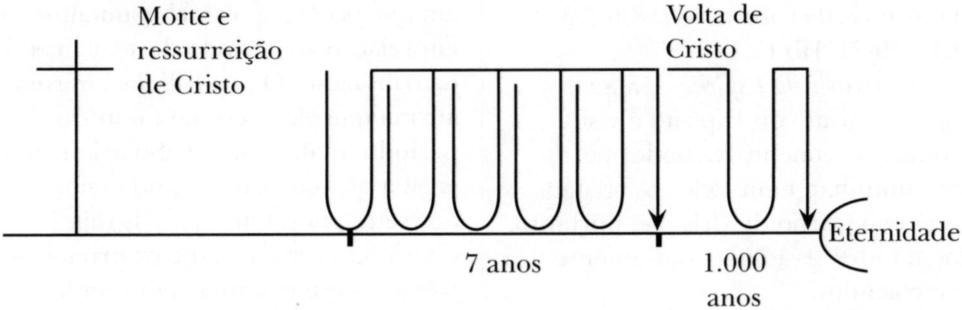

que não participaram das primeiras ressurreições (para galardão) juntamente com a ressurreição dos incrédulos. Aqueles que creram entrarão no reino eterno, mas terão perdido o reino do milênio.

E. Base bíblica usada para apoiar essa visão

1. *Sofrimento*. Muitas passagens ensinam que os cristãos devem passar pelo sofrimento antes que possam reinar com Cristo. Portanto, os cristãos devem sofrer agora ou no período da tribulação (Lc 22:18-30; At 14:22; Rm 8:16,17; Cl 3:24; 2 Ts 1:4,5). Alguns associam o fogo mencionado em 1 Coríntios 3:12-15 com a tribulação. Diz-se que Apocalipse 3:5 pode se referir a um apagamento temporário do nome dos cristãos carnais no Livro da Vida durante o período das recompensas que os vitoriosos irão desfrutar.

2. *O que é a primeira ressurreição?* Uma vez que as Escrituras vêem a primeira ressurreição como um prêmio a ser conquistado, isso significa que nem todos os cristãos irão recebê-lo, apenas os vitoriosos (Mt 19:28,29; Lc 9:62; 20:35; Fp 3:11-14; Ap 2:11; 3:5).

3. *Salvação*. Entende-se que um cristão pode perder a salvação e, assim, perder a chance de ser arrebatado antes da tribulação (1 Co 6:9,10; Gl 5:19-21; Hb 12:14).

4. *Batismo do Espírito*. Uma vez que o batismo do Espírito é visto como recebimento de poder para testemunhar, nem todos os cristãos estão no Corpo de Cristo e, portanto, nem todos serão necessariamente arrebatados.

5. *Recompensa*. O arrebatamento é visto como uma recompensa que nem todos os cristãos receberão (Mt 24:40, 41; 25:1-13; 1 Co 9:27; 2 Tm 4:8; Tt 2:13; Hb 9:24-28; Ap 3:10).

F. Alguns problemas com essa visão

1. *Exclusividade*. Vemos em 1 Coríntios 15:51,52 uma declaração explicita de que todos serão mudados, não alguns.

2. *Batismo do Espírito Santo*. O batismo com o Espírito Santo de fato une todos os cristãos ao Corpo de Cristo (1 Co 12:13), então todos experimentarão a promessa do arrebatamento.

3. *Quem será punido?* O período da tribulação nunca é descrito como uma época de castigo da Igreja ou de parte da Igreja. É o tempo da "aflição de Jacó".

4. *Recompensas*? O arrebatamento não é uma recompensa pela vida piedosa. Ela será recompensada com as coroas, não com o arrebatamento (2 Tm 4:8 e outra passagens que tratam de coroas).

IV. O TEMPO DO ARREBATAMENTO

Existem basicamente três respostas para as questões sobre o momento em que ocorrerá o arrebatamento em relação ao período de sete anos da tribulação. O pré-tribulacionismo afirma que ele precederá o início do período total. O mesotribulacionismo ensina que ele ocorrerá no meio dos setes anos. Ou seja, a Igreja estará na Terra durante os primeiros três anos e meio, mas será levada ao céu naquele momento, escapando, assim, da segunda metade da grande tribulação. O pós-tribulacionismo entende que a Igreja continuará na Terra durante todo o tempo, mas o arrebatamento descrito em 1 Tessalonicenses 4:13-18 ocorrerá no final. Ele será seguido imediatamente pela Segunda Vinda. Nos próximos capítulos, examinaremos individualmente cada uma dessas visões.

1. Seiss, J. A. *The Apocalypse*. Nova York: Cook, 1865; Pember, G. H. *The Great Prophecies of the Centuries Concerning the Church*. Londres: Hodder & Stoughton, 1895; Lang, G. H. *The Revelation of Jesus Christ*. Londres: Paternoster, 1948; e *The Local Church Movement*. Lee, Witness. *Revelation*. Recovery Version. Anaheim, CA: Living Stream Ministry, 1976.

86

A VISÃO PRÉ-TRIBULACIONISTA DO ARREBATAMENTO

I. DEFINIÇÃO DESSA VISÃO

O pré-tribulacionismo ensina que o arrebatamento da Igreja (tanto os santos vivos quanto os mortos) ocorrerá antes do período de sete anos da tribulação, ou seja, antes do início da 70ª semana de Daniel 9:24-27. É necessário dizer "antes do período de sete anos da tribulação" porque alguns que defendem o arrebatamento mesotribulacional afirmam que o arrebatamento é pré-tribulacional, pois eles entendem que a tribulação refere-se apenas aos últimos três anos e meio do período de sete anos.

II. SEUS DEFENSORES

John Nelson Darby (1800-1882) foi um dos maiores incentivadores da sistematização do pré-tribulacionismo. Isso ocorreu porque encarava a Igreja como uma obra especial de Deus, distinta do plano divino para Israel. Isso, aliado à sua visão pré-milenista, levou-o a concluir que a Igreja seria arrebatada antes do período de tribulação, quando Deus voltaria a tratar de maneira especial com Israel.

No século XX, essa interpretação foi exposta e defendida pela *Bíblia de Referência de Scofield* e livros como *Is the Rapture Next?*, de Leon Wood; *The Rapture Question*, de John F. Walvoord; *Manual de Escatologia*, de J. Dwight Pentecost, *A Revelation of Jesus Christ*, de J. B. Smith, e *What You Should Know About the Rapture*, de Charles C. Ryrie.[1]

III. APOIO PARA ESSA VISÃO

A. Apocalipse 3:10

A promessa está baseada em guardar a palavra da perseverança (ARA) ou da paciência (ARC) de Jesus, uma referência a todos os cristãos (veja uma designação joanina similar em Jo 8:51; 14:23,24 e 1 Jo 2:3). Isso foi algo dito a todas as igrejas, não apenas à que estava em Filadélfia no primeiro século (veja Ap 3:13 e o desfecho similar das cartas escritas a essas igrejas representativas). Está relacionado com a hora de provar a Terra; ou seja, a tribulação profetizada posteriormente em Apocalipse. Ela afirma que os cristãos serão poupados dessa hora (*tereso ek tes horas*). Os que se opõem ao pré-tribulacionismo entendem que essa frase significa "irei guardá-los", ou seja, os cristãos serão protegidos durante os sete anos, e isso só terá fim na Segunda Vinda de Cristo.

A interpretação pré-tribulacionista da preposição grega *ek* é apoiada por vários versículos que nada têm a ver com o arrebatamento e, portanto, nada acrescentam a essa questão. Dentre eles está "O que guarda a boca e a língua guarda a sua alma das angústias" (Pv 21:23). Guardar a boca e a língua não é uma maneira de se proteger durante os tempos de angústias. A idéia, aqui, é evitar um problema em que a pessoa ainda não se envolveu. Na Septuaginta, *ek* indica uma preservação externa, não interna. *Ek* também é usada da mesma maneira para falar da proteção externa em Josué 2:13 e nos Salmos 33:19 e 56:13. De modo similar, no Novo Testamento, *ek* claramente possui o mesmo sentido. Em Atos 15:29, pediu-se que os cristãos de origem gentia se abstivessem (guardassem) *de* certas práticas ofensivas aos cristãos judeus. A única maneira de fazer isso era por meio da abstenção total dessas práticas. Deveriam afastar-se delas, não apenas se proteger enquanto praticavam essas coisas. Em Tiago 5:20, lemos que, se um cristão que comete pecado recuperar-se de seu desvio, será salvo *da* morte física. De modo algum *ek* poderia significar que será protegido "no meio" da morte física e, depois, sair dela em algum tipo de ressurreição. Escapará da morte prematura sendo poupado dela.[2]

A mesma expressão ("guardar de") é utilizada em João 17:15: "Não peço que os tires do mundo, e sim que os guardes do mal". Os pós-tribulacionistas afirmam que essa promessa não é cumprida ao remover os cristãos do mundo, mas sim protegendo-os de Satanás enquanto estão na Terra. Além disso, os pós-tribulacionistas asseguram que, de modo similar, os cristãos sobreviverão durante a tribulação sendo preservados de sua ira.

Essa analogia não consegue responder à questão básica: de que maneira os cristãos são preservados do poder de Satanás? É verdade, não acontecerá quando os removermos do mundo, mas a remoção está envolvida. Paulo a descreveu da seguinte forma: "Ele nos libertou do império das trevas e nos transportou para o reino do Filho do seu amor" (Cl 1:13). João disse a mesma coisa quando escreveu que "o Maligno não lhe toca [o cristão]" (1 Jo 5:18). Os cristãos são transportados de um domínio (de Satanás) para outro (de Cristo). É dessa maneira que eles são preservados do maligno.

No entanto, a promessa de Apocalipse 3:10 não garante que seremos preservados das provas do período de tribulação. Ela vai mais além, pois diz que não participaremos do período de tribulação. A promessa não é: "eu te guardarei das provações". Mas sim: "eu te guardarei da *hora* da provação". Os pós-tribulacionistas precisam encontrar meios de "minimizar a ênfase no termo 'hora' "[3], pois insistem que "hora" significa as experiências dentro de um período de tempo, mas não o próprio tempo. Em outras palavras, a Igreja sobreviverá durante esse período, mas não passará por esses eventos (alguns deles). Mas, se os eventos da tribulação são mundiais e afetam direta e indiretamente a todos, como a Igreja pode estar na Terra e escapar dessas experiências? Se nosso Senhor fosse preservado da hora de seu sacrifício expiatório (Jo 12:27) e sobrevivesse a esse período, mas não experimentasse todos os eventos de sua paixão, não haveria expiação.

Com certeza, é possível viver durante um período e não participar de todos os eventos (por exemplo, estando presente em uma atividade social e não se envolver em todas as atividades). Contudo, não é possível estar de fora daquele período sem também deixar de participar dos eventos.

Em resumo: os pós-tribulacionistas não ensinam de forma clara o significado da promessa de Apocalipse 3:10. (1) Alguns parecem dizer que isso significa proteção (para alguns cristãos que escaparam do martírio durante e tribulação) e, depois, o arrebatamento no final. (2) Alguns parecem dizer que isso significa proteção da última crise. (3) Alguns parecem dizer que isso significa que a Igreja sobreviverá ao Armagedom, será preservada durante esse período e aparecerá (todos os cristãos intactos?) no arrebatamento-Segunda Vinda. Uma coisa está clara para os pós-tribulacionistas: não pode significar libertação antes que a tribulação tenha início.

A promessa, porém, é muito clara e simples: "eu te guardarei da hora da provação". Não se trata de uma perseguição qualquer, mas sim o tempo futuro que afetará toda a Terra. A única maneira de escapar dessa tribulação mundial é não estar na Terra. E a única maneira de escapar do período em que os eventos ocorrerão é não estar naquele lugar quando as coisas acontecerem. O céu é o único lugar que se encaixa nessas qualificações.

Talvez uma ilustração nos ajude a entender essa promessa de maneira simples e clara. Sendo professor, freqüentemente preciso aplicar provas a meus alunos. Vamos supor que eu anuncie a uma turma que farei o exame em determinada data, no horário normal de aula. Depois, suponha que eu diga: "Quero fazer uma promessa aos alunos que, até aqui, tiveram média dez: vou salvar vocês na prova final".

Se eu não desse mais nenhuma explicação, com certeza esse alunos ficariam confusos com o que ouviram. Provavelmente perguntariam: "Isso significa que precisamos vir à aula ou não?" Além disso, esperaria que eles viessem à aula no horário normal para ter certeza de que entenderam, pois não saberiam ao certo o que eu quis dizer.

Poderia cumprir minha promessa da seguinte maneira: permitiria que esses alunos recebessem a prova na sala, que assinassem a chamada, mas daria dez a todos eles. Desse modo, estariam presentes na sala no período de duração da prova, mesmo já estando aprovados. Isso é o pós-tribulacionismo: proteção durante a provação.

Mas, se eu dissesse à turma: "Na semana que vem darei as provas; quero fazer uma promessa a todos os alunos que têm média dez até aqui: vocês não precisam estar aqui *na hora* da prova", duvido seriamente que esses alunos ficariam debatendo se eu queria dizer que precisavam vir à aula ou não. Entenderiam claramente que, se não precisavam estar ali na hora da prova, então isso significaria que estavam dispensados de vir à aula. Uma vez que não precisavam estar ali "na hora" da prova, então eles podiam ir para casa naquele período. Não precisavam receber a prova, pois já estavam aprovados. Isso é o pré-tribulacionismo, e esse é o sentido da promessa de Apocalipse 3:10. Lembre-se de que essa promessa foi feita pelo Senhor ressurreto, que nos livrará da ira vindoura (1 Ts 1:10).

B. 1 Tessalonicenses 5:1-11

Em 1 Tessalonicenses 4:13-18, Paulo tentou acalmar o medo de alguns que pensavam que os cristãos mortos poderiam não compartilhar do reino. Sua explicação nesse parágrafo era algo que desconheciam. Em contraste, estavam bem informados sobre o início do dia do Senhor conforme explicou em 1 Tessalonicenses 5:1-11.

O início desse dia virá de forma inesperada, em um tempo de paz e segurança (v. 3), com dores (v. 3), e ira (v. 9). No intervalo entre uma coisa e outra, os cristãos devem viver de maneira sóbria e estar alertas. As exortações dos versículos 6, 8, 10 são para que não esperemos por sinais durante a tribulação em preparação para o Dia do Senhor no final da tribulação. Essas exortações são para que vivamos vidas piedosas tendo em vista a tribulação vindoura da qual os cristãos irão escapar. Paulo disse que eles estavam bastante conscientes desse ensino (v. 2). Como? Parcialmente pelo próprio ensino de Paulo, mas também por seu conhecimento do Antigo Testamento.

No Antigo Testamento, o Dia do Senhor é chamado dessa maneira cerca de 18 vezes, muitas vezes com implicações escatológicas. Além disso, um termo paralelo, "últimos dias", ocorre 13 vezes, sempre com referências escatológicas. Vale lembrar que a frase "naquele dia" ocorre quase 100 vezes com sentido escatológico. Essas três frases aparecem em Isaías 2:2, 11,12 referindo-se ao mesmo tempo escatológico. Por isso, existem amplos motivos para Paulo dizer que seus leitores conheciam a idéia de Dia do Senhor somente lendo o Antigo Testamento.

Mas não há revelação do arrebatamento no Antigo Testamento. Essa omissão de mais de uma centena de passagens parece difícil de entender se o arrebatamento é o primeiro evento do Dia do Senhor, conforme ensina o pós-tribulacionismo. Por outro lado, se o arrebatamento é um mistério não revelado no Antigo Testamento e precede o início do Dia do Senhor, conforme ensina o pré-tribulacionismo, então não devemos achar estranho que Paulo não precisou ensinar sobre o arrebatamento, apenas lembrou-os do que já conheciam sobre o Dia do Senhor.

Então, os pós-tribulacionistas procuram fazer uma ligação bem íntima entre 1 Tessalonicenses 4:13-18 e 5:1-11, enquanto os pré-tribulacionistas sentem-se melhor vendo um contraste de assuntos entre os dois parágrafos.

Portanto, esse é o cenário pós-tribulacionista: Paulo passou com naturalidade de sua discussão sobre o arrebatamento em 4:13-18 para a discussão da *parousia* em 5:1-11, pois estava falando sobre eventos que ocorrem no mesmo momento e não de eventos separados por sete anos. A escolha de Paulo em usar *de* (a segunda palavra grega em 5:1), um simples conectivo que possui um leve sentido de contraste, indica essa ligação próxima (traduzida por "mas" na ARC). E uma vez que o Dia do Senhor não terá início até a Segunda Vinda, o arrebatamento também ocorrerá nesse momento.

Os pré-tribulacionistas ressaltam que o contraste entre os assuntos desses dois capítulos é aumentado pelo fato de Paulo não usar apenas *de* para iniciar o versículo 1, mas sim *peri de* no versículo 1. Isso é muito importante, pois em todos os outros escritos de Paulo, ele usou *peri de* para falar de um assunto novo e fazer um contraste. Isso pode ser observado em 1 Coríntios 7:1, 25; 8:1; 12:1; 16:1, 12 e 1 Tessalonicenses 4:9 e 5:1. Com certeza, a afirmação dos pós-tribulacionistas de que o mesmo assunto está sendo discutido em 4:13-18 e 5:1-11 poderia ser apoiada pelo uso apenas da palavra grega *de,* mas é completamente anulado pelo uso da expressão *peri de.* Por isso, a interpretação pré-tribulacionista dessa passagem tem forte apoio exegético. O arrebatamento não faz parte do Dia do Senhor e, portanto, não pode ser pós-tribulacional.

Em resumo: A questão referente ao início do Dia do Senhor é um divisor de águas entre o pré e o pós-tribulacionsimo. O pré-tribulacionismo entende que o Dia do Senhor começa no início da tribulação pelos seguintes motivos:

(1) Os primeiros juízos (não importa a cronologia que se use) são guerra, fome e morte de um quarto da população da Terra.

(2) A única vez que as Escrituras mencionam paz e segurança durante o período da tribulação é bem em seu início. Esse tempo será imediatamente seguido por guerra, destruição e revoltas, que continuarão até que Cristo venha. Então, o Dia do Senhor deve começar no início da tribulação, e o arrebatamento deve ocorrer antes dela.

(3) A revelação do "homem da iniqüidade" ocorrerá no início da tribulação, quando ele fizer um pacto com o povo judeu.

(4) Uma compreensão mais normal do verbo em Apocalipse 6:17 mostra a idéia de que a ira já veio e continua.

(5) Em 1 Tessalonicenses 5:1, Paulo utiliza *peri de,* não apenas *de,* indicando um contraste entre dois assuntos diferentes.

(6) O fim da paz na Terra logo após o início da tribulação está de

acordo somente com o pré-tribulacionismo.

Se o pós-tribulacionismo está correto, então deve apresentar respostas – muito mais satisfatórias do que tem feito – às seguintes questões:

(1) Como o Dia do Senhor não começa com a tribulação ou nenhuma parte dela e, mesmo assim, inicia com os juízos do Armagedom?

(2) Como o conflito final no fim da tribulação pode ser reduzido a uma única batalha de duração curta o suficiente para que a Igreja seja arrebatada antes de seu início (para que possa escapar da ira) e, ainda assim, voltar imediatamente para acompanhar Cristo em sua volta para a Terra no término do que seria uma batalha muito breve?

(3) A proteção da ira colocada sobre os ímpios realmente inclui a isenção do que seriam os efeitos colaterais das ações desses infiéis sobre os quais a ira se manifestará? Se isso não acontece hoje em dia, por que deveria ocorrer no futuro?

(4) De que modo o agrupamento dos juízos da ira no final da tribulação dá conta da questão de que juízos igualmente severos já deveriam ter ocorrido no início da tribulação atingindo tanto cristãos como ímpios?

(5) Qual é a interpretação mais normal do aoristo em Apocalipse 6:17? Ele não indica que a ira já foi derramada e que não começou com a abertura do sexto selo?

(6) O uso da frase *peri de*, em 1 Tessalonicenses 5:1, não indica que o arrebatamento realmente não faz parte do Dia do Senhor no final da tribulação?

Somente o pré-tribulacionismo está em harmonia com todas as evidências das Escrituras e responde de maneira satisfatória a essas questões.

C. A Igreja

Outros argumentos em favor do arrebatamento antes da tribulação são: a ausência da menção à Igreja em Apocalipse 4–19, quando a tribulação é descrita detalhadamente; a remoção daquele "que agora o detém" antes do Dia do Senhor e a revelação do "homem da iniqüidade" (2 Ts 2:1-9); e a necessidade de que alguns seres humanos sobrevivam à tribulação em seus corpos carnais para que sejam os pais da população que habitará a Terra durante o milênio. Examinaremos detalhadamente esse último aspecto no capítulo seguinte.

---

1. WOOD, Leon. *Is the Rapture Next?* Grand Rapids: Zondervan, 1956; WALVOORD, John F. *The Rapture Question*. Grand Rapids: Zondervan, 1970; PENTECOST, J. Dwight. *Manual de Escatologia*. São Paulo: Vida, 2001; SMITH, J. B. *A Revelation of Jesus Christ*. Scottdale, PA: Herald Press, 1961; e RYRIE, Charles C. *What You Should Know About the Rapture*. Chicago: Moody, 1981.
2. Para uma excelente discussão sobre este e outros pontos relacionados com Apocalipse 3:10, veja TOWNSEND, Jeffrey L. The Rapture in Revelation 3:10. *Bibliotheca Sacra*, jul. 1980, pp. 252-66.
3. GUNDRY, Robert H. *The Church and the Tribulation*. Grand Rapids: Zondervan, 1973, p. 59.

87

OS HABITANTES DO REINO MILENAR

I. O PROBLEMA

Algumas pessoas precisarão estar vivas em seus corpos carnais quando o reino milenar tiver início. Somente assim poderão reproduzir-se e dar origem aos habitantes do reino milenar. Todos os pré-milenistas concordam com isso.

O milênio não envolve somente o reino de Cristo e seus habitantes, que terão corpos ressurretos. Se no reino milenar estiverem somente os santos ressurretos, então não poderia haver morte, aumento da população e nem diferença de idade entre os habitantes do milênio (pois essas são características do reino, veja Is 65:20; Zc 8:5; Ap 20:12). Uma vez que as pessoas ressurretas não se reproduzem, não haveria como gerar uma população, a menos que alguns não-ressurretos entrem no milênio. Por esse motivo, todos os pré-milenistas encaram a necessidade de existir alguns adultos que sobreviverão à tribulação e que não sejam levados ao céu no final da tribulação. Precisarão entrar no milênio em seus corpos carnais para se tornar os primeiros pais dos habitantes do milênio.

II. A SOLUÇÃO DO PRÉ-TRIBULACIONISMO

A perspectiva pré-tribulacionista dos eventos futuros satisfaz essa necessidade facilmente. O arrebatamento ocorrerá antes da tribulação, removendo todos os redimidos que estarão vivendo na Terra naquele momento. Porém, muitas pessoas serão salvas durante a tribulação (Ap 7:9,14), inclusive um grupo de 144 mil judeus (v. 4). Dentre aqueles que serão salvos durante esse terrível período, muitos serão martirizados (Ap 6:11; 13:15), contudo alguns sobreviverão e entrarão no milênio (Mt 25:34; Zc 14:11). O grupo inicial que entrará no milênio não estará em seu corpo natural, mas será constituído de redimidos que se submeterão voluntariamente ao governo do rei Jesus. No tempo certo, os bebês irão nascer e crescer. Alguns aceitarão a Cristo, mas outros não. Porém, todos terão de jurar fidelidade ao governo do Rei ou sofrer as conseqüências. Perto do final do milênio, surgirão inúmeros rebeldes que, mesmo tendo jurado fidelidade ao Rei, quando Satanás (após ele ser solto) lhes der oportunidade, participarão de sua rebelião contra Cristo (Ap 20:7-9).

Assim, segundo a compreensão pré-tribulacionista dos eventos futuros, os primeiros pais do reino milenar virão dos sobreviventes redimidos (mas não-ressurretos) da tribulação. São as "ovelhas" mencionadas em Mateus 25:32-34 e os sobreviventes judeus fiéis de Ezequiel 20:38.

III. A SOLUÇÃO DO PÓS-TRIBULACIONISMO

A interpretação dos pós-tribulacionistas contrasta com esse argumento. Para eles, a Igreja estará viva durante a tribulação. Embora alguns sejam martirizados, muitos serão protegidos e sobreviverão. Os 144 mil judeus e a grande multidão de Apocalipse 7 estão incluídos na Igreja. No final da tribulação, todos os cristãos que estiverem vivos serão arrebatados, receberão corpos ressurretos e retornarão imediatamente à Terra em um único evento: o arrebatamento-Segunda Vinda. Aparentemente, isso elimina todas as pessoas redimidas e não-ressurretas da Terra naquele momento. Sendo assim, não sobrará ninguém para gerar filhos no reino milenar. Se os sobreviventes ímpios forem mortos ou condenados ao *hades* no final da tribulação, não sobrará ninguém vivendo em um corpo carnal (não-ressurreto) para entrar no milênio.

Portanto, os pós-tribulacionistas precisam encontrar algumas pessoas não-salvas no início do arrebatamento, mas que serão salvas no momento em que terminar o evento único do arrebatamento-Segunda Vinda (qual sua duração?). Caso contrário, deverão admitir que os primeiros pais do milênio serão pessoas ímpias que, de alguma forma, não foram mortas nem julgadas no Armagedom ou depois dele. Essas são as únicas opções possíveis para que os pós-tribulacionistas encontrem os pais dos habitantes do milênio.

Nesse momento, precisamos lembrar de outro detalhe: tanto judeus quanto gentios serão habitantes do milênio (Is 19:24,25). Logo, a primeira geração deve ser composta dessas duas raças. Mas um arrebatamento pós-tribulacionista retiraria da Terra todos os candidatos a ser pais dos habitantes do milênio de todas as raças. E os juízos da Segunda Vinda removerão todos os candidatos a pais não-redimidos dos habitantes do milênio de todas as raças. Sendo assim, de onde virão esses pais?

A maioria dos pós-tribulacionistas não procura dar uma resposta a essa questão. Isso pode ocorrer porque os pós-tribulacionistas normalmente não colocam os detalhes de seu sistema juntos, de maneira ordenada. A visão que têm do futuro possui apenas linhas gerais, não apresenta detalhes. Os pós-tribulacionistas não realizam conferências sobre as profecias, em que se espera que os preletores descrevam, de maneira detalhada, o sistema que defendem. Talvez alguns pós-tribulacionistas jamais tenham visto isso como um problema, simplesmente porque não formularam de maneira sistemática e detalhada sua maneira de interpretar eventos futuros. Seja qual for o motivo, a maioria não fala sobre essa questão.

Robert Gundry é uma exceção.[1] Sua resposta é dupla. Os progenitores judeus dos habitantes do milênio serão os 144 mil que não serão salvos durante a tribulação, apenas em seu final.[2] Os pais gentios serão os ímpios que, de algum modo, escaparão da morte e/ou do julgamento no final da tribulação. Esses ímpios são os que ficam de fora em Mateus 24:40,41 (em contraste com os que foram levados no arrebatamento pós-tribulacional). Ele disse: "Uma destruição parcial deixaria os restantes não-salvos aqui para gerar os habitantes da Terra durante o milênio".[3]

Além disso, se a visão pós-tribulacionista está correta, um ajuste deve ser feito no momento em que ocorrerá o julgamento de ovelhas e bodes (ou carneiros) de Mateus 25:31-46. O motivo é simples: se o arrebatamento ocorrer após a tribulação, então todas as ovelhas (os redimidos) serão removidas da Terra. Portanto, não haveria ovelhas para fazer parte desse juízo se ele ocorrer na Segunda Vinda, um evento único, ocorrendo junto com o arrebatamento. Não há como o arrebatamento remover as ovelhas e, mesmo assim, elas estarem presentes na Terra para ser julgadas imediatamente após o arrebatamento. Assim, ou o arrebatamento não pode ser pós-tribulacional ou o julgamento de ovelhas e bodes deve ocorrer após a Segunda Vinda (Gundry diz que ele ocorrerá depois do milênio).

Precisamos examinar três elementos necessários para a resposta pós-tribulacional: (a) a conversão dos 144 mil; (b) a identificação dos grupos em Mateus 24:40,41; e (c) o tempo do julgamento de ovelhas e bodes em 25:31-46.

IV. OS 144 MIL JUDEUS

Alguns pós-tribulacionistas consideram que os 144 mil judeus são "o Israel espiritual – a Igreja".[4] Se isso é verdade, então serão selados no início da tribulação. Isso está ligado à sua salvação espiritual e, também, à proteção física. Gundry reconhece que os 144 mil podem pertencer à Igreja (e, portanto, ser salvos no início); prefere considerá-los os não-salvos do período da tribulação e identificá-los como o grupo que verá a Cristo quando ele voltar e crerá (Zc 12:10) e também como o Israel que será salvo na Segunda Vinda (Rm 11:26,27). O motivo para essa preferência é lógico. Se os 144 mil foram salvos durante os anos de tribulação – seja no início, no meio ou até mesmo no último ano –, seriam arrebatados no arrebatamento pós-tribulacional, recebendo corpos ressurretos naquele momento e depois voltando, ao mesmo tempo, para reinar com Cristo no reino milenar. Mas receber corpos ressurretos os impediria de ser os pais dos habitantes do milênio. Por outro lado, se não estavam salvos até o final da Segunda Vinda, "escapariam" do arrebatamento e, mesmo assim, se converteriam – porém, continuariam em seus corpos carnais. Somente assim eles poderiam ser os pais dos habitantes do milênio.

Na verdade, os pré-tribulacionistas entendem que haverá um grupo de judeus convertidos no final da tribulação que constituirá os pais dos habitantes judeus do milênio. Procederão dentre os judeus que sobreviveram à tribulação, embora não tenham sido salvos durante a tribulação. Quando o Senhor voltar, serão reunidos e julgados. Os rebeldes (possivelmente dois terços, Zc 13:8) serão excluídos do reino, e os que creram quando o virem poderão entrar no reino (Ez 20:33-44). Esses sobreviventes convertidos formam "todo o Israel" que será salvo na Segunda Vinda (Rm 11:26). Eles não receberão corpos ressurretos naquele momento; mas entrarão no reino em seus corpos materiais com a habilidade de procriar.

Por que o pós-tribulacionismo não pode permitir que esse grupo seja formado pelos pais dos habitantes do milênio? Porque esse grupo crerá quando vir o Senhor voltando, algo que só ocorrerá no arrebatamento pós-tribulacional. Somente então serão arrebatados, levados ao céu e receberão corpos ressurretos, o que os incapacita de gerar filhos. O arrebatamento, seja qual for o momento em que ocorrer, será a maior separação imaginável de crentes e de incrédulos. Se existe um grupo de judeus que somente crerá quando vir o Senhor voltando, e se essa vinda é o arrebatamento-Segunda Vida dos pós-tribulacionais, então serão arrebatados, pois se converterão naquele momento. Dessa forma, o pós-tribulacionista precisa de um grupo que receberá o selo, mas que permanece em estado de perdição o tempo suficiente para perder o arrebatamento, não tanto para que não entre no milênio em corpos carnais. Assim, como seria esperado, falando sobre Ezequiel 20, Gundry diz que "essa passagem, de modo algum, retrata um julgamento formal".[5] Mesmo que isso pareça confuso, a verdade é que, no sistema pós-tribulacionista, isso não pode acontecer.

Os 144 mil podem ser considerados não-convertidos durante toda a duração da tribulação? A resposta é sim. Cada um pode interpretar como quiser. A questão não é: "podemos interpretar dessa maneira?", mas sim: "essa interpretação é coerente?" O que diz o texto de Apocalipse 7:1-8?

Ele revela dois fatos muito importantes: os 144 mil têm "o selo do Deus vivo" (v. 2) e são "os servos do nosso Deus" (v. 3). O texto não diz, especificamente, *o que* eles fazem, mas diz *a quem* servem e qual é sua função. Servem a Deus, não ao anticristo. Deveríamos imaginar, aqui, que 144 mil pessoas não-salvas seriam chamadas de servos de Deus? O pós-tribulacionismo oferece uma explicação frágil, alegando que essa designação é uma antecipação do que se realizaria no milênio, quando irão converter-se. Qualquer explicação é possível, mas certamente esse não é o significado mais provável desse texto.

Mesmo assegurando que a designação "servos de Deus" não se aplica aos 144 mil no período da tribulação, mas somente no milênio, é muito difícil harmonizar a declaração do versículo 2 com o sistema pós-tribulacional. A Bíblia diz que o grupo foi selado antes de terem início os juízos da tribulação (v. 3). É impossível encaixar isso no pós-tribulacionismo, pois teríamos um grupo distinto de judeus não convertidos sobre quem Deus colocou o seu selo! Sendo não-salvos (ou certamente alguns deles), seguirão o anticristo, que também colocará uma marca em sua testa ou na mão. E o destino dos seguidores do anticristo *já foi predeterminado*: serão atormentados eternamente com fogo e enxofre (14:9-11). Nenhum desses seguidores poderá ser salvo, nem mesmo esses 144 mil.

Em resumo: o pós-tribulacionismo precisa de um grupo de judeus não-convertidos que sobreviverão à tribulação e, pelo fato de não serem convertidos, não serão arrebatados em seu final. Somente se converterão no momento em que o milênio começar, assim poderão entrar no milênio em seus corpos carnais e ter filhos. O único grupo que se qualifica são os 144 mil. Isso se presumirmos que podem ser descritos como servos de Deus não-convertidos que têm em sua testa o selo antes de a tribulação começar e que não seguem o anticristo e, portanto, não carregarão sua marca. Isso é possível?

V. Mateus 24:40,41

Não apenas os 144 mil precisam ser um grupo de judeus não-convertidos que sobreviverá à tribulação, mas os grupos distintos pelos versículos 40 e 41 também devem ser identificados de modo específico para apresentar a visão pós-tribulacionista.

Segundo o pré-tribulacionismo, esses versículos ensinam o seguinte: "Então [no arrebatamento-Segunda Vinda pós-tribulacional], dois estarão no campo, um [salvo, representando a igreja] será tomado [no arrebatamento pós-tribulacional] e deixado [para o juízo, embora nem todos sejam julgados, portanto alguns serão deixados para ser pais dos habitantes gentios do milênio] o outro [não-salvo, representando os ímpios]". O mesmo vale para o versículo 41: a que for levada é arrebatada e a que foi deixada é julgada.

Em contraste, o pré-tribulacionismo entende que esse versículo é uma declaração genérica dos resultados dos juízos específicos sobre os judeus e os gentios sobreviventes na Segunda Vinda. Os que são levados, enfrentarão os juízos e serão condenados, e os deixados, serão aprovados nos juízos e receberão as bênçãos do reino.

Observe que o pós-tribulacionismo deve acrescentar a estipulação de que nem todos os que forem deixados serão julgados e condenados, pois alguns serão deixados para povoar a Terra. Mas existe uma incoerência nesse pensamento: o arrebatamento levará todos os redimidos, mas os juízos não incluirão todos os não-redimidos. Somente uma parte dos ímpios será julgada.

Os pré-tribulacionistas reforçam seu argumento dizendo que, de acordo com o versículo 39, o dilúvio tomou as pessoas dos dias de Noé ao juízo, portanto, os que foram levados na Segunda Vinda também serão levados a julgamento.

Os pós-tribulacionistas observam que uma palavra diferente é usada no versículo 39 para se referir a "levar", então nos versículos 40 e 41, ela indica dois tipos diferentes de levar: no versículo 39, é levar a julgamento, mas nos dois versículos seguintes eles são levados para o céu no arrebatamento. Eles reforçam esse argumento afirmando que a palavra usada nos versículos 40 e 41 é a mesma usada em João 14:3 para descrever o arrebatamento: "vos receberei para mim mesmo".

As duas interpretações podem ser representadas da seguinte forma:

	INTERPRETAÇÃO PRÉ-TRIBULACIONISTA	INTERPRETAÇÃO PÓS-TRIBULACIONISTA
"Levados"	A julgamento	Ao céu durante o arrebatamento pós-tribulacionista
"Deixados"	Para ser bênção no reino (em corpos carnais, para que possam se reproduzir)	Para o juízo (mas somente uma parte será julgada para que o restante entre no reino em seu corpo carnal)

Os pré-tribulacionistas indicam que, em João 19:16, a mesma palavra utilizada em Mateus 24:40,41 (supostamente do arrebatamento, de acordo com os pós-tribulacionistas) é usada para falar do Senhor sendo levado a julgamento, então obviamente não poderia significar juízo nos versículos 40 e 41, conforme ensinam os pré-tribulacionistas. A discussão sobre esse termo é complexa. O que podemos concluir com isso? Apenas que as próprias palavras não são conclusivas.

Mas esse debate tem uma solução. Pode ser facilmente resolvido ao olharmos para as passagens paralelas de Lucas 17:34-37, em que o Senhor faz o mesmo alerta sobre um ficando e outro sendo levado. No entanto, Lucas acrescenta a pergunta feita pelos discípulos: "Onde será isso, Senhor?" Queriam saber para onde seriam levados os arrebatados. Os discípulos não perguntaram onde os que ficaram estariam. Se o Senhor desejasse que entendêssemos que aqueles que seriam levados seriam tomados no arrebatamento (como ensina o pós-tribulacionismo), teria respondido a essa questão dizendo "céu" ou "casa do Pai" ou outra expressão similar. Contudo, sua resposta indica que eles seriam levados a um lugar oposto ao céu glorioso. Sua resposta foi: "Onde estiver o corpo, aí se ajuntarão também os abutres". Essa frase dita por Cristo era um provérbio sobre abutres aparecendo do nada quando um animal morre. Para onde serão levados? Onde existe morte e corrupção, não há vida e imortalidade. A referência não é ao céu, mas a um julgamento. Então, a compreensão pré-tribulacionista da identidade do que é levado e do que é deixado, de acordo com Lucas 17:37, está correta. O arrebatamento pós-tribulacionista não é indicado em lugar algum desses versículos.

VI. O TEMPO DO JULGAMENTO DE OVELHAS E BODES

Se o pós-tribulacionismo está correto, esse julgamento de ovelhas e bodes – colocado na Segunda Vinda pelos pré-tribulacionistas – precisa ocorrer em um período de tempo posterior. A razão é que, se o arrebatamento ocorre no final da tribulação, ou seja, na Segunda Vinda, e se todas as ovelhas são levadas para o céu no arrebatamento, como, então, algumas delas seriam deixadas para se reunir a Cristo quando ele vier? Já terão ido para o céu. Ou para dizer de outra maneira: o arrebatamento-Segunda Vinda irá separar os redimidos dos ímpios; embora esse juízo, na Segunda Vinda, fizesse o mesmo, mas não haverá nenhum justo na Terra para ser separado, pois terão sido arrebatados pouco tempo antes.

Mudar a data desse julgamento também exige sobreviventes não-salvos da tribulação e da Segunda Vinda para entrar no milênio em corpos carnais. Gundry admite: "Portanto, somos forçados a colocar o juízo das nações depois do milênio".[6] Forçados? Por quê? Porque a condenação dos bodes não pode ser apenas uma parte deles, pois o texto diz que "todos" serão julgados. Em sua interpretação dos que serão deixados em Mateus 24:40,41, Gundry diz que isso representa apenas uma "destruição parcial"[7], mas o texto diz, especificamente, que todos estão envolvidos (25:32).

Nenhum texto requer que os *não-salvos* entrem no milênio. Depois que alguns anos tiverem passado, algumas pessoas que nasceram nos primeiros anos do milênio chegarão à idade adulta sem aceitar o Salvador-rei em seu coração (embora se submetam a ele exteriormente). Mas nenhuma passagem requer que existam pessoas não salvas dentre os sobreviventes da tribulação que entram no milênio. Zacarias 14:16 (que algumas vezes é usado para apoiar essa idéia) refere-se a uma primeira geração de habitantes do milênio que sobreviverá aos julgamentos como redimidos, não como rebeldes. Irão voluntariamente a Jerusalém adorar ao rei. Mas os versículos 17-21 passam a descrever as condições de vida durante todo o milênio, não apenas no início. À medida que o tempo passa, alguns desobedecerão ao rei e serão punidos.

Talvez o principal motivo para os pós-tribulacionistas colocarem o juízo no final do milênio é que não desejam colocar bodes no milênio tanto quanto procuram colocar as ovelhas nesse mesmo juízo. Deixe-me tratar da questão novamente: se o juízo ocorre na Segunda Vinda, e o arrebatamento acabou de acontecer como parte da Segunda Vinda, e, além disso todas, as ovelhas foram arrebatadas (como se espera), de onde surgirão as ovelhas que estarão presentes nesse juízo?

Se, contudo, o juízo pode ser colocado no final do milênio, então certamente teremos pessoas boas e más vivendo no final do milênio para que possam estar presentes. Mas como é possível conciliar as características distintas de Mateus 25:31-46 com as que supostamente descrevem o mesmo julgamento (do grande trono branco) em Apocalipse 20:11-15? Observe alguns dos contrastes entre o julgamento de ovelhas e bodes e o julgamento do grande trono branco.

Gundry chama o julgamento de ovelhas e de bodes "um padrão para um juízo generalizado no final dos tempos".[8] Se ele realmente é um padrão, não pode ser exato! Para ser mais específico: nem todas as passagens que descrevem um evento apresentam os mesmos detalhes, mas essas duas passagens parecem bem diferentes em seus detalhes.

Se o julgamento de ovelhas e de bodes deve ser colocado no final do milênio, então Mateus 25:31 deve ser entendido como uma referência à Segunda Vinda, e o versículo 32 ao final do milênio, mil anos depois. Em outras palavras, um intervalo de mil anos (o milênio) deve existir entre os versículos 31 e 32. Os pré-milenistas reconhecem que esse tipo de intervalo ocorre em outras passagens das Escrituras (Is 9:6 e Jo 5:28,29, por exemplo). Logo, essa não é uma idéia impossível. Mas seria essa a interpretação mais provável?

OVELHAS E BODES	GRANDE TRONO BRANCO
Sem ressurreição (embora os santos do AT possam ser ressuscitados na Segunda Vinda, não tomarão parte no julgamento)	Ressurreição dos mortos
Nenhum livro será aberto	Livros são abertos
A palavra "nações" é usada (e esse termo nunca é empregado para falar dos mortos)	A palavra "mortos" é usada
Ovelhas presentes	A presença de justos não é mencionada
Três grupos são mencionados: ovelhas, bodes, irmãos	Somente um grupo é mencionado: os mortos
Recompensas no reino e vida eterna	Não há menção de recompensas, apenas de condenação
Ocorre no local para onde Cristo vem: a Terra	A Terra foge da sua presença

Mateus 25:35-40 nos dá a resposta. Esses versículos descrevem as condições de vida do milênio? Precisam fazer isso caso o julgamento ocorra após a conclusão do milênio. Se isso é verdade, então o milênio será o tempo em que Cristo e seus irmãos (ou seja, os judeus convertidos) estão famintos, sedentos, nus e presos. Aqueles que desobedecem ao rei durante o milênio podem ser presos, mas o texto diz que, no período que antecede o juízo, os irmãos de Cristo estarão na prisão. Do mesmo modo que temos certeza de que isso não irá ocorrer durante o milênio, sabemos que isso *ocorrerá* durante a tribulação. Os irmãos de Cristo estarão com fome, com sede, doentes e presos durante os anos da tribulação, mas não durante o milênio, quando Cristo estará reinando com justiça.

Então os versículos 35-40 claramente necessitam da inserção de um intervalo de mil anos entre os versículos 31 e 32. O juízo seguirá imediatamente a vinda de Cristo e servirá como um teste para as pessoas com base na reação de seus corações às condições de vida durante a tribulação – as quais não existirão durante o milênio para os seguidores de Cristo.

VII. CONCLUSÃO

Para onde a nossa discussão nos levou? Chegamos à conclusão de que o pós-tribulacionismo não consegue responder de maneira satisfatória à seguinte questão: "Quem serão os pais dos habitantes da terra no milênio?" Os pós-tribulacionistas procuram apresentar argumentos que não passam de tentativas. Gostariam que os 144 mil fossem os pais dos judeus, mas, para qualificar-se, não poderiam se converter durante a tribulação nem durante o arrebatamento-Segunda Vinda. Sua conversão somente ocorreria depois desse período. Os pós-tribulacionistas gostariam que alguns dos excluídos na separação de Mateus 24:40,41 fossem os pais dos gentios (os outros serão condenados ao inferno). Mas essa mudança no significado de "tomado" e "deixado" faz com que os que são levados ao céu no arrebatamento sejam contrários ao significado claro de "deixado" em Lucas 17:36. Para que essas sugestões sejam coerentes, o julgamento de ovelhas e de bodes precisa ocorrer no final do milênio, e Mateus 25:35-40 deve descrever as condições de vida no milênio.

Seria muito mais simples *não* colocar o arrebatamento no final da tribulação. Isso permitiria que as pessoas aceitassem ou rejeitassem Cristo durante a tribulação. Alguns deles sobreviverão a esse período (nenhum deles será arrebatado, pois o arrebatamento já terá ocorrido) e serão julgados na Segunda Vinda (tanto judeus quanto gentios vivos), enquanto aqueles que passam com sucesso por esses julgamentos participarão do reino em corpos carnais, formando a primeira geração da população do milênio e sendo os pais da geração seguinte.

1. GUNDRY, Robert H. *The Church and the Tribulation*. Grand Rapids: Zondervan, 1973, pp. 81-83; 134-9; 163-71.
2. Ibid., p. 83
3. Ibid., p. 137.
4. LADD, George E. *Apocalipse, Introdução e Comentário*. São Paulo: Vida Nova, 1990, p. 86.
5. GUNDRY. *The Church and the Tribulation*, p. 168.
6. Ibid., p. 166.
7. Ibid., p. 137.
8. Ibid., p. 167.

88

A VISÃO MESOTRIBULACIONISTA DO ARREBATAMENTO

I. DEFINIÇÃO DESSA VISÃO

A visão do arrebatamento mesotribulacionista defende que o arrebatamento da Igreja ocorrerá no meio dos sete anos da tribulação, ou seja, após três anos e meio. Segundo essa visão, a tribulação é somente a segunda metade da 70ª semana de Daniel. É por isso que o mesotribulacionismo algumas vezes é descrito como uma forma de pré-tribulacionismo, pois ensina que o arrebatamento ocorre antes das tribulações da segunda metade dos sete anos.

II. SEUS DEFENSORES

J. Oliver Buswell Jr. ensinava a visão mesotribulacionista.[1] O conhecido erudito Gleason L. Archer também defende essa interpretação.[2]

III. ARGUMENTOS PARA ESSA VISÃO

A. A ênfase no período de tempo de três anos e meio

As passagens proféticas enfatizam as três semanas e meia da 70ª semana como um tempo de intensos juízos sobre a Terra e um período que tem início com um grande evento. Parece razoável concluir que esse evento é o arrebatamento da Igreja. Coloque esses dois conceitos juntos (os intensos juízos e a última metade dos sete anos e algum evento importante ocorrendo no meio dos sete anos) e você concluirá que o arrebatamento da Igreja ocorrerá na metade da tribulação. O apoio das Escrituras para essa visão está em Daniel 7:25; 9:27; 12:7,11; Apocalipse 11:2; 12:6,14.

Inquestionavelmente, as passagens proféticas distinguem as duas metades dos sete anos de tribulação. Mas isso não significa que os juízos intensos somente ocorrerão durante a segunda metade. Tampouco qualquer dessas passagens citadas refere-se ao Arrebatamento, nem mesmo implicitamente. Mas algumas delas indicam eventos específicos que ocorrerão na metade desse período de sete anos. Por exemplo, Daniel 9:27 declara que, na metade da semana, o anticristo fará cessar o sacrifício e a oferta de manjares. Daniel 12:11 menciona o mesmo evento.

Apocalipse 12:6 e 14 relatam como Israel fugirá para um lugar deserto no meio dela. Não há menção de arrebatamento, pois os cristãos restantes fugirão para um lugar nesta Terra e não serão levados ao céu, como ocorrerá no arrebatamento. É muito significativo o fato de que algumas dessas mensagens mencionam grandes eventos que ocorrerão na metade, mas em lugar algum dizem que o arrebatamento é um desses grandes eventos.

Os mesotribulacionistas crêem que ocorrerão provações e juízos durante a primeira metade da tribulação, mas isso ocorre por causa da ira dos homens, enquanto os juízos da segunda metade vêm da ira de Deus. No entanto, observe que Apocalipse 6:16,17 declara que a ira do Cordeiro "chegou". Isso indica que a ira de Deus terá início antes de ser aberto o sexto selo. Para uma pessoa aceitar a visão mesotribulacionista, seria necessário colocar os juízos iniciais dos selos na segunda metade da tribulação.

B. O sermão no monte das Oliveiras

Os mesotribulacionistas encontram apoio para sua visão no sermão proferido por Jesus no monte das Oliveiras. Esse é o seu argumento: Mateus 24:27 indica o arrebatamento porque a palavra *parousia* usada aqui também é utilizada para falar do arrebatamento em 1 Tessalonicenses 4:15. Mateus 24:31 e 2 Tessalonicenses 2:1 também usam palavras derivadas dessa mesma raiz (*episynago*). Em minha opinião, o argumento, até agora, apóia a cronologia pós-tribulacionista, pois essas comparações parecem concluir que o arrebatamento e a Segunda Vinda são o mesmo evento ou, pelo menos, que ocorrerão no mesmo momento (no final da tribulação). Mas os mesotribulacionistas evitam essa conclusão argumentando que o arrebatamento no sermão proferido no monte das Oliveiras é precedido por sinais que deveriam alertar os cristãos da proximidade do arrebatamento. Esses sinais incluem a divulgação do evangelho (Mt 24:14), o surgimento da besta (v. 15) e a perseguição generalizada (vv. 10-27). Uma vez que esses sinais irão aparecer durante a primeira metade da semana, o arrebatamento deve ocorrer exatamente em seu meio. Mas francamente, se esse é um bom argumento para o mesotribulacionismo, parece ser ainda melhor para o pós-tribulacionismo.

O que dizer do uso das mesmas palavras para arrebatamento e Segunda Vinda? Isso indica que se tratam do mesmo evento? (Isso, claro, também é um argumento usado para apoiar o pós-tribulacionismo.) Claro que não. Esperávamos encontrar uma palavra similar para descrever eventos que possuem alguma similaridade. Mas similaridade não significa igualdade.

C. A última trombeta

O mesotribulacionismo argumenta que a sétima trombeta de Apocalipse 10:7 corresponde à última trombeta de 1 Coríntios 15:52. Se isso é verdade, então o arrebatamento (descrito em 1 Coríntios) ocorrerá na metade da tribulação (no momento em que a sétima trombeta soar). Esse argumento parece um pouco simplista, pois presume que o soar de todas as trombetas indica o mesmo tipo de evento. Isso não é verdade. Na literatura apocalíptica judaica, a trombeta indicava uma variedade de grandes eventos escatológicos, inclusive os juízos, a reunião dos eleitos e a ressurreição. A sétima trombeta é a trombeta do juízo, enquanto a trombeta de 1 Coríntios é da ressurreição e do livramento. Deduzir que indicam o mesmo evento não passa de pretensão.

---

1. BUSWELL, J. Oliver. *A Systematic Theology of the Christian Religion*. Grand Rapids: Zondervan, 1962, v. 2, pp. 450, 462.
2. REITER, FEINBERG, ARCHER, MOO. *The Rapture*. Grand Rapids: Zondervan, 1983, pp. 115-45.

89

A VISÃO PÓS-TRIBULACIONISTA DO ARREBATAMENTO

I. DEFINIÇÃO DESSA VISÃO

O pós-tribulacionismo ensina que o arrebatamento e a Segunda Vinda são facetas diferentes de um evento único, que ocorrerá no final da tribulação, quando Cristo voltar. A Igreja estará na Terra durante a tribulação para experimentar os eventos desse período.

II. SEUS DEFENSORES

Embora, ao longo da história da igreja, muitos autores tenham defendido, e ainda defendam, essa visão, três obras tiveram uma influência especial: *The Approaching Advent of Christ*, de Alexander Reese; *The Blessed Hope*, de George E. Ladd; e *The Church and the Tribulation*, de Robert H. Gundry.[1]

III. COMPARAÇÃO DE PRÉ E PÓS-TRIBULACIONISMO

Uma vez que o pré e o pós-tribulacionismo são as duas visões do arrebatamento mais debatidas hoje em dia, deixe-me fazer uma comparação de suas principais diferenças.

PRÉ-TRIBULACIONISMO

1. O arrebatamento ocorre antes da tribulação.

2. A Igreja experimenta Apocalipse 3:10 antes da tribulação.

3. O Dia do Senhor tem início com a tribulação.

4. 1 Tessalonicenses 5:2,3 ocorre no início da tribulação.

5. 144 mil redimidos no início da tribulação.

6. Arrebatamento e Segunda Vinda separados por sete anos.

7. Os israelitas vivos são julgados na Segunda Vinda.

8. Os gentios vivos são julgados na Segunda Vinda.

9. Os pais dos habitantes do milênio são os sobreviventes dos juízos dos judeus e gentios vivos.

10. Os cristãos que viveram durante a era da Igreja são julgados no céu entre o arrebatamento e a Segunda Vinda.

IV. ARGUMENTOS FAVORÁVEIS AO PÓS-TRIBULACIONISMO

A. O vocabulário usado para se referir à Segunda Vinda

De maneira sucinta, o argumento é este: os autores do Novo Testamento usam várias passagens para descrever a Segunda Vinda. Então, se o arrebatamento e a Segunda Vinda são eventos distintos, separados por sete anos, por que esses autores não reservaram uma palavra para arrebatamento e outra para a Segunda Vinda, em vez de, aparentemente, usá-las de modo intercambiável?

Por exemplo, *parousia*, com o sentido de "vinda", "chegada" ou "presença", é usada em relação ao arrebatamento em 1 Tessalonicenses 4:15. Ela também descreve a Segunda Vinda de Cristo em Mateus 24:27. A partir dessa evidência, duas conclusões diferentes são possíveis: (1) *Parousia* descreve um mesmo evento, singular, significando que o arrebatamento e a Segunda Vinda são um único evento no final da tribulação. (2) *Parousia* descreve dois eventos separados, ambos caracterizados pela presença do Senhor, mas eles não ocorrerão ao mesmo tempo. As duas conclusões são válidas.

Pensemos em uma ilustração: Suponha que os avós digam com orgulho aos amigos:

— Estamos ansiosos para desfrutar da presença (*parousia*) de nossos netos na próxima semana. — Mas, depois, acrescentam: — Sim, esperamos que nossos netos estejam presentes na comemoração de nossas bodas de ouro.

Se você ouvisse essas duas declarações, poderia chegar a duas conclusões distintas: (1) os netos estão vindo na próxima semana para as bodas de ouro. Em outras palavras, os avós estavam falando que a visita e o aniversário eram um único evento, que ocorrem ao mesmo tempo. Ou (2) os netos farão duas viagens para visitar os avós. Uma na semana seguinte (talvez como parte de suas férias) e outra mais tarde, para participar da celebração das bodas de ouro.

PÓS-TRIBULACIONISMO

1. O arrebatamento ocorre depois da tribulação.
2. A Igreja experimenta Apocalipse 3:10 no final da tribulação.
3. O Dia do Senhor tem início no final da tribulação.
4. 1 Tessalonicenses 5:2,3 ocorre perto do final da tribulação.
5. 144 mil redimidos no final da tribulação.
6. Arrebatamento e Segunda Vinda são um único evento.
7. Esse juízo não existe.
8. Os gentios vivos são julgados após o milênio.
9. Os pais dos habitantes do milênio provêm dos 144 mil judeus.
10. Os cristãos que viveram durante a era da Igreja são julgados depois da Segunda Vinda ou no final do milênio.

De modo similar, como a presença do Senhor (*parousia*) caracterizará tanto o arrebatamento quanto a Segunda Vinda, essa palavra não serve para indicar se elas constituem um evento único ou fatos distintos. Em outras palavras, o vocabulário usado não prova, necessariamente, nem o pré nem o pós-tribulacionismo.

Uma segunda palavra usada para a vinda do Senhor é *apokalupsis,* significando "revelação". Ela aparece em passagens que falam do arrebatamento, como 1 Coríntios 1:7 e 1 Pedro 1:7; 4:13, porque, quando Cristo vier para sua Igreja, ele se revelará a ela. Quando vier, nós o veremos como realmente é. A palavra também aparece em passagens que descrevem sua vinda à Terra no final da tribulação (2 Ts 1:7), pois esse evento também revelará Cristo ao mundo.

Duas conclusões são possíveis. (1) O arrebatamento e a Segunda Vinda são o mesmo evento. Uma vez que ambos são chamados de uma revelação de Cristo, devem ocorrer ao mesmo tempo e ser parte do mesmo evento no final da tribulação. (2) Tanto o arrebatamento quanto a Segunda Vinda revelarão Cristo, mas não ao mesmo tempo nem nas mesmas circunstâncias. Portanto, o arrebatamento e a Segunda Vinda podem ser separados, como ensina o pré-tribulacionismo.

Observe que a primeira conclusão usou a palavra *revelação* como *catalogação*, ou seja, catalogou o evento a que se referem todas as passagens em que a palavra é usada, como se tratassem do mesmo evento único. A segunda conclusão vê a palavra *revelação* como uma caracterização, ou seja, é usada para caracterizar eventos diferentes da mesma maneira, como uma revelação.

Então, fica mais óbvio que o vocabulário usado no Novo Testamento não parece provar o pré nem o pós-tribulacionismo. A terceira palavra principal para Segunda Vinda é *epiphaneia*, com o significado de "manifestação". Na Segunda Vinda, Cristo destruirá o anticristo pela simples manifestação de sua vinda (2 Ts 2:8). Essa palavra também é usada em referência à esperança do cristão, quando ele verá o Senhor (2 Tm 4:8; Tt 2:13). Devemos concluir que a palavra classifica essas referências para ligá-las ao mesmo evento único ou que ela caracteriza dois eventos distintos, como se ambos envolvessem a manifestação de Cristo, mas que não ocorrem ao mesmo tempo? A resposta pode ser qualquer uma delas (mas não ambas!).

Claramente, então, o vocabulário não prova nem o arrebatamento pré nem o pós-tribulacional da Igreja.

Por que, então, esse argumento continua sendo usado? Simplesmente porque os pós-tribulacionistas acreditam que é um apoio válido para sua posição, alegando inclusive que isso "colabora" para a sua interpretação.[2]

Contudo, a dedução pós-tribulacionista, para continuar usando esse argumento, é que essas palavras servem para catalogar em vez de caracterizar. Na verdade, o vocabulário pode fazer isso, mas pode igualmente não fazê-lo.

Por exemplo, pense na palavra "motor". Meu carro tem um motor. A máquina de lavar que minha esposa usa tem um motor. Nosso ar-condicionado tem um motor. Minha máquina fotográfica tem um motor que avança o filme automaticamente. O termo "motor" é uma característica desses diferentes tipos de máquinas ou apenas uma maneira de catalogá-los que nos forçaria a concluir que tudo o que possui um motor é a mesma coisa? A resposta é óbvia.

A presença, a revelação e a manifestação caracterizam eventos diferentes ou classificam o mesmo evento? O pré-tribulacionismo diz que a primeira opção é correta, o pós-tribulacionista defende a segunda opção.

B. Apocalipse 4-18 não menciona se a Igreja está no céu ou na Terra durante a tribulação

Os pré-tribulacionistas destacam que, embora a palavra "Igreja" seja usada 19 vezes em Apocalipse 1–3 e uma vez no capítulo 22, não aparece uma vez sequer nos capítulos 4–18, que descrevem o período da tribulação. Por isso, concluem que a Igreja não estará na Terra durante a tribulação, mas no céu.

Em resposta a isso, os pós-tribulacionistas dizem que a Igreja (ou seja, a última geração da Igreja) estará na Terra durante a tribulação, de acordo com Apocalipse 4-18 e apresentam as seguintes razões: (1) Nesses capítulos, em lugar algum é mencionado que a Igreja está no céu, algo que poderíamos esperar que o texto dissesse, se isso fosse verdade. (2) A ocorrência da palavra "santos" em Apocalipse 13:7,10; 16:6; 17:6 e 18:24 mostra que, na verdade, a Igreja está na Terra durante a tribulação. (3) Outras descrições dos cristãos durante a tribulação aplicam-se convenientemente aos cristãos da era da Igreja, indicando que essa será a última geração da era da Igreja e que eles passarão pela tribulação. Vamos examinar e criticar cada um desses argumentos com maiores detalhes.

(1) A Igreja está no céu durante a tribulação? Os pré-tribulacionistas respondem a essa questão com uma dessas linhas ou com ambas. A maioria afirma que os 24 anciãos representam a Igreja e, como eles são vistos no céu, em Apocalipse 4:4 e 5:8-10, concluem que a Igreja está no céu. Alguns pensam que esse argumento é nulo, pois os textos fundamentais dos versículos 9 e 10 mostram os anciãos cantando uma canção de redenção na terceira pessoa, como se a redenção não fosse uma experiência própria (e, portanto, não poderiam representar a Igreja, que foi redimida). Mas, na verdade, esse não é um forte argumento. Note-se que Moisés cantou a redenção que ele experimentou na terceira pessoa (Êx 15:13,16,17).

Os pré-tribulacionistas também lembram que os costumes judaicos em relação ao casamento exigem que a Igreja já esteja no céu antes da vinda de Cristo no final da tribulação. O casamento judeu incluía vários passos: Primeiro, uma espécie de processional que envolvia o noivo indo da casa de seu pai até a casa da noiva, pagando o dote ou preço de compra e estabelecendo, assim, um contrato de casamento. Segundo, o noivo volta para a casa de seu pai e fica separado da noiva durante 12 meses; durante esse período, ele prepara, na casa de seu pai, as acomodações onde a esposa irá morar. Terceiro, o noivo vem buscar a noiva em um momento que ela não sabe exatamente quando será. Quarto, eles voltam juntos para a casa do pai do noivo, onde devem consumar o casamento e celebrar a festa de casamento durante os sete dias seguintes (durante esse período, a noiva fica dentro do quarto de núpcias).

Em Apocalipse 19:7-9, são anunciadas as bodas do Cordeiro. Caso a analogia do casamento dos hebreus tenha algum significado, podemos deduzir que o casamento ocorreu anteriormente na casa do Pai. A Igreja de hoje é descrita como uma virgem que espera pela vinda de seu noivo (2 Co 11:2). Além disso, em Apocalipse 21, ela é chamada de a esposa do Cordeiro, indicando que foi levada anteriormente para a casa do Pai.

Os pré-tribulacionistas dizem que isso requer um intervalo de tempo entre o arrebatamento e a Segunda Vinda. Obviamente, não se diz um tempo de sete anos, mas certamente argumenta contra o pós-tribulacionismo, que não tem tempo entre o arrebatamento e a Segunda Vinda.

(2) A palavra "santos" refere-se aos santos que viveram durante a era da Igreja? Na verdade, o uso da palavra "santos", nos capítulos 4-18, não prova nada até que saibamos a que santos estamos nos referindo. Existiam santos (pessoas piedosas) no Antigo Testamento (Sl 16:3). Existem santos hoje em dia (1 Co 1:2). Existirão santos durante os anos da tribulação (Ap 13:7, etc.). A questão é: os santos da era da Igreja são distintos dos santos do período da tribulação (pré-tribulacionismo) ou não (pós-tribulacionismo)? Os usos dessas palavras não responderão a essa questão.

(3) Outras frases que identificam os cristãos da tribulação com a era da Igreja indicam que a Igreja passará pela tribulação? Essas frases incluem "morrem no Senhor" (Ap 14:13; cf. "mortos em Cristo" de 1 Ts 4:16-18), "que guardam os mandamentos de Deus" (Ap 12:17; 14:12; cf. 1:9). Usar essas similaridades para provar que a Igreja estará presente na tribulação requer que similaridade signifique igualdade (uma grande dedução). Por outro lado, poderíamos esperar que grupos distintos de santos (isto é, os santos da Igreja e os santos da tribulação) seriam descritos de maneiras similares, pois todos são santos.

O mesmo é válido para o uso da palavra "eleito" ou "escolhido". Alguns concluíram que, pelo fato de os eleitos serem mencionados em Mateus 24:22,24 e 31 como parte da tribulação, a Igreja passará pela tribulação. Mas o que significa pessoas eleitas? O rei gentio Ciro foi chamado de ungido de Deus (Is 45:1). Cristo recebeu a mesma denominação (Sl 2:2). Israel foi chamado de escolhido de Deus (Is 45:4), embora a nação fosse uma mistura de pessoas redimidas e não-redimidas. Cristo também é chamado de o escolhido de Deus (Is 42:1). O mesmo ocorre com a Igreja (Cl 3:12) e também com alguns anjos (1 Tm 5:21). Os eleitos não são todos iguais, e os escolhidos dos dias da tribulação não precisam ser os mesmos que os eleitos da Igreja simplesmente porque o mesmo termo é usado para falar desses dois grupos.

C. A melhor interpretação de 2 Tessalonicenses 1:5-10 é entendê-la como apoio ao pós-tribulacionismo

Os pós-tribulacionistas entendem que essa passagem afirma que "Paulo coloca o livramento dos cristãos da perseguição no retorno pós-tribulacional de Cristo para julgar os ímpios, ao passo que, de acordo com o pré-tribulacionismo, essa libertação ocorrerá sete anos antes". [3] Em outras palavras, uma vez que a libertação ocorre na Segunda Vinda e está ligada ao arrebatamento, então o arrebatamento deve ocorrer ao mesmo tempo que a Segunda Vinda.

Vamos examinar as respostas do pós-tribulacionismo a três questões relacionadas com essa passagem:

(1) O que Paulo estava discutindo nesses versículos? A resposta pós-tribulacional é o livramento dos cristãos da perseguição.

(2) Quando esse livramento ocorre? No retorno pós-tribulacional de Cristo.

(3) Que grupo de pessoas irá se beneficiar desse livramento? Obviamente, apenas os cristãos que sobreviverem à tribulação e que estiverem vivos no arrebatamento pós-tribulacional.

Antes de tudo, observe a resposta pós-tribulacional para a pergunta número 3. A passagem refere-se apenas ao livramento dos cristãos que estiverem vivos no final da tribulação. Se isso é verdade, por que Paulo parece ignorar os tessalonicenses, que haviam sofrido a perseguição e morrido? A morte era o modo como eles alcançariam esse livramento. Por que ele não menciona essa maneira de livramento, algo que algumas das pessoas a quem estava escrevendo ainda poderiam experimentar? Para ser mais específico: o arrebatamento dos vivos trará livramento da perseguição, mas somente uma percentagem relativamente pequena dos cristãos experimentará isso, pois a maioria terá morrido antes do arrebatamento. Se a principal preocupação de Paulo, aqui, era o livramento, e se ele ocorrerá no arrebatamento pós-tribulacional, então Paulo estava oferecendo aquela esperança de livramento a um grupo muito pequeno de cristãos.

Para ver essa passagem com a tendência pós-tribulacional, uma pessoa deve concluir que a libertação dos cristãos está ligada a um juízo de fogo lançado sobre os ímpios. Essa passagem não é descrita como se fosse o encontro com o Senhor e nossa permanência a seu lado para sempre. Tampouco fala em termos de ressurreição para aqueles que já morreram, como outras passagens sobre o arrebatamento. Obviamente, se os inimigos de uma pessoa são punidos, então ela estará livre da perseguição. Mas a questão é onde o arrebatamento é descrito nessa passagem? O aspecto de julgamento da Segunda Vinda recebe destaque e, embora de acordo com o pós-tribulacionismo o arrebatamento seja o início da Segunda Vinda, essa parte inicial é *totalmente ignorada* por essa discussão.

Se Paulo acreditava tão claramente em um arrebatamento pós-tribulacional, então por que nem ao menos menciona esse arrebatamento na passagem, pois é o arrebatamento que traz o livramento, não o juízo posterior dos inimigos de Deus? Os cristãos que estiverem vivos durante a tribulação (se o pós-tribulacionismo está correto) serão livres da perseguição no momento em que forem arrebatados, *quer Cristo julgue quer não* seus inimigos ao mesmo tempo.

Observe algumas das palavras, nessa passagem, que enfatizam Deus julgando seus inimigos: "reto juízo" (2 Ts 1:5), "justo" e "dar em paga" (v. 6), "tribulação" (v. 6), "chama de fogo" e "vingança" (v. 8). Esse vocabulário estranhamente está ausente de passagens que tratam do arrebatamento, como João 14:1-3; 1 Coríntios 15:51-58 e 1 Tessalonicenses 4:13-18. Na verdade, o arrebatamento somente pode ser encontrado nessa passagem se o esquema escatológico do leitor forçar sua inclusão. A exegese não apresenta um arrebatamento nessa passagem.

Por que o uso que os pós-tribulacionistas fazem dessa passagem é tão confuso? Porque respondem de maneira errada à primeira pergunta. A pergunta era: o que Paulo estava discutindo nesses versículos? A resposta não é o livramento dos cristãos da perseguição, como afirmam os pós-tribulacionistas.

O assunto tratado nessa passagem não é o livramento, mas sim a vingança. Paulo não abordou quando ou como os tessalonicenses perseguidos seriam livres dessa perseguição. Pelo contrário, assegurou que Deus iria julgar seus inimigos e, assim, vingar os que haviam sofrido.

Uma das manifestações mais espetaculares do julgamento de Deus ocorrerá na Segunda Vinda de Cristo, quando os exércitos do mundo chegarem ao Armagedom e forem derrotados por ele. Também quando todas as pessoas que estiverem vivas precisarem comparecer diante dele (Ez 20:33-44; Mt 25:31-46). É sobre essas pessoas que a vingança recairá. Os que rejeitaram a Cristo, mas estiverem mortos naquela ocasião, não serão julgados até que o milênio chegue ao fim. Participarão do julgamento do grande trono branco. Olhando para trás, podemos ver que nenhum dos não-redimidos que perseguiram os tessalonicenses serão julgados na Segunda Vinda, mas sim diante do grande trono branco.

Paulo não mencionou o arrebatamento nessa passagem porque ela trata de vingança. Afinal, o arrebatamento não é um momento de vingança e de manifestação da justiça de Deus, julgando o mundo. É uma ocasião de libertação, de esperança, de encontrar o Senhor. Quando Paulo escreveu aos tessalonicenses, alguns deles já haviam encontrado o livramento por meio da morte. Posteriormente, todos passaram por isso. Desde o primeiro século, muitos cristãos perseguidos encontraram o mesmo tipo de livramento por meio da morte. Alguns passarão por isso no arrebatamento pré-tribulacional, mas somente os cristãos que estiverem vivos no final da tribulação o enfrentarão, não porque o arrebatamento ocorrerá nesse momento, mas porque passaram com sucesso pelos julgamentos e verão seus inimigos condenados.

Mas, se a vingança na Segunda Vinda recai sobre um grupo relativamente pequeno de inimigos dos cristãos (pense, por exemplo, nos muitos que se opuseram a Jesus através dos séculos), por que esse tempo especial deveria receber tamanho destaque? Simplesmente porque o final da tribulação leva ao clímax da longa rebelião da humanidade, a qual será interrompida pela intervenção pessoal do Senhor. Nem todos os inimigos do Senhor serão julgados então, mas aqueles que passarem por esse julgamento são o ápice da rebeldia. Por mais terríveis que possam ter sido a perseguição aos tessalonicenses ou as perseguições seguintes, nada do que ocorreu no passado ou no presente pode se comparar ao que acontecerá durante o período da tribulação.

Pensemos em uma analogia. No primeiro século, havia anticristos (1 Jo 2:18). Ao longo dos séculos muitos anticristos surgiram e desapareceram. Porém, o grande anticristo ainda está por surgir na história e ele será o ápice da oposição a Deus. Outros anticristos, agora, estão no *hades*, esperando o julgamento no final do milênio que os lançará para sempre no lago de fogo. Contudo, esse grande anticristo será julgado na Segunda Vinda. Quando isso ocorrer, Deus estará se vingando de todos os anticristos, embora seus julgamentos individuais somente acontecerão muito tempo depois.

Todos os que perseguiram os cristãos também serão julgados posteriormente. O julgamento dos que estiverem vivos na Segunda Vinda revelará o juízo de Deus sobre eles e sobre todos os perseguidores que morreram antes deles.

Se a morte ou o arrebatamento trouxer libertação de perseguições pessoais, por que os cristãos deveriam preocupar-se com essa vingança futura? Porque a questão contra os perseguidores não pode ser encerrada antes que Cristo seja vingado e que a justiça prevaleça. A perseguição pode cessar quando a morte ocorrer, mas o caso contra os perseguidores não estará encerrado até que sejam julgados. E os cristãos não estão preocupados apenas com o livramento, mas também com a vingança.

Observe um exemplo bíblico desse princípio. Escute os mártires da tribulação no céu, antes do final da tribulação, clamando a Deus por vingança (Ap 6:9-11). "Senhor, quando acertarás as contas com aqueles que nos mataram?", eles perguntam. Com certeza, já obtiveram o livramento por meio da morte física e estão no céu, mas continuam preocupados com a vingança. O Senhor responde que terão de esperar um pouco mais por essa vingança, até que outros também sejam martirizados na Terra.

Em 1 Tessalonicenses 1:10 e 5:9, Paulo aumentou a esperança e a certeza de livramento da ira por meio do arrebatamento pré-tribulacional. Em 2 Tessalonicenses 1, ele assegurou a seus leitores que os inimigos do Senhor serão julgados.

Em resumo: o capítulo 1 não ensina que o livramento da perseguição ocorrerá necessariamente ao mesmo tempo que a Segunda Vinda. Ele não retrata o arrebatamento de maneira alguma, mas centraliza no juízo dos ímpios e na vingança de Cristo que ocorrerá na Segunda Vinda. Essa vingança garante aos santos de todas as eras que a justiça prevalecerá.

1. REESE, Alexander. *The Approaching Advent of Christ*. Grand Rapids: Kregel, 1975; LADD, George E. *The Blessed Hope*. Grand Rapids: Eerdmans, 1956; e GUNDRY, Robert H. *The Church and the Tribulation*. Grand Rapids: Zondervan, 1973.
2. LADD. *The Blessed Hope*, p. 70.
3. GUNDRY. *The Church and the Tribulation*, p. 113.

90

O MILÊNIO

Tentar estabelecer o reino durante a Primeira Vinda de Cristo produz um erro teológico que possui muitas conseqüências graves. Ao falar de reino, estou me referindo ao reinado do Messias na Terra, conforme foi prometido a Davi (2 Sm 7:12-16). Afirmar que Cristo estabeleceu esse reino davídico em seu primeiro advento resulta em uma interpretação não-literal das promessas feitas a Davi e causa confusão entre as idéias de Igreja e reino. Dentre outras coisas, a ética da Igreja e a ética do reino possuem muito em comum. Mas, normalmente, isso faz com que a ética do reino seja mais divulgada do que a ética da Igreja. Os verdadeiros cristãos são chamados a viver no reino aqui e agora.

Esse erro foi cometido por algumas pessoas durante a vida terrena de Cristo (Lc 19:11). A verdade é que o reino messiânico somente terá início na Segunda Vinda de Cristo. Apenas então será cumprida a promessa feita a Abraão e a seus descendentes de alcançar uma Terra Prometida (Gn 15:18-21). E também se cumprirá a promessa feita a Davi de que seu descendente (o Messias) sentará para sempre no trono do reino. Sem um milênio em que essas promessas possam ser cumpridas, elas precisarão ser canceladas por algum motivo ou ter sido cumpridas no passado de Israel ou no presente de maneira não-literal.

I. A DURAÇÃO DO MILÊNIO

Apocalipse 20:2-7 diz seis vezes que a duração do milênio é de mil anos. A repetição desse número comprova tanto sua literalidade quanto sua importância. George E. Ladd, um pré-milenista que nega a literalidade desse número, disse: "É muito difícil entender os mil anos da sua prisão [de Satanás] como sendo estritamente literais, por causa do óbvio uso simbólico dos números no Apocalipse. Mil equivale a dez elevado à terceira potência – um tempo ideal".[1] Aparentemente, foi Agostinho quem concebeu, pela primeira vez, que mil (dez elevado ao cubo) representava a idéia de perfeição ou plenitude do tempo.[2] Os amilenistas geralmente interpretam esse número da mesma maneira. Alguém pode perguntar, com razão: por que dez elevado à terceira potência é considerado ideal e não dez elevado à décima potência ou a alguma outra potência? Além disso, negar a literalidade do número alegando que Apocalipse é um livro simbólico é ignorar que nem tudo nesse livro é simbólico e, portanto, seria preciso apresentar os motivos pelos quais qualquer uma de suas passagens é simbólica. Não há motivos para rejeitar o sentido literal, em que mil indica a duração do reino milenar de Cristo.[3]

II. O GOVERNO DO MILÊNIO

A. O tipo de governo

O governo do reino messiânico, milenar será a teocracia. Essa é a mesma forma de governo que Deus usou para Israel no período do Antigo Testamento. Somente durante o milênio, o Senhor Jesus Cristo reinará de maneira pessoal e visível sobre a humanidade (Dn 7:14). Seu governo será o de um rei absoluto e amoroso (Ap 19:15). Como conseqüência, haverá uma justiça completa e perfeita para todos, e o pecado será punido imediatamente (Is 11:4; 65:20).

B. O centro do governo

A topografia do planeta estará alterada no momento em que esse reinado tiver início, e a cidade de Jerusalém será o centro desse governo (Is 2:3). Essa cidade será exaltada (Zc 14:10); um lugar de grande glória (Is 24:23). Esse será o local onde o templo ficará (Is 33:20) e trará alegria para toda a Terra (Sl 48:2). Jerusalém, cenário de muitas guerras e violência tanto no passado quanto no presente e vítima de juízos durante a tribulação, nunca mais precisará temer por sua segurança (Is 26:1-4).

C. Os seus governantes

Aparentemente, Davi será o regente desse reino milenar. Muitas profecias falam sobre o lugar de destaque ocupado por Davi nesse reino (Jr 30:9; Ez 37:24,25). Portanto, Davi será ressuscitado na Segunda Vinda de Cristo, juntamente com outros santos do Antigo Testamento. Atuará como um príncipe estando sob a autoridade de Cristo, o rei.

A autoridade sobre as 12 tribos de Israel será entregue aos 12 apóstolos (Mt 19:28). De modo semelhante, outros príncipes e nobres compartilharão as tarefas de governantes (Is 32:1; Jr 30:21). Parece, também, que muitos outros ocuparão posições hierárquicas menores nos vários departamentos do governo desse reino. A parábola das minas (Lc 19:11-27) indica que aqueles que provaram sua fidelidade receberão muita autoridade. A Igreja também terá uma parte no governo da Terra (Ap 5:10). Embora muitos dos procedimentos normais de um governo sejam realizados por seus subordinados, Cristo reinará sobre todos.

D. Os súditos desse governo

Os primeiros súditos desse reinado de Cristo serão os gentios e judeus que sobreviverem à tribulação e entrarem no reino em seus corpos carnais. Logo no início do milênio, todos os habitantes da Terra serão redimidos, pois os não-redimidos terão sido julgados na volta de Cristo. Parece óbvio que os bebês nascerão imediatamente, pois, assim, dentro de poucos anos, poderão decidir por si mesmos que relacionamento espiritual terão com o rei. Precisarão submeter-se ao rei exteriormente, mas se demonstrarão fidelidade em seu coração é uma questão de escolha pessoal. Todos precisarão aceitá-lo como rei; mas talvez nem todos o aceitem como Salvador. Todas essas pessoas estarão vivendo em corpos mortais. Os santos ressurretos possuirão corpos ressurretos, os quais não estarão sujeitos a limitações físicas. Isso também significa que não irão contribuir para os possíveis problemas de espaço, de comida ou de governo durante o milênio.

III. AS CARACTERÍSTICAS DO MILÊNIO

A. Espiritual

Alguns afirmam que o reino milenar não poderá ser espiritual, pois será aqui na Terra. Porém, "terreno" e "espiritual" não são conceitos que se excluem mutuamente. Se essas duas idéias fossem incompatíveis, os cristãos hoje em dia não poderiam viver vidas espirituais em corpos carnais. Durante o milênio, Deus unirá o espiritual e o terreno em uma demonstração plena de seus padrões mais elevados de espiritualidade.

B. Justo

Nosso Senhor será um rei que governará com justiça (Is 32:1). A justiça será o cinto de seus lombos (Is 11:5). Ele julgará os pobres com justiça (Is 11:4; 16:5). Sião será chamada "cidade de justiça" (Is 1:26). Somente os justos entrarão no reino quando este tiver início (Mt 25:37) e aqueles que têm sede de justiça serão satisfeitos (Is 5:6).

C. Pacífico

Em conseqüência dessa justiça, o milênio será uma era de paz. Antigos inimigos, como Egito, Israel e Assíria, estarão em paz uns com os outros (Is 19:23-25). Jerusalém, local de inúmeros conflitos durante a história, também estará em paz (Zc 8:4,5). Certamente toda a Terra permanecerá em paz (Is 2:4). Uma conseqüência disso será a eliminação dos orçamentos com defesa, possibilitando que as riquezas das nações sejam usadas para outras causas.

D. Próspero

A terra será extremamente produtiva durante o milênio; até os desertos serão úteis (Is 35:1-7). Uma colheita sucederá a outra (Am 9:13,14). As necessidades sociais e as injustiças serão eliminadas (Sl 72:12,13). A maldição a que a Terra foi submetida quando Adão pecou será revertida, embora não seja completamente eliminada até o final do milênio, quando a morte finalmente for derrotada.

E. Religioso

O conhecimento completo do Senhor encherá a Terra durante o milênio (Is 2:2,3). Aparentemente, sacrifícios serão oferecidos novamente em um templo que será construído e que estará ativo durante o milênio (Ez 40–48). Os pré-milenistas entendem que esses sacrifícios serão uma maneira de lembrar a morte de Cristo. Os feriados religiosos também serão observados durante o milênio (Ez 46:1-15; Zc 14:16).[4]

IV. O SIGNIFICADO DO MILÊNIO PARA CRISTO

A escatologia pré-milenista trata muito do significado do milênio para o mundo, para Jerusalém, para a Palestina, para Israel, para as nações, etc. Isso é correto, pois causará muitas mudanças para benefício de toda a Terra. Mas talvez não exista outra perspectiva mais importante a ser considerada: qual o significado dessa era milenar para o nosso Senhor?

No Salmo 2:7,8, o rei Jesus recebeu a promessa da autoridade para governar sobre a Terra em justiça. Certamente, ele não viu essa promessa ser cumprida durante sua Primeira Vinda, embora tenha pago o preço por isso com sua própria vida. Em Apocalipse 5, ele é proclamado digno de tomar o livro selado, de abri-lo e de receber por herança o que lhe é justamente devido. Isso será cumprido quando ele vier novamente (Ap 11:15).

Por que esse reino terreno é necessário? Jesus não recebeu sua herança quando foi ressuscitado e levado ao céu: seu reino atual (a Igreja) não é sua herança? Por que precisa haver um reino terreno? Porque Jesus deve vencer na mesma arena em que aparentemente foi derrotado. Sua rejeição pelos reis do mundo foi nesta terra (1 Co 2:8). Sua exaltação também deve ser nesta terra. E isso acontecerá quando Jesus voltar para reinar com justiça sobre este mundo. Ele esperou muito tempo para receber sua herança; em breve a receberá.

1. LADD, George E. *Apocalipse, Introdução e Comentário*. São Paulo: Vida Nova, 1990, p. 194.
2. AGOSTINHO. *A Cidade de Deus*. Cap. XX.
3. Veja DEERE, Jack S. Premillennialism in Revelation 20:4-6. *Bibliotheca Sacra*, n. 135, jan./mar. de 1978, pp. 58-73.
4. Para uma discussão detalhada destas questões, veja a visão de milênio de PENTECOST, J. Dwight. *Manual de Escatologia*. São Paulo: Vida, 1998, pp. 486-499.

91

Os julgamentos futuros

No programa estabelecido por Deus, existem vários juízos que ocorrerão no futuro. Não é correto afirmar que haverá um grande dia do juízo, pois os juízos futuros ocorrerão em ocasiões diferentes.

I. O JULGAMENTO DAS OBRAS DOS CRISTÃOS

A. As escrituras relacionadas

Duas passagens principais recontam o fato e os detalhes desse julgamento (1 Co 3:10-15; 2 Co 5:10). Outras passagens relevantes são Romanos 14:10; 1 Coríntios 4:1-5; 9:24-27; 1 Tessalonicenses 2:19; 2 Timóteo 4:8; Tiago 1:12; 1 Pedro 5:4 e Apocalipse 2:10; 3:11; 4:4,10.

B. Como será o julgamento

Embora não seja especificado pelas Escrituras, esse julgamento aparentemente ocorrerá logo após o arrebatamento da Igreja, pois os 24 anciãos (que parecem ser representantes dos cristãos) são vistos usando coroas no evento ocorrido no céu logo no início da tribulação (Ap 4:4,10). Além disso, quando a noiva voltar juntamente com Cristo na Segunda Vinda, estará vestida com seus atos de justiça, que resistiram à provação desse julgamento (Ap 19:8).

O local desse julgamento é o *bema* de Cristo. Os *bemas* terrenos eram plataformas elevadas, em forma de trono, em que os juízes e governantes sentavam quando faziam discursos (At 12:21) ou ouviam e decidiam os casos (At 18:12-17).

Somente os cristãos serão julgados nessa ocasião, pois Paulo deixa claro que esse julgamento envolve aqueles que edificaram sobre o fundamento, Jesus Cristo (1 Co 3:11,12).

A natureza das obras dos cristãos será examinada para distinguir obras dignas das que não têm valor. Essas obras são aquelas realizadas pelos cristãos durante a sua vida na Terra. Todas serão apresentadas e examinadas. Algumas passarão no teste, pois são boas; outras serão reprovadas, porque não foram consideradas dignas. Tanto os bons quanto os maus motivos serão expostos; então, cada cristão receberá o louvor de Deus (1 Co 4:5). Que grande graça!

C. O resultado do julgamento

O resultado será o galardão (recompensa) ou a ausência dele. A salvação não está em questão, pois aquele que não receber galardão será salvo, porém, "como que através do fogo" (1 Co 3:15). Mesmo assim, conforme já dissemos, aparentemente cada cristão terá feito algumas coisas que Deus poderá elogiar.

A ausência de galardão é uma possibilidade real e, certamente, envolverá tristeza e vergonha. O "dano" virá pela consciência de que essas recompensas poderiam ter sido obtidas. No original, a palavra *zemioō,* em 1 Coríntios 3:15, não traz consigo a idéia de sofrimento no sentido físico ou mental. A idéia, aqui, é de perda, no sentido de penalidade, de algo que poderia ter sido recebido.[1]

João claramente ensinou que essas recompensas podem ser perdidas por causa da infidelidade durante a vida da pessoa na Terra (2 Jo 8). Sua preocupação era que seus leitores recebessem a recompensa completa, ou seja, tudo o que poderia ser seu por meio da fidelidade contínua. A mesma idéia de perda está presente na analogia que Paulo faz do tribunal de Cristo, comparando-o a uma corrida (1 Co 9:24-27). Sua preocupação estava em não ser reprovado, ou seja, em não fazer algo que pudesse resultar na perda de suas recompensas. Talvez João tenha escrito de maneira ainda mais vívida sobre a possibilidade de um cristão ser envergonhado na vinda de Cristo (1 Jo 2:28). "A voz passiva aliada à expressão *autou* sugere que o cristão fica envergonhado. Sugere, também, um distanciamento de Cristo, talvez motivado pela culpa, em que o cristão toma a iniciativa [não é Cristo que envergonha o cristão]".[2]

Resumindo essa questão de maneira muito equilibrada, Hoyt conclui o seguinte:

> O tribunal de Cristo poderia ser comparado a uma cerimônia de premiação. Na formatura, existe certa dose de decepção e de remorso pela falta de um desempenho melhor e de mais dedicação. No entanto, nesse evento, a emoção arrebatadora é a alegria, não o remorso. Os formandos não saem do auditório chorando porque não tiveram notas melhores. Pelo contrário, estão agradecidos por terem se formado e gratos pelo que conquistaram. Ressaltar o aspecto de tristeza do tribunal de Cristo é fazer do céu o inferno. Desfazer o aspecto triste é tornar a fidelidade inconseqüente.[3]

II. JULGAMENTO DOS SANTOS DO ANTIGO TESTAMENTO

Daniel 12:1-3 fala do período da tribulação (v. 1), das ressurreições dos justos e dos ímpios (v. 2) e das recompensas dos justos (v. 3). Muitos entendem que a ressurreição e a recompensa dos justos referem-se à ressurreição e julgamento dos santos do Antigo Testamento no final da tribulação. A revelação do Novo Testamento coloca a ressurreição e o julgamento dos ímpios de todos os tempos no final do milênio (Ap 20:11-15). Claro, não é algo incomum os profetas do Antigo Testamento colocarem, em seqüência, eventos que a revelação posterior separa por algum período de tempo.

É possível que Daniel 12:1-3 refira-se apenas à ressurreição e à recompensa dos judeus convertidos durante os dias da tribulação. Eles serão recompensados por terem percebido o engano do anticristo e por terem conduzido outros à fé durante os dias da tribulação.

III. JULGAMENTO DOS SANTOS QUE VIVERAM DURANTE A TRIBULAÇÃO

Apocalipse 20:4-6 trata da ressurreição dos santos que morreram durante a tribulação. Devido à sua oposição ao programa do anticristo, foram martirizados, mas Deus os levantou dos mortos antes do início do milênio. Não é feita alguma menção específica ao julgamento e às recompensas. Podemos apenas deduzir que isso ocorrerá no momento em que eles forem ressuscitados. (A frase "aqueles aos quais foi dada autoridade de julgar", no versículo, não se refere ao julgamento, mas à atividade dos santos julgando as pessoas durante o reino milenar).

IV. JULGAMENTO DOS JUDEUS QUE SOBREVIVERAM À TRIBULAÇÃO

Antes do início do reino milenar, os sobreviventes da tribulação, tanto judeus quanto gentios, deverão ser julgados para assegurar que somente os que creram entrarão no reino.

O julgamento dos sobreviventes judeus é descrito em Ezequiel 20:34-38 e ilustrado em Mateus 25:1-30. Ezequiel declara que isso ocorrerá após todos os israelitas sobreviventes, vindos dos quatro cantos da Terra, serem novamente reunidos na Palestina. Cristo irá fazê-los "passar debaixo do bordão do pastor" (veja Lv 27:32) para eliminar os rebeldes. Como resultado, esses rebeldes (não-salvos) não poderão entrar na terra de Israel (Ez 20:38), mas serão lançadas nas trevas exteriores (Mt 25:30). Em contraste, os que passarem com sucesso por esse julgamento poderão entrar no reino milenar e desfrutar a bênção da nova aliança (Ez 20:37). Esse grupo não receberá corpos ressurretos nesse momento, mas continuarão com seus corpos carnais durante o reino para que sejam capazes de gerar os primeiros bebês judeus nascidos no milênio.

V. JULGAMENTO DOS GENTIOS QUE SOBREVIVERAM À TRIBULAÇÃO

Os gentios que sobreviverem à tribulação também serão julgados por Cristo na sua Segunda Vinda. Mateus 25:31-46 apresenta detalhes disso. Joel profetizou que isso ocorreria no "vale de Josafá" (Jl 3:2), que pode ser o vale do Cedrom, na região leste de Jerusalém. Sabemos que Josafá significa simplesmente "Jeová julga".

Essas duas passagens afirmam que esses gentios serão julgados pela maneira como trataram Israel durante a tribulação. Cristo é o juiz; os gentios estão sendo julgados. De acordo com todas as interpretações, a Igreja já terá sido arrebatada para o céu. O uso de "irmãos", tratamento dado àqueles que se tornam a base desse julgamento, pode referir-se apenas aos judeus ("os compatriotas"), os irmãos naturais de Cristo (Rm 9:3). Se um gentio tratar um judeu com gentileza durante a tribulação será o mesmo que colocar sua vida em risco. Ninguém poderá fazer isso somente por ser bom, será preciso ter um coração redimido. Portanto, esse não é um julgamento de obras, mas de uma fé genuína que produz tais obras altruístas (ou a ausência dela, o que não produz essas obras).

Aqueles que não possuírem a fé salvadora e que demonstrarem isso, caso não realizem boas obras, serão lançados no lago de fogo. Aquelas pessoas cujas boas obras provam a presença da fé salvadora entrarão no reino. Assim como os judeus sobreviventes do julgamento anterior, eles manterão seus corpos carnais e serão os pais dos primeiros bebês gentios.

Observe que meu entendimento desse julgamento diz respeito a indivíduos gentios, e não, como algumas traduções sugerem, a grupos de pessoas de uma nação. No original, a palavra *ethnos* (e seus derivados) usada nessa passagem possui uma só idéia. Mas é traduzida em português como "povos" dez vezes, "pagãos" cinco vezes, "nação" 21 vezes, "nações" 34 vezes, e "gentios" 92 vezes. Outras referências a um julgamento na Segunda Vinda de Cristo descrevem um julgamento de pessoas (Mt 13:30, 47-50).

VI. JULGAMENTO DE SATANÁS E DOS ANJOS CAÍDOS

Satanás e seus anjos também serão julgados, aparentemente no final do reino milenar. Devemos lembrar que Satanás obteve outras sentenças, mas essa será a última, que o lançará para sempre no lago de fogo (Mt 25:41; Ap 20:10). Os anjos que serão julgados nesse momento terão o mesmo destino (Jd 6,7). Entendemos que os cristãos estarão juntos com o Senhor nesse julgamento (1 Co 6:3).

VII. JULGAMENTO DOS MORTOS NÃO-SALVOS

No final do reino milenar de Cristo, os incrédulos de todos os tempos serão ressuscitados e julgados. Essa ressurreição é chamada de "ressurreição do juízo" mencionada pelo Senhor em João 5:29. Seu julgamento ocorrerá diante do grande trono branco (Ap 20:11-15). O Senhor Jesus Cristo será o Juiz (veja Jo 5:22,27).

As pessoas julgadas são chamadas simplesmente de "os mortos" – incrédulos (em contraste com os "mortos em Cristo", expressão que se refere aos cristãos). Esse julgamento não irá separar os crentes dos incrédulos, pois todos os que passarem por ele terão feito a escolha de rejeitar a Deus durante sua vida na terra. O Livro da Vida aberto durante o julgamento do grande trono branco não trará os nomes de ninguém presente naquele julgamento.

O livro das obras, que também será aberto, provará que todos os que estão sendo julgados merecem a condenação eterna (e isso pode ser usado para determinar os níveis de punição). Na verdade, nem todas as obras são más, porém trata-se de obras mortas, realizadas por pessoas espiritualmente mortas. Provavelmente, o Juiz dirá:

— Vou mostrar que, pelo registro de suas próprias obras, vocês merecem a condenação.

Então, todos os que estiverem nesse julgamento serão lançados no lago de fogo para sempre.

---

1. Veja Robertson, A. T. e Plummer, Alfred. *A Critical and Exegetical Commentary on the First Epistle of St. Paul to the Corinthians*. Edinburgh: T & T Clark, 1914, p. 65.
2. Hoyt, Samuel L. The Negative Aspects of the Christian's Judgment. *Bibliotheca Sacra*, n. 137, abr./jun. 1980, pp. 129,30.
3. Ibid., p. 131.

JULGAMENTO	OCASIÃO	LUGAR	PESSOAS	BASE	RESULTADO	ESCRITURAS
Obras dos cristãos	Entre o arrebatamento e a Segunda Vinda	*Bema* de Cristo	Crentes em Cristo	Obras e a caminhada cristã	Recompensas ou perda das recompensas	1 Co 3:10-15; 2 Co 5:10
Santos do Antigo Testamento	Fim da tribulação/ Segunda Vinda		Crentes que viveram durante o AT	Fé em Deus	Recompensas	Dn 12:1-3
Santos da Tribulação	Fim da tribulação/ Segunda Vinda		Crentes que viveram durante a tribulação	Fé e fidelidade a Cristo	Reino com Cristo no milênio	Ap 20:4-6
Os judeus vivos	Fim da tribulação/ Segunda Vinda	Deserto	Judeus que sobreviveram à tribulação	Fé em Cristo	Os fiéis entram no reino; os rebeldes são expulsos	Ez 20:34-38
Os gentios vivos	Fim da tribulação/ Segunda Vinda	Vale de Josafá	Gentios que sobreviveram à tribulação	Fé em Cristo provada pelas obras	Os fiéis entram no reino; outros vão para o lago de fogo	Jl 3:1,2; Mt 25:31-46
Satanás e os anjos caídos	Fim do milênio		Satanás e os anjos que o seguiram	Fidelidade ao sistema falsificado de Satanás	Lago de fogo	Mt 25:41; 2 Pe 2:4; Jd 6; Ap 20:10
Pessoas não-salvas	Fim do milênio	Diante do Grande Trono Branco	Incrédulos de todos os tempos	Rejeição a Deus	Lago de fogo	Ap 20:11-15

92

Ressurreição e destino eterno

I. A REALIDADE DA RESSURREIÇÃO

A Bíblia ensina claramente, em várias passagens, a verdade da ressurreição do corpo. A ressurreição corpórea é primordialmente uma revelação bíblica, pois a filosofia grega, que encarava o corpo como um empecilho, ensinava apenas a imortalidade da alma.

A. No Antigo Testamento

1. *Jó 19:25-27.* Durante sua aflição, Jó desejou a morte como uma maneira de obter alívio e disse que gostaria de saber se havia algum tipo de esperança após a sepultura que tornasse seu presente sofrimento tolerável (Jó 14:13,14). Ele expressou essa esperança em Jó 19:25-27, uma esperança no Deus vivo que vingaria sua causa, mesmo depois de sua morte. Estava seguro de que, mesmo após seu corpo se decompor, veria Deus em sua carne (v. 26). Quando a preposição hebraica *min* é usada com o verbo "ver", isso indica o ponto de vista de uma pessoa. Ou seja, Jó esperava estar em um corpo ressurreto.

2. *Êxodo 3:6.* Em seu debate com os saduceus, o Senhor citou esse versículo como prova da realidade da ressurreição (Mt 22:31,32). Essa argumentação é baseada na ocasião em que Deus identificou-se a Moisés na sarça ardente, quando associou-se a Abraão, Isaque e Jacó em um relacionamento vivo, que não acabou quando esses patriarcas morreram.

3. *Salmos 16:8-11.* Nesses versículos, Davi estava escrevendo sobre sua própria ressurreição futura. Esses versículos foram citados por Pedro em Atos 2:25-28 e 31 e encontram seu cumprimento pleno na primeira Páscoa cristã, com a ressurreição de Jesus Cristo.

4. *Salmos 49:14.* Aqui o salmista afirma que a justiça acabará triunfando sobre a maldade, seja nesta vida ou na que há de vir ("na manhã", ARC).

5. *Isaías 26:19.* Aqui o profeta ensina, explicitamente, a ressurreição corpórea dos remidos.

6. *Daniel 12:2.* Tanto a ressurreição dos justos quanto a ressurreição dos ímpios são ensinadas nessa

passagem. O Novo Testamento confirma essas duas ressurreições (Jo 5:28,29), mas revela que não ocorrerão ao mesmo tempo (Ap 20:4,5).

7. *Zacarias 14:5*. Se o termo "santos", nesta passagem, refere-se aos cristãos, então essa profecia confirma sua ressurreição, pois eles acompanham Cristo em sua Segunda Vinda. Alguns, contudo, pensam que é uma referência aos anjos, embora seja possível que se trate tanto de anjos quanto de cristãos ressurretos.

B. No Novo Testamento

1. *Mateus 16:21; 17:23; 20:19*. Cristo predisse sua própria ressurreição no terceiro dia após a morte.

2. *Mateus 22:31,32; João 2:19-22; 5:28,29; 11:25,26*. Cristo ensinou a verdade da ressurreição.

3. *1 Coríntios 15:20-24, 35-50; 2 Coríntios 5:1-4; Filipenses 3:21; 1 Tessalonicenses 4:13-18*. Paulo não apenas ensinou a ressurreição corpórea, mas também forneceu maiores detalhes sobre o corpo ressurreto.

II. A ORDEM DAS RESSURREIÇÕES

Como já vimos, todas as ressurreições corpóreas encaixam-se em duas categorias: a ressurreição da vida, ou primeira ressurreição, e a ressurreição da condenação, ou segunda ressurreição (Lc 14:13,14; Jo 5:28,29). Essas ressurreições não ocorrerão ao mesmo tempo, pois o aspecto diferenciador não é o tempo, mas sim a vida ou morte eterna.

A. A ressurreição de Cristo

Na ordem das ressurreições, a primeira foi a ressurreição de Cristo. Embora outros tenham sido ressuscitados dos mortos antes dele, Jesus foi o primeiro a levantar da sepultura com um corpo que não estava mais sujeito à morte (Rm 6:9; Ap 1:8). É por isso que Paulo chamou-o de o primogênito dentre os mortos (Cl 1:18). Sua ressurreição é a primeira das muitas que acontecerão (1 Co 15:23).

B. A ressurreição dos que estarão com Cristo em sua Segunda Vinda

Essa ressurreição incluirá vários grupos: os santos mortos da era da Igreja (1 Ts 4:16), os santos mortos do período do Antigo Testamento (Dn 12:2) e os mártires do período da grande tribulação (Ap 20:4). Essas ressurreições dos santos de todos os tempos constitui a primeira ressurreição (Ap 20:6), a ressurreição para a vida (Jo 5:29), ou a ressurreição dos justos (Lc 14:14).

C. A ressurreição dos mortos não-salvos no final

O último grupo a ser ressuscitado inclui os mortos de todos os tempos que não foram redimidos. Eles serão ressuscitados no final do reino milenar para apresentar-se diante do grande trono branco em um julgamento que os sentenciará ao lago de fogo (Ap 20:11-14).

III. ENTRE A MORTE E A RESSURREIÇÃO

Em termos simples, a morte é a separação do aspecto material e do imaterial (Tg 2:26). Sempre que ocorre uma morte, o corpo é descartado, sendo normalmente colocado em uma sepultura. Mas a faceta imaterial da pessoa continua existindo por toda eternidade. A questão que se apresenta diante de nós agora é: qual é o estado da parte imaterial entre a morte física e a ressurreição corpórea?

A. Dos não-redimidos durante o Antigo Testamento

Quando uma pessoa morria, sua alma, espírito e natureza imaterial ficavam no *sheol,* onde deveriam aguardar até a ressurreição do corpo no final do milênio. Mas a Bíblia também diz que o corpo fica no *sheol*, pois metade das vezes em que a palavra *sheol* é usada no Antigo Testamento, refere-se à sepultura (veja Nm 16:30,33). Outras vezes, diz respeito ao local onde estão os espíritos dos que partiram, tanto dos justos (Gn 37:35) quanto dos injustos (Pv 9:18). Esse é um lugar de trevas, onde os mortos não-redimidos estão confinados até a morte (que pressupõe um corpo) e o *hades* (palavra grega equivalente a *sheol*, que pressupõe a alma) entregarem seus mortos no julgamento do grande trono branco (Ap 20:13).

B. Dos não-redimidos durante o Novo Testamento

O corpo vai para a sepultura, e o espírito vai para o *hades*, onde espera pela ressurreição do corpo que ocorrerá no final do milênio (juntamente com os não-redimidos que viveram durante o Antigo Testamento) (Lc 16:23). O *hades* é contrastado com o céu (Mt 11:23; Lc 10:15) e visto como um lugar de tormento, onde há choro e ranger de dentes (Mt 13:40-42), um lugar de tormento eterno (Mc 9:43-48) e de escuridão total, onde não há luz alguma (Mt 22:13).

C. Dos redimidos durante o Antigo Testamento

No caso dos santos do Antigo Testamento, a questão debatida é: "Para onde iam as almas (espírito ou parte imaterial do ser) na hora da morte? Eram imediatamente levadas à presença do Senhor ou ficavam na parte dos salvos do *sheol/hades*, de onde foram levadas ao céu quando Cristo desceu ao *hades* no intervalo entre sua morte e ressurreição?"

Herman Hoyt concordava com a segunda idéia e declarou o seguinte: "Como resultado da ressurreição e ascensão de Cristo, ocorreu uma reorganização no estado intermediário. Todos os justos foram removidos da parte superior do *sheol/hades*, e seus portões foram fechados, impossibilitando, desde então, a entrada da alma de qualquer pessoa salva. A partir desse momento, o paraíso fica em cima, onde Cristo está, e os espíritos de todos os salvos vão para junto de Cristo no momento de sua morte física".[1]

Várias passagens são citadas para apoiar esse ponto de vista. Paulo escreveu em Efésios 4:9: "[Cristo] havia descido às regiões inferiores da terra". Alguns entendem que isso significa que nosso Senhor desceu ao *hades* no período entre sua morte e ressurreição para tomar aqueles que estavam no "local dos salvos" do *hades* e levá-los ao céu. No entanto, a frase "da terra" pode ser um aposto. Isso significaria, então, que Cristo desceu (em sua encarnação) às regiões inferiores (do universo), ou seja, à Terra.

Também é mencionado o relato do homem rico e de Lázaro, o qual supostamente mostraria que os dois foram para o *hades*. Porém, o rico ficou no local de punição enquanto Lázaro estava feliz em outra parte (chamada "seio de Abraão" [Lc 16:22])". Esse relato ensina, claramente, alguns fatos importantes sobre a morte e o inferno: (a) há um estado de consciência após a morte; (b) o inferno é um lugar de tormento real; (c) não há uma segunda chance após a morte; e (d) os mortos não podem comunicar-se com os vivos. Mas essa passagem ensina que existem duas partes no *hades*? Não, pois não é dito que o seio de Abraão está no *hades*, mas sim longe dele (v. 23). O seio de Abraão é uma figura de linguagem usada para falar do paraíso ou da presença de Deus. O ladrão que estava na cruz ao lado de Jesus recebeu a promessa de que iria para o paraíso (Lc 23:43), não para uma parte do *hades*.

O texto de 1 Pedro 3:18 também é usado em ligação com a suposta descida de Cristo ao *sheol/hades*. Enquanto esteve lá, no intervalo entre sua morte e ressurreição, anunciou sua vitória sobre o pecado e retirou os que estavam na parte chamada de paraíso, levando-os ao céu. No entanto, o mais provável é que esse versículo signifique que o Cristo pré-encarnado pregou por meio de Noé àqueles que, por terem rejeitado essa pregação, agora eram "espíritos em prisão".

De acordo com Harry Buis, essa teoria das duas partes do *sheol/hades* foi desenvolvida durante o período intertestamentário. "O principal desenvolvimento dessa doutrina da punição eterna surgiu durante esse período porque o *sheol* passou a ser dividido em duas partes: uma para os bons, chamada de paraíso; outra para os maus, chamada *geena*".[2]

Creio que, quando os santos do Antigo Testamento morreram, foram imediatamente para a presença do Senhor. O ladrão crucificado ao lado de Jesus e que se arrependeu, ouviu do Senhor a promessa de que iria para o paraíso no mesmo dia de sua morte (Lc 23:43), e o paraíso era a presença do Senhor (2 Co 12:4). Na transfiguração de Cristo, Moisés e Elias aparecerem em sua presença, falando com ele.

Devemos entender que essa conversa entre Cristo, Moisés e Elias ocorreu na parte superior do *hades*, onde Moisés deveria estar até depois da morte de Cristo? Devemos entender que a transfiguração de Cristo ocorreu no paraíso-*hades*? Devemos concluir que, quando Elias foi trasladado, foi levado para o *sheol/hades* e não para o céu? Penso que não. Esse santo do Antigo Testamento foi imediatamente para o céu, onde espera pela ressurreição de seu corpo na Segunda Vinda de Cristo.

IV. UNIVERSALISMO

Em termos simples, o universalismo declara que, mais cedo ou mais tarde, todos serão salvos. Uma antiga forma de universalismo, originada no segundo século, ensinava que a salvação viria após um período temporário de punição. O universalismo de nossos dias declara que todos os homens estão salvos, embora nem todos saibam disso. Assim, o trabalho do pregador e do missionário é dizer às pessoas que já estão salvas. Embora Karl Barth negue que tenha ensinado a reconciliação universal de todos os homens, claramente ensinou a eleição universal de todos em Cristo. Outros simplesmente dizem que o amor radical de Deus busca o homem até que todos sejam salvos.

A. Evidência bíblica

Os versículos usados pelos universalistas incluem João 12:32 "atrairei todos a mim mesmo"; 1 Coríntios 15:22, "todos serão vivificados em Cristo"; Filipenses 2:11 "e toda língua confesse" e 1 Timóteo 2:4, "o qual deseja que todos os homens sejam salvos". Porém, esses versículos não ensinam que todas as pessoas serão salvas no final de tudo. João 12:32 diz que a cruz de Cristo faz com que a salvação de judeus e de gentios seja possível. Observe que, nessa mesma passagem, o Senhor alertou a respeito do julgamento dos que o rejeitam (v. 48). A idéia de 1 Coríntios 15:22 é que todos os que estão em Cristo serão ressuscitados e não todas as pessoas. Filipenses 2:10,11 assegura-nos de que, um dia, todas as pessoas reconhecerão Jesus como Senhor, mas não necessariamente como Salvador. E 1 Timóteo 2:4 expressa o desejo de Deus que todos sejam salvos, mas não promete que todos o serão.

Os universalistas convenientemente ignoram esses versículos. Leia com cuidado as palavras proferidas pelo próprio Senhor: "O que, todavia, se mantém rebelde contra o Filho não verá a vida, mas sobre ele permanece a ira de Deus" (Jo 3:36). "E irão estes para o castigo eterno, porém os justos, para a vida eterna" (Mt 25:46). Uma vez que a mesma idéia é usada, torna-se impossível argumentar que a punição eterna é infinita, do mesmo modo que a vida eterna.

Vejamos outras passagens do Novo Testamento que ensinam a condenação eterna: 2 Ts 1:8,9, "Estes sofrerão penalidade de eterna destruição, banidos da face do Senhor e da glória do seu poder"; 1 Coríntios 1:18; 4:3 e Hebreus 2:3. Só existem dois tipos de pessoas: os salvos e os perdidos. Toda pessoa que morrer sem ter recebido a Cristo como Salvador pessoal será condenada eternamente.

B. Evidência teológica

Alguns universalistas preferem usar argumentos teológicos. Apelam para a natureza de Deus, um ser que é totalmente amor. Questionam: "Então, como um Deus assim poderá condenar alguém, seja nesta vida ou na que há de vir? Deus é bom demais para rejeitar alguém". Contudo, o caráter de Deus não inclui somente o amor e a bondade. Ele também é totalmente justo, santo e pode irar-se. Os universalistas ignoram a justiça divina em nome de seu amor, e isso cria a idéia de um deus diferente do Deus bíblico.

Outros argumentam que um Deus justo não infligiria uma punição infinita por um pecado finito. Mas essa justificativa ignora um importante princípio: o crime depende da pessoa contra quem foi cometido (um Deus infinito) bem como de quem o comete (ser humano finito). Bater com um carro em um poste tem as mesmas conseqüências que bater em uma pessoa. Todo pecado, no final das contas, acaba sendo um crime contra um Deus infinito e merece uma punição infinita.

V. CONDICIONALISMO

O condicionalismo ou imortalidade incondicional define a punição eterna como a extinção final, o nada.

A. Argumentos bíblicos

Para quem defende essa idéia, a "destruição eterna" em uma passagem como 2 Tessalonicenses 1:9 significa um tipo de destruição, ou seja, a extinção. "Eterno" também é entendido por eles como um adjetivo atemporal. Ou seja, o fogo eterno não começa nem termina na era presente, o que não oferece indicação sobre o que acontece com aqueles que são lançados nele. Em relação ao paralelo entre punição eterna e vida eterna, em Mateus 25:41 e 46, um condicionalista diz que "devemos ser cautelosos em estabelecer um paralelo entre vida 'eterna' e punição 'eterna' para que não criemos um espírito de vingança nem sintamos uma alegria cruel ao contemplar o destino dos ímpios".[3] Porém, ele não faz uma exegese completa dessa passagem. O mesmo autor afirma que "não há uma base exegética clara em Lucas 16 para chegar-se a qualquer conclusão sobre o fim dos ímpios".[4]

Esses exemplos revelam o tipo de exegese artificial que os condicionalistas utilizam para embasar sua posição.

B. Argumentos teológicos

Os teólogos tradicionais entendem que morte é separação. Os condicionalistas a definem como a não-vida, ou seja, a extinção. Obviamente, essa definição não se aplica à morte de Cristo ou à morte física, tampouco à morte para o "eu".

Os condicionalistas reiteram que somente Deus possui a imortalidade (1 Tm 6:16) e, portanto, os seres humanos não podem ser imortais. Contudo, muitos outros atributos são predicados exclusivos de Deus, mas os homens possuem algo correspondente (e.g., sabedoria, Rm 16:27).

Mas os condicionalistas não conseguem responder à seguinte pergunta: se os ímpios devem sofrer uma medida não específica de punição antes de ser aniquilados, não poderíamos esperar que um evento tão importante quanto esse aniquilamento final fosse mencionado nas várias passagens bíblicas que tratam de escatologia?

Os salvos não ficarão tristes ao chegar ao céu e ver que alguns de seus conhecidos estão no inferno? Aparentemente não, e isso somente poderá acontecer porque a maneira de a pessoa encarar as coisas terá sido alterada, e ela compreenderá totalmente as sérias conseqüências do pecado (Is 66:24).

É claro que ninguém tem prazer em ver a punição eterna dos ímpios. Essa doutrina deveria estimular-nos a pregar ainda mais a mensagem da salvação que temos em Cristo e a vida eterna que ele nos oferece.

1. Hoyt, Herman A. *The End Times*. Chicago: Moody, 1969, p. 45.
2. Buis, Harry. *The Doctrine of Eternal Punishment*. Filadélfia: Presbyterian and Reformed, 1957, p. 18. As páginas seguintes apresentam provas vindas da literatura apocalíptica daquele período.
3. Fudge, Edward William. *The Fire That Consumes*. Houston: Providential Press, 1983, p. 195.
4. Ibid., p. 208.

Parte 14

Passagens Centrais

93

ALGUMAS PASSAGENS CENTRAIS PARA O ESTUDO DA TEOLOGIA

Para o cristão, a teologia deve ser feita a partir da Bíblia. Reconhecemos que as doutrinas de nossa fé vieram das Escrituras. Elas não só apresentam textos claros que servem para comprovar nossa argumentação, mas também ensinam princípios claros e oferecem os dados de onde podemos chegar a deduções, a induções ou a conclusões lógicas. Contudo, a base de toda a nossa teologia, mesmo que com variações denominacionais, deve ser as Escrituras.

Ao longo de vários anos como professor, tenho procurado fazer com que meus alunos não apenas saibam como declarar uma doutrina de forma correta, mas também conheçam as principais passagens bíblicas de onde ela é formulada.

Neste capítulo, quero listar as passagens mais importantes com uma breve descrição de sua contribuição para a teologia. Se uma pessoa pudesse usar essa lista desses dois modos, teria uma boa noção de Bíblia e teologia. Por "dois modos" quero dizer: (a) Se lhe fosse dada uma passagem, seria capaz de descrever a principal doutrina que ela ensina; e (b) Se lhe perguntassem onde certa doutrina é ensinada na Bíblia, poderia citar as referências mais importantes.

Se isso for chamado de "textos de prova" (passagens usadas para comprovar a argumentação), então que seja. O que há de errado nisso?

> Tanto o liberalismo quanto a neo-ortodoxia têm instigado fortemente o uso ortodoxo desses textos de prova, mas não possuem bons motivos para isso. Não há dúvida de que as Escrituras citadas se aproximam muito das doutrinas ortodoxas, não do liberalismo nem da neo-ortodoxia [...] Os conservadores insistem em que a citação das Escrituras nada mais é do que uma aplicação especial das "notas de rodapé", um procedimento padrão entre os eruditos [...] A objeção liberal e neo-ortodoxa ao uso desses textos de prova reflete um grande preconceito teológico [...] em vez de refutar um falso método de erudição [...] A simples menção de textos não tem valor,

a menos que cada versículo seja acompanhado de um trabalho exegético honesto [...] Muitos dos teólogos mais antigos foram culpados de citar um versículo do Antigo Testamento para provar algo em relação à salvação e à justificação e de tratá-lo como se fosse tão claro e lúcido como um trecho de Romanos ou de Gálatas. Essa é uma das questões mais tristes das teologias mais antigas, mas que foram alegremente corrigidas por um entendimento muito melhor da revelação histórica e progressiva. Tampouco a influência benéfica do dispensacionalismo pode ser contestada neste momento.[1]

ÁREA DA TEOLOGIA	PASSAGENS CENTRAIS	TEMAS DESTAS PASSAGENS
PROLEGÔMENOS		
	1 Co 2:10-16	Necessidade do ensino do Espírito
REVELAÇÃO GERAL		
	Sl 19:1-6	Revelação é mundial e contínua
	Rm 1:18-32	Revelação da ira de Deus
	At 14:17	A providência de Deus
	Mt 5:45	A bondade de Deus
	At 17:28,29	Deus está vivo e possui inteligência
O DEUS VIVO E VERDADEIRO		
Seus atributos	Sl 90:2	Eternidade
	Tg 1:17	Imutabilidade
	Sl 99	Santidade
	Sl 139:7-11	Onipresença
	1 Jo 1:5	Deus é luz
	1 Jo 4:8	Deus é amor
	Jo 4:24	Deus é espírito
Seus nomes	Gn 1:1	*Elohim*
	Êx 3:14	Jeová (*Yahweh*)
Sua triunidade	Dt 6:4	A unidade e a singularidade de Deus
	Is 48:16	Sugestão da Trindade
	Mt 28:18-20	Unicidade (nome) e triplicidade
	2 Co 13:14	Bênção trinitariana

ÁREA DA TEOLOGIA	PASSAGENS CENTRAIS	TEMAS DESTAS PASSAGENS
A BÍBLIA		
Sua inspiração	2 Tm 3:16	A Bíblia é inspirada por Deus
	2 Pe 1:21	O Espírito moveu os autores humanos
	1 Tm 5:18	Dt 25:4 e Lc 10:7 são unidos e chamados de "Escrituras"
	2 Pe 3:16	Os escritos de Paulo são chamados de "Escrituras"
	1 Co 2:13	As palavras da Bíblia são inspiradas
Sua inerrância	Mt 4:4	Toda palavra veio de Deus
	Mt 5:17,18	"i" e "til"
	Mt 22:23-33	O tempo do verbo está correto
	Mt 22:41-46	As letras que compõem as palavras estão corretas
	Gl 3:16	O singular está correto
Sua canonicidade	Lc 11:51	Os limites do cânon do AT
Sua iluminação	Jo 16:12-15;1 Co 2:9–3:2	O ministério do Espírito no entendimento da Bíblia
ANJOS		
	Ef 3:10	Sua hierarquia e organização
	Gn 3:24	Querubim
	Is 6:2	Serafim
	Lc 1:26	Gabriel
	Jd 9	O arcanjo Miguel
	Êx 3	O Anjo do SENHOR
	Hb 1:14	Seu serviço
SATANÁS		
	Ez 28:11-19	Sua criação e pecado

ÁREA DA TEOLOGIA	PASSAGENS CENTRAIS	TEMAS DESTAS PASSAGENS
	Is 14:12-17	Detalhes de sua rebelião
	Mt 4:1-11	As tentações oferecidas a Cristo
	Jo 12:31	Governante do mundo
	Ap 12:10	Acusador de nossos irmãos
	2 Co 4:4	Cegando os incrédulos
	Ef 6:11-18	Armadura para os cristãos
DEMÔNIOS		
	Mt 17:18; cf. Mc 9:25	Demônios são espíritos imundos
	Ef 6:12	Sua hierarquia e organização
	1 Tm 4:1	Doutrinas de demônios
	Mt 25:41	Destino no lago de fogo
O HOMEM		
	Gn 1:26,27	Criado por Deus
	Êx 20:11	Os dias da criação
	Mt 19:4,5	Cristo e a criação do homem
	1 Ts 5:23; Hb 4:12; Tg 2:26	Aspectos da natureza imaterial do homem
	Gn 3:1-7	O pecado original
	Gn 3:8-24	Penalidades pelo pecado
O PECADO		
	Rm 3:23; 1 Jo 3:4	O significado do pecado
	Ef 2:3	Pecado herdado
	Rm 5:12-21	Imputação do pecado
	Hb 7:9,10	Um exemplo de imputação
	Rm 3:9-18	Pecados pessoais
JESUS CRISTO		
	Jo 8:58	Sua eternidade
	Mt 1:23; Lc 1:35	Seu nascimento virginal

ÁREA DA TEOLOGIA	PASSAGENS CENTRAIS	TEMAS DESTAS PASSAGENS
	Jo 1:14	Sua encarnação
	Jo 1:1; 10:30	Sua divindade
	Lc 2:52; Gl 4:4	Sua humanidade
	Fp 2:7	Sua *kenosis*
	Jo 8:29; 1 Pe 2:21,22	Sua ausência de pecado
	Hb 4:15	Sua impecabilidade
	Mt 28:6	Sua ressurreição
	At 1:9-11	Sua ascensão
SALVAÇÃO		
	Ef 1:4	Pré-temporal
Eleição	Rm 8:29,30	Predestinação
	1 Pe 2:8	Preterição
A morte de Cristo	Mc 10:45	Substituição
	1 Pe 1:18	Redenção
	2 Co 5:18-21	Reconciliação
	1 Jo 2:2	Propiciação
O plano de Deus	Mt 11:28	Chamado geral para a salvação
	Rm 8:30	Chamado efetivo
	Jo 16:8-11	Convicção do Espírito
	At 16:31	Fé
	Rm 3:24	Justificação
	Tt 3:5	Regeneração
	Gl 4:5	Adoção
	2 Co 3:7-11	Fim da Lei
	Rm 6:1-4	União com Cristo
Garantia / Segurança	1 Jo 5:10-13	Baseado nas Escrituras
	Rm 8:31-39	Devido ao amor de Deus
	Ef 4:30	Devido ao selo do Espírito
A Extensão da Expiação	2 Pe 2:1	Resgate pago por todas as pessoas
	2 Co 5:19	Reconciliação pelo mundo

ÁREA DA TEOLOGIA	PASSAGENS CENTRAIS	TEMAS DESTAS PASSAGENS
	1 Jo 2:2	Propiciação por todos
O ESPÍRITO SANTO		
	Jo 16:13,14; 1 Co 2:10,11	Sua personalidade
	At 5:3,4	Sua divindade
	Jo 14:17	Contraste entre o ministério do Espírito no AT e no NT
	Mt 12:22-37	Blasfêmia contra o Espírito
	Rm 8:1; 1 Co 6:19	Sua habitação interior
	1 Jo 2:20,27	Unção
	Ef 4:30	Selo
	1 Co 12:13	Batismo no corpo
	1 Co 12:7-11	Dons do Espírito
	Ef 5:18	Enchimento
	Jo 16:12-15	Ensino
	Gl 5:22,23	Frutos do Espírito
A IGREJA		
	At 19:39,41	Uma assembléia não-religiosa
	At 7:38	Israel como assembléia
	Ef 1:22,23	Igreja, o Corpo de Cristo
	Rm 16:5	Igreja em uma casa
	1 Co 1:2	Igreja em uma cidade
	At 9:31; 1 Co 15:9	Igreja em uma região
	1 Tm 3:1-13	Qualificações para presbíteros (bispos) e diáconos
	Tt 1:7-9	Qualificações para os presbíteros (bispos)
	At 2:42; 1 Co 12–14	Atividades da Igreja
	Mt 18:15-20; 1 Co 5:6-8	Disciplina pela Igreja
O FUTURO		
Pós-milenismo	Dn 2:35,44	Pedra que enche toda a Terra

ÁREA DA TEOLOGIA	PASSAGENS CENTRAIS	TEMAS DESTAS PASSAGENS
Amilenismo	Gl 6:16	Israel-igreja
Pré-milenismo	Ap 20:1-7	Mil anos mencionado seis vezes
	Gn 15:9-17	Ratificação da aliança incondicional com Abraão
	2 Sm 7:12-16	Aliança com Davi
	1 Ts 4:13-18	O arrebatamento
Pré-tribulacionismo	Ap 3:10	Preservação da hora da provação
	1 Ts 5:1-11	Preservação da ira
Contra o arrebatamento parcial	1 Co 15:51,52	Tudo será feito novo
O Milênio	Ap 19:15	Cristo, o rei
	Is 2:1-4	Jerusalém, a capital
	Is 11:4	Justiça
	Is 35	Produtividade
	Is 19:24,25	Paz
Os julgamentos	1 Co 3:10-15	Dos cristãos
	Ez 20:34-38	Dos judeus que sobreviveram à tribulação
	Mt 25:31-46	Dos gentios que sobreviveram à tribulação
	Ap 20:11-15	Dos incrédulos no grande trono branco
	Mt 25:46; 2 Ts 1:8,9	Punição eterna

1. RAMM, Bernard. *Protestant Biblical Interpretation*. Boston: Wilde, 1950, pp. 175-8.

Parte 15

Definições

94

ALGUMAS DEFINIÇÕES PARA O ESTUDO DA TEOLOGIA

Definições precisas são o sinal de uma reflexão teológica cuidadosa. Toda definição deve consistir em uma reflexão correta e no resumo da verdade bíblica envolvida.

Quando insistia em obter uma boa definição dos alunos, especialmente quando questionava um aluno por não usar uma palavra mais precisa, muitas vezes recebi a seguinte contestação: "É apenas uma questão de semântica. Essa palavra é tão boa quanto qualquer outra". Tal contestação é totalmente sem mérito. As definições estão, de fato, muito relacionadas com uma questão semântica e, justamente por isso, uma palavra não é necessariamente tão boa quanto outra. A definição correta deve ser construída com palavras cuidadosamente escolhidas. A formulação descuidada jamais pode ser aceita.

Em minha pesquisa, procurei utilizar definições corretas e concisas de várias doutrinas. Nesta parte do livro, reuni muitas dessas definições e coloquei-as em ordem alfabética. Após cada definição, coloquei o número do capítulo para que o leitor possa localizar o assunto desejado e também estudá-lo mais profundamente.

ADOÇÃO
Introduz o cristão na família de Deus como filho adulto (52).

ADORAÇÃO
Culto ao Senhor feito de maneira individual, coletiva, pública ou privada, motivada pela reverência e pela submissão àquele que é totalmente digno dela (75).

ALMA
Pode se referir à pessoa como um todo, viva ou depois da morte. Pode designar a porção imaterial de uma pessoa com seus múltiplos sentimentos e emoções. Um importante foco na redenção espiritual e no crescimento (32).

AMAR A DEUS
Buscar o maior bem vindo de Deus e as suas perfeições (6).

Amilenismo
Visão que não acredita na existência de um milênio antes do fim do mundo. Ensina que ocorrerá um desenvolvimento paralelo do bem e do mal até o final de tudo (79).

Arianismo
Ensina que o Filho foi gerado pelo Pai e, portanto, teve um início (8, 68).

Argumento antropológico da existência de Deus
Diz que as várias facetas do ser humano, todas elas reunidas, exigem algumas explicações para sua origem e argumenta que um ser moral, inteligente e vivo poderia ter gerado o ser humano (5).

Argumento cosmológico da existência de Deus
O universo ao nosso redor é um efeito que requer uma causa adequada para que ele exista (5).

Argumento Ontológico da Existência de Deus
Uma vez que a idéia de um Ser mais perfeito que todos existe, ela deve proceder de um ser mais perfeito que todos (5).

Argumento teleológico da existência de Deus
A organização do mundo requer que alguém o tenha planejado (5).

Arminianismo
Ensina que Adão foi criado inocente, que podemos herdar dele a contaminação, mas não a culpa ou a natureza do pecado e que o ser humano possui a habilidade de fazer o bem (36, 57).

Arrebatamento
A retirada da Igreja da Terra (83).

Arrependimento
Uma mudança genuína, não superficial, das idéias a respeito de algo, a qual é seguida por alguma mudança (58).

Asseidade de Deus
Sua auto-existência (6).

Atributos
Qualidades inerentes a algo (6).

Barthianismo
Sistema teológico ensinado por Karl Barth (1886-1968). Enfatiza que Deus se revela soberanamente através da Palavra, cujo ponto máximo é Cristo. Para Barth, a Bíblia é um instrumento falível que aponta para Cristo (11, 68).

Batismo do Espírito Santo
A atividade do Espírito que une o cristão ao Corpo de Cristo no momento da salvação (64).

Calcedônia
Concílio da Igreja que formulou, no ano 451, uma declaração definitiva a respeito das duas naturezas de Cristo e fez uma afirmação clara sobre a divindade do Espírito Santo (68).

Cânon das Escrituras
A coleção de livros que passaram por certos testes e que foram

considerados com autoridade. São eles que devem regular nossa vida (15).

Carnalidade
Exibe as características de uma vida ainda não salva, porque a pessoa é incrédula ou porque, embora seja cristã, está vivendo como alguém que não é salvo (67).

Condicionalismo ou imortalidade condicional
Afirma que a punição eterna equivale à extinção total (92).

Constantinopla, Concílio de (381)
Produziu uma declaração que afirmou a divindade do Espírito Santo (8, 68).

Convicção
Ministério do Espírito Santo que comprova a verdade da mensagem cristã (56).

Coração
O centro e o núcleo da vida, tanto física como psicologicamente, incluindo a vida intelectual, emocional, volitiva e espiritual (32).

Cosmo
O sistema organizado que tem Satanás como seu líder, que deixa Deus de fora e que se opõe a ele (25).

Criacionismo
Visão da transmissão do aspecto imaterial do ser humano, o qual ensina que Deus cria a alma no momento da concepção ou do nascimento e imediatamente une-a ao corpo (31).

Criacionismo Progressivo
O mesmo que evolução do limiar (ver) (29).

Depravação Total
A ausência de méritos do ser humano aos olhos de Deus (36).

Dicotomia
O ser humano é visto como uma unidade bipartite composta de uma porção material e outra imaterial (32).

Eleição
A escolha pré-temporal de Deus daqueles que deveriam ser salvos (54).

Elohim
Nome de Deus que significa "o forte", o líder poderoso, a divindade suprema (7).

Espírito
Indica a parte imaterial da pessoa, não o todo, com suas várias funções e sentimentos. No pensamento paulino, assume proeminência em relação à vida espiritual (32).

Eternidade de Deus
A existência infinita de Deus (6).

Evolução
O processo de organização e de desenvolvimento de todas as coisas, do mais baixo, mais simples ou pior para algo mais alto, mais complexo ou melhor, por meio de recursos naturais (29).

Evolução teísta
Deus direcionou, usou e controlou o processo da evolução natural para

"criar" o mundo e tudo o que nele existe (29).

Evolução do limiar
Nos principais momentos da história, Deus interferiu para criar, mas, de outra maneira, permitiu o processo naturalista de evolução por meio de longos períodos de tempo geológico (29).

Expiação limitada ou redenção particular
O efeito da morte de Cristo pelo pecado foi limitado para um grupo particular chamado de "os eleitos" (55).

Fé
Dar crédito, confiar, crer ou considerar algo verdadeiro (56).

Hermenêutica
O estudo dos princípios de interpretação (16).

Igreja
Assembléia de pessoas chamadas a reunir-se (69).

Igreja local
Assembléia de pessoas que professam a Cristo, foram batizadas e estão organizadas para cumprir a vontade de Deus (72).

Impecabilidade
A incapacidade de pecar de Jesus Cristo (45).

Inerrância
A Bíblia fala a verdade, o que pode incluir aproximações, citações livres, linguagem figurada e diferentes relatos do mesmo evento, até o ponto em que não haja contradição (12).

Inspiração
Deus supervisionou (ou trabalhou com) os autores humanos da Bíblia para que eles compusessem e registrassem sem erros sua mensagem à humanidade nas palavras de seus escritos originais (10).

Jeová (*Yahweh*)
O Deus ativo e auto-existente (7).

Justificação
Anunciar um veredicto favorável, imputar a justiça (52).

Kenosis
Cristo esvaziou-se a si mesmo, não manteve sua condição de Deus e tornou-se humano para que pudesse morrer (44).

Mandato cultural
A humanidade deve trazer todas as estruturas deste mundo sob o senhorio de Cristo, destruindo toda oposição contra Deus (33).

Mistério do reino
O cristianismo durante o período entre a Primeira e a Segunda Vinda de Cristo (70).

Monarquismo dinâmico (adocionismo, adoção)
Crença que Jesus era apenas um homem que recebeu, durante seu batismo, um poder especial do Espírito Santo (8).

Monarquismo modalista (sabelianismo, patripassianismo)
Os três elementos da Trindade são maneiras pelas quais Deus se manifestou (8).

Montanismo
Movimento surgido por volta do ano 170 d.C. Ensinava que Deus estava dando uma nova revelação às pessoas (68).

Onipotência de Deus
Ele é Todo-Poderoso. Pode fazer qualquer coisa, desde que esteja de acordo com sua própria natureza (6).

Onipresença de Deus
Deus está em toda parte, em sua totalidade e em todo o tempo (6).

Onisciência de Deus
Deus sabe de todas as coisas igualmente bem, as que ocorreram no passado, as que estão ocorrendo e as que podem ocorrer no futuro, sem precisar fazer esforço para isso (6).

Ordenança
Ritual ordenado por Deus ou símbolo administrado na Igreja (74).

Ordo salutis
A tentativa de arranjar de maneira lógica (não temporal) as atividades envolvidas na aplicação da salvação a uma pessoa (377-380).

Panteísmo
Deus é a mente ou a alma do universo. A teologia do processo ensina que seu Ser penetra em todo o universo, mas não está restrito por ele (6).

Pecado
Qualquer afastamento dos padrões divinos; errar o alvo (34).

Pelagianismo
O homem não foi criado nem pecador nem santo e possui a capacidade e a vontade de escolher livremente entre pecar e fazer o que é certo (36, 68).

Perseverança
A crença calvinista que um cristão não pode se afastar da graça, mas continuará (perseverando) nas boas obras até o final de sua vida (57).

Pós-milenismo
O reino, agora, está sendo estendido a todo o mundo por meio da pregação do evangelho, para que todo o mundo seja cristianizado durante um período milenar após o qual Cristo retornará (78).

Predestinação
O planejamento pré-temporal de Deus do destino de seus filhos, os eleitos (54).

Pré-milenismo
A Segunda Vinda de Cristo será seguida pelo estabelecimento de seu reino na Terra durante mil anos (80).

Preterição
A exclusão daqueles que não foram escolhidos para a salvação (54).

Prolegômenos
Argumentação introdutória (1).

Propiciação
O afastamento da ira de Deus devido à oferta de Cristo (51).

Regeneração
A obra de Deus que dá nova vida a todo aquele que crê (56).

Reino davídico ou messiânico
O reino milenar na Terra governada pelo Messias (70).

Reino espiritual
Aquele em que todos os cristãos são colocados durante a era da Igreja (70).

Reino universal
O governo de Deus sobre todo o mundo (70).

Revelação geral
Tudo o que Deus revelou no mundo que nos cerca, inclusive o ser humano (5).

Revelação especial
A mensagem de Deus na qual a Bíblia foi codificada e comunicada de várias maneiras (5).

Salvação
Resgate, remédio, libertação, especialmente do pecado (49).

Salvação pelo senhorio
O ensinamento segundo o qual, para ser salvo, a pessoa não precisa apenas crer que Jesus é seu Salvador. Ela tam-bém deve crer que ele é Senhor sobre sua vida, submetendo-se (ou ao menos estando disposto a submeter-se) à autoridade soberana de Jesus (58).

Santidade de Deus
Deus está separado de tudo o que é impuro e mau, e ele é totalmente puro, logo é distinto de todos os demais (6).

Santificação
Deus separa o cristão para si. Ocorre na salvação, no decorrer de toda a vida e de maneira absoluta quando o cristão chegar diante dele no céu (67).

Satanás
Significa adversário ou opositor (22-25).

Segurança
A compreensão de que o cristão possui a vida eterna (57).

Segurança eterna
A obra de Deus que garante que o dom da salvação, após ser recebido, é eterno e não pode ser perdido (57).

Semi-pelagianismo
Ensina que o homem preserva certa liberdade com a qual pode cooperar com a graça de Deus (36).

Simplicidade de Deus
Deus não é um ser composto (6).

Socianismo
Nega a divindade de Cristo, a predestinação, o pecado original e a substituição penal (8, 36).

Teologia bíblica
Trata sistematicamente do progresso historicamente condicionado da auto-revelação de Deus na Bíblia (1).

Teologia sistemática
A correlação dos dados apresentados na revelação bíblica como um todo visando exibir sistematicamente uma imagem completa da auto-revelação de Deus (1).

Toledo, Sínodo de
Em 589, declarou que o Espírito Santo procedia do Pai e do Filho (*filioque*) (8).

Traducianismo
A visão que defende que o aspecto imaterial do homem é transmitido juntamente com o corpo através do processo de geração natural (31).

Tricotomia
A visão de que o homem é composto de três partes: corpo, alma e espírito (32).

Trindade
No Deus vivo e verdadeiro existem três pessoas co-eternas e co-iguais, o mesmo em substância, mas distinto em existência (8).

Últimos Dias, Os
O período total entre a Primeira e a Segunda Vinda de Cristo (83).

Vicário
Substituto; alguém que toma o lugar de outro (51).

***Yahweh* (Jeová)**
O Deus ativo e auto-existente (7).

Índice de Passagens Bíblicas

Gênesis

1	107, 196, 208, 209, 211, 212, 213
1:1	202, 214
1:1,2	209
1:2	210, 401
1:3, 6-8	214
1:11,12	106
1:21	208
1:26	217
1:26,27	218, 219
1:27	217, 219
1:28	233
1:28-30	31
2	107
2:1-3	222
2:4	212, 213
2:5	107
2:7	208, 217
2:18-23	107
2:21-23	218
3	231, 232, 254
3:7-13	234
3:8-13	31
3:14	235
3:15	235
3:16	235
3:17-24	235
5:3	221
6:1-4	179
6:2-4	180
6:3	404
6:6	45
9:1	233
10:2	547
12:1	529
12:2	527, 529
12:3	527
14:18-20	295
14:19	54
15:9-17	528
15:18-21	528
17:1	529
21:33	44
22:14	55
22:16-18	529
26:5	529
46:27	114

Êxodo
3:6 603
12:40 114
17:15 55
20:11 212
31:13 56
31:17 212

Levítico
1:4 485

Números
25:9 91, 108, 110

Deuteronômio
6:4 51, 59
10:17 54

Josué
7:16-26 257
21:43-45 530

Juízes
5:3 56
6:24 56

1 Samuel
1:3 56
16:14 190
17:50 109
21:1-6 113

2 Samuel
6:1 109
7:12-16 533
7:14 534
8:3 530
21:19 109
24:1 108
24:9-13 109
24:24 109

1 Crônicas
21:1 108
21:5,12,25 109
27 109

2 Crônicas
4:2 110
24:20 112

Neemias
2:4 54

Jó
19:25-27 603

Salmos
2:7 63
2:7,8 596
8:1-9 58
11:7 46
16:8-11 603
19:1-6 34
19:2 37
23:1 56
49:14 603
82 99
89:3,4,19-37 534
90:2 44

91:11,12 96
94:9 37
110:1 103
139:7-12 47

Provérbios
8:12-31 60
21:23 564

Isaías
2:2,11,12 566
7:14 277
7:23 278
9:6 277
9:7 534
14:12-17 162
14:14 54
17:6 56
26:19 595, 603
40:13,14 46
45:7 239
45:18 210
54:5 54

Jeremias
22:30 280
23:6 56
32:27 54

Ezequiel
20:34-38 599
28:11-19 156, 159, 162
28:15 161
28:16 162
38 547
39 547
48:35 56

Daniel
7:8,24,25 542
9:24,26,27 542
10:13 160, 188
11:40-43 546
12:1-3 598, 599
12:2 603

Joel
3:2 599

Jonas
3:10 45

Ageu
2:23 280

Zacarias
11:12,13 112
14:5 604
14:16,17-21 575

Malaquias
3:6 45
4:5 119

Mateus
1:16 279
3:1,2 535
4:1-11 95, 96, 165, 166
4:1-12 156
5 292, 293

5:17 120
5:17,18 97, 98
5:22,27-32 246
5:33-37 246
6 292, 293
6:1-18,25 246
7 292, 293
8:19-22 246
10:9,10 110
12:22-37 246
12:36 246
12:41 391
13 292
13:31,32 110
13:32 111
15:3-6 246
16:14 113
16:18 461, 463
16:21-23 165
17:18 179
18:6 246
18:15 377
18:15-20 503
18:17 474
20:20-28 246
20:29-34 112
22:23-33 100
22:32 101
22:41-46 102
22:42 110
23:1-36 245
23:35 112
24 546
24:1-28 249
24:4-14 294, 546
24:10-27 580
24:21 541
24:22,24 587
24:27 580
24:31 580, 587
24:39 573
24:40,41 292, 573, 574, 575
25:31,34 294
25:1-30 599
25:14-30 246
25:31-46 576, 577, 599
25:35-40 577
25:41 156, 608
25:46 607, 608
27:5 113
27:9 110
27:9,10 112
28:19 61

Marcos

1:2,3 113
2:26 113
3:22-30 406
6:8 110
7:9-13 247
9:25 179
10:45 333
10:46-52 112
11:15-18 245
16:16 390

Lucas

1:1-4 79
1:35 279
4:1 405

9:3	110
10:17-20	179
11:14-23	406
11:51	120
12:15	246
13:11-16	190
14:7-11	246
17:34-37	574
17:36	577
18:1-8	247
18:35-43	112
19:11-27	246
21:25	552

João

1:1	56, 57
1:14	277
1:18	56, 57
2:1-11	214
3:3	379
3:16	373
3:36	607
4:24	49, 497, 498
5:29	600
8:58	275
10:28,29	384
10:30	274, 62
10:31-38	99
10:34	99
12:32	607
13	294
14	294
14:16	399, 412
14:17	403
15:1-10	316
15:1-17	386
15:16	246
15:26	63
16:8-11	377
16:12-15	129, 441
16:13,14	398
16:33	541
17	384
17:15	564
17:17	80
18:6	406
20:17	19, 312
20:28	56

Atos dos Apóstolos

1:5	419
1:18	113
2	432
2:33	422
2:38	391
2:41	492
2:42	500
4:25	402
5:1-11	169
5:3	191
5:16	189
5:32	412
6	486
6:7	412
7	110, 114
7:6	114
7:14	114
7:38	456
8:38	492
10:44	413, 414

10:47 414
12:7-11,17 151
14:15-18 37
14:23 474
15 351
15:29 500, 564
16:7 399
16:16 184
16:33 492
17:28,29 37, 220
17:30 373
19:1-5 491
19:1-6 413
19:39,41 456
20:28 337
22:16 391
27:15 77

Romanos
1:4 409
1:5 413
1:18-32 35
1:28 252
3:9-18 261
3:21-26 346, 347
3:25 341
5:9 338
5:10 338, 339
5:12 256
5:12-21 231
5:15-19 256
6:2-10 347
6:11-14 348
8:9 412
8:14,16 442
8:26 443
8:30,33,34 384
9:1-3 93
9:3 334
9:5 57
10:4 350
10:9 57
11:26 572
11:28,33-36 338
12 425, 430
12:6 430
12:7 432
12:8 432, 433
14:5 501
16:1,2 487
16:5 456
16:17 504

1 Coríntios
1:2 443
1:7 585
2:9-16 129
2:13 78
2:14 411
2:15 435
3:1,2 129
3:12-15 560
3:15 598
5 169, 504
5:5 190
6:11 399, 443
6:19 411, 412
7:5 169
7:14 491
7:31 463, 173

8:5	57
9:24-27	386
10:8	91, 108
11:5	498
11:15	333
12	425, 430
12:9	430, 431, 432
12:10	430, 431, 189
12:12-25	462
12:12-27	427
12:13	420, 421
12:28	430, 431, 432, 483
12:30	431
14:1-40	430
14:25	497
15:3-8	309
15:22	607
15:29	334
15:44	226
15:51,52	560
15:51-58	539
15:52	539, 580
16:19	456

2 Coríntios

1:22	415, 416
3:7-11	351
6:15	158
11:4	190, 191
12:7	190, 191

Gálatas

3:13	335
3:16	92, 528
3:17	114
3:19,27,29	528
4:4	279
4:5	336
5:4	386
5:22,23	437, 438
6:1	504
6:16	461

Efésios

1:13	415, 416
1:13,14	417
1:22,23	456
2:15	462
2:20	427
3:5	463
4	430
4:5	420, 421, 422
4:7-13	316
4:9	605
4:11	430, 432
4:30	416
5:16	336
5:19-21	438
5:26,29	315, 316

Filipenses

1:1	486
2:5-11	299-301
2:10,11	607

Colossenses

1:13	564
1:16	275
1:26	462
2:11,12	491

4:15 456

1 Tessalonicenses
4:13-18 538, 565, 567
4:15 580, 584
4:17 538, 557
5:1-11 566, 567
5:3 543
5:23 226

2 Tessalonicenses
1:5-10 588, 591
1:7 585
1:8,9 607
1:9 608
2:1 580
2:3 542
3:6 504

1 Timóteo
2:4 607
2:4-6 373
2:6 333
3:1-13 481, 482
3:2-4 483
3:8-10 486
3:8-13 486
3:11 487
3:12,13 487
3:16 188
4:3,4 188
4:4 77
4:10 373
5:9 483
5:14,15 169
5:18 76, 121
5:19,20 504

2 Timóteo
3:1-5 537, 538
3:14-17 83
3:16 76, 77, 117

Tito
1:5 475, 477
1:6 484
1:7 483, 484
1:10-16 504
2:13 57
3:8-11 504

Filemom
2 456
13 334

Hebreus
1:1 408
1:3 296
2:7-9 143
2:9 373
4 213
4:12 228
4:14-16 281, 316
5:9 413
6:1-8 386
7:1-3 295
7:9,10 257
7:10 222
7:11,12 351
7:25 316

9:14 408
10:26-31 386
11:3 207
13:17 476

Tiago
1:27 505
5:20 564

1 Pedro
1:7 585
3:18 408, 606
4:10 425
4:13 585
5:8 169

2 Pedro
1:21 77, 78, 83, 402
2:1 371, 372
3:8 213
3:16 76, 79, 121

1 João
1:5-10 349
2:1,2 157
2:2 372
2:16 172
2:27 442
2:28 598
4:8 43
5:4,5 174
5:7 60
5:18 191, 564

Judas
14 120
19 411

Apocalipse
1:12-16 311
3:5 560
3:10 541, 565, 566
4:4 586
5 596
5:8-10 586
6:1,2 543
6:3-8 544
6:9-11 44, 544
6:12-17 544
6:16 541
6:16,17 580
6:17 567
7:1-8 545, 572
8:1,7 551
8:8,9 551
8:10,11 551
8:12,13 551
9:1-21 552
10:7 580
11:3-13 547
11:15-19 553
12:3,7,9,10 157
12:12 549
12:17 587
13:3,4 549
13:11-18 549
13:16,17 550

14 546
14:12,13 587
16:12-16 554
16:17-21 554
17 538
17:6 545
19:7-9 587
20:4-6 599
20:11-15 576

Índice de Assuntos

Abelardo, 356, 449

Acusador dos irmãos, 616

Adão, 231, 232, 235, 251, 253-259

Adoração, 438, 497-500, 501

Adonai, 55, 56

Adoção, 353

Adocianismo, 67

Adversário, 169

Agostinho, 66

- e o cânon, 119
- e a inerrância, 89
- e a pecaminosidade do homem, 253
- e o milênio, 520, 593
- e a Trindade, 66, 447

Ais da tribulação, 551, 552, 553

Aliança abraâmica, 527-531

Alfabeto hebraico, 97, 103

Alley, Robert S., 87

Allis, Oswald T., 125, 126, 516-519

Alma, 227

Amilenismo, 517-522, 527, 529-530

Amyraldus, 370

Anjo do SENHOR, 60,72, 148, 275

Anjos, 135-151

- arcanjos, 145, 146
- criação dos, 139
- das sete igrejas, 147
- existência dos, 135-137
- Gabriel, 147
- Miguel, 145, 146, 150, 156
- ministério dos, 149-151
- natureza dos, 140-143
- número de, 145
- organização, 145, 148
- principais passagens sobre os, 615
- querubim, 146, 147, 156

revelação especial e, 72
serafim, 147
unção, 414
Anjos caídos, veja demônios
Anselmo, 355
Antinomias, 50
Antinomismo, 265
Aparência de história, 213, 214
Apócrifos, 120
Apolinário, 288
Apolinarismo, 288, 290
Apostasia, 537, 538
Apóstolo, Dom de, 430
Arcanjos, veja anjos
Archer, Gleason L., 579
Argumento antropológico, 37
Argumento cosmológico, 35, 36
Argumento ontológico, 37
Argumento teleológico, 36
Arianismo, 65, 66, 288, 446
Ário, 65, 288, 446
Aristóteles, 225
Armagedom, 554, 555
Arminianismo, 254, 369, 382, 383, 450
Armínio, Thiago, 382
Arrebatamento, o
arrebatamento parcial, 558-561
descrição, 537, 538, 557
Dia do Senhor, em relação ao, 566, 567
milênio, habitantes do, 569-577
panorama das visões, 557, 559
tempo do, 561-568
visão mesotribulacionista, 559, 579-581
visão pós-tribulacionista, 559, 564-566, 567, 568, 570-577, 583-591
visão pré-tribulacionista, 559, 563-568, 569-570, 571-577, 583-591
Arrependimento e salvação, 391, 392
Ascensão, 312, 313
Asseidade, 44
Atanásio, 65, 446, 447
Aulen, 356
Auto-esvaziamento de Cristo, 299-302
Autoridade, A questão da, 23-26
Autoridade da inspiração, 100
Barnhouse, Donald Grey, 161
Barth, Karl,
e a autoridade, 23
e a eleição, 359, 607
e a inspiração, 83-84, 356

e a pecaminosidade do homem, 220

e a Trindade, 67, 451-452

Barthianismo, 83, 84, 232, 256

Basílio de Cesaréia, 65, 447

Batismo, 390-391, 419-423, 439, 490-493

Belial, 158

Belzebu, 158

Berkhof, Louis, 44, 60, 63, 339, 369

Besta, a, 548-550

Bíblia, a (Veja também Cânon da Escritura; hermenêutica; inerrância; inspiração),

adoração na, 498

auto-autenticação, 127, 128, 129

autor da, 127-128, 129

como chegou até nós, 131

como revelação especial, 72-73

credibilidade da, 73

e as origens, 207-215

Interpretação (veja hermenêutica)

passagens problemáticas da, 105-115

prevenção do pecado, 268

prioridade do Novo Testamento, 20

principais passagens sobre, 615

tipos de material da, 79, 80

Boettner, Loraine, 511

Boice, James M., 393

Brunner, Emil, 220

Buis, Harry, 606

Buswell, James Oliver, Jr., 36, 161-162, 222, 243, 403, 579

Cabeça da Igreja, o, 315-316

Caifás, 262

Calvinismo, 369-370, 381

Calvino, João,

e a anulação da Lei, 352

e a Trindade, 67

e controle de Deus, 365-366

e o Espírito Santo, 450

e o milênio, 521

e o sacrifício, 356

Caminho da salvação,

Cânon das Escrituras, 117-122

Antigo Testamento, 118-120

fechamento do, 118

Novo Testamento, 120-122

testes de canonicidade, 120-122

Caridade, ministério de, 505, 506

Carnalidade, 444

Casamento de levirato, 100

Ceia do Senhor, 493-495

Chamado, 378, 379

Chafer, Lewis Sperry, 322

Cipriano, 492

Cláusula *filioque*, 66, 448

Comunhão, 349-350, 500

Concílio de Calcedônia, 283, 289, 290, 448

Concílio de Cartago, 121

Concílio de Constantinopla, 66, 288, 447

Concílio de Éfeso, 289, 448

Concílio de Nicéia, 65, 288, 446, 447

Concílio de Trento, 489

Condicionalismo, 608

Confissão, 349, 350

Consciência, 229

Conservadorismo, Autoridade no, 24-25

Consubstanciação, 494

Convencimento, 377-378

Cosmos, 157, 171-174

Coração do homem, 228-229, 248

Creatio ex nihilo, 208

Credo de Nicéia, 65

Criação, veja também Evolução, 197, 207-215

- aparência de história, 213-214
- *creatio ex nihilo,* 208
- de Deus, 208
- dias solares ou eras, 211-213
- do homem, 217-223
- Espírito Santo na, 401-402
- pressuposições, 207-208
- tempo da, 208-209
- teoria do intervalo, 209-211

Criacionismo progressivo, 197

Criador, 275

Cristãos,

- durante a tribulação, 545, 546
- e a habitação do Espírito, 268, 411-414
- selo, o, 415-417
- seu pecado, 265-269
- seus inimigos, 266-267
- sua orientação, 442
- sua relação com o cosmos, 173-174
- sua segurança, 48, 381-387, 416-417
- sua segurança eterna, 47, 381, 383-386, 416-417
- sua unção, 414

Cristo, veja Jesus Cristo

Cristologia, veja Jesus Cristo

Crucificação, 328-329

Cura, dom de, 431

Darby, John Nelson, 563

Darwin, Charles, 196

Davidheiser, Bolton, 201

De Trinitate (Agostinho), 66, 447

Definições, 622-629

Deísmo, 67

Delitzsch, Franz, 162

Demônios, veja também Anjos
- atividades dos, 187-192
- confinamento dos, 179-181
- julgamento dos, 600-601
- natureza dos, 183-184
- origem dos, 178-179
- passagens principais sobre os, 616
- poder dos, 184-185
- possessão por, 189-192
- realidade dos, 177-181
- relação de Deus com os, 187
- relacionamento de Satanás com os, 187
- testemunho de Cristo sobre os, 177-178

Depravação, 251-252, 325

Depravação total, 251-252, 325

Deus, veja também Trindade
- amor de, 43-44
- atributos de, 41-51
- autor das Escrituras, 127-128, 129
- bondade de, 43
- como Juiz, 345-346
- conhecimento de, 29-30
- criador do homem, 217-218
- existência eterna de, 44
- graça de, 38, 43
- imutabilidade de, 44-45
- incompreensibilidade de, 29, 42
- infinitude, 45
- ira de, 35, 340-341
- justiça de, 45-46
- liberdade de, 46
- longanimidade de, 43
- misericórdia de, 43
- motivos para a salvação, 321-322
- nomes de, 53-58
- onipotência, 46-47
- onipresença, 47
- onisciência, 48
- pecado e, 365-366
- perfeições de, 41-51
- plano de, 360-361
- poder de, 46-47
- presença de, 47
- principais passagens sobre, 614
- relacionamento com os anjos, 149
- relacionamento com os demônios, 187
- relacionamento pessoal com, 30
- revelação de, 33-40
- santidade de, 49
- segurança eterna e, 384
- simplicidade de, 49

soberania, 50, 361
unicidade, 60
unidade, 50-51, 59
verdade, 51

Deus deste mundo, 157

Deus Todo-Poderoso, 46

Destino eterno, 603-609

Dia de adoração, 500-501

Dia do Senhor, 566-567

Diabo, veja Satanás

Diaconisas, 487

Diáconos, 486

Dicotomia do homem, 225

Dilúvio, 214

Disciplina na igreja, 503-505

Discurso sobre o Espírito Santo, 450

Divindade
de Cristo, 57, 61, 87-88, 99, 102-103, 284-285
do Espírito Santo, 61, 398-400

Doar, 499

Dobzhanský, Theodosius, 199

Docetismo, 93, 288

Dodd, Charles Howard, 341-342

Dom de profecia, 430-431

Dons espirituais, 425-433
Definição, 425-426
Descoberta e desenvolvimento, 427-428
Distribuição, 426-427
Lista dos, 430-433
e ofícios, 480-481

Duas testemunhas, 547-548

Ebionismo, 93, 288, 290

El Elyon, 54

El Olam, 44, 54

El Roi, 54

El Shaddai, 54

Elohim, 53-54, 99, 208

Emanuel, 277

Encarnação, 92-93, 277-282, 326

Enoque, livro de, 120

Ensino reformado sobre,
Escatologia, 521
Espírito Santo, 449-450
Trindade, 67

Episcópio, Simão, 383

Escatologia, 509-609. Veja também Arrebatamento, Tribulação
aliança abraâmica, 527-31
amilenismo, 517-521, 527, 529-530
apostasia, 537

destino eterno, 603-609
dia do Senhor, 500-501
julgamento do grande trono branco, 576- 604
julgamento de ovelhas e bodes, 575-577
milênio, habitantes do, 569-577
milênio, o, 593-596
pós-milenismo, 511-515
pré-milenismo, 523-609
principais passagens da, 618-619
reino davídico/messiânico, 281, 461, 533-535
religião ecumênica, 538
resumo, 509-510
resumo dos eventos, 537-539
ressurreição, 100, 603-609
Segunda Vinda de Cristo, 539
teocracia, 514
tratado de paz, 542-543
últimos dias, 537

Escrituras, veja Bíblia

Espírito, veja Espírito Santo

Espírito do homem, 227-228

Espíritos, veja Demônios

Espírito Santo, veja também Dons espirituais e Trindade,
batismo do, 417-423, 439
certeza para os cristãos, 385
como garantia, 442-443
divindade do, 61, 398-399
dons do, 425, 427
espiritualidade e plenitude do Espírito, 435-436
habitando nos cristãos, 268, 411-414
habitando nos cristãos de Samaria, 413
história da doutrina, 445-452
ministério batizador do, 419-423
ministério de ensino do, 441-442
ministério de oração do, 443
natureza do, 397-400
na Criação, 401-402
na época do Antigo Testamento, 401-404
na inspiração, 402
na vida de Cristo, 405-409
orientação dos cristãos, 442
pessoalidade do, 397, 398, 399
plenitude do, 435-439
principais passagens sobre o, 617
relação com a Igreja, 464-465
revelador da verdade divina, 31, 402
santificação e, 443-444
segurança eterna e, 385-387
selo, 415-417

Estrela da manhã, 162

Eternidade de Deus, 44

Eternidade, 44

Eusébio, 291

Eustáquio, 66

Eutiquianismo, 289, 290

Eutíquio, 289

Eva, 233, 234, 235, 236

Evangelista, dom de, 432

Evangelho, veja Salvação

Evolução, veja também Criação, 195-204

 princípio da, 197, 198

 problemas da, 199-203

 processo da, 198-199

 registro dos fósseis, 203-204

 variações da, 195-197

 teísta, 196-197

Exegese, veja também hermenêutica, 123

Expiação, 342-343

Expiação limitada, 369-375

Expiação vicária, 331-335

Falso profeta, 550

Farrar, F. W., 124

Fatalismo, 364

Fé, 379-380, 432

Fermento, 247, 248

Festa do amor, 495

Filho de Deus, 284

Final dos tempos, veja Escatologia,

Flávio Josefo, 119

Frígia, heresia da, 445

Fruto do Espírito, 437-438

Fuller, Daniel, 126

Gabriel, 147

Geisler, Norman, 35

Genealogias de Cristo, 279-280

Godet, Frédéric Louis, 280, 348, 403

Governo da Igreja, 471-477

Governo congregacional, 474, 476

Governo federativo da Igreja, 476-477

Governo nacional da Igreja, suas formas, 472-473

Govett, Robert, 558

Graça, 38, 43

Grande dragão vermelho, 157

Grande tribulação, veja Tribulação,

Grande trono branco, Julgamento do, 576, 600

Gregório de Nazianzo, 65, 447

Gregório de Nissa, 65, 447

Grotius, 356

Gundry, Robert H., 571, 572, 575, 576

Habitação do Espírito, 411-414

Hades, 605-606

Hamilton, Floyd, 517

Hegel, George Wilhelm Friedrich, 67

Hermenêutica, 123-130

definição, 123

interpretação alegórica, 123

interpretação literal, 124

interpretação semi-alégorica, 124-126

interpretação semiliteral, 124-126

interpretação teológica, 126

sistemas de, 123-126

Hermenêutica normal, veja Interpretação literal,

Herodianos, 247-248

Hodge, Charles, 221, 304, 514

Hoekema, Anthony, 530

Homem, veja também Criação; Evolução; Salvação; Pecado;

alma do, 227

consciência, 229

coração, 229

criado à imagem de Deus, 31, 216-222

criação do, 217-222

espírito do, 227-228

facetas do, 224-230

humanidade, 221-222

influência dos demônios sobre o, 188-192

mente, 229

natureza carnal, 230

passagens importantes sobre, 616

possessão demoníaca do, 182-189

queda do, 231-236

vontade do, 230

Hoyt, Herman A., 605

Hoyt, Samuel L., 598

Hunter, A. M., 231

Huxley, Julian, 196, 198, 200

I e til, 97

Igreja, a, 455-506

adoração na, 497-501

anciãos, 479-484

batismo, 390-391, 419-423, 490-492

caridade, ministério da, 505-506

ceia do Senhor, 493-495

conceitos denominacionais de, 457, 458

conceito do Novo Testamento de, 456, 457

curadores da, 488

dia de adoração, 500

diaconisas, 487

diáconos, 486

disciplina da, 503-504

distinta no tempo presente, 461, 463
e Estado, 472-473
festa do amor, 495
governo da, 471-477
interpretação bíblica e padrões, 467-469
lavagem de pés, 495
liderança da, 478-488
local, 471
ministério com as viúvas, 505
ordenação, 485
ordenanças, 489-496
palavras para designar, 455-458
passagens importantes sobre, 618
relação do Espírito Santo com a, 464
relação de Israel com a, 461
relação de Jesus Cristo com a, 463, 464
relação com o reino, 459-461
relacionamento dos anjos com a, 150-151
Igreja local, 471

Iluminação, 129, 130

Imutabilidade, 44, 45

Impecabilidade, 303-307

Imputação, 255-259, 263

Inácio, 480

Inerrância, 85-93
definições de, 90, 92
dos números, 108, 109, 110, 114
dos manuscritos originais, 88
ensinamentos de Cristo sobre, 95-103
evidência dedutiva da, 95
importância da, 85- 89
inspiração e autoridade, 100
passagens problemáticas, 105-115
pressuposições, 105, 106

Inspiração, 75-80
conceitual, 82, 98
definição, 80
desvios, 81-84
dinâmica, 81
e o Espírito Santo, 402
natural, 81
parcial, 82
plena, 95-97
referências bíblicas, 75-80

Ira de Deus, 34-35, 340-341

Irineu, 218, 355

Ironside, H. A., 157

Israel e a Igreja, 461, 524

Jamnia, Sínodo de, 119

Jeová, 55

Jesus Cristo, veja também Salvação; Trindade
- Anjo do SENHOR, 60, 72, 148, 275
- Ascensão de, 312, 313
- Auto-esvaziamento de, 299, 302
- Cabeça da Igreja, 315-316
- Criador, 275
- Deus Forte, 277
- Divindade de, 57, 60, 61, 86-88, 99, 102-103, 284, 285
- doutrina barthiana da inspiração, 83, 84
- dons dados por, 425, 426
- e a segurança eterna, 384
- Emanuel, 277
- encarnação, 92, 93, 277- 282, 326
- ensino sobre anjos, 137
- ensino sobre inerrância, 95-103
- ensino sobre pecado, 245-250
- Espírito Santo na vida de, 405-409
- estilo de ensino, 291, 292
- eternidade de, 274, 275
- exemplo de vida, 281
- Filho de Deus, 284
- galardoador, 317
- genealogias de, 279, 280
- governante deste mundo, 318
- humanidade de, 285, 286
- intercessão de, 268
- Juiz, 281, 282
- milagres, 405, 406
- ministérios, 280-282, 314-318
- nascimento virginal, 277, 278, 326
- paixão de, 325-329
- preexistência, 273, 274
- pré-encarnação, 273-276
- preparando um lugar, 317
- principais passagens sobre, 616, 617
- principais passagens sobre o ensino de, 293, 294
- profecias sobre, 126, 127
- Profeta, 291-295
- Rei, 296-297
- reino davídico/messiânico, 281, 461, 533, 534, 592
- relacionamento dos anjos com, 149, 150
- relação da igreja com, 463, 464
- relação de Satanás com, 165, 167, 281
- ressurreição de, 309-313, 604
- ressuscita os mortos, 317
- revelação de Deus, 280, 281
- revelação especial, a, 72
- sacerdote, 281, 295-296, 316-317
- Salvador, 281, 282
- santidade absoluta, 303-307
- Senhor (*kyrios*), 57
- Sumo Sacerdote, 281, 282
- tentação de, 95, 96, 168, 169, 304, 307
- *Theos*, 56, 57
- testemunho dos demônios sobre, 177
- união hipostática, 286-288

união de deidade e humanidade, 286-288

usando o Antigo Testamento, 96, 97

Jewett, Paul King, 401

Joaquim de Fiore, 513

Johnson, S. Lewis, 127

Josefo, Flávio, 119

Juiz, 281, 282

Juízo das taças, 553, 554

Juízo das trombetas, 551-553

Juízo dos selos, 543-551

Juízos futuros, 597-601

Julgamento da natureza pecaminosa, 347-349

Justificação, 345-347

Justino Mártir, 493

Kant, Immanuel, 24, 67

Kenosis, 298-302

Kuyper, Abraham, 450

Ladd, George E., 523, 593

Lapsorianismo, 370

Lavagem dos pés, 495, 496

Lei, a, 350-353

Lei mosaica, 350-351, 352-353

Leupold, Herbert Carl, 107, 399

Liberalismo, 20, 21, 22

Liberdade,

de Deus, 46

e Eleição, 361

e pecado, 347, 348

Liderança da igreja, 478-483

Lightfoot, Joseph Barber, 300

Linguagem, 31, 126

Línguas, dom de, 431, 432

Longanimidade, 43, 173

Louvor, 436

Lucas, 79

Lúcifer, 162

Lutero, Martinho,

e a Escatologia, 521, 522

e o Espírito Santo, 449, 450

e a inerrância, 89

e Tiago, 121

e a Trindade, 67

e o ubiqüitarianismo, 287

Macedônio, 447

Macedônios, 447

Mandato cultural, 232, 233

Marca da besta, 550

Marcião, 121

Milagres, dom de realizar, 431

Miguel, 145, 146, 156

Milênio, o, 593-596

habitantes da Terra durante o, 569-577

Misericórdia, 43

Mistério do reino, 460

Morte e destino eterno, 603-609

Monarquianismo, 64, 65, 432

Monotelismo, 288

Montanismo, 445, 446

Moody, Dale, 37, 420

Moody, Dwight Lyman, 420

Morris, Leon, 339

Mounce, Robert, 124, 523

Mullins, Edgard Young, 419

Mundo, o, 171-174

Murray, John, 352

Mutação, 198-200

Nascimento virginal, 277-279, 326

Natureza carnal, 266, 267

Natureza pecaminosa, 253-258

julgamento da, 347-349

Neoliberalismo, 452

Neo-ortodoxia, 24, 254, 451, 452

Nestorianismo, 288, 289

Nestório, 289

Nicholson, Marta Snell, 385

Nicolau (papa), 67

Nicole Roger, 342

Nomes de Deus, 53-58

Obediência passiva, 327

Onipotência, 46, 47

Onipresença, 47, 48

Onisciência, 48, 49

Oração, 443, 498, 449

Ordenação, 485

Ordenanças da Igreja, 489-496

Ordo salutis, 377-380

Orígenes, 124, 355, 520

Origens, veja criação; evolução

Ortodoxia, 25

Ovelhas e bodes, Julgamento de, 571-575

Owen, John, 450

Pai, 58

Paixão de Cristo, a, 325-329

Paley, William, 36

Panorama dos futuros eventos, 537-539

Panteísmo, 47

Paraíso, 606

Payne, J. Barton, 60

Pecabilidade, 304

Pecado, 239 até 269

classificação do, 262
conseqüências do, 249, 263
cristãos e o, 265-269
definições de, 242, 243
depravação, 251, 252, 325
ensinamento de Cristo sobre o, 245-250
escatologia do, 249, 250
fontes do, 248
herdado, 251-254
imperdoável, 407
imputação do, 255, 259, 263
lista dos, 245-247
original, 251-254
palavras do Antigo Testamento para, 239, 240
palavras do Novo Testamento para, 240-242
penalidades do, 234-236, 252, 259, 267
perdão do, 249
principais passagens sobre o, 616
remédio, 255, 259, 263, 268
soberania de Deus e o, 50, 365, 366
tipos de, 245-247
transmissão, 252, 253, 258, 263
universalidade do, 248, 249

Pedra, 463, 464

Pedro, 464

Pelagianismo, 253, 448

Pelágio, 253, 448

Pentecostalismo, 419-422, 452

Perdão dos pecados, 249

Perfeccionismo, 265

Perseverança, 381

Pilatos, 262

Pink, Arthur W., 392

Platão, 221

Plenitude do Espírito, 435-439

Plummer, Alfred, 279

Plymouth, Irmãos de, 451

Predestinação, 361, 362

Pré-encarnação, 273-276

Pré-milenismo, 523-609. Veja também Escatologia

Preservação, 381

Preterição, 363

Possessão demoníaca, 189-192

Pótio, 67

Presciência de Deus, 362

Principais passagens, 613-619

Presbíteros, 481-485

Príncipe das potestades do ar, 157

Príncipe deste mundo, 157

Programa do Anticristo, 547-551

Prolegômenos, 13-22, 614

Prólogo de Eclesiástico, 119

Profeta, 292-295

Profetas e a revelação especial, 72

Propiciação, 340-343

Queda do homem, 231-236

Querubim, 146, 156

Quiliasmo, 521

Reconciliação, 338, 340

Redenção, 335-338

Redenção particular, 368-375

Reforma protestante. Veja Ensino reformado,

Regeneração, 379

Regime de governo hierárquico, 473, 474

Rei, 296, 297

Reino davídico/messiânico, 281, 460, 461, 533, 534, 593

Reino de Deus, 459-461

Reino universal, 459-461

Reino milenar, 167, 294, 318, 461, 524

Ressurreição,
- de Cristo, 309-312, 604
- das pessoas, 100, 603-609

Retribuição, 363

Revelação,
- especial, 33, 71-74
- geral, 33-40, 614
- pelo Espírito Santo, 402
- Progressividade da, 30
- Proposicional, 96

Religião ecumênica, 538

Ritschl, Albrecht, 451

Rolos do mar Morto, 119, 462

Sabelianismo, 65, 446

Sabélio, 65, 446

Sacerdócio da ordem de Melquisedeque, 295

Sacerdócio de Arão, 295

Sacerdote, 281, 295, 296, 316, 317

Sacramentos, 489

Salvação, 319-394
- adoção, 353, 354
- aplicação da, 377-380
- arrependimento, 391, 392
- batismo e, 390, 391, 419-423, 439, 489-492
- chamado para, 378, 379

comunhão, base da, 349, 350
confissão, 349
conseqüências, 345-354
convicção, 377, 378
segurança da, 473, 474
eleição, 359-366
escopo, 321
expiação, 355-357
expiação vicária, 331-335
falácias da, 389-392
fé para, 379, 380
importância da, 322
julgamento da natureza pecaminosa, 347-349
justificação, 345-347
lei, fim da, 350-353
libertação do pecado, 347-349
livre-arbítrio e eleição, 364, 365
maneiras da, 377-380
motivos de Deus para, 321, 322
necessidade da, 325, 326
ordo salutis, 377-380
palavras do Antigo Testamento para, 323
palavras do Novo Testamento para, 323, 324
perseverança, 381
predestinação, 361, 362
preservação, 381
presciência de Deus, 362
preterição, 363
principais passagens sobre a, 617
propiciação, 340-343
reconciliação, 338-340
redenção, 335, 336
regeneração, 379, 390
resultados da, 345-354
retribuição, 363
segurança, 381-387
segurança eterna, 47, 381-387
senhorio, 392-394
submissão, 392-394

Salvador, 281, 282

Santidade de Deus, 49

Santificação, 443, 444

Satanás, veja também anjos; demônios, 154-174
atividades de, 165-170
autoridade, 172
criação de, 159-161
emissários de, 187
inimigo dos cristãos, 267
julgamento de, 600
mundo de, 171-174
natureza, 156
nomes de, 156-158, 162, 169
origem do pecado, 248
pecado de, 162, 163
posição neste mundo, 160, 161
principais passagens sobre, 615, 616
realidade de, 155-158
relacionamento de Cristo com, 165-167, 281
tentador, 233

Schaff, Philip, 524

Schleiermacher, Friedrich, 23, 67, 450

Segurança, 381-387

Segurança eterna, 381-385, 416, 417

Segurança dos cristãos, 381-387

Segunda Vinda de Cristo, 539

Seio de Abraão, 606

Seleção natural, 198, 199, 200

Selo dos cristãos, 415-417

Shedd, William G. T., 222, 256, 304, 306, 338

Shema, 50, 59

Sheol, 605, 606

Semi-pelagianismo, 253, 254

Senhor, 55-59

Senhor (*despotes*), 58

Senhor (*kyrios*), 57

Senhorio e salvação, 392, 393

Separação entre Igreja e Estado, 473

Serafim, 147

Serpente, 233, 235

Simplicidade de Deus, 49, 50

Sínodo de Antioquia, 299

Sínodo de Dort, 450

Sínodo de Toledo, 66, 67, 448, 449

Snowden, James, 514

Soberania, 50

Socianismo, 67, 255, 450

Socino, Fausto, 255, 356

Socino, Lélio, 255

Sonhos, 71

Sortes, lançar, 71

Soteriologia, veja Salvação

Strong, A. H., 242, 475, 511

Submissão, 392-394

Sucessão apostólica, 473, 474

Sumo sacerdote, 281-282

Swedenborg, Emanuel, 67, 450

Tártaro, 179, 180

Teilhard de Chardin, Pierre, 196, 197

Tentação de Cristo, 95, 96, 168, 169, 304, 307

Tentador, 233

Teocracia, 514

Teodoro de Bizâncio, 64

Teofanias, 72

Teologia, 9-11, 15-17, 19-22, 613, 623

Teologia bíblica, 16, 613

Teologia do processo, 47

Teologia sistemática, 17

Teoria do estado eterno, 34

Teoria do intervalo, 209

Termodinâmica, Segunda lei da, 202

Tertuliano, 64

Theos, 56

Tillich, Paul, 67

Toland, Paul, 47

Tomás de Aquino, 89, 449

Torrey, R. A., 420

Tozer, A. W., 48

Traducianismo, 222

Transmissão do ser, 221, 222

Transubstanciação, 494

Tribulação, 540-555
- ais, 551, 552, 553
- Armagedom, 554, 555
- besta, a, 548-550
- besta, a segunda, 549, 550
- 144.000 judeus, 571-573
- cristãos durante a, 545, 546
- duas testemunhas, 547, 548
- Egito durante a, 346, 547
- falso profeta, 550
- início da, 542
- marca da besta, 550
- metade da, 547-551
- motivos da, 555
- programa do anticristo, 547, 548
- Rússia durante a, 546, 547
- singularidade da, 541
- terror mundial, 541, 542

Tricotomia do homem, 225, 226

Trindade, a, 59-68
- definição, 61-63
- resumo histórico da doutrina, 64-68
- ilustrações, 63, 64
- inerrância e, 88
- no Novo Testamento, 60, 61
- no Antigo Testamento, 59, 60
- perspectiva ontológica, 62
- perfeições da, 42
- ramificações práticas, 68

Triteísmo, 62

Turretin, Francis, 89

Ubiqüitarianismo, 287

Últimos dias, 537. Veja também Escatologia

Ultradispensacionalismo, 422

União hipostática, 286

Unidade bipartida, 224

Unidade de Deus, 50, 51, 56

Unitarianismo, 61

Universalismo, 43, 606, 607

Urim e Tumim, 71

Verdade, 27, 28, 51

Visão mesotribulacionista do arrebatamento, 559, 579, 581

Visão pós-tribulacionista do arrebatamento, 559, 570, 577, 582, 591

Visão pré-tribulacionista do arrebatamento, 559, 562, 568, 591, 592

Visões, 71, 72

Viúvas, ministração às, 505

Vontade do homem, 230

Warfield, B. B., 61, 78, 89, 521

Wesley, John, 89, 505

Westcott, B. F., 171

Whitby, Daniel, 513

Wood, Leon, 401, 415

Yahweh (Jeová), 55

Sobre o Autor

Charles C. Ryrie
foi professor emérito do Seminário Teológico de Dallas, no qual fez seu mestrado e doutorado. Possui títulos em nível de doutorado pela Universidade de Edinburgo (Escócia) e pelo Seminário Teológico da Universidade Drew, em Nova Jersey. Ele é autor de dezenas de livros e das anotações de *A Bíblia Anotada,* publicada pela Editora Mundo Cristão.

Anotações

Anotações

Anotações

Anotações

Anotações

Anotações

Anotações

PARABÉNS!

Você acaba de ler mais um livro publicado por uma editora que faz diferença no mercado editorial.

Caso tenha algum comentário ou sugestão, escreva, citando o livro que leu, para:

Este livro foi composto por Viviane Fernandes Costa,
em Baskerville, e impresso pela Imprensa da Fé,
em papel offset 63 g/m², com filmes
fornecidos pela Imprensa da Fé